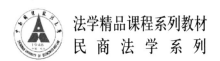

吴汉东 总主编

作者简介

李石山 男，1969年1月生，湖南蓝山人。中南财经政法大学副教授、硕士研究生导师。1991年于中南政法学院获得法学学士学位，1997年于中南政法学院获得宪法学硕士学位，2002年于武汉大学获得民商法学博士学位。2003年至今在中南财经政法大学工作。主要著作有：《税务行政复议》（合著）、《财税法学》（参编）、《行政法与行政诉讼法学》（参编）等，先后在《法学》《现代法学》等刊物发表学术论文二十余篇。

汪安亚 男，1967年6月生，湖北黄梅人。中南财经政法大学讲师。1989年于武汉大学医学院获得学士学位，1999年于武汉大学法学院获得硕士学位，现为中南财经政法大学民商法博士研究生。1999年至今在中南财经政法大学工作。主要著作有：参编《担保法通论》《民法学》等教材三部，发表学术论文十余篇，参加教育部哲学社会科学研究重大课题攻关项目一项。

唐义虎 男，1968年1月生，安徽东至人。中南财经政法大学副教授、硕士研究生导师。1990年于中南政法学院获得法学学士学位，1997年于中南政法学院获得民商法学硕士学位，2004年于中国人民大学获得民商法学博士学位。1997年至今在中南财经政法大学工作。主要著作有：《物权变动问题研究》《信托财产权利研究》等专著，参编著作两部，发表学术论文二十余篇，参加的科研项目包括国家社会科学基金项目两项和教育部哲学社会科学研究重大课题攻关项目一项。

物权法

李石山 汪安亚 唐义虎 著

Real Right Law

图书在版编目（CIP）数据

物权法/李石山,汪安亚,唐义虎著.—北京：北京大学出版社,2014.7
（法学精品课程系列教材）
ISBN 978-7-301-24525-5

Ⅰ.①物…　Ⅱ.①李…②汪…③唐…　Ⅲ.①物权法-中国-高等学校-教材
Ⅳ.①D923.2

中国版本图书馆CIP数据核字（2014）第153311号

书　　　　名：物权法
著作责任者：李石山　汪安亚　唐义虎　著
责 任 编 辑：孙战营
标 准 书 号：ISBN 978-7-301-24525-5/D·3624
出 版 发 行：北京大学出版社
地　　　　址：北京市海淀区成府路205号　100871
网　　　　址：http://www.pup.cn
新 浪 微 博：@北京大学出版社　@北大出版社法律图书
电 子 信 箱：law@pup.pku.edu.cn
电　　　　话：邮购部 62752015　发行部 62750672　编辑部 62752027
　　　　　　　出版部 62754962
印　刷　者：北京富生印刷厂
经　销　者：新华书店
　　　　　　　730毫米×980毫米　16开本　27.25印张　581千字
　　　　　　　2014年7月第1版　2016年6月第2次印刷
定　　价：49.00元

未经许可,不得以任何方式复制或抄袭本书之部分或全部内容。
版权所有,侵权必究
举报电话：010-62752024　电子信箱：fd@pup.pku.edu.cn

《法学精品课程系列教材》编委会名单

总主编 吴汉东

编委会（以姓氏拼音为序）

蔡　虹	曹新明	陈景良	陈小君	樊启荣
范忠信	方世荣	韩　轶	雷兴虎	李汉昌
李希慧	刘大洪	刘茂林	刘仁山	刘嗣元
刘　笋	刘　焯	吕忠梅	麻昌华	齐文远
乔新生	覃有土	石佑启	王广辉	吴汉东
吴志忠	夏　勇	徐涤宇	姚　莉	张德淼
张桂红	张继成	赵家仪	郑祝君	朱雪忠

总　　序

　　法学教育的目标和任务在于培养法律人才。提高培养质量,造就社会需要的高素质法律职业人才是法学教育的生命线。根据教育部关于高等学校教学质量与教学改革工程精品课程建设的精神和要求,结合中南财经政法大学精品课程建设的总体规划,在全面总结我国法学教育经验和分析法律人才社会需求的基础上,我校确立了以培养高素质法律人才为目的,以教材建设为核心,强化理论教学与实践教学的融会,稳步推进法学精品课程建设的方案。两年来,我校法学精品课程建设取得了阶段性的成果,已有民法、知识产权法等十余门课程被确定为国家、省、校三级精品课程,并在此基础上推出了《法学精品课程系列教材》。

　　《法学精品课程系列教材》是一套法学专业本科教材及其配套用书,涵盖了我校法学本科全程培养方案所列全部课程,由教材、案(事)例演习和教学参考资料三个层次的教材和教学用书构成,分为法理学、法律史学、宪法与行政法学、刑法学、民商法学、诉讼法学、经济法学、环境与资源法学、国际法学和法律职业实训等十个系列。

　　《法学精品课程系列教材》由我校一批具有良好学术素养和丰富教学经验的教授、副教授担纲撰写,同时根据需要邀请法学界和实务部门的知名学者和专家加盟,主要以独著、合著的形式合力完成。《法学精品课程系列教材》遵循理论与实际相结合的原则,以法学理论的前沿性、法律知识的系统性、法律制度的针对性、法律运作的可操作性为编撰宗旨,以先进的教学内容和科学的课程体系的统一为追求,融法学教育的新理论、新方法和新手段于一体,力图打造成一套优秀的法学精品课程系列化教材。

　　《法学精品课程系列教材》是我校在推进法学教育创新,深化法学教学改革,加强教材建设方面的一次尝试,也是对以"一流教师队伍、一流教学内容、一流教学方法、一流教材、一流教学管理"等为特点的法学精品课程在教材建设方面的探索。

　　相信《法学精品课程系列教材》的出版,能为广大读者研习法学理论、提高法学素养、掌握法律技能提供有效的帮助。同时,衷心希望学界同仁和读者提出宝贵的批评和建议,以便这套教材不断修订完善,使之成为真正的法学精品课程教材!

　　是为序。

编写说明

自《中华人民共和国物权法》颁布以来,随着物权法理论与实践的不断深入与发展,伴随着一些新的法律文件的不断出台,在物权法中的争议问题达成更多共识的同时也出现了一些新的问题。为适应物权法教学的需要,我们在曾经共同撰写的《物权法原理》的基础上,在保留原书中一些精华、修正原书中个别错误的同时,吸收近年来我国物权法理论与实践的成果,增添了许多新的内容撰写了本书。本书适合高校法学专业的学生及其他读者学习与参考。

本书主要参考《中华人民共和国物权法》的体系和基本内容编写而成,全书分五编,共二十四章。本书是在麻昌华教授的主持与直接领导下,由李石山、汪安亚、唐义虎(按撰写编章顺序)共同撰写。具体分工是:李石山:第一编物权法总论、第二编所有权、第五编占有;汪安亚:第三编用益物权;唐义虎:第四编担保物权。初稿完成后由作者共同审稿,李石山负责统稿,麻昌华主持了全书的统稿工作。

由于能力、资料和时间有限,本书所存在的不足之处,敬请读者批评指正。

著 者

2014年5月

目 录

第一编 物权法总论

第一章 物权法概述 (3)
 第一节 物权法的概念 (3)
 第二节 物权法的性质与意义 (4)
 第三节 物权法的体系与发展趋势 (7)

第二章 物权概述 (13)
 第一节 物权的概念与特征 (13)
 第二节 物权与相关概念的区别 (15)
 第三节 物权的效力 (19)

第三章 物权的类型 (27)
 第一节 物权的分类 (27)
 第二节 物权法定原则 (29)

第四章 物权主体 (34)
 第一节 物权主体概述 (34)
 第二节 物权法的平等保护原则 (38)

第五章 物权客体 (43)
 第一节 物权客体概述 (43)
 第二节 一物一权原则 (45)
 第三节 物的分类 (48)

第六章 物权变动的一般原理 (60)
 第一节 物权变动概述 (60)
 第二节 依法律行为物权变动的理论模式 (63)
 第三节 依法律行为物权变动的区分原则 (70)
 第四节 非依法律行为的物权变动 (72)

第七章 物权变动的公示 (77)
 第一节 公示公信原则 (77)
 第二节 不动产登记 (80)
 第三节 动产交付 (86)

第八章 物权的行使与保护 ······ (93)
第一节 物权的行使 ······ (93)
第二节 物权的保护 ······ (96)

第二编 所 有 权

第九章 所有权概说 ······ (111)
第一节 所有权基本理解 ······ (111)
第二节 所有权的取得 ······ (115)

第十章 国家所有权和集体所有权、私人所有权 ······ (127)
第一节 国家所有权 ······ (127)
第二节 集体所有权 ······ (131)
第三节 私人所有权 ······ (135)

第十一章 建筑物区分所有权 ······ (139)
第一节 建筑物区分所有权概述 ······ (139)
第二节 专有权 ······ (140)
第三节 共有权 ······ (142)
第四节 成员权 ······ (145)
第五节 物业管理纠纷 ······ (148)

第十二章 相邻关系 ······ (153)
第一节 相邻关系概说 ······ (153)
第二节 相邻关系的类型 ······ (154)
第三节 相邻关系的处理 ······ (158)

第十三章 共有 ······ (161)
第一节 共有的概述 ······ (161)
第二节 按份共有 ······ (162)
第三节 共同共有 ······ (167)
第四节 准共有 ······ (170)

第三编 用 益 物 权

第十四章 用益物权概述 ······ (177)
第一节 用益物权的基本原理 ······ (177)
第二节 用益物权的类型 ······ (181)
第三节 用益物权与相关权利的关系 ······ (182)
第四节 准物权 ······ (187)

第十五章 土地承包经营权 (199)
 第一节 土地承包经营权概述 (199)
 第二节 土地承包经营权的设立 (203)
 第三节 土地承包经营权的效力 (207)
 第四节 土地承包经营权的变更与消灭 (211)

第十六章 建设用地使用权 (220)
 第一节 建设用地使用权的概述 (220)
 第二节 建设用地使用权的取得 (224)
 第三节 建设用地使用权的内容 (233)
 第四节 建设用地使用权的消灭 (236)

第十七章 宅基地使用权 (242)
 第一节 宅基地使用权概述 (242)
 第二节 宅基地使用权的取得 (247)
 第三节 宅基地使用权的内容 (251)
 第四节 宅基地使用权的消灭 (253)
 第五节 宅基地使用权法律制度面临的现实挑战 (254)

第十八章 地役权 (260)
 第一节 地役权概述 (260)
 第二节 地役权的取得 (266)
 第三节 地役权的效力 (268)
 第四节 地役权的消灭 (270)

第四编 担保物权

第十九章 担保物权的属性及种类 (277)
 第一节 担保方式与担保物权 (277)
 第二节 担保物权的属性 (288)
 第三节 担保物权的种类 (289)

第二十章 抵押权 (301)
 第一节 抵押权的概念和特征 (301)
 第二节 抵押权的取得 (302)
 第三节 抵押权的效力 (308)
 第四节 抵押权的消灭 (320)
 第五节 特殊的抵押权 (322)

第二十一章 质权 (339)
第一节 质权概说、属性及分类 (339)
第二节 动产质权 (343)
第三节 权利质权 (353)
第四节 特殊的质权 (365)

第二十二章 留置权 (373)
第一节 留置权的法律特征 (373)
第二节 留置权的成立要件 (377)
第三节 留置权的效力 (381)
第四节 留置权的消灭 (384)

第二十三章 担保物权的竞存 (390)
第一节 同种类的担保物权的竞存 (390)
第二节 不同种类担保物权的竞存 (395)

第五编 占 有

第二十四章 占有 (405)
第一节 占有概述 (405)
第二节 占有的分类 (407)
第三节 占有的取得、变更与消灭 (410)
第四节 占有的效力与保护 (413)
第五节 准占有 (418)

Contents

PART ONE　GENERAL STATEMENT OF REAL RIGHT LAW

Chapter 1　Introduction to Real Right Law ·· (3)
    Section 1　Concept of Real Right Law ··· (3)
    Section 2　Quality and Characteristics of Real Right Law ················· (4)
    Section 3　System and Tendency of Real Right Law ························· (7)

Chapter 2　Introduction to Real Right ·· (13)
    Section 1　Concept and Characteristics of Real Right ······················· (13)
    Section 2　Differences between Real Right and Interrelated Concepts ··· (15)
    Section 3　Legal Effects of Real Right ··· (19)

Chapter 3　Categories of Real Right ·· (27)
    Section 1　Classification of Real Right ··· (27)
    Section 2　Legal Principle of Real Right ··· (29)

Chapter 4　Subjects of Real Right ·· (34)
    Section 1　Introduction to Subjects of Real Right ······························· (34)
    Section 2　Principle of Equal Prtection of Real Right ······················· (38)

Chapter 5　Objects of Real Right ·· (43)
    Section 1　Introduction to Real Right ··· (43)
    Section 2　Bestimmtheitsgrundsaz ··· (45)
    Section 3　Classification of Sach ··· (48)

Chapter 6　General Prniciple on Alteration of Real Right ·························· (60)
    Section 1　Introduction to Alteration Real Right ································· (60)
    Section 2　Theoretical Mode on Alteration of Real Right by Juristic Acts ·· (63)
    Section 3　Differentiating Principle of Alteration of Real Right by Juristic Acts ·· (70)
    Section 4　Alteration of Real Right by Non-Juristic-Acts ················· (72)

Chapter 7　Publicity on Alteration of Real Right ……………………… (77)
　　Section 1　Principle of Publicity and Publicization ………………… (77)
　　Section 2　Real Estate Registration ………………………………… (80)
　　Section 3　Chattel Delivery …………………………………………… (86)
Chapter 8　Exercise and Protection of Real Right ……………………… (93)
　　Section 1　Exercise of Real Right …………………………………… (93)
　　Section 2　Protection of Real Right ………………………………… (96)

PART TWO　OWNERSHIP

Chapter 9　Introduction to Ownership ………………………………… (111)
　　Section 1　Basic Theory about Ownership ………………………… (111)
　　Section 2　Acquisition of Ownership ………………………………… (115)
Chapter 10　State-owned Ownership and Collective Ownership and Private Ownership ……………………………………………………… (127)
　　Section 1　State-owned Ownership ………………………………… (127)
　　Section 2　Collective Ownership …………………………………… (131)
　　Section 3　Private Ownership ……………………………………… (135)
Chapter 11　Ownership of Apartment House ………………………… (139)
　　Section 1　Introduction to Ownership of Apartment House ……… (139)
　　Section 2　Ownership of Part for Individual ……………………… (140)
　　Section 3　Ownership of Part for Co-Ownership ………………… (142)
　　Section 4　Rights as Members ……………………………………… (145)
　　Section 5　Disputes of Property Management …………………… (148)
Chapter 12　Adjacent Relation ………………………………………… (153)
　　Section 1　Introduction to Adjacent Relation ……………………… (153)
　　Section 2　Categories of Adjacent Relation ……………………… (154)
　　Section 3　Treatment to Adjacent Relationn ……………………… (158)
Chapter 13　Co-ownership ……………………………………………… (161)
　　Section 1　Introduction to Co-ownership …………………………… (161)
　　Section 2　Co-ownership by Shares ………………………………… (162)
　　Section 3　Joint Co-ownership ……………………………………… (167)
　　Section 4　Quasi-Co-ownership ……………………………………… (170)

PART THREE USUFRUCTUARY

Chapter 14 Introduction to Usufructuary .... (177)
    Section 1 Concept and Legal Characteristics of Usufructuary .... (177)
    Section 2 Categories of Usufructuary .... (181)
    Section 3 Relation between Usufructuary and Interrelated Rights .... (182)
    Section 4 Quasi-Real-Right .... (187)

Chapter 15 Right of Contract for Management of Land .... (199)
    Section 1 Introduction to Right of Contract for Management of Land .... (199)
    Section 2 Acquisition of Right of Contract for Management of Land .... (203)
    Section 3 Legal Effects of Right of Contract for Management of Land .... (207)
    Section 4 Alteration and Extinction of Right of Contract for Management of Land .... (211)

Chapter 16 Right of Use of the Land of Construction .... (220)
    Section 1 Introduction to Right of Use of the Land of Construction .... (220)
    Section 2 Acquisiton of Right of Use of the Land of Construction .... (224)
    Section 3 Content of Right of Use of the Land of Construction .... (233)
    Section 4 Extinction of Right of Use of the Land of Construction .... (236)

Chapter 17 Right of Use the Land of a House .... (242)
    Section 1 Introduction of Right of Use the Land of a House .... (242)
    Section 2 Acquisition of Right of Use the Land of a House .... (247)
    Section 3 Content of Right of Use the Land of a House .... (251)
    Section 4 Extinction of Right of Use the Land of a House .... (253)
    Section 5 Actual Challenges to Legal System of Right of Use the Land of a House .... (254)

Chapter 18 Easement .... (260)
    Section 1 Introduction to Easement .... (260)
    Section 2 Acquisition of Easement .... (266)
    Section 3 Legal Effects of Easement .... (268)
    Section 4 Extinction of Easement .... (270)

PART FOUR REAL RIGHT FOR SECURITY

Chapter 19 Attribute and Classification of Real Right for Security ········ (277)
    Section 1 Forms of Guarantee and Right of Pledge ··················· (277)
    Section 2 Attribute of Real Right for Security ······················ (288)
    Section 3 Classification of Real Right for Security ··················· (289)

Chapter 20 Right of Hypothecation ·· (301)
    Section 1 Concept and Characteristics of Right of Hypothecation ············ (301)
    Section 2 Acquisition of Right of Hypothecation ························ (302)
    Section 3 Legal Effects of Right of Hypothecation ······················ (308)
    Section 4 Extinction of Right of Hypothecation ························ (320)
    Section 5 Special Right of Hypothecation ······························ (322)

Chapter 21 Pledge ·· (339)
    Section 1 Introduction to Pledge ····································· (339)
    Section 2 Pledge of Chattel ··· (343)
    Section 3 Pledge of Rights ·· (353)
    Section 4 Special Pledge ·· (365)

Chapter 22 Lien ··· (373)
    Section 1 Legal Characteristics of Lien ······························· (373)
    Section 2 Effective Conditions of Lien ································ (377)
    Section 3 Legal Effects of Lien ······································ (381)
    Section 4 Extinction of Lien ··· (384)

Chapter 23 Coincidence of Right of Pledge ··· (390)
    Section 1 Coincidence of Similar Right of Pledge ······················ (390)
    Section 2 Coincidence of Different Right of Pledge ···················· (395)

PART FIVE OCCUPANCY

Chapter 24 Occupancy ·· (405)
    Section 1 Introduction to Occupancy ·································· (405)
    Section 2 Classification of Occupancy ································ (407)
    Section 3 Acquisition and Alteration and Loss of Occupancy ············· (410)
    Section 4 Legal Effects and Protection of Occupancy ··················· (413)
    Section 5 Quasi-Occupancy ·· (418)

第一编

物权法总论

第一章 物权法概述

第一节 物权法的概念

一、物权法的基本含义

从宏观、整体上把握物权法在民法中的地位及其范围,是理解与界定物权法概念的前提。

首先,物权法是调整财产关系的法。民事关系包括财产关系与人身关系,规范财产关系的法为财产法,主要包括物权法、债权法、知识产权法等;规范人身关系的法为人格权法与身份法。物权法以规范物的支配关系为内容,属于财产法的范畴。

其次,物权法是主要规范静态财产关系的法。物权法是对财产的支配关系的法,以维护财产关系的静态秩序为主要功能。物权法也维护财产关系的动态安全,这主要是指物权法保障物权人取得与享有物权,保障物权变动过程中第三人的正当利益。[①] 但物权法维护动态安全的功能服务、从属于维护支配关系这一静态秩序的功能。

再次,物权法是规范物权关系的法律规范的总和。物权关系是民事主体之间因物的支配而产生的社会关系。物权法是规范物权关系的法,意味着其主要是以物为客体而不是以债权、无形的知识产权为客体;物权法是一系列法律规范的总和,而非仅指民法典中的物权法规范或者《物权法》这一单行法。

二、物权法的调整对象及其概念

物权法的调整对象决定了物权法的内涵,因此,对物权法概念的界定取决于对物权法调整对象范围的确定。物权法的调整对象具体包括以下几个方面:

(一)归属关系

物的归属,可以有广狭义的理解。狭义上指在法律上确认物归属于某人所有。广义上还包括对其他物权内容、支配范围等的确认。物权法确认的物权的归属,是全部财产关系的基础,是物权利用关系的目的与前提。物权法确认不动产与动产的归属,至于债权、知识产权等属于其他法律规范的对象。物的归属关系主要包括:因物权的设定而产生的关系;因物权的转让产生的关系;因为确认和保护物权而发生的关系。[②]

---

① 孙宪忠:《中国物权法总论》,法律出版社2003年版,第97—98页。
② 王利明:《物权法论》(修订二版),中国政法大学出版社2008年版,第23页。

(二) 利用关系

物的利用关系存在两大类型：一是请求性利用关系，即债权性的对物的利用关系，如物的借用关系、租赁关系；二是支配性利用关系，即物权性的对物的利用关系。请求性利用关系由债权法进行调整，而物权法原则上只调整支配性利用关系。物权性对物的利用关系又可分为自主利用和他主利用，自主利用即所有人对自己的物依其性能进行使用并获得收益，这属于物的归属关系的内容。他主利用即物权法意义上物的利用关系：一种是利用物的使用价值，构成用益物权关系；一种是利用物的交换价值，构成担保物权关系。

(三) 占有关系

物的占有，从经济学角度看，本身就是所有制，占有关系在法律上表现为所有权关系。然而从法律角度来看，占有关系常常表现为一种独立的关系。对物的占有关系并非物的归属关系和利用关系可以涵盖。基于对社会和谐秩序的考虑，法律禁止以暴制暴，对占有物的事实予以保护，此即占有制度。近现代各国或者地区多将占有作为物权法的一个独立部分专门予以规范。

综上所述，物权法的调整对象是对物的归属、利用、占有而产生的财产关系。因此，物权法的概念可以界定为：物权法是调整物权关系即平等主体之间因物的归属、利用、占有所发生的财产关系的法律规范的总称。

第二节 物权法的性质与意义

一、物权法的性质

(一) 物权法为财产法

民法分为财产法、人格法与身份法等。规范财产关系、保护财产秩序的法，为财产法；规范人格关系、保障人格利益的法，为人格权法；规范亲属关系、保障身份秩序的法，为身份法。规范财产关系的财产法，可分为两大类：第一大类是财产归属法，以保护财产的归属秩序为目的；第二大类是财产流转法，以保护财产流转秩序为目的。广义的物权法，指属于第一大类的财产归属法；狭义的物权法，则仅以物的归属秩序为范围，有时包括某些特定权利的归属如权利质权，但不包括专利权、商标权等知识产权。民法上物权法，一般指狭义上的物权法，它以规范人对财产的支配关系为内容。值得指出的是，物权法为财产法已内在地蕴涵了物权法为私法这一属性。

(二) 物权法为强行法

法律就其适用程度而言，可以分为强行法和任意法，凡是不考虑当事人的意见及协商的内容如何而必须适用的法律称为强行法，而在适用中可以通过当事人协商的意见加以改变的法律称为任意法。一般认为物权法为强行法，债权法为任意法。当然，这种区分并不是绝对的，而是从总体上而言的，总的方面的特征。

物权法的强行法特征主要表现为物权类型、公示方法、效力等必须由法律作出规定，当事人不能通过其协议改变。同时表现为不动产权利的行使受到越来越多的国家干预。物权法的强行法性格,有助于增强物权效力,便于物权公示和物权保护,提高物的利用效率。

物权法的强行法性质并不意味着将物权法变为管理性的规范。物权法为强行法有其特定的含义、功能与作用,不同于行政管理规范。但因物权作为一种财产的排他性的占有关系,涉及社会第三人和国家的公共利益,物权法规范则体现了国家立法政策对社会资源进行的物权配置,因此,这两者之间的界限有时会变得比较模糊。

(三)物权法为固有法

物权法因国家、民族、历史传统及国民性的差异而往往互不相同,称为物权法的固有法属性或"土著性"。[①] 这一特性与各国债权法往往大同小异形成对照。债权法,是关于市场交易的基本法律制度,因此,世界各国的债权法大多具有普遍的、共通的性质。物权法,与各国人民的生存息息相关,与一国的经济体制唇齿相依,因此,各国物权法的内容,尤其是关于土地及其他生产工具的规定,因国家、民族和历史传统的不同而具有很大的差异。

物权法的固有法特色不仅体现为不同的指导思想和立法原则,同时也体现为不同的规范制度和实践方式。

我国《物权法》的中国特色,具体表现至少有如下几个方面:(1)《物权法》充分体现了我国社会主义初级阶段的基本经济制度,既加强对国有资源和资产的保护,又坚持物权平等保护,在所有权构建上采取"三分法"模式。(2)《物权法》巩固、发展和完善了改革开放中形成的物权制度,主要表现为坚持改革中形成的建设用地使用权、农村土地承包经营权等。(3)《物权法》的物权制度构建符合我国的实践要求,并考虑了与已有法律的衔接。如特许物权在物权法中只作了原则性规定,征收、征用、补偿的依据限于法律、行政法规等。[②]

(四)物权法具有公益性

物权法注重对公共利益的保护,这也被称为物权法的公共性。物权法不仅要保护私益,也要维护公益,物权法的公益性主要表现在以下几个方面:(1)物权法对财产关系的调整首先在于确认和巩固社会所有制关系。[③] 作为财产关系的根本大法,在规定所有权制度的时候,要反映国家所有制的现实。我国《物权法》确认国家所有权、集体所有权的法律地位,实质上是对公共利益的维护。(2)物权法强化了对国有资产的保护。如我国《物权法》第45条第1款规定,"法律规定属于国家所有的财产,属于国家所有即全民所有",并规定了哪些财产属于国有财产,防止因归属不明确而造成国有资产流失。(3)物权法不仅关注物的归属,更注意以社会公共利益对物权尤

[①] 有学者称之为"国内法"属性,参见王利明:《物权法论》,中国政法大学出版社1998年版,第76页。笔者认为将国内法作为物权法的性质不妥。国内法是相对于国际法而言的,它们是以法的创制主体和适用主体的不同而对法进行的一种分类。物权法当然是国内法,但这并不是其性质,而且这一认识抹杀了物权法的国际化趋势。

[②] 参见侯水平、黄果天等:《物权法争点详析》,法律出版社2007年版,第12页。

[③] 王利明:《民商法研究》(3),法律出版社2001年版,第155页。

其是所有权的行使进行限制。这一方面表现为物权人在行使物权尤其是所有权时必须符合公共利益,遵守公序良俗原则、诚实信用原则和权利不得滥用原则;另一方面也表现为国家为了公共利益的需要限制私人所有权。

二、物权法的意义

(一) 有助于定纷止争

物权法的基本功能与目的是确定财产的归属,平息冲突与纷争。物权法这一基本功能的发挥,是由以下几个方面所决定的:

首先,这是物质的有限性所决定的。人类要生存,必须要一定的物质才能生活,而物质有限,因此,对于社会生活必须要有定纷止争的规范存在,以使个人享有赖以生存的自由空间,并能促进物有效率的使用。

其次,这是由财产的分配制度所决定的。"在一个不是将现存之物供大家随意共同使用,而是从私有制出发的法治制度和社会制度中,必须规定哪些物属于哪个人以及这个人对该物有什么样的权限。"①我国尽管是建立在公有制基础之上的,但同样承认和保护合法的私有财产,这就需要物权法。

最后,这是维护财产正常流转所需要的。物权法属于财产归属法之一,是以关于财产之享有为内容,注重于保护经济生活的静的安全,以实现稳定的财产支配秩序。

(二) 有利于物尽其用

物权法不仅解决物的归属,更是通过各种规范确保物尽其用,鼓励人们通过利用物创造财富。

首先,它确认权利人对物的支配属性保障了权利人对物的自主利用与他主利用不受他人非法干预。

其次,它通过规范他物权制度保障与鼓励人们对财产的利用。物权法的用益物权制度使用益物权人可以对他人所有的物享有使用、收益的权利,充分实现物的使用价值。物权法的担保物权制度通过规范担保便利融资、确保债权的实现,充分发挥物的交换价值。

(三) 是维护私人物权的需要

我国长期以来私权观念淡薄,物权法担负着确立与维护私人物权的神圣使命。

首先,它对不同的物权主体进行平等保护,使私人物权得到充分尊重与保护。物权作为财产权,是人权的组成部分,尊重私人的物权,就是尊重人权。没有对物权的保护,对人权的保障就是不完善的。

其次,物权法将对私人物权的保护通过具体的制度加以落实,真正起到保护私人物权的作用。现实社会生活中,如何切实保护征收中公民的合法房屋所有权,强化土地承包经营者的物权地位等问题是物权立法的重点。物权法不仅应有良好的体系设计和原则,更应有具体的规则与措施。

---

① 〔德〕M.沃尔夫:《物权法》,吴越、李大雪译,法律出版社 2004 年版,第 3 页。

（四）是建立与完善社会主义市场经济及其法制体系的需要

市场经济的前提是商品货币所有者的权利保护及自由处分权的保障。物权法保障商品和货币所有者不受任何人妨碍地支配自己的商品和货币的所有权，保护财产的归属秩序，它是市场经济的法律基础，是市场经济法律体系的重要组成部分。

《物权法》的颁布标志着我国社会主义市场经济法制体系完成了最为重要的部分，完成了民法典制定工程中的核心部分，对于我国社会主义法制体系的建立与完善具有极为重大的意义。

第三节　物权法的体系与发展趋势

一、物权法的体系

物权法有广狭义之分。狭义的物权法也称为形式意义上的物权法，它是指民法典上的物权编，或者是物权法典。广义上的物权法也称为实质意义上的物权法，是指一切有关规范物权关系的法律规范。物权法的体系，又称物权法的立法内容体系，是物权法规范以一定的概念、价值取向与逻辑体系为基础组合在一起而形成的物权法的整体结构。

（一）我国物权法规范体系的特点

以《物权法》为基础，我国的物权法规范的体系具有以下特点：

1. 《物权法》立法技术上的"总分"体系

《物权法》第一编为"总则"，依次规定了物权法的基本原则、物权变动规则、物权的保护等。这些规定内容采取了传统大陆法系法典化"提取公因式"的方式，集中体现了物权制度中的共性规则。第二编到第四编规定了所有权制度、用益物权制度与担保物权制度，实质上是《物权法》的"分则"。

2. 物权法规范法源上的二分体系

物权法的规范体系以是否以法典形式存在为标准，分为一般物权法和特别物权法。一般物权法即民事基本法中的物权法，如我国的《民法通则》与《物权法》。特别物权法即一般物权法之外作为特别法存在的物权法。如《担保法》《土地管理法》《森林法》《草原法》等。我国虽然制定了《物权法》，但实质意义上的物权法规范却大量地存在于《物权法》之外。

3. 物权法规范内容上的并重体系

物权法的规范体系以是否规范实体的权利义务为标准，分为物权实体法规范和物权程序法规范。物权实体法规范，即关于物权权利义务关系的法律规范，它主要规定在一般物权法中。特别物权法中有的基本上是物权实体法规范，如《担保法》；有的则只有较少的规范属于物权实体法规范，如《海商法》。物权程序性规范，即物权变动的程序性规范，主要指不动产登记法。我国的物权实体性规范与程序性规范相互交叉，二者并重。

(二) 我国物权法内在体系的特点

物权法的内在体系是以一定的概念、价值取向为基础而构建的物权法规范的体系。我国物权法的内在体系具有以下特点：

1. 不动产法与动产法区分的构造模式

我国的物权法体系中体现了不动产法和动产法的区分。如在《物权法》总则中的公示原则中，不动产物权以登记为公示方法，而动产以占有为公示方法，以此为基础产生了公信原则。在物权变动模式中，不动产物权变动的模式以登记要件主义为原则，以登记对抗主义为例外；而动产的物权变动模式为交付主义。在具体的物权制度中，则更为明显。如所有权制度中以不动产为规范重点，动产则规范较少；在用益物权制度中，四种基本的用益物权都是建立在不动产之上；在担保物权制度中，不动产担保与动产担保在种类的设定、构成要件等方面均存在着不同，如留置权只能够在动产之上设定。

2. 物权与事实的二重区分

物权法中有关权利和事实的二重区分并不明确，但无论在理论上还是实务上，认识到物权法中物权与事实状态的二重区分却是非常重要的。无论是从物权的公示公信原则还是从物权法的保护方法上，首先，都面临着在脱离本权情况下的产权归属判断规则，这就是占有制度的首要功能，它提供了一个单纯依据外在事实状态如何处理物的归属的规则。其次，即使在本权——物权制度中，占有仍然是公示公信和占有保护的基础。① 物权与占有事实的二重区分，对物权体系的构造、权利人权利的行使与保护、占有制度价值的确立均具有重要意义。

3. 国际化与"本土性"的兼容

我国物权法的本土特征主要体现为物权法中的"城乡二元"结构，即城市的土地属于国家所有，在城市土地之上形成了建设用地使用权；农村的土地属于集体所有，集体土地之上形成了集体建设用地使用权、土地承包经营权、宅基地使用权。对于建设用地使用权可以依法自由流转，而集体所有土地之上的用益物权则不能处分。② 我国物权法的国际化主要表现为吸收与反映了当前世界发达国家的一些先进立法经验，如动产抵押、应收账款质押制度等。如何尽量减少"本土法"的不合理性，继承与发扬人类财产法律制度中的共同遗产，从而使物权法在"本土性"与国际化的良性兼容中发展将是一项长期而艰巨的任务。

二、现代物权法的发展趋势

(一) 物权的社会化

物权的社会化是指物权从传统的、排他的不受干预、不受限制、完全由个人支配的、以所有为中心的权利转变为负有社会义务、受到社会利益和公共利益限制、强调

---

① 朱岩、高圣平、陈鑫：《中国物权法评注》，北京大学出版社2007年版，第7页。
② 同上书，第8页。

社会利用,并兼顾个人利益与社会利益的权利。物权的社会化被认为是现代物权法的主要发展趋势之一,特点主要表现为:(1) 物权的社会化是以所有权的社会化为核心而展开的,物权的社会化的实质是所有权被限制;(2) 物权的社会化的实质是将公法的支配与公法的义务,摄入于物权概念内容之中[①];(3) 物权的社会化,要求所有权的行使,不仅仅是为个人之利益,同时应兼顾社会利益。

(二) 物权的价值化

物权本身由本来注重对标的物的现实支配的实体权,演变为注重于收取对价或者获取融资的价值权,体现出物权价值化的趋势。物权的价值化趋势实际上反映的正是"从归属到利用"的物权理念的转变。物权的价值化意味着现代物权法虽然是以所有权为基础而构建的,但财产所有人已经不仅仅满足于对于物的实体的占有、控制与支配,而是越来越重视对物的使用价值与交换价值的实现。对物的使用价值的利用促使了债权性利用的增强,乃至出现了所谓的租赁权的物权化等;对物的交换价值的利用促使了现代融资性担保物权的兴盛,使权利质押等成为现代社会的重要担保手段。

(三) 物权种类的增加

传统的物权制度已难以适应现代社会的发展,自第二次世界大战结束以来,物权法出现的一个重要变化是物权种类的增加。这具体表现为,在所有权方面,形成了空间所有权制度。随着空间法理的产生,形成了所谓空间所有权制度,如建筑物区分所有权制度。在用益物权领域,出现了空间地上权制度与空间役权制度。在担保物权领域,产生了各种新的抵押权形态。如动产浮动抵押、财团抵押、企业担保等。

(四) 担保物权的强化

从 20 世纪五六十年代以来,已经有民法典的国家如日本、德国、法国等,在民法典之外,又以单行法创建了许多新的担保形态,这些新的担保形态,被称为特别法上的担保形态或非典型担保。随着市场经济的发展,为适应融通资金及保障市场交易安全的需要,一方面建立各种特殊抵押制度(如最高额抵押、财团抵押等制度),另一方面又从市场交易中开发出来各种非典型担保(如所有权保留、让与担保等)。值得一提的是,在大陆法系国家中法国担保制度的改革。2006 年 3 月 25 日,法国对原《法国民法典》作了重大修订,在担保物权的类型上引入了"不转移占有的质押""可再负担抵押"等新制度,解除了对流质条款的禁止等。[②]

(五) 物权法的国际化

经济的全球化、一体化趋势已成为一种时代潮流,它要求各国开放市场,加强国际间的交流与合作,也内在地要求物权法回应这一时代要求。实际上,自第二次世界大战结束以来,尤其是进入 20 世纪 60 年代以来,随着各国市场经济的发展,国际贸易的发达,以及交通的便利,使国内市场与国际市场相沟通,造成物权的国际化,并使

---

① 史尚宽:《物权法论》,中国政法大学出版社 2000 年版,第 3 页。
② 李世刚:《关于法国担保制度的改革》,载《政治与法律》2007 年第 3 期。

大陆法系物权制度大同小异。① 在大陆法系和英美法系之间，随着美国作为世界经济强国地位的确立，其法律制度对世界各国产生了重大的影响，两大法系关于财产权的观念也出现了日益接近和融合的趋势。例如，英美法的空间权制度，浮动担保及让与担保制度等，都或多或少为大陆法系所借鉴。

本章重点疑难问题提示

一、物权法的概念问题

关于物权法的含义有几种学说，对它们进行了解有助于更好地认识物权法的概念。

（一）支配关系说

该说认为物权法主要调整人对物的支配关系。认为"凡是以人对物之支配关系为内容之法规范，均可称为物权法"②。这是从物权关系的性质来概括物权法的调整对象，揭示了物权的本质属性。但物权关系不仅表现为支配关系，也存在一定的请求关系，尤其是这一学说过于抽象，不能体现物权的现实作用。③

（二）静态关系说

该说认为，物权法其"重心在于保护所有权不受侵犯，旨在维护财产的'静的安全'"，而债权法主要调整动态的财产关系。④ 这一学说形象地概括了物权关系与债权关系的区别，但过于简单。事实上，物权关系不仅只是静态的占有和支配，它也常常表现为动态的财产关系，如所有权权能的移转、他物权的设定等。

（三）占有和归属关系说

该说认为："物权法是调整因占有、使用、收益和处分财产所发生的社会关系的法律规范的总称。"⑤这一观点明确指出了物权法的重要功能，但忽略了物权的利用物的功能，忽略了物权法规范物的利用关系的作用。

（四）占有关系说

该说认为："近现代物权法以财产的占有关系为其调整对象"，这种占有关系"包括财产的归属关系与财产的物权的利用关系两类"⑥。这一学说揭示了占有对于物的归属和利用的作用，但把占有关系与物的归属和利用混为一谈，值得商榷。

（五）综合说

该说主要有三种观点：(1)认为"物权法的调整对象是物的归属关系及主体因对

---

① 参见谢在全：《民法物权论》（上），中国政法大学出版社1999年版，第11—12页。
② 同上书，第1页。
③ 参见屈茂辉：《物权法·总则》，中国法制出版社2005年版，第4页。
④ 王家福：《民法债权》，法律出版社1993年版，第3页。
⑤ 王果纯、屈茂辉：《现代物权法》，湖南师范大学出版社1993年版，第2页。
⑥ 陈华彬：《物权法原理》，国家行政学院出版社1998年版，第25—26页。

物的占有、利用而发生的财产关系和归属关系"①。这一观点较为全面地涵盖了物权法调整对象的范围,但"财产关系"包含"归属关系",将二者并列令人费解。(2)认为"物权法是关于人对物的支配关系、物权变动以及物权交易安全的法律规范的总和"②。这一观点将物权法维护"静态秩序"与"动态安全"的功能相提并论,淡化了物权法与债权法的区分。(3)认为"物权法调整的财产关系实际上为支配性财产关系以及以支配为基础的请求性财产关系"③。这一观点将请求性财产关系独立出来,看似全面,但因请求权为支配权的效力,因此,请求性财产关系已内化于支配性财产关系与支配性利用关系之中,因此,无独立的必要。

二、财产法总则的立法问题

在我国,《物权法》起草过程中,学界曾就究竟应制定一部"物权法"还是"财产法"展开争论,这一问题,以《物权法》的颁布而告一段落,但问题到此并未结束。民事权利分为人身权利与财产权利,财产权利包括物权、债权、知识产权等,这一基本分类已成为共识,财产在我国是被所有法律部门所采用的概念。在未来的民法典制定中,有无必要制定财产法总则是一个值得讨论的问题。

笔者认为,由于知识产权法、证券法、票据法等商事财产因其特殊性宜以特别法的形式存在。在采民商合一立的前提下,在民法典中应规定"链接"特别法的一般性条款④,而这些一般性条款,规定在财产法总则中更为合适。民法典规定财产法总则有助于统领所有财产性法律,使财产法有统一、和谐的基础。因此,《物权法》的制定使统一的财产法总则有了更为坚实的基础。

三、物权法为私法是否物权法的性质问题

我国一些学者认为,物权法是私法为物权法的性质。⑤ 物权法属于财产法,财产法属于民法,民法属于私法,则物权法在性质上属于私法这无疑是正确的。但物权法的性质应是物权法所独有的才能揭示其内部规定性。物权法属于私法,债法、人身权法等也属于私法。从这一角度而言,物权法为私法并未揭示其独有的内部规定性,无助于人们对其性质的认识。从另一角度而言,物权法是财产法已经内在的包含其是私法的认识。因此,笔者认为,不必将物权法为私法的性质单独作为物权法的性质。

四、物权法的强行性是否能否认物权法是私法

物权法作为强行法使其蕴涵了相当多的公法规范,且具有公益性,这能否因此而否定物权法是私法呢?

笔者认为,物权法是私法,是从整体、总的方面来说的。⑥ 具体而言,其私法性表现在以下几个方面:(1)物权法确认了民事主体对其财产所享有的充分的自由。物

---

① 王利明:《物权法论》,中国政法大学出版社1998年版,第71页。
② 孙宪忠:《中国物权法总论》,法律出版社2003年版,第93页。
③ 屈茂辉:《物权法·总则》,中国法制出版社2005年版,第4页。
④ 吴汉东:《知识产权立法体例与民法典编纂》,载《中国法学》2003年第1期。
⑤ 参见梁慧星、陈华彬:《物权法》(第四版),法律出版社2007年版,第24页;屈茂辉:《物权法·总则》,中国法制出版社2005年版,第5页。
⑥ 梁慧星、陈华彬:《物权法》(第四版),法律出版社2007年版,第24页。

权法肯定了每个人都享有平等、独立地取得和享有各种物权的权利能力;确认物权人可以在法律规定的范围内依自己的独立意志设立、变更以及转移物权;每个权利人可以依法自由行使其权利,他人不得干涉物权人正当地行使权利;物权人有权在法律规定的范围内抛弃、处分其权利等。(2)某些物权种类并不排除当事人自由约定其内容,如地役权。(3)物权法中并没有规定过多的管理规则。如在规范国家所有权的内容中,原则上不涉及某些政府部门对国有资产如何管理的问题,而是专门制定了国有财产法。再如对土地的管理,也是通过专门的法律予以调整,物权法中不过多地涉及行政管理的规则。(4)物权法规定的物权保护方法属于私法范畴的方法。因此,物权法原则上应为私法。

第二章 物权概述

第一节 物权的概念与特征

一、物权的含义

（一）物权概念的源流

早期罗马法不存在物权概念，罗马帝国后期，查士丁尼的《法学总论》中仍然将物与用益物权、所有权、地役权等混淆在一起。[①] 据考察，近代大陆法上的物权概念是由中世纪（11—13世纪）欧洲前期注释法学派解释罗马法时形成的，他们在对罗马法大全进行研究、诠释时，从对物之诉和对人之诉中，引申出"物权"和"债权"的概念，将物权的两种形式即完全物权和他物权用一个概括性的概念即物权来概括，从而在大陆法系真正形成了物权的概念。物权概念正式见于成文的民法典上，是1811年《奥地利民法典》第307条："物权，是属于个人的财产上的权利，可以对抗任何人。"但第308条又规定："物之物权，包括占有、所有、担保、地役与继承权利。"因此，该法典所称物权并非现代意义上的物权概念。1896年《德国民法典》以"物权"为编名，对物权及其类型作了具有划时代意义的规定。该法典将物权制度独立成编，建立起了一个包括所有权、地上权、地役权、用益权、抵押权、质权等在内的物权体系。此后，日本、瑞士等大陆法系国家或者地区基本上按照《德国民法典》中的物权体系确立了自己的物权形式和内容。现代大陆法系各国或地区民法典虽然多以物权编作为编名，但对于物权的概念少有直接规定的。

（二）物权的含义

我国《物权法》第2条第3款规定："本法所称物权，是指权利人依法对特定的物享有直接支配和排他的权利，包括所有权、用益物权和担保物权。"这一条款明确了物权概念，定义采用了抽象概括式与具体列举式相结合的方式，这一定义具有以下含义：

1. 物权为财产权利

物权为民事权利的一种，而民事权利包括财产权与人身权，物权属于财产权，与人格、身份无关。

2. 物权的主体为"权利人"

物权的主体为物权法律关系权利人的概念的优点在于其高度的概括性与开放性，既将各种主体纳入其中，也为新型物权及其主体的确定留下足够的空间。缺点是

[①] 参见〔古罗马〕查士丁尼：《法学总论》，张企泰译，商务印书馆1993年版，第48—58页。

意义不大且逻辑上不严谨。对于权利人的理解既可以理解为自然人、法人或其他组织,也可以理解为国家、集体、个人,还可以根据具体的物权类型将之理解为所有权人、用益物权人、担保物权人等。

3. 物权的客体为特定的物

这里的所谓"物",原则上是指特定物、独立物和有体物,包括不动产和动产。这里的所谓"特定"是指明确、具体,能够确定负担某一物权的物。

4. 物权为对物的直接支配权

物权反映的是一种权利人对物的关系,这一表达包含了物权法律关系的主体(权利人)、客体(物本身)、权利(对物的各种权利)、义务(善良管理义务、社会性义务等)的各种必要因素。① 物权是对物的直接支配权,即物权人的权利直接指向物,可以直接干涉该物,而无须他人事先许可。② 但人对物的关系只有在一定的社会关系中才能上升为法律上的权利义务关系,这便实质上表现为人与人的关系,只有在这一意义上,物权为人对物的关系才能成立。简言之,物权形式上表现为一种人对物的关系,实质上表现为人与人的关系。③

5. 物权为排他的权利

"排他性"为"直接支配性"所暗含的消极功能,"排他"的基本含义是排斥他人的意思。

6. 物权包括所有权、用益物权与担保物权

这是对物权类型的具体列举,它表明了我国物权体系的基本构成。占有是一种事实,而非权利,当然也非物权。但占有本身具有值得保护的价值,占有保护无须本权支撑,因此,占有人对于占有具有类似于物权的权利。但占有本身并不等同于占有权,占有权仅是占有这一事实被法律赋予效力的结果。

二、物权的特征

(一) 物权的对世性

这是物权主体方面的特征。物权的权利主体总是特定的,义务主体则是不特定的,某人对某物享有物权时,其他一切人都成为义务人,因此,物权又称为对世权,具有对世性。

(二) 物权的支配性

这是物权内容方面的特征。民法中的权利分为支配权与请求权,它是物权制度与债权制度的基础。所谓支配权,是仅仅依据自己的意思就可以实现权利目的的权利。物权,指的是权利人对于特定的物直接支配并排他的权利,因此,是一种支配权,具有支配性。

---

① 参见孙宪忠:《中国物权法总论》,法律出版社2003年版,第32页。
② 〔德〕M. 沃尔夫:《物权法》,吴越、李大雪译,法律出版社2004年版,第4页。
③ 参见金平主编:《中国民法学》,四川人民出版社1990年版,第241页。

（三）物权的特定性

这是物权客体方面的特征。作为物权客体的物，是除人身以外，能满足人类社会生活需要，具有特定性和独立性的有体物及自然力。物权是对物的支配权，其客体如不特定就无从支配。从实际生活来看，在物权支配范围内的物，也总是与其他物区别开来的具体而特定的物。作为例外，物权虽然可以在不特定的物上设定，但物权实现时则必须特定，如最高额抵押权、动产浮动抵押权等。

（四）物权的绝对性

这是物权在实现方面的特征。物权为支配权，物权人依自己的意思支配特定的物而享受利益，即仅凭自己的意思和行为就可以实现权利，无须不特定的义务人以积极的行为予以协助，义务人承担的只是消极的容忍或者不为侵害行为的义务。因此，物权属于绝对权，具有绝对性。

（五）物权的排他性

这是物权在效力方面的特征。物权为直接支配标的物的权利，这客观上不仅要求同一物上不得同时成立两个以上内容互不相容的物权，否则无从支配；也要求物权的权利人享有排斥他人干涉的权利，否则，支配便受到妨碍。

第二节 物权与相关概念的区别

一、物权与财产权

财产权一词的含义在两大法系中并不完全相同。广义上的大陆法系财产权的概念，指以具有一定经济价值的物为客体的权利，非财产权是指不具有一定财产内容而以人格和身份为内容的权利。以此界定，财产权一般包括物权、债权、知识产权、有价证券等权利。狭义的财产权概念，这主要指对有体物的支配的权利，实际上等同于物权。英美法系的财产权概念大体上有三个特点：(1) 财产权利的类型不仅包括了有体物的权利，还包括了无体物和利益的权利；(2) 财产权并不是绝对的权利，而是受限制的权利，没有所有权概念；(3) 财产权不包括合同的权利。

我国学者一般接受了大陆法系广义的财产权概念，以此为前提，物权属于财产权的一种。在我国物权与财产权存在并用的情况。我国《民法通则》第五章第一节使用了"财产所有权和与财产所有权有关的财产权"概念。此处的"财产"权与"物"权大致相同。在更多的时候，"财产"权是一个在范围上较"物"权大的术语。如《担保法》第34条规定的"财产"，既包括物，也包括土地使用权等权利。又如《继承法》第3条规定的"个人合法财产"，同样既包括物，也包括著作权、专利权等权利。因此，在我国，财产权比物权内涵广，不仅包括物权，还包括债权、知识产权、继承权等。同时，"财产所有权"一词仅从所有权方面讲又比"物权"内涵窄，物权不仅包括所有权，还包括用益物权和担保物权。

二、物权与债权

(一) 二者的联系

1. 物权和债权都是民法中最基本的财产权

物权和债权是民法调整平等主体之间财产关系的结果。商品流通不可或缺的前提是对商品所有者的权利保护和对商品所有者自由处分权的保护,于是产生了物权制度与债权制度。

2. 物权往往是债权成立的前提,又往往是债权运动的结果

民事主体进行商品交易的前提是对其交换的财产享有所有权,否则就不能将该项财产进行交换,债权自无产生可能,而交换的结果往往是财产所有权的让渡和转移。

3. 债权人在处分其权利时,其地位与物权人的处分权一致

比如债权人以自己的意思表示废止自己的债权、放弃债权等,债权人所行使的处分权,与所有权的拥有与处分是一致的。这一点,在德国法学中被称为"类似所有权之地位"。[①]

(二) 二者的区别

1. 权利性质不同

物权为支配权,债权为请求权。物权人无须借助于他人的行为就能行使其权利,并通过对标的物的直接支配实现自己的利益。债权人则是请求债务人为一定行为或不为一定行为来满足自己的利益。

2. 权利客体不同

物权是对物的支配权,物的存在是物权发生的基础,也是物权的唯一客体;债权的客体为给付,即债务人的特定行为。

3. 义务主体不同

物权是绝对权或对世权,债权是相对权或对人权。物权的权利主体是特定的,其他任何人都负有不得非法干涉和侵害权利人所享有的物权的义务(绝对性)。这也就是说一切不特定的人都是义务主体(对世性)。债权只是发生在债权人和债务人之间的关系(相对性),债权的权利主体是特定的且义务主体也是特定的(对人权)。

4. 效力不同

首先,物权具有排他力,也就是在同一标的物上,性质不两立的两种以上的物权不得同时并存。物权的这一特征使其与债权明确区分开来。债权的作用只是请求债务人为一定行为,数个债权人可以同时请求债务人为同种行为而互不影响,故而法律允许同一标的物之上有多个债权存在。其次,物权具有优先力,即物权优先于债权,先成立的物权优先于后成立的物权。而债权具有平等性,即债权人之间的债权,不考虑其产生之先后、金额之多寡、债权的发生原因以及债权人的社会地位、宗教信仰、民

---

① 参见孙宪忠:《德国当代物权法》,法律出版社1997年版,第24页以下。

族等因素,债权人应当平等地受到清偿。再次,物权具有追及力,即物权的标的物不管流落到何人之手,所有人都有权请求占有人返还(善意取得除外)。而债权只有在特定当事人之间发生效力,对标的物不享有追及权。

值得指出的是,2012年7月1日起施行的《最高人民法院关于审理买卖合同纠纷案件适用法律问题的解释》第9条确立了"一物数卖"情形下普通动产的继续履行规则,在坚持交付生效物权变动的前提下,规定了先付款的买受人、成立在先合同的买受人的顺序履行请求权行使规则。该司法解释的第10条确立了"一物数卖"情形下特殊动产"交付生效+登记对抗"的继续履行请求权的行使规则。这些法律适用规则的确立对我国的债法理论尤其是债权效力与物权变动规则已经或将要产生何种影响值得进一步研究。

5. 权利的设定不同

物权的设定采取法定主义,债权的设立采合同自由原则。物权的种类和内容须由法律明确规定;债权的设定采取任意主义,当事人只要不违反法律的强制性规定和社会的公序良俗,均可以自己的自由意思设定债权。

6. 权利的存在期限不同

物权中所有权为无期限的权利,债权为有期限的权利。法律不允许存在无期限限制的债权,一切债权,无论任意债权或法定债权,均有其存续期限。

7. 公示方法不同

物权是公开化的权利,而债权具有非公开性。物权是一种对世权,必须要对外公开,因此,它一般以登记或交付为公示方法。而债权只在特定的当事人之间存在,它并不具有公示性,设立债权亦不需要公示。

8. 保护方法不同

物权的保护,主要是返还原物、排除妨害等,赔偿损失是补充方法;而债权主要采取赔偿损失的方法。

(三) 物权与债权的相对化

1. 债权物权化

债权物权化的一般含义是指债权被赋予了某种物权的效力。这主要表现在:(1)租赁权的物权化。这体现为一方面租赁期限的长期化使其具有物权的特点,另一方面现代社会确立了"买卖不破租赁"的原则。(2)公示的债权具有一定的物权效力。典型的为共有中分管协议的对抗受让人的效力。(3)法律出于特殊政策性考虑,规定某些特殊债权具有实现上的优先效力。(4)特定情况下,当事人可通过一定的方式明示其债权存在并取得对抗第三人的效力。如不动产买卖中的预告登记制度。

2. 物权债权化

这是指物权被赋予了一定的债权的效力。这具体表现为:(1)第三人善意取得制度的普遍承认,在相当程度上阻滞了物权请求权的效力。(2)立法例上所规定的某些物权,物权性本身甚为淡薄。如地役权,虽然物权法规定为用益物权的一种,但其内容可由当事人自由约定,设立以地役权合同成立并生效。又如我国《物权法》上规定的农村土地承包经营权,设定与流转都有诸多限制。(3) 传统民法上存在的一些不能适应社会经济生活需要的物权逐渐退出物权法,失却其物权的效力而归入债法调整。

3. 物权与债权相互渗透

这是指物权与债权在某些方面处于混合、模糊状态,主要表现在:(1) 物权的证券化。现代社会,物权特别是所有权,与债权相结合,获得了超出对物的支配的性格的对人的支配力,造成经济上所谓财产的资本化。如在有价证券的权利中,所有权与债权融为一体,很难确定证券的权利是物权还是债权。(2) 合同法中也可以规定物权内容。如《合同法》第286条规定的法定抵押权。① (3) 民法中对债的有关规定可以在物权关系中类推适用。例如,债权的请求权,尤其是关于债务不履行的规则,原则上可以类推适用于物权请求权。② (4) 有期限所有权的出现。所谓所有权的期限化,是指通过有期共享购买定式合同产生的一种不动产权利形式。这种定式合同赋予购买人在事先确定的期限排他性地使用特定不动产的权能,通常是由许多人长期或短期相继和轮换使用同一不动产,且这种权利可以在生前或死亡后转让。③ 这是随着分时度假的兴起而出现的一种新的产权模式。尽管在理论上其存在着是分期租赁债权还是有期限所有权的问题,但它无疑是对完整、无期限所有权制度的巨大挑战。

三、物权与知识产权

知识产权,又称智慧成果权、智力成果权,是人们对于自己的智力活动所创造的成果和经营管理活动中的标记、信誉依法享有的权利。④ 它主要包括著作权(版权)、专利权、商标权、发明权、发现权等源于智力创造活动所产生的权利。知识产权为一项基本的民事权利,与物权、债权等共同构成民事权利的体系。

(一) 二者的共性

1. 二者皆为支配性的财产权利

物权与知识产权都是对财产的支配权。物权,反映的是物权人依法可以对特定物(主要是有形财产)享有的占有、归属和利用关系;知识产权反映的是知识产权人对其享有的智力成果在法律规定的范围内加以独占的使用的权利。

2. 二者均为绝对权、对世权

二者都以社会一般人为义务主体,任何人对他人的物权和知识产权都负有尊重、不得侵害的不作为义务,都只需权利人自己的行为即足以实现权利而享有利益,不需要义务人的积极行为。

---

① 又有学者称之为法定优先权、法定留置权等。
② 参见屈茂辉:《物权法·总则》,中国法制出版社2005年版,第66—70页。
③ 参见高富平:《物权法原论》(上册),中国法制出版社2001年版,第3页。
④ 吴汉东主编:《知识产权法》,中国政法大学出版社2002年修订版,第1页。

3. 二者都具有排他性

物权人享有排除他人干涉的权利,在知识产权关系中,除法律规定的可以合理使用和强制许可使用的情形外,知识产权人也有禁止他人使用其作品、专利技术或商标的权利。

(二) 二者的区别

1. 客体不同

物权的客体主要为有形的财产,如动产、不动产;知识产权的客体为无形财产,如作品、专利技术和商标等精神产品。因此,物权又被称为有体财产权,知识产权则被称为无形财产权。

2. 权利内容不同

物权的内容为单纯的财产权,一般认为,知识产权中除商标权不直接涉及人身权利内容外,其他均包括财产权与人身权的双重内容。

3. 取得的过程不同

物权的享有只需法律一般的原则的确认,而知识产权的享有则需法律直接的、个别的确认。所谓一般的原则的确认,指只要法律对物权的类型和取得方式作出一般的原则性的确定,民事主体即可依法律的规定取得物权,无须国家机关一一批准和认可(一些不动产物权和重要的动产须登记)。所谓直接的、个别的确认,指知识产权的取得,除须法律对知识产权的类型和取得方式作出一般的原则性的规定外,须民事主体依法向国家主管机关申请,经国家主管机关批准或认可。

4. 对客体的支配条件不同

物权的支配性是无须他人许可的,但知识产权人对智力成果的支配是以他人的许可为前提的,即使是自动取得的版权,智力成果也必须符合法定的条件。

5. 地域性与时间性不同

知识产权具有地域性,按照一国的法律获得承认和保护的知识产权,原则上仅在该国领域内有效;而物权原则上无地域上的限制。知识产权,除其中的精神权利外,均有一定的存续期间;而物权体系中,所有权是无期的,他物权虽有期限,但期限届满后仅导致他物权消灭,客体上的所有权并不消灭。

第三节 物权的效力

物权的效力,是指法律赋予物权的强制作用力,或者说是物权所特有的功能和作用。从作用范围看,物权的效力,可以分为一般物权所共有的效力,以及各种特殊物权所独有的效力。特有的效力在各种具体物权中作说明,此处仅论述物权的共同效力。关于物权的效力,有不同认识,有所谓的"二效力说""三效力说""四效力说",本书赞成追及的效力并不具有独立性,应包括在物权请求权的效力之中。因此,本书认为物权具有排他效力、优先效力和物权请求权效力。

一、物权的排他效力

(一) 物权的排他效力的含义

物权的排他效力,是指同一物上不得同时成立两个以上内容互不相容的物权,物权的权利人享有排斥他人干涉的权利。物权的排他效力是物权直接支配性的消极功能。法律之所以赋予物权以排他性效力,在于保障权利人能够独占的享有标的物的利益。如果否认物权的排他效力,一是会妨害权利人对于标的物的有效支配;二是将会损害标的物的顺畅交易。

(二) 物权的排他效力的内容

1. 同一物上不得同时成立两个以内容互不相容的物权

这包含以下几层含义:(1)内容或类型完全相同的物权因其对物的支配完全相同或以占有为内容而相互排斥。因此,所有权与所有权、质押权与质押权、用益物权与用益物权不能并存。(2)类型不同的物权,如其内容基本相同,也会因互相排斥而不得在同一物权上并存。(3)他人因占有时效或善意取得制度而取得对该物的所有权时,先前的所有权将因此而消灭,并不得对抗后一个所有权。(4)物权的排他效力有强弱之分。所有权最强,同一物之上绝对不允许有多个所有权存在。以占有为内容的定限物权次之,如用益物权;非以占有为内容的定限物权最弱,如抵押权,排他效力最弱。[1]

物权的排他效力不包括以下情形:(1)共有,即数人共享同一所有权;(2)所有权与他物权并存;(3)内容相容的他物权并存,即互不影响的数个他物权可以并存。

2. 物权的权利人享有排斥他人干涉的权利

这是指物权具有不容他人侵犯或得直接排除他人不法妨碍的效力。《物权法》第4条规定,国家、集体、私人的物权和其他权利人的物权受法律保护,任何单位和个人不得侵犯。这是对物权的排他效力的法律确认。

值得指出的是,学界对排他性的认识多是从同一物上不能存在矛盾的物权的角度,而认为排他性并不包括"排除他人干涉的权利"这一内涵。本书认为,两者之间是存在内在联系的,同一物上不能同时成立两个以上内容互不相容的物权,即意味着一个物上完全独立的物权只能由该权利人行使而不能由其他人行使,这本身就蕴涵排除他人干涉的含义。亦即它可以理解为,同一标的物存在两个矛盾的物权即对某一权利人的物权的侵害,得排除之。[2] 从这一意义而言,物权排他效力的两项内容是统一的。

二、物权的优先效力

物权的优先效力,又称为优先权,指同一标的物上有数个利益相互冲突的权利并存时,具有较强效力的权利排斥或先于较弱权利的实现。它包括两种情况:

---

[1] 梁慧星、陈华彬:《物权法》(第四版),法律出版社2007年版,第56页。
[2] 侯水平、黄果天等:《物权法争点详析》,法律出版社2007年版,第51页。

（一）物权优于债权的效力

1. 物权优于债权的一般规则

同一标的物上有债权与物权并存时，无论物权成立先后，物权优先于债权，这又被称为物权的对外效力。物权的对外效力包括以下几种情况：

（1）所有权优先于一般债权。这主要适合于一物数卖的情况。在不动产与动产交易的情况下，因登记或交付而享有对标的物的所有权，所有权优先于先买者享有的债权。

（2）用益物权优先于一般债权。当用益物权与债权并存时，用益物权应优先于债权。

（3）担保物权优先于其他债权。享有担保物权的债权人可就担保物优先于其他债权人受清偿。如当企业破产时，担保物权人享有别除权，即将担保物从破产财产中别除，由担保物权人单独受偿。等到担保人全部受偿后再将剩余财产列入破产财产，由其他债权人受偿。

2. 物权优先于债权的例外情形

在法律明确规定的情况下，即使是发生在后的债权，也可以具有优先于物权的效力。物权优先于债权的例外的情形主要包括：

（1）"买卖不破租赁"。就是租赁期间租赁物产权变更的，不影响原承租人的利益，原租赁合同对新的所有权人仍有约束力。但应指出的是，在世界大多数国家和地区，买卖不破租赁的原则只是适用于不动产的租赁，因为动产租赁难以体现法律予以特别保护的价值。

（2）基于社会公益或政策的原因，法律规定某些物权不能享有优先次序。如《海商法》规定的"船舶优先权"不得优先于船长、船员的工资等劳动报酬、社会保险等费用的给付请求权。

（3）根据"为债权的债权"优先的原则，新设定的债权具有优先于原来的债权以及为这些债权进行担保的效力。所谓"为债权的债权"，即为了某些债权的实现而不得不新设立的债权。如依法由清算人对债务人的财产进行清算所产生的费用，即为"为债权的债权"。"为债权的债权"，是为了原来的债权实现的目的设定的，效力当然优先。[①]

（4）纳入预告登记的债权，依法在一定期间内优先于物权。根据《物权法》第20条第1款规定，当事人签订买卖房屋或者其他不动产物权的协议，为保障将来实现物权，按照约定可以向登记机构申请预告登记。这一"预先登记"的债权具有排斥后来一切不动产物权变动的效力。

（二）物权相互之间的优先效力

1. 物权相互之间的优先效力的一般规则

内容相互冲突的物权，相互间效力，依其成立先后来决定，这又被称为物权的对

[①] 孙宪忠：《中国物权法总论》，法律出版社2003年版，第50页。

内效力。物权对于标的物的直接支配性与排他性特征,决定了物权相互间效力的基本规则,此即物权法中所谓的"时间在先,权利在先"。具体而言,包括以下情形:

(1) 数个相容的用益物权并存于同一标的物上时,成立在先的用益物权优先于成立在后的用益物权。《物权法》第136条规定:"……新设立的建设用地使用权,不得损害已设立的用益物权。"如设立了地表建设用地使用权后,后设立的地下建设用地使用权不得妨害地上的建设用地使用权的行使。

(2) 数个相容的担保物权并存于同一标的物上,成立在先的担保物权优先于成立在后的担保物权。如根据《物权法》第199条第1项的规定,抵押权已登记的,按照登记的先后顺序清偿。即在一物上设定抵押权后,再设定另一抵押权,优先效力体现为登记在先的抵押权优先受偿。

(3) 用益物权与担保物权并存时,成立在先的权利具有优先效力。如在土地上设定抵押权后,又在该土地上设定建设用地使用权而损害先设定的抵押权时,抵押权人在实行抵押权时,即可请求除去后设定的建设用地使用权,而以未有负担的单纯的抵押权拍卖。①

2. 物权对内效力的例外情形

依照法律规定,后成立的物权具有优先于先成立的物权的效力,这些情形主要包括:

(1) 定限物权在其范围内优先于所有权。限制物权是根据所有人的意志设定的物上负担,起着限制所有权的作用,因此,限制物权有较所有权为优先的效力。

(2) 法律规定了特殊的顺位时,后设立的物权优先于先设立的物权。如《物权法》第239条规定:"同一动产上已设立抵押权或者质权,该动产又被留置的,留置权人优先受偿。"

(3) 基于公益或社会政策的理由,发生在后的某些物权有优先于发生在前的某些物权的效力。例如,海商法上的优先权有优先于船舶抵押权的效力。

三、物权请求权效力

(一) 物权请求权的含义

物权请求权,是指物权人对物的支配因受到他人妨碍而出现缺陷时,为回复对物的圆满状态而产生的请求权。物权请求权之所以作为物权的效力,根本上是由物权的性质所决定的。物权是排他性的权利,一物之上只能一个所有权主体,当所有权的标的物被他人非法侵占时,法律自应赋予所有人以请求返还其所有物的权利;物权既然为直接支配标的物的权利,则物权人对于物权内容的实现,自然无须他人行为的介入。② 可见,物权请求权是保障物权人的对物的支配权所必需的,是不能与物权相分离的权利。物权请求权效力,从另一角度而言是对物权的保护,具体内容我们将在物

---

① 陶百川等编纂:《最新综合六法全书》,台湾三民书局1986年版,第244页。
② 郑玉波:《民法物权》,台湾三民书局1995年版,第24页。

权的保护中阐述。

（二）物权请求权性质

关于物权请求权性质大致有以下几种学说:(1)债权说。此说认为物权请求权系权利人请求特定人为特定行为(排除妨害)之权利,为行为请求权,属于纯粹的债权。(2)物权作用说。此说认为物权请求权乃物权的作用,依存于物权而存在,不是独立的权利。(3)准债权说。此说认为物权请求权是一种准债权的特殊请求权,亦即就其能对特定相对人行使及仍以请求为权利内容而言,类似于债权;就其产生、移转、消灭等从属于物权而言,又与物权紧密相关。(4)物权效力所生请求权说。此说认为物权请求权源于物权的效力。(5)物权派生的请求权说。认为物权请求权系由物权派生而常依存于物权之另一权利。

学界通说认为,债权说不可采,因为如果物权请求权是债权,那么就无法对抗义务人的其他债权人,难以实现回复对物的支配。物权作用说尽管说明了物权请求权与物权的关系,但没有解释物权请求权本身的特征即对人性。准债权说虽然肯定物权请求权的独立性,但将其归属于准债权,也不妥。学界多认为,物权效力所生请求权说与物权派生的请求说的综合的独立请求权较为可信。即物权请求权一方面是由物权所派生的一种权利,它不能与物权分离而独立存在;另一方面,它又是一种请求权,具有对人性。

（三）物权请求权的特征

1. 物权请求权是一种基于物权而产生的、保护物权的请求权

物权请求权来自于物权的支配内容,由于物权请求权的行使可以使物权恢复圆满状态和支配力,因此,它是物权效力的体现。物权请求权在物权受到妨害时发生,是物权人要求他人为一定行为或不为一定行为的权利,因此,是保护物权的请求权。

2. 物权请求权是附属于物权又有别于物权的权利

一方面物权请求权是以恢复物的圆满状为目的而提出的请求权,附属性极为明确,它不能脱离物权而单独存在,也不能单独让与。另一方面,物权请求权只能针对特定的侵害人行使,不具有对世性,因而不同于物权。

3. 物权请求权的行使不以妨害方的过错与实际损失为要件

物权请求权的行使旨在维护物权的圆满状态,只要物权的行使受到妨碍,物权人即可行使请求权,妨害方有无过错在所不问。因物权请求权的行使并不涉及损害赔偿问题,因此,无须以实际损失为要件。

本章重点疑难问题提示

一、物权的含义问题

在物权法理论上,对物权概念的界定有以下几种学说:

（一）对物关系说

该学说的最早倡导者为德国学者博格(Dernburg)等人。该学说认为债权是人与

人的关系,而物权则是人对物的关系,或者认为物权是人直接对于物享有一定利益的权利,至于一般人对于物负有的不可侵害的义务,是对物的支配权所产生的结果,并不构成物权本身的内容。对物关系说是针对物权为对物的直接支配权而作出的一种客观、具体的表述。

(二)对人关系说

该学说的倡导者为德国学者温德夏得和萨维尼等人。他们认为,无论债权关系还是物权关系,事实上都是人与人的关系。两者只是在对人关系的范围上有所不同而已。债权是对特定人的关系,而物权是可以对抗不特定人的关系。对人关系说是针对物权作为一种法律关系而作出的一种主观、抽象的描述。

(三)权利归属说

这种观点也是为德国学者所创。他们认为,物权人对客体的直接支配以及物权保护性均来自物权的财产归属性,即法律将特定物归属于某权利主体,由其直接支配,享受利益,并排除他人对此支配领域的侵害或干预,这正是物权本质之所在。①

(四)折衷说

该说认为,物权的积极方面是人对物的支配权(支配性),体现人对物的关系;物权的消极方面是排除他人干涉的权利(排他性),体现人与人之间的关系。该说为通说,我国学界比较有代表性的观点主要有:(1)"物权,是权利人直接支配物并排斥他人干涉的权利。"②(2)"物权是直接支配特定的物并排除他人干涉的权利。"③(3)"物权为民事主体直接支配物并有排他效力的权利。"④(4)"物权,是物权人直接支配特定的物并排他性地享受其利益的权利。"⑤可见,我国学者对物权的界定的主要分歧在于:物权的主体是否需要指出;物权定义是否应当规定享受利益。

笔者认为,凡权利则应有主体,至于主体表述为权利人、民事主体、物权人,还是具体列举则是值得进一步探讨的。关于物权定义是否应当规定享受利益的问题,笔者认为,物权人自应享受其物权利益,这是毋庸置疑的。但权利本身便包含利益,"享有利益"是权利的一般属性而不是物权区别于其他权利的种差,将其纳入物权定义是没有一般性意义的。⑥ 因此,《物权法》的定义基本上是妥当的。

二、是否应将"排他"纳入物权的定义之中的问题

《物权法》起草过程中,立法者开始并未将"排他"一词纳入物权定义,学者对此也存在着争议。而这种争议还伴随着对于"排他"的不同理解。一些学者认为,物权的排他性是指同一标的物上不容许性质互不两立的两种以上物权同时存在⑦;而另一

---

① 参见王泽鉴:《民法物权:通则·所有权》,中国政法大学出版社2001年版,第37页。
② 王利明主编:《中国民法典草案建议稿及说明》,中国法制出版社2004年版,第97页。
③ 梁慧星:《中国民法典草案建议稿附理由》(物权编),法律出版社2004年版,第7页以下;《中华人民共和国物权法(草案)》第6条。
④ 孟勤国:《中国物权法草案建议稿》,载《法学评论》2002年第5期。
⑤ 梁慧星、陈华彬:《物权法》(第四版),法律出版社2007年版,第6页。
⑥ 参见侯水平、黄果天等:《物权法争点详析》,法律出版社2007年版,第45页。
⑦ 郑玉波:《民法物权》,台湾三民书局1988年版,第14页。

些学者则认为,除上述含义外,还包括物权具有不容他人侵犯或得直接排除他人不法妨碍的效力。① 可见,争议的焦点在于,是否应将"排除他人干涉的权利"纳入"排他"含义之中并为物权的概念所包含。

笔者认为,从理论上而言,债权、知识产权作为民事权利,权利人也享有"排除他人干涉的权利",且支配性内在地包含排他性,从这一角度而言,这一特性确实不是物权区分于其他民事权利的特征。但一方面,物权具有"排除他人干涉的权利"则是不争的事实;另一方面,"在我国'官本位'思想严重、私权利尚不能得到充分保护、民众需求法治、渴求依法约束公权的条件下,明确规定物权的排他性亦不失为权宜之计"②。

三、物权的排他性是物权的效力还是特征问题

一些学者认为,排他性是物权的特性而非效力。③ 而另一些学者则认为,排他效力是权利人排除他人侵占其标的物和干涉、妨碍其物权行使的法力,涵盖了物上请求权。④

笔者认为,一方面,物权在性质上区分于债权的概念之一即是物权具有排他性,而债权则不具有排他性。另一方面,物权排他效力的根源在于对标的物的事实支配和法律承认的支配。如经登记而取得所有权,即使没有实际占有,其权利人基于法律承认的支配而享有排他的效力。因此,物权的排他性既是物权的特征也是其效力。至于认为物权的排他效力为物上请求权所涵盖,则在于没有认识到排他效力是直接支配权的消极功能,它并不具有积极实现的功能。因此,物权的排他性是独立的物权的效力。

四、物权的追及效力是否物权的效力问题

物权的追及效力是指物权成立后,标的物不论辗转于何人之手,物权人均可追及于物之所在而直接支配其物的效力。追及效力是否物权的效力问题有不同认识:肯定说认为,一方面物权具有追及效力是相对于债权而言的;另一方面,物权的追及效力虽然需要通过行使物上请求权得以实现,但追及的效力是物上请求权中返还原物的请求权产生的基础,而不能说包括在返还原物请求之中。⑤

笔者认为,物权无疑有追及效力,但它是物权请求权效力的权能,物权的追及效力已为物权的优先效力和物上请求权效力所包含,不独为物权的效力。⑥ 理由是:(1) 追及效力的实质是权利人可以主张返还原物,而返还原物请求权为物权请求权的权能;(2) 返还原物的请求权的基础不是追及效力,而是源于物权的支配性与对世性。

---

① 王利明:《物权法论》(修订二版),中国政法大学出版社2008年版,第7页。
② 侯水平、黄果天等:《物权法争点详析》,法律出版社2007年版,第41页。
③ 魏振瀛主编:《民法》(第四版),北京大学出版社、高等教育出版社2010年版,第210—216页。
④ 李开国:《民法基本问题研究》,法律出版社1998年版;侯水平、黄果天等:《物权法争点详析》,法律出版社2007年版,第52页。
⑤ 王利明:《物权法论》(修订二版),中国政法大学出版社2008年版,第9页。
⑥ 史尚宽:《物权法论》,中国政法大学出版社2000年版,第10页。

五、物权请求权与物上请求权的关系问题

学界多认为物权请求权即物上请求权,但有学者认为,物权请求权与物上请求权有所不同。①

笔者认为,我国《物权法》采用物权请求权的统一立法,即未区分所有权与其他物权而分别立法,但一般认为,物权请求权以基于所有权的请求权为典型,至于基于他物权的请求权则因不同的物权种类而有所差异。尽管基于他物权的请求权有一些特殊性,但将基于物权所生的请求权归纳为物权请求权是妥当的。但占有并非一种权利,而是事实,基于占有产生的保护请求权与基于物权产生的请求权有着本质的区别,为使物权法上的请求权有一个统一的归属,对物上请求权与物权请求权进行区分是必要的。因此,物上请求权可以理解为基于对物的物权享有的物权请求权与基于对物的占有而享有的占有保护请求权。

六、物权请求权与侵权请求权的关系问题

我国《物权法》第34条至第36条规定了物权请求权,而《侵权责任法》第2条规定了侵害所有权、用益物权、担保物权等财产权益应承担侵权责任,第15条确认了在物权遭受侵害的情况下,受害人可以主张停止侵害、排除妨害、消除危险、返还财产。这一立法现状反映了我国十几年来关于物权请求权与侵权请求权关系的学术分歧上的两种主要观点:第一种观点认为物权请求权与侵权请求权构成竞合,受害人可择一行使。理由:其一,二者的性质不同。物权请求权是物权的效力,是为保护物权的"原权请求权",而侵权请求权是受害人遭受侵害时产生的"次生请求权"。其二,二者的构成要件不同。物权请求权不需要证明对方是否具有过错且不适用诉讼时效,而侵权请求权原则上要考虑过错,且要适用诉讼时效。② 第二种观点认为侵权请求权吸收了包含物权请求权在内的绝对请求权。理由:其一,认为物权请求权不是基于物权而产生的请求权,而是在权利受到侵害时产生的"救济请求权",而这正是侵权请求权的基本性质。其二,认为可将《物权法》中规定的物权保护方法,解释为引致规范,适用法律的具体根据是侵权责任法上的相关规定。由此,请求停止侵害、排除妨害等时不以侵权人有过错为要件。③

笔者认为,从我国现行的立法现状而言,竞合说是可取的,但从未来《民法典》制定的角度以吸收说为宜。

---

① 李太正:《物上请求权与物权请求名称之辨正》,载苏永钦主编:《民法物权争议问题研究》,台湾五南图书出版公司1999年版,第49—57页。
② 王利明:《侵权责任法研究》(上卷),中国人民大学出版社2010年版,第148—149页。
③ 参见魏振瀛:《制定侵权责任法的学理分析——侵权行为之债立法模式的借鉴与变革》,载《法学家》2009年第1期。

第三章 物权的类型

第一节 物权的分类

一、物权的理论类型

(一) 自物权与他物权

这是以物权的主体归属为标准进行的分类。自物权,是指对"自己之物"享有的物权,也就是所有权;他物权,指对"他人之物"享有的物权,即所有权以外的各种物权。他物权是派生于所有权的物权类型,权利人根据法律规定或合同约定对他人所有之物享有其所有权部分权能。

(二) 完全物权与定限物权

这是以标的物支配范围为标准所作的分类。完全物权是指权利人对标的物可进行全面支配的权利,即所有权;定限物权,是指权利人对标的物的支配被限定于某一特定方面或某一特定期间的物权,也称为限制物权。定限物权与他物权常常是同义的。两者区分的意义在于,定限物权有限制完全物权的作用,其效力优先于后者。

(三) 主物权与从物权

这是以物权是否具有独立性为标准而进行的区分。主物权是指物权能独立存在,不需从属于其他权利的物权,例如,所有权、建设用地使用权等;物权不具有独立性,必须从属于其他权利,称为从物权,如担保物权(从属于债权)、地役权(从属于需役地的所有权)。二者区分的意义在于,主物权能独立存在,从物权则随主物权的命运。

(四) 意定物权与法定物权

这是以物权发生的原因为标准而进行的区分。意定物权,又称约定物权,是指物权的发生是基于当事人的意思;法定物权,指物权的发生,不问当事人的意思如何,依法律的规定而发生。民法上规定的物权除法定抵押权与留置权是法定物权外,其余都是意定物权。区分的意义在于,两者的成立要件与适用法律不同。

(五) 不动产物权、动产物权与权利物权

这是以标的物的种类为标准进行的区分。存在于不动产上的物权,称为不动产物权,如不动产所有权、地役权等。存在于动产上的物权,称为动产物权,如动产所有权、动产质权和留置权。存在于权利上的物权,称为权利物权,如权利质权、权利抵押权。其意义在于其成立要件、效力及得丧变更不同。

(六) 有期限物权与无期限物权

这是以物权存续有无期限为标准进行的区分。仅能在一定期限内存续的物权,称为有期限物权,如抵押权、质权、留置权等。存续期间无限制,且能永久存续的物权,称为无期限物权,如所有权。二者区分的意义在于,有期限物权其存续期间届至时,当然归于消灭;无期限物权除抛弃、标的物灭失或其他原因外,不因时间经过而消灭。

(七) 公示物权与事实物权

这是以物权是否依据法律规定的公示方式为标准所进行的分类。公示物权又称法律物权,是指经法定公示手段公示的物权。事实物权,则指通过各种证据证明存在的物权。[①] 公示物权包括不动产登记簿上记载的不动产物权和占有表现的动产物权。事实物权则包括不动产事实物权与动产事实物权。如建设工程竣工,建设人虽未登记为公示所有权人,但是事实上的所有权人。事实物权与公示物权的区分意义主要在于:事实物权人须有足够的证据证明物权的存在;在不存在着交易第三人的情形下,事实物权人能够对抗公示物权;在存在着交易第三人的情形下,事实物权则不能对抗善意的第三人。

(八) 本权与占有

这是以其有无物权的实质内容为标准进行的区分,占有是对于标的物有管领力的一种事实,并非物权。对占有而言,所有权、其他物权、甚至租赁权,均为本权。区分的意义在于,确定有无本权的存在,以确定保护方法。

(九) 普通物权与特别物权

这是以物权依据的法律的不同为标准所进行的区分。普通物权,指由民事基本法明确承认的物权种类。特别物权,即由民法特别法或者行政法规定的物权类型。如森林法规定的森林采伐权、矿产法规定的采矿权、水法规定的用水权、渔业法规定的渔业权以及环境资源法等规定的自然资源使用权等。区分的意义在于,特别物权仅在特别法未有规定时,才准用民事基本法的规定。

二、我国的法定物权类型

物权的法定类型是指法律中明确规定的物权类型,我国《物权法》明确规定了下列物权类型:所有权,包括国家所有权、集体所有权、私人所有权、业主的建筑物区分所有权;用益物权,包括土地承包经营权、建设用地使用权、宅基地使用权、地役权;担保物权,包括抵押权、质权、留置权。此外规定了作为"类物权"的占有。

在《物权法》中,虽然没有在章节中明确,但在具体的法律条文中涉及的物权类型主要有:企业法人财产权(《物权法》第 67 条、第 68 条);社会团体所有权(《物权法》第 69 条);特许物权(《物权法》第 122 条、第 123 条)。

除《物权法》规定了物权类型以外,我国物权类型还在其他法律中有所规定。如《合同法》第 286 条规定的承包人享有的法定抵押权。

关于物权的类型,学者们争议比较大的但未规定在我国现行法律中的物权类型

---

① 高富平:《物权法专论》,北京大学出版社 2007 年版,第 66 页。

主要有:让与担保、居住权、空间利用权、优先权等。

第二节 物权法定原则

一、物权法定原则的内容

物权法定原则,又称为物权法定主义,它的一般含义是指在一个统一的法律效力地域内,当事人设定的物权必须符合法律的明确规定。近现代以来,许多国家和地区的民法中明确规定:物权,除本法或其他法律规定者外,不得创设。我国《物权法》第5条规定,物权的种类和内容,由法律规定。这是对于物权法定原则的阐述。

物权法定原则的内容主要有两个问题需要回答:一是物权法定的对象;二是物权法定的法源。

(一) 物权法定原则中"定"的内涵

物权法定原则中"定"的内涵,即物权法定原则的内容,或者说物权法定的对象,包括以下具体内容:

1. 物权的种类由法律设定

物权的种类必须由法律设定而不得由当事人随意创设,学说上称为"类型强制"。"不得由当事人随意创设",是指当事人在其协议中不得明确规定其通过合同设定的权利为物权,也不得设定与法定的物权类型不相符合的物权。

2. 物权的内容由法律设定

当事人不得创设与物权法定内容不同的内容,学说上称为"类型固定"。物权是一种对世权,其内容必须要使第三人明确。所谓内容法定,主要包括以下几个方面:一是物权的基本权能必须由法律规定。二是物权的特定存续事项,只能由法律规定。三是对于物权法的禁止性规定,当事人应当予以遵守。

3. 物权的公示方法由法律规定

物权具有绝对性与对世性,物权法定主义的主要理由是为了维护交易的安全、物的有效利用以及国家管理的需要。因此,物权的公示方法应由法律进行规定,物权只有符合法律规定的公示方法进行公示才具有对抗第三人的效力。

4. 物权的效力由法律规定

物权具有排他效力、优先效力、物权请求权效力等都是由物权的作用力所决定的。物权一经成立,即产生相应的效力。因物权为法定,物权的效力为法定也就顺理成章。法律规定为物权,便应产生物权效力;当事人只能依照法律规定的方式设定物权,方能产生法定的物权效力,才具有对抗第三人的效力。

(二) 物权法定原则中"法"的范围

物权是一项重要的民事权利,物权制度属于民事基本制度。依照《立法法》的规定,民事基本制度只能由法律规定。基于这一认识,《物权法》规定,物权的种类和内容,由法律规定。这里的"法律"原则上应是狭义的,即指全国人大及其常委会制定的

《物权法》和其他有关法律。

基于以上认识,物权法定原则应是指物权的种类、内容、效力和公示方法都应由法律明确规定,而不能由法律之外的其他规范性文件确定,或当事人通过合同任意设定。

二、物权法定原则的理由

关于物权法定原则的理由,主要包括以下几个方面:

1. 是由物权的特性所决定的

物权法定主义成立的第一个隐含的前提是物权与债权的可分性与对立性,这要求物权采法定原则,债权采自由原则,否则,"二元区分"的必要性便荡然无存。物权是一种支配权,具有对世性、绝对性和排他性。任何人对物权都负有尊重义务,而实现这一要求的前提,就是物权的内容能为其他当事人所认识。

2. 有利于物权的公示、确保交易的安全与迅速

只有将物权以法定的方式加以公示,使第三人知道或能够知道,才能一方面减少或排除第三人的侵害或妨害;另一方面,第三人知道物权的存在,则在通过买卖、租赁等方式从事某物的交易时,一旦知道该物之上已存在物权,才有可能不从事这种交易,这无疑有利于维护第三人的利益。而物权的法定与公示,又使交易双方对交易对象无须进行复杂的调查就可获知有关内容,这大大节省了交易的成本,促进了交易的迅速进行。

3. 有助于物权体系的统一,从而提高物的利用效率

物权是一个历史的范畴,随着人类对物进行支配的需要而不断发展。物权的设定不合理,则可能会降低物的利用效率。因此,为避免物权设置的混乱,通过对物权的种类与内容加以整理并固定以确立物权体系,有助于发挥物尽其用的经济效益。

4. 整理旧物权,适应社会需要

从历史的角度而言,物权法定主义有利于旧物权的整理,适应了社会发展的需要。

三、违反物权法定原则的法律后果

当事人违反物权法定原则,法律效果依具体情形而定:

1. 违反物权法定不产生物权设定的效果

例如当事人在合同中约定了居住权,这种创设就不具有物权效力。

2. 违反物权法定内容不产生物权效力

例如法律规定不动产所有权的变动须经登记,违反这一规定,则不发生所有权变动的法律后果。

3. 部分违反物权法定原则的,其余部分仍可成立

例如当事人之间在设定抵押权时约定了流质抵押,只是该约定无效,其余条款仍然有效。

4. 物权设定行为虽然无效,但该行为具备其他法律行为的生效要件,则当事人之间仍产生该法律行为的效力

例如当事人在房屋买卖合同中约定了不登记而转移所有权,此时,该设定虽然无效,但该买卖合同仍产生债权效力。

四、物权法定缓和主义

《物权法》规定了物权法定原则,这固然有其存在的价值与理由,但物权法定主义的僵化所带来的弊端也是不容忽视的。

坚持物权法定原则,必须充分认识到物权法定原则僵化的种种弊端,这主要表现为:(1)物权立法无法满足社会经济的发展与社会需要,因为"其对物权种类和内容的限制使法律失去了应有的灵活性,抑制了新型权利的出现,压抑了民间社会对权利的创新功能,将权利的源泉更多地视为来自国家权力,而不是来自市民社会的自发运动"①。换言之,物权法定原则过多地注重了法律制度的稳定性和安全性,而忽略了法律的灵活性和妥当性。(2)物权立法也可能过时而为社会所不容。物权法定主义因此而受到质疑,如何克服物权法定主义僵化的弊端,在物权法定主义与社会需要之间寻找到一个合适的平衡,是物权法定主义面临的主要问题,物权法定主义缓和理论应运而生。

本书赞同物权法定缓和说,并认为,物权法定缓和的途径有三:(1)通过对物权法定中的"内容"的限定来缓和。(2)认为习惯法不违反物权法定主义的立法趣旨,且又有一定的公示方法的,可以从宽解释物权法定主义的内容,使其纳入现行物权法体系,承认其效力。我国《物权法》已承认当地习惯作为相邻关系处理的法源,这表明了立法者一定范围对于习惯法效力的肯定。(3)一定程度承认行政法规、地方法规和规章、最高人民法院的司法解释所创制的物权与内容。

综上所述,在我国目前的立法和司法背景下,对于行政法规、地方法规和规章、最高人民法院的司法解释、习惯法等所创立的物权,如果该权利不与法律的原则相冲突或者符合物权法定主义的立法趣旨且具有相应的符合《物权法》的物权的公示方法,应予以承认。

本章重点疑难问题提示

一、公示物权与事实物权的问题

事实物权是与法律物权相对而言的,对于此种分类,学界赞同的不多,但也鲜见反对者。关于事实物权与法律物权的含义,有学者认为,法律物权,是指权利正确性通过法定公示方式予以推定的物权,包括不动产登记簿上记载的不动产物权和占有表现的动产物权。事实物权,它是指在不存在交易第三人的情况下能够对抗法律物

---

① 温世扬、廖焕国:《物权法通论》,人民法院出版社2005年版,第78页。

权的物权或者说是真正权利人实际享有的物权。① 而有的学者认为,事实物权,是通过各种证据证明存在的物权。② 此外,对于事实物权的具体类型、效力等,学者们的认识也不完全一致。

笔者认为,事实物权也是法律上所承认的物权,将之与法律物权相对应,似乎事实物权不是法律上所承认的物权。而所谓的事实物权与法律物权的分类实质上是以是否公示为标准所进行的划分,因此,这种物权类型的划分还不如表述为公示物权与事实物权更为妥当。事实物权就动产而言,主要是指某动产由非所有权人占有的情形,此时,因占有具有权利推定效力,因此,占有人即享有公示物权,而所有权人则享有事实物权。事实物权就不动产而言,主要包括以下类型:(1)非依法律行为而取得物权的情形。具体而言,又包括:合法建造、拆除房屋等事实行为设立而未进行登记的物权;因继承或者受遗赠取得物权,但未进行登记的;判决或仲裁裁决认定享有物权,但未进行登记的。(2)没有进行登记或者登记错误的事实物权人。如夫妻双方的共有权由于法律规定而产生,在房屋只登记为一方的情形下,另一方仍享有事实物权。

二、物权法定原则的"定"的内涵问题

关于物权法定中"定"的内涵,有几种观点:(1)狭义说。该说认为,物权的变动、行使、公示方法与效力均不宜作为物权法定原则的内容。③ (2)广义说。该说认为,物权法定原则是指物权只能依据法律规定设立,当事人不得自由创设,也不得变更物权的种类、内容、效力和公示方法。④ (3)最广义说认为,物权法定是指物权的种类、效力、变动要件、保护方法等只能由物权法律规定,不允许当事人自行创设。⑤

我们认为,物权法定原则的对象如果过窄,物权法定原则不能达到应有的法律效果,如果过宽则将导致物权法定原则的僵化。因此,我们基本赞同广义说。

最广义说对物权法定的对象界定过宽。物权保护方法既体现为物权请求权也体现为债权的保护方法。后者体现了意思自治自不待言。就物权请求权的行使而言,只要不违反公序良俗,无权利滥用,当事人自可协商行使,将物权保护方法作为物权法定的内容背离了私法自治的基本精神。因此,物权保护方法不能作为物权法定原则的内容。

狭义说对物权法定的对象界定过窄。狭义说认为,物权法定原则之所以成为物权法上的特有原则并由立法予以明确规定,主要是为了与债权创设的任意原则相对应。债权无须公示,便无必要以物权的公示为原则。并进而认为,物权公示方法是物权公示原则的内容,不宜纳入物权法定。该说还认为,就物权效力而言,任何权利的

---

① 孙宪忠、常鹏翱:《论法律物权和事实物权的区分》,载《法学研究》2001年第5期;孙宪忠:《中国物权法总论》,法律出版社2003年版,第65页。
② 高富平:《物权法专论》,北京大学出版社2007年版,第66页。
③ 江平主编:《中国物权法教程》,知识产权出版社2007年版,第126页。
④ 王利明:《物权法论》,中国政法大学出版社1998年版,第87页。
⑤ 周林彬:《物权法新论:一种法律经济分析的观点》,北京大学出版社2002年版,第235页。

效力均来源于法律规定,一种权利无论法律是否规定物权性效力,只要规定其为物权便有物权效力。[①] 我们认为,狭义论所主张的理由是值得商榷的。首先,以债权无须公示方法,也就无须把物权的公示方法纳入到物权法定中作为区别于债权的因素,这一理由难以成立。一方面,物权法定原则的确立并非仅仅是为了与债权创设的任意原则相对应,而有着更为深刻与广泛的价值与意义。另一方面,物权的公示方法需要法定,则是毋庸置疑的,因为,即便是采公示对抗主义,其无须公示即具有物权的效力仍然是基于法律的规定。至于认为物权公示方法仅是物权公示原则的内容,则在于没有认识到这正是以物权法定为前提的。物权法定原则旨在表明物权的公示方法应依据法律的规定,而物权公示原则则在于揭示物权公示的具体方法。其次,以任何权利的效力都来源于法律,而否认物权效力的法定性,理由难以成立。因为,一方面其效力源于法律的规定正说明效力法定;另一方面,债权的效力源于法律的一般规定即"合同具有相当于法律的效力",而物权的效力则源于法律的特别规定,这是物权效力法定的特殊意义。如《物权法》第127条第1款规定,土地承包经营权自土地承包经营权合同生效时设立。如果没有《物权法》的这一特别规定,土地承包经营权的生效当如何确定?至于认为物权的效力源于物权而非物权法定,从是物权就具有物权效力这一角度而言,似乎有一定道理,但关键在于物权本为法定,因此,物权效力源于物权法定也就顺理成章。

[①] 参见温世扬、廖焕国:《物权法通论》,人民法院出版社2005年版,第76页;侯水平、黄果天等:《物权法争点详析》,法律出版社2007年版,第73—74页。

第四章 物权主体

第一节 物权主体概述

一、物权主体的概念与特征

物权主体,有广义、狭义、最狭义之分。广义的物权主体,即物权法律关系的主体,是指物权法律关系的权利人和义务人。狭义上的物权主体,是指对物的占有、归属、利用关系中享有权利的人,包括本权人(含物权人)与占有人。最为狭义上的物权主体,是指对物享有直接支配和排他的权利的权利人,即物权人。我国《物权法》对于物权主体的表述基本上有两类:一是统一表述为"权利人",如第1条规定:"保护权利人的物权"。二是根据有关章节和具体规定的内容相应地表述为"国家""集体""私人""单位""个人""企业法人""企业法人以外的法人""个体工商户""农业生产经营者"等等。

广义上的物权主体具有以下几个方面的特征:

1. 物权主体具有广泛性和一般性

作为物权法律关系的权利人和义务人,既可以是自然人、也可以是法人、还可以是其他组织。

2. 权利主体是特定的,义务主体是不特定的

这是物权的对世性与绝对性的体现。除了权利主体之外的所有的其他不特定的人,对于特定的物权,都是义务主体,都负有不得侵犯特定的权利主体物权的义务。也正因为这一特点,在物权主体的表述中通常只表述为"权利人""物权人"而不表述为"物权义务人"。

3. 物权主体的差异性

国家、集体、私人都可以成为物权法律关系的主体,但因为它们拥有客体的不同,在社会经济生活中具体的权利义务表现出了一定程度的差异性。如国家、集体可以成为土地所有权的主体,但私人不能。

4. 根据物权类型的不同采取了不同的分类标准

对于所有权,物权法按主体区分为国有、集体、私人;但对于他物权则采取了一体承认。如果说所有权主体的区别承认是反映我国基本经济制度的现实需要,他物权的一体承认则表明了对财产利用的公平性、平等性。

二、物权主体的分类

因为物权具有对世性与绝对性,义务主体是所有不特定的人,因此,从义务主体

的角度来认识物权主体没有太多的意义。但从权利人的角度来对物权主体进行分类则不仅是可能的,而且具有一定的现实意义。

(一) 按照物权主体的组织性为标准进行划分

1. 自然人

"自然人"是指基于出生这一自然状态而作为民事主体的人。自然人不仅包括中国公民,还包括外国公民和无国籍人。

2. 法人

法人是具有民事权利能力和民事行为能力,依法独立享有民事权利和承担民事义务的组织。以所有制为标准,法人分为全民所有制法人、集体所有制法人和私营企业法人。以是否含有外资为标准,法人分为中外合资经营企业法人、中外合作经营企业法人、外资企业法人和中资企业法人。以活动性质为标准,法人分为企业法人与非企业法人。我国《物权法》第68条采用了"企业法人"与"企业法人以外的法人"的表述。这里的"企业法人以外的法人"应指非企业法人,根据《民法通则》第三章的规定应包括机关法人、事业单位法人和社会团体法人。根据《物权法》第68条第2款的规定,企业法人以外的法人,对其不动产和动产的权利,适用有关法律、行政法规以及章程的规定。

3. 其他组织

非法人组织是指虽不具有法人资格,但可以自己的名义从事民事活动的组织。根据《民事诉讼法》第49条和最高人民法院《关于适用〈中华人民共和国民事诉讼法〉若干问题的意见》第40条规定,其他组织是指合法成立、有一定的组织机构和财产,但又不具备法人资格的组织,包括:(1) 依法登记领取营业执照的私营独资企业、合伙组织;(2) 依法登记领取营业执照的合伙型联营企业;(3) 依法登记领取我国营业执照的中外合作经营企业、外资企业;(4) 经民政部门核准登记领取社会团体登记证的社会团体;(5) 法人依法设立并领取营业执照的分支机构;(6) 中国人民银行、各专业银行设在各地的分支机构;(7) 中国人民保险公司设在各地的分支机构;(8) 经核准登记领取营业执照的乡镇、街道、村办企业;(9) 符合规定条件的其他组织。我国《物权法》未明确确认"其他组织"的法律地位,但理论上解释《物权法》中的"权利人"应包括"其他组织",但在具体的法律适用上与其他物权主体存在一定差别。如《物权法》第69条规定,社会团体依法所有的不动产和动产,受法律保护。这里的社会团体的含义不应包括社会团体法人,而只指虽不具有法人资格但经民政部门核准登记领取社会团体登记证的社会团体,对于前者,得适用《物权法》第68条第2款的规定。

这一区分的意义在于:自然人、法人、其他组织都可以成为物权主体,都是"权利人";法人根据不同的类型在适用法律上存在差别;其他组织作为物权主体其物权的行使应参照《物权法》的有关规定。

(二) 按照物权主体的性质为标准进行划分

1. 国家

国家作为物权主体,就是国家对于国家所有的财产享有所有权。国家所有权具有特殊的法律地位,这是由国家所有权所反映的全民所有制的经济地位所决定的。国家所有权的权利主体具有统一性和唯一性。国家所有权只能由国家统一行使,国家是全民财产的唯一所有人。国家作为社会的中心和全民的代表,必须在全社会范围内对全民财产进行合理的分配,把国家所有权客体中的各项财产,按照其性质、用途交给国家机关、企事业单位、其他组织及个人占有和使用。因此,国家财产占有权主体的多元性,并不影响国家所有权主体的统一性和唯一性。

2. 集体

集体作为物权主体,就是集体作为集体所有权的主体。集体所有权是指劳动群众集体依法对集体所有财产的占有、使用、收益和处分的权利。我国集体所有制组织普遍地存在于城乡中的工业、农业、商业等领域,财产又分属于各自的集体组织,因而集体所有权表现出广泛性与多元化的特点。

3. 私人

私人作为物权主体,就是私人作为所有权主体。私人所有权有广义、狭义之分,广义上的私人所有权是指自然人、非公有制经济主体和其他社会团体对其所有物享有的占有、使用、收益和处分的权利。狭义的私人所有权是指自然人以及个体经济、私营经济等非公有制经济主体,对不动产或动产全面支配的权利。[①] 最狭义的私人所有权则仅指自然人所有权。我国《物权法》采用了广义的私人所有权概念,相对于国家所有权、集体所有权,自然人所有权、非公有制经济主体和其他社会团体所有权属于私人所有权,主体具体包括公民、个体工商户、农村承包经营户、外国人、无国籍人,也包括个人独资企业、外资企业等。

这一分类的意义在于:(1)国家、集体、私人在取得所有权的资格上存在差别,不同的所有权主体取得所有权应遵循相应的法律规定。(2)国家、集体、私人在他物权的取得上不存在差别,物权主体不享有任何特权。

(三)按照物权的类型为标准进行区分

1. 所有权人

所有权人是指国家、集体、私人对其所有的财产享有占有、使用、收益和处分的权利。按照所有权的群体特征,所有权人可以进一步区分为单独所有权人、共有人、相邻权利人、建筑物区分所有人。

所有权的主体主要为单独所有人,但有些情况下,存在着群体关系问题,这类群体关系主要包括:共有法律关系、相邻法律关系、区分法律关系。[②] 在这类法律关系中,所有权主体的群体所有人对外作为特定的权利主体,其他人均为特定的义务主体;但因为其所有权的行使主要发生在所有权主体之间,因此,其主体之间具有一定的相对性。如在共有法律关系中,主要表现为共有人之间的权利义务关系;在相邻关系中,主要表现为相邻所有人与使用人之间的关系;区分法律关系中,所有权主体主

[①] 参见2002年全国人大法工委草拟的《中华人民共和国民法》(草案)第60条。
[②] 江平主编:《中国物权法教程》,知识产权出版社2007年版,前言第6—7页。

要表现为业主之间、业主与物业管理机构之间的关系。

2. 用益物权人

用益物权人是指对他人所有的不动产与动产享有以使用收益为内容的他物权的权利人。按照用益物权的行使方式可以进一步分为土地承包经营权人、建设用地使用权人、宅基地使用权人、地役权人以及其他用益物权人。其他用益物权人主要是指探矿权人、采矿权人、取水权人等。

3. 担保物权人

担保物权人是指在民事活动中,以确保特定债权的实现为目的,在债务人或者第三人的特定物或者权利上设定的,以取得特定财产的交换价值为内容的权利人。按照担保物权的行使方式分为抵押权人、质押权人、留置权人以及其他担保物权人。

这一分类的意义在于:不同的主体根据不同的物权类型依法享有相应的权利、承担相应的义务。

(四) 按照物权主体的国籍为标准进行划分

1. 本国人

本国人是指具有中华人民共和国国籍的自然人、法人。

2. 外国人

外国人是指不具有中华人民共和国国籍的自然人、法人以及无国籍人。

这一分类的意义在于:本国人与外国人在取得物权客体的范围上有所差异,对外国人取得物权有限制的,外国人应遵守。

(五) 按照是否享有本权为标准进行划分

1. 本权人

本权人(包含物权人)是基于本权而享有权利的人,它包括所有权人、他物权人等。

2. 占有人

占有人有广义、狭义之分,广义上的占有人是指有占有权的人,这既包括所有权人、他物权人,也包括无本权而事实上占有物的人。狭义上的占有人则仅指无本权而事实上占有物的人。本文的占有人应是指狭义上的。占有既然是一种事实,则占有人不应认为是物权主体,但法律赋予这种支配以一定的法律效力,物的占有人享有"占有权",因此,占有人应属于广义上的物权主体。

这一分类的意义在于:本权人与占有人都受物权法的保护;占有人的"占有权"是一种推定,无权占有人的返还,是物权法上的一个基本规则;占有人在任何情况下都不能对抗本权人,针对本权人的返还请求权,占有人负有返还的义务。[1]

---

[1] 孙宪忠:《中国物权法总论》,法律出版社 2003 年版,第 51 页。

第二节 物权法的平等保护原则

物权法调整平等主体因物的占有、归属和利用而产生的财产关系,物权法的主体具有平等的法律地位是物权法调整的平等财产关系存在的前提,这也是物权法乃至民法存在的前提。没有平等关系就没有民法,没有平等的财产关系就没有物权法。《物权法》第 3 条、第 4 条确立了我国物权法的平等保护原则。

一、平等保护原则的基本含义与内容

物权法的平等保护原则的基本含义,是指物权主体在法律地位上是平等的,都平等地受到法律的保护。

物权法的平等原则包含以下基本内容:

1. 物权主体的法律地位平等

物权主体享有的物权在物权法上具有平等地位,没有大小、高低、贵贱之分,任何一方都没有凌驾于另一方之上的特权。《物权法》第 3 条第 3 款规定,国家实行社会主义市场经济,保障一切市场主体的平等法律地位和发展权利。

2. 物权主体的物权平等地受法律保护

不同的物权主体在同一民事领域,从事同一民事活动,应适用同一法律,不得按主体身份不同适用不同的法律规范。物权法规定的权利保护方式和责任形式,应平等地适用于一切物权主体。《物权法》第 4 条规定,国家、集体、私人的物权和其他权利人的物权受法律保护,任何单位和个人不得侵犯。

3. 物权主体行使权利应遵循适用规则的平等性

除法律另有规定外,物权主体在取得、转让、消灭物权以及行使物权请求权等保护物权时,应当遵循共同的规则。例如,国家和集体虽然在土地所有权的取得上有特殊的资格,但在设定担保物权和用益物权时,应与私人一样遵循同样的物权法规则。

二、平等保护原则与区别承认的共存

我国《物权法》的所有权制度一方面采用了国家、集体、私人和其他权利人的主体标准进行设计,另一方面强调了一切物权主体享有平等的法律地位和发展权利。这表明了我国物权制度体现了区别承认与平等保护相结合的基本精神。

(一)《物权法》进行区别承认的必要性

1. 这是对《宪法》规定的我国基本经济制度的准确反映

根据《宪法》第 6 条第 2 款中的规定,我国坚持以公有制为主体、多种所有制经济共同发展的基本经济制度,《物权法》作为确认和保护所有制关系的法律,对不同所有制类型作出确认是反映社会主义初级阶段财产关系的需要。

2. 这是确定公有制财产的客观存在及加强其保护的客观需要

国有财产和集体财产在所有权的客体、取得方法、保护确认、使用经营以及对产

权纠纷的解决处理方面都有其特殊性,一般性的所有权规则无法完全适用,因而有必要确立一些特殊的规则。按照国家的宏观经济调控政策,在公共资源配置、市场准入等方面对不同所有制经济也有所区别,对关系国家安全和国民经济命脉的重要行业和关键领域,必须确保国有经济的控制力。

3.《物权法》如果对各类所有权不分别规定,就无法规定他物权制度

《物权法》应以《宪法》为基础而制定,我国土地属于国家所有与集体所有,只有以此为前提,才能有效地建立我国的他物权制度。例如,建设用地使用权、土地承包经营权,系建立于国家土地所有权或集体所有权之上,如果《物权法》不规定国家所有权和集体所有权,就无法说明其来源,进而不可能建立完善的物权体系。[1]

(二)《物权法》坚持平等保护原则的必要性

对所有权主体进行区别承认与对国有财产、集体财产和私有财产给予平等保护是一个统一的有机体。"没有前者,就会改变社会主义性质;没有后者,就违背了市场经济原则,反过来,又会损害基本经济制度。"[2]物权法坚持平等保护原则具有极为重要的意义:

(1)物权法的平等保护原则是《宪法》原则的具体体现。一方面,非公有制经济在法律上同公有制经济已经处于平等地位;另一方面,法律面前人人平等是《宪法》的基本原则,也是社会主义法治的基本要求。

(2)对财产权的平等保护尤其是对私人所有权的承认与保护是市场主体公平地参与市场竞争的前提。只有确立平等保护原则,才能维护社会主义市场经济制度,促进公平的市场环境。

(3)平等保护原则有利于强化对财产的平等保护,也为司法实践中正确处理各种纠纷提供了基本的法律依据。

本章重点疑难问题提示

一、物权主体的表述问题

《物权法》制定过程中,如何规定物权主体一直存在不同意见。一是省略权利主体;二是采用"权利人"的表述;三是采用列举式,如规定为"自然人、法人"或"自然人、法人或者其他组织"等。《物权法》第2条第3款规定,物权,是指权利人依法对特定的物享有直接支配和排他的权利。有学者认为,仅就"权利人"作为物权主体的表述而言并不恰当:一是没有意义。物权"是权利人的……权利",这说明物权是权利,既为权利就当然为其权利人享有,加不加入"权利人"字样于物权人并无影响。二是存在逻辑问题。因为"权利人"一词作为全称定义的主项在逻辑上是周严的,即涵盖

---

[1] 参见王利明:《论物权法的平等保护》,载《法学杂志》2006年第3期。
[2] 江平主编:《中国物权法教程》,知识产权出版社2007年版,第176页。

一切权利主体,这使其包括了占有人。因此,还不如将其改为"物权人"。①

笔者认为,《物权法》对物权主体的表述采用了所谓的"抽象式"的立法表述。一般认为,权利人的概念具有概括性、开放性,也符合我国公有制为主体多种所有制并存的经济形态。② 法律委员会认为,实践中国家、集体、自然人、法人等都可以作为物权主体,但究竟把它归类为两种主体、三种主体还是四种主体,可以在制定民法总则有关民事主体时一并研究。③ 可见,《物权法》回避争论而采用"权利人"的表述,将具体包括哪些权利人这一问题留给民法总则解决,这是务实的,也表明了"权利人"作为物权主体表述的价值。但问题并未因此而解决。从与未来民法典在民事主体的表述保持一致性角度,且考虑自然人、法人、其他组织在我国立法上已被广泛承认的角度考虑,将物权主体表述为"自然人、法人、其他组织"应为最佳选择。在此以前,在物权法中,将物权主体表述为"权利人"并根据具体的物权法律关系分别使用"物权人""占有人""国家""集体""私人""所有权人""用益物权人"等是妥当的。

二、企业法人的定位问题

《物权法》第67条、第68条专门对企业法人的所有权进行了规定。它一方面确立了国家、集体、私人对投资于企业的动产与不动产享有出资利益,另一方面也确立了企业法人的财产权主体地位。

物权法采用国家、集体、私人为主体的"三分法"来界定所有权主体,立法与理论上难以解决企业法人的主体定位。因为企业法人可以是国家、集体和私人出资设立的,由此形成的企业,企业依法享有法人所有权,因此,它不能归属于国家、集体、私人所有权。我国物权法采国家、集体、私人所有权"三分法"的思路,决定了法人所有权的尴尬地位。不承认企业法人的所有权主体地位,无论在理论上还是实践中都会面临许多问题。理论上的问题实质是物权主体的"一元论"与"三分法"的取舍问题。仅就实践而言,我们很难理解企业法人作为市场交易的主要主体,其在交易时对其财产并不享有所有权。更无法解释企业法人既然不是所有权主体,何以在现实社会中都能以主体身份将不动产登记于名下。这些并不符合法人人格基本原理的现实,是我国《物权法》采纳"三分法"需要继续面对与解决的重大理论与现实问题。

三、外国人取得物权的限制问题

我国对外国人在中国取得物权,原则上没有限制。但中国人和外国人之间不可能做到一切都平等,因为任何国家都有自己的政策,都有不允许外国投资者、外国商人进入的经济领域。对物权的取得,国家也可以根据宏观调控的需要进行必要限制。如建住房[2006]171号《关于规范房地产市场外资准入和管理的意见》第10条规定,境外机构在境内设立的分支、代表机构(经批准从事经营房地产的企业除外)和在境内工作、学习时间超过1年的境外个人可以购买符合实际需要的自用、自住的商品房,不得购买非自用、非自住商品房。在境内没有设立分支、代表机构的境外机构和

---

① 参见侯水平、黄果天等:《物权法争点详析》,法律出版社2007年版,第44页。
② 王利明:《再论物权的概念》,载《社会科学研究》2006年第5期。
③ 《全国人大法律委员会关于〈中华人民共和国物权法(草案)〉修改情况的汇报》,2005年10月23日。

在境内工作、学习时间 1 年以下的境外个人,不得购买商品房。

四、"一元论"与所有权的"三分法"的关系问题

《物权法》应贯彻平等保护原则,这是共识。但在如何贯彻这一原则的路径上却存在着所谓的"一元论"与所有权的"三分法"的选择。

"一元论"是"合法财产一体保护"的简称,即凡是合法取得的财产,不问其所有制性质,不分属于公有、私有,在法律上平等对待、平等保护。① 这一学说,倾向于将物权主体确定为自然人与法人。"一元论"充分体现了物权主体的平等性,以此为前提,以不动产所有权与动产所有权的区分为基础构建所有权制度,符合物权法的内在逻辑体系。依"一体承认,平等保护"论的角度看来,"三分法"分类方式强调了公有制的神圣地位,强调把国家、集体、个人财产权利明确区分并给予不同的地位与保护,即对国家财产给予优先保护的特殊地位。② 学者认为,弊端主要表现在:(1)主体间的差别属于主体法规范而不属于物权法规范,以主体间的差别来构造所有权体系,导致逻辑上的混乱。如法人所有权在这一分类体系中则处于极为尴尬的地位。(2)国家所有权、集体所有权概念不科学,主客体均具有一定的模糊性。如从实践的角度看,"国家所有权"实际上由各级政府或者政府的各个部门行使。由于中央与地方之间、部门与部门之间的利益差别,这些所有权主体之间常常为他们的财产权利发生争议,把他们的财产权利理解为一个所有权,就很难解释他们之间的争议,而且不符合国际通用的所有权常识。③ (3)"三分法"不能起到对公共财产的特殊保护,打击了个人合法财产的主动性。从世界各国的实践来看,这些国家的公共财产并没有因为一体化保护原则而受到比公民个人财产更严重的侵害。(4)大陆法系传统的物权法不存在根据所有制性质划分所有权类型的做法,由于市场经济要求物权法必须对各类财产实行平等保护,因此,我国物权法中应当放弃立法中以生产资料所有制性质划分所有权类别的做法。

笔者认为,国家所有权、集体所有权和私人所有权的分类,是按照所有权主体进行的分类,以此为主线构造所有权体系,无疑为世界民法史上的创举,它充分体现了中国国情与特色。它具有自身的优点,表现在:首先,"三分法"是体现宪法精神与物权法固有性本质的要求。《宪法》以第 6—17 条关于经济体制的规定为基础,分别规定了国家所有权(第 45—57 条)、集体所有权(第 58—63 条)、私人所有权(第 64—69 条)。我国现今是公有制占主导的多种经济形式并存的社会主义市场经济国家,这决定了物权法必须反映所有制关系的现实,对各种不同的所有制类型予以确认。其次,国家所有权、集体所有权和私人所有权的区别不仅表现在主体上,也表现在所有权的客体、取得方法、保护确认、使用经营等方面的差异上,无法用抽象的、一般性的所有权规则来作出统一的规定。国家所有权和集体所有权的存在有其自身的合理性与特

---

① 梁慧星:《"三分法"或者"一元论"——物权法指导思想之争》,载中国社会科学院网 www.cass.net.cn,访问时间:2014-3-12。
② 孙宪忠:《我国物权法中所有权体系的应然结构》,载人大复印资料《民商法学》2003 年第 2 期。
③ 参见吕惠琴、王景奇:《对我国所有权"三分法"的思考》,载《兰州学刊》2004 年第 4 期。

殊性，如果物权法漠视这一点，将不利于法律对国家所有权和集体所有权的调整。再次，物权法应当统一调整各类财产关系，如果在物权法中缺乏对国家所有权和集体所有权的规定，不仅将使一些他物权制度失去存在的基础，而且使一些财产权纠纷因缺乏规则而难以解决。例如，国有土地使用权是建立在国家土地所有权基础上的，农村土地承包经营权是建立在集体土地所有权基础上的，如果不对公有财产的所有权加以规定，则无法说明其来源。最后，规定国家所有权、集体所有权并不违反平等保护的基本原则。所有所有制经济都有相同的市场经济运行模式，法律对这些财产的确认和保护正是为了维护平等保护的原则。

综上所述，"一元论"理论的逻辑完善不能取代制度现实，"三分法"以其符合国情的制度设计为立法者所采纳体现了务实的精神。既然理论的完善不能替代现实的选择，所要继续关注的便应是在坚持"三分法"的前提下如何恰当处理与定位法人、社会团体的所有权，如何贯彻平等保护原则。

第五章 物权客体

第一节 物权客体概述

一、物权客体的含义与意义

(一) 物权客体的含义

物权客体又称物权法律关系的客体,指物权法律关系主体享有的权利和承担的义务所共同指向的对象。根据《物权法》第2条第2款的规定,物包括不动产和动产,法律规定权利作为物权客体的,依照其规定。正确地把握物权客体,应注意以下两点:

1. 物权的客体主要是物

这里的物主要是指有体物,包括不动产和动产。物是指能够为人力所控制并具有价值的客观物质存在。一般认为,物包括有体物与无体物。有体物一般是指具有物质形态的、人们可以直接触摸到的物,学理上将光、电、电磁波、空间等扩大解释为有体物。无体物即无形财产,是指除有体物以外的权利和利益。

2. 物权客体还包括法律规定的权利

物质的物不包括权利,但权利并非绝对不能成为物权客体。《物权法》将"权利"作为物权的客体,使之处于"物"的地位并担当"物"作用,被"视为物"的存在。[①] 法律规定权利作为物权客体的,依其规定,这表明了我国《物权法》对物权客体规定的灵活性。权利成为客体的情形主要包括:(1) 在用益物权之上设立用益物权。如在建设用地使用权之上设立地役权。(2) 在用益物权之上设立担保物权。如建设用地使用权之上可设立抵押权。(3) 权利可作为权利质权的客体。如可以转让的股权、应收账款债权以及可以转让的注册商标专用权、专利权、著作权等知识产权中的财产权可以出质成立权利质权。

(二) 物权客体制度的意义

物权客体在物权法中具有极为重要的意义,这表现在以下几个方面:

1. 奠定了物权法体系的基石

物与人的行为的划分,构成了物权与债权区分的基础,从而形成了民法的两大基本制度:物权法制度与债权法制度。从这一意义而言,没有物权客体的明确就没有现代民法典体系。物分为动产与不动产,以此为基础构成了物权法体系。

2. 是物权法内在逻辑结构的要素

现代民法典体系,基本上遵循了以法律关系为主线,以主体、客体、内容为要素构

[①] 参见董学立:《物权法研究》,中国人民大学出版社2007年版,第26页。

建民法规范这一内在的逻辑思路。物权主体只有作用与支配于客体,才能产生物权主体之间的权利义务关系。从这一角度而言,物权客体是物权法律关系的桥梁,是物权法规范内在逻辑结构完整性的需要。

3. 为物权分别立法提供了基本线索

法律客体的不同类型导致了丰富多样的法律部门的产生,物权客体的不同种类则使物权立法的分别立法成为必要与可能。如以土地为主要调整对象,我国制定了《土地管理法》,以水资源为对象,制定了《水法》等。

4. 确立了物格制度,为对物的不同保护提供了依据

物格是指物的资格,它表明物的不同类别在法律上所特有的物理性或者特征。它包括生命物格,如野生动植物等;抽象物格,如网络、空间等;一般物格,包括动产和不动产。①

由此可见,物权客体制度以物格为基础,对物的法律地位、物权主体对物的支配力作出了不同规定,从而为对物的不同保护提供了依据。

二、物权客体的物的概念与基本特征

物是指除自然人身体之外,能够满足人类社会生活需要并能够为人力所控制的客观物质存在。作为物权客体的物必须满足作为权利客体所应具有的一般特征。这包括以下几方面:非人格性;可控制与支配性;满足需求性等。

除具备一般意义上物的特征以外,作为物权客体的物还具有以下特征:

(一) 物权客体的物主要为有体物

对于有体物的含义认识并不一致,如果对有体物采广义解释,有体物包括光、电、气、频道等,则物权客体的物均是有体物;如果对有体物采狭义解释,将之限于有形的、可触觉并可支配的物,则光、电、气、频道等为无体物。

(二) 物权客体的物为特定物

物权的标的物必须是明确、特定的,这一特性是由物权的支配性所决定的,如果物不被特定化,就难以为物权所支配。物的特定性是物权公示与交易安全的需要。值得指出的是,物权法规定了动产浮动抵押,可以现有的以及将来拥有的动产进行抵押。虽然这种担保设定后,担保标的物是浮动的,但仍有其相对的特定性。当然这毕竟不同于传统民法中对特定性的认识,依此而言,物权的一物一权主义的特定性顺应社会的、经济的发展,有缓和及观念化的趋势。

(三) 物权客体的物主要为单一物

单一物又称单独物,是指独立成一体、能够个别存在的物。单独物包括:(1) 自然单独存在而绝对不可分割的物,如一匹马、一只狗等。(2) 人为组合结构上为一体而独立存在的物,如一辆车、一幢房屋。② 单一物是相对于集合物而言的。集合物又

---

① 参见杨立新:《物权法》,高等教育出版社2007年版,第28页。
② 高富平:《物权法专论》,北京大学出版社2007年版,第51页。

称集合体、结合物、复杂物或聚合物,是指各个物并不丧失其独立存在的价值,但它们结合成为具有独立价值的一体的物。① 集合物以其内容不同进行区分,分为法律上的结合物与事实上的集合物。法律上的集合物指是受同一法律关系的支配而视为一体的物,如企业财产、共同继承财产等。事实上的集合物,是指多数有体物的集合体,如羊群一个、图书馆一座。在法律有规定的情况下,集合物也可以成为物权的客体。例如作为动产浮动抵押客体的物。

(四) 物权客体的物必须是独立物

物的独立性,是指物在物理上、观念上或者法律上能够与其他的物相区别而独立存在的属性。单一物的一部分,或其他物的构成部分,没有独立的经济和法律意义,不能单独作为物权的客体。物是否为独立的一体,不能仅从其形式上考察,还应从人们的生活利益、依一定的社会观念方面观察。如一幅土地的某一部分虽不能与其他部分分开,但在交易观念上可以通过划分"四至"的方法划分为不同的部分而独立化。又如建筑物区分所有权是通过法律规定的登记方法,而成为法律上的独立物。

第二节 一物一权原则

近现代民法关于物权的客体,有所谓一物一权主义,又称为物权客体特定主义。我国《物权法》没有明确规定一物一权原则,但从《物权法》第 2 条的规定来看,明确了物权具有直接支配性、排他性与特定性,而物权的这些特性是以一物一权原则为基本支撑的。

一、一物一权原则的内容

一物一权原则是一个历史的概念,一物一权的原意是指,一个物上仅能成立一个所有权,一个所有权的客体仅为一个物。② 但随着社会经济的发展,在现代法律观念中,"一物"与"一权"的含义均发生了巨大变化:"一物"虽仍以独立物为基础,但一方面,法律越来越倾向于通过人为的区分和法技术的动作,借登记簿上所登记的不动产的笔数、个数来表现土地和建筑物的"一物"性。③ 另一方面,是否构成"一物"应依交易观念及当事人的意思决定。④ "一权"虽仍以所有权为基础,但现代社会已形成"所有权、用益物权与担保物权并立"的物权结构,"一权"相应地由一个所有权的观念转变为不得并存两个以下互不相容的物权。

据此,一物一权原则的含义可以界定为,一个物权的客体仅为一个独立的物,在同一物之上不得设立两个以上互不相容的物权。它具体包含以下内容:

---

① 参见陈朝璧:《罗马法原理》,法律出版社 2006 年版,第 81 页;高富平:《物权法专论》,北京大学出版社 2007 年版,第 51 页。
② 〔日〕铃木禄弥:《物权法讲义》,日本创文社 1994 年版,第 349 页。
③ 〔日〕高岛平藏:《民法制度的基础理论》,日本敬文堂 1986 年版,第 168 页。
④ 史尚宽:《物权法论》,中国政法大学出版社 2001 年版,第 9 页。

1. 一个物之上只存在一个所有权,即一个所有权客体应为一个独立物

一物只能设定一个所有权,从根本上说,是出于产权界定、定纷止争的需要。如果一物之上可以并存多项所有权,则难以确定物的真正归属,而且容易发生各种产权纠纷。物权法上的独立物既包括单一物,还包括集合物。集合物是由数个独立之物集合而成,只要集合物在交易观念上被认为是具有特定性、独立性之物,法律即可加以确认,允许它成为物权的客体。[①]

2. 一物的某一部分不能成立单个的所有权

一物只能在整体上成立一个所有权,而一物的某一部分如尚未与该物完全分离,则不能成为单独所有权的客体。尤其是对于那些附属于主物的从物而言,只能是主物的一部分,如房屋的墙壁和门窗等只能是房屋的一部分。如果物的某一部分能够与该物发生分离,而此种分离并不影响该物的经济价值或对物的利用(如石油、天然气等),从交易的需要考虑,也可以将其作为一物对待。

3. 一物之上可以存在数个物权,但各个物权之间不得相互矛盾

一物一权主要是指一物之上只能设定一个所有权,数个物权之间虽可并存,但这以物权之间不相互冲突为前提。一物一权原则的适用目的,主要是为了避免权利行使的冲突。为实现资源的有效利用,物权之间可以并存,但为维护物权体系内部结构的协调与均衡,并存的物权之间不得相互冲突。可以同时并存的物权主要表现为以下情形:(1)所有权与其他物权可以并存,他物权是从所有权分离出来的一部分权能,自然得与所有权并存。(2)在同一物之上设定的数个担保物权、用益物权与担保物权可同时并存。换言之,数个他物权如果在法律上不具有相互否定的内容,则可同时成立。

二、一物一权原则的理由

在封建社会下,一块土地上有领主所有权、农民所有权,是多重的。马克思讲过,在中世纪,当时的权利都是多重的。多种权利的存在阻碍了市场交易。一物一权原则有利于市场交易的顺利进行,可以打破封建社会一物多权的状态,为市场经济发展创造法治的环境。在我国《物权法》中确立一物一权原则具有以下意义:

1. 是确定物权支配客体的范围的需要

物权是对物的直接支配,这要求对其支配客体的范围客观地加以确定。一物多权无法划分每一权利可作用的相应客体,权利归属不明确,不利于法律对其保护。一物一权原则与物权法定原则相互呼应,通过对支配客体范围与内容的确定,使物权在商品交换条件下,具备交易客体的条件。[②]

2. 是物权公示、交易安全的前提

物权关系不仅涉及当事人的利益,而且涉及国家、社会及第三人的利益。依据社

[①] 参见崔建远:《我国物权法应选取的结构原则》,载《法制与社会发展》1995年第3期。
[②] 谢在全:《民法物权论》(上),中国政法大学出版社1999年版,第19—22页。

会的一般观念,在物的一部分或者数物之上设定一个独立的物权,既无必要亦无实益。从交易安全的角度看,物权客体特定、独立,便于公示,从而使物权关系明确,有利于交易安全。

3. 是有效的商品交换的保障

一物一权原则是商品交换的基础,"作为商品的所有权以对客体交换价值的独占的、排他的支配为内容,所以必然要求其客体的范围是客观的、明确的,并且通常是唯一的"①。一物一权原则避免物权关系的冲突,使商品交换得以有效进行。如果一个标的物上存在多个互不相容的物权,支配的方式、时间相互冲突,物权的行使将难以进行,商品交换也就无从谈起。

三、一物一权原则中的若干问题

(一) 一物一权原则的含义问题

关于一物一权原则的存废,在理论上争议比较大。赞成一物一权作为物权法的基本原则的学者,对一物一权原则的含义也存在着分歧。关于一物一权要旨的理论主要有三种观点:一是物权客体特定论,即认为一个物权之客体,应以一个物为限,在一个物上只能成立一个所有权。二是物权效力排他论,即认为同一标的物之上不得设立内容和效力互不相容的两个以上物权,尤指一物之上只能存在一个所有权。三是客体特定与效力排他论,或谓综合论,认为一个物权的客体原则上应为一物,在一物之上只能存在一个所有权,并不能同时设定两个内容相互抵触的其他物权。

一物一权中的"一物"不应限于单一物,也就是说应对构成"一物"所要求的特定、独立作扩大的解释,特定应解释为足以为人力所控制,独立应以社会观念为标准。

一物一权中的"一权"也不应限于所有权,还包括他物权。尽管一物一权主要是指一物之上只能设定一个所有权,但这一原则并非不及于他物权。首先,物权的支配性决定了物权的排他性,他物权之间尽管能并存于一物之上,但这是以各个物权的支配性为前提的,只有坚持一物一权才能明确各个物权的界限。其次,任何一所有权或者他物权都必须针对一观念上独立之物而存在,两个不相容的物权自然不可能在同一物上存在。至于所有权与他物权并存,此时的他物权的存在为所有权权能的分离,与一物一权自然不矛盾;而担保物权的并存,则因相互之间优先效力的存在,而使其不能同时行使,其实,从客体满足主体的需要而言,此时,仍只有一权存在。

(二) 建筑物上设定区分所有权是否违背一物一权原则的问题

有人认为,建筑物区分所有权这种特殊的所有权使一物一权彻底过时了。因为,一物一权原则指在一个物上只能设立一个所有权,但是公寓性住宅至少存在三重所有权问题。第一层所有权是全体住户对住宅的按份共有权;第二层所有权是单独的住房人对住房享有专用所有权;第三层所有权是部分住户对部分建筑物拥有的权利,

---

① 〔日〕川岛武宜:《所有权法的理论》,碧波书店1987年日文版,第162页。转引自王利明:《物权法论》,中国政法大学出版社1998年版,第113页。

比如一部分住户对共有天线或者其他设施的权利。这三个所有权的客体只有一个，就是建筑物本身，但是，这个建筑物上却同时存在三个所有权而不是一个所有权，因此，一物一权的提法已经大大落后于现实，从法学科学上来看，这一原则只能废止。[①]这一认识是值得商榷的，现代高层住宅所产生的区分所有权现象，并不违背"一物"的限定性要求。实际上，对建筑物的区分所有与土地的分割所有属于同类情况，而土地的分割所有，自古至今莫不如此，在罗马法上也并不认为其违反了一物一权原则或者是其例外情况。从我国的社会状况来看，每一个建筑物的区分所有权人都拥有自己独立的房产权与土地使用权证则是对这一认识最为有力的回击。正如谢怀栻先生指出的："把一个大的建筑物区分为许多部分，就每个部分设定所有权，这只是对客体的区分，仍然是一物一权。"[②]

第三节 物的分类

一、不动产与动产

以物的自然性质是否可以移动为标准，可以将物分为不动产和动产。《物权法》以"不动产"和"动产"的划分为立法的物权客体主线，但是未能对其范围作出详细而又体系化的说明。根据《物权法》及相关法律的规定，对不动产与动产的划分及其意义可作如下认识。

（一）不动产

不动产是指在空间上占有固定位置，依自然性质不能移动或者移动后会损害其经济价值的有体物。《担保法》第92条规定："本法所称不动产是指土地以及房屋、林木等地上定着物。"这是对于不动产最为明确的现行法律规定，结合《物权法》的相关规定，不动产具体包括：

1. 土地

我国现行法没有对土地进行定义，根据《土地管理法》第9条、第12条、第17条的规定，土地除了包括耕地、建设用地（建筑物用地、基建设施用地、管线用地）等外，还包括林地、草地、水面、荒山、荒地、滩涂等。[③]但《物权法》显然与此不同，根据第47条、第48条、第58条、第60条等的规定，土地应认为包括耕地、建设用地、宅基地、管线用地等，不包括森林、山岭、草原、荒地、滩涂。如第47条与第48条对土地及其他自然资源分别进行规定，第58条、第60条将土地与森林、山岭、草原等并列使用，这都表明土地不包括森林、山岭、草原等。应指出的是，土地中的土沙、岩石、地下水、水井、排水沟、下水道等，为土地的成分，并非独立于土地的物。至于土地的纵向范围，我国现行法未作规定，理论上认为土地应以人力所能支配的地表及其上下为限。

---

① 参见孙宪忠：《中国物权法总论》，法律出版社2003年版，第149页。
② 谢怀栻：《外国民商法精要》，法律出版社2002年版，第153页。
③ 梁慧星主编：《中国物权法研究》（上），法律出版社1998年版，第44页。

2. 土地之外的森林、山岭、草原、荒地、滩涂等自然资源

根据《物权法》的相关规定，森林、山岭、草原、荒地、滩涂等自然资源是与土地并列的不动产，这与我国《民法通则》第 74 条、第 80 条、第 81 条的规定大体一致。这一方面是因为这些自然资源一般都由单行法进行调整，另一方面则表明立法将之视为与土地具有同样重要意义的不动产。

3. 定着物

定着物指固定且附着于土地之物。定着物成为不动产须具备两个条件：一是继续附着于土地，使其移动会损害价值或功能；二是具有独立的经济目的，以致不被认为是土地的一部分。具体包括：

（1）建筑物。建筑物是指定着于土地之上或之下，具有顶盖、梁柱、墙壁，可供个人或数人居住或其他使用的构造物，这主要是指房屋。至于尚未完成的建筑房屋至何种程度才可以被认为是不动产的问题，一般认为，屋顶尚未完工的房屋，如果其已足避风雨，可达经济上使用的目的，属于土地上的定着物，否则，则为动产。

建筑物作为定着物与土地的关系问题，主要有两种模式：其一，将土地与其上的建筑物结合为一个不动产，即只是一个物，建筑物只是土地的附着物，不是独立的不动产，可称为结合主义；其二，将土地与其上的建筑物分别作为独立的不动产，即是不同的两个物，可称为分别主义。一般认为，我国是采用分别主义，兼顾结合主义。如一方面我国对建筑物颁发房屋所有权证与土地使用权证，这表明我国承认房屋与土地是两个独立的物；另一方面在抵押权行使时，《物权法》坚持"房地一致"原则，不能分别设定抵押，这又表明我国《物权法》兼顾了结合主义。

（2）构筑物。这是指一般不在内进行生产和生活活动的构造物，例如，铜像、水塔、佛塔等。那些临时搭设的庙会戏台、可随时移动的公厕，因不是固定于土地中，不属于不动产。轻便轨道，除临时铺设者外，凡继续附着于土地而达其一定经济上之目的者，应认为不动产。我国《物权法》第 142 条中将构筑物与建筑物并列使用，因此，应认为构筑物是一种不同于建筑物的不动产。

（3）林木与其他出产物。林木，指树林或生长在森林中的树木。应注意的是，我国《担保法》《森林法》所称的"林木"，不是指"树木的集团"，而是指单个的树木。①根据《担保法》的规定，林木是土地上的定着物，属于不动产。它是独立的、区别于土地的不动产。根据《担保法》和《森林法》的规定，林木可以成为抵押物，并可以进行登记，土地所有权或使用权的变动不影响其上林木的命运。

至于林木以外的其他不动产的出产物在与不动产分离前的性质问题，我国现行法律未作规定，理论上有两种观点：一种观点认为，在土地上种植的树木、花草、稻麦等，在收获而与土地分离前，为土地的组成部分，而非独立的不动产。在该出产物未分离前，不能单独成为权利客体，不能在其上设立抵押权等。② 另一种观点则认为，该

---

① 梁慧星、陈华彬：《物权法》（第四版），法律出版社 2007 年版，第 39 页。
② 参见施启扬：《民法总论》，台湾三民书局 1997 年版，第 181 页。

出产物亦为独立的不动产,可为独立的权利客体。本书认为,我国民事立法既已确认林木为不动产,按照"类似问题相同对待"的法理,应认为,我国将出产物按照不动产对待。

(二) 动产

动产是指不动产以外的物,它是能在空间上移动而不会损害其经济价值的物。动产可被划分为自力移动的动产和他力移动的动产。自力移动的动产是指物能够以自己的力量进行移动,如野生动物。他力移动的动产是指完全借助于外力进行移动的物,例如,水箱、图书等。此外,理论上还认为,货币、有价证券、外汇等为"特殊动产"。①

(三) 动产与不动产的融合

当代出现了一些不动产和动产融合的现象,主要表现在:

1. 不动产动产化

传统不动产法的价值目标已由"归属"转向"利用",设定于不动产之上的权利也进入了流通领域。如《德国民法典》设定了土地债务制度、证券式抵押制度以及证券式土地债务制度。法国则在司法实践和判例中承认了"预置动产"制度,即对一些即将成为动产的不动产预先视为动产。

2. 某些动产适用不动产的法律调整方法

传统民法依据是否可以移动这一物理属性的划分标准在当代也受到一定的修正,如价值巨大的船舶、航空器等也适用不动产法律规则,学者称之为"准不动产"。法国为之设立公告制度,并称其为"注册动产"。德国则把船舶、飞机等视为不动产的特殊形态。英美法也不例外,对一些动产也予以登记,有些登记是属于私人性质的,如种马血统系谱;有些登记是属于公共性质的,如船舶和航空器的登记。

3. 不动产和动产形成独立的集合物

各国立法实践将许多集合财产(如失踪人的财产、企业财产等)作为一个整体的财产看待,从而使其独立成为交易或抵押的对象。

(四) 不动产与动产区分的意义

动产与不动产划分的实益在于:(1) 内容不同。与不动产所有权相比,法律对于动产所有权的内容和行使的限制相对较少。(2) 客体形态不完全相同。不动产所有权的标的物通常为固体,而动产所有权的标的除固体外,还有气体和液体。(3) 公示方法不同。不动产以登记为公示方法;动产以占有、交付为公示方法。(4) 取得的方式不完全相同。就所有权的取得原因而言,不动产主要因法律行为而取得其所有权;动产,除可因法律行为取得其所有权外,还可因原始取得方式取得其所有权。(5) 可以设定的物权类型不完全相同。动产之上可以成立留置权和质权;不动产则不可以。(6) 生效要件有所不同。如不动产抵押权,登记为生效要件;动产抵押权,登记为对抗要件。(7) 取得时效不同。从世界各国的立法例来看,不动产取得时效长,动产取

---

① 梁慧星、陈华彬:《物权法》(第四版),法律出版社2007年版,第39页。

得时效期间短。(8)法律适用不同。在涉外法律关系中,法律适用的冲突规范通常是,不动产适用物的所在地法;动产适用属人法。(9)诉讼管辖不同。因不动产发生的民事纠纷,由不动产所在地法院专属管辖;因动产发生的纠纷,不存在专属管辖的问题。

二、主物与从物

(一) 含义及其认定条件

以两个物在物理上的独立性及经济用途上的相互联系为标准,物划分为主物与从物。主物是在两种以上的物互相配合、按一定经济目的组合在一起时,起主要作用的物;配合主物的使用而起辅助作用的物为从物。

认定主、从物关系的成立,应同时具备以下条件:(1) 二者在物理上互相独立。从物必须不是主物的组成部分,而是主物之外的另一独立物,也即主物和从物是两个物而不是一个物。(2) 二者在经济用途上存在主、从关系。从物必须对主物起辅助作用,即在物理关系上可以补助主物的效用。(3) 交易观念上视为有主、从关系。(4) 主物与从物同属于一人所有。主物和从物是两个物,有两个所有权,但必须属于同一人所有时才能构成主从关系,否则,不能构成主物和从物。

(二) 区分的意义及有关内容

区分主物与从物的意义在于:除当事人另有约定外,主物的处分及于从物,也即"从物随主物"。《物权法》第115条规定,主物转让的,从物随主物转让,但当事人另有约定的除外。据此,主物受让人对于从物的取得应符合以下条件:(1) 主物受让人与主物的所有人达成了主物所有权转让合同。这里的"转让"应作扩充解释,既包括买卖、拍卖等转让行为,也包括抵押、借贷和租赁等法律行为,但对主物所进行的事实行为,对从物不产生影响。(2) 让与人与受让人在订立主物让与合同的时候,未对从物的让与问题作出约定。即当事人在订立主物让与合同的时候,既未曾约定从物随主物一并转让,也未曾约定从物不随主物一并转让。

"从物随主物"的规则在我国现行法中除《物权法》第115条的规定外,还应注意以下内容:(1) 根据《合同法》第164条规定,因标的物的主物不符合约定而解除合同的,解除合同的效力及于从物。因标的物的从物不符合约定被解除的,解除的效力不及于主物。(2) 根据最高人民法院《关于适用〈中华人民共和国担保法〉若干问题的解释》(以下简称《关于担保法解释》)第63条规定,抵押权设定前为抵押物的从物的,抵押权的效力及于抵押物的从物。但是,抵押物与其从物为两个以上的人分别所有时,抵押权的效力不及于抵押物的从物。应当指出,该规定中的"抵押物与其从物为两个以上的人分别所有时,抵押权的效力不及于抵押物的从物"存在逻辑上的矛盾,因为抵押物与从物为两个以上的人分别所有时,"从物"不能称之为从物,这里的"从物"改为"附属物"更为妥当。(3) 根据《关于担保法解释》第91条规定,动产质权的效力及于质物的从物,但是从物未随同质物移交质权人占有的,质权的效力不及于从物。这是因为质权以占有为生效要件,从物既未随主物而移转占有,则质权的效力不及于从物。

三、原物和孳息

(一) 原物和孳息的含义

这是以两物之间存在的相生关系为标准所进行的划分。原物是指依其自然属性或者法律规定能被使用或收益的物,如母畜、果树、本金、出租的房屋等。孳息是由原物所产生的新物,如幼畜、果实、利息、租金等。原物与孳息是相互独立之物,即孳息并不是原物的组成部分,而是独立于原物的物。原物与孳息是相互对应之物,没有原物也就无所谓孳息。如与人体分离的器官、血液是物,但不是孳息物,因为人只能是主体,不能是物。

(二) 孳息的分类

1. 天然孳息

天然孳息又称自然孳息,是指物依自然而产生的出产物。如植物的果实,动物之奶、幼仔。天然孳息的特征主要表现为:孳息是相对于原物而言的;孳息与原物在物理上是彼此分离的。此外,作为出产物的天然孳息,包括有机物的出产物与无机物的出产物[①],前者如植物的果实、动物的仔等,后者如矿物、砂石等。应注意的是,埋藏物,是始终独立于埋藏该物的物,不是孳息。

2. 法定孳息

法定孳息是原物依法律行为或者法律规定产生的收益物。例如,存款所生利息、房屋所生租金、股权所生股利以及彩票所生的奖金等。法定孳息既可以依法律行为产生,如借贷双方约定的利息;也可以根据法律规定而产生,如《合同法》第398条规定,委托人应当偿还受托人为处理委托事务垫付的必要费用及其利息。

天然孳息与法定孳息的区别主要在于:法定孳息须依一定的法律关系才能取得,而在此法律关系中,有权取得孳息者须履行相应的义务;而天然孳息是基于物的天性所得,取得人并不以履行一定的民事义务为前提。

(三) 孳息所有权取得的规则

我国《物权法》第116条对天然孳息与法定孳息的所有权取得规定了不同的取得规则,具体的说包括以下内容:

1. 天然孳息的取得

当事人对天然孳息有约定的,按照约定,法律没有规定或者当事人也没有约定的,采用原物主义(或者说母物主义),由所有权人取得。既有所有权人又有用益物权人的,由用益物权人取得。在我国有天然孳息收取权的人包括:(1) 所有权人。例如,保管合同的标的物在保管期间产生孳息的,保管人应当将原物及其孳息归还寄存人(《合同法》第377条)。(2) 提存关系中的债权人。原物被作为提存物时,提存期

---

① 根据《德国民法典》第99条第(1)项的规定,物的孳息,是指该物的出产物和按照该物的用法而就该物取得的其他收获物。前者即为本书中的有机物的出产物,后者则相当于本书中的无机物的出产物。

间提存物的孳息归债权人所有(《合同法》第103条)。(3)抵押权人。在法院对债务人财产采取查封、扣押、冻结等强制手段时,抵押权人自扣押之日起有权收取该抵押财产的天然孳息(《物权法》第197条)。(4)质权人。质物在质押期间产生孳息的,质权人有权收取孳息(《物权法》第213条)。(5)用益物权人。用益物权是对所有权的限制,因此,土地上产生的天然孳息应由用益物权人而不是所有权人取得,但地役权人无权收取供役地上的天然孳息。[①]

2. 法定孳息的取得

法定孳息因是依据一定的法律关系而取得,因此,主要应根据法律行为的有关规则而取得。对于法定孳息,当事人有约定的,自应按其约定;没有约定或者约定不明确的,按照一般交易习惯,如利息应由债权人取得,租金由出租人取得,股利由股权人取得等。

四、流通物、限制流通物与禁止流通物

这是以法律是否限制物的流通范围为标准所进行的划分。

(一)流通物

流通物是指法律允许在民事主体之间自由流通的物。

(二)限制流通物

限制流通物是指法律对流通范围和程度有一定限制的物。如:按照指令性计划购销的物资;黄金、白银等;外汇;公民收藏的文物;麻醉药品、运动枪支等法律规定的其他限制流通物。

(三)禁止流通物

禁止流通物,又称不融通物,依法不能进入市场,成为交易的对象。如专属于国家专有的物资,例如,土地、矿藏、水流等;违禁物品,如武器、淫秽书刊等。

这种划分的意义在于确定民事主体实施的法律行为的效力。民事主体违反有关限制流通物、禁止流通物的规定,行为无效。情节严重的,还要承担其他法律责任。

五、特殊意义的物

(一)货币

货币是固定充当一般等价物的特殊商品。作为民法上的物,它属于一种特殊的动产,是一种具有高度替代性的种类物。货币所有权的特殊性表现在以下几个方面:

1. 货币占有权与所有权合而为一

换言之,货币占有人视为货币所有人。取得货币的占有,即取得货币的所有权;丧失对货币的占有,也就丧失对货币的所有权。货币被盗时,盗者取得货币的占有即取得货币的所有权。

2. 货币所有权的转移以交付为要件

对此,应注意两点:其一,即使接受无民事行为能力人交付的货币,货币所有权也

[①] 参见韩松、姜战军、张翔:《物权法所有权编》,中国人民大学出版社2007年版,第411页。

移转;其二,即使在借款合同中,转移的也是货币所有权,而非货币的使用权。

3. 货币不发生返还请求权与占有回复诉权问题

货币仅能基于合同关系、不当得利或侵权行为提出相应的请求。这里的返还请求权是指所有人对无权占有或侵夺其所有物的人,有权请求其返还所有物。货币不存在所有物返还请求权,当事人请求返还本金,实质上只是请求返还数额相等的货币,而不是原货币。但是在特殊情况下,如果一定数额的货币是用信封、纸袋等包装而得以特定化,由所有人行使所有物返还请求权。

4. 货币所有权在善意取得方面具有特殊性

因货币的占有人即是所有人,从占有人处取得货币的第三人,即是从真正的所有人处取得货币的所有权,因此,货币不适用善意取得。这一规则的适用,根本原因在于货币是作为充当一般等价物的特殊商品,应保障其流通性。

(二) 有价证券

1. 有价证券的特性

有价证券是指设定并证明某种财产权利的书面凭证。谁持有证券,谁就可以实现证券上所标明的财产权利,因此,有价证券是一种以券面所载价值为内容的特殊动产。

有价证券具有以下特征:(1)证券上记载的财产权利与证券本身不可分离。财产权利直接表现在证券上,权利内容构成证券的价值。(2)权利的行使不能离开证券。权利与证券合二为一,权利证券化的结果使权利的行使离不开证券本身。离开了证券,权利人就不能主张自己的权利。(3)证券的持有人只能向特定的对证券负有支付义务的人主张券面记载的财产权利。(4)证券义务人验券即应履行义务,无权请求对待给付,也无须证明持券人是否为权利人。

2. 有价证券的分类

有价证券按照不同的标准可进行以下不同的分类:

(1)按有价证券所代表权利的性质分为:物权证券,如提单、仓单;债权证券,如债券、票据;股权证券,如股票。(2)按经济功能不同分为:商品证券(又称物品证券),如提单、仓单;货币证券(又称金钱证券),如票据;服务证券,如球票、机票。(3)依有价证券上的权利与证券的关系分为:完全有价证券,指证券权利的发生、转移和行使都以证券的存在为必要的证券,如票据;不完全证券,指权利的发生不以证券的存在为必要,但权利的转移和行使均以证券的存在为必要的证券,如股票。(4)依有价证券的转移方式分为:记名证券,凡证券上记载有权利人的姓名或者名称的证券,如记名的票据;无记名证券,指证券上不指定特定人为权利人,而以正当持票人为权利人的有价证券,如无记名股票、国库券等;指示证券,指须经背书及交付才能转让的证券,如指示支票。

本章重点疑难问题提示

一、物的含义与财产权的客体问题

分析法学家将法律上的物类分为以下四种：一是有形的可触摸的；二是存在于物理世界，但却无形，如电；三是既是无形的，又是不可触摸的，但是，却是一种财富，如专利；四是既不是有形的，也不是经济财富，如声誉。[1] 自德国法以来，大陆法系基本上以物限于有体物为基石来构建物权制度，但这显然不能适应社会的发展。为扩大物的范围，基本上的思路有两个：一是对有体物作扩充解释，认为有体物不必具有一定形状或固定的体积，不论固体、液体或气体，均为有体物。[2] 二是认为物不仅包括有体物，还包括无体物。但关于无体物的范围的认识并不一致，有人认为，无体物是指电、光、热等；有人认为无体物是指所有权以外的一切权利。[3]

笔者认为，物的含义，应以是否能为人类所利用并为人类所控制为标准，这是人类中心主义的必然结果。如动物之所以是物，是因为它能为人类所利用并为人类所控制。如月球，随着社会的发展，当它为人类所利用并能为人类所控制的时候，就可能成为物。因此，物的范围本身是一个动态的概念。物的原型概念应该是实际存在的客观的物质世界，物作为客观的物质存在，以其是否有物质实体为标准分为有体物与无体物。人类总是从感官来感知物质世界的存在，随着科技的发展，一些自然力逐步为人类所认识与控制。无体物借助于一定的物质载体能够为人类所控制与利用，应属于物权的客体。我国《物权法》第50条规定，无线电频谱资源属于国家所有。这明确表明了无体物也可以成为物权客体。

笔者认为，关于财产权客体的总的逻辑思路应是：财产权的客体为物与无形财产，物以是否有形为标准包括有体物与无体物，以是否能移动为标准分为动产与不动产，以前者为标准，光、电、气等是无体物，以后者为标准，它们是动产。无形财产包括精神产品与财产权利，以精神产品为客体构成知识产权，财产权利包括所有权、他物权、债权、股权等，其中，因为知识产权、所有权本身具有完整的、全面的支配性与排他性，因此，它们不能再成为其他权利的客体。但知识产权因为包括人身权与财产权的内容，因此，其财产权不是一种完整的知识产权，因而可以成为其他权利的客体。而他物权、债权、股权则可以依法成为其他权利的客体。

二、动物是不是物的问题

在20世纪以前，这不是一个问题。在20世纪后半叶，生态观念深入人心，人们开始反思人类中心主义的谬误，倾向于承认各种动物是与人具有同等重要的生灵，许多国家的刑法规定了虐待动物罪。在民法上，也有把动物排除在物的范畴之外，将之

---

[1] 参见王涌：《私权的分析与建构——民法的分析法学基础》，中国政法大学1999年博士学位论文，第90页。
[2] 魏振瀛主编：《民法》（第四版），北京大学出版社、高等教育出版社2010年版，第123页。
[3] 彭万林主编：《民法学》（修订版），中国政法大学出版社2002年版，第61页。

纳入主体的主张。尤其是近年来基因序列等显示,动物与人具有相似的基因,更是为这种主张找到了很好的根据。1991年,经修订的《德国民法典》增加了第90A条规定:"动物非物。动物以特别法保护之。于未有特别规定时,应准用有关物之规定。"当然修正的结果并不是将动物人格化,或当成权利主体,而是动物的所有人不能任意对待动物。在德国民法上还有一条规定:"因治疗受伤动物所生费用,纵然远超过其价值,不能认为系不成比例。"这些规定是值得关注与研究的。

笔者认为,人类中心主义导致了生态环境人为破坏的加重,随着社会的发展,人类认识的进步,人类文明正从传统的人类中心主义过渡到现代人类中心主义。现代人类中心主义注重人类和自然的和谐发展,而物格制度则表明了不同的物对于人类具有不同的意义,人类要获得生存与可持续发展,就应给予某些动物以特别的保护。但这并不能由此否认动物不是物,《德国民法典》一方面认为动物不是物,另一方面又规定准用物之规定,这一自相矛盾的阐述似乎也昭示了人类中心主义否定论者的困惑。因此,承认动物为物的同时,充分认识到动物之于人类自身的重要性,从而给予特别的保护是现代人类中心主义的必然选择。

三、虚拟财产能否被认为是物的问题

自2003年9月8日,北京市朝阳区人民法院公开审理国内首例有关虚拟财产争议的案件已过去了十余年。① 为了保护网络游戏者的合法利益,促进网络事业的健康发展,认可网络虚拟财产的现实价值,规范服务商与玩家的权利与义务,解决由于虚拟财产而出现的纠纷,我国有关虚拟财产保护方面的法律正在制定当中。虚拟财产,又称"网财",是指网民、网络游戏玩家在网络游戏中的账号(ID)及积累的"货币""装备""宠物"等"财产"。虚拟财产范围主要包括:游戏账号等级;虚拟金币;虚拟装备(武器、装甲、药剂等);虚拟动植物;虚拟ID账号及角色属性;其他虚拟物。虚拟财产同样可以被占有、使用、收益、处分,成为法律关系的客体。它具有以下特征:(1)客观非物质性。虚拟财产是看不见、摸不到的,具有虚拟性,即客观非物质性。(2)可交易性。虚拟财产既可以通过买卖的方式在玩家和游戏服务商之间转让,也可以通过离线交易的方式在玩家间转让。(3)有价值性。网络虚拟财产是有价值的,它能够满足虚拟人物在虚拟空间的发展,同时获得这些财产也需要耗费一定的劳动。网络虚拟财产的价值包括使用价值与交换价值。(4)时空的有限性。网络虚拟财产只存在于游戏运营阶段,游戏一旦停止运营,虚拟财产也会随之消失;虚拟财产的价值体现在特定的虚拟架构世界环境中,即运营商利用其服务器构建的虚拟环境。(5)有限的数量性。网络游戏中的装备、宠物等虚拟财产都是开发商编写的程序,它们的数量有限。(6)唯一性。网络游戏中的每一个ID、装备都是唯一的。②

笔者认为,虚拟财产具有不同于物权法上的物的特征,不应纳入物权法中物的范畴,而应属于一种新型的财产形式。

---

① 参见李显冬主编:《中国物权法要义与案例释解》,法律出版社2007年版,第7页。
② 转引自《中华人民共和国虚拟财产保护法(草案)》。

四、种类物能否成为物权客体的问题

关于特定物与种类物的划分,通说认为,根据物是否具有独立的特征或者是否被权利人指定而特定化,可将物分为特定物与种类物。特定物是指自身具有独立的特征,或者被权利人指定而特定化,不能以其他物代替的物,包括在特定条件下独一无二的物和从一类物中根据民事主体的意志指定而特定化的物。种类物是指具有共同的特征,能以品种、规格、质量或度量衡加以确定的物。①

笔者认为,就物权而言,如果承认特定物与种类物这一划分,则特定物与种类物均应作为物权的标的。实际上,正如有学者指出的,特定物与种类物的划分,原本与物权毫无关系。就物权而言,一切能够成为其标的的物均是具体的、特定的。民法上"特定物"与"种类物"之分,完全是针对债权关系(主要是契约关系)而设。由于债权非为直接建立债权人与给付的标的物之间的归属关系或者支配关系,而且债权不可能也不必直接设定于具体、确定、实际存在的物品之上,故债之给付的标的物可以现存之物,也可以是未来出现之物;可以是以实物形态加以确定的物,也可以是以物品的类型加以确定的物。依债之给付标的物的此种区别,民法上将物分为特定物与种类物,以此揭示给付标的物不同的债在债务之履行、危险负担以及瑕疵担保等方面之不同的法律效果。② 因此,特定物与种类物之区别,"为交易方法之区别,非物本身之区别"③。当然,从物权法角度而言,如果不是以是否特定为标准,而是以物的形态来划分特定物与种类物则仍然具有一定的价值。因为具有共同形态与特征的物(也可称为种类物)具有可替代性,而具有独立特征与形态的物(可称为特别物)一般不具有可替代性。

五、集合物能否成为物权的客体问题

有学者认为,集合物的概念应当与独立物相对应,集合物应当是指整体性进入交换领域且其整体性成为交易发生条件的不同种类的数个独立物的总和。并进而认为,"集合物上能否设定单独所有权"这样的命题不仅缺乏论据,而且缺乏命题本身的价值,只是试图以此论证国有企业财产之上得设定双重所有权。④ 但一般认为,集合物是相对于单一物而言的,是指多数独立物的集合体,而保存各物独立的存在,以构成另一物的单位。集合物因其内容不同,分为:(1)法律上的集合物。如"有体物"与"无体物"的总和,因受同一法律关系之支配,而视为一物的单位。(2)事实上的集合物。例如,羊群一个、图书馆一座、碗盏一套。关于集合物能否成为物权客体的问题,有不同的认识。有的认为,物的一部分和物的集合体,不能作为一个物权的客体,这是一物一权主义的原则。⑤ 有人认为,由于集合物中的各个物具有很强的独立性,完全可以被所有人分别支配,因此按照一物一权规则,应当将集合物中的各个物作为分

---

① 参见魏振瀛主编:《民法》(第四版),北京大学出版社、高等教育出版社2010年版,第126页。
② 参见尹田:《物权法理论评析与思考》,中国人民大学出版社2004年版,第78页。
③ 梁慧星:《民法总论》(第四版),法律出版社2011年版,第156页。
④ 参见尹田:《论一物一权原则及其与"双重所有权"理论的冲突》,载《中国法学》2002年第3期。
⑤ 参见〔日〕田山辉明:《物权法》(增订本),陆庆胜译,法律出版社2001年版,第12—13页。

别的所有权客体对待。但是,当集合物进入到交换领域后,集合物从整体上可以成为某种交换价值,并可以与其他物相区别,这样集合物也就可以成为单独的所有权客体。① 此外,还有人认为,集合物不能作为所有权的客体,但可作为担保物权的客体等等。

笔者认为,关于集合物的含义是可以探讨的,但集合物的问题仅仅是对物的分类的认识问题,承认集合物可以作为所有权的客体可以作为"双重所有权"理论的支撑,但这并不是充分必要条件。因此,欲否定"双重所有权"就必须要否定集合物可以作为物权客体,这一认识是不正确的。笔者认为,集合物能够成为物权的客体,既可以成为所有权的客体,也可以成为他物权的客体。理由是:首先,能否作为物权的客体,主要以是否具有支配性与排他性为标准,而这有赖于物能否被特定。特定性原则的主要功能有二:其一是明晰物权界限;其二是满足交易需要。因此,只要符合清晰性的要求,集合物均可称为物权的客体。其次,集合物之所以可以作为物权的客体,还在于集合物本身的结合可表现出更大的价值。集合物不仅是只在作为交易的对象时才表现出它的价值,而且因为其作为集合体,而表现出独特的价值。再次,一物一权中"一物"的判断源于社会交易需要、满足社会需求、符合社会观念,基础则是现代社会化大生产使物的批量生产成为现实,物的可替代性增强(如同质集合物设定质押的情况下,使流动质成为可能);现代社会化大生产使集合物表现出了其独特的价值。此外,从世界各国立法例来看,承认集合物为物权客体的不乏其例。如《意大利民法典》第816条规定,属于同一个人所有的、具有统一用途的数件动产,视为动产的集合体。组成集合体的各单一财产可以成为单方行为和法律关系的客体。又如《俄罗斯联邦民法典》第134条规定,如果不同种类的物构成一个按共同用途进行使用的统一的整体,则它们被视为一个物(复杂物)。再如新修订的《法国民法典》规定未来的财产、集合的财产、种类物都可用来设定质押(第2333条第1款、第2341条和第2342条)。② 最后,我国《物权法》所确认的财团抵押、动产浮动抵押均是将集合财产作为一个物对待进行登记,而无须分别登记。可见,我国《物权法》至少在法律的明文规定中承认集合物可以作为抵押权的标的。正如有学者指出的,物的支配秩序,完全由物的利用决定。由于集合物的价值远远超过构成集合物的各个物单个价值之和,所以,在此种情形下,集合物的所有权在法律上是必然的,如企业抵押和财团抵押等。在此种情形下,组成集合物的各个物作为所有权客体的独立性受到了限制。③

六、《合同法》第163条的孳息归属规则的认识问题

我国《合同法》第163条规定:"标的物在交付之前产生的孳息,归出卖人所有,交付之后产生的孳息,归买受人所有。"该条确认了以交付作为孳息所有权归属的判断标准,这与《物权法》第116条关于孳息收取的规则不一致,对此应如何认识?有学者认为,《合同法》第163条的规定,是买卖合同下的孳息归属的规则,是《物权法》规定

---

① 参见王利明:《物权法论》(修订二版),中国政法大学出版社2008年版,第18页。
② 李世刚:《关于法国担保制度的改革》,载《政治与法律》2007年第3期。
③ 〔日〕川岛武宜:《民法总则》,日本有斐阁1980年版,第150页。

的例外。①

笔者认为,《合同法》规定的以交付前后作为孳息归属的规定,是基于《合同法》第133条和第142条规定的标的物的所有权、标的物毁损灭失的风险均以交付为界的原则。但这一规定有两大问题:(1)标的物交付之前并不必然属于出卖人所有。例如,出卖他人之物的情形下,纵未交付,出卖人并不必然取得所有权。(2)交付之后的买受人也并不必然取得所有权。如附所有权保留约定的买卖,即使已经交付,但标的物所有权仍有可能属于作为原所有权人的出卖人而不发生变动,此时买受人不是所有权人不应取得孳息的所有权。可见,《合同法》第163条规定的以交付前后作为孳息归属的规定不合理且与《物权法》第116条关于孳息归属的规定相冲突,根据新法优于旧法的基本原则,在《物权法》生效后,《合同法》第163条的规定即应停止适用。②

---

① 王利明:《物权法研究》(修订版)(上卷),中国人民大学出版社2007年版,第76页。
② 参见江平主编:《中华人民共和国物权法精解》,中国政法大学出版社2007年版,第151页。

第六章 物权变动的一般原理

第一节 物权变动概述

一、物权变动的形态

物权变动,也称物权的得丧变更,是物权的设立、变更、转让和消灭的总称。

(一)物权的设立

物权的设立,也即物权的取得,是指特定物的物权归属于特定的权利主体。物权的取得,以是否基于他人的权利与意思为标准,包括原始取得和继受取得。

1. 原始取得

物权的原始取得也称物权的固有取得或权利的绝对发生,是指非依他人权利与意志而取得物权。一般而言,基于事实行为而取得物权,如依生产而取得产品、收益而取得的天然孳息、无主物的先占、埋藏物的发现、遗失物拾得等取得物权,即属于物权的原始取得。原始取得一旦完成,此前标的物上存在的一切负担随之归于消灭,原物权人不得就现行标的物主张任何权利。

2. 继受取得

继受取得又称传来取得或物权权利的相对发生,指依他人的权利和意志而取得物权。它又分为:(1)移转之继受取得。这是指原物权人的物权完整地移转给新物权人,如因买卖、赠与、继承而取得所有权。(2)创设之继受取得。这是指所有权人为他人创设所有权以外的物权。它既可采用民法的方法创设,如订立土地使用权使用合同而创设建设用地使用权;也可采用行政的方法创设,如采矿权的取得。

两者区分的意义在于:原始取得无须证明其是从前权利人那里取得的权利,而继受取得权利的取得者的权利的取得则有赖于前权利人有这个权利。

(二)物权的变更

有广狭义之分,广义的物权的变更是指物权的主体、客体、内容的部分改变。因为物权主体的变更,通常涉及物权的取得与消灭问题,因此在物权法上,一般所谓物权的变更,通常指物权客体与内容的部分改变,此即为狭义的物权的变更。物权客体的变更,指物权标的物的变化,如所有权的客体因附合而增加、抵押物因自然灾害而部分灭失等。物权内容的变更,是指在不影响物权整体的情况下,他物权内容的扩充或缩减等。如抵押权关系中,抵押权人受偿次序的升降;建设用地使用权关系中,建设用地使用权期间的延长或缩短。

(三)物权的转让

物权的转让,是指将已存在的物权在物权主体之间移转。物权的转让通常以债权行为为基础,是物权设立与消灭的前提,反映物权行使的动态变化。物权转让的具体表现形式多种多样,是物权变动的主要形态。物权的转让,从结果来看,对原物权主体而言是物权的消灭,对新物权主体而言是物权的设定。从这一意义而言,物权的转让是物权的设定、变更与消灭的前提或者说是手段而不是独立的物权变动形态。

（四）物权的消灭

物权的消灭,就物权人方面考察,为物权的丧失,是指特定物权因一定的法律事实而不复存在。它可分为绝对的消灭与相对的消灭。物权绝对消灭,是指物权本身归于消灭,标的物不再属于任何权利主体,如房子被烧；物权相对消灭,是指原主体丧失某一物权而由新的权利主体取得,实质上是物权主体的更新。物权消灭的共同原因主要包括：(1)混同,即两个无并存必要的物权同归于一人的事实。(2)抛弃,即依权利人的意思表示,使物权归于消灭的单独行为。(3)标的物灭失,但担保物权除外。(4)约定存续期间届满或届满前当事人以合意使物权消灭。(5)因法定原因被撤销。(6)法定期间经过。(7)他人时效的经过而取得物权时,原物权归于消灭等。

二、物权变动的原因

物权的变动由民事法律事实引起。根据物权变动的原因,可将之分为依法律行为的物权变动和非依法律行为的物权变动。

（一）依法律行为的物权变动

这又被称为基于法律行为的物权变动,它是物权变动最重要、最常见的原因。导致物权变动的法律行为主要是双方法律行为,如通过买卖、互易、赠与取得所有权；又如与他人订立合同设立抵押权、质权、地役权等他物权。也可依单方法律行为而发生物权变动,如物权人抛弃物权。

（二）非依法律行为的物权变动

这又被称为非基于法律行为的物权变动,即除法律行为以外,物权变动的原因还包括：(1)依法律规定发生的物权变动。如依法成立的法定抵押权、法定留置权、法定地上权等。(2)依公权力而产生的物权变动。这主要包括:法院的判决与仲裁机构的裁决；政府行为,如征税、没收、征收、征用、无主物取得等。(3)因继承或受遗赠发生的物权变动。(4)因事实行为发生的物权变动,如自我劳动、先占、添附、发现埋藏物、拾得遗失物等。(5)因时效取得而发生的物权变动。(6)因自然事件发生的物权变动。因自然原因可能导致物权的消灭,也可能导致新的物权的发生。

三、依法律行为的物权变动的立法模式

在大陆法系国家,物权变动需具备名义(原因)与形式两个要素。其中原因是指引起物权变动的契约、赠与等法律行为或非法律行为的法律事实；形式是指移转标的物的占有或者象征占有移转的交付或者登记。在物权变动的各种原因中,法律行为居于首要地位。然而物权如何依法律行为而发生变动,各国立法规定不一。

（一）意思主义

意思主义,又称债权意思主义或者对抗要件主义,以法国和日本为代表。按照这种主义,物权的变动是债权合同的效果,物权变动仅依当事人的意思表示即可发生,不以登记或交付为生效要件。善意第三人可以以当事人未公示为理由,否认其物权变动的效果。

债权意思主义的主要内容和特征有:(1)发生债权的意思表示,即为物权变动的意思表示;(2)使物权变动的法律行为,仅需当事人的合意即可完成,交付或登记仅具有对抗效力;(3)除有特别情形外,一个法律行为,即可发生债权与物权的双重效果,物权行为并不存在,物权变动是债权行为履行的结果;(4)物权变动受债权行为的影响,即债权行为被宣告撤销或无效,物权变动也将被认定为无效或予以撤销。

一般认为,债权意思主义的主要优点在于:其一,尊重当事人的意志自由。物权变动完全取决于当事人的意思,当事人意思之所至,物权关系即随之而变动,这就极大地限制了国家公权力对于物权交易和个人意思的干预。其二,物权交易便捷、迅速、简洁。因为债权意思主义是完全建立于当事人意思尊重的基础之上,以物权变动为债权行为的当然结果,不需要任何形式。债权意思主义的主要缺点在于不能保障动的交易安全。因债权意思主义着眼于当事人之间的法律关系而形成,当事人之间只要有债权契约的意思表示即产生物权变动的效力,结果往往使社会第三人不能从外部明了当事人之间是否发生了物权变动,以及物权变动的具体时间,因而难以保障动的交易安全。

(二)物权形式主义

物权形式主义又称成立要件主义或者公示要件主义,也有的将之称为实质主义,它以德国为代表。按照这种主义,物权因法律行为而变动时,除了当事人之间的债权合同外,还必须有专以物权变动为内容的物权合同。也就是说,物权依法律行为变动时,物权变动系独立于债权契约的物权行为所致,债权行为的效力不影响物权变动的效果。

物权形式主义的主要内容与特征包括以下几个方面:(1)发生债权的意思表示,并非物权变动的意思表示,欲发生物权变动需就物权变动成立一个独立于债权行为的意思表示;(2)物权合意成立后尚需登记或者交付的法定方式,物权变动才能成立或者生效;(3)物权行为独立存在,具备无因性,即债权行为和物权行为相互独立,债权行为的被撤销或被宣告无效不影响物权发生变动。

一般认为,物权形式主义的主要优点在于:(1)根据物权行为的区分原则、独立性与无因性理论可使法律关系明晰,有助于法律的适用;(2)它立足于债权与物权的区分,体现了逻辑上的清晰性与自足性;(3)根据物权行为的无因性,债权合同即使被宣告无效或被撤销,并不影响物权行为的效力,买受人仍然取得所有权,而且当其将标的物移转给第三人时,第三人也能取得标的物的所有权,这对买受人与第三人利益和安全的保护是有利的;(4)有利于减少举证困难等。在我国,对物权形式主义的批评主要集中在其无因性原则。

(三)债权形式主义

债权形式主义又称折衷主义,以瑞士民法和奥地利民法为代表。依据此主义,物权因法律行为而变动时,除债权合意外,仅需履行交付或登记的法定方式,即发生物权变动的效力。

折衷主义的主要内容与特征包括:(1)发生债权的意思表示,即为物权变动的意思表示,这一点与债权意思主义相同。(2)使物权变动的法律行为,仅有当事人的合意还不够,仍需要登记或者交付的法定方式才能成立或者生效,这一点与物权形式主义相同。(3)一个法律行为虽然不能发生债权和物权的双重效果,但仅加上事实行为的登记或者交付,即可发生物权变动的效果,并不需要单独的物权合意。简言之,物权变动是债权行为履行的结果。(4)物权变动虽然可以独立存在,但其效力受债权行为的影响,不具备无因性,如果债权行为被宣告撤销或无效,物权变动也将被认定为无效或予以撤销。

债权形式主义可以看成是从债权意思主义演化而来,只是附加了一个实体性的登记或交付行为,它强调对物权变动双方当事人的意思的尊重,通过善意取得制度使物权的变动和第三人的外部关系统一起来。此说,为我国物权变动理论的主流学说。

物权变动的立法模式是对法律规定体系化的概括,而物权变动的理论模式是对立法模式认识的体系化,二者既有联系又有区别。我国《物权法》第15条、第23条等的法律规定,遵循了一个基本的立法模式,即将债权法上的合同与基于登记、交付而发生的物权变动区分开来。这里存在着一个"区分原则",但这种区分究竟是债权行为与事实行为的区分,还是原因行为与物权变动的区分抑或是债权行为与物权行为的区分?这就牵涉到对此立法模式进行阐释的理论模式问题。

第二节 依法律行为物权变动的理论模式

一、物权行为理论

物权行为是历史法学派的代表人物萨维尼在其1840年出版的《现代罗马法体系》一书中提出的。他认为:"私法上契约,以各种不同制度或形态出现,甚为复杂。首先是基于债之关系而成立之债权契约,其次是物权契约,并有广泛适用。交付具有一切契约之特征,是一个真正的契约,一方面包括占有之现实交付,它方面包括移转所有权之意思表示。此项物权契约常被忽视,例如在买卖契约,一般人只想到债权契约,但却忘记交付之为亦含有一项与买卖契约完全分离,以移转所有权为目的之物权契约。"基于以上阐述,物权行为理论得以创设。[①] 物权行为理论对德国法的民法物权体系乃至大陆法系中的物权法理论产生了重大影响。一般认为,萨维尼的这一论述包含了三项重要原理:一是物权行为的独立性原理,即交付是一个独立于债权契约的"真正的契约",是与买卖契约完全分离的。二是交付必须体现当事人的独立的意思表示。正是因为该独立意思表示与原因行为无关,便产生了物权行为的无因性理论。三是交付必须以所有权的转移为目的。

---

① 参见王泽鉴:《民法学说与判例研究》(1),中国政法大学出版社1999年版,第283页。

二、物权行为理论中的若干问题

(一) 物权行为的含义

关于物权行为的概念问题,大体上有以下几种观点:(1)从物权行为目的角度来界定物权行为,如史尚宽先生认为:"物权行为谓以物权之设定、转移、变更或消灭为目的之法律行为"①。(2)从法律行为要素的角度,认为:法律行为的一般构造为当事人、标的、意思表示,行为的后果并非法律行为的一般构成要素,所以,物权行为的构成不包含登记、交付,登记、交付只是推动物权意思的实现。②(3)从物权的意思表示与形式结合的角度,认为物权行为包含物权意思与登记、交付。如谢在全先生认为:"物权行为系物权变动之意思表示,与登记、书面或交付相结合之法律行为。"③(4)从独立性与无因性的角度,如钱明星认为,物权行为是指物权变动效力的发生,直接以登记或交付为条件,即在债权合同之外还有以直接发生变动为目的的物权合同(物权行为)。④可见,关于物权行为的含义学者们存在重大分歧,而其中最为主要的问题是登记、交付是物权行为的成立要件还是生效要件。

本书认为,登记、交付是物权行为的生效要件而非成立要件。理由是:(1)法律行为的成立与生效不同。法律行为的成立是一个事实问题,而法律行为的生效是一个价值判断问题。"物权行为系法律行为之一种,以意思表示为要素,关于其成立,应适用总则之一般规定,即须有当事人、意思表示及标的。"⑤因此,物权行为只要符合意思表示的构成要素即成立,至于是否生效则取决于是否符合法定的公示方式。(2)法律明文规定不动产物权变动非经登记,动产物权变动非经交付不产生效力。如登记与交付作为物权行为的成立要件,则有违《物权法》规定。(3)登记是公法上的行为,不能作为私法上法律行为的构成部分,作为其成立要件。⑥登记在我国现行法上属于行政确认具体行政行为,行政机关对于是否登记有行政决定权。换言之,登记不能适用关于契约和法律行为的任何规则。⑦(4)将登记、交付作为物权行为的成立要件将无法解释依"合同生效"规则而产生的物权。我国《物权法》第127条规定,土地承包经营权自土地承包经营合同生效时设立;第158条规定,地役权自地役权合同生效时设立。正如有学者所指出的,这两种导致物权变动生效的合同,如果依据物权变动的法律效果来看,当然不可以将其理解为债权合同,因为债权合同只能产生

---

① 史尚宽:《物权法论》,中国政法大学出版社2000年版,第18页。
② 肖厚国:《物权变动研究》,法律出版社2002年版,第19页以下。
③ 谢在全:《民法物权论》(上册),中国政法大学出版社1999年版,第68页;梁慧星、陈华彬:《物权法》(第四版),法律出版社2007年版,第71页。
④ 钱明星:《物权法原理》,北京大学出版社1994年版,第48页。
⑤ 王泽鉴:《民法学说与判例研究》(5),中国政法大学出版社1998年版,第12页。
⑥ 王泽鉴:《民法物权》(1),中国政法大学出版社2001年版,第79页。
⑦ 参见〔德〕施瓦伯、普律廷:《物权法》,第69页。转引自田士永:《物权行为理论研究》,中国政法大学出版社2002年版,第139页。

债权意义上的请求权,而不能产生物权。① 但如果将登记、交付作为物权行为的成立要件,即登记、交付为物权意思的形式,则此类合同因为没有公示,则无所谓物权行为,又如何产生设定物权的法律后果呢? 显然,只有将此类合同理解为物权意思表示,而由法律直接赋予其效力方为适当。

因此,物权行为应是指物权主体以意思表示为要素而设立、变更、消灭物权关系,直接发生物权法上法律效果的法律行为。它具有以下特征:(1) 物权行为是法律行为的一种,以意思表示为要素。"法律行为者,乃以发生私法上效果之意思表示为要素之一种法律事实也。"② 另一位德国学者则更为直接地指出,物权行为的基本概念是指"物权合意","物权合意为物权契约",但作为物权法上的法律行为,它不同于债权法上的法律行为,它与债法上的契约有严格的界限,即在物权合意中,显然欠缺任何使负义务的要素。③ (2) 一定的公示方式是物权行为的生效要件而非成立要件。物权行为不以登记、交付为构成要素,"盖登记、交付,皆为物权行为发生效力之要件也"④。也正如德国学者所指出的,在动产物权法中,处分行为通常需要有交付行为,但交付不是形式,而是合意之外的另一项生效要件。⑤ 正是在这一意义上,物权合意原则上只有与外部的公示结合起来,才能引起物权的变动;但特殊情形下,即使没有公示方式,得依法律规定而设定物权。(3) 物权行为产生物权法上的效果,即直接导致物权的设定、移转、变更和消灭。物权行为以设立、变更或消灭物权关系为目的,债权行为只产生请求权,而物权行为直接导致物权的变动。

(二) 物权行为的无因性问题

物权行为的无因性,是指物权行为的效力不受债权行为的影响,即物权行为不依赖其原因行为(债权行为)而独立存在,债权行为的无效或撤销不能导致物权行为的当然无效或撤销。债权行为被撤销时,依此债权行为所为的履行行为并不当然无效,因为当事人之间的物权的合意并未失效,物的取得人因而取得的物权不能随之而撤销(即所谓的基于错误的交付也是有效的),已为物的交付的当事人只可以向物的取得人提起不当得利返还之诉。物权行为的无因性被德国法确定下来,最初的功能是用来排除登记的实质审查主义的弊端,但后来演变成为最重要功能的是明晰法律关系和保护交易安全。

我国学者对于是否应承认物权行为的无因性有不同意见,但大多数学者认为,我国宜抛弃物权行为无因性原则,主要理由如下:(1) 物权行为的无因性虽对买受人和第三人有利,但对出卖人却极为不利。例如,如果买受人已将标的物转卖,第三人即使出于恶意也能取得所有权。出卖人不能对该第三人行使任何权利,他只能向买受人请求转卖所得的价金,这对出卖人极为不利。又如因为出卖人在交付标的物而未

---

① 孙宪忠:《我国物权法中物权变动规则的法理评述》,载《法学研究》2008 年第 3 期。
② 郑玉波:《民法总则》,台湾三民书局 1979 年版,第 211 页。
③ 参见〔德〕鲍尔、施蒂尔纳:《德国物权法》(上册),张双根译,法律出版社 2004 年版,第 70—72 页。
④ 史尚宽:《物权法论》,中国政法大学出版社 2000 年版,第 20 页。
⑤ 〔德〕迪特尔·梅迪库斯:《德国民法总论》,邵建东译,法律出版社 2001 年版,第 460 页。

获得价金的情况下,因买卖合同被宣告无效或被撤销而只有不当得利返还请求权,却不能享有对标的物的所有权,这显然是不公平的。因为不当得利请求权是债权而非物权请求权,不能产生优先效力,无法对抗第三人。如果买受人破产或将标的物低价转让,在此情况下,出卖人仅享有债权请求权,根本不能维护其利益。(2)无因性理论为德国法所独有,但即使是在德国,无因性原则也不断被修正。为减轻无因性理论带来的困惑,德国判例学说尽量限制物权行为无因性的适用,具体方法包括:其一,共同瑕疵。共同瑕疵是指物权行为与债权行为基于同一个瑕疵,此时,在撤销债权行为时,同时撤销物权行为。如因当事人无行为能力或限制行为能力,因欺诈、胁迫、错误、显失公平及违反公序良俗、形式瑕疵等,使物权行为与债权行为均无效或一并撤销。其二,附加条件。附加条件指为物权行为附加一个债权行为的条件,使物权行为的效力系于债权行为。其三,行为一体。行为一体是指将物权行为和债权行为合为一个整体,作为法律行为一部分的债权行为无效时,则物权行为部分依法归于无效。但有学者指出,这些所谓对物权行为理论及无因性的限制,在法理上基本不成立,在司法实践中没有认可。① (3)我国《物权法》已确立不动产与动产的善意取得制度,这一制度已取代物权行为的无因性。物权行为制度与善意取得制度均有保护交易安全的功能,善意取得制度较之物权行为无因性理论,不仅有助于保护善意第三人,而且因其可以区别第三人是善意还是恶意的不同情形,来决定是否对其进行保护,也能体现社会公平正义和诚信原则的要求。② (4)从比较法来看,世界各国与地区真正明文规定物权行为的无因性的,只有《德国民法典》。从我国立法和司法现状来看,我国从来未承认过物权行为的无因性。

(三)物权行为的独立性问题

否定物权行为的无因性是否就等于否认了物权行为理论或者就否认了物权行为的独立性呢?对此有两种观点:一种观点认为承认物权行为的独立性就应承认物权行为的无因性,否认物权行为的无因性就应否认物权行为的独立性。另一种观点认为否认物权行为的无因性并不等于否认物权行为的独立性,理由是:(1)物权行为的独立性是指物权行为独立于债权行为而存在,而现实中确实存在无争议的无法纳入债权行为的法律行为。如所有权抛弃这一单方法律行为无法将其纳入到债权法律行为之中,因为债权意思表示的法律后果只是产生债。(2)物权行为的独立与否首先是事实判断问题,而物权行为无因性是价值选择问题。原因行为(债权行为)是否影响法律行为的效力是立法选择问题,而不是事实问题。③ (3)债权行为的效果意思并不包含物权变动,只有物权行为的效果意思才有物权变动的内容,如果不承认物权行为的独立性,"债权行为何以引起物权变动?"④

---

① 孙宪忠:《中国物权法原理》,法律出版社2004年版,第270页。
② 王利明:《物权行为若干问题探讨》,载《中国法学》1997年第3期。
③ 参见侯水平、黄果天等:《物权法争点详析》,法律出版社2007年版,第108页。
④ 参见温世扬、廖焕国:《物权法通论》,人民法院出版社2005年版,第124页。

（四）物权行为是否存在的问题

物权行为是否存在呢？对此，否定论者认为，物权行为是虚构的。理由是：（1）物权行为中的所谓转移物权的合意实际上是学者虚构的产物，在现实的交易生活中不可能存在独立于债权合意之外的移转物权的合意。以买卖为例，当事人订立买卖合同的目的，就是使一方支付价金而取得标的物的所有权，使另一方通过交付标的物而取得价金的所有权。因此，转移价金和标的物的所有权既是当事人订立债权合同的目的，也是债权合同的基本内容。（2）就登记来说，其本身并非民事行为，而是行政行为，显然不能作为法律行为之构成部分。就交付行为来说，它并不是独立于债权合意而存在的，交付的性质是实际占有的移转，从物权法的理论来看，单纯的实际占有的移转并不能必然导致所有权的移转。（3）我国物权法实行公示要件主义，在这一模式下，所遵循的"分离原则"是意思表示与公示形式、是意思表示（法律行为）的形式与物权变动的标志、是意思表示（法律行为）的效力与意思表示的履行的分离。在这种"区分"之下，只有一个意思表示、一个法律行为、公示形式——无论动产交付和不动产交付并不负载意思表示内容，法律属性为事实行为，是从属于意思表示行为（法律行为）的义务履行行为。①

物权行为是否存在的关键问题是，是否存在着独立的物权意思表示。本书认为，独立的物权意思表示是存在的，理由如下：（1）在抛弃物权的单方法律行为中，只能是单方物权行为。债权行为为负担行为，意思表示必有使当事人负义务的意思表示，而抛弃物权的行为显然欠缺任何使负义务的意思表示，因此，它不可能是债权行为，只能是以抛弃物权这一意思表示为要素而消灭物权的单方物权行为。（2）在双方法律行为，存在物权合意。试举几例容易被理解的情形。例1：甲出卖一辆自行车给乙，首先，双方有一个买卖自行车的协议（债权契约）；其次，甲应将自行车交付给乙，在交付时，甲的意思表示是其表示自行车交付给乙，乙表示接受或拒绝；乙将价款交付给甲，乙表示接受或拒绝。在交付这一行为中，不可能双方不知其意欲何为，而只有依据这一意思表示，双方进行交付后，才发生自行车所有权与价款所有权的移转。例2：在种类物买卖中，在种类物交付之前，也即在物权行为之前，买卖合同中转移标的物的意思仅仅是可能成就债权，没有将种类物特定的物权合意不可能发生物权变动，这也是德国权威著述之所以认为物权行为独立的原因。② 例3：在买卖将来之物的合同成立时，标的物不存在，如果不承认物权行为，买卖合同将因为出卖人没有处分权而沦为效力待定合同。事实只能是买卖合同（债权行为）已生效，物权行为尚未成就。例4：就不动产买卖而言，在登记生效主义下，没有合同当事人向登记机关提出登记变更的合意就没有物权行为，债权合同不能引起物权变动。③ 可见，在双方法律行为中，既有债权的意思表示，也有物权的意思表示，债权行为只产生请求权，物权的意思表示则是物权变动的要素。（3）物权行为虚构论实际上承认物权合意。虚构论对物权

---

① 参见孙鹏：《物权公示论——以物权变动为中心》，法律出版社2004年版，第134页。
② 〔德〕迪特尔·梅迪库斯：《德国民法总论》，邵建东译，法律出版社2001年版，第175页。
③ 参见侯水平、黄果天等：《物权法争点详析》，法律出版社2007年版，第111—112页。

合意的存在是肯定的,只是认为物权变动的意思表示包含在债权合同中,不存在独立于债权合意之外的物权合意,认为买卖中物权合意是债权意思表示的延伸,不是新的意思表示。① 应该承认,在这一情形下,物权意思表示与债权意思表示具有"同一性",但两者却是独立的,因为债权意思表示在于使当事人承担义务,法律效果是产生债权、债务;而物权意思表示则是"发生"物权变动的合意,法律效果是物权移转。因此,本书认为,物权意思表示是独立于债权意思表示的客观存在。

(五) 物权行为如何存在的问题

在承认物权行为独立性的前提下,物权行为是如何独立存在的呢? 对此,主要有以下观点:(1) 不承认物权行为,但承认物权合同。这一观点不承认物权行为理论,但认为将民事合同限于债权合同的范围,将债权合同所不能包括的抵押合同、质押合同、土地使用权出让合同、承包合同等统称为物权合同。② (2) 承认物权行为,将登记、交付与物权意思结合起来,认为物权行为主要包括单方物权行为与双方物权行为,前者如抛弃物权,后者如设立物权的合同、设定地上权的合同、设定抵押权的合意、设定质押权的合意等。③ (3) 认为物权行为既可与登记、交付相结合,也可以不与登记、交付相结合,而在意思主义的物权变动模式下,则只存在着物权合意。④

本书认为,首先,第一种观点不承认物权行为,而承认物权合同并将之与民事合同并列,这一观点是无法自圆其说的。其一,所谓的物权合同如何与债权合同区分? 以何标准区分? 其二,物权合同若不是民事合同是什么性质的合同? 其三,物权合同是如何构成的,是如何独立于债权合同的? 简言之,没有了物权的意思表示的物权合同有必要与债权合同区分吗? 因此,要么承认物权行为与物权合同,要么否认物权行为与物权合同的独立性。否认物权行为理论,对物权变动模式并非不能作出解释。我国长期以来,以继受取得的理论,否认物权意思表示的独立性,认为在导致物权变动的法律行为中只有债权行为,而登记、交付只是事实行为,这一对物权变动的理论模式的认识尽管存在种种缺陷,但是可以自圆其说的。但否认物权行为而承认物权合同却难以自圆其说,这从梁慧星先生从支持这一观点到对独立的物权行为(包括单独行为和物权合同)的承认,表明了对这一观点的抛弃。⑤ 本书认为,第二种观点认为物权行为应与登记、交付结合起来,限制了物权行为的范围,无法对《物权法》的物权变动模式作出完整的阐释。认为物权意思只有与外部的公示结合起来,才能引起物权的变动。这用来解释公示要件主义尚可,但用来解释公示对抗主义则不足。我国《物权法》的相关条文中规定了一些物权采登记对抗主义与"合同生效"规则,在这

---

① 王利明:《物权行为若干问题探讨》,载《中国法学》1997 年第 3 期。
② 王利明:《物权法论》,中国政法大学出版社 1998 年版,第 65 页。
③ 参见孙宪忠:《中国物权法原理》,法律出版社 2004 年版,第 278 页;温世扬、廖焕国:《物权法通论》,人民法院出版社 2005 年版,第 124 页;屈茂辉:《物权法·总则》,中国法制出版社 2005 年版,第 293—294 页。
④ 刘文涛:《分离主义立法与物权行为》,转引自孙鹏:《物权公示论——以物权变动为中心》,法律出版社 2004 年版,第 130 页。
⑤ 参见梁慧星:《民法学说判例与立法研究》,中国政法大学出版社 1992 年版,第 244—245 页;梁慧星、陈华彬:《物权法》(第四版),法律出版社 2007 年版,第 83 页。

种情形下,物权的设定均是以合同生效为要件,而并不以登记、交付为要件。因此,将登记、交付认为物权行为的成立要件,即认为物权意思表示是物权行为的内容,登记、交付是物权行为的形式,这一观点,无法解释这一法律现象。再次,第三种观点认为在采公示对抗主义模式下,所有权的移转是当事人订立合同时"合意"的直接结果,此前并没有什么债权债务关系作为原因对当事人产生拘束力,该合意应为物权合意。[①] 这一对债权行为的否认则未免走得太远。笔者认为,只有物权意思表示的存在而无债权意思表示存在的情形只限于单方物权法律行为,在双方物权行为中,必有债权行为使当事人负有义务的意思表示。在登记对抗主义模式下,此时的债权契约虽不是导致物权变动的意思表示,因为债权的意思表示是无论如何不能产生物权的,但它却是存在的,只是它被物权的意思表示所"吸收"而难以被抽象与认识罢了。

因此,本书认为,物权的意思表示存在于一切以物权变动为目的的法律行为之中,在单方法律行为中只有独立的物权意思表示,在双方法律行为中,则应分不同情形加以认识。如物权变动采公示要件主义,此时,存在着债权意思表示与物权的意思表示,而只有物权意思表示与登记、交付这一事实行为相结合,且登记、交付为物权行为的生效要件,方能导致物权变动的后果[②];如采登记对抗主义与"合同生效"规则,则债权意思表示被物权的意思表示所"吸收",物权意思表示依据法律的规定而导致物权变动的后果。

三、物权行为理论模式

综上所述,本书认为,我国物权法既不应全盘接受德国法的物权行为理论,也不应采债权形式主义的理论模式,而应在批判与继承两大理论模式的基础上构建我国的依法律行为的物权变动的理论模式。基本观点是:债权行为与物权行为区分;物权行为是指物权主体以意思表示为要素而设立、变更、消灭物权关系,直接发生物权法上法律效果的法律行为。物权行为存在于一切以物权变动为目的的行为中,我国应以"物权行为理论模式"构造我国依法律行为的物权变动的理论体系。该理论模式的主要内容为:

1. 物权行为包括单方物权行为与双方物权行为

它具有以下特征:(1) 物权行为是法律行为的一种,以意思表示为要素;(2) 一定的公示方式是物权行为的生效要件而非成立要件;(3) 物权行为产生物权法上的效果,即直接导致物权的设定、移转、变更和消灭。

2. 物权行为与债权行为相互区分

债权行为的意思表示有使负义务的要素,在当事人之间产生请求权;物权行为的

[①] 刘文涛:《分离主义立法与物权行为》,转引自孙鹏:《物权公示论——以物权变动为中心》,法律出版社2004年版,第130页。

[②] 此时物权行为具有"二象性"的特征,即物权行为不仅具有法律行为属性,而且具有事实行为属性,意思表示和事实行为是物权行为的"两项要件",但在现实形态上必然将其理解为一项行为。参见李庆海:《论物权行为的"二象性"》,载《法律科学》1999年第1期。

意思表示无任何使负义务的要素，目的是设定、变更、消灭物权关系，并导致物权变动。

物权行为与债权行为的关系具体表现为：(1) 只有债权行为而无物权行为。如雇佣、租赁等。(2) 只有物权行为而无债权行为，如抛弃物权这一单方物权行为。(3) 与一定的债权行为相联系的物权行为，如设定抵押权、质权等。这类物权行为具有从属性，并不一定必须发生。应注意的是，担保合同与设定担保物权的物权合意是不同的，前者仍只是使当事人产生债的关系，而只有后者才导致担保物权的设定。(4) 债权行为与物权行为并存。此时又分两种情形：其一，物权行为与债权行为同时发生，如即时清结买卖、自动售货机买卖等。其二，先发生债权行为，嗣后又发生一物权行为。如种类物以及未来物的交易、分批履行的交易、保留所有权的交易等。

3. 物权行为因不同的物权变动模式其作用不同

在采公示要件主义的模式下，物权意思表示只有与登记、交付相结合，登记、交付作为物权行为的生效要件，才能导致物权变动；在采公示对抗主义与"合同生效"规则的情形下，物权意思表示生效即导致物权变动。因物权变动以公示要件主义为原则，我国应建立全面的公示制度，并赋予公示公信力。

4. 物权行为原则上不具有无因性

即物权变动的效力依赖于债权契约的效力，物权变动需要以有效的债权合同为前提。债权合同无效或被撤销，物权合同也无效或被撤销。同时，基于对公示公信力的普遍承认，坚持动产与不动产的善意取得制度。但物权行为在特殊情形下具有无因性，如根据其行为效力的特点，只能为无因，如单方物权行为。此外，某些处分行为，学者又称之为准物权行为，如债务约束、债务承认、票据行为以及代理权的授予等，应认为具有无因性。[①]

第三节 依法律行为物权变动的区分原则

一、区分原则的含义与理论基础

依法律行为物权变动的区分原则，是指在发生物权变动时，物权变动的原因与物权变动的结果作为两个法律事实，它们的成立生效依据不同的法律根据的原则。

物权变动区分原则的基础是：原因行为是指产生物权移转的债权合同；物权变动是指物权的取得、变更、设定行为。在原因行为中，当事人享有债权法上的权利，并承担债权法上的义务；而在结果行为中，当事人完成物权的变动，使得物权能够发生排他性的后果。区分原则的关键问题，就是债法上的意思表示不能引起物权法上的变动，必须按照物权法的规定加以变动，才能够产生物权变动的效果。

---

① 梁慧星、陈华彬：《物权法》（第四版），法律出版社 2007 年版，第 83 页。

二、区分原则的基本内容

区分原则的基本内容包括以下几个方面：

1. 区分原则的前提，是依法律行为物权变动的原因行为与结果行为的区分

区分原则只适用于依法律行为物权变动的情形，凡不以当事人意思表示为原因的物权变动，如依法律的直接规定或者事实行为的物权变动不适用区分原则。区分原则的法律基础源于物权与债权的区分，物权是一种支配权，债权是一种请求权。当事人之间通过合同使一方享有对另一方为或不为一定行为的请求权，从而使另一方负担某种作为或不作为的义务。当事人行使请求权（或者说使另一方负担义务）的目的是为了物权变动，而这必须由当事人直接将某种既存的权利予以变更、转让、设置负担或者抛弃来加以实现，只能通过这类处分行为，当事人才能最终取得对物的支配权。

2. 依法律行为物权变动的原因行为的成立、生效与民事责任的承担具有独立性

物权变动的原因行为，不能引起物权变动的后果，因为原因行为发生时，物的处分行为还不存在，将来有可能不成就。因此，原因行为不以物权的变动为必要条件，成立与生效只能依据其自身要件予以判断，而不能以物权的变动是否成立为标准判断。换言之，登记与交付行为不是债权合同生效的要件，而只是物权变动的公示要件。物权变动的原因行为成立与生效的独立性决定了合同生效、当事人物权变动没有发生的民事责任承担的独立性。在物权变动的原因行为生效，而物权变动没有成就的情况下，因为合同是有效的，所以对于不履行合同有过错的一方当事人应该承担违约责任，当事人不能以物权变动没有发生作为其民事责任的免责事由。

3. 依法律行为物权变动以公示为基本的特征

原则上，物权变动以动产的交付和不动产的登记为生效条件，而不能认为基础关系或者原因关系的成立生效就必然发生物权变动的结果。要发生物权变动的结果，必须进行物权变动的公示行为。如果合同生效而未发生动产的交付和不动产的登记，则权利取得人就只是享有请求交付的权利，即债权法上的权利，而没有取得对物的支配权。

4. 法律另有规定或者合同另有约定的除外

如果法律规定或者当事人之间订立有关物权变动的合同，只有经过公示合同才生效的，应该依照法律规定或者当事人的约定。

三、区分原则的实践意义

区分原则的建立不但符合物权为排他权而债权为请求权的基本法理，而且被民法实践证明是一条分清物权法和债权法的不同作用范围、为物权变动与债权变动建立科学的规范基础、区分当事人的不同法律责任的行之有效的原则。[①] 具体说来，区分原则的具有以下实践意义：

---

① 孙宪忠：《中国物权法总论》，法律出版社2003年版，第176页。

1. 有利于保护买受人依据合同所享有的占有权

在不动产买卖合同成立以后,当事人即使没有办理不动产权利移转的登记手续,但是,因为合同已经生效,所以依据有效合同而交付之后,买受人因此享有的占有权仍然受到保护。即使买受人不享有物权,但是可以享有合法的占有权,针对第三人的侵害不动产的行为,可以提起占有之诉。

2. 有利于确立违约责任,保护非违约当事人的请求权

按照区分原则,当事人的债权请求权的作用,在未发生物权变动的情况下,债权合同仍旧可能成立生效。在出卖人一物二卖的情况下,就只能有一个买受人才能取得标的物的所有权,而其他的买受人绝对不能取得标的物的所有权。在此时,对其他的买受人而言,虽标的物的所有权不能取得,但是他们仍享有合同法上的请求权,他们仍然可以依据请求权追究违约责任等方式来实现自己的权利。

3. 有利于确定物权变动的准确时间界限、保护第三人的正当利益

按照区分原则,即使是当事人之间的债权合同已经生效,但是如果尚未发生不动产物权登记或者动产的占有交付,则不应认为物权已经发生变动。违背区分原则的这一要求,就会必然地导致损害第三人的合法利益及正当交易秩序的结果。在作为原因行为的合同成立生效之后,有可能会发生合同所指向的标的物被第三人取得的情况。物权法上的第三人包括两种情形:一种是与物权的出让一方有直接的法律关系的人,如一物二卖情况下的另一个买受人,为买受人的第三人;另一种是与物权的取得人一方有直接法律关系的人,如物权受让一方将物再次出让后的物权取得人,为物权出让人的第三人。第三人在法律上有极为重要的意义,因为,第三人正是社会整体的交易秩序的化身,保护第三人,就是保护社会整体的交易秩序。但是保护第三人利益有一个基本的前提条件,就是要判断当事人与第三人之间的物权变动是否已经发生和成就。这就需要把债权的变动与物权变动区分开,不能认为合同一生效就发生了物权变动;不能根据债权法上的合同,来排斥第三人的合法权利及利益。①

第四节 非依法律行为的物权变动

一、非依法律行为的物权变动的含义与特点

非依法律行为的物权变动,是指不是依据法律行为而是依据法律行为以外的法律事实而发生的物权变动。它具有以下特点:(1) 必须依据法律的规定。非依法律行为的物权变动并非基于原权利人的意思表示,而是在无原权利人甚至法律有意识排除原权利人意思表示的情况下发生的。因此,它是基于法律规定的原因直接产生的。(2) 必须有特定的事实或者事实行为发生。非依法律行为的物权状态,通常存在事实上的物权与法律上(公示)的物权两种状态。如果没有一定的事实或者事实行为的发生则不存在此类物权的特别变动。(3) 非依法律行为的物权变动,不遵循不

---

① 参见孙宪忠:《中国物权法原理》,法律出版社 2004 年版,第 170—171 页。

动产登记、动产交付的物权公示原则,即不以公示为生效要件,公示方式只是物权进一步处分的前提条件。

二、非依法律行为的物权变动的几种情况

(一)因公权力而产生的物权变动,自法律文书或者征收决定等生效时发生效力

人民法院或者仲裁机构依法作出的有直接创设或变动物权的效果的法律文书自生效时发生效力。人民法院作出的法律文书有判决、裁定、决定、调解书以及各种命令、通知等。一般认为,能够直接引起物权变动的法律文书主要是判决和裁定。如,撤销因重大误解、显失公平而签订的不动产移转行为、分割共有不动产的形成判决。离婚诉讼中确定当事人一方享有某项不动产的判决等确认判决。又如执行程序中对不动产拍卖时所作的拍卖成交裁定。

仲裁机构作出的仲裁裁决和仲裁调解书具有物权变动内容的可以不经登记或者交付直接引起物权变动。人民法院或者仲裁机构作出的法律文书生效的日期为物权变动生效的时间。

国家取得财产的特殊方式,包括征收、没收、征用、无主物法定归国家所有等。学界一般认为,没收是一个历史范畴,应予废除;征用,只是使用权的暂时转移,物权变动不明显,应适用特别法的规定;无主物法定归国家所有有特别法律规定。征收决定是行政管理机关行使行政管理权的结果,它可以导致物权的变动。关于征收决定何时生效,有的人认为政府发出征收令就生效,有的人认为征收决定送达被征收人时生效,有的人认为自政府公告之日起生效。笔者认为,必须在征收补偿完成之后、被征收人对征收决定未提起行政复议或诉讼,或者提起后被维持的,才能认为征收令发生了效力。①

(二)因继承或受遗赠取得物权的,自继承或者受遗赠开始时发生效力

根据我国《继承法》第 2 条规定,继承从被继承人死亡时开始。继承分为法定继承与遗嘱继承。从法定继承来看,按照《继承法》第 33 条第 1 款的规定,继承遗产应当清偿被继承人依法应当缴纳的税款和债务,但被继承人死亡后,其民事主体资格消灭,那么对被继承人生前债务如何清偿呢?从法律逻辑上势必要求承认继承人自继承开始时即取得对遗产的所有权,对被继承人生前债务的清偿行为才为有效。遗嘱是公民生前按照自己意愿处分自己物权的一种单方法律行为,自继承开始后,所有继承人是基于法律的直接规定而取得物权。因此,因继承取得物权的,物权变动是在继承开始时直接生效,无须经过特别公示。

遗赠包括遗赠协议和遗嘱赠与,根据《继承法》第 25 条第 2 款规定,受遗赠人应当在知道受遗赠后两个月内,作出接受或者放弃受遗赠的表示,到期没有表示的,视为放弃受遗赠。因此,在遗赠中,遗赠的生效之日始于受遗赠两个月内的接受表示,符合此条件才发生物权变动。

---

① 王利明:《物权法研究》(修订版)(上卷),中国人民大学出版社 2007 年版,第 299 页。

(三) 因合法建造、拆除房屋等事实行为设立或者消灭物权的,自事实行为成就时发生效力

事实行为是指不以民事主体的意思表示为要素的能够产生民事法律后果的行为。对于因事实行为引起的物权变动,《物权法》只列举了"合法建造、拆除房屋",此即自我劳动的一种具体情形。当事人自我劳动、自我建造产生新物时,劳动人、建造人即取得物的所有权;通过自我劳动毁灭旧物时,则丧失物的所有权。例如,某人在自己的土地上建造房屋,房屋盖好后事实上即产生了房子的所有权;当某人将其房屋拆除后,该房屋的所有权自然消灭。除自我劳动以外,因事实行为引起的物权变动还包括先占、添附、埋藏物的发现、遗失物的取得等。

(四) 其他非依法律行为发生的物权变动

这是指除《物权法》所规定的上述情形外,其他非依法律行为发生的物权变动的情形,它们通常有其特定的物权变动规则:

1. 依法律规定发生的物权变动

指依据法律规定而取得物权,如法定抵押权(《合同法》第286条)、法定留置权、法定优先权等。它们是直接依据法律的规定发生的物权变动,物权变动往往有其法定的条件,很难作出统一的规定,由特别法进行调整较为合适。

2. 依自然事件发生的物权变动

因自然原因可能导致物权的消灭,也可能导致新的物权。前者如洪水冲走土地而导致土地上的物权消灭;后者如自然淤积河滩的泥沙而形成新的土地,土地上自生的花草树木等。对于这些物的归属,近现代国家一般规定河流、海滩淤积的土地属于公有;对于自然所生的动产,以及土地之外的不动产,一般由主物的所有权人取得。

三、非依法律行为物权变动的限制

物权变动的公示原则,使物权变动可以被人们从外部察知,从而保护了交易安全。但非依法律行为的物权变动,可直接发生效力,而不必遵循依法律行为而进行的物权变动应当遵循的一般公示方法。换言之,非依法律行为发生的物权变动,在物权公示之前已经生效,这造成了事实上的物权和法律上的物权的分离,可能损害到交易秩序和交易安全。针对事实上的物权和法律上的物权的分离问题,大致有两种解决方案:第一,放纵主义,即认可事实上的物权取得可以由权利人再次自由转让,并认可第三人从这种转让中取得物权。这以法国、日本为代表。第二,限制主义,即认可事实上的物权,但不经登记,不得处分。这以德国、瑞士、我国台湾地区民法典为代表。根据我国《物权法》第31条规定,非依法律行为而享有不动产物权的,处分该物权时,依照法律规定需要办理登记的,未经登记,不发生物权效力。显然,《物权法》采纳了限制主义,其基本含义包括以下几个方面:

1. 依法非依法律行为而享有不动产物权的,权利取得人不处分物时,法律并不强制其登记

非依法律行为而享有不动产物权的,如果权利人对取得的物权并不进行法律上

的处分,则任由物权人的权利处于事实状态。如继承人继承到一宗不动产时,如果他继承后只是为了自己使用,法律则不必强制其办理过户登记。

2. 权利人处分依法非依法律行为取得的不动产物权时,如果依照法律规定需要办理登记的,未经登记,不发生物权效力

如果权利人将非依法律行为取得的不动产物权进行法律上的处分,如出卖、抵押、出租等,则法律要求物权人必须首先将其取得的不动产物权进行登记,否则,不发生物权效力。对此,应注意两点:其一,这里的登记并无创设物权的效力,不过是将已经发生的不动产物权变动向世人宣示,称为宣示登记;其二,这里的非经登记,不发生物权效力,即是指非经登记,不得进行法律上的处分,这属于禁止性规范;其三,不发生物权效力并不能否定处分协议的效力。

值得注意的是,对于因人民法院或者仲裁机构的法律文书引起的物权变动,由于物权的变动与公示一般并不同步,即新权利人取得所有权之后,不动产仍登记于原权利人名下,动产仍由原权利人占有。在此情形下,如原权利人对财产进行处分,构成无权处分,第三人可依善意取得制度而取得物的所有权。

本章重点疑难问题提示

一、物权变动区分原则的认识问题

区分原则也称分离原则,在我国学界,赞成物权行为独立性理论的学者将区分原则解释为物权行为与债权行为相区分的原则;而不赞成物权行为独立性理论的学者则将其解释为物权变动与其原因行为相区分原则。[①] 还有的学者则是采用了法律行为(债权行为)与事实行为(登记、交付)相区分的原则来阐述物权变动。在《物权法》制定以前,学界的争论主要集中在我国采取何种立法模式的探讨上,而在《物权法》颁布以后,则更多地集中于采用何种理论模式来诠释物权变动。虽然学界多认为,我国《物权法》从文义上并未使用物权行为一词,因而大多学者坚持用债权行为与事实行为区分的原则来解释物权变动,并不承认区分原则或者只将之限于不动产物权领域。但也有不少学者认为,我国应承认独立的物权行为的存在,而有的学者则仍然坚持物权变动应遵守物权行为的独立性和无因性原则。[②]

笔者认为,就立法模式而言,我国现行立法基本上是采取了"债权形式主义",但在理论模式上是否有必要将物权意思表示独立出来从而构建我国的物权行为理论则存在着不同的认识。其实,各种理论模式很难说谁对谁错,对物权变动依不同的理论模式予以诠释各有千秋。如依"物权变动与法律行为无关说"[③],将登记与交付作为事实行为,认为其是债权合同的履行行为,这一用以诠释物权变动的理论并非不能自

---

① 江平主编:《中国物权法教程》,知识产权出版社 2007 年版,第 152 页。
② 同上书,第 150 页。
③ 孙宪忠:《我国物权法中物权变动规则的法理评述》,载《法学研究》2008 年第 3 期。

圆其说。但笔者认为采用"物权行为理论模式"具有更为重要的理论价值:(1)既有物权与债权的区分,而只承认债权行为不承认物权行为,则法律行为制度是残缺的,承认物权行为的独立性有助于物权法基本理论的完善,有利于物权法的发展。(2)从法律行为的角度来区分债权行为与物权行为,有利于理解与把握区分原则,易于学习与掌握。(3)物权行为与债权行为的区分使法律关系明确清晰,有助于法律的适用,有助于合理解释一些法律现象。

二、"物权行为理论模式"的实践价值问题

任何一种法学理论的价值之一在于其能否合理地解释法律现象,正确地规范立法以引导社会生活。笔者认为"物权行为理论模式"的理论具有一定的实践价值,在此略举二例予以说明。

例一:2012年7月1日起施行的最高人民法院颁布的《关于审理买卖合同纠纷案件适用法律问题的解释》第3条规定,当事人一方以出卖人在缔约时对标的物没有所有权或者处分权为由主张合同无效的,人民法院不予支持。出卖人因未取得所有权或者处分权致使标的物所有权不能转移,买受人要求出卖人承担违约责任或者要求解除合同并主张损害赔偿的,人民法院应予支持。对这一规定的出台正如笔者一直以来所主张的"在买卖将来之物的合同成立时,标的物不存在,如果不承认物权行为,买卖合同将因为出卖人没有处分权而沦为效力待定合同。事实只能是买卖合同(债权行为)已生效,物权行为尚未成就"①。

例二:出卖人已经将房屋交付于买受人,买受人亦已实现对房屋的占有的,买受人请求出卖人转移房屋所有权、办理房屋所有权登记的请求权的性质如何及是否罹于诉讼时效?这是一个立法尚未明确,学界颇有争议的问题。如果坚持买卖合同是债权行为,而登记是事实行为,其必然的结论便是这一请求权罹于诉讼时效。而即使承认物权行为具有独立性但如认为登记是物权行为的成立要件,此时也就不存在物权行为,基于物权的请求权自无从发生。凡此种种将无法恰当地解释与处理社会生活中比比皆是的房屋交付后很多年均未办理产权证的现象。在笔者看来,房屋买卖合同是债权合同,而占有是物权转移的合意的结果,此时有独立的物权合意即物权行为存在。但因为登记是物权行为的生效要件,此时不产生物权法上的物权变动。而虽然占有房屋并未产生完全的物权,但其正符合物权确认请求权的行使要件,即符合因占有产生的物权归属不确定这一前提。因此,这一请求权属于物权请求权中的物权确认请求权,也因此其不适用诉讼时效。

---

① 李石山、汪安亚、唐义虎:《物权法原理》,北京大学出版社2008年版,第90页。

第七章　物权变动的公示

第一节　公示公信原则

我国学者关于公示原则的内容有不同见解。一种观点认为,公示原则,是指物权公示,物权公示应当反映物权存在的外在表征,即标识出物权的权利人及其客体。另一种观点认为,公示原则是指物权变动的公示,即在动态交易中反映物权的状态。还有一种观点认为,公示原则是指物权存在与物权变动中能够反映权属状态的外在表征,包括物权存在公示和物权变动公示。本书认为,物权变动包括设定、变更、转让和消灭,而物权的设定公示已内在地包含了物权存在的公示,因此,"物权公示之原则,为关于物权变动公示之原则"[①]。

一、公示原则

(一) 公示原则的含义

公示原则是指物权变动必须采取某种可使外界知晓的方式表现出来,以获得社会的承认和法律保护的原则。物权是一种对世权,具有排他性,这要求物权的变动必须以一定的可以从外部查知的方式表现出来,公示是物权变动的客观要求。对物权人而言,公示是物权人的物权获得法律承认与保护的过程,对物权的相对人而言,公示保护的是对公示内容的消极信赖,即作为与公示内容不同的权利状态,对其不存在的信赖。[②] 简言之,公示就是为物权变动提供统一的、有公信力的法律基础,以维护物的占有秩序和交易安全。

(二) 公示的方法

公示的目的在于使社会方便地知晓物权享有和变动的事实,因此,公示方法针对的对象应是一切不特定人;公示应简便易行,公示出来的权利外观与实际的权利变动状态应尽可能一致。根据公示的目的,考虑不动产与动产物理属性的差异,《物权法》规定了以下公示方法:

1. 不动产登记

即不动产物权的设立、变更、转让和消灭,应当依照法律规定登记。不动产占据地表的不同区域,具有位置上的固定性,可以被明确标识,采用登记的方法对不动产物权的享有和变动进行公示,能够准确地反映不动产上的真实权利状态。

[①] 参见史尚宽:《物权法论》,中国政法大学出版社2000年版,第30页。
[②] 参见肖厚国:《物权变动研究》,法律出版社2002年版,第12页。

2. 动产交付或占有

动产物权的设立和转让,应当依照法律规定交付。动产具有空间上的可移动性,其价值很大程度上体现在其流通性上,如果采用登记方法不胜其烦,不符合交易迅速的需求,因此,动产物权以占有和交付为公示手段。

3. 其他方式

在物权法中,一般的公示方式是不动产登记和动产的占有与交付,但是还有其他特殊的公示方式。如权利质权制度中,以有价证券作为权利质权的标时,以证券登记作为权利设定的公示方式;在证券权利交付中,证券的背书,实际上也是一种特殊的公示方式。

(三) 公示的效力

公示的效力,即公示对物权变动所发挥的作用。关于公示的效力有三种不同的立法主义:(1) 公示要件主义,又称成立要件主义,即公示作为物权变动的要件,非经公示在当事人之间不能产生物权变动的效力,非经公示不得对抗第三人。按照此种立法主义,仅有当事人的物权变动的意思表示而无法定的公示方法,不具有物权变动的法律效果。(2) 公示对抗主义,又称对抗要件主义,即公示作为表征物权状态的方法,物权的变动依当事人合意而发生效力,但非经公示不得对抗善意第三人。按照此种立法主义,当事人一经形成物权变动的意思表示,即发生物权变动的法律效果,只是在未依法进行公示前,不能对抗善意第三人。(3) 折衷主义,即兼采公示要件主义与公示对抗主义的一种立法主义。这种立法主义,往往有所偏重,或以公示要件主义为原则、公示对抗主义为例外,或以公示对抗主义为原则、公示要件主义为例外。

我国《物权法》在物权变动上采取的是以公示要件主义为原则,登记对抗主义、"合同生效"规则为例外的混合主义模式。

1. 以公示要件主义为原则

即依法律行为的不动产物权的变动,非经登记不产生物权变动的效果,此即登记要件主义;依法律行为的动产物权的变动,非经占有的交付不产生物权的效力,此即交付要件主义。《物权法》第9条规定:"不动产物权的设立、变更、转让和消灭,经依法登记,发生效力;未经登记,不发生效力,但法律另有规定的除外。"这是对不动产登记要件主义的法律规定。根据《物权法》第23条规定,动产物权的设立和转让,自交付时发生,但法律另有规定的除外。这是对动产交付要件主义的法律规定。此外,《物权法》对于权利质权的设定也采取了"交付要件主义",根据《物权法》第224条的规定,质权自权利凭证交付质权人时设立;没有权利凭证的,质权自有关部门办理出质登记时设立。

2. 以登记对抗主义为例外

这是指对于一些依法律行为的特殊物权变动依当事人的合意而发生效力,非经登记不得对抗善意第三人。换言之,此类物权依物权合意而设定,只是未经登记不具有对抗善意第三人的效力。这主要包括以下情形:(1)《物权法》第24条规定的船舶、航空器和机动车等"准不动产"的物权变动以及《物权法》第188条规定的"准不动产"抵押权的设定。(2)《物权法》第189条规定的以生产设备、原材料、半成品、产品设定的动产浮动抵押。(3)《物权法》第129条规定的土地承包经营权的互换、转让。(4)《物权法》第158条规定的地役权的设立。

3."合同生效"规则

《物权法》对物权变动除以公示要件主义为原则、公示对抗主义为例外以外,还有一种特殊的公示效力规定,即"合同生效"规则。根据《物权法》第127条第1款的规定,土地承包经营权自土地承包经营权合同生效时设立。这一"合同生效"规则不是公示要件主义,因为公示要件主义以一定的公示方式为生效要件,土地承包经营权的设定却是依其合同,而别无其他公示的生效要件。这一"合同生效"规则也不是登记对抗主义,从依合同生效而言,这似乎类似于登记对抗主义,但因其以"合同生效"为物权设定的生效要件,"合同生效"即已经具有了对抗第三人的效力,而无须其他公示方式,这使其不同于登记对抗主义须登记才具有对抗第三人这一特征。可见,这一"合同生效"规则有特殊性,这是鉴于我国的具体国情而作的特别规定。

二、公信原则

(一)公信原则的含义

公信原则,是指物权的变动以登记和交付为公示方法,善意受让人如果信赖这种公示而从事物权交易,即使公示所表现出的物权状态与真实状态不相符合,也不能影响该物权交易的效力。物权公信原则保护的是对物权内容的积极信赖,即使某一物权没有发生物权变动,但只要表象有物权变动发生,人们就可以信赖新的物权关系存在。公信原则的作用在于保护交易活动中的善意受让人,维护公开交易的可靠性和正常秩序。公信原则有时不免牺牲真正权利享有人的利益,但公信原则的采用并非意味着法律对失去权利的真正权利人利益的剥夺。

(二)公信原则的基本内容

1. 物权公示与物权变动根据的效力

就不动产物权而言,不动产物权设立、变更、转让与消灭时,未经登记不生效力。对动产而言,占有本身具有一种公示的效果,在物权的设定过程中,交付是物权设定的公示方法。若当事人在享有、变动物权时依法进行了公示,则其物权足以对抗第三人。若当事人在享有、变动物权时未依法进行公示,则其物权不足以对抗第三人。可见,公信原则确立了物权公示与物权变动根据的效力,对于维护正当的交易安全具有重要的作用。

2. 权利正确性推定效力

就不动产物权而言,不动产登记簿所记载的当事人的权利内容为正确不动产权利的效力。登记簿记载的权利即使有错误,对于善意第三人来说都应当是正确的登记。就动产物权而言,在法律上,占有虽然是一种事实状态,但现实的占有人在无相反证据证明的情况下,可以被推定为真正的权利人,占有人在物上行使某种权利,即推定占有人享有此种权利。

3. 保护善意第三人的效力

公信制度是对相对人信赖利益的保护,也就是它只保护善意第三人,而不保护恶意第三人。基于占有的公信力,即使占有人对其占有的动产无处分权,自占有人处受让动产的善意第三人的利益也受法律保护。基于登记的公信力,即使转让人对不动产无处分权,自不动产所有权人受让不动产的善意第三人的利益也受法律保护。为此《物权法》第106条确立了动产与不动产的善意取得制度。

第二节 不动产登记

一、不动产登记的概念、性质和意义

(一) 概念

不动产登记,是指经权利人申请,国家登记部门将不动产物权变动的事项记载于不动产登记簿的事实。

(二) 性质

不动产登记行为兼具行政行为与民事行为的双重属性。

1. 不动产登记行为具有民事行为的属性

理由在于:(1)不动产登记行为是基于当事人之间物权变动的合意。(2)不动产登记行为依当事人的登记申请而进行,登记请求权属于民事权利。(3)不动产登记行为产生私法效力,即发生民事权利的变动。(4)登记错误,如当事人提供虚假材料申请登记、异议登记不当等造成相关当事人损害的,应承担民事赔偿责任。

2. 不动产登记行为具有行政行为的属性

理由在于:(1)不动产登记是行政机关依法实施的行政确认行为。(2)不动产登记程序应严格遵循行政程序法的有关规定,如无正当理由不得拒绝办理有关登记事项。(3)行政机关违法行政应依法承担国家赔偿责任。

(三) 意义

不动产登记具有确定产权、对不动产管理维护不动产交易秩序,并作为不动产税收等公共管理的职能。

不动产登记作为不动产物权变动的公示方法,产生相应的私法效力,具有给私人利益提供服务的功能。

二、不动产登记制度的主要内容

(一) 不动产登记采用实质登记主义原则

物权法理论上有实质主义登记和形式主义登记两种模式:形式主义登记是指登记对不动产物权变动的行为只具有确认或者证明的效力,而不能决定其能否生效;实质主义登记是指不动产物权非经登记不得生效。《物权法》规定,不动产以登记为公示方法,未经登记,不发生效力。显然我国采纳的是实质登记主义原则,但并非所有

的不动产物权变动都适用登记的公示方法。例外情形主要包括：(1)依法属于国家所有的自然资源，所有权可以不登记；(2)非依法律行为而发生的物权变动，其生效依照法律的规定；(3)一些特别的用益物权设定不需登记也生效。如土地承包经营权自土地承包经营权合同生效时设立、地役权自地役权合同生效时设立、宅基地使用权不以登记为生效要件等。

（二）不动产登记机构

我国现行不动产登记制度的主要问题之一在于没有统一的不动产登记机关。按照我国现行法，对不动产物权登记拥有职权的机关有房地产管理局、矿产管理机关、水行政机关等。《物权法》明确规定了国家对不动产实行统一登记制度，基本要求之一便是建立统一的不动产登记机构。比较法上，有的国家以司法机关为登记机关，如德国、瑞士；有的国家以隶属于政府的不动产登记局作为登记机关。我国以国土资源部作为登记机构。①

（三）登记请求权

登记请求权，是指登记权利人请求登记义务人履行其登记义务或者协助履行登记义务的权利。登记请求权包括请求登记的权利和登记订正请求权。关于登记请求权的性质有不同的认识，有的认为登记请求权性质上属于债权请求权，有人认为登记请求权中的请求登记的权利是债权请求权，但登记订正请求权属物权请求权中物权妨害排除请求权的一种。司法实践中一般认为：(1)商品房买卖合同约定的出卖人交付房屋的期限届满，买受人根据合同约定可以请求出卖人交付房屋。其请求权属于债权请求权，应当适用《民法通则》有关诉讼时效的规定。但在诉讼时效期间的起算上，应当区分具体情况：房屋具备法定交付条件，诉讼时效期间自合同约定的交付期限届满之日起计算；如果房屋尚不具备法定的交付条件，诉讼时效期间应从房屋具备法定的交付条件之日起计算。(2)出卖人已经将房屋交付于买受人，买受人亦已实现对房屋的占有的，买受人请求出卖人转移房屋所有权、办理房屋所有权登记的请求权具有物权性质，不适用诉讼时效的规定。②

（四）不动产登记簿与权属证书

不动产登记簿是由登记机构管理，记载不动产物权事项的专用簿册。根据物权公示原则的要求，不动产登记簿具有统一性、权威性、长期性、公开性的特点。不动产登记簿被赋予权利正确性推定效力，是物权归属和内容的根据。关于不动产登记簿的制作，比较法上有所谓的物的编成主义与人的编成主义。前者是指登记簿的制作以不动产为中心，按照不动产所在的区域、地段、地号等来制作登记簿，然后对不动产物权变动的情形予以记载。后者是指登记簿的制作以所有人为中心，按照所有权人来制作登记簿，依次将相应的权利人加以记载。我国无论是房屋权属登记簿的制作

---

① 2013年11月20日，国务院常务会议决定由国土资源部负责指导监督全国土地、房屋、草原、林地、海域等不动产统一登记职责，基本做到登记机构、登记簿册、登记依据和信息平台"四统一"。

② 辛正郁：《交房、办证与诉讼时效》，载黄松有主编：《中国民事审判前沿》2005年第1集（总第1集），法律出版社2005年版。

还是土地登记卡的制作,均采物的编成主义。

不动产登记簿不同于不动产权属证书。不动产权属证书,是登记机构颁发给权利人作为其享有权利的证明的证书,如不动产的所有权证、使用权证等。两者的关系主要表现为:(1)不动产权属证书是不动产登记簿的外在表现形式,因此,不动产权属证书是权利人享有不动产物权的证明。(2)不动产登记簿是不动产权属证书的根据,不动产权属证书记载的事项,应当与不动产登记簿一致;记载不一致的,除有证据证明不动产登记簿有错误外,以不动产登记簿为准。也就是说,不动产权属证书虽然可以作为说明权利的根据,但是,它的移转占有不能作为物权变动的生效要件与物权变动的根据,只有不动产登记簿的内容才能作为确定物权设立和移转的证据,不动产物权的变动,依法应当登记的,自记载于不动产登记簿时发生效力。

(五)不动产登记机构的义务

为确保不动产登记的准确性,防止登记中登记机关滥用权力,保护利害关系人的知情权,《物权法》对不动产登记机构的登记行为规定了若干法定义务,这主要包括以下几个方面的内容:

1. 不动产登记机构对于登记的申请负有审查义务

不动产登记首先应由当事人申请,《物权法》第11条原则性规定,当事人申请登记,应当根据不同登记事项提供权属证明和不动产界址、面积等必要材料。对于当事人提供的申请材料,登记机构负有何种职责,也就是说登记审查应采用何种方式进行的问题,存在着形式审查主义和实质审查主义两种方式。形式审查主义是指登记机构只审查登记的手续、提供的材料等方面是否合法、齐备,不审查所载权利有无瑕疵,不审查登记申请是否与实体法上的权利关系一致。实质审查主义,则是指登记机构不仅审查登记手续、提供的材料是否合法、齐备,还要审查不动产物权变动的原因与事实是否相符。根据《物权法》第12条的规定,登记机构应当履行下列职责:查验申请人提供的权属证明和其他必要材料;就有关登记事项询问申请人;如实、及时登记有关事项;法律、行政法规规定的其他职责。申请登记的不动产的有关情况需要进一步证明的,登记机构可以要求申请人补充材料,必要时可以实地查看。

2. 不动产登记机构禁止从事的行为

在我国现行不动产登记实践中,存在着各种各样的问题,如利用手中职权给当事人设置重重障碍、炮制评估、年检等许多名目,收取高额费用等,为此《物权法》第13条明确列举登记机构不得"要求对不动产进行评估"和"以年检等名义进行重复登记",并规定了不得"超出登记职责范围的其他行为"的兜底条款。

3. 不动产登记机构向权利人、利害关系人提供查询、复制的义务

不动产登记作为不动产物权的公示手段,核心价值在于公开。《物权法》第18条规定:"权利人、利害关系人可以申请查询、复制登记资料,登记机构应当提供。"这里的"权利人"应当是指对登记的不动产已享有所有权或他物权的人,"利害关系人"应当是指与登记的不动产有一定现实利益关系,并有可能因登记结果而影响其利益存在或实现的人。

（六）登记错误的责任

登记具有公信力，登记的正确与否不仅影响到交易的安全和秩序，而且可能会给真正的权利人和交易当事人造成损失，因此，应对有关当事人及登记机构的赔偿义务作出规定。根据《物权法》第21条第1款的规定，当事人提供虚假材料申请登记，给他人造成损害的，应当承担赔偿责任。当事人提供虚假材料申请登记，给他人造成损害属于侵权行为。受害人只要证明行为人存在过错、违法行为、损害后果以及违法行为与损害后果之间的因果关系，便可以向当事人主张损害赔偿责任。根据《物权法》第21条第2款的规定，因登记错误，给他人造成损害的，登记机构应当承担赔偿责任。

登记错误，原因来源可能是当事人，也可能是登记机构工作人员。但只要登记错误，给他人造成损害的，登记机构均应当承担赔偿责任。这里造成错误的原因，既包括登记机构工作人员故意以及疏忽大意等过错，也包括当事人提供虚假材料欺骗登记机构等情形。[①] 具体而言，登记机构对于其工作人员的行为对受害人承担责任，登记机构赔偿后，可以向造成登记错误的工作人员追偿。对于因当事人提供虚假材料的登记错误给他人造成损害的，受害人则可以或者以提供虚假材料申请登记的侵权人为被告，或者以登记错误为理由以登记机构为被告提起诉讼。受害人选择后者的，登记机构赔偿后，可以向造成登记错误的提供虚假材料的当事人追偿。

三、不动产登记的类型

（一）实体权利登记和程序权利登记

这是以登记对象为标准所进行的分类。实体权利登记，是指对于当事人所享有的实体权利进行的登记。按物权法定原则，凡是依法应当纳入登记的物权，都应当进行实体登记。根据《物权法》的规定，应当进行实体登记的物权主要包括：国家土地所有权、建设用地使用权、土地承包经营权、地役权和权利质权等。程序权利登记在不动产法上又叫顺位登记。因不动产客体上可承担多个不动产物权，这些物权性质各不相同，成立有先有后，实现也有先有后。为了避免互相之间发生效力上的冲突，《物权法》确立了以登记及其时间先后确定权利顺位，权利人能否实现其权利取决于其权利所处的登记顺序。

（二）所有权登记和他物权登记

依登记的不动产类型的不同，不动产登记分为不动产所有权与不动产他物权登记。不动产他物权登记，主要包括使用权登记、抵押权登记以及采矿权、特许取水权、水产养殖权、水产捕捞权、林木采伐权等准物权登记。

（三）终局登记和预备登记

1. 终局登记

终局登记又称本登记，是指将不动产物权的移转、设定、分割、合并、增减及消灭

[①] 王胜明主编：《中华人民共和国物权法解读》，中国法制出版社2007年版，第50页。

记入登记簿中,有确定的、终局的效力。从不动产登记程序来看,它又分为:

(1) 总登记。这是指登记机构为了建立和完善不动产管理秩序,在一定期间内对所辖登记区域内进行的统一全面的不动产登记。总登记一般发生在从无到有、换发新证的情况下。

(2) 变动登记。这又称变更登记,指在总登记后,登记机构就不动产物权变动所进行的登记。这种登记是最为经常性的,目的在于真实记载不动产物权真实的权利状态,以维护交易的秩序和安全。它一般包括创设物权的登记和移转物权的登记。前者如创设地役权、抵押权的登记;后者如所有权、建设用地使用权的移转登记。

(3) 更正登记。这是指权利人、利害关系人、登记机关认为登记事项错误进行的予以更正的登记。其适用条件:第一,更正登记以不动产登记簿记载的事项确有错误为前提。第二,更正登记可以依权利人、利害关系人行使申请更正登记的请求权而进行,也可以由登记机关依职权进行。① 第三,不动产登记簿记载的权利人书面同意更正以及有证据证明登记确有错误的,登记机构应当进行更正。更正登记是彻底地消除登记权利与真正权利不一致的状态,实质可以认为既是对原登记权利的涂销登记又是对真正权利的初始登记。

(4) 回复登记。这是指因不当原因从登记簿上消灭的登记,对其予以恢复,以保持与原有登记的实体权利关系一致的登记。依原有登记消灭的原因,回复登记又可分为灭失回复登记和涂销回复登记。前者是针对登记簿的全部或部分因火灾、地震等客观原因引起的灭失;后者是针对登记簿的全部或者一部因不适法地涂销引起的灭失。

(5) 涂销登记。这是指在既存的登记中,基于原始的或者后发的理由而致登记事项全部地不适法,从而消灭这一登记的记载行为。涂销登记适用的对象是原有的登记事项全部不适法,如果仅仅是部分的不适法,则通过更正登记或者变动登记解决。涂销登记最终导致登记原因的不存在,是以消灭原有的登记事项为目的的登记。

2. 预备登记

预备登记是为了保障登记请求权而为的一种登记,是与本登记相对应的,它包括:

(1) 预告登记。指为了保全债权的实现、保全物权的顺位请求权等而进行的提前登记。预告登记具有以下特点:

第一,预告登记是当事人为了保全买卖房屋或者其他不动产物权协议的请求权而进行的登记。预告登记是为了保全将来发生的不动产物权变动而进行的登记。当事人签订的买卖房屋的登记实际上指的是商品房预售登记。当事人签订的不动产物权的协议的登记主要包括:抵押权的顺位登记,包括在建工程部分设立或者将要建成部分设定的抵押权;先买权、买回权的登记;不动产遗产分割协议的登记等。

---

① 也有学者认为,即使登记机构确实发现自己的行为存在错误,也应由申请人提出申请。参见王利明:《物权法研究》(修订版)上卷,中国人民大学出版社 2007 年版,第 342—343 页。

第二，预告登记产生保全、顺位保证、破产保护、对抗第三人等效力。预告登记的保全效力，即保全纳入登记的请求权在将来可以实现的效力。预告登记的顺位保证效力是指纳入预告登记的请求权具有排斥后顺位的登记权利的性质。破产保护效力，即经过预告登记的请求权在相对人陷入破产时对抗其他债权人。对抗第三人的效力，是指预告登记后，未经预告登记的权利人同意，处分该不动产的，不发生物权效力。可见，预告登记是将物权法的规则施加于债权法，赋予债权法的请求权以排他的效力，是物权法向债权法扩张的表现。

第三，预告登记后，债权消灭或者自能够进行不动产登记之日起3个月内未申请登记的，预告登记失效。债权因为合同被撤销、合同被解除、混同、清偿、免除等原因消灭后，应当将预告登记涂销。这里的"自能够进行不动产登记之日"主要针对预售商品房和在建工程的转让与抵押的情形。

预告登记仅仅是对被保全的请求权提供物权性质的保障，一方面并不改变请求权本来的法律关系，因而请求权可能因当事人行使抗辩权而消灭；另一方面如果请求权人对原来希望发生的物权变动采取消极的态度，将使预告登记情形下承受义务的人因无法与第三人发生物权关系而带来不利。

（2）异议登记。这是指事实上的权利人以及利害关系人对不动产登记簿记载的权利所提出的异议记入登记簿的登记。根据《物权法》第19条的规定，异议登记包括以下内容：

第一，不动产登记簿的权利人不同意更正的，利害关系人可以申请异议登记。亦即申请异议登记以更正申请为前置程序，只有权利人不同意更正的，利害关系人才可以申请异议登记。

第二，登记机构予以异议登记的，申请人在异议登记之日起15日内不起诉的，异议登记失效。在不动产登记中，会出现登记错误的事实，但是，在错误的登记面前，如果没有更正或者涂销仍然受到物权公示公信力的保护，受损害的是真正的权利人。异议抗辩登记就是为了解决这种状况，防止第三人介入而借登记的公信力取得受让利益。异议登记的法律效力是，登记簿上所记载的权利失去正确性推定的效力，第三人也不得主张依照登记的公信力而受到保护。异议登记的目的在于对真正权利人提供保护，但因为它给不动产物权交易造成了一种不稳定的状态，这种保护应当是临时性的。

第三，异议登记不当，造成权利人损害的，权利人可以向申请人请求损害赔偿。由于异议登记可以使登记簿上所记载的权利失去正确性推定的效力，同时，异议登记的申请人在提出异议登记的申请时也无须充分证明其权利受到了损害，如果申请人滥用异议登记，可能给登记簿上记载的权利人的利益造成损害，因此，《物权法》规定了权利人的损害赔偿请求权。

除上述分类外，不动产登记还有其他分类方法。如依不动产物权客体类型的不同，可以把不动产登记分为土地物权登记、房屋物权登记、水权登记等；依不动产登记是否以当事人的申请为基础，可分为应申请人申请的登记与依职权的登记；依不动产登记是否创设物权，分为设权登记与宣示登记等。

第三节 动产交付

动产物权一般包括动产所有权、动产质权和动产留置权。交付是动产物权变动的公示方法。动产的交付,是指动产占有或者所有权凭证的转移。

一、动产交付制度的主要内容

（一）占有与交付为动产公示的方法

占有主要在静态下,即在不发生物权变动的情况下发挥动产物权的公示作用;而交付主要是在动态下,即在发生物权变动的情况下发挥动产物权的公示作用。占有与交付分别从静态和动态两个方面来表现动产物权关系,交付是动态的行为,结果是移转占有和受让占有,占有作为事实状态是交付的结果。因此,交付的公示与占有的公示是完全相通的。

（二）交付只能作为依法律行为的让与动产物权的公示方法

交付不能作为动产物权一切变动形式的公示方法,只能作为依法律行为的让与动产物权的公示方法。这里的法律行为包括以转让所有权与设定以占有为内容的他物权为目的的法律行为。包括双方法律行为与单方法律行为、诺成法律行为与实践法律行为等。动产物权的其他变动形式均不以交付为其公示手段,如因为先占、添附、时效取得方式取得动产所有权,根本不发生交付。又如以继承方式取得动产所有权时,交付也不具有法律意义。

（三）动产物权的设立和转让,自交付时发生效力,但法律另有规定的除外

根据《物权法》第23条的规定,动产交付的效力,我国原则上系采交付要件主义。该条中的交付,通说限于现实交付。该条中"法律另有规定的除外",是指法律规定不适用交付的情形,主要包括:(1)《物权法》规定的依指示交付、占有改定等观念交付的。(2)非依法律行为而发生的动产物权变动依照法律的规定。(3)对动产抵押权有关登记的规定。

二、动产交付的类型

交付通常指现实交付,但法律为顾及交易的便利,有时也以观念交付替代现实交付。观念交付又称为虚拟交付,只是动产占有在观念上的移转,它主要包括简易交付、指示交付和占有改定等。

（一）现实交付

现实交付指标的物占有的现实移转,即对动产的事实管领力的移转,使受让人取得标的物的直接占有,即让与人将标的物以能明确识别的方式,一次性地、全部地移转给受让人。关于动产的事实支配力是否移转,一般应依交易观念而定。例如,赠与某人自行车而交付钥匙,即可认为已为现实交付。另外,构成事实上管领力的移转,尚须有让与人的意思,受让人自行占有标的物的,不构成交付。

现实交付并不限于让与人本身,假借他人之手而进行的交付,也可视为现实交付。这主要有三种情况:(1)经由占有辅助人为交付。即交付不是由交易双方当事人之间进行,而是由占有辅助人执行交付行为的现实交付。(2)经由占有媒介关系为交付。指不是由交易双方当事人之间进行,而是由与当事人有占有媒介关系的人进行,完成交付行为的事实交付。(3)经由被指令人为交付。如甲售A画给乙,乙转售给丙,乙请甲径行将该画交付于丙,甲允诺而为之。该种情况,并不是甲直接将所有权转移给丙,而是甲将该画交付给丙的时候,同时完成了对乙的交付以及乙对丙的交付。[1]

(二) 简易交付

简易交付又称无形交付,指动产物权设立和转让前,受让人因委托、寄托、租赁、使用借贷或其他关系已经占有标的物时,让与合意生效则视为交付。简易交付的条件必须是在受让人已经占有了动产的场合,至于受让人此前已经占有动产的原因为何,则在所不问。

简易交付视为交付的理由在于:首先,在受让人已经依法取得对动产的占有,又依据法律行为取得其物权的情况下,物权的公示已经在事实上完成,物权受让人已经能够依物权的排他性行使物权。其次,在动产物权的受让人已经取得了对动产的占有的情形下,如果严格依照动产现实交付规则,势必要求受让人将占有的动产返还给让与人,然后再由让与人交付给受让人,这显然不利于交易的便捷和高效。因此,这种情形下,物权的变动应在当事人之间的协议生效时交付。

(三) 指示交付

指示交付又称返还请求权的让与,指动产物权设立和转让前,动产由第三人占有时,出让人将其对于第三人的返还请求权让与受让人以代替现实交付的交付。

指示交付中,第三人的占有原因很多,如基于租赁、借用等债权关系,基于质押等物权关系,根据亲属关系的占有,根据公法的占有等;第三人的占有原因也可能是无权占有。

指示交付足以代替现实交付的理由在于:首先,动产物权设立和转让前,第三人依法占有该动产的,第三人可能对标的物合法占有尚不能解除,无法进行现实交付。其次,这种情形下,物的所有权人为间接占有人,第三人为直接占有人。在物权变动时,基于便利交易的考虑,交易间接占有人向受让人移转间接占有以代替交付,符合物权公示原则,对交易的安全并无妨害。可见,指示交付使物的交换价值与使用价值在同一时间内得以实现,从而起到了鼓励交易、增进效率的作用。

关于指示交付的效力,理论上解释应为返还请求权让与合意生效时发生,但是否应通知第三人才对第三人发生效力,《物权法》没有规定,理论上有不同见解。本书认为,因为物权变动会对占有该物的第三人发生效力,受让人在向第三人主张权利时,第三人要向受让人履行其义务,因此,应该由出让人对第三人进行通知。但这里的通

---

[1] 参见杨立新:《物权法》,高等教育出版社2007年版,第55页。

知,并非物权变动的生效要件,而是为了便利受让人向第三人主张权利,不通知并不影响当事人间的物权变动。

(四)占有改定

占有改定,是指动产物权转让时,如果动产物权的让与人与受让人之间特别约定标的物让与后仍由出让人继续占有,则交付视为在让与合意生效时完成,受让人取得间接占有的交付方式。占有改定的实质是动产物权的受让人取得对标的物的间接占有以代替物的实际交付。这种交付方式可以使转让人继续占有标的物,既符合转让人的要求又可以继续发挥物的效用。但此种交付方式公示力极低,因此,其仅适用于动产物权的转让,而不适用于不动产物权的设定。

占有改定必须符合以下两个要件:其一,须有当事人之间关于物权移转的合意,同时,转让协议须为有效;其二,须有受让人取得间接占有的法律关系。如果双方仅约定发生占有的移转,而无所有权的移转,则属"抽象的改定",不发生物权变动的效力。需注意的是,受让人基于某种具体的法律关系取得间接占有,即使这种契约关系无效,也并不妨碍受让人所取得的返还请求权,受让人可以依所有人的身份请求让与人返还标的物。

三、特殊动产的物权变动

(一)特殊动产的物权变动模式及其原因

根据《物权法》第24条的规定,船舶、航空器和机动车等物权的设立、变更、转让和消灭,未经登记,不得对抗善意第三人。可见,对船舶、航空器和机动车等准不动产物权变动,适用登记对抗主义。这些特殊动产之所以采用不同于一般动产交付的物权变动模式主要是因为:(1)准不动产普遍要求登记,且往往价值较大,如采动产的交付要件主义,不足以充分贯彻物权公示原则。(2)准不动产空间上移动频繁,如果采登记要件主义,会对当事人交易造成许多不便,在实践中产生很大的制度障碍。(3)准不动产,权利人通常可以对其实施有效的占有,不予登记一般也不会发生很大的权属混乱。(4)我国的多个特别法中,均采登记对抗主义,这也是我国物权立法的一致性的要求。如《海商法》第9条,《民用航空法》第14条、第16条的规定。

(二)特殊动产物权变动的内容

《物权法》关于准不动产的物权变动虽采登记对抗主义,但对交付与登记在物权变动中的作用缺乏明确规定。由于准不动产物权变动中,交付与登记可能存在分离的情形,尤其是在一物多卖的情形下更为复杂。应根据《物权法》及最高人民法院《关于审理买卖合同纠纷案件适用法律问题的解释》的有关规定分别情形处理。

1. 准不动产的物权变动合同具有一定的效力

登记对抗主义的基本含义是当事人就准不动产的物权变动达成协议,即在当事人之间产生一定的效力。这里所谓的"一定的"意味着,这一物权变动受到交付与登记的限制与作用的同时也具备以下效力:其一,买受人有权依据物权变动合同要求出卖人交付标的物与进行标的物的所有权登记。其二,在一物多卖合同均有效的情形下,如各买受人均未受领交付,也未办理所有权转移登记手续,依法成立在先合同的买受人有权优先于后买受人请求出卖人履行交付标的物和办理所有权转移登记手续等合同义务。

2. 准不动产的物权变动应实际对标的物进行了交付

关于准不动产的物权变动,是自合同生效时发生,还是从实际交付时发生?对此,学界有不同意见。有一种意见认为,当事人之间订立的物权变动合同生效时即发生效力,不以登记和交付作为物权变动的要件。① 本书认为,动产的物权变动以交付为原则,无交付就没有完成物权的公示方法,也不能将动产物权与债权区别。准不动产本质上仍是动产,如无法律特别规定,其物权变动仍应进行交付。简言之,受领交付的物权可对抗一般债权,也具有对抗其他登记权利人的效力。具体而言,在一物多卖合同均有效的情形下,先行受领交付的买受人已完成物权的移转,有权请求出卖人履行办理所有权转移登记手续等合同义务。出卖人将标的物交付给买受人之一,又为其他买受人办理所有权转移登记,已受领交付的买受人有权请求将标的物所有权登记在自己名下。

3. 准不动产的登记在准不动产物权变动中具有一定意义

关于准不动产交付之后,如果没有办理登记,是否发生所有权移转?对此,学界有不同意见。有一种观点认为,只要完成了交付行为,所有权就移转。本书认为,在交付之后只是发生了物权的移转而未发生所有权的移转。因为交付之后如未变更登记,转让人仍是登记权利人,其仍然可以将准不动产再次转让或设置抵押。可见,登记具有最终确定所有权的作用。因此,登记权利人可以其权利对抗未受领交付的一般债权人。具体而言,在一物多卖合同均有效的情形下,如买受人均未受领交付,先行办理所有权转移登记手续的买受人有权请求出卖人履行交付标的物等合同义务。此外,受领交付而办理登记的买受人如后丧失占有(如被出卖人骗取或侵占),则不得对抗支付合理对价、取得占有并进行登记的善意第三人;也不得对抗不以移转占有为要件而进行了登记的善意第三人。

综上所述,准不动产物权变动中登记对抗主义模式下物权变动合同、交付、登记及当事人与第三人的关系可概括为"交付生效+登记对抗"。具体要求概括如下:物权变动合同在转让人与受让人之间具有债权效力且合同成立买受人的继续履行请求权优先于后买受人,但买受人的权利不得对抗受领交付或进行登记的权利人;受领交付的买受人可以对抗进行登记的权利人;受领交付的买受人不得对抗善意的进行登记的动产抵押权人及其他善意第三人。

---

① 黄松有主编:《〈中华人民共和国物权法〉条文理解与适用》,人民法院出版社2007年版,第114页。

本章重点疑难问题提示

一、不动产登记是否应向社会上所有的人公开的问题

对于不动产登记公开的程度，在物权法的制定过程中，理论上曾存在着极大分歧。一种观点认为，不动产登记应向社会公众全面公开，理由是：不动产登记的目的就是要公开登记资料，让社会公众了解物权归属的状况；登记是权利人选择的结果，登记行为本身已表明权利人并不把所要登记的内容作为个人隐私；限定公开对象会将潜在的交易主体排除在查阅权主体之外。另一种观点认为，不动产登记公开的对象应限于权利人、利害关系人，理由是：物权公示虽然是针对不特定的人，但这个不特定的人不是全社会的人；登记资料只要能够达到可能和该物权发生联系的这部分人的要求，就达到了公示的目的；所有人都可以去查询、复制登记资料，实际上是一种误导，可能会带来不必要的麻烦。《物权法》第18条的规定显然采纳了后一种观点，但问题似乎并未到此结束，《物权法》出台后，一些学者对此规定提出了批评。

笔者认为，物权公示的目的在于公开，对象应是社会上所有的人，否则，不仅有悖于公示的基本要求，而且将限制潜在的交易主体，不利于公开、公正市场交易秩序的形成。从这一角度而言，肯定说有其道理。但肯定说认为权利人登记是其选择的结果，本身表明并不把登记作为个人隐私这一结论却值得商榷。一方面登记是物权公示的需要，并不一定是权利人自愿选择的结果。如果法律不规定登记生效主义，权利人未必会作如此选择。另一方面，登记的内容虽然不能成为个人隐私，但让社会公众有权随意地了解全面的登记材料确实未必需要，也可能导致不必要的麻烦。鉴此，笔者认为既不违反物权公示的目的、限制交易主体又不导致社会公众滥用知情权的理想办法是：对于土地登记结果（包括土地登记和宗地图）任何单位和个人都有权查询；对于原始登记资料（包括土地权属来源文件、土地登记申请书、地籍调查表和地籍图等）则限于权利人和利害关系人。国土资源部2002年制定的《土地登记资料公开查询办法》大致作了相似的规定，值得保留。

二、我国不动产登记是否采取了实质审查主义的问题

关于我国《物权法》是否应采用实质审查主义以及《物权法》第12条是否规定了实质审查主义，理论上存在着比较大的争论。肯定说认为，我国实行登记实质主义，不动产登记具有极高的公信力，这在客观上要求登记机关在登记时要进行实质审查；《物权法》第12条不仅规定了登记机构负有查验申请人提供的权属证明和其他必要材料、就有关登记事项询问当事人、如实、及时登记有关事项以及法律、行政法规规定的其他职责，而且还赋予了登记机关一定的调查权，因此，我国实行了实质审查主义。这一观点，为我国绝大多数学者所认同。否定说则认为，我国一贯实行的是形式审查主义，实质审查是不可能的。

笔者认为，从理论上而言，实质审查主义符合不动产登记公信力的需要，对于交易的安全、登记机关的登记责任意识的增强等均具有积极的意义，但它也有加重登记

机关的责任、影响交易的迅速达成等弊端。至于《物权法》第12条则并未确立实质审查主义原则,理由如下:其一,《物权法》第12条所规定的登记机构负有查验申请人提供的权属证明和其他必要材料、就有关登记事项询问当事人、如实、及时登记有关事项以及法律、行政法规规定的其他职责,这不仅是实质审查主义的要求,而且大致上也是形式主义审查的要求,这些规定不是区分实质审查主义与形式审查主义的关键,也就不能作为实质审查主义确立的论据。其二,如前所述,实质审查主义与形式审查主义的主要区别在于是否审查不动产物权变动的原因与事实相符,而《物权法》并没有对此进行明确规定。其三,《物权法》虽然赋予登记机关一定的调查权,但只是规定"必要时可以实地查看",这表明该规定是法律赋予登记机关的自由裁量权而不是法定职责。

因此,《物权法》第12条并未确立实质审查主义,该规定的目的在于明确登记机构在其职权范围内,充分履行职责,尽可能地保证如实、准确、及时地登记不动产物权有关事项,避免登记错误。简言之,《物权法》确立的是以形式审查为主,实质审查为辅的模式。

三、登记机构赔偿责任中的问题

关于《物权法》第21条规定的登记机构赔偿责任的问题存在以下两个问题:

其一,是登记机构先予赔偿的情形是否包括申请人提交虚假材料。对此,一种观点认为,登记机构承担赔偿责任应限于登记机关自身因工作原因导致的错误,而不包括申请人提交虚假材料的情形。第二种观点认为,登记机构因登记错误不管是何种原因均应先向受害人承担赔偿责任。笔者赞同第二种观点认为,《物权法》第21条第1款规定的当事人提供虚假材料造成损害的赔偿责任作为一种民事侵权责任具有相对独立性,但登记机构因登记错误不管是何种原因均应先向受害人承担赔偿责任。理由:(1)第21条第2款规定的因登记错误的原因并未排除因当事人提供虚假材料的情形。(2)不管是何种原因,受害人均是基于相信登记的公信力而受到的信赖利益的损害。(3)登记错误的受害人处于相对弱势的地位,应对其提供更加充分的保护。(4)由登记机构承担责任有助于督促登记机构提高工作水平。当然,因登记机构的责任性质应是国家赔偿责任,受害人可能并不愿意提起。因此,笔者认为,受害人应有选择权,即可以或者以提供虚假材料申请登记的侵权人为被告,或者以登记错误为理由以登记机构为被告提起诉讼。

其二,是登记机构承担赔偿责任适用何种归责原则。对这一问题学界存在一定争议。一种观点认为,登记错误即表明是有过错,因此应适用过错责任。另一种观点认为,登记机关的登记行为本身是一种行政行为,由其引起的损害赔偿责任应当属于《国家赔偿法》调整的范围。因此,登记机构的赔偿责任是过错推定责任。[①]

笔者认为,登记机构赔偿责任的归责原则是无过错责任原则。理由:其一,登记错误的原因极为复杂,基于登记的公信力,无须以过错为前提;其二,《物权法》规定登

---

① 参见李显冬主编:《中国物权法要义与案例释解》,法律出版社2007年版,第55页。

记机构承担赔偿的条件，一是登记错误的事实，二是因登记错误给他人造成损害，符合无过错责任的构成要件。

四、异议登记以更正申请为前提是否合理的问题

根据《物权法》第 19 条的规定，异议登记以更正申请为前提，异议登记作为了更正登记之后的一种措施。这一规定，因与各国或者地区的一般立法例将异议登记作为更正登记之前的一种临时性措施不同而受到批评。

笔者认为，利害关系人更正登记的申请本身便是以对不动产登记簿记载的事项有异议为前提，但不动产登记簿记载的事项错误的原因是很复杂的，在权利人同意以及登记机构确认有错误的，即行更正，更有利于利害关系人利益的保护。只有在权利人不同意更正以及登记机构拒绝改正错误的情况下，才有必要启动异议登记程序或其他程序，而实际上，从不动产登记程序来看，异议登记成立的，仍然要进行更正登记。鉴此，笔者认为，《物权法》第 19 条的现行规定有其合理性，但不够完善。这种不完善主要表现在两个方面：其一，《物权法》第 19 条只规定了权利人不同意更正的，利害关系人可以申请异议登记，而未规定登记机构不同意更正的采用何种救济程序。其二，《物权法》第 19 条没有规定异议登记成立的，登记机构应即时予以更正登记。

五、异议登记之后，权利人是否有权处分其财产的问题

异议登记表明申请人对登记簿记载的权利提出异议，对于第三人，异议登记簿上所记载的权利失去正确性推定的效力，排斥第三人善意取得的效果。但异议登记对于登记权利人有何影响？异议登记之后，权利人是否可以处分其财产？对此，学术界有不同看法。第一种观点认为异议登记之后，登记权利人在异议登记期间不得处分该不动产。第二种观点认为，异议登记之后，登记权利人在异议期间处分该不动产，登记更正后的权利人未追认的，该处分行为无效。第三种观点认为，异议登记后，登记权利人仍有权处分其财产，所签订的合同仍然是有效的，只是受让人不能构成善意取得。

笔者认为，前两种观点不承认无权处分合同本身的有效性应予摒弃，第三种观点认为登记只是履行行为，无法解释一个自始即无法履行的合同为何是有效的，在理论上也难谓周全。对这一问题的合理解释应依债权行为与物权行为的区分原理。首先，异议登记后，登记权利人的权利只是受到限制而未剥夺，其仍然有权处分其财产，其与第三人所签订的债权合同是有效的。在其后，如第三人不能及时取得物权，登记权利人应负违约责任。其次，异议登记后，登记权利人与第三人所签订的合同虽然是有效的，但物权行为是效力待定的，如以后登记更正后的权利人追认的，处分行为有效；如以后登记更正后的权利人不追认的，处分行为无效，又因第三人明知异议登记限制了过户登记，第三人无善意取得之可能。

第八章 物权的行使与保护

第一节 物权的行使

一、物权的行使概说

物权的行使是指权利人对物权享有直接支配与排他的权利,有权根据自己的意志设立、变更、转让和消灭物权。物权人行使物权,任何单位和个人不得侵犯或干涉。物权人之间根据物权设定的性质行使物权,其他物权人不得干涉。根据《物权法》第120条规定,所有权人不得干涉用益物权人行使权利。但权利意味着在法律规定范围内的意志自由,并不允许权利人以任何方式随心所欲地行使自己的权利。现代民法对物权的行使设置了越来越多的限制,对物权行使的限制表明了物权的社会化趋势。但对物权行使的限制,并不意味着改变物权的私权性质,物权仍然是绝对性权利;对物权行使的限制,旨在要求权利人不滥用其权利,而不是要求权利人放弃或者不主张自己的权利。物权的限制包括私法限制与公法限制。

二、物权的私法限制

根据《物权法》第7条规定,物权的取得和行使,应当遵守法律,尊重社会公德,不得损害公共利益和他人合法权益。物权的私法限制主要包含以下内容:

(一)物权的行使应符合民事法律规范

从大陆法系立法看,民事法上对物权的行使主要是对所有权的限制,这主要包括:对土地所有权的客体范围和效力范围的限制;相邻关系的限制;对所有权行使方式的限制;所有权负担上的限制等。① 这些情形,在我国也是基本适用的。但因我国土地制度的特殊性,我国物权立法更侧重于对用益物权的规制,这主要包括:

1. 用益物权人行使权利,不得损害所有人的权益

根据《物权法》第40条规定,所有权人有权在自己的不动产或者动产上设立用益物权。用益物权人行使权利,不得损害所有权人的权益。用益物权虽然是在所有权基础之上所设定的,它本身是对所有权的限制,但用益物权人行使权利,不得损害所有权人的权益。

2. 对农用地用途的管制

用途管制,是指法律限制性质上具有多种用途的物的用途。《物权法》第43条专门规定了对农用地用途的限制。根据该条规定,国家对耕地实行特殊保护,严格限制

---

① 王利明:《物权法研究》(修订版)(上册),中国人民大学出版社2007年版,第408—409页。

农用地转为建设用地,控制建设用地总量。不得违反法律规定的权限和程序征收集体所有的土地。土地根据其用途,分为农用地、建设用地和未利用地。十分珍惜、合理利用土地和切实保护耕地是我国的基本国策,国家对农用地的用途进行管制,农用地只能用于农业方面的特定目的,而不能用作建设用地。如果需要用作建设用地,需要根据法律规定的权限和程序进行征收。

3. 规定建设用地使用权的空间范围

2008年4月29日,国土资源部、国家工商行政管理总局发布的《国有建设用地使用权出让合同》示范文本明确指出,出让宗地空间范围是以平面界址点所构成的垂直面和上、下界限高程平面封闭形成的空间范围,并要求出让宗地的竖向界限以标高+60米(1985年国家高程系统)为上界限,以标高-10米(1985年国家高程系统)为下界限,高差为70米。

(二) 物权的行使不得违反公序良俗,应当符合诚实信用原则的要求,禁止物权滥用

公序良俗是公共利益与善良风俗的简称,它要求民事行为不得违反国家社会的存在及其发展所必需的一般秩序,以及国家社会的存在及其发展所必需的一般道德。

根据诚实信用原则的要求,物权人应以善意的方式行使物权并兼顾他人的利益,以求建立和谐的社会生活秩序。如不动产权利人须容忍他人的某种行为,不动产权利人不得违反有关规定妨碍相邻权利人的通风、采光、日照的权利,不得违反相关规定排放有害物质。禁止物权滥用原则要求物权的行使必须在一定的界限内,否则就构成权利的滥用,会依法被禁止。如根据《物权法》第120条规定,用益物权人行使权利,应当遵守法律有关保护和合理开发利用资源的规定。这里的合理开发利用就蕴涵了禁止权利滥用的客观要求。

三、物权的公法限制

物权的行使和取得必须符合法律的有关规定。公法上对物权限制主要包括:限制与禁止对某些物的占有和所有的法律;限制对某些物的生产和交易的法律;以都市计划安排土地开发方面的法律;有关河海、矿产、森林、海洋等自然资源和环境的保护法;有关不动产的征收、征用等方面的规定等。限制的内容,涉及物权行使的各个方面。对于物权的公法限制应遵守依法行使的基本原则,为此,《物权法》对公法限制中的物权的征收、征用和用途管制等进行了明确规定,一方面旨在使物权的行使受到公权力的限制,另一方面又为这种限制提供依据避免干预的非法性。

(一) 征收

征收是指为了公共利益的需要,依照法律规定的权限和程序将集体所有的土地和单位、个人的房屋及其他不动产转归征收人的法律事实。征收行为属于行政行为,由此形成行政法律关系,不属于民事法律关系,但由于征收导致所有权人的所有权丧失,是对所有权的限制,同时又是国家取得所有权的一种方式。因此,《物权法》对此进行了规定。

1. 征收的构成要件

征收作为一种国家行为,对行政相对人的利益影响极大,因此,应符合严格的法定条件,这主要包括以下几个方面:

(1) 征收的主体是国家。关于征收的主体,《物权法》没有进行明确规定,但征收的具体行使者通常是政府部门,属于政府行使行政职权。我国《物权法》规定了土地所有权的主体只能是国家或集体,而集体显然没有权利强行取得其他集体土地所有权,因此,土地的征收人只能是国家。

(2) 征收应依照法律规定的权限和程序。这里的法律是狭义上的,即指全国人大及其常委会所制定的具有普遍约束力的规范性文件。

(3) 征收标的是集体所有的土地和单位、个人的房屋及其他不动产。对于集体,被征收的标的仅限于"集体所有的土地",因此,集体所有的房屋等土地之外的不动产,不具有征收能力,不能被征收。有学者认为,征收发生被征收物所有权变动,但其上的其他物权不受影响。征收人欲消灭被征收物上的其他物权,可以通过诸如买卖等其他法律事实而实现。[①]

笔者认为,根据《物权法》第121条规定,因不动产或者动产被征收、征用致使用益物权消灭或者影响用益物权行使的,用益物权人有权依法获得相应补偿。由此可见,用益物权虽然不能被单独征收,但对土地、房屋及其他不动产征收的效果及于其上的用益物权。

(4) 征收的目的必须是为了公共利益。关于公共利益的含义,学理上存在着比较大的分歧。一般认为,公共利益通常是指全体社会成员的共同利益和社会的整体利益,它是不特定主体的利益。但是,公共利益在不同领域内,在不同情形下是不同的,应当根据具体情况区别对待。关于公共利益的认定,如何采用公允的程序机制以避免公权力的滥用是一个值得探讨的重要问题。

2. 征收的补偿

尽管征收是为了公共利益需要,但是不能采取无偿剥夺的方式,必须依法给予补偿。征收的补偿具有以下特点:

(1) 征收的补偿请求权人为被征收的物权人。被征收的标的为土地的,补偿请求权人为作为土地原所有人的集体。被征收的标的为土地之外的其他不动产的,补偿请求权人为作为原不动产所有权人的单位或者个人。因不动产被征收致使用益物权消灭的,用益物权人为补偿请求权人。因不动产作为担保物的,担保期间被征收的,补偿金属于担保物的代位物,担保物权人也可以成为补偿请求权人。

(2) 补偿义务人为国家。补偿义务人原则上应为征收人。补偿义务人可以与补偿请求权人约定由第三人清偿,例如,经出让取得该块土地建设用地使用权的单位。

(3) 补偿请求权的标的主要为金钱,也包括实物。补偿的方式应视财产的类别而加以区别对待。根据《物权法》第42条第2、3款的规定,补偿义务人征收集体所有

[①] 江平主编:《中国物权法教程》,知识产权出版社2007年版,第191页。

的土地,应当依法足额支付土地补偿费、安置补助费、地上附着物和青苗的补偿费等费用,安排被征地农民的社会保障费用,保障被征地农民的生活,维护被征地农民的合法权益。征收单位、个人的房屋及其他不动产,应当依法给予拆迁补偿,维护被征收人的合法权益;征收个人住宅的,还应当保障被征收人的居住条件。任何单位和个人不得贪污、挪用、私分、截留、拖欠征收补偿费等费用。

(二) 征用

征用,是指因抢险、救灾等紧急需要,非经被征用人同意而使用其物的一种强制借用。《物权法》第44条规定,因抢险、救灾等紧急需要,依照法律规定的权限和程序可以征用单位、个人的不动产或者动产。被征用的不动产或者动产使用后,应当返还被征用人。单位、个人的不动产或者动产被征用或者征用后毁损、灭失的,应当给予补偿。征用具有以下法律特征:

1. 征用的主体是国家

《物权法》第44条并未明确征用人。由于征用涉及非经被征用人同意即使用其物,与意思自治不合,因此,征用人只能是国家。

2. 征用的标的为单位、个人的不动产或者动产

有人认为,集体所有的土地不能被征用。[①] 我们认为,这里的单位应作广义解释,包括集体所有的土地。征用是基于紧急需要,如果限制征用的标的将使征用的目的难以实现。

3. 征用行为属于行政行为

征用以抢险、救灾等事关公共利益的紧急需要为前提条件,目的在于使用。

4. 被征用人享有返还请求权以及补偿请求权

被征用人得基于所有权于征用事由消灭后请求返还征用物,征用人应当返还被征用人。单位、个人的不动产或者动产被征用时,征用后毁损、灭失的,被征用人享有补偿请求权。因不动产或者动产被征用影响用益物权行使的,用益物权人享有补偿请求权。不动产或者动产担保期间被征收的,补偿金属于担保物的代位物,担保物权人也可以成为补偿请求权人。

第二节 物权的保护

一、物权的保护的含义及特点

物权的保护是指物权受到侵害的情况下,依照法律规定使物权人可以行使的权利恢复至圆满状态的各种保护方法。物权的保护具有以下特点:

1. 物权的保护是所有法律部门共同的任务

物权的保护从其法律的直接依据来说,可以分为以下几种:(1) 物权的公法保护,主要是指依据《宪法》《刑法》《行政法》等对物权进行的保护。(2) 物权的私法保

---

① 江平主编:《中国物权法教程》,知识产权出版社2007年版,第195页。

护,主要是指依据私法对物权所进行的保护。对物权的保护主要依靠民法,民法对物权保护具有其他法律所不可替代的地位和作用。

2. 物权的保护可以通过和解、调解、仲裁、诉讼等多种途径

根据《物权法》第32条规定,物权受到侵害的,权利人可以通过和解、调解、仲裁、诉讼等途径解决。上述四种方式,当事人可以根据实际情况选择其中一种或几种方式,但当事人一旦选择仲裁的方式,就不能再向法院起诉。

3. 物权的民法保护是物权保护的主要途径

物权的民法保护,以物权人自己在保护中的作为进行区分,可以分为自力保护(私力救济)与诉讼保护(公力救济)。

二、物权的民法保护

(一) 自力保护

自力保护,又称私力救济,指的是权利人在自己的权利受到侵害时直接以自己的行为使自己的权利恢复完满的物权保护方式。权利本身就意味着权利人可以自助的方式保护自己的权利,如果权利人在自己的权利受侵害时只能请求国家专门机关保护,那么国家专门机关将不堪重负。而且,国家保护通常都限于事后救济且存在举证困难的问题,因此,自力保护应该成为权利人保障自己权利的方法。广义的私力救济包括仲裁、和解、调解以及防御、自助等。值得指出的是,在后述的物权的保护方法中,除物权确认请求权不能以私力救济的方式行使外,其他物权本身的保护方法中均可以私力救济的方式行使。狭义的私力救济则是指受害人自己通过自身行为或者他人行为对受害人物权进行保护。具体包括:

1. 自力防御

自力防御包括自力防卫与紧急避险。自力防卫又称正当防卫,指权利人的物权遭受他人非法侵害、请求国家专门机关立即救助有明显的困难时,使用适当的强力来维护自己的物权的救济方式。紧急避险是权利人为避免物权受到现实危险的危害,不得已而损害第三人合法权益的行为。

2. 自助行为

自助行为又称自力取回,是指权利人的物权受到非法侵害后,为恢复物权的原有状态,而对侵害人的人身或者财产实施的必要强制措施。自助行为,一般发生在物被侵夺的事后发现其被侵夺占有的物时,依据自力取回该物。自助行为一般以公力救济不能及时行使为前提,采取的措施以足以保护自己的物权或者恢复权利为限。

(二) 物权请求权的保护方法

物权的保护主要通过物权人行使物权请求权来实现,我国物权法中的物权请求权主要包含以下类型:

1. 物权确认请求权

物权确认请求权,指的是因物权的归属、内容发生争议的,利害关系人要求国家司法机关确认其物权的请求权。物权确认请求权根据确认的类型不同,包括确认所

有权请求权和确认他物权请求权。请求确认所有权之争执通常发生在物的真正所有人与非所有人之间,而请求确认他物权之争执通常发生在他物权人与所有人或他物权人与其他人之间。物权确认请求权构成要件包括:

(1) 民事主体之间就物权认定方面发生争议。这种争议主要表现为:对某人是否对某物享有物权发生争议,一方认为其无权,而另一方认为其有权;对物权的支配范围发生争议,即对权利人之间的权利界限发生争议。

(2) 利害关系人一方向有关国家机关提出请求。确认物权的请求不能直接向利害关系的相对方提出,而只能向有管辖权的法院、行政部门或者仲裁机构提起。比如,关于建设用地使用权的确认,可以向国家土地管理部门提起;关于确认房屋所有权的请求权,可以向国家房地产管理部门提起;有关物业归属的纠纷,当事人订有仲裁协议的,也可以向仲裁机构提起。

2. 返还原物请求权

返还原物请求权,是指权利人对无权占有不动产或者动产的人,有权请求其返还原物的请求权。占有是许多物权的基本权能,在我国物权法体系中,除抵押权不以占有为其首要权能外,其他物权基本上都以占有标的物为首要权能,如果失去占有,这些物权将无法实现。因此该项请求权对物权的保护意义重大。返还原物请求权的构成要件包括以下几个方面:

(1) 享有返还原物请求权的权利人为物权人。行使返还原物请求权的主体应为失去占有的所有权人或他物权人。一般认为,不移转占有的抵押权人与丧失占有即丧失他物权的留置权人与质权人不得行使此项请求权。至于占有人,则应依据占有返还请求权行使权利,而不能依返还原物请求权行使权利。

(2) 相对人须为无权占有人。这里的无权占有人的理解应注意以下几点:其一,无权占有人既包括直接占有人也包括间接占有人。其二,这里的无权占有人不包括依善意取得占有动产的善意占有人。善意取得制度本为限制物权人的追及力所设,自不应成为返还原物请求权的相对人。但不动产善意占有人因未完成善意取得所要求的公示要件不构成善意取得,应属于返还原物请求权的相对人。其三,对现无权占有物负有管理义务的人,如财产代管人、遗产执行人、失踪财产管理人和破产管理人应解释为请求权返还原物的相对人。①

(3) 须以原物及物权的现时存在为前提。若原物已经灭失,返还原物在客观上已经不可能。返还原物请求权依据物权而产生,随物权的移转、消灭而移转、消灭。

3. 排除妨害请求权

排除妨害请求权,又称物权除去请求权,指当物权的圆满状态受到占有以外的方式妨害时,物权人对妨害人享有请求其排除妨害,使自己的权利恢复圆满状态的权利。该项请求权的行使应符合以下要件:

(1) 请求权的主体为物权人。由于请求排除妨害的事实依据是他人行为构成了

---

① 参见季秀平:《物权之民法保护制度研究》,中国法制出版社 2006 年版,第 209 页。

对物权人行使物权的妨害,所以,排除妨碍的请求不仅直接占有物的所有人可以提出,直接占有物的用益物权人、质权人、留置权人也可以提出。但基于抵押权的排除妨害请求权是否有存在必要,理论上有争论。一般认为,因抵押权人不占有抵押物且其目的是保障债权实现的交换价值,因此,当抵押物的使用权受到妨害时(如将废弃物堆放于房屋),应由抵押人决定是否排除妨害,抵押权人不必行使。

(2)妨害人以占有以外的方法妨害物权人行使物权。妨害是指以占有以外的方法现实地阻碍或侵害物权的支配。至于造成妨害的相对人是否有故意与过失,抑或是不可抗力所致,则在所不问。妨害主要有以下情形:可量物的侵害,如丢弃废料或垃圾于他人庭院;不可量物的侵害,如噪音、废气等;无权使用他人的物,如在他人墙壁上悬挂招牌;妨碍物权的行使,如停车于他人车库;土地登记的错误、遗漏或不实,如冒名将他人土地登记为己有等。

(3)妨害的标的物仍然存在且妨害状态继续存在。如果特定的物已经毁损或者灭失,权利人只能行使恢复原状请求权或者损害赔偿请求权。妨害必须是持续进行的,而不是短暂即逝的或已经消失的。因动产通常在物权人的控制之下,很难受到妨害的威胁,故一般动产不适用该请求权。

(4)妨害必须是非法的、不正当的。物权人有容忍义务的,妨害人得为抗辩,不构成对物权的妨害。容忍义务于以下几种情形发生:基于法律规定的容忍义务,如法律关于紧急避险、正当防卫及相邻关系的规定;所有权人基于他物权发生的容忍义务,他物权是对所有权的一种限制,所有权人有容忍的义务;基于债权发生的容忍义务,如所有人出租所有物之时,对承租人的使用有容忍的义务。

应注意的是排除妨害请求权与其他物权请求权常常发生联系,这种联系主要包括两种情形:

第一,排除妨害请求权与恢复原状请求权的联系。排除妨害请求权的内容是请求除去妨害,通过排除妨害使所有权人的所有权恢复其原来状态,但排除妨害请求权仅限于除去妨害而并不包括恢复原状。当妨害排除以后,所有人的所有物是否已恢复其原有状态并非属于排除妨害请求权解决的问题。如果妨害行为给所有物造成损害,所有权人有权请求妨害人赔偿损失或要求其通过修补等方式恢复原状。

第二,排除妨害请求权与所有物的返还请求权也会发生密切联系。例如,甲的大树被风吹倒在乙的庭院,由于甲的大树构成对乙的所有权妨害,所以,乙有权要求甲搬走大树,排除妨害。同时,由于甲的大树已倒在乙的庭院,则甲有权要求乙返还大树。因此,二项请求权发生了冲突。这里的问题是,取走大树的费用由何人负担。对此有不同意见。本书赞同认为在本例中,甲应当对乙承担排除妨害的责任(尽管没有过失),应负担有关费用。因为,虽然乙基于对于树的物权,享有返还原物请求权,但此时,责任问题,则应属于"责任"的问题,即应依据侵权行为法及其相关的债法上的责任原则进行处理。[①]

[①] 参见温世扬、廖焕国:《物权法通论》,人民法院出版社2005年版,第66—67页。

4. 消除危险请求权

消除危险请求权，又称妨害防止请求权，是指当物权人的物权有被妨害或损害之可能时，对于有可能造成妨害或损害的人可以请求其防止妨害、以消除危险的权利。例如，请求某人对其有可能倒塌的建筑物予以拆除。将来发生的妨害或损害与现在发生的妨害在性质上并无差异，基本前提仍然是占有妨害的构成及其基本要点。这里的危险是指他人的行为或者设施造成妨害或损害的现实可能性，即虽然尚未发生，但是有充分的事实证明其能够发生的情形。至于妨害或损害的可能性的程度如何判断，一般认为，应就具体事实，依一般社会观念，认为物权人的物权，有被妨害之可能性极大，而预先加以防患之必要者，始得行使。① 但应注意的是，抵押权人虽然一般不得行使排除妨害请求权，但抵押物的价值遭受减少的危险时，抵押权人则须行使消除危险请求权，以恢复抵押物的价值。

5. 恢复原状请求权

恢复原状请求权指当物权人的不动产与动产被他人非法侵害并遭到损坏时，如果能够修复，权利人可以请求加害人加以修理、重作、更换或者恢复原状以恢复物的完整性的权利。所谓修理是指对物进行修补和整理；重作是指重新生产或者制造一个新物；更换是指在不能修理或者经过修理不能恢复物的价值的情况下，以其他同种类物替换；恢复原状是指通过一定技术手段恢复原本的状态。恢复原状请求权可以由物的所有人与他物权人基于物的所有权与他物权而提出，也可以由物的其他合法占有人(如保管人)与使用人(承租人)提出。

恢复原状请求权的行使应具备以下条件：(1) 须不动产与动产损坏的事实存在；(2) 须财产的损坏出于他人的违法行为，如果财产是在使用过程中因自然磨损而损坏，除非使用人为非法使用人或法律另有规定，否则所有人不得请求；(3) 须损坏的财产有修复的可能。

应注意的是恢复原状与损害赔偿请求权是可以并存的。如一辆旧汽车遭受油漆毁损，如果要求赔偿新车显然不合理，加害人赔偿损害以后所取得的旧物可能对其毫无用处。在这种情况下，可以进行修理，如果经过修理后仍不足以弥补受害人的损失，受害人可以要求额外补偿。

（三）债权请求权的保护方法

债权请求权的保护方法就是按照侵权行为法的规定，依法行使侵权损害赔偿请求权。损害赔偿请求权是指在无法恢复物的原状的情况下，由权利人向侵害人所提出的以货币的方式赔偿损失的请求权。损害赔偿请求权是物权人在其标的物受到损害时，请求侵害人赔偿损失的权利，这种权利是以物权人与侵权人之间的侵权法律关系为基础而产生的，从本质上讲是一种债权请求权。损害赔偿请求权在物权保护中的应用，是在运用物权请求权的方式无法完全满足物权保护的目的情况下，以金钱赔偿为主要手段，使其整体的利益能够得到公平的补偿。因此，它无疑是物权保护的一

---

① 参见谢在全：《民法物权论》(上册)，中国政法大学出版社 1999 年版，第 138 页。

种重要方法。

赔偿损失的方式包括金钱赔偿、代物赔偿，主要是指金钱赔偿。赔偿损失的范围包括两种情况：一是依财产的全部价值赔偿。因侵害人的侵权行为，而致财产不能要求返还或全部毁损的情况下，应赔偿全部价值。二是依财产减损的价值赔偿。财产受到侵害，在现有情况下仍有使用的可能，侵权人就要按照财产减损的价值进行赔偿。损害赔偿请求权既可以由物的所有人提出，也可以由物的合法占有人提出。当物的损害赔偿由物的合法占有人提出时，其所受赔偿金在扣除自己应得部分后，其余部分应作为不当得利返还物的所有人。比如承运人在得到加害人对其货物所遭受的损害的全部赔偿后，应将扣除运费后的余额返还货物的所有人。

（四）民法的其他保护方法

根据《物权法》第37条规定，侵害物权，造成权利人损害的，权利人可以请求损害赔偿，也可以请求承担其他民事责任。这里的"其他民事责任"，根据《民法通则》第134条规定，主要包括以下两种情况：

1. 停止侵害请求权

是指物权人对他人虽没有剥夺其占有，但却妨害其权利的正常行使或者顺利占有的持续性行为，可以行使停止妨害的请求权。

2. 赔礼道歉请求权

物权受到侵犯，物权人有权请求赔礼道歉。赔礼道歉是道德规范的法律化，它可以用于侵犯财产权利的责任承担。如损坏他人心爱的瓷器，物权人除有权要求对方赔偿损失外，还有权要求对方赔礼道歉。

应该注意的是，前述的物权的民法保护方式，可以单独适用，也可以根据权利被侵害的情形合并使用。其中，在这些请求中，除请求确认物权必须以诉讼方式向法院或向有权确认物权的国家机关提出外，其余四种请求均既可以向侵权人提出，也可以由物权人以诉讼的方式向法院提出。当这些请求以诉讼方式向法院提出时，如果提起的是确认物权请求权则为确认之诉；提起的是返还原物请求权、排除妨害请求权、消除危险请求权、停止侵害请求权则为给付之诉中的物权之诉；提起的是损害赔偿请求权、赔礼道歉请求权则为给付之诉中的债权之诉。

本章重点疑难问题提示

一、如何界定"公共利益"的问题

在《物权法》的制定过程中，对于是否规定及如何界定公共利益，发生了极大的争议。由此产生三种主张：(1) 抽象论，认为不必对公共利益的内涵加以规定，但应规定一些必要的程序以防止公共利益的滥用。(2) 具体论，认为应对公共利益进行明确、具体的规定，以防止公权力的滥用。(3) 折中论，认为不精确限定公共利益的内涵，但列举公共利益的外延及不属于公共利益的情形。《物权法》最终采纳了不完善的抽象论，即未对公共利益的内涵加以规定，但也未规定相应的程序制度。

笔者认为,从作为概念的意义而言,公共利益是与个人利益相对而言的,作为一个"元"概念它本身有其无须解释的基本含义;作为一个抽象的概念,它的内涵与外延具有不确定性与模糊性。从作为概念的功能而言,维护公共利益就是维护社会的公平与正义,它应具有开放性与适应性;对公共利益的解释是国家权力机关自由裁量权的体现。因此,不可能也不应对公共利益进行法律界定。但公共利益作为国家权力行使的依据如果不受到限制将必然导致滥用,既然无法从实体上对公共利益进行限制,唯一可行的出路便是对其进行程序上的规制。哈贝马斯曾指出:"个人的集体法律保护就必须不仅通过一个有能力的代理来减轻个人的负担,而且也要使这些个人介入对自己利益的有组织的辨识、表达和维护。假如福利国家的剥夺个人能力状况不至于通过这些途径而进一步加强,相关的公民就必须把法律保护体验为一个政治过程,他自己必须能够参与形成抵制力量和表述社会利益。"①商谈论所提出的程序主义的私法范式给我们的启示是,公共利益的解释只有通过程序正义才能实现实体正义,也即只有公众被吸收进公共事务的决策过程中,各方力量的互动和多元利益的博弈才可以有效地制约公共权力的滥用。具体而言,如设置是否符合公共利益的认定程序、征收征用的撤销程序等。②

二、确认物权请求权的性质问题

确认物权的请求权是否属于物权请求权,学界有不同的认识。一种观点认为,它是民法上的权利,但不是一项独立的请求权。理由:(1)请求权以实体权利的存在为前提,而确认物权的请求权的前提是物权的归属不清或者有争议。(2)物权请求权的目的应在于排除对物权的妨害,而确认物权的请求权目的在于解决物的归属争议。(3)独立的请求权一般由权利人直接向相对人提出,而确认物权的请求权是向国家机关提出。也有的学者基于以上理由认为它不是一种民法的独立权利,而是一种诉权。③

笔者赞同认为,确认物权的请求权可以作为一种独立的物权请求权,理由在于:(1)确认物权的请求权既然为法律确认为一种请求权,实质上是以假定请求权人可能具有物权为前提,而且请求权人行使权利也应当提供初步的证据证明合法的权利,这便使请求权有了存在的基础与前提。(2)如果一项物权的支配范围存在争议,物权人对于相对人的争议可以置之不理,等到相对人对其权利的行使现实地加以妨害、干涉时,再行使排除妨害请求权。但很多情况下,物权人不愿意坐等这种妨害行为发生。这时,欲使物权完满,唯有赋予物权人以确认物权的请求权。④(3)物的归属争议如果发生在被他人占有的情形下,此时占有的权利正确性推定规则不能提供财产最终归属的争议解决机制,有必要通过合法的确认物权归属机制解决。⑤(4)确认物

---

① 〔德〕哈贝马斯:《在事实与规范之间》,童世骏译,三联书店2003年版,第511页。
② 参见梅夏英:《物权法·所有权》,中国法制出版社2005年版,第127页。
③ 参见梅夏英、高圣平:《物权法教程》,中国人民大学出版社2007年版,第41—42页。
④ 高德胜:《略论物权请求权的形态》,载《当代法学》2003年第3期。
⑤ 朱岩、高圣平、陈鑫:《中国物权法评注》,北京大学出版社2007年版,第171页。

权的请求权应通过国家机关向相对人行使,这本身便表明这一请求权是有相对人的。

三、恢复原状的性质问题

恢复原状在民法上有不同的解释,在侵权法、合同法等多个领域中都采取了恢复原状的概念。传统的物权请求权并不包括恢复原状的请求权,我国《民法通则》将它规定在侵权责任之下。对于恢复原状请求权是否为物权请求权,理论上存在争议。一种观点认为,恢复原状请求权的目的在于恢复受损物在经济上的价值,以实现物的效用,因此,它是一种独立的请求权,但并非物权请求权的一种。另一种观点则认为,恢复原状请求权包含在损害赔偿之内,因为恢复原状请求权与损害赔偿请求权难以分开,如果物遭到毁损,采用金钱损害赔偿的方式较恢复原状对受害人更为有利,所以,在物遭到毁损的情况下,与其恢复原状,不如使被害人径直请求赔偿损失。[1]

笔者赞同认为恢复原状请求权是一种独立的物权请求权。理由主要包括:(1)恢复原状请求权也是以回复物权人对物的圆满支配状态为目的的请求权,符合物权请求权的本旨。(2)损害赔偿保护方式对于受害人是不周全的。损害赔偿作为侵权责任的一种,要求行为人主观上有过错。如果行为人是出于一个意外事故而损坏受害人之物,由于其主观上并无过错,不成立侵权责任,受害人不能获得损害赔偿。即便行为人主观上存在过错,受害人可以获得损害赔偿,但在很多情况下,损害赔偿并不能让受害人满意。既然如此,在物遭到毁损的情况下,法律上就应承认受害人享有恢复原状请求权。(3)否定恢复原状请求权有悖民法精神。因为,立法强制物权人得主张损害赔偿实质是将立法者认为"物与价值等同"的观念强加给物权人,而民法强制应当有必要的理由,立法者无权替物权人作出利益衡量的决定。

四、停止侵害请求权的定位问题

《物权法》未规定停止侵害请求权,主要是考虑到如果物权人主张了返还原物、排除妨害、消除危险、恢复原状等请求权,实际上就已经包含了要求停止侵害的意思,从这一角度似乎没有必要承认停止侵害作为一种独立的物权请求权。

笔者认为,停止侵害不能被其他物权请求权形式所涵盖,是一种独立的物权请求权。理由:(1)停止侵害针对的是正在进行的现实的侵害物权的行为,这种侵害不同于对物的占有,也不同于妨害物权的行使与对物权的行使造成危险。(2)在现实的对物的侵害正在持续进行的情况下,必须要通过停止侵害的责任形式制止侵害,防止侵害的进一步扩大。(3)多增加一种请求权形式,对权利人的保护可能是更充分的。当然,停止侵害可能并未最终解决争议,但它可以与其他责任形式结合起来使用。[2]

五、返还原物请求权中"权利人"的范围问题

《物权法》第34条规定,无权占有不动产或者动产的,权利人可以请求返还原物。这里的权利人的外延如何界定?

所有权人能够行使完满而独立的返还原物请求权。在共有的情形下,共有人在

---

[1] 参见王伯琦:《民法债编总论》,台湾1956年自版,第105页;史尚宽:《债法总论》,中国政法大学出版社2000年版,第221页。

[2] 参见王利明:《物权法研究》(修订版)(上册),中国人民大学出版社2007年版,第244页。

共有物被他人无权占有后,每个共有人都可以请求无权占有人返还共有物给全体共有人;如果共有人中的一个逾越其应有部分而占有或使用共有物时,其他共有人有请求返还其所有部分的权利。

用益物权人以占有标的物为前提,权利人自应享有返还原物请求权。但关于地役权历来存在争议。一种观点认为,赋予地役权人以妨害除去请求权和妨害防止请求权,已足以保护地役权人的利益。但通说认为,因为地役权需随供役地而行使,供役地被无权占有,地役权人不行使返还原物请求权,无法实现满足需役地便利的目的,因此地役权人享有返还原物请求权。当然,用益物权人行使返还原物请求权受到其权利存续的法定或者约定的时间和空间限制。

抵押权的设定不以占有为前提,因此,在抵押物被第三人非法占有的情况下,抵押权人不得直接向非法占有人请求返还,只能由抵押人行使物权请求权或侵权请求权,所以抵押权不适用返还原物的请求权。

关于质权人与留置权人是否有返还原物请求权,有不同的观点。一种观点认为,质权人与留置权人得基于本权而享有返还原物请求权。笔者赞同认为,质权与留置权均以对物的占有为其存续要件,一旦占有丧失,质权与留置权即随之消灭。因此,质权人与留置权人不得基于本权请求返还原物,但有权提起占有返还之诉。

六、间接占有人是否享有返还原物请求权的问题

如房屋所有人通过出租使他人合法占有房屋,此时,如第三人无权占有房屋,房屋所有人作为间接占有人能否对无权占有人行使所有物的返还请求权呢?对此问题世界各国或地区有不同的立法例,我国《物权法》对此未作规定,学者们对此也有分歧。我国有学者认为:"此处须区分第三人占有性质而有所区别。若第三人为无权占有,且所有权人与直接占有人之间的契约为有效者,则此时所有权人不得请求第三人直接向自己返还。仅第三人的占有使得所有人与直接占有人之间的契约无效或者所有权人解除契约后,始可要求第三人向自己返还。"[①]

笔者认为,这一观点对物权人行使返还原物请求权作出了诸多限制,值得商榷。首先,认为必须第三人的占有使得所有人与直接占有人之间的契约无效或者所有权解除契约后,始可要求第三人向自己返还,这一观点,过分地注重对直接占有人的利益的保护而忽视了对所有人利益的保护。理由:第一,第三人的无权占有很难说会在何种情况下导致所有人与直接占有人之间的契约无效。第二,所有人主张契约无效,须得到法院的确认,这可能是一个漫长的诉讼过程,所有人在这一过程中,只能任由无权占有人非法侵害其利益。其次,认为在契约有效的情形下,所有权人不得请求第三人直接向自己返还,其中的缘由在于,如果所有权人得以请求第三人直接向自己返还,承租人仍然可以以租约为根据请求出租人交付租赁物,这可能影响到承租人的利益。但这一论断过于理论化。理由:第一,所有权人向第三人直接请求向自己返还,一般都会发生在承租人作为直接占有人怠于行使返还原物的情形下。第二,根据合

---

① 温世扬、廖焕国:《物权法通论》,人民法院出版社 2005 年版,第 222 页。

同法原理,承租人非经同意而转让出租物,转租合同无效,根据举重明轻的法理,承租人不行使请求权而任由他人无权占有的行为自当无效。第三,所有人向第三人请求返还自己,如果承租人基于租约请求交付租赁物时,出租人可以其不积极行使返还原物请求权为由而终止租约。

综上,在直接占有人不行使返还原物请求权时,间接占有人作为物权人有权直接行使返还原物请求权,以保护自己的权利。

七、所有物的返还请求行使中间接占有人能否作为相对人的问题

例如,无权占有人作为出租人、借用人将物出租、借用给第三人,无权占有人在此属于间接占有人,承租人、借用人属于相对人自不待言,但在所有人行使所有物的返还请求权时,间接占有人能否作为相对人?《物权法》对此没有明确规定,理论上对此有不同观点。有人认为,依返还所有物之诉的特征,需以交付标的物为给付内容,现间接占有人已不实际占有标的物,由其交付标的物已属不能,故不得向间接占有人请求返还。[①]

笔者认为,间接占有人也得成为相对人,因为虽然所有物返还请求权以物的交付为目的,但是物的交付并不以现实的交付为限,间接占有人得以其对于直接占有人的返还请求权让与受让人(所有人),使受让人因此取得间接占有,也是交付。从《物权法》规定来看,并未对无权占有进行限制,无权占有包括间接占有与直接占有,因此,相对人应包括间接占有人。如甲有自行车一辆,被乙盗去,乙将该车租给丙使用,乙为间接的非法占有人,而丙为直接的非法占有人,为以充分保障甲的利益,法律应当允许甲既可以同时向乙、丙,也可以仅向乙或丙提出请求。

八、损害赔偿请求权是物权请求权还是债权请求权的问题

有学者认为,物权人受损害时的赔偿请求权是物权请求权。[②] 笔者认为,物权请求权与债权请求权不同:(1)两者发生的根据不同。债权请求权发生的根据是合同、无因管理、不当得利、侵权损害等;而物权请求权发生的根据是物的支配权受到侵害。(2)两者的目的不同。债权请求权的目的在于维护物的动态安全,是为了满足债权人获得物质生活资料的利益要求;而物权请求权目的在于维护物的静态安全,是为了回复物权人对物的原有支配状态。

物权请求权既然以恢复物的圆满状态为目的,损害赔偿请求权发生的前提是物已不可返还、恢复原状,此时权利人不可能对原来状态的标的物进行支配。因此,损害赔偿请求权作为使受害人在经济利益上获得一种替代性补偿的请求权是债权请求权而非物权请求权。值得指出的是,《物权法》虽然对损害赔偿请求权进行了明确规定,但它是从物权保护的角度来加以规定的,并不表明它就是一种物权请求权。

九、物权请求权是否适用诉讼时效的问题

《物权法》的条文中对物权请求权是否适用诉讼时效并未明确规定。物权请求权

---

① 参见张龙文:《论由所有权所生之物权的请求权》,载郑玉波主编:《民法物权论文选辑》(上),台湾五南图书出版公司1984年版,第185页。
② 梁慧星:《中国民法典草案建议稿附理由》(物权编),法律出版社2004年版,第61页。

是否适用诉讼时效,世界各国有不同的立法例,学界对此问题有不同的观点:(1)肯定说。该说认为,物权请求权的实质仍为民事请求权,从诉讼时效的制度价值和权利保护的一致性考虑,物权请求权仍应适用诉讼时效。(2)否定说。该说认为,物权以对于标的物的圆满支配为内容,具有回复物权圆满支配状态作用的物权请求权,在物权存续期间,不断发生。物权既然不适用消灭时效的规定,则物权请求权自亦应不因时效而消灭。(3)折中说。该说认为排除妨害请求权、消除危险请求权、停止侵害请求权不适用诉讼时效,但返还原物请求权与恢复原判请求权适用诉讼时效,但已登记不动产、动产的所有人返还请求权的除外。

笔者认为,物权请求权是否适用诉讼时效依物权请求权的类型的不同而不同,具体而言:

确认物权请求权不受诉讼时效的限制,但可以适用取得时效。确认物权请求权以确认物权为目的,物权尚未确定,自然缺乏权利被侵害而适用诉讼时效的前提。但较长时间的经过仍然行使确认请求权,不利于财产关系的稳定,也可能损害第三人的利益,因此,应可适用取得时效。但确认物权请求权应受到物权中定限物权的期限限制。如用益物权的期限已经届满、担保物权的主债权诉讼时效期限已经届满等。

排除妨害请求权、消除危险请求权、停止侵害请求权学界一致认为不受诉讼时效限制。但理由各有不同,"否定说"认为这类请求权针对的是持续性的侵权行为,如果适用诉讼时效就意味着法律允许违法行为之存在,有悖公理。"肯定说"认为不是消灭时效在这些请求权上不适用,而是消灭时效在这些请求权的适用永远无法成就。①可见,尽管其立论和理由有所不同,但无实质分歧。

关于返还原物请求权与恢复原状请求权是否适用诉讼时效,学界争议极大。笔者赞同认为这两类请求权都应适用诉讼时效。鉴于学界对恢复原状请求权是否为物权请求权争议颇大,在此仅以返还原物请求权为例阐述理由如下:

(1)物权请求权的性质为独立的请求权,是民事请求权的一种,时效制度的功能在于稳定社会秩序、督促权利人及时行使权利、避免因时过境迁而导致举证困难,这同样适合于物权请求权。(2)物权具有消极性,而返还原物请求权则和债权同样具有积极性,需要物权人的请求行为。返还原物请求权虽与物权不可分离,但它毕竟不是物权本身,和物权是两回事。二者是原权利和救济权利的关系,不能将权利和权利的保护手段混为一谈。②(3)无权占有人取得对物的占有后,如果物权人长时间不请求占有人返还原物,会使不明真相的第三人信赖占有人是该物的所有权人,进而与之进行交易,很长时间后物权人再行使返还原物请求权,会打破善意第三人的合理信赖,危害交易秩序。(4)有观点认为,返还原物请求权适用诉讼时效应区分登记的财产和非登记的财产,对于登记的财产因为其权属状况明确,如果适用诉讼时效就不利于保护权利人,也不利于维护不动产登记的效力。③这一观点实值商榷,笔者认为,登

---

① 参见董学立:《物权法研究》,中国人民大学出版社2007年版,第112页。
② 杨会:《物权请求权与诉讼时效——以返还原物请求权为研究对象》,载《河北法学》2011年第1期。
③ 参见王利明:《物权法论》(修订二版),中国政法大学出版社2008年版,第56页。

记的财产如未被他人"侵害"登记,则因登记人仍为权利人,此时即使不动产被非法占有,其物权仍未被侵害,自无所谓适用诉讼时效的问题;登记的财产如被他人非法"侵害"登记,而权利人却明知而不行使自己的请求权,则完全符合诉讼时效的构成要件(最好适用取得时效),且只有如此才能维护不动产登记的效力与基于此而发生的交易关系。

物权请求权是否适用诉讼时效以及期间的长短问题,世界各国有不同的规定,均有其存在的理由与价值,它并不是一个真理性问题,而是一个政策考量性的问题,如何适用方为合理,亟待法律的澄清。

第二编

所有权

第九章 所有权概说

第一节 所有权基本理解

一、所有权的概念

所有权是物权法中的核心概念,关于所有权一词通常在三种意义上使用:一是指所有权制度,即有关所有权法律规范的总和;二是指所有权法律关系,即特定人与不特定人之间因物所发生的权利义务关系;三是所有人对其所有物依法享有的权利。关于所有权的定义一般是从第三种意义来界定的。世界各国或地区关于所有权的定义主要有两种方式:一是具体列举式,即通过列举所有权的某几项权能阐述所有权的概念。二是抽象概括式,即从所有权抽象作用的角度给所有权下定义。

两种所有权定义的立法模式各有优劣。具体列举式的优点是直观,容易为人们所理解,但很难穷尽所有权的全部权能和作用,不严谨且不能说明所有权的质的规定性。抽象概括式的优点是符合逻辑,可以较好地解释所有权权能的分离问题,但以抽象的所有权概念去拆解具体法律关系,常会遇到所有权失灵的现象。例如,在信托关系中,建筑物区分所有权或法人财产权等关系中,抽象的所有权概念是失灵的。我国学界多主张抽象概括式,将所有权概括为具有排他性的全面支配权。但我国《物权法》采取了具体列举式,根据《物权法》第39条规定,所有权,是指权利人对自己的不动产或者动产,依法享有占有、使用、收益和处分的权利。对这一所有权的概念可以从以下几方面来理解:

(一)所有权的主体是所有权人

所有权人又称所有人,即是对自己的不动产或者动产依法享有占有、使用、收益和处分的权利的人。自然人、法人、其他组织均可以成为所有权人。对于所有权人,首先,需要是人,其次,需要有所有权。所有权人这一概念从人只要具有权利能力都可以成为所有权人这一意义而言,实质意义不大。但从其与用益物权人、担保物权人相区分的角度而言,则表明了其拥有权利的全面性与唯一性。

(二)所有权以自己的不动产或者动产为标的

所有权须以不动产或动产为标的,并不能涵盖所有的具有财产价值的权利。债权、知识产权等均是具有财产价值的权利,但不能成为所有权的标的,如不能说某人是某个债权、知识产权的所有权人。所谓以自己的不动产或者动产为标的,强调的是所有权乃是对自己的物的权利。

(三)所有权是依法享有的权利

马克思指出:"私有财产的真正基础,即占有,是一种事实,是不可解释的事实,而不是权力。只是由于社会赋予实际占有以法律的规定,实际占有才具有合法占有的性质,即私有财产的性质。"[1]因此,是财产的私有制催生了所有权,而这是以法律的规定为前提的。所有权是依法享有的权利,意味着,所有权的取得与消灭应符合法律的要求、所有权的内容和效力由法律规定、所有权的行使受法律保护与限制等。因所有权是民事基本制度,根据《立法法》第8条第7项的规定,所谓"依法"是指依照由全国人民代表大会及其常务委员会所制定的法律。

(四) 所有权是对物全面支配的权利

所有权是所有权人对不动产与动产所享有的占有、使用、收益、处分的权利,但这种对所有权权能的列举尚不足以概括所有权的本质。随着经济的发展,人们越来越重视将所有权能分离出去后换取的价值,列举式无法解释所有权的观念化、"空虚的所有权"现象,因此,唯有承认所有权的实质是一种终极的支配权,方能理解所有权的本质。

二、所有权的特征

所有权,是所有人在法律规定范围内对于物的全面支配,并排除他人干涉的物权。物权分为所有权与他物权,所有权的法律特征只有通过与他物权的比较才能进行更全面的理解,这些特征主要包括以下几个方面:

1. 自权性

所有权是权利人对"自己之物"享有的权利,因此,所有权又称为自物权。而所有权之外的其他物权是权利人对"他人之物"享有的权利,因此,称为他物权。

2. 完全性

所有权就对物的支配方面考察,它是一种总括的、全面的、一般的支配权,包括了占有、使用、收益、处分四项权能。而他物权人对于标的物仅在某一方面享有支配权,如担保物权人只能对标的物的交换价值进行支配,通常不能对标的物加以使用和收益。因此,所有权又称为完全物权,其他物权称为限制物权。

3. 无期性

所有权以永久存续为本质,不因所有权人不行使其权利消灭。所有权的存在不得预定其存续期,也不因时效而消灭,永久禁止所有物处分的约定无效。而其他物权如抵押权、地役权都有一定的存续期间,存续期间届满,权利即归于消灭。因此,所有权又称为无期物权,他物权称为有期物权。

4. 整体性

整体性,即所有人对其标的物的统一单纯的支配力。所有权并非各种权能的集合,而是一项整体性权利。所有权的整体性决定了所有权本身不得在内容或时间上加以分割。在所有权上设定用益物权或担保物权,并非是让与一部分所有权,而是创设一个新的独立的物权。他物权多以所有权的部分权能为其内容,若失其权能可能

---

[1] 《马克思恩格斯全集》(第1卷),人民出版社1956年版,第382页。

导致权利丧失。

5. 弹力性

所有权的权能可以通过设定他物权而与作为整体的所有权分离,然而所有权并不因此丧失其对标的物的支配力。所有权的内容可以自由伸缩,所有人可以将各项权能都交给他人行使,由此发生了所有权权能与所有权部分分离或者全部分离的情况,甚至有时使所有权成为一种空虚的权利。但一旦他物权消灭,所有权的负担就被除去,所有权也就恢复到它原来的完满状态,即分离出去的权能仍然复归于所有权人,"譬如皮球压之则陷,脱之则圆,是即所有权之弹性也"[①]。

三、所有权的内容

所有权的内容,又称所有权权能,是指所有人为实现其权利在法定范围内可以采取的各种措施与手段。

(一)所有权的积极权能

1. 占有权

占有权是指所有权人对于财产的实际管领或控制的权利,对一个物行使支配权的基础与前提条件就是拥有占有权,这是所有权人直接行使所有权的表现。对物的使用权、收益权、处分权的行使通常需要以占有权的存在为前提。占有权由所有人行使,此所谓所有人占有。财产所有人以外的其他人占有不属于其所有的财产,此为非所有人占有。当占有权能与所有权分离而属于非所有人时,非所有人的占有依据是否有本权,区分为有权占有与无权占有。

2. 使用权

使用权是指在不毁损所有物或改变其性质的前提下,依照物的性质和用途加以利用的权利。拥有物的目的一般是为了使用,因而使用权是所有权的重要权能。享有使用权必以占有为前提,但享有物之占有权能却并不一定享有物的使用权能。如质权人、保管人即只能对标的物进行占有,而不能对标的物进行使用。使用权根据所有人的意思可以移转给非所有人行使,如借用、租赁等,但最终应复归于所有人。从这一点来看,使用标的物以非消耗物为限,对消耗物的"使用",通常称为事实上的处分。

3. 收益权

收益权是指所有权人享有通过财产的占有、使用等方式取得的经济效益的权利。所谓经济效益,包括由原物派生出来的孳息以及因利用原物进行生产经营活动而产生的利润。孳息包括天然孳息和法定孳息,利润主要是指将物投入生产过程、流通过程所取得的利益。通常情况下,收益是使用的结果,因此,有的国家只规定了包括了收益权的使用权。收益权独立于使用权的理由在于,在使用权的行使中,会出现"因使用而收益"(如获取天然孳息)、"既使用又收益"(如典权人的权利)、"只使用不收

---

① 郑玉波:《民法物权》,台湾三民书局1971年修订版,第54页。

益"(如租赁关系中承租人的权利)和"只收益而不使用"(如股东对股票的权利)等多种情形。

4. 处分权

处分权是指所有人对所有物依法进行事实上和法律上的最终处置的权利。前者是通过事实行为对所有物加以处分,如消费、加工、毁损等;后者是通过法律行为对财产进行处理,如租借、转让等。处分权能是能够决定所有物命运的一项权能,最直接地反映了所有人对物权的支配,被认为是所有权内容的核心和拥有所有权的根本标志。处分权能通常只能由所有人行使,但在某些特殊情况下,处分权可以由非所有人行使,如受托人处分信托财产。

(二) 所有权的消极权能

所有权消极权能,即排除他人干涉的权能。所谓排除他人干涉,指所有人排斥并除去他人对所有物的不法侵夺、干扰或妨害。这一权能,在所有权的行使受他人非法干涉的时候才体现出来,否则即隐而不彰,故名"消极权能"。所有权的消极权能,源于所有权的绝对性,排除干涉的方法,适用物权保护的一般手段。

四、所有权的分类

(一) 国家所有权、集体所有权、私人所有权

这是以权利主体的类别为标准进行的法定分类。国家所有权是以国家为主体的所有权形式,它在公有制国家与私有制国家具有不同的特点。集体所有权是劳动群众集体所有权的简称,它又可分为农村集体所有和城镇集体所有。私人所有权是以"私人"为主体的所有权,它是所有权的最初形态,是财产所有制条件下所有权的基本存在形式。

(二) 单独所有权、共同所有权和区分所有权

这是以权利主体数量及内容为标准进行的分类。单独所有权,即单一主体对物享有所有权,这是所有权的一般形态。共同所有权,即由两个以上主体对同一标的物共同享有所有权,通称共有。由于共有涉及的法律关系较为复杂,《物权法》单列"共有"一章对其作出规定。区分所有权,即单独所有权和共同所有权在特定条件下的结合,《物权法》单列"业主的建筑物区分所有权"一章对此专门作出了规定。

(三) 不动产所有权与动产所有权

这是以权利客体为标准进行的分类。《物权法》将物分为不动产与动产,自然也就存在不动产所有权与动产所有权。不动产所有权与动产所有权在各国物权法中都具有重要意义,一些国家和地区立法将二者分设章节予以规定。我国《物权法》在所有权分类中依所有权人不同进行分类,从而使得不动产和动产的区分在相应所有权规范上的差别表现得不甚明显,但《物权法》总则部分关于动产物权和不动产物权变动的规则奠定了这一分类在我国《物权法》中的重要地位。

第二节 所有权的取得

所有权的变动,包括所有权的取得、变更和消灭。所有权的变更,是指所有权内容的变化,根据《物权法》第40条规定,所有权人有权在自己的不动产或者动产上设立用益物权和担保物权。所有权的变更,实质是用益物权和担保物权的取得问题。所有权的消灭是指所有权本身的消灭。所有权的取得,以是否基于他人的权利与意思为标准,分为原始取得和继受取得。所有权的取得根据取得的原因,可以分为依法律行为的取得与非依法律行为的取得。

一、依法律行为取得所有权

依法律行为的所有权取得,主要是双方法律行为,即转让。转让的法律效果包括原所有权消灭与取得人取得所有权两个方面。依法律行为的所有权取得依据是否自权利人取得,分为自权利人依法律行为取得与自非权利人依法律行为取得。二者在所有权取得的构成要件上各不相同。

(一)自权利人依法律行为取得所有权

这一所有权的取得方式具有以下特点:(1)当事人应当就所有权变动达成意思表示一致。出让人和受让人变动所有权的意思表示,适用《民法通则》《合同法》等法律关于意思表示的规定。(2)出让人有处分权。处分权是对既有权利进行处分的权利,一般归属于权利人,也可以由处分权人授权他人行使。(3)所有权变动须进行公示。转让而取得不动产所有权,需要登记,非经登记不发生效力。转让而取得动产所有权,自交付时起发生效力,但法律另有规定的除外。

(二)自非权利人依法律行为取得所有权

自非权利人依法律行为取得所有权的基本制度,即善意取得制度。

1. 善意取得制度的基本内容

(1)善意取得的含义

罗马法强调任何人都不能转让大于自己的权利,现代民法基于公示与公信原则,为保护第三人,对自非权利人依法律行为取得所有权,规定了动产的善意取得制度。我国《物权法》第106条规定了不动产与动产的善意取得制度。善意取得又称即时取得,指财产占有人无权处分其财产,但他将该财产以合理价格转让给第三人,受让人取得该财产时出于善意,则受让人将依法即时取得对该财产的所有权。

(2)善意取得的构成条件

第一,当事人意思表示一致。善意取得,需要无处分权人将不动产或者动产转让给受让人。转让乃是法律行为,需要无权处分人与受让人就物权变动达成意思表示一致。该意思表示一致构成合同,法律效果是变动所有权而非应当变动所有权,与《合同法》规定的买卖合同、赠与合同等所要求的意思表示并不相同,此即物权的意思表示。

第二,标的物为依法可流通的动产或者不动产。从各国立法来看,法律禁止或限制流通的财产不适用善意取得,如枪支弹药、爆炸物等。

第三,让与人对该财产无处分权。如果让与人虽然不是财产的所有人,但在法律上是有处分权的人,例如,所有人的代理人、财产管理人等,他们都有一定的处分权,不能适用善意取得。让与人无权处分主要存在如下情形:其一,让与人对财产无所有权,亦无处分权。如承租人、保管人对其所承租或保管的财产所为的无权处分。其二,物权受限制的情形。如一共有人未经其他共有人的同意而处分共有财产。其三,不具有处分权的情形。如在附条件买卖中,在出卖人所有权保留的情况下,出卖人不能就同一标的的所有权再行让与他人。其四,代理人擅自处分被代理人的财产所导致的无权处分。

第四,受让人是以合理的价格转让而受让财产。这包括以下几层含义:首先,无处分权人将不动产或者动产转让给受让人的转让行为,应属于交易行为,即出让人和受让人不具有法律上的同一性和经济上的同一性。其次,受让人取得财产必须是以合理的价格有偿转让。如果是无偿或者以不合理的价格从无权转让该财产的占有人那里取得财产,所有人在任何情况下都有权向该第三人请求返还原物。再次,受让人已实际支付对价。这一方面,可以为善意的判断提供明确的标准;另一方面,如果没有支付价款,原权利人可以以没有完成交易为由否认善意取得的成立,可能会引发很多纠纷。但不动产买卖可以只支付部分价款。①

第五,受让人须为善意。所谓善意,是指受让人不知也不应当知道让与人是无权处分。一般认为,"不知情"是判别是否善意的根据。须强调的是,善意取得为即时取得,只需第三人在行为当时不知情即可,至于事后又知情,并不影响善意取得之构成。但仅仅是"不知情"并不一定能构成善意。如果物品的价格远低于正常交易水平,让与人拒不透露动产的来源等,足以使人产生疑问,此时依据客观标准,应当认为受让人具有重大过失,不构成善意。有人认为应以"受让人善意且无重大过失"为善意取得的构成要件,本书认为,善意就是"不知或者不应当知道"的主观心态,有无"重大过失"只是认定善意心态的方法,是通过对"不知或不应当知道"的原因分析,来确定其心态。

应注意的是,一般认为,受让人的"不知情"仅仅限于对享有行为能力的转让人是否享有处分权的判断,并不适用于对于行为能力和代理权的信任。因为转让人是否具有行为能力应是受让人充分知晓的,不能构成不知情或重大过失。基于代理权的信任,善意也不成立的原因在于,代理人是否享有处分权的依据是被代理人的明示授权,这是受让人应尽的最低注意义务,也是交易的基础,所以不能以受让人不知晓代理人的权限范围为由适用善意取得制度。

第六,须已进行公示。即转让的不动产或者动产依照法律规定应当登记的已经登记,不需要登记的已经交付给受让人。就动产交付而言,一般认为限于现实交付、

---

① 王利明:《物权法研究》(修订版)(上册),中国人民大学出版社2007年版,第446—447页。

简易交付两种形态,而不包括占有改定与指示交付。

(3) 善意取得的效力

善意取得在原所有权人、无权处分人与善意受让人之间产生如下法律效果:

第一,善意受让人原始取得标的物所有权,原所有权人的所有权因此丧失。

第二,善意受让人取得动产后,该动产上的原有权利消灭。善意受让人取得动产所有权,根据一物一权的基本原理,该动产上的原所有权自动消灭。为保护交易安全,该动产上所有权之外的其他物权也同时消灭。但善意受让人在受让时知道或者应当知道存在他人所有权,不能善意取得该动产。

第三,原所有权人对无权处分人享有赔偿损失、返还不当得利的权利。具体来说:其一,如果原所有权人与无权处分人事先存在着租赁、保管等合同关系,原所有权人可以违约为由,请求其承担违约损害赔偿责任。其二,在存在合同关系的情形下,原所有权人也可以以无权处分人的无权处分行为侵害其财产所有权为由,要求无权处分人承担侵权损害赔偿责任。其三,如果无权处分人因无权处分而获有利益,原所有权人有权请求无处分人返还不当得利。以上请求权发生竞合时,原所有权人可以择一行使。

2. 准善意取得

准善意取得,是指基于法律行为善意取得所有权之外的其他物权。无权处分人进行处分,不限于转让所有权,还包括在标的物上设定用益物权或者担保物权,在此情况下,如果取得人善意,同样发生该项他物权的善意取得,他物权的善意取得参照所有权善意取得的有关规定。例如,出质人以其不具有所有权但合法占有的动产出质的,不知出质人无处分权的质权人即善意取得质权,质权人行使质权后,因此给动产所有人造成损失的,出质人承担赔偿责任。所有权以外的其他物权的善意取得,根据其各自的性质与特点有不同的取得条件,如抵押权的善意取得,便无需支付"合理对价"这一要求。应注意的是,并非所有他物权都能通过善意取得,不能基于法律行为取得的物权,例如留置权不发生准善意取得问题。

3. 遗失物所有权的取得

所谓遗失物是指非基于占有人的意思而丧失占有,现又无人占有且并非无主的动产。遗失物的善意取得是善意取得制度的特殊问题。根据《物权法》第107条规定,取得遗失物的所有权具体包含以下内容:

(1)《物权法》原则上不承认遗失物的善意取得

物可以被分为占有委托物与占有脱离物。占有委托物,指基于租赁、保管等契约关系,由承租人、保管人等实际占有的、属于出租人、委托人所有的物。它是基于真权利人的意识而丧失占有的物,适用善意取得。占有脱离物,即非基于真权利人的意思而丧失占有的物,遗失物属于占有脱离物,原则上不适用善意取得。《物权法》规定,所有权人或者其他权利人有权追回遗失物,这表明《物权法》倾向于对失主利益的保护。这里的"其他权利人"是指凡是在该物上有应为占有的本权人,该返还请求权的相对人为遗失物的占有人,包括直接占有人与间接占有人,无论其是否善意。

关于所有人或者其他权利人的回复请求权的性质理论上有不同认识。一种观点认为,回复请求权在性质上为不当得利请求权,即受让人取得的遗失物因不适用善意取得而构成不当得利。另一种观点认为其性质为形成权,即对于遗失物,善意第三人原则上已经取得了所有权,只是这种物权受到原所有人单方面的意思表示而发生变动。通说认为,回复请求权的性质为物权请求权,即原所有权人并未丧失所有权,受让人的占有构成无权占有。

(2) 受让人在特殊情形下可取得遗失物的所有权

我国采拾得人不得取得遗失物的所有权主义,遗失人有权向拾得人与第三人行使所有物返还请求权,但第三人依法律行为而占有遗失物的,在以下情形可以取得遗失物的所有权:

其一,该遗失物通过转让被他人占有的,权利人向无处分权人请求损害赔偿的,受让人可取得遗失物的所有权。根据《物权法》第107条规定,遗失物通过转让被他人占有的,权利人有权向无处分权人请求损害赔偿。无权处分人将遗失物出让给受让人,行为侵害了遗失人的所有权或占有权构成侵权行为,遗失人对无权处分人享有损害赔偿请求权。遗失人的损害赔偿请求权适用侵权行为法的有关规定。在权利人向无处分权人请求损害赔偿的情况下,实际上等于权利人放弃了对受让人的追及权,受让人取得遗失物的所有权。

其二,遗失物通过转让被受让人占有的,权利人自知道或者应当知道受让人之日起两年内未向受让人请求返还原物,受让人取得遗失物的所有权。遗失人主张返还遗失物,根据其是否需要支付费用,可以区分为无偿返还和有偿返还。无权处分人将遗失物出让给受让人的,如果受让人不是通过拍卖或者向具有经营资格的经营者购得该遗失物,遗失人对受让人享有返还原物请求权且不需要支付费用,该请求权称为无偿返还请求权。无权处分人将遗失物出让给受让人的,如果受让人是通过拍卖或者向具有经营资格的经营者购得该遗失物的,遗失人主张返还请求权的,应当同时支付受让人取得该物所支出的费用,这称为遗失物的有偿回复请求权。有偿回复请求人向受让人支付所付费用后,有权向无处分权人追偿。遗失人有权自知道或者应当知道受让人之日起2年内向受让人请求返还原物。[①] 逾期不行使返还请求权,或者向公开市场的买受人请求而不支付有关费用的,受让人取得遗失物的所有权。

其三,出让人让与的动产若是货币或者无记名证券(如公司债券、火车票等),则不能请求善意占有人返还。因为它们本质上是以流通性为其本质,唯有流通才能贯彻其经济价值。

二、非依法律行为的所有权取得

非依法律行为的所有权取得,是指由于法律行为之外的私法事实而取得所有权。

[①] 关于《物权法》第107条中规定的遗失人返还请求权两年的期间究竟是除斥期间还是诉讼时效,理论上存在分歧。

这些法律事实的法律效果非由当事人意思表示所决定,通常由法律明确规定。所有权的取得方式因主体的不同,取得方式也各有不同。自然人、法人除依本书第六章第四节的非依法律行为的物权变动的方式取得所有权外,还包括以下情形:

(一)先占

先占,是指以所有的意思,占有无主动产,从而取得该动产的所有权。一般来说,先占应具备以下条件:(1)标的物为无主物;(2)标的物为动产;(3)先占人是以所有的意思占有无主物。所谓的"以所有的意思占有",并不是一种对外的意思宣示,而是一种对占有的描述。我国现行物权立法并没有规定先占制度。一般来说,无主财产归国家所有。我国《民法通则》第79条规定,对于所有人不明的埋藏物、隐藏物,归国家所有。《继承法》第32条规定,无人继承又无人受遗赠的遗产,归国家所有。从这些规定看出,在我国原则上否认先占取得。我国先占主要包括以下情形:(1)对所有人抛弃的废旧物品。根据我国有关废品回收条例规定,拾得人取得物品的所有权。(2)依习惯先占而取得所有权。如狩猎所获猎物、采摘野果所获果实、捕鱼等。

先占制度有助于确认产权、物尽其用、维护财产秩序等。先占作为作为世界范围内普遍承认的所有权取得方式,《物权法》未规定应认为是物权取得制度的残缺。我国先占制度的构建应至少包括以下方面:其一,坚持无主不动产实行国家先占主义,无主动产实行先占自由主义。其二,禁止下列动产作为先占标的物:不融通物;尸体;文物;珍稀野生物、植物和法律明文禁止捕获、采集的其他动物或植物;他人享有独占性权利的物。①

值得指出的是,作为依先占取得所有权的抛弃物必有原所有人的抛弃行为。一般认为,抛弃行为的构成应具备两个条件:一是抛弃人主观上具有抛弃的意思。抛弃是单独行为,意思表示无论是明示还是默示,均可生效。二是客观上应有抛弃的行为。抛弃人应将该物置于其实际控制之外,听任他人获得或者处理。② 所有人实施抛弃行为即丧失占有或所有权,但根据《侵权责任法》第74条的规定,抛弃高度危险物造成他人损害的,应承担侵权责任。

(二)拾得遗失物

拾得遗失物,是指发现他人遗失物而予以占有的法律事实。我国《物权法》第113条规定了遗失物自发布招领公告之日起6个月内无人认领的,归国家所有。因此,可以认为它是一种特殊的所有权取得方式。拾得遗失物作为一种法律事实,在拾得人与遗失人之间产生相应的法律后果,就拾得人而言,主要包括以下内容:

1. 拾得人的权利

(1)费用偿还请求权

拾得人或者有关部门因保管遗失物而支付的必要费用,有权请求领取人偿还。领取人可以是所有权人、遗失人等权利人,领取人应支付保管遗失物所支付的必要费

---

① 梁慧星、陈华彬:《物权法》(第四版),法律出版社2007年版,第225—226页。
② 梅夏英:《物权法·所有权》,中国法制出版社2005年版,第248页。

用,包括公示费、保管费、维持费等。

(2) 报酬请求权

拾得人的报酬请求权,是指在遗失物拾得的情事发生时,拾得人依法向失主主张酬劳的权利。拾得人报酬请求权可以分为法定报酬请求权与意定报酬请求权。对于前者《物权法》没有规定,仅规定了基于悬赏广告而发生的意定报酬请求权。遗失人以悬赏广告的方式承诺给予拾得人报酬的,应当主动履行悬赏广告的义务,支付遗失物的拾得人相应的报酬。

(3) 留置权

拾得人在遗失人未支付必要费用时,对遗失人要求返还遗失物的请求有权主张同时履行抗辩权,留置遗失物。

(4) 损害赔偿请求权

根据《侵权责任法》第74条的规定,遗失高度危险物造成他人损害的,由所有人承担侵权责任。拾得人如因拾得高度危险物而受到损害,对所有人享有侵权损害赔偿请求权。

2. 拾得人的义务

(1) 返还拾得物的义务

拾得人拾得遗失物,对返还请求权人负有返还义务。返还请求权人,既包括遗失物的所有权人也包括其他占有人。前者是基于物权的返还请求权,后者则是基于占有的返还请求权。

(2) 通知义务

拾得人拾得遗失物,应及时通知遗失物丢失人。遗失物中存在联系失主的线索时,应尽可能通知;不知道遗失物丢失人的,可以张贴招领告示。

(3) 送交义务

在遗失人和所有人不明的情况下,拾得人应当送交公安等有关部门。有关部门收到遗失物,知道权利人的,应当及时通知其领取;不知道的,应当及时发布招领公告。

(4) 保管义务

拾得人在拾得遗失物送交有关部门前,负有妥善保管遗失物的义务,此时,拾得人实际处于无因管理地位,应尽善良管理人的义务,因故意或重大过失致使遗失物毁损、灭失的,应当承担民事责任。值得指出的是,拾得人将遗失物送交有关部门后,有关部门所负有的妥善保管遗失物的义务,不构成无因管理,而是履行公共管理职能。

3. 拾得人侵占遗失物的后果

侵占遗失物是指拾得人以占有遗失物为目的而拒绝返还遗失物。拾得人在返还请求权人提出返还请求后无正当理由拒绝返还遗失物、或者对遗失物进行无权处分等,侵占遗失物的,不享有留置权,也无权请求保管遗失物等支出的费用和报酬。

拾得人拒不返还遗失物,所有人既可以适用物权请求权,也可依不当得利或者侵权责任要求拾得人承担责任。此时,构成责任竞合,可择一行使。根据司法实践,以下情况,应按侵权行为处理:一是拾得人在失主要求返还遗失物后,不仅未及时返还,而且因其过错,造成遗失物的毁损灭失。二是拾得人在失主要求返还以后,故意将遗失物转让或抛弃。

此外,拾得人侵占遗失物,数额较大,拒不退还的,在受害人告诉的情况下,还可以依照《刑法》第270条的规定承担侵占罪的刑事责任。

(三)拾得漂流物、发现埋藏物或者隐藏物

1. 拾得漂流物

漂流物是指漂流在水上的遗失物。拾得属于遗失物的漂流物,自应适用关于遗失物的有关规定。值得注意的是,《物权法》对于失散的饲养动物并未规定,同样可参照遗失物的有关规定。

2. 发现埋藏物或者隐藏物

埋藏物,本意为包藏于他物之中而不易从外部发现之物。但民法上的埋藏物必须是有主而所有人不明的埋藏物。隐藏物是隐藏于他物之中的物品。发现埋藏物、隐藏物的人,称发现人。根据《物权法》第114条规定,如果发现的埋藏、隐藏之物的所有权人能够确定,参照拾得遗失物的规定,应当返还给权利人。如果这些物归属不明,归国家所有。应注意的是,由于漂流物、埋藏物和隐藏物的概念在外延上同"文物"的概念存在交叉,它们如果构成"文物",《文物保护法》的规定将优先适用。

(四)添附

添附是指数个由不同人所有的物结合成一物,以及所有人以外的人将原物加工成新物的法律事实。添附包括附合、混合、加工。因添附而形成之物,恢复原状在事实上不可能或者经济上不合理,因此,由一人或者数人共同取得该物所有权,受损失者可基于不当得利的规定,请求补偿。《物权法》对添附无明确规定,但我国司法实践与理论界均对此予以认可。

1. 附合

指由数个由不同所有的物合成难以分离的一物情形。显著的特点是,原来各所有人的物仍然能够识别。它包括:(1)动产与动产的附合。附合后的财产,如果可以区别主物或从物,或者一方的价值高于他方的价值,应当由主物或价值较高的物的原所有人取得合成物的所有权,并给对方以补偿。(2)动产与不动产的附合。如使用砖瓦、木料装修他人的房屋。这种情况应当由不动产所有人取得合成物的所有权,但应当给原动产所有人以补偿。至于不动产与不动产的附合,主要是淤积产生的土地,对此应适用特别法规定。

附合作为一种事实行为不同于侵权行为,添附与侵权的主要区别取决于行为人的主观状态:如果行为人是因为错误而将他人的财产当做自己的财产而形成一物,这是添附;如果行为人故意将他人的财产当做自己的财产,故意处分他人的财产而取得他人财产的,则为侵权行为。

2. 混合

这是指数个不同所有的动产相互混合而难以识别的情形,混合准用附合的规定。

3. 加工

这是指在他人动产上进行劳动,使之成为新物。关于新物的归属,一般认为,我国原则上归原物的所有人,并给予工人以补偿。如果加工增加的价值大于材料的价值时,加工物可以归加工人所有,但应当给原物的所有人以补偿。

(五) 取得时效

1. 取得时效的概念

取得时效又叫占有时效,指无物权的占有人公然、和平和继续占有他人的物达到一定期间,而取得占有物的所有权或其他权利的制度。大多数国家在消灭时效之外规定有取得时效。我国《物权法》对此未作规定,学术界对此问题有争议。一般认为,取得时效制度有其合理性,这一制度的建立有利于维护交易安全和法律关系的稳定、有利于纠纷的解决、有利于物的效用的发挥。

2. 取得时效的构成要件

取得时效的构成要件包括以下几个方面:(1) 须有为自己所有或取得权利的主观意思,这是取得时效的主观要件。(2) 须有符合条件的占有或权利行使的事实状态,这是取得时效的客观要件。具体来说包含以下几个方面内容:其一,占有人的占有必须为公开占有,也称公然占有,要求占有人对于他人,尤其是对占有物有利害关系的人,不隐瞒其占有的事实;其二,占有人的占有必须为和平占有,指不以暴力或暴力胁迫而取得或维护其占有;其三,占有人的占有必须持续不间断。(3) 须有占有或权利行使达到一定期间的事实状态。

3. 取得时效的意义

取得时效作为所有权的取得方式,在现代社会仍然具有一定意义。这主要发生在物权变动的合意,因某种原因而受挫,或在因标的物为丧失物而不适用善意取得时,时效取得才会有实际意义。① 具体而言,主要有以下三种情况:一是通过继承而取得的财产,事后证明不应属于遗产的范围,而是他人的财产,但占有人一直以所有人的意思占有该物。二是通过无偿取得的财产,这种情况不适用善意取得,但可适用取得时效。三是对误以为是无主物,但实际上是他人的财产,占有人一直以所有人意思予以占有。

本章重点疑难问题提示

一、不动产是否适用善意取得的问题

不动产是否适用善意取得,在《物权法》颁布以前我国学界有肯定说、否定说与肯定限制说。多数意见为否定说,理由主要是:其一,国外没有立法先例;其二,不动产以登记为公示方法很难产生善意取得;其三,在登记错误而第三人由于信赖登记而买受不动产,该第三人取得所有权的善意是由法律推定而存在,此时举证责任在利害关

---

① 参见〔德〕鲍尔、施蒂尔纳:《德国物权法》(上册),张双根译,法律出版社 2004 年版,第 109 页。

系人,这与动产的善意取得中由取得人承担举证责任不同。肯定限制说以梁慧星先生在其主持的《物权法草案建议稿》第239条的规定为代表,该条规定:"以不动产登记簿为根据取得的不动产物权,不受任何人追夺。取得人取得权利时知悉权利瑕疵或者登记有异议抗辩的除外。"这在肯定不动产善意取得的同时,对不动产交易中的第三人的权利保护作了相应的限制。《物权法》采纳肯定说,规定了不动产善意取得制度,这被认为是创举,当然,争议并不会到此结束。

笔者赞同认为,《物权法》规定不动产善意取得有其合理性,理由在于:第一,我国司法解释早就承认了不动产善意取得。我国《民通意见》第89条关于共同共有财产取得的有关规定,就包括了共同共有不动产的"善意取得"。第二,受让人买受不动产为善意且无过失,从维护交易秩序和交易规则的立场,应当牺牲其他人的利益,确认买卖关系有效。第三,现代社会中,无论不动产登记制度多么独立、完善,仍不能完全避免登记权利内容与实际状态不一致的情况发生,因而存在不动产无权处分的可能。第四,不动产善意取得与动产善意取得在举证责任上的差别,是不同公示方法公信力强弱不同的结果,并不能因此否认两者因善意而取得这一实质特征。

二、不动产善意取得与动产善意取得的关系问题

传统民法只承认动产善意取得,我国《物权法》规定了不动产的善意取得。笔者认为尽管不动产的善意取得与动产善意取得的本质、构成要件等方面有共同之处,但两者有所不同,这种区别主要表现在以下几个方面:

1. 善意的判断标准不同

对于不动产而言,善意是指登记不存在异议登记并且受让人不知道登记不正确。对于动产而言,善意是指受让人不知或不应当知道出让人不是所有权人。

2. 举证责任不同

不动产善意取得是由法律推定而存在的,利害关系人须证明取得人知晓不动产登记的瑕疵;而在动产善意取得制度中,对善意的举证责任应该由取得人承担。

3. 法律后果有所不同

善意受让人取得不动产后,该不动产上的负担不消灭;但善意受让人取得动产后,该动产上的原有权利消灭。善意受让人取得不动产后,在该不动产上所设定的抵押权、地役权等并不当然消灭。根据《物权法》第108条规定,善意受让人取得动产后,该动产上的原有权利消灭,但善意受让人在受让时知道或者应当知道该权利的除外。

三、善意取得中第三人和无权处分人之间的买卖合同的效力问题

第三人基于善意取得制度取得财产的所有权,那么第三人和无权处分人之间的买卖合同的效力如何?对此学者争议颇大,主要涉及对《合同法》第51条的认识问题。有人认为,无权处分行为作为效力待定的行为,所有人否认时,无权处分本身无效,但在此情形下,基于受让人已依法取得所有权,可阻却所有人的返还请求。有人则认为,在符合善意取得的其他要件的情况下,要排除《合同法》第51条的规定。理由在于善意取得是无处分权人处分财产行为的特别规定,应当优先适用。这一问题

的认识分歧源于《合同法》第51条与《物权法》第106解释上的冲突。根据《合同法》第51条规定,无处分权的人处分他人财产,经权利人追认或者无处分权的人订立合同后取得处分权的,该合同有效。一般认为,此时无权处分的买卖合同的效力,属于效力待定。如果权利人不追认或者无权处分人事后不能取得处分权,买卖合同就无效。而从《物权法》关于善意取得的有关规定来看,善意取得的前提就是无权处分,既然第三人基于善意取得制度取得物的所有权,就说明权利人没有追认,同时无权处分人事后也没有取得处分权,以此推论第三人和无权处分人之间的合同应是无效的。由此可见,从《合同法》的规定来看,第三人和无权处分人之间的买卖合同应为效力待定,但第三人善意取得的情况下,第三人和无权处分人之间的买卖合同则应为无效。这一推论的结果,便是认为在合同无效的前提下,第三人是基于法律的规定原始取得标的物的所有权。如果我们非要武断地说,这是依据《物权法》的特别规定,那么我们当自问:为什么法律要作此不符合法律逻辑与规则的规定呢?

2012年7月1日起施行的最高人民法院颁布的《关于审理买卖合同纠纷案件适用法律问题的解释》第3条规定,当事人一方以出卖人在缔约时对标的物没有所有权或者处分权为由主张合同无效的,人民法院不予支持。出卖人因未取得所有权或者处分权致使标的物所有权不能转移,买受人要求出卖人承担违约责任或者要求解除合同并主张损害赔偿的,人民法院应予支持。此条规定旨在弥补法律规定引起的法律解释上的漏洞。这一规定,解决了当事人之间的合同效力问题,即此时无权处分合同在当事人之间是有效的,但从善意取得制度的角度却带来了新的法律逻辑困惑:既然合同有效,标的物也已经公示,这便是正常的交易行为,受让人何须善意取得呢?

笔者认为,凡此种种的困惑,在于实质上没有坚持物权变动的区分原则,即债权行为与物权行为的区分。其实,无权处分合同只是发生在无权处分人与第三人之间的债权行为,他们之间的合同只要符合法律行为的生效要件便是有效的。如果签订无权处分合同后,双方当事人并未交付或登记,则双方只有债权合同的发生,符合法律行为生效要件的其自当有效。但如进行了标的物的交付或登记,此时,便发生了物权行为。这时候,债权合同因与物权行为区分,债权合同符合法律行为的生效要件仍然是有效的,但无权处分行为效力待定。如果原所有权人同意或者无权处分人取得标的物的所有权,则物权处分行为为有效;反之,则无权处分行为无效,但第三人基于法律规定而善意取得标的物所有权。

四、无偿与不合理的有偿行为能否构成善意取得的问题

在适用善意取得制度的交易行为中,是否以有偿行为要件,各个国家和地区立法规定并不相同。英美法系国家一般规定为有偿取得,而《德国民法典》却规定了无偿取得适用善意取得制度,根据《德国民法典》第932条第1款第1项的规定,动产善意取得并无受让人须有偿取得的规定。但为了平衡所有权人和无偿取得人的利益,在受让人无偿取得动产时,适用该法典第816条第1款第2项,即无偿受让人作为因无权处分行为而直接收受法律上利益的人,应向所有权人承担返还不当得利的义务。我国学界有人认为有偿受让并不是善意取得的要件,即使是无偿受让,亦可即时取得所有权。

笔者认为,善意取得制度的主要功能为维护交易安全,这无疑为现代社会所必需,但这毕竟以牺牲物权人的利益为前提,如何有效平衡物权人与受让人的利益应是善意取得制度的内在要求。善意取得之所以以有偿为前提,主要理由在于:(1) 善意取得制度的主要功能既为维护交易安全自应以正常交易为前提,交易即应有合理对价,无偿与不合理的有偿行为自不应受此制度保护;(2) 无偿与不合理的有偿转让行为是正常对价交易行为的例外,它本身就表明财产的来源可能是不正当的;(3) 返还财产并不会使无偿与不合理的有偿行为受让人遭受太大损失。但它的绝对适用,也可能使善意受让人遭受无端损失,尤其是在该物品为可替代物,且无权处分人又显然具备赔偿损失能力,尤其是在受让人已付出一定代价、作出一定努力时,该观点所隐含的制度设计的不妥更是显而易见。为此有学者建议,我国未来立法应采取如下制度设计:在受让人无偿取得财产时,并不当然发生动产善意取得制度的适用,所有权人享有所有物返还请求权,但同时赋予受让人相对于所有权人的先诉抗辩权,在所有权人就无权处分人的财产依法强制执行仍不能补偿其损失前,得拒绝财产的返还。一旦无处分人能够补偿所有人的损失,无偿受让人即可取得财产的所有权。① 这一观点,值得借鉴。

五、占有脱离物是否适用善意取得的问题

占有脱离物是否适用善意取得的问题,理论上争议比较大。肯定说认为,占有脱离物应适用善意取得,理由有:(1) 依物的来源不同而有不同的法律后果,对于占有脱离物的善意取得人显失公平。(2) 占有脱离物不适用善意取得原则,明显的不利于交易安全的保护。对第三人而言,动产是否赃物对交易来讲并没有什么不同。(3) 盗窃、抢夺、抢劫而来的赃物为占有脱离物,而诈骗、侵占、贪污得来的赃物却为占有委托物,同为赃物却施以不同待遇,使普通人难以接受。②

笔者认为,理论上将盗窃、抢夺、抢劫的物称为占有脱离物,而将诈骗、侵占、贪污得来的赃物却称为占有委托物并不科学,占有脱离物与占有委托物的划分应以是否基于原权利人的意思表示为标准,基于原权利人的真实意思表示而丧失占有的物为占有委托物,反之则为占有脱离物。诈骗、侵占、贪污得来的赃物并非基于原权利人的真实意思而丧失占有,故应为占有脱离物。对占有脱离物的取得不应适用善意取得,理由:(1) 占有委托物之所以绝对发生善意取得,乃是因为原权利人在意思表示上有主观过失。而占有脱离发生时,原权利人的过失是一种管理上的过失而非意思表示上的过失。(2) 受让人如非在拍卖、公开市场或经营同类物品的商人处购得,其交易价格一般会相对便宜,也难以符合《物权法》所要求的善意取得应以合理的价格受让的前提条件。(3) 为贪图便宜而进行的非公开交易,在道德上是存在瑕疵的,既然他接受此种交易,就应当承担更多的注意义务,未尽注意义务则不得发生善意取

---

① 参见王轶:《物权变动论》,中国人民大学出版社 2001 年版,第 261—262 页。
② 参见梅夏英:《物权法·所有权》,中国法制出版社 2005 年版,第 210 页。

得。(4)从经济学的角度来看,如果准其适用善意取得,由于窃贼很难知晓,故所有人极易无法获得补偿,基于此,所有人会花费较大成本以防盗,或使用更多的国家资源以找到窃贼,因此莫不如由善意受让人来负担此种风险。而对于占有委托物,则正好相反。所有人透过让与人追踪失物的几率比被偷窃时大得多,一般情况下都会获得补偿,如果委托物都不适用善意取得,那么善意受让人必然会增大成本以了解让与人是否有处分权,另外所有人仍会动用诉讼程序予以追索,两种成本相加明显高于所有人的防范成本,故不如直接赋予受让人取得所有权。

  我国《物权法》只规定了有关遗失物的善意取得的有关规则,但关于盗赃物取得的法律适用,我国《物权法》未明确规定,立法考虑是,对被盗、被抢的财物,所有权人主要通过司法机关依照《刑法》《刑事诉讼法》《治安管理处罚法》等有关法律的规定追缴后退回。在追赃过程中,如何保护善意受让人的权益,维护交易安全和社会经济秩序,可以通过进一步完善有关法律规定解决。笔者认为,盗赃物的问题较为复杂,在我国市场交易秩序不完善的情形下,《物权法》将这一问题搁置有其合理之处,但对于这样一个长期以来存在的问题,立法不表明其态度,一定程度上加重了市场交易秩序的混乱。按照举轻以明重的解释规则,遗失物尚且不能适用善意取得,盗赃物就更不应适用善意取得制度。因此,有关司法解释中,应明确有关的占有脱离物参照遗失物的有关规定,规定盗赃物除非是从公开市场购买的且支付了合理的对价,不应当受善意取得的保护。

第十章　国家所有权和集体所有权、私人所有权

第一节　国家所有权

一、国家所有权的概念

我国经济制度的基础是生产资料的社会主义公有制,即全民所有制和劳动群众集体所有制。社会主义全民所有制经济,是国民经济中的主导力量,国家保障国有经济的巩固和发展。如何加大国有资产的保护力度,防止国有资产流失,是物权立法中的重要任务,为回应这种现实需要,《物权法》从明确国有财产的范围和国家所有权的形式、国有财产的保护等方面规定了国家所有权制度。我国的国家所有权是指中华人民共和国对国家所有的财产享有占有、使用、收益和处分的权利。

二、国家所有权的主体

我国国家所有权的主体是中华人民共和国。国家是一种政治实体,也是特殊的民事主体。国家在民法上可以具有民事权利能力而成为独立的民事主体,中华人民共和国作为国家所有权的主体具有明确性、唯一性和统一性。《民法通则》第73条第1款规定,国家财产属于全民所有。《物权法》第45条第1款规定"法律规定属于国家所有的财产,属于国家所有即全民所有"。

国家所有权的主体不是国家机关。国家机关之于国家,就如同法人机关之于法人,两者不能等同。包括国务院在内的各级国家机关,都只是代表国家行使所有权,并不是国家财产的所有权人。

三、国家所有权的客体

国家所有权的客体具有无限广泛性,从理论上,任何物都可以成为国家所有权客体。其中,有些只能由国家享有所有权,有些虽不排除他人所有但有法律规定属于国家所有的部分。具体包括:

(一) 国家所有权的专属客体

法律规定只能由国家享有所有权的客体主要包括:

1. 矿藏、水流、海域

矿藏,主要指矿产资源,即存在于地壳内部或者地表的,由地质作用形成的,在特定的技术条件下能够被探明和开采利用的,呈固态、液态或气态的自然资源。水流,指江、河等的统称,包括地表水、地下水和其他形态的水资源。海域,是指中华人民共

和国内水、领海的水面、水体、海床和底土,是一个空间资源的概念,是对传统民法中"物"的概念的延伸与发展。①

2. 城市的土地

城市的土地,是指城市市区的土地。城市的含义一般是指国家按行政建制设立的直辖市、市、镇。《物权法》中的城市的土地,属于国家所有,此处的城市应不包括城市内的集体土地。因此,该条规定中的"城市"可以限缩解释为"城市市区"。城市市区是城市的组成部分,具体范围由城市人民政府在编制的城市总体规划中确定。

3. 无线电频谱资源

无线电频谱一般指9KHz—3000GHz频率范围内发射无线电波的无线电频率的总称。无线电频率是自然界存在的一种电磁波,是一种物质,是一种各国可均等获得的看不见、摸不着的自然资源。它具有有限性、复用性、非耗竭性、固有的传播性、易污染性等特点。它应通过一定的仪器加以控制才具有支配性与排他性特点,才能为人类所认识与使用,因此,它属于无体物的范畴。

4. 国防资产

国防资产,是指国家为武装力量建设、国防科研生产和其他国防建设直接投入的资金、划拨使用的土地等资源,以及由此形成的用于国防目的的武器装备和设备设施、物资器材、技术成果等。

法律规定专属于国家所有的不动产和动产,任何单位和个人不能取得所有权。对于专属于国家的财产,不适用《物权法》关于善意取得的规定。该规定属于禁止性规定,但立法并未禁止对国家专属所有权取得其他财产权利,例如,建设用地使用权等。

(二)国家所有权的非专属客体

法律规定属于国家所有但不排除他人所有的所有权客体主要包括:

1. 非城市市区土地

这是指农村和城市郊区的土地。农村和城市郊区的土地,除由法律规定属于国家所有的以外,属于农民集体所有。根据《土地管理法实施条例》第2条的规定,此类属于国家所有的土地是:农村和城市郊区中已经依法没收、征收、征购为国有的土地;国家依法征用的土地;依法不属于集体所有的林地、草原、荒地、滩涂及其他土地;农村集体经济组织全部成员转为城镇居民的,原属于其成员集体所有的土地;因国家组织移民、自然灾害等原因,农民成建制地集体迁移后不再使用的原属于迁移农民集体所有的土地。

2. 野生动植物资源

野生动物是相对于饲养的动物而言的,根据《野生动物保护法》,野生动物是指受保护的野生动物,即珍贵、濒危的陆生、水生野生动物和有益的或者有重要经济、科学研究价值的野生动物。野生植物资源,是指原生地天然生长的珍贵植物和原生地天

---

① 胡康生主编:《中华人民共和国物权法释义》,法律出版社2007年版,第115页。

然生长并具有重要经济、科学研究、文化价值的濒危、稀有植物。法律规定属于国家所有的野生动植物资源,属于国家所有。这样规定,有利于保护我国的野生动植物资源。除受国家保护的野生动植物外,还有不受国家保护的野生动植物。例如,不受国家保护的虫草。

3. 森林、山岭、草原、荒地、滩涂

根据《物权法》第48条规定,森林、山岭、草原、荒地、滩涂等自然资源,属于国家所有,但法律规定属于集体所有的除外。森林资源包括林地及其上的林木等地上附着物和定着物。山岭指连绵的高山。草原是指天然资源和人工草地。荒地是指未开发土地或者已开发但抛弃占有的土地。滩涂是指河流或者海洋夹杂的泥沙在地势较平的河流入海处或者海岸附近沉积而形成的浅海滩。

4. 文物

文物是指一切具有文化价值的物。文物的所有者可以是各类民事主体,但法律规定属于国家所有的文物,属于国家所有。

5. 基础设施

铁路、公路、电力设施、电信设施和油气管道等基础设施,依照法律规定为国家所有的,属于国家所有。基础设施包括但不限于铁路、公路、电力设施和油、气管道。

6. 其他客体

只要可以称为所有权标的并且法律未禁止国家取得所有权的物,都可以成为国家所有权的标的。

四、国家所有权的取得与行使

(一) 国家所有权的取得

国家所有权是社会公共利益或者国家利益的载体,国家是主权的享有者与承担者,这决定了国家所有权取得方式的特殊性。国家主要通过宪法确定其财产的范围,也往往凭借公共权力,依法通过征收、国有化、没收等方式强制性地取得集体或者个人的财产。国家也可以依据行政权,依法强制性地、无偿地征收税金,从而取得国有财产。国家还可以通过特殊的方式取得所有权,例如,根据《物权法》的规定,遗失物、漂流物、埋藏物和隐藏物在经过一定期间后,无人认领的,归国家所有。又如,我国《继承法》规定,公民死亡之后,无人继承又无人受遗赠的财产归国家所有。

(二) 国家所有权的行使

国家作为所有权人行使所有权,需要一定的意思形成和表示机制。根据《物权法》的规定,结合目前我国的国家所有权管理治理制度,国家所有权的行使应遵循国家所有权统一行使、分级监管、分类行使的原则,具体内容包括以下几个方面:

第一,除非法律另有规定,国务院代表国家行使所有权。国务院行使国家所有权主要是指国务院掌握国有资产的立法权、资产划拨权、处置审批权、收益调度权和监督权。立法权是指国有资产管理的政策法规由国务院统一制定。资产划拨权是指国务院可根据体制变化和合理配置的需要,上收或划转地方管辖的部分国有资产,也可以将中央直接管辖的国有资产下放给地方管辖。处置审批权是指地方出让其管辖的大型企业国有产权时,应报国务院审批。收益调度权是指地方管辖的国有资产收益,中央可以适当收缴,统一调度使用。监督权是指中央对地方管辖的国有资产有监督的权力,必要时可以向地方管辖的国有大中型企业直接派出监事会。

第二,国家机关对直接支配的行政性资产,享有占有、使用以及依法处分的权利。行政性资产属于非经营性资产,是由国家机关占有、使用,在法律上确认为国家所有的各种不动产与动产的总和,是国家行使其国家职能所必要的财产。《民法通则》规定机关法人应当具备"必要的财产或经费""与其业务活动相适应的经费来源"和"能够独立承担民事责任"等条件。国家机关应当依法对其直接支配的财产行使占有、使用和处分的权利。国家机关对其占有的财产的处分必须依照法律规定的限制和程序进行,不得擅自处置国有财产。

第三,国家举办的事业单位对其直接支配的事业性资产,享有占有、使用和依法收益和处分的权利。事业性资产属于非经营性资产,是由国家举办的事业单位占有、使用,在法律上确认为国家所有的各种不动产与动产的总和,是事业单位实现社会公益、开展其活动所必要的财产。事业单位根据举办单位的不同,分为由国家机关举办者和国家机关以外的其他单位举办者两类。《物权法》中的国家举办的事业单位是指国家机关举办的事业单位。对国家举办的事业单位占有的资产,要根据事业单位的类型、财产的特殊性对其收益和处分的权利分别处理。如故宫博物院对其占有的某些财产毫无处分权利;又如事业单位开展活动,按照国家有关规定取得的合法收入,必须用于符合其宗旨和业务范围的活动。

第四,各级政府对经营性资产享有出资人权益。经营性资产是国家作为出资人在企业中依法拥有的资本及其权益,是国家通过对各种形式的企业进行投资形成的。我国对经营性资产的管理是通过资产的划分和权利的划分,由中央政府和地方政府分别代表国家履行出资人的职责。国务院代表国家对关系国民经济命脉和国家安全的大型国有及国有控股、国有参股企业,重要基础设施和重要自然资源等领域的国有及国有控股、国有参股企业,履行出资人职责。地方各级政府分别代表国家对国务院履行出资人职责以外的国有及国有控股、国有参股企业,履行出资人职责。各级政府通过各种设立的国有资产管理委员会,代表国家享有《公司法》规定的资产收益、重大决策和选择管理者等出资人权益;对国有资产保值、防止国有资产流失负监管责任。

五、国家所有权的保护

我国《宪法》第 12 条第 1 款规定:"社会主义的公共财产神圣不可侵犯。"《民法通则》第 73 条第 2 款前段也规定:"国家财产神圣不可侵犯。"《物权法》第 56 条规定:"国家所有的财产受法律保护,禁止任何单位和个人侵占、哄抢、私分、截留、破坏。"

加大对国有财产的保护力度,切实防止国有财产流失,是巩固和发展公有制经济的重要内容。《物权法》第 57 条从两个方面对此进行了规定:

第一,对履行国有财产管理、监督职责的机构及其工作人员的职责作了规定。首先,履行国有财产管理、监督职责的机构,是国务院各级政府以及相关组成部门。其次,履行国有财产管理、监督职责的机构及其工作人员应当依法加强对国有财产的管理、监督,促进国有财产保值增值,防止国有财产损失。再次,履行国有财产管理、监督职责的机构及其工作人员滥用职权、玩忽职守,造成国有财产损失的,应当依法承担民事责任、行政责任、刑事责任等。

第二,对违反国有资产管理规定造成国有财产损失的行为及其法律责任作了规定。造成国有财产流失的,主要发生在国有企业改制、合并分立、关联交易的过程中。造成国有财产损失的常见情形主要有:(1)低价转让。指转让行为有偿,但不按规定进行国有财产评估或者压低评估,价格以明显低于交易标的的市价或者应有价值进行出售的行为。(2)合谋私分。指以共同名义将国有财产未支付相应对价而转归自己所有。如将应收账款做成吊账、坏账或者私设"小金库",以后再侵占私分。(3)擅自担保,指违反法律规定的权限、程序,为企业提供担保的行为。(4)其他形式。是指上述行为之外的行为方式。违反国有财产管理规定,造成国有财产流失的,应当依法承担法律责任。

第二节 集体所有权

一、集体所有权的概念

劳动群众集体所有制是社会主义公有制的重要组成部分,国家在社会主义初级阶段坚持公有制为主体、多种所有制经济共同发展的基本经济制度。集体所有权,是指集体对其财产依法享有的占有、使用、收益和处分的权利,是集体所有制在法律上的表现。集体所有是公有制的一部分,集体的成员不能独自对集体财产行使权利。根据《物权法》的规定,集体所有权包括农民集体所有权与城镇集体所有权两种形式。

二、集体所有权的主体

(一)农民集体所有权的主体是"本集体成员集体"

农民集体所有权的主体是"本集体成员集体",即农民集体。农民集体既非个人,也非法人或其他组织,是一种特殊的民事主体。即乡(镇)农民集体是指乡(镇)人民政府行政管辖范围内的全体农民;村农民集体是指行政村范围内的全体农民;组农民集体是指村民小组管辖范围内的全体农民。具体到某一地方,则可能同时存在上述三类集体土地所有权的农民集体,也可能只存在两类集体土地所有权的农民集体,即乡(镇)农民集体和村农民集体,或村农民集体和组农民集体。

(二)城镇集体所有权的主体是"本集体"

城镇集体所有权的主体是"本集体",不同于农民集体所有权的"本集体成员集体"。这是因为,城镇集体企业产生的历史背景和资金构成十分复杂,近几年来,城镇集体企业通过改制又发生了很大变化,有的改制为股份有限公司,有的改制为职工全政主管部门批准。

第三，土地补偿费等费用的使用、分配办法。因为征收集体土地直接影响被征地农民的生产、生活，这部分费用的使用和分配办法必须经集体成员通过村民会议等方式决定。

第四，集体出资的企业的所有权变动等事项。集体出资的企业收益属集体成员集体所有，如果将该企业出让或者抵押的，必须经过集体成员讨论决定，不能由该企业负责人或者本集体管理人擅自做主。

第五，法律规定的其他事项。《村民委员会组织法》规定，乡统筹的收缴方法，村提留的收缴及使用；村集体经济项目的立项、承包方案及村公益事业的建设承包方案；宅基地的使用方案等涉及村民利益的事项，必须提请村民会议讨论决定，方可办理。

（2）代表集体行使所有权。根据《物权法》第60条规定，对于集体所有的土地和森林、山岭、草原、荒地、滩涂等，依照下列规定行使所有权：

第一，属于村农民集体所有的，由村集体经济组织或者村民委员会代表集体行使所有权。这里的"村"指设立村民委员会的行政村，而不是指自然村。该行政村农民集体所有的土地等集体财产，就由该行政村集体经济组织来代表集体行使所有权。在没有村集体经济组织或者该集体经济组织不健全的情况下，由行使自治权的村民委员会来代表行使集体所有权。

第二，分别属于村内两个以上农民集体所有的，由村内各该集体经济组织或者村民小组代表集体行使所有权。这里的"分别属于村内两个以上农民集体所有"主要是指该农民集体所有的土地和其他财产已经分别属于两个以上的生产队，现在仍然分别属于相当于原生产队的各该农村集体经济组织或者村民小组的农民集体所有。这里的"村民小组"是指行政村内由村民组成的组织。如果村内有集体经济组织的，就由村内的集体经济组织行使所有权；如果没有村内的集体经济组织，则由村民小组来行使。

第三，属于乡镇农民集体所有的，由乡镇集体经济组织代表集体行使所有权。"属于乡镇农民集体所有的"，是指土地和其他财产属于乡镇农民集体所有，而不是由村农民集体或者村内农民集体所有的情形。主要包括：（1）改革开放以前，原来以人民公社为核算单位的土地，在公社改为乡镇以后仍然属于乡镇农民集体所有。（2）在人民公社时期，公社一级掌握的集体所有的土地和其他财产仍然属于乡镇农民集体所有。上述组织形式"代表集体行使所有权"意味着：其一，行使所有权的效果归属于集体。其二，它们不是集体财产的所有人，只是根据成员自治的决定对外为或者受意思表示，行使所有权中涉及《物权法》第59条的事项以及相关事项，仍需由集体决定。

2. 城镇集体所有权的行使

城镇集体所有权由作为所有权的城镇集体及其代表、代理人行使。"本集体"行使财产权应当依照法律、行政法规的规定。现行法律方面主要是《宪法》《民法通则》

和《物权法》等有关规定。行政法规目前主要是《城镇集体所有制企业条例》。

(二) 公布集体财产状况的义务

集体财产状况公布义务,是指义务人依照法律、行政法规以及章程、村规民约向本集体成员公布集体财产的义务。它包括以下内容:

1. 集体财产状况公布的义务人是行使集体财产所有权的组织

包括农村集体经济组织、城镇集体企业,也包括代表集体行使所有权的村民委员会、村民小组。例如,根据《村民委员会组织法》第22条规定,村民委员会实行村务公开制度,应当及时公布相关事项,其中涉及财务的事项至少每六个月公布一次。

2. 公布的内容是本集体的财产状况

具体包括:(1) 集体所有财产总量的变化,如集体财产的收支状况、债权债务状况等;(2) 所有权变动的情况,如转让、抵押等;(3) 集体财产使用情况,如农村集体土地承包的情况;(4) 集体财产分配情况,如征收补偿费的分配等涉及集体成员利益的重大事项。

3. 应当依照法律、行政法规、章程和村规民约的规定,向本集体成员公布集体财产状况

义务人公布集体财产状况应符合以下要求:(1) 公布内容简洁明了,便于集体成员了解;(2) 公布要做到及时;(3) 公布要做到内容真实。本集体成员对于公布的内容,有权进行查询,义务人应当自觉接受查询。义务人不及时公布应当公布的事项或者公布的事项不真实的,本集体成员可以依照有关规定,更换有关负责人,并可以依法向有关部门反映,经查确有违法行为的,有关人员应当依法承担责任。

五、集体所有权的保护

集体所有的财产受法律保护,禁止任何单位和个人侵占、哄抢、私分、破坏。所谓"侵占"是指以非法占有为目的,将其经营、管理的集体财产非法占为己有。"哄抢"是指以非法占有为目的,组织、参与多人一起强行抢夺集体财产的行为。"私分"是指违反集体财产分配管理规定,擅自将集体财产按人头分配给部分集体成员的行为。"破坏"是指故意毁坏集体财产,致使其不能发挥正常功效的行为。侵占、哄抢、私分、破坏集体所有财产的,应当承担返还原物、恢复原状、赔偿损失等民事责任;触犯《治安管理处罚法》和《刑法》的,还应当承担相应的法律责任。有关单位的责任人也要依法承担行政甚至是刑事责任。

为切实保护集体所有权,防止集体成员的合法权益受侵害,《物权法》第63条第2款规定了集体成员的决定撤销权。它具体包含以下内容:

(1) 行使决定撤销权的前提是集体经济组织、村民委员会或者其负责人作出的决定侵害了集体成员的合法权益。只要集体成员认为决定侵害了其合法权益,就可

以向人民法院起诉请求撤销该决定。①

（2）每个集体经济组织成员都有权针对集体经济组织、村民委员会或者其他负责人作出的损害其权益的决定，向人民法院请求撤销该决定。非集体成员者不享有该项权利，对于认为拒绝其成为集体成员的决定侵害其权益者，因该人尚非集体成员，不享有该项权利。

（3）向人民法院行使撤销权的诉讼时效期间为2年。诉讼时效从集体成员知道或者应当知道其权利被侵害时起计算。但是，从权利被侵害之日起超过20年的，人民法院不予保护。有特殊情况的，人民法院可以延长诉讼时效期间。

第三节 私人所有权

一、私人所有权的概念

私人所有权是指自然人以及个体经济、私营经济等非公有制经济主体，对不动产或动产全面支配的权利。这里的自然人既包括我国公民，也包括在我国合法取得财产的外国人和无国籍人。

二、私人所有权的客体

法律未禁止私人所有的财产，均可成为私人所有权的客体。《物权法》所列举的"私人"所有权的标的是私有财产，包括：合法的收入、房屋、生活用品、生产工具、原材料等不动产和动产。其中合法的收入是指人们从事各种劳动获得的货币收入或者实物，包括工资、奖金、稿酬、个体经营收入、承包经营收入、租金、利息、受赠财产等。房屋指土地上的建筑物部分，但不包括其占有的土地，城镇房屋占有的土地属于国家所有，农村宅基地属于农民集体所有。生活用品是指用于生活方面的物品。生产工具是指人们在进行生产活动时所使用的器具。原材料是指生产产品所需的物质基础材料。私有财产不仅仅包括不动产和动产，也包括私人合法储蓄、投资及其收益的财产权以及上述财产的继承权等其他合法权益。

三、私人所有权的法律效力

私人所有权由自然人、非公有制经济主体和其他社会团体等所有权人行使或者交由其代理人行使。私人的合法财产受法律保护，禁止任何单位和个人侵占、哄抢、破坏。社会团体依法所有的不动产和动产，受法律保护。侵害"私人"所有权、非公有制经济主体（主要是法人所有权）、社会团体所有权，除应当依法承担民事责任外，还有可能违反行政管理规定而依法应当承担行政责任，构成犯罪的还有可能被依法追

---

① 有学者认为，集体经济组织通过成员表决方式作出决定，属于共同行为，贯彻多数决原则而非一致原则，不属于侵害集体成员合法权益（参见江平主编：《中国物权法教程》，知识产权出版社2007年版，第214页）。笔者认为，这一观点不妥，容易使决定人以多数之名而行侵权之实。

究刑事责任。

此外,《物权法》第 68 条规定了法人财产权。企业法人对其不动产和动产依照法律、行政法规以及章程享有占有、使用、收益和处分的权利。企业法人以外的法人,对其不动产和动产的权利,适用有关法律、行政法规以及章程的规定。

《物权法》第 69 条规定了社会团体所有权。社会团体所有权是指各类社会团体对其财产享有的占有、使用、收益和处分的权利。各类社会团体,主要包括人民群众团体、社会公益团体、文艺团体、学术研究团体、宗教团体等。

本章重点疑难问题提示

一、关于所有权制度结构的问题

我国所有权制度的结构问题,在《物权法》制定以前争论激烈,《物权法》颁布以后,仍然莫衷一是。《物权法》采纳了国家、集体、私人所有权的分类方法,但这一分类方法无法恰当地包容法人所有权、社会团体所有权。为解决《物权法》的这一缺陷,有的学者主张采国家、集体、私人、其他权利人的所有权的分类方法,有的学者认为应采国家、集体、私人、社会团体所有权的分类方法。

笔者认为,所有权这一概念本身是带有强烈的个人主义色彩的概念,《物权法》以国家、集体、私人为主体标准对所有权进行划分,已经先天地难以满足民法规范体系的内在要求。但在我国现行的宪法体制与法律形式体系内,借用所有权这一系统对国家和集体财产进行规定,不失为一种立法选择。[①] 以此为前提,上述各种观点均有其合理性。而从《物权法》国家、集体、私人这一概念使用的逻辑周延性而言,因为法人财产权与社会团体所有权均是规定在私人所有权一节中,因此,从广义上来理解私人所有权,将这里的"私"界定为除国家、集体这一"公"之外的其他主体,也不失为一种无奈的选择。从这一角度而言,最为广义的私人所有权可以认为是指包括自然人、非公有制经济主体和其他社会团体对其财产享有的占有、使用、收益和处分的权利。

至于法人所有权,学者多认为,我国现行《物权法》第 68 条只规定了法人财产权而非法人所有权,这主要是指因为其财产权受到严格限制,还不是一种完整的所有权。[②] 深层的原因则在于如果承认法人所有权,因这一概念与"集体所有权"在外延上存在交叉,也与"国家所有权"这一概念存在冲突,对这一概念的认可实质上是"一体承认"的立法思路。也因此,在我们不能不面对这种与《物权法》其他条款格格不入的同时,其实,是在面对物权立法中的"黑洞"。这是我国《物权法》以主体类型化思路立法的无法解释与定位的存在。

二、关于国家所有权的主体问题

《物权法》颁布以前,我国的有关法律对国家所有权的主体规定为"全民",国家

[①] 梅夏英、高圣平:《物权法教程》,中国人民大学出版社 2007 年版,第 103 页。
[②] 王利明:《物权法研究》(修订版)上卷,中国人民大学出版社 2007 年版,第 527 页。

所有权是"全民"这一主体享有的所有权,而全民所有权常常采用国家所有的法律形式,从这一意义上国家所有即为全民所有。但我国法律从《民法通则》第73条第1款规定,国家财产属于全民所有,到《物权法》中的表述转变为"法律规定属于国家所有的财产,属于国家所有即全民所有",则表明了立法技术的科学化,因为从理论上而言,公有制国家的全民所有权之所以采取国家所有权的法律形式,是因为全民所有是直接的社会所有,所有者虽为全体人民,但在法律上并没有一个所有者,从而使其权利无法实现,这就需要从法律上确立全民共同占有的财产的权利主体,而国家则是一个合理的选择。① 国家所有权的主体界定为国家,理由还在于:首先,从理论上而言,国家所有权的主体不应是全体人民。其次,人民作为一个集合体,不具有法律上的独立人格,无法行使所有权。再次,若人民为所有权主体,则无法解释为何需要国家对全体人民的财产享有占有、使用、收益和处分的权利。此外,按照社会主义国家所有权理论,凡是国家的财产,均由代表国家的中央政府享有权益。因此,《物权法》关于国家所有权主体的表述为国家在理论上更为科学,也更符合国家所有权行使的实际状况。

但应指出的是,国家始终都是一个抽象的主体,能否将国家财产通过所有权概念被界定为国家所有权成为真正意义上的可操作的所有权的质疑从未停止过。这从国家在我国从未成为民事诉讼的被告可见其实际操作困境之一斑。正如有学者所指出的,如果民法规定了国家所有权,只不过说明了立法者基于其立法政策,在民法中更多地注入了公法的因素,但物权法对于国家所有权的规定,并不能表明此种所有权即当然具有私权的性质。在物权法上,基于特别之规定,国家作为公权(国家所有权)的主体而存在。②

三、集体所有权的主体问题

传统民法及《民法通则》中关于民事主体的分类只有自然人与法人,而没有"集体"一词。将"集体"归属于自然人不符合自然人的生命属性,也将无法与私人所有权区分;将"集体"归属于法人则不符合法人的组织属性,而且法人可能会破产,这将导致集体所有制的瓦解。正因如此,我国有学者提出,"集体"既非个人,也非法人,不是一种独立的民事主体,不能作为人格者享有集体土地所有权。③

《物权法》上的"集体"是既不同于自然人、法人或其他组织,也不同于国家的一种比较特殊的民事主体。它具有以下特点:(1)农民集体具有团体性,对集体所有权的行使应由集体决定,集体成员不能单独行使集体所有权。(2)农民集体的成员具有平等性、地域性和身份性的特征。农民只能在一个集体内享有成员权利,不能同时享有两个以上集体成员权利。(3)农民集体无须有确定的地址,也无须登记。(4)农民集体的组织形式包括乡(镇)农民集体、村农民集体与村民小组。(5)农民集体享有集体土地所有权,但供销合作社除外。

---

① 李双元、温世扬:《比较民法学》,武汉大学出版社1998年版,第320页。
② 尹田:《物权主体论纲》,载《现代法学》2006年第2期。
③ 参见温世扬:《集体所有土地诸物权形态剖析》,载《法制与社会发展》1999年第2期。

四、集体成员的决定撤销权行使的期间问题

《物权法》第63条第2款规定了集体成员的决定撤销权,但对于提起诉讼的时间,该条没有明确限制,有学者认为,撤销权的性质为形成权,撤销权行使的期间为除斥期间,应参照《民通意见》第73条第2款的规定,确定期间为1年。[①]

笔者认为,关于形成权的含义、构成、类型等学界并未达成一致的认识,此处的形成权是否适用1年的除斥期间是值得探讨的。在我国农民的权利意识不强的情况下,期间过短显然不利于集体成员权益的保护。根据我国《民法通则》的规定,除法律另有规定外,向人民法院请求保护民事权利的诉讼时效期间为2年。撤销权无疑属于民事权利,而《物权法》并未对决定撤销权行使的期间进行限制,因此,从我国的实际情况出发,应认为关于集体成员撤销权行使的期间为诉讼时效期间为宜。

---

① 参见江平主编:《中华人民共和国物权法精解》,中国政法大学出版社2007年版,第95页。

第十一章 建筑物区分所有权

第一节 建筑物区分所有权概述

一、建筑物区分所有权的概念

建筑物区分所有权是对业主的建筑物区分所有权的简称,是指建筑物的区分所有权人(业主)对建筑物内的住宅、经营性用房等享有专有所有权,对共同使用部分享有共有权,以及对建筑物及其附属设施的维护等享有共同管理的成员权的总称。业主,理论上被称为建筑物区分所有权人,是指取得建筑物区分专有部分所有权的所有权人,以及合法占有专有部分尚未依法办理所有权登记的事实业主。业主的范围具体包括:(1)依法登记取得建筑物专有部分所有权的人;(2)非依法律行为而取得建筑物专有部分所有权的人;(3)基于与建设单位之间的商品房买卖民事法律行为,已经合法占有建筑物专有部分,但尚未依法办理所有权登记的人。此外,理论上还认为,包括居住权人、典权人等。应指出的是,业主不包括承租人、借用人或者其他物业使用人,但其产生的物业服务纠纷参照业主的有关规定。

关于建筑物区分所有权的构成有不同的学说。我国物权立法采纳了三元论说,即认为建筑物区分所有权分为专有权、共有权以及成员权。这一学说,反映了建筑物区分所有权的固有属性,表明了建筑物区分所有权是一种特殊的不动产所有权形式,有助于协调区分所有者个人和团体之间的矛盾。

二、建筑物区分所有权的特征

(一)权利主体身份的多重性

业主的建筑物区分所有权由专有所有权、共有权以及成员权构成,与权利复合性相关,建筑物区分所有权人,既是专有部分的独立的所有权人,又是共有部分的共有人,还是业主大会等团体的成员权人。

(二)权利内容的多样性

区分所有权是由专有权、共有权与成员权三要素构成的特别所有权。专有权由权利人自己独自占有、使用、收益和处分,任何人不得干预。共有部分,如共有的基地、墙壁、屋顶、楼道、花园等,所有的区分所有人共同使用,共同所有。成员权,是指每一个区分所有人都是整栋建筑物的成员,对整栋建筑物的管理事宜享有权利,具有决策权。

(三)权利客体的整体性

关于建筑物区分所有的客体问题,学术上有不同认识,有的认为客体是每个人所专有的部分;有的认为是整个建筑物;有的则认为既包括各所有人的专有部分,也包括各个所有人的共有部分。我们认为,建筑物区分所有权是建筑在整体的建筑物上面的所有权形式,当这样的建筑物被其共有人按应有份所有时,就形成了建筑物区分所有。

（四）专有权的主导性

在构成区分所有权的三要素中,专有权具有主导性,这主要表现在:(1)专有权的得丧变更决定了共有权和成员权的得丧变更。区分所有权人取得专有权就取得了共有权与成员权,专有权转让与消灭,共有权与成员权随之转让与消灭。(2)专有权的大小决定了共有权与成员权的应有份额。(3)共有权与专有权依赖于专有权而存在,服务、保障和维护专有权的实现。(4)在不动产登记上,只需登记专有权。

（五）权利本身的统一性

建筑物区分所有权的本身具有统一性。专有权、共有权、成员权结为一体,不可分离。在转让、抵押、继承时,应将三者一体转让、抵押或继承。他人在受让区分所有权时,也须同时取得此三项权利。

第二节 专 有 权

一、专有权的概念与特征

建筑物区分所有权的专有权,是指区分所有人享有的以区分所有建筑物的独立建筑空间为标的物的专有所有权。它具有以下特征:

1. 专有权具有所有权的效力

建筑物区分所有权中包括专有权、共有权、成员权,在这三个权利中,专有权是具有独立所有权的权利。

2. 专有权在建筑物区分所有权中具有主导性

在建筑物区分所有权中的各项权利中,专有权处于主导地位,其他权利都是由专有权决定的。

3. 专有权的客体具有特殊性

专有权的客体不是特定的动产或不动产,而指在构造上及使用上可以独立,且可单独作为所有权标的物的建筑物部分。

4. 专有权的行使受到限制

专有权虽具有所有权的性质,但这种所有权不同于一般的所有权,它受到许多限制,如权利的行使不得危及建筑物的安全,不得损害其他业主的合法权益等。

二、专有权的客体

专有权以专有部分为客体,专有部分应同时具备以下条件:(1)具有构造上的独立性,能够明确区分。即建筑物在构造上可以被区分而与建筑物其他部分隔离。(2)具有利用上的独立性,可以排他使用。在交易观念上被认为具有独立的建筑物应有的功能。(3) 能够登记成为特定业主所有权的客体。须注意的是,车位、摊位等特定空间以及规划上专属于特定房屋,且建设单位销售时已经根据规划列入该特定房屋买卖合同中的露台等,应当认定为专有部分的组成部分。

区分建筑物的专有部分与其他专有部分以共用墙壁、地板、天花板等相隔离,但具体如何区分,《物权法》未作规定,理论界有所谓的壁心说、空间说、最后粉刷表层说、最后粉刷表层兼壁心说,最后一种学说为通说。这一学说是对前三种学说的综合,认为专有部分的范围应区分内部关系和外部关系而定,在区分所有人之间,尤其是有关建筑物的维持、管理关系上,适用最后粉刷表层说,即专有部分应仅包括壁、柱、地板和天花板等境界部分表层所粉刷的部分;在对第三人的关系(如买卖、保险、纳税)上,则适用壁心说,即专有部分的范围包括壁、柱、地板和天花板等境界部分厚度的中心线。①

三、专有权的内容

(一) 专有权人的权利

(1) 对专有部分享有占有、使用、收益和处分的权利。区分所有权人对自己的专有部分享有所有权,可以转让、出租、出借、抵押,在不损害区分所有建筑物结构的情况下,可以按自己的意愿对内部进行装饰。

(2) 专有权人在行使区分所有权时,在法律规定的必要限度内,有排除他人干涉和限制的权利。

(3) 专有权人享有物权请求权。业主在其专有物受到侵夺时,可以要求停止侵害、返还原物、赔偿损失。

(二) 专有权人的义务

1. 不得随意损害或改变建筑物的结构,损害其他业主的合法权益

建筑物的专有部分与共有部分具有一体性、不可分离性,因此,业主对专有部分行使所有权应受到一定限制。具体而言,业主负有维护建筑物牢固与完整的义务,不得对专有部分加以改造、更换、拆除,也不能增加超出建筑物负担的添附;不得随意变动、撤换、毁损位于专有部分内的共有部分,如建筑物的梁柱、管道、线路等;不得在专有部分内储藏、存放易燃易爆危险等物品,危及整个建筑物的安全,或者有其他损害其他业主的合法权益的行为。

2. 不得违反专有部分使用目的的义务

业主应当按照专有物的使用目的或规约规定使用专有部分,不得违反专有部分的使用目的。这主要是指业主不得违反法律、法规以及管理规约,将住宅改变为经营性用房。业主将住宅改变为经营性用房的,除遵守法律、法规以及管理规约外,应当经有利害关系的业主同意。这里的有利害关系的业主,既包括本栋建筑物内的其他

---

① 参见温丰文:《论区分所有建筑物之专有部分》,载《法令月刊》第 42 卷第 7 期,第 276 页;王泽鉴:《民法物权 1:通则·所有权》,中国政法大学出版社 2001 年版,第 251 页。

业主,也包括房屋价值、生活质量受到或者可能受到不利影响的建筑区划内的本栋建筑物之外的业主。违反这一义务,未依法经有利害关系的业主同意的,有利害关系的业主有权请求排除妨害、消除危险、恢复原状或者赔偿损失。将住宅改变为经营性用房的业主无权以多数有利害关系的业主同意其行为进行抗辩。

3. 准许进入的义务

业主在其他业主、管理人或者管理委员会因维护、修缮专有或者设置管线等必须进入其专有部分时,应当准许进入,无正当理由不得拒绝。

4. 相互容忍的义务

业主为了使用、修缮、改良其专有部分而必须使用其他业主的专有部分或不属于自己所有的部分时,其他业主有容忍的义务。

5. 损害赔偿的义务

业主在行使专有部分的权利时,不得超越权利范围,已经行使的,应停止侵害,造成他人损害的,应依法承担损害赔偿义务。

第三节 共 有 权

一、共有权的概念与特征

共有权又称为持分权或者互有权,是指以区分所有建筑物专有部分以外的共有部分为标的物,业主共同享有的不可分割的权利。它具有以下特征:

1. 共有权的主体人数众多

共有权的主体是建筑物区分所有中的全体业主,随着建筑物向高层、集中发展,建筑物区分所有中,共有人人数众多。

2. 共有权具有从属性

共有部分在法律上为同时附随于数个专有部分而存在的附属物,与专有权比较,共有权具有从属性。在建筑物区分所有权中,共有部分不能独立存在,共有权的取得以专有权的取得为前提,共有权不能单独转让和继承,专有权的大小也常常决定承担修缮共有财产的义务范围。

3. 共有权的不可分割性

共有权是一种特殊的共有状态,共有人无分割共有物请求权。

4. 共有人既享受权利,又承担义务

业主对共有部分享有权利、承担义务,不得以放弃权利为由不履行义务。例如,不得以不使用电梯为由,不交纳电梯维修费用;在集中供暖的情况下,不得以冬季不在此居住为由,不交纳暖气费用。

5. 共有权行使方式上的特殊性

这一方面表现为,共有权的行使要符合法律和管理规约;另一方面共有权的行使在没有约定的情况下,应按照专有部分占建筑物总面积的比例确定。

二、共有权的客体

共有权的客体,是区分所有建筑物的共有部分,具体包括:

(1) 建筑区划内的道路、绿地,但道路属于城镇公共道路的除外,绿地属于城镇公共绿地或者明示属于个人的除外。道路、绿地属于业主共有,不是指道路、绿地的土地所有权归业主所有,而是说道路、绿地作为土地上的附着物归业主共有。[①]

(2) 建筑区划内的其他公共场所、公用设施和物业服务用房。其他公共场所是指除道路、绿地以外,为全体业主共同使用的地方,如广场、图书室、棋牌室等。公用设施是指建筑区划内的健身设施、自行车棚等。物业服务用房是指用于物业管理的房屋。

(3) 建筑区划内的土地,但属于业主专有的整栋建筑物的规划占地或者城镇公共道路、绿地占地除外。这里的土地是指建筑区划内的建设用地使用权,这里的"属于业主专有的整栋建筑物的规划占地"主要是指小区内业主拥有的独栋别墅或者整栋建筑。

(4) 占用业主共有的道路或者其他场地用于停放汽车的车位。这里的车位是指建筑区划内在规划用于停放汽车的车位之外,占用业主共有道路或者其他场地增设的车位。

(5) 基本建筑结构部分、公共通行部分、附属设施部分、结构空间部分等。这些天然共有部分,一般不具备登记条件,但其从属性上天然属于共有的部分。基本建筑结构部分主要是指建筑区划内建筑物的基础、承重结构、外墙、屋顶等基本结构部分。公共通行部分主要是指建筑区划内的通道、楼梯、大堂等公共通行部分。附属设施部分主要是指消防、公共照明等附属设施。结构空间部分主要是指设备、避难层、设备层或者设备间等结构部分。

(6) 建筑物及其附属设施的维修资金。建筑物及其附属设施的维修资金,属于业主共有。经业主共同决定,可以用于电梯、水箱等共有部分的维修。维修资金的筹集、使用情况应当公布。

(7) 其他不属于业主专有部分,也不属于市政公用部分或者其他权利人所有的场所及设施等。

三、共有权的内容

(一) 共有权人的权利

1. 使用权

业主有权按照共有部分的种类、性质、构造、用途等使用共有部分,其他区分所有人不得限制和干涉。如何使用,应当依照共用部分的性质而定,也可以依照约定共同

---

① 全国人大常委会法制工作委员会民法室编:《中华人民共和国物权法条文说明、立法理由及相关规定》,北京大学出版社2007年版,第112页。

使用或轮流使用。

关于业主的使用权应注意两点:(1)车位、车库的使用问题。建筑区划内,规划用于停放汽车的车位、车库的归属,由当事人通过出售、附赠或者出租等方式约定。建筑区划内,规划用于停放汽车的车位、车库应当首先满足业主的需要。建设单位按照配置比例将车位、车库,以出售、附赠或者出租等方式处分给业主的,应当认定其行为符合"应当首先满足业主的需要"的规定。这里的配置比例是指规划确定的建筑区划内规划用于停放汽车的车位、车库与房屋套数的比例。(2)业主有权基于合理需要,无偿利用共有部分,但违法及损害他人合法权益的除外。业主基于对住宅、经营性用房等专有部分特定使用功能的合理需要,无偿利用屋顶以及与其专有部分相对应的外墙面等共有部分的,不应认定为侵权。但违反法律、法规、管理规约,损害他人合法权益的除外。

2. 收益权

业主对建筑物的共有部分享有收益权,对共有部分收取的收益,包括天然孳息与法定孳息。例如出租屋顶或外墙设置广告物的租金,业主享有收益权。

3. 处分权

区分所有人对于区分所有建筑物的共有部分有同等的处分权。对共有部分及其相关设施的拆除、更新以及设置负担,都必须经过业主大会讨论决定。

4. 共有部分的单纯的修缮改良权

单纯的修缮改良,是与变更的修缮改良相对应的一个概念,指不影响或损及建筑物共用部分的固有性质的修缮改良行为。

5. 物权的保护请求权

建设单位或者其他行为人擅自占用、处分业主共有部分、改变其使用功能或者进行经营性活动,权利人有权请求排除妨害、恢复原状、确认处分行为无效或者赔偿损失。建设单位或者其他行为人擅自进行经营性活动的,权利人有权请求行为人将扣除合理成本之后的收益用于补充专项维修资金或者业主共同决定的其他用途。行为人对成本的支出及其合理性承担举证责任。

(二) 共有权人的义务

1. 维持和保存共有部分的义务

共有权人负有维持建筑物共有部分功能的义务,不得轻易改变与分割共有部分。

2. 依共有部分的本来用途使用共用部分

本来用途又称"固有用途",指必须依共用部分的种类、位置、构造、性质或依规约规定的共用部分的目的或用途使用共用部分。

3. 分担共同费用和负担的义务

建筑物及其附属设施的费用分摊、收益分配等事项,有约定的,按照约定;没有约定或者约定不明确的,按照业主专有部分占建筑物总面积的比例确定。

第四节 成 员 权

一、成员权的概念与特点

业主的建筑物区分所有权的成员权,又称共同管理的权利,指业主基于一栋建筑物的构造、权利归属及使用上的密切关系而形成的作为建筑物管理团体之一成员而享有的权利和承担的义务。它具有以下特点:

1. 成员权是以专有权为基础的权利

业主在取得专有部分所有权的同时,就取得了相应的成员权,转让专有权,成员权也就丧失,并由受让人取得成员资格。

2. 成员权具有独立性

成员权与专有权、共有权密不可分,共同构成区分所有权的完整内容。三个权利地位平等,相互依存,不能缺少任何一个。在这三个权利中,各自又都具有相对独立性。

3. 成员权基于区分所有人的团体性而产生

区分所有建筑物上的权利人是一个团体,而不是一个一个的个人。尽管这个团体不具有法人资格,但是这个团体的团体性是很强烈的。每个区分所有人都是这个团体的一个成员,享有成员权。

4. 成员权是管理共有财产和共同事务的权利

成员权是对全体区分所有人的共同事务所享有的权利和承担的义务,它不仅仅是单纯的财产关系,其中有很大部分是管理关系,具有人法(管理制度)的因素存在。质言之,成员权为区分所有权中的"人法性"因素,而专有所有权与共有权则为"物法性"因素。

5. 成员权是永续性的权利

只要建筑物存在,区分所有人间的团体关系即会存续,原则上不得解散。

二、业主成员权的团体形式

业主享有成员权,应具有一个行使成员权的团体。业主与团体形式的关系主要包括以下内容:

1. 业主大会为业主自我管理的权力机关

业主大会是业主的自治组织,是基于业主的建筑物区分所有权的行使产生的,由全体业主组成,是建筑区划内建筑物及其附属设施的管理机构。业主大会会议可以采用集会形式集体讨论,也可以采用书面征求意见的形式。业主大会具体的议事规则,由业主共同研究决定。一般认为,业主大会不具有法人条件,系非法人团体,不具有权利能力,属于民事诉讼法中的"其他组织",具有诉讼能力,可以自己的名义提起诉讼。[①]

2. 业主委员会是业主大会的执行机构

业主可以选举业主委员会,业主委员会是本建筑物或者建筑区划内所有建筑物的业主大会的执行机构,按照业主大会的决定履行管理的职责。根据《物业管理条例》第 15 条规定,业主委员会履行的职责主要有:(1) 召集业主大会会议,报告物业管理的实施情况;(2) 代表业主与业主大会选聘的物业管理企业签订物业服务合同;(3) 及时了解业主、物业使用人的意见和建议,监督和协助物业管理企业履行物业服务合同;(4) 监督业主公约的实施;(5) 业主大会赋予的其他职责。

3. 业主大会或者业主委员会作出的决定,对业主具有约束力

业主大会或者业主委员会作为业主自我管理的权力机关和执行机关,其作出的决定,对业主具有约束力。对业主具有约束力的决定,必须是依法设立的业主大会、业主委员会依照法定程序作出的,内容必须符合法律、法规及规章的规定,不得违反社会道德,损害国家、公共和他人利益。

4. 业主对业主大会或者业主委员会的决定依法享有撤销权

认为业主大会或者业主委员会作出的决定侵害其合法权益或者违反了法律规定的程序的,受侵害的业主有权请求人民法院予以撤销。因为业主的撤销权为形成权,因此撤销权应当在知道或者应当知道业主大会或者业主委员会作出决定之日起一年内行使。这里的一年是撤销权行使的除斥期间。

三、成员权的内容

(一) 业主作为成员权人的权利

1. 表决权

业主有权参加业主大会,参与制定规约,参与讨论、表决全体区分所有人的共同事务。根据《物权法》第 76 条规定,下列事项需经业主共同决定:(1) 制定和修改业主大会议事规则;(2) 制定和修改建筑物及其附属设施的管理规约;(3) 选举业主委员会或者更换业主委员会成员;(4) 选聘和解聘物业服务企业或者其他管理人;(5) 筹集和使用建筑物及其附属设施的维修资金;(6) 改建、重建建筑物及其附属设施;(7) 有关共有和共同管理权利的其他重大事项。改变共有部分的用途、利用共有部分从事经营性活动、处分共有部分,以及业主大会依法决定或者管理规约依法确定应由业主共同决定的事项,应当认定为有关共有和共同管理权利的"其他重大事项"。

决定前述第(5)项和第(6)项规定的事项,应当经专有部分占建筑物总面积 2/3 以上的业主且占总人数 2/3 以上的业主同意。决定前述其他事项,应当经专有部分占建筑物总面积过半数的业主且占总人数过半数的业主同意。其中,业主人数和总人数,可以按照下列方法认定:(1) 业主人数,按照专有部分的数量计算,一个专有部分按一人计算。但建设单位尚未出售和虽已出售但尚未交付的部分,以及同一买受

[①] 参见最高人民法院《关于金湖新村业主委员会是否具备民事诉讼主体资格请求一案的复函》。

体持股,有的实际上成为私人企业。正因于此,城镇集体财产不如农民集体所有的财产清晰、稳定,成员也不是很固定,因此,不宜规定"属于本集体成员集体所有"。

三、集体所有权的客体

(一) 农村集体财产

农村集体财产主要包括:

1. 法律规定属于集体所有的土地和森林、山岭、草原、荒地、滩涂

农村和城市郊区的土地,除由法律规定属于国家所有的以外,属于集体所有。宅基地和自留地,也属于集体所有。除了土地外,森林、山岭、草原、荒地、滩涂等自然资源,根据法律规定,也可以属于集体所有。

2. 集体所有的集体企业的厂房、仓库等建筑物;机器设备、交通运输工具等生产设施;水库、农田灌溉渠道等农田水利设施;以及集体所有的教育、科学、文化、卫生、体育等公益设施

这些财产的来源主要是集体自己出资兴建、购置或者国家拨给、捐赠给集体的财产。

3. 集体所有的其他动产与不动产

如集体企业所有的生产原材料、半成品和成品,村建公路,农村敬老院等。

(二) 城镇集体财产

城镇集体财产是属于该城镇集体所有的不动产和动产。除专属于国家所有的物之外,法律并未限制城镇集体所有权的标的。但城镇集体财产以城镇集体存在为前提,如果城镇集体企业已经改制,应分别适用《公司法》《个人独资企业法》或者《合伙企业法》的有关规定。

四、集体所有权的内容

(一) 集体所有权的行使

1. 农村集体所有权的行使

(1) 作出决定。根据《物权法》第59条规定,农村集体所有权由"本集体成员集体"或者其代表、代理人行使。重大事项须依法定程序经本集体成员决定,涉及集体成员重大利益的下列事项,必须依照法定程序经本集体成员决定:

第一,土地承包方案以及将土地发包给本集体以外的单位或者个人承包。土地承包方案必须经本集体经济组织成员的村民会议2/3以上成员或者2/3以上村民代表同意;农民集体所有的土地由本集体经济组织以外的单位或者个人承包经营的,必须经村民会议2/3以上成员或者2/3以上村民代表的同意,并报乡(镇)人民政府调整。

第二,个别土地承包经营权人之间承包地的调整。如果因自然灾害严重毁损承包地等特殊情形需要适当调整的,必须经本集体经济组织成员的村民会议2/3以上成员或者2/3以上村民代表的同意,并报乡(镇)人民政府和县级人民政府农业等行

人拥有一个以上专有部分的,按一人计算。(2)总人数,按照前项的统计总和计算。

2. 选举权和被选举权

业主有对业主委员会组成人员的选举权和被选择权。通过选举,推选适当的业主或者自己担任负责工作,或者委派其他人担任相当的工作。对于不尽职的人员,可以请求罢免或者解除其职务。

3. 管理权

业主对建筑物及其附属设施进行管理主要有两种形式:一是自行管理,这主要发生在只有一个业主或者业主人数较少的建筑区划。二是业主委托物业服务企业或者其他管理人管理。在业主、业主大会选聘物业管理企业之前,建设单位选聘物业管理企业的,应当签订书面的前期物业服务合同,业主应当履行与建设单位签订的前期物业服务合同,服从物业公司的管理。业主大会成立后,可以对建设单位选聘的物业管理公司予以更换。

4. 监督权

物业服务企业或者其他管理人根据业主的委托管理建筑区划内的建筑物及其附属设施,并接受业主的监督。业主对物业服务企业或其他管理人的监督可以采取多种形式。如对物业服务企业履行合同的情况提出批评、建议,查询物业服务企业在履行合同中形成的有关物业管理的各种档案材料,查询物业服务企业的收费情况等。

业主有权请求公布、查阅下列应当向业主公开的情况和资料:(1)建筑物及其附属设施的维修资金的筹集、使用情况;(2)管理规约、业主大会议事规则,以及业主大会或者业主委员会的决定及会议记录;(3)物业服务合同、共有部分的使用和收益情况;(4)建筑区划内规划用于停放汽车的车位、车库的处分情况;(5)其他应当向业主公开的情况和资料。

(二)业主作为成员权人的义务

业主应当遵守法律、法规,要承认并执行业主大会的决定,服从管理,交纳物业管理费,承担按管理规约应当承担的工作的义务。业主大会和业主委员会,对任意弃置垃圾、排放污染物或者噪声、违反规定饲养动物、违章搭建、侵占通道、拒付物业费等损害他人合法权益的行为,有权依照法律、法规以及管理规约,要求行为人停止侵害、消除危险、排除妨害、赔偿损失。

司法实践中,业主或者其他行为人违反法律、法规、国家相关强制性标准、管理规约,或者违反业主大会、业主委员会依法作出的决定,实施下列行为的,属于上述"损害他人合法权益的行为":(1)损害房屋承重结构,损害或者违章使用电力、燃气、消防设施,在建筑物内放置危险、放射性物品等危及建筑物安全或者妨碍建筑物正常使用;(2)违反规定破坏、改变建筑物外墙面的形状、颜色等损害建筑物外观;(3)违反规定进行房屋装饰装修;(4)违章加建、改建,侵占、挖掘公共通道、道路、场地或者其他共有部分。

合法权益受到侵害的业主个人可以个人名义依据《民事诉讼法》等法律的规定,向人民法院提起诉讼;共同受到侵害的业主,有权推选代表人,依法向人民法院提起诉讼。

第五节 物业管理纠纷

一、物业管理与物业管理纠纷的含义

物业管理,有广义、狭义之分。广义上的物业管理,是指物业产权人及其他相关主体对物业管理区划内各类物业依法合理利用并对物业共同利益、公共秩序进行维护管理的活动。[1] 狭义上的物业管理,则是指业主通过选聘物业服务企业,由业主和物业服务企业按照物业服务合同约定,对房屋及配套的设施设备和相关场地进行维修、养护、管理,维护物业管理区域内的环境卫生和相关秩序的活动。因广义上的物业管理关系极为复杂,因此本节主要从狭义上来认识物业管理上的民事纠纷。物业管理纠纷,又称物业服务纠纷,是指业主、业主委员会与物业服务企业基于物业服务合同在物业管理中所产生的民事纠纷。物业服务合同应当适用《合同法》的基本规则,但因物业管理只能依附于建筑物区分所有权,是建筑物区分所有权的附属法律关系。

二、物业管理纠纷的类型

物业服务纠纷从不同的角度,根据不同的标准可进行不同的分类,从物业管理的设立、履行与终止的角度,物业管理主要有以下纠纷:

(一)物业管理设立中的纠纷

物业管理设立中的纠纷,是指因选聘物业管理人、签订物业合同中所产生的纠纷。主要包括:

1. 选聘物业管理人侵权纠纷

对建设单位聘请的物业服务企业或者其他管理人,业主有权依法更换。建设单位拒绝、阻挠的应承担相应的侵权责任。

2. 未招标选定物业服务企业纠纷

住宅物业的建设单位未通过招投标的方式选聘物业服务企业或者未经批准,擅自采用协议方式选聘物业服务企业的,此类选聘合同无效,有过错的一方或者双方承担缔约过失责任或者合同无效责任。

3. 未取得资质证书从事物业管理的纠纷

从事物业管理活动的企业应当具有独立的法人资格,物业服务人员应当取得从事物业管理活动的资质证书,违法给业主造成损失的,依法承担赔偿责任。

4. 签订物业服务合同纠纷

物业服务合同是合同法上的有名合同,遵循合同成立与生效的一般原则。物业服务合同应符合相关法律、法规和规章的规定,符合下列情形之一,业主委员会或者

---

[1] 杨立新主编:《最高人民法院审理物业服务纠纷案件司法解释理解与适用》,法律出版社2009年版,第17页。

业主有权请求确认合同或者合同相关条款无效：(1)物业服务企业将物业服务区域内的全部物业服务业务一并委托他人而签订的委托合同；(2)物业服务合同中免除物业服务企业责任、加重业主委员会或者业主责任、排除业主委员会或者业主主要权利的条款。

（二）物业管理履行中的纠纷

物业管理履行中的纠纷，就是物业服务合同签订后，业主与物业服务企业在物业服务、物业的存续过程中所发生的纠纷。这是物业管理中主要发生的纠纷，从物业管理关系主体的角度主要包括以下纠纷：

1. 物业单位或建设单位责任纠纷

主要包括：(1)物业单位擅自改变、占有、非法利用共有部分纠纷。无论是业主还是物业服务企业，都不得擅自改变物业管理区域内按照规划建设的公共建筑和共用设施用途，不得擅自占用、挖掘物业管理区域内道路、场地，损害业主共同利益，不得擅自利用物业共用部位、共用设施设备进行经营，物业服务企业违反这一义务，应承担相应的侵权责任。(2)物业单位挪用专项维修资金的纠纷。房屋建设维修资金归全体业主共有，应专款专用，物业服务企业挪用业主的维修资金，应将挪用的资金返还业主。(3)物业单位擅自改变物业服务用房的用途。物业用房的所有权属于全体业主，物业服务企业只享有使用权，物业服务企业擅自改变物业管理用房用途的应承担侵权责任。(4)建设单位擅自处分共有部分纠纷。建设单位不得擅自处分业主的共有部分，建设单位擅自处分属于业主的物业共用部位、共用设施设备的所有权或者使用权的，应当承担侵权责任。

2. 物业单位违反物业服务合同的责任纠纷

主要包括：(1)物业单位的违约责任纠纷。物业服务企业不履行或者不完全履行物业服务合同约定的或者法律、法规规定以及相关行业规范确定的维修、养护、管理和维护义务，业主有权请求物业服务企业承担继续履行、采取补救措施或者赔偿损失等违约责任。物业服务企业公开作出的服务承诺及制定的服务细则，是物业服务合同的默示条款，应当认定为物业服务合同的组成部分。(2)物业单位违反安全保障义务纠纷。物业服务企业违反物业服务合同约定或者法定的安全保障义务，应承担相应的违约责任或者侵权责任。(3)物业服务企业违规收费纠纷。物业服务企业不得擅自扩大收费范围、提高收费标准或者重复收费，否则，业主有抗辩权并有权要求在物业服务合同终止后退还已收取的违规费用。

3. 业主责任纠纷

主要包括：(1)业主妨害物业管理纠纷。业主违反物业服务合同或者法律、法规、管理规约，实施妨害物业服务与管理的行为，物业服务企业有权请求业主承担恢复原状、停止侵害、排除妨害等相应民事责任。(2)业主的欠费纠纷。经书面催交，业主无正当理由拒绝交纳或者在催告的合理期限内仍未交纳物业费，物业服务企业有权请求业主支付物业费。业主与物业的承租人、借用人或者其他物业使用人约定由物业使用人交纳物业费的，业主仍应对物业服务企业承担连带责任。物业服务合同的权利义务终止后,物业服务企业有权根据合同请求业主交纳物业费,其性质为请求业主继续履行。①

(三) 物业服务合同终止纠纷

物业服务合同终止纠纷是物业服务合同因行使终止权或终止后所产生的纠纷,主要包括:

1. 物业服务合同解除纠纷

物业服务合同,本质上是委托合同,业主对物业服务企业有选择权,解除权是业主对于物业服务企业行使选择权从而行使管理权的表现,业主大会有权依法解聘物业服务企业。业主大会依法作出解聘物业服务企业的决定后,业主委员会作为业主大会的执行机关有权请求解除物业服务合同。

2. 物业服务合同终止后多收物业费的退还纠纷

物业服务合同的权利义务终止后,物业服务企业应当向业主退还已经预收但尚未提供物业服务期间的物业费。

3. 物业服务合同终止后物业服务企业违反合同义务纠纷

物业服务合同的权利义务终止后,业主委员会有权请求物业服务企业退出物业服务区域、移交物业服务用房和相关设施,以及物业服务所必需的相关资料和由其代管的专项维修资金。物业服务企业拒绝退出、移交,不得以存在事实上的物业服务关系为由,请求业主支付物业服务合同权利义务终止后的物业费。

本章重点疑难问题提示

一、区分所有和共有的区别

1. 共有不是特殊的所有权形式,而建筑物区分所有是一种特殊的所有权形式

共有是某项财产为数人所有,财产所有权主体为数人,它是所有权的联合;建筑物区分所有是指多人对某一建筑物各享有其一部分所有权,并对建筑物及附属物的共同部分享有共有权。

2. 共有是一个所有权,而区分所有的所有权是数个

共有是数人对一物共享一个所有权,不论是按份共有还是共同共有,都是一个所有权,权利的行使及于全物,只不过前者依各自份额,后者不分份额罢了;而区分所有权限中,要将一建筑物分为数个专有部分和共有部分,每个专有部分都是单独的所有权,与一般所有权无异,在产权登记时也应分别登记。

3. 共有关系的成立和解散必须经全体共有人达成协议,而区分所有人则有自主权

根据法律规定,某一共有人在转让其份额时,其他共有人在同等条件下有优先购

---

① 王利明主编:《最高人民法院建筑物区分所有权、物业服务司法解释原理精解·案例与适用》,中国法制出版社 2010 年版,第 316 页。

买权;而在区分所有中,任何人均通过购买专有部分而成为区分所有权人,购买和转让专有部分时无须经其他区分所有权人同意,其他区分所有权人也不享有优先购买权。

二、共有权的性质问题

关于区分所有建筑物共有部分的性质,有不同的主张,有的认为是一种按份共有,有的认为是共同共有,有的则认为应分别依区分所有建筑物的不同类型而加以确定,或属按份共有,或属共同共有。

笔者认为,建筑物区分所有权中的共有权不同于传统民法中的按份共有与共同共有,而是一种特殊的共有权利形式。其特殊性表现在以下几个方面:(1)在建筑物区分所有的状态下,共有权与专有权紧密联系在一起,专有权的设定、移转、消灭决定共有权的设定、移转、消灭。(2)共有权的标的物不能请求分割。(3)不能认定为共同共有。因为如果认定为共同共有,则区分所有人的利益分享与费用分担将无法确定。(4)不能认定按份共有。虽然《物权法》第80条充分肯定了按照业主专有部分所占面积的比例分摊共有部分费用、收益等,但因不能将自己的份额分出或者转让,因而不同于按份共有。

三、成员权的性质问题

关于成员权性质,有所谓的物权下的权利说和物权下的权能说两种观点。物权下的权利说认为,从物权权利的角度而言,成员权的基础是各区分所有权人对共用部分的共有权,因此,成员权只是专有权与共有权的一个自然结果。① 物权下的权能说认为,建筑物区分所有权中的成员权不是独立的权利,而是从建筑物区分所有权的占有、使用、收益、处分权能派生出来的另一种权能,不能作为一种独立的权利存在。②

笔者认为,建筑物区分所有权作为一种特殊的不动产所有权,其主体的团体性、客体的整体性、内容的多样性决定了专有权、共有权与成员权的不可分割性,它们相辅相成共同构成建筑物区分所有权的要素,它既不是派生的,也不是专有权与共有权的结果。建筑物区分所有权的确立是随着区分所有者个人和团体之间的利益和矛盾展开的,是从传统民法中以房屋所有权中的个人主义为中心的立法主义,转而对个人权利加以限制以适应区分所有权的集会功能与管理职能的必然要求。因此,成员权为一种独立的权利,是建筑物区分所有权的要素中不可或缺的组成部分。

四、管理团体的法律地位问题

《物权法》第83条赋予了业主大会和业主委员会的诉讼主体资格,但业主大会、业主委员会既不是法人,也不是独立的非法人组织,不具有民事主体资格,这在司法实践中导致了能否判决其承担民事责任的问题,由此引发出业主团体的法律地位问题。有学者建议,我国的目标应是建立区分所有人管理团体法人化制度,现阶段则是一方面规定一般管理团体为无权利能力的社会,不具有法人资格;同时又规定具有一

---

① 参见高富平:《物权法专论》,北京大学出版社2007年版,第371页。
② 参见梅夏英:《物权法·所有权》,中国法制出版社2005年版,第162页。

定人数(如50人或100人)以下的管理团体,可以通过法定程序取得法人资格。①

笔者认为,根据《物权法》的有关规定,业主大会是业主的权力机构、业主委员会是业主的执行机构,它们代表全体业主或业主大会对外从事相关民事行为,其法律后果归属于业主团体。简言之,从理论上而言,业主团体才是独立的民事主体。但是业主团体如何承担民事责任,在实践中如何操作将是一个极为复杂的现实问题。因此,管理团体法人化应作为我国建筑物区分所有权立法的目标,管理团体法人化建立在区分所有人具有团体性这一基础之上,对内可以通过管理规约约束区分所有人,对外可以自己的名义从事法律行为,应成为我国建筑物区分所有权立法的未来选择。

五、当事人任一方对物业服务合同是否享有任意解除权的问题

一般认为,所谓任意解除权,即不以一方具有过错或合同目的落空为条件,当事人可以任意解除合同。关于物业服务合同的当事人是否享有任意解除权,第一种观点认为基于物业服务合同属于委托合同,当事人一方可以任意解除合同,解除权的行为是以一方向他方作出意思表示为标志。② 第二种观点认为,物业服务企业处于强势地位,且其一般不会轻易"罢免"自己,因此,仅业主享有任意解除权,物业服务企业并不能任意解除合同。③ 第三种观点认为,物业服务合同应当适用《合同法》的一般规定,如果符合法律规定的条件,双方当事人都可以解除合同;有约定时,条件成就时任何一方均可解除。④

笔者认为,第二种观点认为,物业服务企业在合同中处于强势地位,而业主处于弱势地位。这种论断缺乏事实根据,因为物业服务合同双方均为平等主体,物业服务企业从事物业管理并不具有经营上的垄断性,也不享有特别权力(权利),双方缺乏强、弱势地位存在的基础与条件。而且,物业服务合同是建立在双方信任基础之上的,强行维持合同效力反而可能加剧矛盾。第三种观点从物业服务合同作为合同的一种,自应遵循合同解除的一般规定这一角度而言,是正确的,但这一观点实质上回避了当事人是否享有任意解除权的问题。物业服务合同的性质在学界有较大争议,有委托合同说、承揽合同说、雇用合同说、混合合同说等。笔者赞同认为,物业服务合同是一种综合性的委托合同,包括承揽、保管、服务等多种性质的委托关系。根据《合同法》第410条规定,委托人或者受托人可以随时解除委托合同。因此,物业服务合同的双方当事人均应享有任意解除权,但因解除合同给对方造成损失的,除不可归责于该当事人的事由以外,应当赔偿损失。

---

① 参见梁慧星、陈华彬:《物权法》(第四版),法律出版社2007年版,第181页。
② 季如进、刘继敏:《论物业服务合同的法律效力》,载《城市开发》2001年第7期。
③ 王利明主编:《最高人民法院建筑物区分所有权、物业服务司法解释原理精解·案例与适用》,中国法制出版社2010年版,第314页。
④ 杨立新主编:《最高人民法院审理物业服务纠纷案件司法解释理解与适用》,法律出版社2009年版,第171页。

第十二章 相邻关系

第一节 相邻关系概说

一、相邻关系的含义

相邻关系是指不动产的相邻权利人,在行使对不动产的所有权或使用权时,相互之间应当给予一定的便利或接受一定的限制所产生的权利义务关系。在相邻关系中,相邻不动产的一方为其不动产权利行使的必要而请求相邻另一方提供便利或接受限制的权利,称为相邻权;相邻另一方应当提供必要便利或接受必要限制的法律约定,称为相邻义务。传统民法理论中,又将相邻关系称为"相邻权",我国《物权法》舍弃相邻权的称谓而称相邻关系,是由于相邻关系制度的功能,在于谋求不动产相邻各方发生冲突时的利害关系的平衡与调整,相邻关系一词更能准确说明相邻关系制度的本质。

二、相邻关系的特征

1. 相邻关系的主体是不动产的相邻权利人

相邻关系制度的目的在于处理不动产利用中的冲突,重在维护邻人关系的和谐,而不是解决不动产所有权的归属,因此相邻关系的主体不限于不动产所有权人,还包括不动产的用益物权人与占有人,如土地承包经营权人、建设用地使用权人、宅基地使用权人、租赁权人等。

2. 相邻关系的客体是行使不动产权利所体现的利益

关于相邻关系的客体,学理上有不同看法。一种观点认为是不动产本身;另一种观点认为是相邻各方所实施的行为。但一般认为,相邻关系的客体是行使不动产权利时所体现的利益,既可以是经济利益,如相邻取水;也可以是非经济利益,如空调主机的安置。

3. 相邻关系是基于不同主体所有或使用的不动产相邻的事实而发生的

相邻关系中的相邻,即相互毗连和邻接,但不要求必须直接相连。相邻关系主要是因不动产的地理位置相互邻接而发生,也包括不动产权利的行使所涉及的范围是相互邻近的。相邻的不动产,既包括土地,也包括建筑物。

4. 相邻关系以不作为义务为其内容

相邻关系的内容基本包括两个方面:其一,相邻一方有权要求他方提供必要的便利,他方应当给予此种便利。所谓必要的便利,是指非从相邻方处得到便利,不能正常行使其所有权或使用权。如从相邻人的土地上通行,必须是无路可走或者虽有其他通道但非常不便。其二,相邻各方行使权利,不得损害他方的合法权益。如己方土地上排水,应尽量避免给相邻方造成损失。可见,相邻关系以相邻不动产占有人的容忍义务为主要内容,其义务具有不作为的特点。

第二节 相邻关系的类型

相邻关系产生的原因很多,相邻关系的类型具有多样性。《物权法》仅列举了六种相邻关系,司法实践中还涉及其他相邻关系。对于法律未规定的相邻关系,应当根据意思自治原则、诚实信用原则,参考不动产所在地的习惯加以处理。相邻关系按其性质和内容,主要可分为以下几类:

一、相邻土地关系

相邻土地关系,是指相邻土地的占有人之间的权利义务关系,它主要包括以下种类:

1. 邻地通行关系

根据《物权法》第87条的规定,不动产权利人对相邻权利人因通行等必须利用其土地的,应当提供必要的便利。相邻权利人所享有的这一权利通常称"邻地通行权"。邻地通行权的成立,应同时具备以下条件:(1)须无地通行或无适宜的联络。绝对不能通路的土地称为袋地;通行困难的土地称为准袋地,如虽有路相连,但费用高且不方便。不动产权利人原则上有权禁止他人进入其土地,但他人因通行等必须利用或进入其土地的,不动产权利人必须为相邻"袋地"的权利人提供通行便利。(2)通行须限定在必要的范围内。是否必要,应综合考虑土地的位置、面积、形状、地势、用途等多种因素,选择对周围损害最少的方式。(3)须非土地占有人的任意行为所致。无地通行或无适宜的联络如是因土地占有人的任意行为所导致,土地占有人不得主张必要通行权。如抛弃原有的通行地役权或其他通行土地使用权,或将原有通道建筑成自用建筑物,不得主张通行权。

2. 邻地管线安设关系

相邻方必须通过另一方所有或使用的土地架设电线,埋设电缆、水管、煤气管、下水道等管线时,他方应当允许,相邻方享有的这一权利通常称为土地管线通过或铺设权。管线铺设权应同时符合以下要求:(1)须非经过他人土地不能安设管线,或虽能安设但所需费用过大。(2)应选择对邻人损害最小的线路和方法为之,不得危及相邻不动产的安全,由此而造成的损失,应当由安设方赔偿。应指出的是,安设管线后,如情势发生变更的,管线的安设人享有变更请求权,这里的情势发生变更,一般指管线安设后,安设原因或线路已有变更或土地占有人的土地利用状况已有变更。

3. 邻地利用关系

邻地利用关系,又称施工相邻关系或称邻地利用权,是指相邻一方因建筑施工需要临时占用他方土地时,他方应当允许。根据《物权法》第88条规定,不动产权利人因建造、修缮建筑物以及铺设电线、电缆、水管、暖气和燃气管线等必须利用相邻土地的,该土地的权利人应当提供必要的便利。邻地利用权应符合以下条件:(1)须在土地疆界或疆界线的附近修缮建筑物;(2)须有使用邻人土地的必要。占用方应按双方约定的范围、用途和期限使用土地,使用完毕后,应当及时清理现场,恢复土地的原貌。如果给对方造成损失的,应当给予经济补偿。

二、相邻建筑物关系

相邻建筑物关系,又称建筑物相邻权,是建筑物的占有人为了自己的建筑物的便利而使用相邻的建筑物的权利。相邻建筑物关系主要包括:(1)区分所有建筑物相邻关系。这是指区分所有建筑物内,因建筑物彼此邻接而发生的相邻关系。(2)相邻建筑物相邻关系。这是指相邻的建筑物之间因邻接而发生的相邻关系。(3)建筑物与相邻土地的相邻关系。这是指建筑物与相邻的土地而发生的相邻关系。建筑物相邻关系根据客体是否有形,分为建筑物有形相邻关系与建筑物无形相邻关系。

(一) 建筑物有形相邻关系

1. 建筑物管线安设关系

相邻方必须通过另一方所有或使用的建筑物架设电线,埋设电缆、水管、煤气管、下水道等管线时,他方应当允许,相邻方享有的这一权利通常称为建筑物管线通过或铺设权。它通常发生在区分所有建筑物内。

2. 建筑物利用关系

不动产权利人因建造、修缮建筑物以及铺设电线、电缆、水管、暖气和燃气管线等必须利用相邻建筑物的,该建筑物的权利人应当提供必要的便利。

(二) 建筑物无形相邻关系

1. 建筑物通行关系

在建筑物及其附属物内因历史原因形成的通道,所有人或者使用人不得随意堵塞。因堵塞通道影响他人生产、生活的,他人有权请求排除妨碍、恢复原状,但有条件另开通道的,可另开通道。

2. 建筑物通风相邻关系

建筑物通风相邻关系又称通风权,是指相邻建筑物占有人之间应保持必要空间距离,以实现通风的权利。这里的通风,应是指天然通风。现在的城市规划设计技术要求中对住宅通风作了明确的规定,要求住宅卧室、起居室(厅)应有良好的自然通风。但对相邻建筑物的通风没有作明确规定,一般认为应以对自己的建筑物使用不得侵害或妨害他人正常、必要的通风条件为原则。

3. 建筑物采光相邻关系

相邻各方修建房屋或其他建筑物,相互间应保持适当距离并且适当限制其高度,不得违反国家有关工程建设标准,妨碍相邻建筑物的采光和日照。采光中的"光"一般指自然光,而日照一般指的是太阳光的直射。关于采光和日照问题,国家有相关工程建设标准。如2001年7月31日,建设部颁布《建筑采光设计标准》;2002年8月

30日建设部专门就房屋建筑部分发布《工程建设标准强制性条文》;2002年3月1日建设部发布《城市居住区规划设计规范》等。①

三、相邻用水、排水的关系

从性质上说,水的相邻关系属于土地相邻关系的类型,但因为用水、排水关系到水资源的利用,因此,有必要将其作为一种独立的类型。我国《物权法》第86条、第92条作了规定,其中第86条是对自然流水、排水的规范,第92条是对非自然流水、排水的规范,具体包括以下内容:

1. 相邻用水关系

相邻用水实际上是法定给水权或取水权。对水的利用,可以分为对自然流水和对非自然流水的利用。非自然流水,是指非按其自然属性流动的水,例如,自来水管道的水。对于非自然流水,相邻不动产占有人应当为不动产占有人用水提供便利。自然流水,是指按其自然属性从高到低流动的水。关于自然流水的使用问题,从《水法》的规定来看,跨行政区域的自然流水的使用要遵从政府的行政调配。但不跨行政区域的自然流水的使用要适用《物权法》的规定。首先,对自然流水的利用,应当在不动产的相邻权利人之间合理分配。在水流有余时,低地段的相邻人不得擅自筑坝堵截,使水倒流,影响高地的排水;水源充足时,高地段的相邻人不得独自控制水源,断绝低地段的用水。其次,对自然流水的排放,应当尊重自然流向。任何土地使用人都不得为自身利益而改变水路,截断水流;放水一般应按照"由近到远,由高至低"的原则依次灌溉、使用。

2. 相邻排水关系

流水排放包括自然排放和人工排放。人工排放,是指自然流水通过人工设施排放,如渠道输水。相邻不动产占有人应当为不动产占有人用水提供便利。对于自然流水的排放,应当尊重自然流向。相邻一方必须利用另一方的土地排水时,他方应当允许。排水人应当采取必要的保护措施;造成他方损害或者有损害危险的,有义务停止侵害、赔偿损害。

3. 相邻滴水关系

一般情形,建筑物的建造应保持适当的距离,滴水檐的设置也应考虑到水流落地时与邻地的距离,外檐的垂直线一般不得超过相邻不动产的分界线。若仍有水排入邻地而对邻地不动产无危害的,邻人有容忍的义务,但若造成损害,可要求赔偿。

四、相邻环保关系

环保相邻关系又称相邻环境权,是指相邻不动产占有人有权要求相邻不动产权利人不得违反国家弃置固体物、污染物以及不可量物的权利。根据《物权法》第90条

---

① 《国家标准城市居住区规划设计规范(GB50180-93)》规定:大城市住宅日照标准为大寒日≥2小时,冬至日≥1小时,老年人居住建筑不应低于冬至日日照2小时的标准;在原设计建筑外增加任何设施不应使相邻住宅原有日照标准降低;旧区改造的项目内新建住宅日照标准可酌情降低,但不应低于大寒日日照1小时的标准。

的规定,不动产权利人不得违反国家规定弃置固体废物,排放大气污染物、水污染物、噪声、光、电磁波辐射等有害物质。该条中的固体废物,是指呈固态的废弃物,例如,生活垃圾、废旧电器等。大气污染物,是指向大气排放并对大气造成污染的物质,例如,二氧化硫、废气、油烟等。水污染物,是指向水体排放并对水体造成污染的物质,例如,工业废水、生活污水等。不可量物,是指噪声、光、电磁波辐射等有害物质。

相邻环境权具有以下特征和要件:(1)相邻环境权可以对抗一切有害物质。不动产占有人排放固体废物、污染物以及不可量物等有害物质,应当符合国家规定。所谓国家规定,是指法律、行政法规、地方性法规和国务院部门规章。(2)相邻环境权以邻近为要件。邻近即指相邻与附近,至于距离多远,应以受侵入气体明确来自某个不动产权利人为限。相邻环境权只能向满足邻近要件且构成侵害相邻环境权的特定不动产权利人提出。对于一些公共污染源,一般无法基于特定不动产权利人提出,而应由公法进行调整,这是相邻环境权区别于广义的环境权的重要特征。(3)相邻环境权侵害必须达到一定程度。对于符合国家规定的排放,相邻不动产占有人应当容忍。对于无相关规定的,相邻不动产占有人应当根据具体情况,考虑当地生活习惯,予以容忍。排放废弃物、污染物以及不可量物不符合国家规定的,相邻不动产权利人可以请求停止侵害、排除妨害和赔偿损失。

五、越界的相邻关系

越界的相邻关系,是指不动产占有人的物件越界而与相邻方所形成的权利义务关系。我国《物权法》对此未作规定,但习惯法以及理论上均对此予以认可。它具体包括以下情形:

1. 越界建筑相邻关系

相邻各方修建建筑物应与地界保持适当距离,不得越界侵占对方的土地。对于越界建筑物。土地使用权人建筑物逾越疆界的,邻地所有人如知其越界而不提出异议时,不得请求移去或变更其建筑物。但得请求土地使用权人,以相当之价额,购买越界部分之土地,如有损害,并得请求赔偿。

2. 竹木根枝越界相邻关系

指相邻一方在地界一侧栽培竹木时,应以地界线保持适当的距离,以预防竹木根枝越界侵入对方土地。相邻地界上的竹木根枝蔓延到相邻一方土地时,一般认为,在对其利益没有显著影响的情况下,对方应当容忍;如有明显妨害,相邻方有权除去,逾期不除,可自行除去。

3. 果实越界相邻关系

对此世界各国与地区有不同立法例,如《德国民法典》第911条规定,自落的果实归坠落地(邻地)所有人或利用人所有,但邻地为公用地的,则归果树所有人所有。《瑞士民法典》第687条第2其规定,土地所有人平时容忍了邻人树枝的侵害的,对于自落的果实享有取得权。我国学者多认为,除法律另有规定或当事人另有约定外,应按孳息随原物的原则处理,即越界果实归树木所有人所有。由于果实脱落给邻人造成损害的,所有人应予适当的补偿。

六、相邻的损害防免关系

相邻的损害防免关系,又称相邻防险关系,是指不动产权利人利用自己不动产或者相邻不动产时,不得危及相邻不动产的安全所形成的权利义务关系。根据《物权法》第91条的规定,不动产权利人挖掘土地、建造建筑物、铺设管线以及安装设备等,不得危及相邻不动产的安全。这是从消极一面肯定了不动产权利人具有的损害防免的权利。

不动产权利人对自己的不动产享有占有、使用权,但为了相邻不动产的利益,不动产权利人的相关行为不得危及相邻不动产的正常使用和安全。具体包括:(1)不动产权利人在利用自己的不动产或者相邻不动产从事挖掘土地、建造建筑物、铺设管线以及安装设备等相关行为时,不得动摇邻人建筑物的地基,损害邻人的建筑物。(2)建筑物或其他工作物的一部分或全部有倾倒、坍塌的危险,致使邻地有受损害的危险时,邻地所有人或使用人有权提出停止侵害、赔偿损失的请求。损害防免权是一项救济权利,只有在他人的营建活动危及自己不动产的安全时,才可以提出停止侵害或消除危险请求权。如果是威胁到他人的人身或动产,通常应当按照侵权来处理,也可以适用物权请求权,但不应当适用相邻关系的规定。①

第三节 相邻关系的处理

一、相邻关系的处理依据

《物权法》第85条对于相邻关系的处理依据作了规定,在具体的法律适用上应遵循以下规则:首先,处理相邻关系应当依照《物权法》关于相邻关系的规定,我国其他法律、法规对处理相邻关系有规定的,也依照这些法律、法规的规定。其次,法律、法规没有规定的,可以按照当地习惯。对于习惯,应注意其地域与时间限制。对于习惯内容,应由主张习惯的人负举证责任。

二、相邻关系的处理原则

相邻关系是不动产相邻人之间的法律关系,它是法定的,设立不动产相邻关系的目的是尽可能确保相邻的不动产权利人之间的和睦关系,因此,《物权法》的立法价值取向更加注重不动产所有权的"社会性"义务,对处理相邻关系提出了特别的原则要求。根据《物权法》第84条的规定,不动产的相邻权利人应当按照有利生产、方便生活、团结互助、公平合理的原则,正确处理相邻关系。不动产的用途不外乎生产与生活,相邻各方在行使其权利之时要照顾邻人的生产与生活需要;不动产权利人要为邻

---

① 王利明:《物权法研究》(修订版)(上卷),中国人民大学出版社2007年版,第666页。

人对其动产的使用提供一定的便利,即容忍邻人在合理范围内使用自己的不动产;不动产权利人对相邻不动产权利人负有避免妨害的注意义务;给被使用的邻地权利人造成损害时,应负赔偿责任等。

三、侵害相邻关系的救济

相邻权受到侵害时,受害人有权要求停止侵害、排除妨害、消除危险、赔偿损失等,但关于依据何种请求权救济,理论上有不同学说:一种是侵权请求权说,该说认为,相邻关系受到实质上相邻权侵害以及财产权益遭受了侵害,受害人可行使侵权请求权。一种是侵害相邻关系说,该说认为,相邻权是一种独立的权利,侵害相邻关系可认为是侵权法的特别规范。另一种是物权请求权说,该说认为,相邻关系是所有权的限制或延伸,侵害相邻关系的实质是侵害了所有权。笔者认为,相邻关系是因不动产相邻而产生的,性质是不动产物权的限制和延伸,其并非一种独立的物权,因此,相邻关系受到侵害实质上是不动产物权受到侵害,不动产权利人有权提起侵权请求权或者物权请求权。

本章重点疑难问题提示

一、相邻权的性质问题

关于相邻权的性质,有学者认为是一种用益物权,但一般认为是不动产物权的限制和延伸,属于不动产物权的范畴。理由:(1)相邻权的规定大多为强制性规定,一般不允许当事人通过约定而加以排除。(2)相邻权不必作为一种物权加以登记。相邻关系不是一项独立的物权,不能以法律行为变动不动产相邻关系,只能根据不动产相邻的事实进行判断,不需登记也能对抗第三人。(3)相邻权是一种相对的权利,具有相对性。由此可见,相邻权不同于其他限制物权。相邻权实质上是物权社会化的具体表现,经济层面的理由则在于发挥物的效用,以迎合物权观念化的社会现实,突出物的使用价值。因此,其性质上为不动产物权的限制,对于利用人而言,则是不动产物权的一种扩张。

二、相邻关系中法定和约定的关系问题

相邻关系是不动产物权的限制和延伸,为了维护物权的圆满状态,不动产相邻一方应当给予另一方以便利,因此,一般而言,相邻权的规定具有法定性、强制性。但对此不能绝对化,应容留私法自治的空间。理由:(1)相邻权为不动产物权的限制和延伸,具有公益性,但因其权利的行使具有相对性,公益性的体现一般具有间接性,因此,相邻关系各方的约定如能促进物尽其用的社会整体利益自应允许。(2)相邻关系类型多样复杂,法律不可能对相邻关系都进行列举,有必要通过相邻关系的约定来填补法律漏洞。可以约定的相邻关系主要具体表现为以下几个方面:(1)在法律、法规没有规定,按照当地习惯处理相邻关系的,如果习惯本身允许约定的。(2)相邻关系中如果具体内容不损害第三人以及社会公共利益的,应予允许。如在相邻土地通

行权中,双方可以约定,一方可以给另一方行走的便利,而不必为另一方修建道路让其货车通行。(3) 相邻权受到侵害的,双方可就请求权的具体行使方式以及赔偿数额等进行约定。

三、相邻关系的类型化问题

我国学者对于相邻关系的类型存在着比较大的分歧,如有的根据相邻关系的性质分为土地相邻关系与建筑物相邻关系,其中的土地相邻关系包括邻地地基动摇或其他危险的防免的相邻关系、水的相邻关系、邻地使用的相邻关系、越界的相邻关系;建筑物相邻关系则较为复杂,但其中最主要的为日照妨害与不可量物的侵害。[①] 有的学者根据相邻关系的内容,将相邻关系分为相邻通行、相邻排用水关系、相邻营建和管线铺设、相邻空间关系、相邻环境关系、相邻安全等。[②]

笔者认为,根据统一的标准对相邻关系的分类有助于从整体上把握相邻关系,但相邻关系的类型极其复杂,法律关系的分类一方面应遵循一定的标准,另一方面也应有利于一定法律制度的形成与发展。基于《物权法》对相邻关系的规定并考虑到相邻关系制度的发展,应主要依据相邻关系的性质来进行分类,同时应考虑到一些相邻关系在内容上的特殊性进行类型化。当然,相邻关系的类型化是一个值得进一步探讨与研究的问题。

四、建筑物区分所有权制度与相邻关系制度的关系问题

建筑物区分所有权制度与相邻关系制度具有紧密的联系,它表现在:(1) 都是调整因不动产相邻而产生的权利义务关系,同时在建筑物区分所有中也包含有相邻关系。(2) 救济方式是基本相同的。一方所有人或使用人有造成房屋危险行为的,应当及时排除危险;他方有权采取必要措施,防止危险发生;造成损失的,责任方应当负责赔偿。

建筑物区分所有权制度与相邻关系制度的区别主要表现在以下几个方面:(1) 客体范围不同。相邻关系调整的对象是相邻不动产,包括相邻的土地和房屋等;而区分所有权的客体仅局限在可以区分所有的建筑物。(2) 权利结构不同。相邻关系所涉及的是相邻不动产因相邻而发生的权利义务关系;而建筑物区分所有权涉及的是不同所有权人专有权和共有权的结合。(3) 处理方式不同。相邻权受到损害的,救济方法主要是从经济利益角度进行考虑。如堵塞历史通道的,如果能够另开通道,可以选择另开通道。而建筑物区分所有权的权益受到损害的,应当首先考虑保护区分所有权人的所有权。比如建筑物区分所有人私自堵塞通道的,是对其他建筑物区分所有权人共有权的侵害,不论是否能够另开通道,都应当排除妨碍。

[①] 参见梁慧星、陈华彬:《物权法》(第四版),法律出版社2007年版,第190—202页。
[②] 参见高富平:《物权法专论》,北京大学出版社2007年版,第472—479页。

第十三章 共 有

第一节 共有的概述

一、共有的概念与特征

根据"一物一权"原则,一物之上不能同时存在两个所有权,但是一个所有权同时由多数人享有,则为法律所允许。我国《民法通则》第78条第1款规定:"财产可以由两个以上的公民、法人共有。"《物权法》第93条规定:"不动产或者动产可以由两个以上单位、个人共有。共有包括按份共有和共同共有。"

共有是指两个或两个以上的人对同一项财产共同享有一个所有权的一种法律关系,也就是一个所有权同时为数人共同享有。共有关系中,所有权人称为共有人,共有人可以是自然人,也可以是国家、法人与其他组织;标的物称为共有物。共有具有以下特征:

1. 共有的主体是多元的

一人单独享有所有权不发生共有,只有当二人或二人以上共同享有同一财产的权利,才能形成共有关系。因为所有权人为多数人,由此产生了共有人之间的权利义务关系、共有人与第三人之间的外部关系以及共有物的管理分割等问题。

2. 共有的客体是一项统一的财产

这项财产可以是一个集合物(如图书馆),也可以是一个合成物(如房屋、汽车),还可以是一个单一物(如土地)。共有关系的客体无论是一个物或者几个物,是可分物或不可分物,在法律关系上均表现为一项尚未分割的统一财产。如果这项统一财产被几个主体分割,每个主体都成了他所分得的一份财产,共有关系也就消灭了。

3. 共有的内容是各共有人对共有物共享权利、共负义务,各主体的权利、义务是平行的,而不是对应的

各共有人对共有物或者按一定份额享受权利、负担义务,或者不按份额按平等原则享受权利、负担义务。但是,无论按份额与不按份额,各共有人的权利义务都是互相平行的,即享受同样的权利,负担同样的义务。在多数情况下,共有财产权利的行使与义务的分担,须体现全体共有人的意志,并由全体共有人予以决定。

4. 共有是所有权的联合,不是一种独立的所有权类型

我国有国家所有权、集体所有权与私人所有权三种不同性质的所有权,共有不是与这三种并列的所有权类型。共有是同种或不同种类的所有权的联合。所谓同种类的联合,如个人与个人的共有,单位与单位的共有;所谓不同种类的联合,如国家与单位的共有,单位与个人的共有,国家、单位及个人三者的共有等等。共有并未违反"一

物一权"原则,共有是共有人分享同一项所有权,而非在同一物上成立数项所有权。

二、共有的成立原因

共有的发生,通常出于以下原因:

1. 基于当事人的意思发生

数人出于一定目的以共同享有一物所有权的意思成为共有人的,是基于意思而成立共有。例如,数人共同出资购买一辆车,该车于是为数人所共有。又如,夫妻约定按份共有夫妻财产的,排斥夫妻共同共有的适用效力,可以产生按份共有关系。

2. 非基于当事人的意思而发生

也就是基于法律的直接规定而发生共有。如两个以上的人对先占的无主物,相邻关系中对疆界线上的设置物的共有,夫妻对婚姻关系存续期间中的财产的共有,数人共同发现埋藏物后对埋藏物的共有等。

三、共有的分类

共有的分类,有不同的立法例。《德国民法典》与《日本民法典》所称共有,指"按份共有",而无共同共有。我国台湾地区立法及通说分为分别共有和公同共有。根据我国《民法通则》第78条第2款的规定,共有分为按份共有与共同共有,《物权法》第八章规定的共有的分类从之。另外,我国民法理论向来承认准共有。因此,我国民法理论上,所谓共有的类型,实际上包括按份共有、共同共有和准共有。其中,按份共有是共有的基本类型,《物权法》以按份共有为原型设计共有规范。

第二节 按 份 共 有

一、按份共有的概念与特征

按份共有,也称为分别共有,是指两个或两个以上的人,对同一项财产按照确定的份额分享权利、分担义务的一种共有形式。按份共有具有以下特征:

1. 按份共有的主体为两个或两个以上的人

按份共有是共有的一种,因此,主体需为数人,但数人之间的联系是偶然的,并不以共同关系为前提。

2. 按份共有人对共有财产的权利和义务存在一定应有份额

应有份额或者说应有部分,是指各共有人对于同一所有权于分量上享有的部分。共有人对共有物持有多大的份额,就对共有物享有多大权利和承担多大义务。应有份额为抽象的存在,按份共有人的份额比例是行使权利的比例,而非对特定部分行使权利。应有份额抽象存在于共有物的任何微小部分上,这是对所有权予以"量"的分割的结果,分量虽不如所有权的大,但其内容、性质及效力,则与所有权完全无异。简言之,应有份额为所有权的量的分割,而非所有权权能的分割。至于应有份额的多少,依按份共有的原因而定。按份共有人对共有物的份额的确定,按照约定;没有约定或者约定不明确的,按照出资额确定;不能确定出资额的,视为等额享有。

3. 按份共有人的权利、义务及于全部共有财产

按份共有人按各自的份额对共有财产分享权利、分担义务,不是说各按份共有人对共有财产的各物质部分享受权利、承担义务,而是说各按各自的份额比例对整个共有财产享有权利。

4. 按份共有人对其应有份额享有相当于所有权的权利

在法律或共有协议没有限制的情况下,按份共有人可以要求分出或转让其份额。按份共有人死亡,继承人有权继承其应有部分。

二、按份共有的效力

(一)按份共有的内部关系

按份共有的内部关系,指按份共有人相互之间的法律关系,主要包括以下内容:

1. 按份共有人依其份额对共有物有进行占有、使用、收益的权利

按份共有人应按确定的份额对共有物进行占有、使用、收益。按份共有人基于对于共有物的所有权,按其份额享有使用权,使用应以占有为前提。共有财产可以共同使用,也可以分别使用。

2. 按份共有人享有处分自己份额的权利

按份共有人虽然只能依法处分共有物,但除按份共有人禁止共有人出让其份额的以外,因按份共有人是按份额享有权利,承担义务,因此,各共有人享有处分自己份额的权利,这是由所有权本质所决定的。按份共有人处分其享有的共有份额,无须经其他共有人同意。但各共有人不得侵害其他共有人的利益,并受法律的限制。值得指出的是,《物权法》只规定了按份共有人可以转让其享有的份额,举重明轻,既然按份共有可以转让其份额,自然可以对其份额设定抵押权或者质权,甚至可以抛弃其份额。至于按份共有人抛弃的份额的归属问题,《物权法》未作规定,一般认为被抛弃的份额的性质应属于无主财产,但由于其他共有人的权利及于共有物的全部,依先占原理,被抛弃的份额自应由其他共有人取得。

3. 按份共有人享有优先购买权

按份共有人的优先购买权,又称先买权,是指按份共有人分出、转让自己份额的,其他共有人在同等条件下,有优先于他人的购买权。优先购买权包含以下内容:

(1)各共有人于其他共有人转让份额之时具有知情权。因此,出卖应有部分的共有人在出卖应有部分之际,应将出卖的意思及出卖的条件通知其他共有人。如违反通知义务而导致其他共有人不能行使优先购买权时,该共有人应负损害赔偿责任。

(2)优先购买权是共有人相对于非共有人而言的。优先购买权的设定是为了简化共有关系,防止因外人的介入而使共有人内部关系趋于复杂。在共有人之间并无优先的问题,当数个共有人均欲行使其优先购买权时,应由出卖人自行决定。

(3)优先购买权成立的条件之一是"同等条件下",即其他共有人就购买该份额所给出的价格等条件与欲购买该份额的非共有人相同。如果共有人给出的条件低于

第三人,则不能依优先购买权而主张受让欲转让的份额。

(4) 按份共有人转让其份额,其他按份共有人得于合理期限内将其受让条件传达出让人。

4. 按份共有人对共有物的管理权①

对共有物的管理,是指为维持共有物的属性,从而使其发挥社会的、经济的作用而对其所为的一切活动。管理行为根据重要性的不同,分为一般管理行为与重要管理行为。一般管理行为系维持共有物的存续与基本功能所必须的行为,包含保存、简单改良(包括简易修缮);重要管理行为是能使共有物的性质、用途、功能等发生重大改变从而对共有人权利影响较大的行为,包含用益、重大改良(包括重大修缮)、处分。按份共有以契约为基础,按份共有人有权共同协商以决定共有物的管理,即按份共有人约定共同决定共有物管理的依其约定。没有约定或者约定不明确的,各共有人都有管理的权利和义务。"各共有人都有管理的权利和义务"字面上的理解应为每一个按份共有人都有对共有物进行管理的权利和义务。应明确的是法律在此只是规定了抽象的管理权利与义务而未规定具体的管理权的行使,亦即法律只是规定了按份共有人基于共有所产生的抽象的管理人资格,而未规定按份共有人就共有物占有、保存、改良、用益和处分协商不一致时,各按份共有人如何具体行使其管理权。②

笔者认为,我国按份共有中对共有物的管理应遵循以下具体规则:

(1) 按份共有人的处分行为采"绝对多数决"。处分行为,包括对共有物进行事实处分或者法律处分。事实上的处分为引起物的形体、性质或用途的变更或绝对消灭的行为。法律上的处分是指使共有物设定他物权、使物权内容变更以及通过转让使共有权相对消灭的行为。在共有物的处分问题上,与世界各国或地区通行的立法例多规定由全体共有人的同意不同,我国《物权法》在坚持意思自治原则,允许共有人进行约定的前提下,实行"绝对多数决"原则,即除共有人之间另有约定的除外,应当经占份额2/3以上的按份共有人同意。这主要是考虑到全体同意原则容易因意见不完全一致而阻碍物的及时有效的利用,而"多数决"原则则能兼顾效益原则和公平原则。

(2) 按份共有人的重大改良行为采"绝对多数决"。按份共有人对共有物的重大修缮,又被称为对共有物的重大改良行为。重大改良行为,是在不改变共有物性质的前提下,提高共有物的效用或者增加共有物的价值的行为。为体现物尽其用,又能兼顾多数共有人的利益,我国《物权法》对共有物作重大修缮的行为规定实行"绝对多数决"的原则,即占共有物2/3以上份额的共有人同意,才能对共有物作重大修缮。

---

① 参见李石山:《按份共有中的"绝对多数决"处分规则》,载《法学》2009年第8期。
② 我国《物权法》关于"各权利人都有管理的权利和义务"这一表述方法类似于《意大利民法典》第1105条第1款的规定的"每个共有人都有权参与共有的管理"。不同的是,《意大利民法典》接着规定了"对于一般管理行为,持异议的少数共有人必须执行按照份额价值计算出的1/2以上共有人通过的决议"这一具体的行使规则。笔者以为,我国《物权法》的这一规定并未对"管理"明确具体的行使规则,由此引起学术界对处分与重大修缮之外的管理行为具体行使规则的众多解释,这不能不说是立法的缺憾。

（3）其他的管理行为适用不同的管理规则。就共有物管理权的具体行使,我国《物权法》第97条对处分与重大修缮采"绝对多数决",因为处分与重大修缮为最重要的管理行为,既然其遵循"绝对多数决"规则,举重明轻,其他的管理行为则应无采共同决定的可能与必要。具体而言,其他管理行为可考虑遵循以下规则:① 用益行为。用益包括使用与收益。《物权法》并未规定共有物如何利用,由于共有物的利用同为重要管理行为,按照"相同行为同样处理"的法理,应与处分、重大改良采同样规则。按份共有人的收益权的行使则应有两项基本要求:其一,共有物的孳息归全体共有人;其二,各共有人均有收取的权利和义务。② 保存行为与简单改良行为。共有物保存行为,是指以防止共有物的灭失、毁损或其权利丧失、受到限制为目的,而维持其现状的行为。但出卖行将腐败的物品移转其所有权,虽系对共有物之处分,但非紧急处理,不足维护其物的价值,应可认亦属保全行为。① 简单改良是指以较少的金额而对共有物效用与价值进行较少提升的行为,如将房屋的旧玻璃换上好的。对于保存与简单改良行为,依通例,各共有人均可单独为之,无须其他共有人的同意。

（4）对共有物管理的费用与负担的承担。对共有物的管理费用以及其他负担,有约定的,按照约定;没有约定或者约定不明确的,按份共有人按照其份额负担。对共有物的管理费用包括,为保持共有免于毁损、灭失,处于良好安全状态或使用状态而支付的费用;对共有物作简易修缮所支出的费用。对共有物的其他负担,是指共有物应缴纳的税费,或者因为共有对共有人以外的人造成损害,而向受害人支付的赔偿金等。

（二）按份共有的外部关系

按份共有的外部关系,是指按份共有人作为共有权的主体,与其他民事主体发生的权利义务关系。

1. 各按份共有人对于第三人,可以基于所有权的对世性,请求第三人为或不为一定行为

这具体包括以下权利：

（1）共有财产的所有物请求权。各按份共有人对于第三人,可就共有物的全部,行使基于所有权所产生的物权请求权,即所有物返还请求权、所有物妨害除去请求权与妨害预防请求权等。

（2）设定他物权。各按份共有人就自己的应有份额可以设定他物权,全体共有人就全部共有物可以设定他物权。

（3）份额让与权。按份共有人就共有份额出让,其他共有人享有先买权,这是按份共有的内部关系。共有人让与份额,共有人与受让人之间则构成按份共有的外部关系。

（4）诉权。主要是指对于共有财产的权属争议,各共有人可以提起确认之诉,请求确认其共有权,各共有人有权提出旨在中断诉讼时效的请求。

---

① 王泽鉴：《民法物权（第一册）（通则·所有权）》,中国政法大学出版社2001年版,第349页。

2. 对共有财产产生的债权债务,按照份额享有连带债权、承担连带债务

因共有物发生的债权债务,既可以是意定之债,也可以是法定之债。意定之债,是基于法律行为而发生的债。可以是基于单方法律行为而发生,如为寻找走失的共有家畜发布悬赏广告而负担的债务;也可以是基于双方法律行为而发生,如为修理共有房屋与第三人签订合同。法定之债,是基于法律规定的而发生的债。例如,第三人对走失的共有家畜进行无因管理而发生的债权债务,又如,因为共有家畜致人损害、共有建筑物倒塌致人损害而发生的损害赔偿之债。

按份共有人享有连带债权,意味着,连带债权人之一有权要求债务人履行义务。按份共有人承担连带债务,意味着,负有连带债务的每个债务人,都负有清偿全部债务的义务,偿还债务超过自己应当份额的按份共有人,有权向其他共有人追偿。共有人对因共有物而发生的连带债务外,如果法律另有规定或者第三人知道共有人之间不具有连带债务关系,则共有人之间对外系按份债务。

三、按份共有物的分割

按份共有物的分割,是指为消灭按份共有关系而进行的清算。共有人基于某种原因,可以通过按份共有物分割而清算彼此权利义务关系以消灭按份共有关系。

(一) 分割按份共有财产的请求权

分割按份共有财产的请求权,又称解除共有关系请求权,是指在按份共有关系中,共有人享有的请求终止共有关系、分割共有财产的权利。它包含以下内容:

1. 依据按份共有人约定分割的原则

按份共有人对共有财产的分割有约定的依其约定,共有人约定不得分割共有财产以维持共有关系的,应当按照约定,但按份共有人有重大理由需要分割的,可以请求分割。重大理由,是指影响禁止分割约定的对共有人的利益有特别且重大影响的情形,如没有经济收入的共有人的父亲病重需钱治疗。

2. 按份共有人可以随时请求分割

分割共有财产的权利的性质是形成权。该权利在共有关系存续期间没有诉讼时效的限制。即各共有人可以随时提出共有财产侵害的请求,只受以下因素的限制:一是受共有财产目的限制而不得请求分割;二是因共有财产继续供他物使用而不能分割;三是受约定的共有关系存续期不可分割期限的限制。

(二) 按份共有物分割的途径和方法

按份共有物分割的途径有协议分割和裁判分割。按份共有物的分割可以由各按份共有人协商分割,协商的内容,由按份共有人自由决定,当无法达成协议时,按份共有人可提请法院进行裁判分割。

裁判分割,在不损害物的价值的前提下,可以采用下列方法:(1) 实物分割。在不影响共有物的使用价值和特定用途时,可以原物分配于共有人。实物分割适用于共有物为可分物的情形。(2) 变价分割。如果共有物无法进行实物分割,或者进行实物分割将减损物的使用价值或者改变物的特定用途时,应当将共有物进行拍卖、变

卖,将所得价款分配于各共有人。变价分割适用于共有物为不可分物的情形。
(3)折价补偿。指特定按份共有人买受取得不可分共有物,该按份共有人对其他共有人支付应得价款。应当注意的是,分割共有物中受到损害的共有人,对于获得利益的共有人享有补偿请求权。

(三)各按份共有人之间的瑕疵担保责任

共有物分割完毕之时,各按份共有人即取得自己的应有部分而成为应有部分的单独所有权人。这时发生共有人之间的担保责任问题。所谓共有人的担保责任,指各共有人按其应有部分,对于其他共有人因分割而得到的物,负与出卖人相同的担保责任。这包括权利瑕疵的担保责任与物的瑕疵的担保责任。权利瑕疵的担保,即各共有人分得之物,被第三人追夺时,其他共有人应负的担保责任。物的瑕疵担保,指各共有人在分得的标的物上发现分割前已存在的瑕疵时,其他共有人应负的担保责任。应注意的是,共有物分割中共有人瑕疵担保责任的效果仅在于"其他共有人应当分担损失",并无拒绝受领或者解除合同等相关法律效果。

第三节 共同共有

一、共同共有的概念与特征

共同共有也称公同共有,指两个或两个以上的民事主体基于某种共同关系,对于同一项财产不分份额地享受权利、承担义务的共有。共同共有具有以下特征:

1. 共同共有的成立是以共同关系的存在为前提

共同关系是指两个或两个以上的人因共同目的结合而成的法律关系。我国的共同共有主要有以下几种类型:

(1)夫妻共有。这是共同共有中最典型的形式。《婚姻法》第17条规定:"夫妻在婚姻关系存续期间所得的下列财产,归夫妻共同所有:(1)工资、奖金;(2)生产、经营的收益;(3)知识产权的收益;(4)继承或赠与所得的财产,但本法第18条第3项规定的除外;(5)其他应当归共同所有的财产。"夫妻对共同所有的财产,有平等的处理权。因日常生活需要而处理夫妻共同财产的,任何一方均有权决定,但非因日常生活需要对夫妻共同财产作重要处理决定,夫妻双方应当平等协商,取得一致意见。夫妻一方明知另一方处分财产而未作否定表示的,视为同意。

(2)家庭共有。指家庭成员在家庭共同生活关系存续期间共同创造、共同劳动所得的共有财产。我国《民法通则》与《婚姻法》对此都未规定,实践中存在的问题比较多。一般而言,家庭财产是指家庭成员共同所有和各自所有的财产的总和,包括家庭成员共同所有的财产、夫妻共有财产和夫妻个人财产、成年子女个人所有的财产、其他家庭成员各自所有的财产等。家庭共有财产不包括家庭成员各自所有的财产。

(3)遗产分割前的共有。《继承法》第2条规定:"继承从被继承人死亡时开始。"在继承开始后,如继承人有数人时,其中任一继承人均不能单独取得遗产的所有权,而只能为全体继承人所共有。也就是说被继承人死亡后至遗产分割前,各继承人对遗产的共有为共同共有。

2. 共同共有是不分份额的

共同共有人对应有份额无自由处分权,只有在共有关系消灭时才能协商确定各自的财产份额。共同共有存续期间,每个共有人对共有物分享共同的权利,承担共同的义务、责任,即每个共有人并无明确份额,份额是潜在的,只有在共有关系终止时,每个共有人的份额才清楚显现。

3. 共同共有的共有人对共有物平等地享有权利、承担义务,对外承担连带责任

在共同共有存续期间,各共有人对全部共有财产平等地享有占有、使用、收益和处分权,共同承担义务。与按份共有人相比,共同共有人其权利及于整个共有财产,行使整个共有权。

二、共同共有的效力

(一) 内部关系

共同共有的内部关系,指共同共有人相互之间的法律关系,主要包括以下内容。

1. 共同共有人的权利

共同共有人主要享有以下权利:

(1) 共同的使用收益权。共同共有人对于共有财产享有平等的用益权,可以共同或单独使用共有物,共同享用共有物产生的收益。但是共同共有人不得主张就共同共有财产有其特定的部分。部分共有人自己划分自己的应有部分无效,对其他共有人没有拘束力。

(2) 对整个共有物的处分及重大修缮权。共同共有人对整个共有物的处分及重大修缮权,除共有人之间另有约定的除外,应当经全体共同共有人同意。

共同共有根据共同关系而产生,当事人之间多数情况下具有一定的人身关系与财产关系,为维护各共有人的利益与和睦,切实地使各共有人平等地对共有物享受权利和承担义务,对共同共有物的处分除共有人之间另有约定的除外,遵循全体共有人"一致决"原则,必须经全体共同共有人同意。共同共有关系存续期间,部分共有人擅自处分共有财产,一般认定为无效。但是,如果受让的第三人是善意、有偿取得该财产的,应当维护第三人的合法权益,适用善意取得的规则,由第三人取得财产的所有权;对于其他共有人的损失,由擅自处分的共有人承担赔偿责任。应当注意的是,共同共有人所实施的负担行为,其他共有人的同意与否不影响其效力。

对共有财产的重大修缮行为,事关各共有人的利益,如费用须从共有财产中支付,基于修缮共有物可能在一段时间内不能正常使用,还可能影响共有物所创造的价值。因此,对共同共有物作重大修缮的,须经全体共有人一致同意,但共有人另有约定的除外。重大修缮所支出的费用,由共同共有人共同负担。

(3) 对共有物的管理权。共同共有人对共有物的管理,应按照约定;没有约定或者约定不明确的,各共有人都有管理的权利和义务。应指出的是,我国《物权法》对于按份共有与共同共有的管理问题进行了统一规定,但实务中应根据按份共有物与共

同共有物的特点而有所不同。如对共有物的使用方法上,共同共有几乎不能约定使用方法,因此,各共有人在各自使用时,要尽合理的注意义务。

(4) 物权请求权。当共同共有财产受到不法侵害时,任何共同共有人均享有物权请求权,可以独自行使这一权利,以保全共有物。

2. 共同共有人的义务

(1) 共同共有人不能随意变更法律关于共同共有关系成立的规定。例如,不得随意变更我国《婚姻法》关于夫妻关系存续期间内,夫妻财产属于共同所有的规定。因为只有如此,才能真正达到法律规定共同共有的目的。

(2) 对共有物进行维修、保管、改良的义务。该项义务为全体共同共有人的义务,均应承担。对共有物的管理费用以及其他负担,有约定的,按照约定;没有约定或者约定不明确的,共同共有人共同负担。

(3) 共同共有人不得分割共有财产的义务。共同共有关系因共同关系而发生,有共同的目的,各共有人不得请求分割或让与共有物,以保持共有财产的完整性和统一性。

(二) 外部关系

因共有的不动产或者动产产生的债权债务,在对外关系上,共有人享有连带债权、承担连带债务,但法律另有规定或者第三人知道共有人不具有连带债权债务关系的除外。对此可参考前述按份共有的有关陈述。《物权法》对因共有财产产生的债权债务关系的对外效力不区分按份共有和共同共有,是为了保护善意第三人的利益。因为第三人很难知道共有人的共有关系的性质,法律规定共有人对其享有连带债权、承担连带债务,共有人便无法推托其义务,从而保护了善意第三人的权利。共同共有人擅自处分共有财产的,为无权处分,但第三人善意、有偿取得的,为善意取得,即时取得该财产的所有权,其他共有人不享有物上追及权,后果由共有人承担。擅自处分财产的负有赔偿义务,受损害的共有人不得追夺共有财产,只能向处分财产的共有人要求赔偿损失。

三、共同共有中共有物的分割

共同共有中共有物的分割原则与按份共有一样应当依据共有人约定分割的原则,分割途径、方法、瑕疵担保责任、补偿请求权等与按份共有一样。但共同共有是基于共同关系而产生的,在共有物的分割中有其自身的一些特点。具体包括:

1. 共同共有人在特定条件下享有随时请求分割权

共同共有在共有关系存续期间,各共有人对共有财产没有确定的份额,在共有人对共有财产的分割没有约定的情况下,通常共有人只有在共同共有关系消灭时才能协商确定各自的财产份额,对共有财产予以分割。但《物权法》规定共同共有人在共有的基础丧失或者有重大理由需要分割时可以请求分割。共同共有的基础丧失,是指作为共同关系基础的共同关系不复存在。如夫妻财产的共同共有因离婚而失去了共有的基础。所谓重大事由需要分割,指有影响共同共有的基础的重大情形。如婚姻关系存续期间,原来的夫妻共同财产制,约定改变为夫妻分别财产制。

2. 分割在应贯彻协商原则,在协商不成时,应当按照各自不同的分割原则进行分割

具体说:(1)分割夫妻共同财产的原则是均等原则;(2)分割家庭共同财产一般可根据均等原则,并考虑共同共有人的贡献大小及生产生活的实际情况;(3)分割合伙共同共有财产,原则是按照约定,没有约定的,按出资比例分割;(4)分割共同继承的遗产应依照《继承法》的有关规定。

第四节 准 共 有

准共有是指两个或两个以上民事主体对所有权以外的财产权共同享有权利的共有。它具有以下特征:

1. 准共有的权利是所有权以外的其他财产权

这里的财产权应是广义的,指具有财产利益内容的民事权利,包括他物权、知识产权和债权等。准共有的标的仅限于财产权,因此人格权、身份权等不得为准共有的标的。应注意的是,我国《物权法》第105条规定的准共有仅限于所有权以外的其他物权,即用益物权与担保物权。

2. 准共有适用共有的基本原理

各人就所有权之外的财产究竟是准共同共有还是按份共有,应当视其共有关系而定。

3. 准共有优先适用关于该权利立法的特别规定

准共有参照共有有关规定的前提是规范该财产权的法律没有特别规定,如果有特别规定,应首先适用该特别规定。

本章重点疑难问题提示

一、合伙财产的性质问题

合伙财产以合伙人之间的合伙关系为基础,包括合伙人的出资财产与合伙累积财产。合伙财产的性质在学界争议较大,争议的焦点在于合伙财产是否属于共有财产?这种共有财产是按份共有还是共同共有?

第一个问题,即合伙财产是否属于共有财产的问题,一般认为,根据《民法通则》第32条第2款规定,合伙经营积累的财产,归合伙人共有。因此,合伙积累财产属于共有财产当无疑义。但合伙人的出资财产是否为共有财产则较为复杂,一般认为,性质大致分为以下几种情形:(1)以劳务、作为以及不作为出资的,它们不能够成为权利的客体,也就不存在共有。(2)以货币出资的,因货币是特殊的物、合伙人对货币的共同管理,则为合伙人共有。(3)以实物出资的,如该实物为消耗物、种类物,应属于合伙人共有;如该实物为非消耗物、特定物,则应视出资人是以实物出资还是以实

物的使用权出资而有所不同。如以实物出资则为合伙人共有；如以实物的使用权出资，则实物仍为出资人单独所有，只不过由全体合伙人共同使用。（4）以其他财产权利出资的，如以财产权利的归属出资，则由合伙人"准共有"；如以财产的使用权出资，则该财产权利仍属出资人，并由全体合伙人共同利用。①

对于第二个问题，学说上也有不同见解。有人认为是按份共有，因为合伙财产实际是按投资比例划分份额，合伙人对收益的分配主要也是以投资比例确定，这更符合按份共有的特点，因为共同共有是不能划分份额的。但一般认为是共同共有。因为合伙人是基于合伙关系而对合伙财产享有共有权，这种共有是针对整个合伙财产而言的，在具体的某个物上并不存在份额。比如合伙企业买了房子、桌子等等物品，并不是说合伙人对房子和每张桌子都是按份共有的，而是全体合伙人对全部的合伙财产是共同共有。在每一个具体的物上也没有份额，所以散伙时分割财产并不是按每一个物来分的，而是按全部合伙财产来分的，而合伙人要求分割财产就等于是退伙，这和按份共有显然是不同的。

二、共有人优先购买权与承租人优先购买权的竞合问题

根据《民通意见》第118条规定，出租人出卖出租房屋，应提前3个月通知承租人，承租人在同等条件下，享有优先购买权。根据《合同法》第230条规定，出租人出卖租赁房屋的，应当在出卖之前的合理期限内通知承租人，承租人享有以同等条件优先购买的权利。根据《物权法》第101条规定，按份共有人可以转让其享有的共有的不动产或者动产份额。其他共有人在同等条件下享有优先购买的权利。当共有房屋由他人承租时，如果一个共有人欲对外转让其份额，而其他共有人以及承租人均主张优先购买权时，就会发生共有人的优先购买权与承租人的优先购买权的竞合问题。

对此问题，理论上曾有不同认识。第一种观点为台湾地区通说，认为承租人的优先购买权效力优于共有人的先买权。② 第二种观点认为，按份共有人优先购买权与承租人优先购买权不可能发生竞合。③ 第三种观点认为，共有人优先购买权应优于承租人优先购买权。第三种观点为我国学界通说，因为共有人所享有的优先购买权是基于所有权而产生的，而租赁权人所享有的优先购买权是基于主要体现为债权的租赁权所产生的。为简化法律关系，共有人所享有的优先购买权应当优先。最高人民法院2009年6月22日颁布的《关于审理城镇房屋租赁合同纠纷案件具体应用法律若干问题的解释》第24条第（一）项对此予以了明确。

三、共同共有人的优先购买权问题

共同共有人在共同关系前不得分出、转让自己份额，因此不会像按份共有人那样享有优先购买权。但根据《民通意见》第92条规定，共同共有财产分割后，一个或者数个原共有人出卖自己分得的财产时，如果出卖的财产与其他原共有人分得的财产属于一个整体或者配套使用，其他原共有人主张优先购买权的，应当予以支持。可

---

① 参见韩松、姜战军、张翔：《物权法所有权编》，中国人民大学出版社2007年版，第306—307页。
② 王泽鉴：《民法学说与判例研究》（3），中国政法大学出版社1998年版，第352页。
③ 张驰：《权利优先行使辨析》，载《法学》1996年第4期。

见,共同共有关系消灭、共有财产经过分割以后,一方共有人处分自己分得的财产的,其他共有人享有有条件的优先购买权。① 但有一些人对此表示怀疑,认为在共同共有中,原共有人的转让只能发生在共有关系终止后,其他共有人主张优先购买权的基础关系已不复存在,故这种优先购买权欠缺法理基础。此时,由于共有财产因分割而转化的各个共有人的单独所有财产,如果允许原共有人再享有优先购买权,则可能会对原其他共有人个人财产所有权施加各种不合理的限制。②

《民通意见》的规定体现了更好地保持财产的整体利用与价值的"效益最大化原则",而怀疑论则表现了所有人对个人所有权自由支配的"自由原则"。如何平衡两种价值观的冲突?笔者认为,从伦理与强调物的利用的理念出发,承认原共有人的优先购买权有其社会基础,但只有对这种权利加以限制才不至于不合理地限制个人财产所有权。这种限制至少可以包括:(1) 原共有人的优先购买权应以共同共有财产分割后10年为限。(2) 如原共有人有对出卖人的重大违法行为则丧失优先购买权。当然,这一问题有待司法解释的澄清。

四、按份共有与共同共有的关系问题

按份共有与共同共有的共同之处主要有:(1) 均属共有的一种;(2) 对共有物的管理,没有约定或者约定不明确的,各共有人都有管理的权利和义务;(3) 共有物的分割方法基本相同;(4) 因共有财产产生的债权债务,在对外关系上,原则上均享有连带债权,承担连带债务。

但两者毕竟是不同性质的共有,存在着巨大差异,这种区别主要表现在以下几个方面:(1) 成立的原因不同。按份共有不以共同关系为前提,共同共有的成立则相反。(2) 构成不同。按份共有是直接对某一个物的共有,共有人的份额存在于具体的物上,而共同共有则是基于某种关系对包含多个物在内的总合财产的共有,在某一个具体的物上并不存在份额。(3) 权利的享有不同。按份共有人按照份额对物进行使用收益,而共同共有物的所有权属于共同共有人,共同共有人对共有物并没有部分的所有权。(4) 分割限制的不同。按份共有人因为对物有份额,所以有权请求分割共有物,而共同共有人则没有份额,自然在共同关系存续期间不能要求分割共有物。(5) 存续期间的不同。按份共有,就其本质而言,具有暂时性;共同共有的存在通常具有共同目的,存续期间一般较长。

应特别注意的是,根据《民通意见》第88条的规定,对于共有财产,部分共有人主张按份共有,部分共有人主张共同共有,如果不能证明财产是按份共有的,应当认定为共同共有。但根据《物权法》第103条的规定,共有人对共有的不动产或者动产没有约定为按份共有或者共同共有,或者约定不明确的,除共有人具有家庭关系等外,视为按份共有。由此可见,我国物权立法对于共有人对共有财产的性质没有约定或者约定不明的共有的性质问题,已经发生了重大变化。在具体的法律适用中,《民通

---

① 杨立新:《物权法》,高等教育出版社2007年版,第105页。
② 梅夏英:《物权法·所有权》,中国法制出版社2005年版,第312页。

意见》已被认为废除自不待言。《物权法》之所以作这一重大修改,是因共同共有的共有人只有在共有关系消灭时才能协商确定各自的份额,当共有人对共有的不动产或动产没有约定为按份共有或者共同共有,或者约定不明确的,如果推定为共同共有,共有人对共有财产的份额还是不明确的。因此,《物权法》规定,除共有人具有家庭关系等外,视为按份共有。这里的家庭关系包括夫妻关系、父母子女关系、祖孙关系和兄弟姐妹关系。在有家庭关系的情形下,应视为家庭共有财产。

第三编

用益物权

第十四章 用益物权概述

第一节 用益物权的基本原理

一、用益物权的概念和法律特征

用益物权制度是一个古老的法律制度,它几乎与所有权制度的历史一样久远。在当今社会,用益物权制度是物权法的重要组成部分,它与所有权制度、担保物权制度和占有制度一起构成现代物权法的支柱。[①]

《物权法》第 2 条第 1 款规定:"因物的归属和利用而产生的民事关系,适用本法。"据此,《物权法》将确定物的归属关系和利用关系作为调整对象。物的归属关系即所有权关系由所有权制度进行调整,物的利用关系则由用益物权制度和担保物权制度进行调整。随着立法的不断发展和社会物质财富的所有存在差异,现代物权法的调整重点存在所谓"从归属到利用"的观点,此观点表明物的归属和物的利用关系在物权法中的地位在发生变化,各国立法越来越注重对物的利用关系进行调整,物的利用由物的使用价值和交换价值决定。所有权是完全物权,权利主体理所当然地可以完全支配其物权,从而实现权利人的利益或实现物的效用,但当今社会又存在有的民事主体占有财富过多,造成物的闲置,有的民事主体又无法取得一定物的所有权的矛盾。解决这一矛盾的最佳方法就是创设一种在非所有权人与所有权人之间只转移物的占有权、使用权和收益权而不转移物的所有权的法制制度。从法律制度构建上,有两种制度可以选择,一种是债权制度,如借用、租赁关系;另一种是物权制度,即用益物权制度。

正如上述,所谓用益物权,是指对于他人之动产或不动产,在一定范围内加以占用、使用、收益的定限物权。它具有如下法律特征:

1. 用益物权是一种定限物权

物权以物权人对标的物利益支配范围为标准,可以分为完全物权与定限物权。所有权的权利人可在法定范围内完全按照自己的意志全面地、永久地支配物,实现物的使用价值和交换价值的利益,属于完全物权;但定限物权在对物的支配范围上、支配期限上均有限制,其内容不如所有权丰富。此外,定限物权的限制性,还表现为对所有权人的限制,即一旦在物上设定定限物权,所有权人不得任意干涉定限物权人对其物权利益的支配。用益物权既为定限物权的一种,则用益物权人也就只能在一定的期限和范围内,对标的物为占用、使用和收益。

[①] 屈茂辉:《用益物权制度研究》,中国方正出版社 2005 年版,第 1 页。

2. 用益物权是一种他物权

他物权是相对于自物权而言的,是指在他人之物上设定的定限物权,用益物权是他物权的一种,是所有权的部分权能与所有权分离的结果。[①] 用益物权原则上是存在于他人之物上的权利。

3. 用益物权的客体主要是不动产

《物权法》第117条规定:"用益物权人对他人所有的不动产或者动产,依法享有占用、使用和收益的权利。"据此,动产或者不动产都可成为用益物权的客体。但从《物权法》中列举的各类用益物权的形态来看,用益物权的客体主要是不动产。此外,为了给用益物权的类型将来发展留有空间,《物权法》允许动产作为用益物权的客体。之所以用益物权的客体主要是不动产,原因有二:其一,用益物权系物权,具有物权的一般特征,用益物权关系具有复杂的权利义务关系,其发生变动的公示方式应要求严格,而登记作为不动产物权发生变动的公示方式能满足其要求,故现代各国民法,动产用益物权类型较少,不动产用益物权类型较多。其二,动产的数量多,价值相对较少,因此,如有需要,即可买受据为己有或采取债权方法如借用或者租赁,而不必依赖用益物权。

4. 用益物权的成立和行使以对他人之物进行占用为前提

占有,是指对物的实际管理和控制。占有是权利人对标的物加以使用和收益的逻辑前提。占有既可以是直接占用,例如,宅基地使用权人直接占有宅基地;也可以是间接占有,例如,土地承包经营权人将其土地转包、转租给他人使用。

5. 用益物权的设立目的是对物进行使用和收益

物的价值有使用价值和交换价值之分。用益物权就是充分利用物的使用价值设立的物权,目的就是权利人通过对物的使用和收益,充分发挥物的效用,从而获得最大的经济效益。

6. 用益物权为独立物权

独立物权是指权利主体不以享有其他权利为前提,而能够独立存在的物权。用益物权一经设立,便具有独立于所有权而存在的特性,其不以用益物权人对标的物的所有人享有其他民事权利为前提(地役权除外),所以用益物权为独立物权。

二、用益物权的性质

(一)用益物权属于物权,在性质上为他物权

《物权法》第5条规定:"物权的种类和内容,由法律规定",《物权法》第2条第3款规定:"本法所称物权,是指权利人依法对特定的物享有直接支配和排他的权利,包括所有权、用益物权和担保物权"。据此,我国《物权法》采物权法定主义原则,同时明确规定用益物权是物权的一个种类,其自然具有物权的法律特征,具有支配性、排

---

① 这一观点为通说,也有学者持不同观点,认为用益物权不是所有权部分权能与所有权分离的结果,而是基于物权法定原则对他人之物加以利用而产生的一种物权类型。

他性和对世性。

用益物权是在他人之物上设立的一类物权,性质上属于他物权或定限物权,此制度创设的宗旨,乃是为了解决对不动产或者动产的需求与不动产或不动产、动产的结合物的稀缺性之间的矛盾。通常情况下,用益物权的设定以所有权为基础,一般由物的所有人设定。用益物权一经设定,便具有独立性,所有权就受到用益物权的限制,不得就物的使用价值进行支配,只有当用益物权期限届满,所有人基于所有权的弹力性,所有权的各项权能又恢复到圆满状态。

用益物权是在他人之物上设定,但这里的"他人"不以所有人为限,应是指用益物权之外的人,换言之,这里的"他人"既可能是对物享有所有权的人,也可能是对物享有用益物权的人(例如,地役权的设立)。

(二) 用益物权是以他人之物的使用价值为基础设立的物权

物权,指直接支配某物,享受其利益的权利。所有权系物权的典型,乃在法令限制的范围内对物为全面支配,得自由使用、收益、处分其所有物的权利,称为完全物权。所有权兼具有使用价值和交换价值。为发挥物的使用价值,得设定用益物权。为发挥物的交换价值,得设定担保物权。[①] 由此可见,用益物权是以物的使用价值为基础设定的。它以占有、使用、收益为内容,概括地讲,都属于对物的使用价值的利用。

(三) 用益物权是一种独立的财产权

物权在性质上属于财产权,用益物权作为物权的一个类型,在性质上属于财产权已自不待言。用益物权人通过对物的使用价值的支配而获得财产利益,包括使用利益、天然孳息和法定孳息。用益物权的财产性还体现在其独立性上,用益物权一经设定,对物的使用价值就具有排他的独立价值,即使是物的所有权也受到用益物权的限制,所有权人对用益物权人合法合理的对物的使用价值的支配不得干涉。因此,用益物权是独立的财产权。

用益物权的独立财产性意味着,在其遭受侵害或者面临妨碍时,可以获得侵权责任的救济;在其赖以设立的所有权被征收、征用致使用益物权消灭或者影响用益物权行使的情况下,用益物权人和所有权人一样,有权利就其损失要求合理补偿。《物权法》第121条规定:"因不动产或者动产被征收、征用致使用益物权消灭或者影响用益物权行使的,用益物权人有权依照本法第42条、第44条的规定获得相应补偿。"这就允许各种用益物权作为独立于房屋和其他附属物所有权之外的独立财产,获得征收、征用补偿。[②]

三、用益物权的功能

用益物权制度是物权法的重要组成部分,在物权法中具有重要地位,在社会经济

[①] 王泽鉴:《民法物权》,中国政法大学出版社2001年版,第3页。
[②] 王利明、尹飞、程啸:《中国物权法教程》,人民法院出版社2007年版,第286页。

生活中具有重大功能,其功能是它所扮演的有别于所有权、担保物权的角色所决定的。具体而言,用益物权的制度功能主要体现在以下几个方面:

(一) 实现资源的优化配置,践行物尽其用的价值理念

用益物权所具有的实现资源优化配置的功能表现为能较好地解决人们对物质资料的占有和需求之间的矛盾。自古以来,社会成员对物质资料的所有就存在差异。资源因其具有稀缺性,不能满足所有主体的需求。结果是所有人不必或者不能直接利用标的物,非所有人又急需利用该物,同时又不能取得该物的所有权,这便自然产生了所有和利用的矛盾。为了有效地解决这一矛盾,需要构建一种兼顾所有人和非所有人(物的利用人)利益的法律制度,这就是用益物权制度。

近现代大陆法系国家的民事立法继承了罗马法传统,在民法典中构建了完善的用益物权制度,并将调整物的归属和利用关系作为物权法的调整对象。特别是现代民法,还出现从物的所有向物的利用为中心的发展趋势,用益物权在物权法和社会经济生活中的地位和作用日益凸显。用益物权的物权性和他物权性,决定了用益物权对所有权的限制,决定了资源向能充分利用其效用的主体进行配置,从而践行物尽其用的价值理念,促进社会经济的发展。

结合我国具体情况,长期以来,由于土地、矿藏、山岭、海域、水流等自然资源均实行社会主义公有制,在法律制度设计上,过于重视资源的归属而漠视资源的利用,导致用益物权制度不能得到重视,自然资源遭到闲置和浪费,在相当程度上阻碍了社会经济的发展。改革开放三十年来,特别是近十年,我国社会经济得到了长足发展,用益物权制度的建立和发展起到了至关重要的作用,农村土地的承包制,激发了农民种粮的积极性;建设用地使用权制度的构建,激活了闲置的国有资产,促进了社会财富的增长,从根本上解决了全社会的温饱问题。由此可见,建立和完善用益物权制度,在我国具有更大的现实意义。

(二) 保障用益物权人的生存利益

由于用益物权的客体主要是土地、房屋等不动产,其涉及所有利益、资本利益、生存利益等,其中,生存利益具有无论何时何地均应得到保护之普遍的价值。① 由此可见,用益物权具有保障生存利益的功能。

用益物权的生存利益保障功能是其他法律制度所不能替代的。一方面,用益物权通过资源的优化配置,实现对不动产利用的社会公平,从而保障用益物权人的生存利益。正如前述,用益物权的客体主要是土地等不动产,土地是财富之母,特别是随着现代社会的发展,人与土地等自然资源的关系进一步紧张,物的所有与物的利用之间的矛盾更加突出,土地等不动产的稀缺更加严重,享有所有权的仅为少数人,这对于整个社会是不公平的,也必将对他人的生存利益构成威胁。因此,通过用益物权制度的设计,使非所有人利用所有人的财产,获取必要的收益,从而平衡利益需求,实现社会公平正义,也满足利用人的生存利益需要。另一方面,用益物权制度通过解决物

---

① 刘得宽:《民法诸问题与新展望》,中国政法大学出版社 2002 年版,第 70 页。

的所有和物的利用的矛盾,践行物尽其用的价值理念,促进社会财富的巨大增长,这对非所有人的生存利益也是一种保障。例如,法国民法上的居住权,德国民法上的用益权、使用权、居住权及我国《物权法》上的土地承包经营权,其制度设计的初衷便是保障特定人的生存利益。最后,用益物权的设定通常需要以登记的方式向社会公示,以此来维护用益人的权利存续和实现的安全,这对非所有人的利益也是一种保障。

(三) 完善物权法体系,强化对他人物的利用效力

物权的客体是物,用益物权的客体主要是不动产,不动产是物的一种主要类型,作为民法上的物,必须具有财产性,具有一定的经济价值能满足民事主体的经济需求,这种财产性决定了物可以用于交换,其必然具有使用价值和交换价值,物权法在调整物的归属关系的同时,也调整物的利用关系,物的利用应是对物的全面利用,既要对物的交换价值进行利用,也要对物使用价值进行利用,这在法律制度设计上,就表现为担保物权的制度设计和用益物权的制度设计。通过对所有权制度、用益物权制度和担保物权制度的设计和构建,物权法体系才得以完善。

用益物权制度是对他人之物使用价值进行利用的制度设计,结果是通过利用他人之物,充分发挥物的效用。在法律制度上,人们可以通过借用、租赁等方式对他人之物进行利用,但是,借用、租赁属于债权性质,对利用人的保护十分不力。而用益物权的设计,使对他人之物的利用具有物权效力。就法律效力而言,物权的效力强于债权。因此,通过用益物权制度,可以强化对他人之物的利用效力。

第二节 用益物权的类型

用益物权作为大陆法系物权的主要制度,各国表现出一些共性。但因其具有强烈的固有法属性,各国又表现出一定的差异。我国用益物权制度也具有鲜明的固有法性质,体现了中华民族的民族性、地域性和历史性。

一、我国法上的用益物权类型

我国古代法律上,曾有永佃权、地基权、地役权等用益物权性质的权利类型,但独立的用益物权体系始建于清朝末年的《大清民律草案》,其中确立了地上权、永佃权、地役权三种用益物权。民国时期制定的《民法典》,借鉴国外立法经验并结合中国历史传统,规定了地上权、永佃权、地役权和典权四种用益物权。其中,典权是具有中国传统特色的用益物权类型,是传统固有制度。

新中国成立后,废除了国民政府时期的《六法全书》,用益物权体系被打破。因长期没有民法典,并实行土地等自然资源社会主义公有制,用益物权制度基本消灭。随着改革开放的不断深入,我国的不动产用益物权制度得到了迅猛发展,创设了一些具有中国特色的用益物权类型。2007年3月16日第十届全国人大第五次会议通过的《中华人民共和国物权法》将用益物权单独作为一章加以规定。这样,我国的用益物权就形成了以土地承包经营权、建设用地使用权、宅基地使用权和地役权为主体,以

采矿权、探矿权、取水权、海域使用权、水产养殖和捕捞权等为补充的用益物权体系。

二、外国法中的用益物权类型

用益物权制度是一项古老的法律制度,发源于罗马法,在罗马法上确立了地役权、人役权、地上权、永佃权等用益物权制度。近现代大陆法系各国民法均继承了罗马法的传统,在民法典中均规定了用益物权制度,但因用益物权制度具有历史性和固有法性,并反映不同的经济体制和社会发展,从而使得各国用益物权制度设计和种类显现出本国特色而互有差异。

(一) 法国法上的用益物权

在《法国民法典》中并没有"用益物权"概念,用益物权内容规定在"财产以及所有权的各种变更"卷中,主要规定了用益权、使用权、居住权和役权(地役权)四种用益物权类型。

(二) 德国法上的用益物权

《德国民法典》规定了独立的物权篇,对物权类型作了科学严密的区别,其用益权可概括分为地上权、役权和土地负担(实物负担)。其中役权较为复杂,是一大类权利的总称,包括地役权、限制人役权、用益权和居住权;其中用益权又有物上用益权、权利用益权以及财产用益权。

(三) 瑞士法上的用益物权

瑞士民法上的用益物权包括地役权、用益权及其他役权、土地负担;其中用益权可以在动产、土地、权利或财产上设定。①

(四) 日本法上的用益物权

日本民法上的用益物权包括地上权、永小作权、地役权和入会权四种,永小作权是指支付佃租,在他人土地上耕作或畜牧的权利。永小作权是有期限的权利,不同于我国台湾地区的永佃权。入会权系指居位于一定地域或村落居民在一定山林、原野,为管理、运营使用收益的权利。②

第三节 用益物权与相关权利的关系

一、用益物权与所有权

用益物权是对他人之动产或不动产,于一定范围内,为占有、使用、收益的定限物权,是他物权的一种,是所有权部分权能与所有权发生分离的结果,由此可见,用益物权与所有权既有联系又有区别。

---

① 王泽鉴:《民法物权:用益物权·占用》,中国政法大学出版社 2001 年版,第 4 页。
② 同上书,第 5 页。

（一）二者的联系

1. 用益物权以所有权为基础，使所有权的功能得以充分实现

用益物权以对他人之物的占有、使用、收益为内容，这三个方面的内容是所有权四项积极权能中除了处分权能的三项，故理论上认为用益物权是所有权派生的权利。从支配视角来看，用益物权是对他人所有之物使用价值的支配，从而获得一定收益，如是才能充分发挥物的效用，使所有权得以充分体现，如若没有一个确定的所有权，要存在一个稳定的用益物权则成为不可想象之事，据此，所有权是用益物权的基础。

需要特别注意的是，我们不能因用益物权以所有权为基础，就认为用益物权是所有权的从权利。正如前述，用益物权一经产生就是一项独立的权利，与所有权不是主从权利关系。所有权对用益物权的正常行使负有不得干涉之义务，受到用益物权的限制。

此外，关于用益物权与所有权的关系在学术界有多种观点，例如，基于在罗马法上，他物权早于所有权出现，认为"所有权与役权自始是一对互相依存的概念"[1]。或有人认为：所有权的形成是地役权和用益物权产生的结果。或者还有人认为所有权与他物权平等，所有权不具有天然地君临其他物权的地位，不能对其他物权颐指气使，为所欲为，所有权不能支配其他物权……任一物权都是基于法律的规定或当事人的约定产生的，与另一物权没有任何权利转化的渊源关系，所有权不是其他物权的母权。[2]

我们认为，通过用益物权的内涵知晓，它是对他人所有之物使用价值支配的结果。说明用益物权的产生以所有权的产生为前提，一切其他物权均从属于所有权，并且可以说它们体现所有权。一切其他物权，至少在其产生时，均以所有权的存在为前提条件。[3] 基于此，上述三种观点值得商榷。

用益物权以充分发挥物的效用，对物加以充分利用，实现物的经济价值为目的。众所周知，物只有充分利用才能创造效益，在许多情况下，物的所有人，未必能亲自利用其物，与其搁置，以听其荒废，不如使人利用，以坐收其利，如此恰好以有余补不足，社会经济正可赖以而获繁荣。[4] 于是，所有人可在所有之物上设置负担——设定用益物权或担保物权而获得其利益，实现对物的利用。

2. 用益物权对所有权具有限制作用

用益物权即为物权，即具有物权的排他性、支配性、追及效力，支配性表现为对他人之物使用价值的支配和用益物权人按自身意志对物的利用。排他性效力既表现为对再次设定用益物权的限制，也表现为对他人非法干涉的限制，其中自然也包括对所有权人干涉的限制，所有权人在自己之物上设定用益物权，就是在自己之物上设置负担，所有权人就应该自愿接受此负担的限制。用益物权对所有权的限制主要体现在

---

[1] 梅夏英：《财产权构造的基础分析》，人民法院出版社2002年版，第10页。
[2] 孟勤国：《物权二元结构论》，人民法院出版社2002年版，第53—54页。
[3] 〔意〕彼得罗·彭梵得：《罗马法教科书》，黄风译，中国政法大学出版社1992年版，第194页。
[4] 陈华彬：《物权法原理》，国家行政学院出版社1998年版，第503页。

以下几方面:(1)对依法成立的用益物权,所有权不得随意取消;(2)所有权人对用益物权的行使要容忍;(3)所有权人不得随意变更用益物权的内容。①

需要注意的是,用益物权的支配性也受到所有权或法律的限制,也就是说,用益物权人对他人之物只在一定范围内具有支配力,受到设定用益物权的目的、内容、期限的限制。例如,土地承包经营权的承包人对土地的利用只能以农业发展为目的,且受到30年承包经营期限的限制。

(二) 二者的区别

用益物权与所有权之间除具有上述联系外,二者也有明显区别。

1. 从效力范围上看,所有权是完全物权,对物有完全最终的支配力

用益物权是他物权,支配力受到所有权、设定目的以及具体内容的限制,权利人不能像所有权人一样对物进行全面支配。

2. 从逻辑上看,二者是对立的概念,用益物权是对所有权的一种限制,效力优先于所有权

用益物权虽然是基于所有权产生,却对所有权起到实际的限制,所有权人对用益物权人正常的权利行使不得干涉,例如,建设用地使用权人有权根据自己的意志和利益需求对土地进行开发利用,所有权人不得干涉使用人依法进行正常生产经营活动。

3. 从期限上看,用益物权是有期限的物权,所有权是永久物权

用益物权的存续,在通常情况下都有时间的限制,例如,土地承包经营权为30年,建设用地使用权按照土地用途不同有不同期限的限制。所有权则不同,它没有期限限制,除非所有权人对所有物进行法律上或事实上的处分。

二、用益物权与担保物权

用益物权与担保物权都是在他人之物上设定的定限物权,在一定的范围内都具有支配权、绝对权的性质。但是,基于不同的创设目的,二者存在多方面差异,具体区别表现在如下几方面:

1. 支配的对象不同

用益物权是对他人所有之物的使用价值进行支配,因此,权利人注重物的使用功能,仅在物的使用价值上进行支配;担保物权是对他人所有之物交换价值的支配,因此,权利人注重物的变价功能,其支配的是物的交换价值。

2. 内容不同

用益物权以占用、使用、收益为内容,对物使用价值的支配,通常以对物的占有为前提,而担保物权是对物交换价值的支配,则没有必要以占有为前提,故担保物权中最常见的抵押权中,抵押权人并不占有抵押物,即使在质权或留置权中,权利人虽然对担保物加以占有,但也只是一种公示方式而已,也不得对物加以使用和收益。

需要注意的是,担保物权的内容包含有对物的有限制的处分权能。在主债权不

---

① 江平:《物权法教程》,中国政法大学出版社2007年版,第197页。

能实现时,权利人需要通过对担保物的处分来实现其担保物权,即对担保物进行折价、拍卖或者变卖以实现其债权。

3. 客体不同

用益物权的客体包括动产和不动产,但以不动产为主。按我国《物权法》第117条和第121条的规定,用益物权的客体虽然包括动产,但在具体用益物权规定中,却没有针对动产用益物权加以规定,按物权法定原则的要求,物权的种类和内容由法律规定,我们可以认为,以动产为客体的用益物权并未确立。《物权法》只为将来的立法预留了空间,做了准备。而担保物权的客体包括动产、不动产和权利,可谓十分广泛。

需要注意的是,用益物权旨在对物的使用价值进行支配,则具有使用价值的限制流通物、禁止流通物不应受到限制,均可成为用益物权的客体;而具有变价功能的各种财产权利,只要其具有经济价值,原则上均可成为担保物权的客体。

4. 权利实现时间不同

用益物权的权利享有和实现与权利的取得是同步的,二者不存在时间上的间隔;而担保物权的实现则并非在权利成立时,而是在具备一定条件后(债务人不履行债务)才能具体实现,权利的成立和实际享有在时间上不是同步的。[1]

5. 权利性质不同

用益物权是独立物权(地役权除外)。这基于当事人之间的约定或法律的直接规定产生,不以用益物权人对财产享有其他财产权利为前提。而担保物权则为担保一定的债权实现而设立,具有从属性。据此,用益物权为独立物权,担保物权为从物权。

6. 物上代位性上的不同

担保物权的设立以物的交换价值为基础,在担保物因毁损、灭失而获得赔偿金时,该赔偿金可成为担保物的替代物,故担保物权具有物上代位性。而用益物权是以物的使用价值为基础设定的,其客体的灭失,必将导致用益物权的消灭。故用益物权不具有物上代位性。

7. 消灭的原因不同

标的物灭失,物的使用价值不复存在,用益物权确定地消灭。而标的物灭失,交换价值尚存时,担保物权并未消灭,担保物权是从权利,因主债权消灭而消灭;用益物权是独立权利,与所有权不属主从权利关系(地役权除外)。

用益物权与担保物权除具有上述区别外,在权利的变动要件、权利的存续期限和权利的国际化程度方面也存在着差异。

三、用益物权与物的债权性利用权

自罗马法以来,关于他人之物的利用就有用益权制度。用益权依性质不同,有物

---

[1] 房绍坤:《用益物权基本问题研究》,北京大学出版社2006年版,第55页。

权的用益权即用益物权和债权的用益权之分。债权的用益权即物的债权性利用权，就是指依债权契约（借用、租赁契约）而就他人动产或不动产进行占有、使用和收益的债权性权利。虽然租赁契约等物的债权性利用方式在现代民法中显现物权化特点，如"买卖不破租赁"规则的适用等，但其毕竟属于债权性质，当事人的法律关系较脆弱，用益物权属于物权的类型，具有物权的特征和效力，较之于物的债权性利用权，其对物的利用效力明显增强。下面以租赁权为例，说明用益物权与物的债权性利用权所具有的区别。

（一）权利性质的不同

《物权法》第2条第3款明确规定，用益物权是物权的一种，其当然具有物权的性质和特征，也就具有固有法的特征。基于此，不同国家的用益物权的种类和内容必然存有差异。而租赁权等物的债权性利用权，呈现物权化趋势，但就其本质依然是债权性质，具有债权的性质和特征，其不得违反意思自治原则的要求，由当事人共同自由确定租赁契约的内容（法律强制性规定除外）。权利性质的不同，决定了当事人之间产生的法律关系性质的差异，导致适用不同的法律规范进行调整。用益物权关系属于物权法律关系，由《物权法》进行调整，租赁法律关系属于债权法律关系，由《合同法》进行调整。

（二）权利效力上的区别

作为物权，用益物权具有排他力、优先力和物上请求权等物权效力。用益物权的排他力表现为所有人在同一物上不得设定两个或两个以上内容不相容的他物权和排除他人非法干涉两个方面。如果就同一物上设定两个或两个以上内容不相容的用益物权，那么当事人之间设定用益物权的合同均有效，但只有首先设定的用益物权具有物权效力，这也就是用益物权优先力的表现。作为债权性质的物的债权性利用权，则不具有物权的排他力、优先力和物上请求权等效力。权利人在同一物上设定多个租赁权，在当事人之间存在的多个租赁合同都是有效的，但是承租人租赁权的取得仅依出租人的意愿，而不是按租赁权的设立顺序。

（三）权利处分上的不同

虽然用益物权是以所有权为基础设定的，但是用益物权仍然是独立的权利。权利人在一定的范围内的行使行为，包括所有权人在内的他人均无权干涉，因此，用益物权的转让、出租等无须所有人同意，在通常情况下，也无须通知所有权人。而租赁权，根据《合同法》第224条的规定，承租人的转租行为须经出租人同意方可有效，否则，出租人可以解除合同，据此，承租人对租赁权的处分受到法律的限制。

（四）权利客体的不同

用益物权的客体主要是不动产，动产或权利也可以成为其客体。但物的债权性利用权因具有债权性，因此，它的客体是债务人的给付行为。

第四节 准 物 权

一、准物权的概念和特征

所谓准物权,是指自然人、法人或者其他组织依法享有的对特定自然资源进行开发和利用的权利。《物权法》第123条规定:"依法取得的探矿权、采矿权、取水权和使用水域、滩涂从事养殖、捕捞的权利受法律保护。"据此可知,《物权法》明确规定的准物权有探矿权、采矿权、海域使用权、养殖权、捕捞权等。由于这些权利的设定、流转、内容和效力等是通过《矿产资源法》《渔业法》《水法》《海域使用管理法》等特别法加以规定,因此,也被称为特别物权;由于这些权利的取得,需得到特别行政许可,因此,也被称为特许物权。

准物权具有如下法律特征:

1. 权利客体的自然资源性、非特定性和客体所有权人的单一性

从准物权表现为权利主体对特定范围内自然资源的开发和利用权可以得知,客体为水资源、矿产资源、海域等自然资源,基于我国法律的规定,这些自然资源的所有权人只能是国家,因自然资源处于不断变化之中,有的准物权的客体具有非特定性特征,比如取水权,因水具有流动性,故水面、水质、水温都处于不断变化之中,导致取水权的客体也在不断变化,由此可见,部分准物权的客体具有非特定性特征。

2. 在权利构成上,部分准物权具有复合性

以渔业权为例,是水域使用权、一定水域养殖、捕捞水生动植物之权和保有水体适宜水生动物生存、成长标准之权的复合。

3. 权利内容表现为对特定自然资源的开发和利用,从而取得一定物的所有权

普通的用益物权,权利人是对他人不动产的使用价值进行支配,对他人的不动产加以占有、使用和处分;以采矿权为例,准物权的权利人即采矿权人是对矿产资源进行开采,并获得矿物的所有权。

4. 权利设定上的特别行政许可性

普通用益物权的取得方式具有多样性,除建设用地使用权的设定受到一定限制外,其他类型用益物权的限制较少;而准物权的设定往往受到更多限制,权利的内容和期限大多由行政机关界定。

5. 准物权如矿业权、水权一般被认为具有公权性,而普通用益物权往往只具有私权性

6. 准物权本质上属用益物权,由一定物的所有权派生

按照物权法原理,他物权产生于自物权。在整个物权体系中,准物权属于他物权系列,也应是从所有权中派生出来的。因为准物权是对自然资源的开发和利用权,自然资源的所有权人是国家,因此,准物权是在国家自然资源的所有权中派生出来的。

二、准物权的物权效力

物权的效力,是指法律赋予物权的强制性作用力与保障力。准物权的物权效力,则是指法律赋予准物权的强制作用力与保障力。准物权的物权效力具体表现在如下几个方面:

1. 准物权的追及效力

按照物权法原理,物权的追及效力,是指物权的标的物,无论被辗转于何人之手,除法律另有规定外,物权人可追及其物,使其恢复到原来的圆满状态而行使物权。由于可见,物权的追及效力表现为对客体的追及效力,因此,准物权的追及效力也表现为准物权人对其客体的追及效力。准物权因其类型上的差异,客体显现出多样性。例如,捕捞权的客体是特定的水域,狩猎权的客体是狩猎场所,采矿权的客体是矿区或者工作区等。因此,当诸如特定水域、狩猎场所、矿区或工作区被非法转让,第三人因此占据上述客体时,准物权人,基于准物权的追及效力,可对第三人主张其准物权,也包括排除妨碍请求权。准物权人对其矿产品、水产品、猎物,请求无权占有人返还,不是准物权追力效力的表现,而是基于准物人对矿产品、水产品、猎物享有的所有权,是物权追力效力的表现。

2. 准物权的排他效力

依物权法原理,物权的排他效力,是指物权相互之间的对抗效力,即一项物权排斥内容和性质与其相抵触的另一物权并存于同一物之上的效力。据此界定,准物权的排他效力是对一项准物权排斥内容和性质与其相抵触的另一准物权并存于同一客体之上的效力。

准物权的类型化,决定其排他效力具有差异性。有学者认为,渔业权具有排他效力,即在同一水域不能同时存在两个或两个以上性质不相容的同种或者是异种渔业权。矿业权具有排他效力、取水权原则上无排他效力。由此可见,并非所有准物权均具有排他效力。

3. 准物权的优先效力

准物权的优先效力,是指数个准物权同时并存于同一标的物(如同一水域),它们按照一定标准排列出次序,处于前次序的准物权在效力上优先于后次序的准物权。例如,当渔业权与水权并存于同一水域,渔业权优先受到保护。

三、采矿权

所谓采矿权,是指在依法取得的采矿许可证规定的范围内,对特定矿区或工作区进行勘探,开采一定矿产资源,取得矿产品所有权,并排除他人干涉的权利。

采矿权具有如下法律特征:(1)采矿权的客体具有复合性。一般情形下,物权的客体以单一性为原则,而采矿权的客体却是复合型的,表现为特定矿区或工作区和开采出的矿产资源的复合。(2)采矿权在权利构成上的复合性。即特定矿区或工作区的开采权利以及开采出的矿产资源所有权的复合。(3)采矿权为财产权。既然为财产权,则可以转让、继承,也可成为被执行的标的。

根据《矿产管理法》《矿产资源法》的规定,国家实行探矿权、采矿权有偿取得制度,但是,有偿取得费用,可以根据不同情况予以减缴、免缴。采矿权由权利人申请后经主管部门批准取得。实践中也存在通过招标、拍卖方式取得的做法。

采矿权的主体,是直接从事采矿活动,依法取得采矿权的全民所有制矿山企业、集体所有制矿山企业和自然人个人,包括外商投资企业和非法人合作组织。

采矿权人的权利包括:(1)矿地占有权;(2)矿地使用权;(3)开采权;(4)取得和销售矿产品的权利;(5)矿山建筑权和辅助建筑权;(6)依法转让采矿权。根据《矿产资源法》规定,采矿权人因企业合并、分立、与他人合资、合作经营,或者因企业资产出售以及有其他变更企业资产产权的情形而需要变更采矿权主体的,经依法批准可以将采矿权转让他人。此外,转让采矿权还需要满足的条件是:矿产企业投入采矿生产满1年;采矿权属无争议;按照国家有关规定已经缴纳采矿权使用费、采矿权价款、矿产资源补偿费和资源税;国务院地质矿产主管部门规定的其他条件。

采矿权人的义务包括:(1)在批准期限内进行矿山建设或者开采;(2)有效保护,合理开采,综合利用矿产资源;(3)国务院有矿产品必须销售给特定单位的规定时,采矿人必须将该矿产品销售给该特定单位;(4)依法缴纳采矿权使用费和采矿权价款;(5)遵守国家有关劳动安全、水土保持、土地复垦和环境保护的法律、法规;(6)取得矿地使用权时依法交纳矿地使用权出让金。

四、取水权

所谓取水权,是指自然人、法人或者其他组织依法经批准对地表和地下取水的权利。根据《水法》第3条规定,水资源属于国家所有。农村集体组织的水塘和由农村集体经济组织修建管理的水库中的水,归各农村集体经济组织使用。

水资源的所有权人是国家,设立在水资源所有权之上的取水权属于他物权。自然人、法人或其他组织获得取水权,应当通过审批方可获得,并载入取水许可登记簿,定期公告。取水权人获得取水权后,有权在有关主管机关核定的取水量、确定的取水点以及取水期限等范围内,直接从地表或地下取用水资源,并加以利用。取水权人的义务主要包括及时缴纳水资源费,按照国家规定的退水水质退水等等。

五、海域使用权

海域,是指中华人民共和国内水、领海的水面、水体、海床和底土。内水,是指中华人民共和国领海基线向陆地一侧至海岸线的海域。所谓海域使用权,是指依法经批准获得在一定期限和范围内使用特定海域的权利。

海域属于国家所有,海域使用权在使用人提出申请,经批准后取得。《海域使用管理法》第16条规定:"单位和个人可以向县级以上人民政府海洋行政主管部门申请使用海域。"该法第17条规定:"县级以上人民政府海洋行政主管部门依据海洋功能区划,对海域使用申请进行审核,并依照本法和省、自治区、直辖市人民政府的规定,报有批准权的人民政府批准。海洋行政主管部门审核海域使用申请,应当征求同级有关部门的意见。"国家实行海域有偿使用制度,在签订《海域使用权出让合同》后,海域使用权人应当支付海域使用出让金,并依法办理登记,从完成登记之日起,取得海域使用权。海域使用以有偿使用为原则,以无偿使用为除外,根据《海域使用管理法》第 35 条规定,下列用海,免缴海域使用金:(1) 军事用海;(2) 公务船舶专用码头用海;(3) 非经营性的航道、锚地等交通基础设施用海;(4) 教学、科研、防灾减灾、海难救助等非经营性公益事业用海。该法第 36 条规定,公用设施用海、国家重大建设项目用海、养殖用海经批准可以减缴或者免缴海域使用金。

海域使用权是建立在海域所有权基础上的,本质上属于用益物权,权利的存续受期限限制。根据《海域使用管理法》第 25 条规定:"海域使用权最高期限,按照下列用途确定:(1) 养殖用海 15 年;(2) 拆船用海 20 年;(3) 旅游、娱乐用海 25 年;(4) 盐业、矿业用海 30 年;(5) 公益事业用海 40 年;(6) 港口修造船厂等建设工程用海 50 年。"海域使用权期限届满,海域使用人需要继续使用海域的,应当至迟于期限届满前两个月向原批准用海的人民政府申请续期。除根据公共利益或者是国家安全需要收回海域使用权的外,原批准用海的人民政府应当批准续期。准予续期,海域使用权人应当依法缴纳续期的海域使用金。

海域使用权的财产性,决定其可以依法转让、继承或设定抵押。海域使用权因期限届满、征用以及填海等原因终止。海域使用权终止后,原海域使用权人应当拆除可能造成海洋环境污染或者影响其他用海项目的用海设施和构筑物。

六、养殖权

根据《渔业法》第 2 条规定,所谓养殖权,是指自然人、法人或其他组织在中华人民共和国内水、滩涂、领海、专属经济区以及中华人民共和国管辖的一切其他海域从事养殖经营的权利。

国家对水域利用进行统一规划,确定可以用于养殖业的水域和滩涂,单位和个人使用国有水域、滩涂,应当向县级以上地方人民政府渔业行政主管部门提出申请,由本级人民政府核发养殖证,许可其使用该水域、滩涂从事养殖生产。集体所有的或全民所有由农业集体经济组织使用的水域、滩涂,可以由个人或者集体承包,从事养殖生产。

养殖权人的义务是:(1) 从事养殖生产不得使用含有毒有害物质的饵料、饲料;(2) 从事养殖生产应当保护水域生态环境,科学确定养殖密度,合理投饵、施肥、使用药物,不得造成水域的环境污染。

七、捕捞权

所谓捕捞权,是指自然人、法人或其他组织依法经批准获得在我国的内水、滩涂、领海、专属经济区和其他管辖海域从事捕捞活动的权利。

国家根据捕捞量低于渔业资源增长量的原则,确定渔业资源的可捕捞量,实行捕捞限额制度,并对捕捞业实行捕捞许可证制度。经相关机关的批准,方可取得捕捞许可证。权利人取得捕捞许可证应具备以下条件:(1)有渔业船舶检验证书;(2)有渔业船舶登记证书;(3)符合国务院渔业厅行政主管部门规定的其他条件。捕捞许可证不得买卖、出租和以其他形式转让,不得涂改、伪造、变造。从事捕捞作业的单位和个人,必须按照捕捞许可证关于作业类型、场所、时限、渔具数量和捕捞限额的规定进行作业,并遵守国家有关保护渔业资源的规定,大中型渔船应当填写捕捞日志。

本章重点疑难问题提示

一、关于居住权问题[①]

"愿居者有其屋"是中华民族几千年的梦想,然而,时至今日,依当今的社会经济生活条件,人人拥有一个自己享有所有权的房屋,仍属于政府、社会和个人不断追求的生活目标。居住权制度正是所有人准许他人在自己的房屋上依照物权法的规则进行合法使用的一项法律制度。这一制度的确立,虽然不能使得人人享有房屋所有权,但是可以最大限度地解决无房人无房可住的问题,同时也可以使物充分发挥其效用,以发挥其经济社会功能。为此,不少国家在其物权法体系中确立了居住权法律制度,因此而满足非所有人对他人所有房屋享有长期受法律保护的居住权。令人兴奋的是,在我国《物权法草案(征求意见稿)》中,专章规定了居住权制度;然而令人失望的是,在已颁布实施的《物权法》中却没有确立居住权制度。但是居住权作为用益物权制度,它的理论、立法实践有其研究价值,以期在今后《物权法》的完善过程中,对居住权制度加以确立。

(一)居住权的概念、性质和特征

居住权肇端于罗马法。在罗马法中,有关因居住而使用他人房屋的权利涉及用益权、居住权和使用权三项他物权。这三项权利在罗马法中均属于人役权,因此,居住权就其本质而言,属于人役权,它是指居住他人房屋的权利。此定义指出了居住权所指向的对象是他人的房屋,目的是为了居住。这一制度,后为欧洲的法国法系和德国法系国家所继受。《德国民法典》第1096条第1款规定,住房权是排除所有权人将建筑物或者建筑物的一部分作为住房使用的权利,也可以作为限制的人役权加以设定。《物权法草案(征求意见稿)》第212条规定,居住权是居住权人对他人住房以及其附着物有占有、使用的权利。居住权具有如下法律特征:

1. 居住权属于他物权

居住权属于物权,具有物权的特征。因其只能在他人所有的房屋上设定,所以居住权属于他物权。且居住权是为特定人的利益而设定的,因而在性质上属于人役权。

2. 居住权的主体是自然人

法人或其他组织不可以成为居住权主体。一般情形下,居住权主体是居住权本

[①] 江平主编:《中美物权法的现状与发展》,清华大学出版社2003年版,第458—498页。

人,但在必要时,其他人也可以与居住权人共同居住。《瑞士民法典》第777条第1款、《意大利民法典》第1023条有相应规定。

3. 居住权的客体是他人的建筑物

居住权的客体是他人建筑物的全部或一部及其附着物,《德国民法典》第1031条、《瑞士民法典》第778条第2款对此都有明确规定。

4. 居住权具有时间性

居住权是为特定自然人利益设定的,因此,该自然人的生存期限即为居住权的最长期限。如果居住权同时为两个或两个以上的自然人设定,则该自然人中生存期限最长的人的生存期限即为居住权的期限。在《物权法草案(征求意见稿)》中规定,居住权期限有约定的,按照约定;没有约定或者约定不明的,居住权期限至居住权人死亡时止。这一规定是合理的。

5. 居住权具有不可转让性

在罗马法中,"人役权是不能让与的权利,但权利的行使则可以转让"。居住权作为一种人役权,也具有不可转让性,当然也不可继承。

(二) 物权中的居住权与债权中的居住权的区别

租赁、借用房屋等所产生的权利是债权法上的居住权,这种居住权与物权法中的居住权有着明显区别。这主要表现在:

1. 权利的对抗力不同

债权法中的居住权只能在当事人之间产生权利义务关系,不具有对抗第三人的效力,而物权法中的居住权具有对抗第三人的效力和追及效力。

2. 权利的独立性程度不同

物权中的居住权具有独立性,居住权人与所有人之间无任何依赖关系,相互之间具有独立地位。房屋所有权人负有不得非法干涉居住权人依法正常使用房屋的消极义务。

3. 作用不同

由于租赁以租金的支付为条件,属于有偿法律行为,承租人受到房租的威胁。由此,它不能完全适应于家庭、婚姻等关系中调节房屋居住关系的要求。物权法上的居住权的适用范围则很广,可以适应上述要求,尤其是在解决中国目前普遍存在的离婚后的房屋使用问题、家庭婚姻关系中未成年人的居住权问题等方面,独具优势。

4. 房屋所有人的义务不同

物权中的居住权,原则上所有权人仅须负责按"当时的状态"提供标的物;但在债权中的居住权,出租人或出借人一般负有交付经全面修缮并保持合于使用收益状态的租赁物或借用物的义务。

5. 使用期限不同

物权中的居住权的期限长,一般以居住人终身为限,而作为债权中的居住权期限一般较短。

（三）居住权的取得

居住权可根据遗嘱或遗赠、合同和法律规定而取得。遗嘱或遗赠是居住权最为原始的取得方式，设定居住权的遗嘱或遗赠协议以被继承人的死亡为生效要件，但应该进行居住权登记。合同是居住权取得的主要方式，主要发生于家庭内部。居住权可直接依法律规定设定，这主要是保护与房屋所有权人居住或具有扶养和被扶养关系的人员的居住权利。

（四）居住权的内容

居住权人可以因居住的目的使用房屋，并可排除房屋所有人或其他任何第三人对其使用权的干涉，这些是居住权人享有的主要权利。居住权人的主要义务有：（1）不得改变房屋的结构或用途；（2）对房屋进行日常管理；（3）承担房屋的维修费、修缮费与赋税；（4）居住权消灭时返还房屋。

（五）居住权消灭的原因

居住权可因下列原因消灭：(1) 房屋灭失。权利客体的灭失必然导致权利消灭。(2) 混同。房屋所有权人与居住权人合为一体时，居住权消灭。(3) 抛弃权利。居住权人可以抛弃居住权而使居住权消灭。(4) 滥用居住权。如因居住权人改变房屋的结构或作用时，可能会导致居住权消灭。(5) 父母、子女的法定居住权的消灭。子女的法定居住权因子女的成年而消灭。(6) 居住权设定期限届满。对于设定期限的居住权，权利人只在该期限内享有居住权，期限届满，居住权当然消灭。(7) 居住权人死亡。权利主体消灭，权利必然消灭。

二、关于典权问题①

典权是我国固有的一项法律制度，自产生以来，历朝各代均有典权制度。新中国立法虽无典权制度，但司法实践确认了这一制度。目前世界上仅有韩国和我国台湾地区在民法典中确立了典权制度。在物权法制定过程中，对于是否保留典权制度存在争议。我们认为在学习中国民事法律制度时，有必要对这一制度加以了解。

（一）典权概述

1. 典权的概念

典权是指支付典价，占有他人不动产而为使用收益的权利。典是一方当事人将自己的不动产交对方占有、使用和收益，而从对方取得一定金钱，到一定期限向对方返还金钱，赎回不动产，或者不返还金钱而放弃该不动产所有权的法律行为。其中，不动产所有人叫出典人；占有、使用不动产并收益但出资的人叫承典人或典权人；不动产被称为出典物；承典人交出典人使用的金钱叫典价。

典权是中国特有的制度。虽然在最高人民法院的相关解释中对典权制度的适用予以了肯定，但在我国立法上却并无明确典权规定，所以典权属于习惯法内容。据学者分析，典权的出现与我国的人文传统密切相关。因我国传统上重视祖宗遗留财产尤其是不动产，出卖祖宗遗留的不动产称为"败家"，这样的人称为"败家子"，而实际

---

① 江平：《物权法教程》，中国政法大学出版社2007年版，第190—195页。

生活中确实存在急需资金的问题,为此产生折中办法,即"典"。不动产物权人为解决急需而将不动产出典与人,获得一定的金钱,并在日后又可以原价赎回,避免出卖祖产的恶名。另一方面,典权人则可以支付低于买价的金钱,而取得使用收益的权利,并且以后还有取得财产所有权的可能。这样对双方是两全其美,所以,典权在我国流传至今(但典权制度的法律功能已渐渐被其他制度所替代,所以在实践中发生的案例较少)。典权的概念在我国台湾地区"民法"中有明确规定,即第911条规定:称典权者,谓支付典价,占有他人之不动产,而为使用及收益之权。

2. 典权的特征

与其他物权相比较,典权具有以下主要特征:(1)典权须支付典价后才能取得,典价与典物有密切联系,此与担保物权不同,与其他用益物权也不同。(2)典权须转移典物的占有,此与抵押权不同。(3)典权人对出典物有权使用和收益。在典期内典权人的使用为无偿使用,典权人可以自己使用,也可以进行转典或者出租。此与质权不同。(4)出典人有回赎权和绝卖权。出典人在典期届满时,有权交换典价回赎出典物,重新取得占有。如果出典人不想回赎可以不作为,此为绝卖。(5)典权的标的物为不动产。典权中的出典物传统上主要是土地,后延伸至房屋,此与质权不同。① 我国的实际生活中常有"典当"行为,有典当的经营者——典当行,国家经贸委也出台有《典当管理办法》。就传统观点,典当属于动产质权,但是,从我国的现实情况看,根据《典当管理办法》的规定,房屋甚至土地使用权都可以"典当",实质上,此时的典当是抵押。所以,现在应将典当理解为质和抵押的混合行为。

(二)典权的性质

典权究竟属于何种他物权,不管是在我国内地还是在我国台湾地区,学者一直有不同观点,概括而言主要有三种学说:

1. 担保物权说

该说从三方面说明典权的担保物权性质:(1)认为从典权在我国台湾地区"民法"的位置看,典权一章在担保物权的质权和抵押之间,从体例上只能将其视为担保物权;(2)典与质在本质上并无严格区别,原来都具有担保作用,如果认为典权属于用益物权,就无法解释典物回赎时出典人返还典价的性质;(3)典权系出典人向典权人借款,并以典物为借款保证的法律关系,典权实际上就是不动产质权。我国台湾地区的学者余戟门持此观点。

2. 用益物权说

持此观点者主要从我国台湾地区"民法"第911条规定的内容分析,认为典权是用益物权的一种。典权是支付典价,占有而为使用、收益他人不动产的权利,符合用益物权的本质特征;"典"本身的含义是典当和典卖。典当已发展成质权,"典卖"即"卖",并无担保含义。持此观点的代表人物包括郑玉波、梅仲协、姚瑞光等,我国大陆

---

① 日本、法国、意大利等国民法中有所谓"不动产质权",指债务人或第三人为担保所负债务,将不动产交付债权人,于债务完全清偿前,债权人得留置该不动产,就质物卖得的价金优先受偿(日本),或享有收取质物所生孳息的权利(法国、意大利)。作为担保物权,不动产质权与典权有明显的不同。

学者也多持此观点。

3. 特种物权说

该说认为典权兼具担保物权和用益物权性质,是一种特别物权。因为典权虽有使用收益的功能,但传统上典权人设置典权的目的是为取得标的物的所有权,而不在于使用收益。另外,就清偿债务的保证而言,典权确有担保的性质。所以,典权不是纯粹的用益物权,也不是纯粹的担保物权,而是一种特种物权。持此观点的代表人物是史尚宽、黄佑昌。

事实上决定典权性质的标准是设立典权的目的,一般情况下,典权人设立典权的目的主要在于用益而不在于担保,虽然存在回赎权,但并不影响其用益物权的性质。

(三)典权的内容

1. 典权人的权利和义务

(1) 占有、使用和收益权。典权既为用益物权,自应对出典物有占有、使用和收益的权利,这也是典权人的基本权利。对出典物的从物或从权利也同样具有占有、使用和收益的权利,对出典物的孳息物有收取的权利。

(2) 留买权。当出典人将典物出卖于他人时,典权人可以以相同价格提出留买,出典人一般不得拒绝。所以,留买权其实是一种优先权。

(3) 转典、出租权。在典权存续期间,典权人将典物向他人出典的行为称为转典,转典是法律所认可的行为,因转典而产生转典权。依我国台湾地区"民法"规定,转典的期限不得超过原典权的期限,典价也不得超过原典价。

典权存续期间,除契约另有约定或另有习惯者外,典权人也有权将典物出租于他人,并收取租金。只是将典物出租于他人受到很多限制。例如,租赁期间不得超过原典权期限;在原典权未约定期限时,租赁不得设定期限。

(4) 典物取得权。在有期限的典权中,期限届满的一定时期(我国台湾地区法律规定为2年)出典人不回赎典物,典权人即取得典物所有权。在未约定期限的典权中,经过一定时期(一般为30年)出典人不回赎,典权人也可以取得典物的所有权。这种情况在出典人被称为"绝卖",在典权人为所有权的取得。

除以上主要权利外,典权人还可以将典权转让给他人以使自己退出典权关系。我国台湾地区的"民法"也规定,典权可以抵押,所以典权人还享有将典物抵押的权利。

典权人的义务主要包括:支付典价;妥善保管典物;在出典人回赎时返还典物;典物在因意外而灭失时,与出典人分担风险等。在我国台湾地区土地的捐税缴纳义务也应由典权人负担。

2. 出典人的权利和义务

(1) 让与典物所有权的权利。典权的设定并非所有权转移,所以,出典人仍可对典物进行处分。该处分在典权制度看,实际上是典权关系的当事人的变更,受让人取得与出典人相同的法律地位。

(2) 典价的取得权。典权的设定属于有偿行为,典权设定的目的,就出典人而言是获得一定金钱,所以,典价取得权是出典人的基本权利。典价的多少,由当事人约定,一般为接近于买受价。

(3) 担保物权设定权。标的物被出典后,基于物权的排他性,出典人不得在其上设定其他用益物权,但是出典人对标的物仍然享有所有权,可以设定与用益无冲突的担保物权,如抵押权。担保物权的设定以不妨害典权的行使为限。就效力而言,依我国台湾地区的审判实践,应以登记之先后决定优先效力之次序。[①]

(4) 回赎权。对典物的回赎是出典人的主要权利之一。在典权约定的期限届满时,或者在未定期限的任何时间,出典人均可以原典价回赎典物。

与典权人的权利相对应,出典人的义务主要包括:交付符合约定的典物(质量瑕疵担保义务);分担典物的意外灭失风险。

(四) 典权的消灭

典权系物权,一般物权的消灭原因发生后,典权自然消灭,如标的物的灭失、被征收、混同或抛弃等。除此之外,典权还因下列原因而消灭:(1) 回赎,即出典人于典权期限届满后,将原典价返还与典权人并赎回典物,消灭典权的行为。(2) 找贴,即在典权关系存续中,出典人表示将典物所有权让与典权人,而由典权人支付典物时价高出典价部分的差额,以取得典物所有权的制度。其效力是使典权人取得典物所有权,消灭典权。(3) 期限届满。约定期限的典权,出典人未在期限届满后的一定时期内行使回赎权的,典权因期限届满而消灭。按我国台湾地区的"民法"规定,约定期限不满15年的,出典人未在期限届满后的2年内回赎的,典权消灭;约定期限超过15年并附有到期不赎即作绝卖条款的,出典人未在期限届满后及时回赎的,典权消灭;约定期限超过30年的,出典人未在30年期满后的2年内回赎的,典权消灭。未约定期限的,出典人未在出典后的30年内回赎的,典权因30年期满而消灭。

(五) 典权在我国民法中地位的争论

典权虽然没有规定于我国的《物权法》中,但作为中国的固有制度,典权是否应该规定在我国将来的民法典中,历来是理论界和立法部门关注的焦点问题之一。肯定与否定的主要理由如下:

主张保留典权的主要理由包括:(1) 典权是我国固有的物权制度,具有中国特色,为保持中国传统应规定典权;(2) 典权是一种独特的融资方式,它能同时满足典权人占有、使用、收益不动产的需要和出典人对于资金的需要,它与抵押、租赁、保留所有权买卖均有不同,即便实际生活中极少存在,也可以作为备用制度;(3) 新中国成立以来,典权关系一直由政策和判例调整,从物权法定角度讲,应当在《物权法》中予以规定,以使财产关系稳定。有学者也从保留典权的现实意义角度,对保留物权持肯定态度。

[①] 谢在全:《民法物权论》(下),中国政法大学出版社1999年版,第506页。

主张废除典权的主要理由包括：(1) 典权产生的基础和功能已发生变化，变卖祖产即为败家的观念已不复存在；(2) 从经济全球化发展趋势看，典权只有我国存在，规定典权与国际化趋势不符；(3) 我国实行土地国家所有和劳动群众集体所有，以土地设定典权已无可能，而以房屋设定典权者，实例极少，故保留典权价值不大。还有学者从典权本身存在的弊端如对出典人保护过度等说明废除典权制度的合理性。

在《物权法》立法过程中，是否规定典权制度的问题在立法机关、学者之间的争论很大，最终在第六次审议稿中确定不再恢复典权的规定。杨景宇在代表法律委员会向全国人大常务委员会做报告时指出这样做的理由为：原草案规定典权的主要目的是为了融资。依据《合同法》和《担保法》等法律的规定，房产可以通过抵押、出租、约定买回等多种渠道融资，再规定典权的实际作用不大。由此可以看出，典权是否应在我国民法典中规定，应该考虑的是该制度本身是否有价值，其价值应从法律上考虑，而不一定要考虑所谓保持中华文化特质。如果社会中有需要，典权制度有自己的特质，其他制度无法替代，则应予以规定，否则，就应废除。另外，可以从另一角度思考该问题：如果在立法上规定了典权是否会有什么不利后果？

三、关于用益物权的发展问题

恩格斯指出：民法准则只是以法律形式表现了社会经济生活条件。用益物权制度作为民事法律规范的重要组成部分，必然是对当下社会经济生活条件的反映。然而，经济社会条件总在不断发生变化，因此，用益物权制度也必将不断发展。

（一）用益物权制度在物权法中的地位日益凸显

自罗马法至1840年的《法国民法典》，一直采取个人本位的立法方式，强调所有权的绝对观念，物权法以所有权为中心，用益物权没有独立地位。这种独尊所有权，轻视财产利用权的做法已远远落后于当代的经济、法律实践，不能适应时代不断进步的要求。现代社会的一切财产关系和利益，不外乎是财产所有或财产利用在法律上的表现。因物资的短缺，对财产的归属关系的调整不可或缺，同时，对财产利用关系的调整对人类文明的进步的作用也日益凸显。财产所有权问题的解决是对财产加以利用的前提和基础，而对财产的利用又能创造和取得新的财产所有权。由此可见，在现代法律制度中，所有权制度和用益物权制度同等重要。特别是随着世界人口的不断增长，物资相对匮乏加剧，以及用益物权制度内容的不断丰富，用益物权制度在物权法中的地位一定日益重要。

（二）用益物权类型体系的不断完善

用益物权是社会经济条件的一种法律反映，类型体系必将随着经济社会的不断变化和立法技术的不断进步而不断完善。一方面，新的类型不断出现。用益物权的种类取决于人们对物的控制和利用程度，随着科学技术的不断发展，人们对物的控制能力大大增强，对物的利用程度日益加深，这就要求法律确认新的用益物权。在我国对土地承包经营权的确立就是例证。我们可以大胆地预测，在不久的将来，在我国的物权立法中必将出现新的用益物权类型。另一方面，随着经济社会的不断发展,一些固有的用益物权类型渐渐消灭。比如,永佃权和典权制度在我国法律制度中的消灭。

(三) 用益物权客体的不断拓展

现代用益物权的客体已经从传统的以土地为中心发展为以土地、草地、林地、海洋和其他自然资源为中心的格局。特别值得一提的是,我国《物权法》还将用益物权的客体范围扩大至动产。

第十五章 土地承包经营权

第一节 土地承包经营权概述

一、土地承包经营权的概念

在《物权法》的制定过程中,学者们在土地承包经营权概念的名称表述上,存有较多分歧。第一种观点认为,应当采用"农地使用权"来概括土地承包经营权这一权利;第二种观点认为,应把农、林、牧、副、渔生产经营的土地使用权统称为农用权,涵盖现行法中的土地承包经营权;第三种观点认为,应当借鉴罗马法中的永佃权制度,将土地承包经营权改造为永佃权。学者们基于不同角度的诸多不同的表述无疑都有其合理的一面,然而,"土地承包经营权"称谓在我国的理论界和司法实践中已约定俗成、根深蒂固,且其指向明确,不会造成误解。如果贸然改用其他名称无异于舍本求末,而且会招致不必要的误解。[①] 因此,我国《物权法》继续沿用"土地承包经营权"的名称表述实为明智之举。

至于土地承包经营权的内涵,学者之间亦是见仁见智。因各个学者在对其名称使用上不同而在内涵上有所差异,具体界定为:(1)农地使用权,是以种植、养殖、畜牧等农业目的,对国家或集体所有的农用土地占有、使用、收益的权利。[②] (2)土地承包经营权,是指农用权人(承包人)以耕作、牧畜或者其他农业商品项目为目的对集体所有或国有的土地、森林、山岭、草原、荒地、滩涂、水面等自然资源予以占有、使用和收益的权利。[③] (3)农业用地承包权,是指农业生产经营者为种植、养殖、畜牧等农业目的,对集体所有或国家所有由农民集体使用的农业土地依据承包合同而享有的占有、使用、收益的权利。[④] (4)土地承包经营权,是指承包方依照承包合同生效或者依法登记取得的,对农民集体所有和国家所有依法由农民集体使用的耕地、林地、草地、园地、养殖水面、"四荒"等农村土地进行占有和以耕作、养殖、竹木或者畜牧为生产方式从事种植业、林业、畜牧业、渔业等农业目的的生产经营而使用并获得收益的权利,以及依法承包农村土地所形成权利的处分权。

上述学者从不同角度,对土地承包经营权所作出的界定,有其合理的成分,但也存在这样或那样的缺陷。实际上,第一种和第二种界定并无本质上的区别,都存在过于宽泛的缺陷。如居无定所的游牧民族在国家所有的草原上放牧所获得的收益,应

---

① 陈小君:《农村土地法律制度研究》,中国政法大学出版社2004年版,第349页。
② 梁慧星:《中国物权法研究》(下),法律出版社1998年版,第716页。
③ 温世扬、廖焕国:《物权法通论》,人民法院出版社2005年版,第444页。
④ 刘保玉:《物权法》,上海人民出版社2003年版,第297页。

不属于土地承包经营权的内涵。也就是说,国家所有的土地、森林、山岭、草原等自然资源在未依法由农民集体使用时,绝无成为土地承包经营权客体的可能。第三种界定是将承包合同作为取得土地承包经营权的唯一依据,似有将土地承包经营权债权化的倾向,不利于农民利益的保护。毋庸置疑,土地承包合同中确实涉及土地承包经营权的内容,土地承包经营权的取得也含有合同双方当事人意思自治的成分,但这种意思自治是在土地承包经营权法定性的框架内得以体现的,合同双方当事人依意思自治进行选择的空间往往很小。① 也就是说,通常情况下,土地承包经营权的主体资格、权利内容及客体是法定的,土地承包合同只不过是将其具体化、确定化。② 第四种界定过于具体,概括性不强,过多的列举难免挂一漏万。我国《物权法》第 125 条将土地承包经营权界定为:"土地承包经营权人依法对其承包经营的耕地、林地、草地等享有占有、使用和收益的权利,有权从事种植业、林业、畜牧业等农业生产。"相对于学者们的界定,这种立法界定较为概括、抽象,给司法适用留下了较大的弹性空间,但其忽视了对不同类型的土地承包经营权客体的具体规定,难免给司法适用带来困惑。

基于以上分析,我们认为,土地承包经营权可以界定为:所谓土地承包经营权,是指土地承包经营权人基于从事种植业、林业、畜牧业的目的,对农民集体所有和国家所有依法由农民集体使用的耕地、林地、草地等自然资源,进行占有、使用、收益以及在法定范围内对承包农村土地所形成的权利得以处分的权利。

二、土地承包经营权的特征

(一) 土地承包经营权的主体以本集体经济组织成员为主,但不以此为限

根据现行有关法律的规定,适合耕作、种植及放牧的大片农用耕地、林地及草地只能由本集体经济组织的成员承包经营。而非本集体经济组织成员的农业生产者只能通过招标、拍卖、公开协商等方式承包经营"四荒地"。即使是以其他方式承包经营"四荒地",在同等条件下,集体经济组织的成员还享有优先权。③ 此外,农民集体所有的"四荒地"由本集体经济组织以外的单位和个人承包经营的,根据《农村土地承包法》第 48 条规定:"发包方将农村土地发包给本集体以外的单位或者个人承包,应当事先经本集体经济组织成员或者 2/3 以上村民代表的同意,并报乡(镇)人民政府批准。"如此苛刻的实体和程序条件的限制,使得本集体经济组织以外的单位和个人较难成为土地承包经营权的主体,故土地承包经营权的主体以本集体经济组织成员为主。

(二) 土地承包经营权的客体为集体所有或国家所有依法由农民集体使用的农用土地

这就是说,土地承包经营权的标的为集体所有或国家所有由农民集体使用的直

---

① 陈小君:《农村土地法律制度研究》,中国政法大学出版社 2004 年版,第 330 页。
② 这种分析主要针对家庭承包方式取得的土地承包经营权而言,而其他方式取得的土地承包经营权确实是依承包合同取得的,但这种形态的土地承包经营权所占的比例甚少。
③ 《中华人民共和国农村土地承包法》第 5 条、第 15 条及第 47 条。

接用于农业生产的农用地。此处的农业,指广义农业,其中包括种植业、林业、畜牧业、渔业等。这里的农用地,既不同于城市国有土地,又有别于农村公用、公益事业的建设用地等非农业用地。《土地管理法》第4条第3款将农用地界定为耕地、林地、草地、农田水利用地、养殖水面等。《农村土地承包法》第2条规定:"本法所称农村土地,是指农民集体所有和国家所有依法由农民集体使用的耕地、林地、草地,以及其他依法用于农业的土地。"综合《土地管理法》及《农村土地承包法》的相关规定可知,"其他依法用于农业的土地",主要是指农用滩涂、养殖水面、"四荒地"、农田水利用地等。

(三) 土地承包经营权是一种在他人土地上为农业性质的耕作、养殖或者畜牧的用益物权

这种用益物权表现为土地承包经营权人对承包经营的土地的占有、使用、收益及受到限制的处分权上。鉴于我国农村土地承包经营行为具有浓厚的行政性色彩,为了确保土地承包经营权在私法框架内正常运转,《农村土地承包法》不仅规定了土地承包经营权的占有、使用、收益和受限的处分权能,而且还规定了发包方负有不得干预土地承包经营权的正常运转及提供相关服务的义务。[①] 值得一提的是,土地承包经营权不同于农民其他的私有财产,它不仅关涉农民个人安身立命的社会保障功能,而且关涉环境资源保护、粮食安全等宏观调控措施的实施,故《农村土地承包法》一方面保护承包方自愿、有偿地处分其土地承包经营权,另一方面又对受让土地的用途、受让方的农业经营能力作出了限制规定。

(四) 土地承包经营权的发包方为农村集体经济组织或村委会

土地承包经营权是由农地集体所有权派生出来的,农地所有权主体发包其所有的土地是其行使所有权的主要方式。因此,土地承包经营权的发包方应为农村土地所有权主体。我国相关法律对农地所有权主体的规定不甚一致。《民法通则》规定了"村农民集体所有"和"乡(镇)农民集体所有"这两种所有权主体,对村民小组未加规定。[②] 而我国《土地管理法》及《物权法》确立了"三级所有"的农村土地所有权的规范模式。[③] 依据新法优于旧法、特别法优于普通法的法律适用原理,可以认定农地集体所有权主体为三级农村集体经济组织。然而,除少量乡(镇)企业及公用设施、公益事业占用的建设用地外,乡(镇)集体几乎没有可以发包的农用耕地。另外,鉴于我国农村的实际情况[④],在人民公社体制土崩瓦解后,村民小组这种农民集体经济组织名存实亡,不具有担当民事主体的资格,而村集体经济组织也所剩不多,故土地承包经营权的发包任务大多由村委会担当。[⑤]

---

① 参见《中华人民共和国农村土地承包法》第8条、第10条、第14条及第16条。
② 参见《中华人民共和国民法通则》第74条第2款。
③ 参见《中华人民共和国土地管理法》第10条及《中华人民共和国物权法》第60条。
④ 依据"农村土地立法问题研究"的课题组成员对全国十个省份进行大规模调研的相关资料得知。
⑤ 在调研组的调研范围内,只有广州市白云区的土地承包经营权的发包方是具有农村集体经济组织性质的"经济社"而不是村委会。

三、土地承包经营权的性质

关于土地承包经营权的性质,在学术界历来存在债权说和物权说两种不同观点。

(一) 债权说

主张债权说的学者认为:土地承包经营权的内容是由合同确立的,承包经营本质上是一种联产承包合同关系,它仅仅发生在发包人与承包人之间,不具有对抗第三人的效力;土地承包经营权的转包须经发包方同意,当属普通债权转让无疑。因此,基于联产承包合同取得的土地承包经营权属于债权性质。①

(二) 物权说

主张物权说的学者认为:土地承包经营权,一方面是对他人之物的占有、使用、收益和受限的处分权利,在性质上只是对物的支配;另一方面土地承包经营权具有法定性,而土地承包合同只是将法定的土地承包经营权的内容具体化、确定化。因此,土地承包经营权当属物权性质无疑。②

关于土地承包经营权的性质,两种学说皆有一定的理论支撑。债权说是基于具体权利的普遍形成过程的实证判断,物权说是基于抽象权利的法定原则和规定的逻辑推论。③ 实际上,土地承包经营权的物权化和债权化各有利弊,并无一般优劣之分,物权化是否优于债权化,应视具体情况而定。④ 只是,与土地承包经营权的债权化相比,物权化具有更好地保护农民利益、稳定农村土地法律关系、有利于提高地力等优点。所以,越来越多的学者倾向于对土地承包经营权实行物权保护而不是债权保护。

长期以来,我国司法实践中,素来认为土地承包经营权只是一种债权。如最高人民法院在《关于审理农村承包合同纠纷案件若干问题的意见》中,对"发包方任意毁约问题"作出专门规定,指出:"审理这类案件,应当维护原合同的效力。承包人要求继续履行合同的,应予以支持。发包方毁约给承包方造成的经济损失,应当予以赔偿"。

我国《土地管理法》虽确认了农村承包经营权受法律保护,但并没有明确土地承包经营权为物权⑤,而《农村土地承包法》所确立的土地承包经营权带有明显的物权色彩。随着《物权法》将土地承包经营权置于第三编"用益物权"部分,我国多数学者似乎认为,土地承包经营权在我国立法上被赋予了物权性。实际上,我国现行法律规定的"土地承包经营权"既有物权性质的,又有债权性质的。我们认为,《农村土地承

---

① 参见中国社会科学院法学研究所物权法研究课题组:《制定中国物权法的基本思路》,载《法学研究》1995年第3期;江平主编:《中国土地立法研究》,中国政法大学出版社1999年版,第309页;陈鲠:《土地承包经营权物权化与农地使用权制度的确立》,载《中国法学》1995年第3期。

② 参见崔建远:《房地产法与权益冲突及协调》,载《中国法学》1994年第3期;彭万林:《民法学》,中国政法大学出版社1999年版,第361页;房绍坤、丁海湖、张洪伟:《用益物权三论》,载《中国法学》1996年第2期;张红霞:《罗马法上的永佃权制度与我国农地承包经营制度的改革》,载《法学》1999年第9期。

③ 梁慧星:《中国物权法研究》(下),法律出版社1998年版,第710页。

④ 渠涛:《民法理论与制度比较研究》,中国政法大学出版社2004年版,第383页。

⑤ 王利明:《物权法研究》,中国人民大学出版社2002年版,第454—455页。

包法》规定的以家庭承包方式取得的土地承包经营权以及以登记的其他方式取得的土地承包经营权属于物权无疑,但未经登记的以其他方式取得的土地承包经营权应属于债权。

第二节 土地承包经营权的设立

土地承包经营权的设立,是指土地承包经营权人与农村集体经济组织签订农地承包合同创设土地承包经营权的法律行为。依物权法的基本原理,不动产物权应以登记为公示方法而取得公信的法律效果。依物权法原理的逻辑推演,以不动产即农村土地为客体的土地承包经营权应以登记而设立,以便周知而具有公信效果。然而,根据《农村土地承包法》及《物权法》的规定,家庭承包方式取得的土地承包经营权却依土地承包合同的生效而设立;以招标、投标方式取得的土地承包经营权应依登记而设立。

一、家庭土地承包经营权的设立

(一) 家庭土地承包合同

虽然家庭土地承包经营权具有法定性,但集体经济组织的成员并不能依据法律规定直接取得土地承包经营权,而是需要发包方与承包方之间签订农地承包合同,确定其具体的权利义务关系,使得法定的、抽象的土地承包经营权的有关规定具体化,才能取得。事实上,农地承包经营合同还是承包人取得物权性土地承包经营权的依据。我国《合同法》的分则没有对土地承包经营合同作出明确规定,因此,在现阶段,土地承包经营合同为一种无名合同,应该适用《合同法》总则的相关规定。根据《农村土地承包法》及《物权法》规定,家庭土地承包经营权依合同生效而设立。由此可见,此类合同不仅是债权产生的依据,也是物权产生的依据。因此,此类合同的处理不仅应适用《合同法》,更应注重《物权法》的适用。

土地承包经营合同为要式合同,必须采用书面形式,以便于确定双方当事人的权利义务,防止发包方任意变更或撤销合同。另外,土地承包经营合同具有特殊性,在其条款上也有特殊要求。根据《农村土地承包法》第21条的规定,土地承包合同的主要条款为:发包方、承包方的名称,发包方负责人和承包方代表的姓名、住所;承包土地的名称、坐落、面积、质量等级;承包期限和起止日期;承包土地的用途;发包方与承包方的权利与义务;违约责任。

土地承包经营合同一经生效,即产生对双方当事人的约束力。《农村土地承包法》第24条规定:"承包合同生效后,发包方不得因承办人或者负责人的变动或者解除,也不得因集体经济组织的分立或者合并而变更或者解除。"需要指出的是,集体经济组织负有强制缔约义务。根据合同自由原则,合同当事人可以自由决定是否缔结合同、与谁缔结合同以及合同的内容。但合同的自由从来就不是绝对的、无限制的自由,不可能是当事人的肆意妄为。因而,在某种意义上,一部合同自由史,就是合同如何受到限制,经由醇化不断践行合同正义的记录。①

由于我国广大农村地区的社会保障体系尚未建立,土地承包经营权还承载着农村人口的社会保障功能。另外,根据现行法律规定,我国农地所有权主体为"农民集体",因此,作为集体经济组织的成员以家庭承包方式取得的土地承包经营权不仅具有财产性质,而且具有一定的人身性质。也就是说,家庭承包是指集体经济组织的成员依据其成员权对承载着社会保障功能的集体土地进行占有、使用、收益的一种经营形式。由于家庭承包与成员权是密切联系在一起的,农村集体经济组织内部的成员都可以以户为单位承包集体的土地,这是一种法定的资格和权利。所以,我国相关法律规定了集体经济组织的强制缔约义务。因此集体经济组织没有决定是否缔约及选择缔约对象的权利,即使是土地承包经营合同的内容,集体经济组织可选择的自由度也极其有限。

(二) 家庭土地承包经营权的设立

《农村土地承包法》第 22 条规定:"承包合同自成立之日起生效。承包方自承包合同生效时取得土地承包经营权。"《物权法》第 127 条第 1 款进一步明确:"土地承包经营权自土地承包经营权合同生效时设立。"据此,可以认定以家庭承包方式取得的土地承包经营权采债权意思主义的物权变动模式,不同于《物权法》第 9 条所确立的不动产采登记要件主义的物权变动模式。之所以采纳这种立法模式,大致有以下几种原因:

第一,由于中国农村具有"熟人社会"特点,集体经济组织成员之间非常熟悉,加上土地承包经营合同常常采取"集会"的方式公开订立的,无形中已起到物权公示的效果。

第二,由于我国农村土地是以"均田制"为基本原则,并采取"优劣搭配"的方式承包到户的,这就使得每家每户本就不多的承包地七零八落地分散在村里的各个角落。因此,登记起来非常困难。

第三,由于不动产登记是需要收取登记费用的,因此,土地承包经营权采登记要件主义的物权变动模式势必会增加农民的负担。

第四,由于土地承包经营权具有身份性的特征,公众可以通过对某人的成员资格的了解而在一定程度上了解是否享有承包土地的物权,这也大大减少了登记公示的必要。②

二、土地承包经营权的期限

土地承包经营权的期限是指土地承包经营权的存续期间,即土地承包经营权人有权占有、使用、收益土地的合法期限。《意大利民法典》第 958 条规定,永佃权的存续可以附期限,在附期限设立永佃权时,所附期限不得少于 20 年。《日本民法典》第

---

① 王泽鉴:《民法学说与判例研究》,中国政法大学出版社 1998 年版,第 22 页。
② 王利明:《物权法研究》,中国人民大学出版社 2002 年版,第 462 页。

278条也规定,永佃权的存续期间为20年以上50年以下,期限超过50年的缩短为50年。50年期满后当事人可以续展,续展期间同样不得超过50年,但续展次数不限;如果当事人未以设定行为确定永佃权存续期限的,除另有习惯情形外,存续期间为30年。而我国《农村土地承包法》第20条、《物权法》第126条规定,耕地的承包期为30年;草地的承包期为30年至50年;林地的承包期为30年至70年;特殊林木的林地承包期,经国务院林业行政主管部门批准可以延长。由此可见,与《土地管理法》第14条将土地承包期限统一规定为30年不同的是,上述两部法律对农地作出相应的分类,不同类型土地的承包期限不同,这样的规定更具有实际操作性和可行性,更有利于提高农地利用的效率。

上述两部法律之所以将土地承包经营权的期限规定的如此之长,主要是出于以下两个目的:一是为了体现土地承包合同的物权性;二是为了使农民形成合理的预期,提高农民"养地"的积极性,避免其掠夺性经营,从而实现对土地资源的保护。

然而,上述两部法律有关土地承包经营权期限的规定,虽然对于稳定农村土地法律关系起到了不可否认的作用,但也存在如下弊端:

第一,由于上述两法对承包期的规定过于刚性,完全排除了承包双方意思自治的可能性,很难适应中国农村地域广大、情况复杂多样对土地承包期限的多样性的要求。

第二,与国外的永佃权不同的是,中国的土地承包经营权不仅具有财产性,而且具有人身性,并且还承载了农村的社会保障功能。若我国的土地承包经营权如同国外的永佃权一样,保持较长的固定期限,且在此期限内维持土地的承包面积不变,若干年后必然会出现一些农户因人口减少而人少地多,而另一些农户因人口增多而人多地少的现象。这种分配格局的不均衡不仅会在一些人当中产生分配不公的不满心理,而且也确实会造成部分人多地少的农户的生活难以为继。

因此,可以修改上述两部法律有关土地承包期限的规定,将30年、50年及70年的期限确定为最长期限,而具体到某一集体经济组织的土地承包经营权的期限应在法定最长期限内由村民大会或村民代表大会讨论确定,发包方与承包方于签订承包合同时予以确认。①

三、以其他方式取得的土地承包经营权的设立

我国现行法律不仅规定了土地承包经营权的家庭承包方式,而且还规定了不便于耕种的"四荒地"的其他方式承包。其他承包方式主要包括招标、拍卖及公开协商等方式。这类承包方式在土地承包经营权的承包人、设立方式及承包合同的性质等方面的法律规定均不同于家庭承包方式。

(一)承包人

出于农地承载着农村社会保障功能的考虑,我国法律将适合一家一户耕种的农

---

① 陈小君:《农村土地法律制度研究》,中国政法大学出版社2004年版,第47页。

用地的承包方限定为本集体经济组织内部成员。而对于不便于农户耕种的"四荒地"的承包人没作如此严格的限定,只要是具有农业生产能力的生产者均可成为其承包人。也就是说,从法律层面而言,本集体经济组织的成员及其他具有生产能力的外来人员或单位均可以成为此类承包地的承包人。但从实践层面而言,由于此类"四荒地"不仅规模大、投资多、开发难,而且周期长、收益慢、风险高。因此,这类土地的承包人远非一般的本集体经济组织的成员所能胜任,只有那些经济实力雄厚、农业生产技术高、市场预判能力强的内部成员及外来人员或农业生产企业才有可能成为其承包人。然而,《农村土地承包法》第47条却规定:"以其他方式承包农村土地,在同等条件下,本集体经济组织成员享有优先承包权。"我们认为,此条规定有失偏颇。因为,在家庭土地承包经营权确保了内部成员的基本生存要求而实践了正义的价值目标的前提下,应该兼顾效率的价值目标在全国范围内优化配置"四荒地"资源而确保粮食生产的安全。因此,我国的法律制度不但不应该限制反而更应该鼓励那些具有较强农业生产能力的企业开发农村"四荒地",提高这类土地的利用效率。

根据《农村土地承包法》第46条规定,"四荒地"不仅可以直接发包,还可以折股分给本集体经济组织的成员后再实行承包经营或者股份合作经营。对于折价入股后再实行承包经营或者股份合作经营的两种不同做法,承包人分别为折价入股后的承包经营人和本集体经济组织的成员。因为,在前一种做法中,本集体经济组织成员并没有与发包方签订土地承包合同,其股份只是一种分取承包费用的依据,并不等同于或近似于现代公司制度中的股份;而在后一种做法中,本集体经济组织的成员,不仅以入股的土地承包经营权作为分红依据,而且与集体经济组织签订的土地承包合同不变。

(二) 设立方式

对于以其他方式承包的"四荒地",《农村土地承包法》第49条规定为:"通过招标、拍卖、公开协商等方式承包农村土地,经依法登记取得土地承包经营权证或者林权等证书的,其土地承包经营权可以依法采取转让、出租、入股、抵押或者其他方式流转。"从该规定的文义来看,以其他方式取得的土地承包经营权具有两种属性,即物权性质和债权性质。也就是说,依法登记的土地承包经营权,自登记之日起具有物权性质,承包经营权人可以依法自主地采取转让、出租、入股、抵押或者其他方式流转,不受发包方的干涉;而未经登记的土地承包经营权仅具有债权性质,其流转条件与一般债权的流转条件并无二致,如转让须经发包方同意等。据此,可以认定以其他方式取得的土地承包经营权采登记要件主义的变动模式,依登记而设立。

(三) 土地承包合同及其性质

对于以其他形式的承包,如通过招标、拍卖、公开协商等方式将不便于耕种的"四荒地"发包,因为这种承包关系不涉及成员权的内容,对承包人的主体资格也没有限制,承包人的权利也没有必要成为长期稳定的权利,所以,法律并没有规定发包方的强制缔约义务。也就是说,合同的双方当事人可以自由地决定是否缔约、缔约对象、承包关系的内容、承包期限及承包费用等。由此可见,合同当事人的权利和义务主要是双方意思表示一致的产物,在某种意义上,无法定性可言。据此可以认定,此类的土地承包合同只具有债权性质。

第三节 土地承包经营权的效力

一、承包人的权利

在农地承包经营关系中,土地承包经营权人享有多方面的权利。

(一)占有权

占有权指土地承包经营权人直接支配和控制农地集体所有的或国家所有依法由农民集体使用的土地的权利。土地承包经营权为用益物权,权利人必须以占有其权利的标的物即农地为前提,否则无法实现其使用收益目的。非经法定程序或农地承包经营权人的同意,于承包期内,任何主体不得征用、征收或收回农地。土地承包经营权人在其承包地被他人非法占有时,权利人可主张物上请求权而重新获得承包地的占有。

(二)自主经营权

承包人享有使用农用地及其他农用生产资料,自主地、独立地进行农业生产经营活动的权利,其他人(包括发包方)不得任意干涉。

(三)收益权

收益权是指农地承包经营权人对其承包的农地,通过使用、出租、互换和转让等方式取得自然孳息或法定孳息的权利。其中,农地承包经营权人通过耕作、养殖和畜牧取得的收益为自然孳息,通过出租、互换和转让等流转方式取得的收益为法定孳息。土地承包经营权人依法获得的收益,可以继承。

(四)设施使用权

承包人承包土地后,有权依照集体组织的有关规定使用集体组织所有的农用设施,如灌溉设施、农用机具等。

(五)地役权

此处所谓地役权是指农地承包经营权人为自由支配和使用农地需要利用邻地的权利。主要涉及农地承包经营权人为通行、通水、采光、越界等而与邻地形成的权利义务关系。于农地承包经营权设立时农地所有人已经取得的地役权,农地承包经营权人自然继受。必要时,农地承包经营权人亦可以设立新的地役权。

(六)物上请求权

作为限制物权人,农地承包经营权人同样享有物上请求权,即在其行使土地承包经营权受到妨碍时得请求停止侵害、排除妨碍、消除危险、返还占有和恢复原状等。农地承包经营权人得以独立地向任何妨碍其权利的主体主张其物上请求权。

(七)流转权

土地承包经营权流转,是指土地承包经营权进入流通领域,基于提高土地资源的配置效率之目的,通过一定的运作方式(转包、出租、抵押、入股等),在不同主体的转移。

根据现行法律的规定,家庭土地承包经营权可以以转包、出租、互换、转让、入股等方式进行流转;以其他方式取得的土地承包经营权可以以转让、出租、入股、抵押等方式进行流转。① 在实践中,土地承包经营权流转形式地区差异性很大。总体来说,在自然条件优越,第二、第三产业经济发达,交通便利,并且当地经济组织积极引导的地区,土地承包经营权流转形式呈多样化发展趋势,同时流转的层次高、规模大、范围广。而自然条件恶劣、经济欠发达、交通不便,当地经济组织引导不力的地区,土地承包经营权流转形式较为单一,而且层次、规模、范围都有一定的局限性。其中比较普遍或者比较典型的土地承包经营权流转形式主要有转包、转让、互换、出租、入股及抵押等六种。②

1. 土地承包经营权的转包

转包是指在承包期内,土地承包经营权人将其所承包的土地全部或部分转移给第三人耕种,由第三人向承包经营权人履行义务,承包经营权人再向发包方按原先签订的合同履行义务的法律行为。

《农村土地承包法》第32条及《物权法》第128条规定了以家庭承包方式取得土地承包经营权可以转包,而《农村土地承包法》第49条及《物权法》第133条并没有规定以其他方式取得的土地承包经营权可以转包。依物权法定原则可知,我国法律对以其他方式取得的土地承包经营权的转包持否定态度。也就是说,我国现行法律只允许以家庭承包方式取得的土地承包经营权进行转包。

2. 土地承包经营权的转让

土地承包经营权的转让,是指土地承包经营权人将自己的所承包的土地部分或全部转移给第三方(受让方)经营,承包经营权人与发包方的承包关系终止或部分终止,由受让方向发包方履行承包合同的法律行为。

我国现行法律虽然并不禁止土地承包经营权的转让,但却规定了较为严格的转让条件,即土地承包经营权的转让须经发包方同意,且受让方须为其他从事农业生产的农户。③

3. 土地承包经营权的互换

土地承包经营权的互换,是指基于方便耕作、连片管理、规模经营或专业化生产的目的,土地承包经营户之间对各自拥有的土地承包经营权进行交换的法律行为。

互换是一种应用比较普遍的土地承包经营权小规模流转的形式。这主要是因为农地最初是按人口或者劳动力平均而优劣搭配的,导致土地分散零碎,因此在土地承包经营权较长的期限内,农民出于便于耕作、规模经营的目的,互相交换各自承包的土地。④ 对农民而言,互换的标的不是一种物,而是一种权利,即土地承包经营权。因

---

① 《中华人民共和国农村土地承包法》第32条、第42条、第49条的规定;《中华人民共和国物权法》第128条、第133条的规定。
② 陈小君:《农村土地法律制度研究》,中国政法大学出版社2004年版,第25页。
③ 《中华人民共和国农村土地承包法》第37条及第33条的规定。
④ 刘阳:《土地承包经营权流转的法律问题及其对策》,暨南大学2000年硕士学位论文,第8页。

此互换的公平标准是互换的土地承包经营权的价值大致相等。在这种情况下,互换双方对对方土地承包经营权的标的物即承包土地的状况如土地四至、肥沃程度和出产率等应当有相当的了解。① 从法律的维度而言,互换属于土地承包经营权的相互转让,涉及互换双方原承包合同标的(即各自承包的土地)和承包关系的变更。但在实践中,承包方也不改变原承包关系,各自按原承包合同分别享受其权利、承担其义务,并没有涉及相互权利义务的转移。

4. 土地承包经营权的出租

土地承包经营权出租,是指土地承包经营权人以一次性或分期收取承租方租金为前提,将其承包的土地租赁给不特定第三人占有、使用和收益的法律行为。

土地承包经营权出租后,原土地承包合同所形成的法律关系只能约束土地承包经营权人,不能约束租赁人,土地承包经营权人以出让所承包土地的占有、使用及收益的权利为对价来获取租金,而承租人在支付租金后所获取的占有、使用及收益的权利仅具有债权性,不具有物权性。

在2001年12月中共中央发出的《关于做好农户承包地流转工作的通知》中不提倡"工商企业长时间、大面积租赁和经营农户承包地,地方也不要动员和组织城镇居民到农村租赁农户承包地"。而《农村土地承包法》第39条第1款规定:"承包方可以在一定期限内将部分或全部土地承包经营权转包或者出租给第三方,承包方与发包方的承包关系不变。"那么,如何来理解法律和法规之间的不同规定呢?从法律适用层面而言,法律的效力高于法规,与法律发生冲突的法规几无适用的可能。况且,中央的文件中只是不提倡工商企业长时间、大面积租赁农户的承包地,而没有禁止其租赁,应该说此文件仅具有指导意义,并无强制效力。由此可见,土地承包经营权的出租并无法律障碍。

5. 土地承包经营权入股

土地承包经营权入股,是指土地承包经营权人基于投资收益的目的,将土地承包经营权作为股份出资的法律行为。

《农村土地承包法》第42条对土地承包经营权的入股明确规定为:"承包方之间为发展农业经济,可以自愿联合将土地承包经营权入股,从事农业合作生产。"在实践中,土地承包经营权的入股经营的流转方式内涵极不统一,主要有三种:(1)动态股权制,即由发包方作为中介,土地承包经营权人与第三方协商一致,按其要求种植作物(通常第三方还会提供一定的技术),并由第三方负责产品销售的土地集约规模经营方式。(2)入股分红制,即将农户所承包的土地以一定标准在集体组织内部划分股份,按股份对被征用的土地补偿费或其他集体收益在集体经济组织内部进行分配的利益分配机制。其中股权和土地承包经营权是相互独立的两个权利,股权不能被继承和转让,当承包经营权转包或出租时,股权也不发生变动。(3)土地股份合作经营制,即指土地承包经营权人以其土地承包经营权作价为股份,联合经营,组建股份

---

① 孙健:《农地使用权流转法律问题研究》,西南政法大学2003年硕士学位论文,第31页。

合作制的企业经营机构,进行民营化的企业经营,以入股的股权确定股比,作为分红的依据,原承包合同不变。

在上述三种土地承包经营权的流转方式中,动态股权制中的第三方仅仅与农户签订了供销合同,并没有参与土地经营,应不属于土地承包经营权的流转方式。而所谓入股分红制也不是土地承包经营权的流转方式,它只不过是集体经济组织内部的一种利益分配方式。只有土地股份合作经营制才属于真正意义上的以土地承包经营权入股的流转形式。

6. 土地承包经营权的抵押

土地承包经营权的抵押,是指土地承包经营权人在自己或他人成立合同时将承包土地不转移占有而向合同的债权人提供相应担保,当自己或他人不按照约定向抵押权人履行合同义务时,抵押权人有权用土地承包经营权作价变卖抵偿的一种流转方式。

《农村土地承包法》第32条规定:"通过家庭承包取得的土地承包经营权可以依法采取转包、出租、互换、转让或者其他方式流转。"《物权法》于第128条再次重申了这一规定。在这两部法律中,未规定家庭承包取得的土地承包经营权能否抵押。从法理上讲,抵押权是物权,抵押权的设立和取得应当遵循物权法定原则。因此,基于现行法律的规定,可以认定以家庭承包方式取得的土地承包经营权不能设定抵押。况且,《担保法》第37条也规定耕地、自留地等集体所有的土地使用权不得抵押。对于以其他方式取得的土地承包经营权,《农村土地承包法》于第49条、《物权法》于第133条分别规定可以予以抵押。

(八) 土地承包经营权的继承

土地承包经营权的继承,是指土地承包经营权人在承包经营期内死亡,其继承人继续承包其土地的法律行为。

我国《继承法》第4条规定:"个人承包应得的个人收益,依照本法规定继承。个人承包,依照法律允许由继承人继续承包的,按照承包合同办理。"《农村土地承包法》第31条规定:"承包人应得的承包收益,依照继承法的规定继承。林地承包的承包人死亡,其继承人可以在承包期内继续承包。"《农村土地承包法》第50条规定:"土地承包经营权通过招标、拍卖、公开协商等方式取得的,该继承人死亡,其应得的承包收益,依照继承法的规定继承;在承包期内,其继承人可以继续承包。"依以上规定可见,我国法律已从正面规定了家庭承包中的林地承包权以及以其他方式取得的土地承包经营权在承包人死亡的情况下,其继承人可以继续承包。至于家庭承包中的耕地和草地在承包人死亡的情况下,其继承人能否继续承包,法律未加规定。然而,由于《农村土地承包法》第26条规定,在承包期内,发包方不得收回承包以及"增人不增地、减人不减地"农地政策的实施,因此,实然地发生家庭内部成员继续承包的法律效果。至于家庭成员外的继承人,依物权法定的物权法的基本原则,应不能继续承包。

二、承包人的义务

在农地承包经营关系中,承包人负有下列义务:

1. 交付地租

地租,也称承包经营费,是指农地承包经营权人应该按照约定交付的租金。在法定或约定的承包期内,土地承包的双方原则上不得变更租金。但在合同约定的租金增加的条件成就或社会经济状况发生剧烈变化时,依原有租金致使双方利益明显失衡时,所有人可以要求增加租金。在遭遇不可抗力、非农地使用人过错的重大事故或农地部分灭失情形,农地使用权人可以请求减免租金。

2. 依法定或约定用途使用土地

土地承包经营权人应依法定或约定的用途使用其承包地,但在符合农地登记用途或约定用途、不损害农地所有权人利益及对农地不造成损害条件下,土地承包经营权人可以与发包方协议变更农地用途。

3. 维持地力

土地承包经营权人在使用农地时不得进行破坏性耕作、养殖或放牧,而应维护农地肥力和使用性能。

三、发包人的权利

在农地承包经营关系中,发包人享有下列权利:

1. 收取地租

农地承包经营权人有权依约定收取地租。在农地承包经营权人有违约情形时,农地承包经营权的发包人有权通过协议约定的方式或诉讼方式收取地租。

2. 农地承包经营合同解除权

发包人有权监督农地承包经营权人按照约定或法定用途使用农地。在承包方违反约定或法定用途使用承包土地时,发包方于法定或约定条件成就时得以解除合同。

四、发包人的义务

除农地承包经营合同约定的发包人义务外,农地发包人的主要义务为不作为义务,即不得干预农地承包人对农地的合理使用,不得违约收回农地,不得违约解除农地承包经营合同等。此外,发包人就承包合同未约定事项,如农地的相邻关系的协调、农地排水灌溉等设施的修建维护等负有积极的作为义务。

第四节 土地承包经营权的变更与消灭

一、土地承包经营权的变更

土地承包经营权的变更有狭义与广义之分。狭义的土地承包经营权的变更仅指土地承包经营权内容的变更,而广义的土地承包经营权的变更还包括土地承包经营权主体的变更。土地承包经营权主体的变更又称为土地承包经营权的相对消灭,主要因转让、出资和继承而发生,此内容在土地承包经营权效力部分已作介绍,因此,本节所介绍的土地承包经营权的变更仅指狭义的土地承包经营权的变更,即土地承包经营权内容的变更。土地承包经营权内容的变更主要有农地用途的变更和标的物范围的变更两种。

(一) 农地用途的变更

农地用途的变更可以分为根本性变更和非根本性变更。农地用途的根本性变更,是指将承包地的农业用途变更为非农业用途,最主要的形式包括将农用地变更为商业用地和农村建设用地两种。只有先通过征收的办法,将农民集体所有的土地转变为国家所有,然后由国家出让才能将农用地变更为商业用地。至于将农用地变更为农村建设用地,根据《土地管理法》第44条规定,应当办理农用地转用审批手续。农用地的非根本性变更可以分为按照约定变更和无须约定变更。按照约定变更,是指按照土地承包经营合同的约定变更农用地的用途,如将种植用的农地开发为鱼池。至于无须约定变更,是指得依农地承包经营权人的自主意志变更农用地的用途,而无须取得发包人同意,如将从事粮食种植的农田套栽果树,但该变更不得违反法律规定和合同约定。

(二) 土地承包经营权标的物的变更

土地承包经营权标的物的变更即农地面积大小的变更,可以分为农地部分灭失、农地的分割与合并两种情形。一般情况下,农地部分灭失不具有可恢复性,承包人的权利只能按照既有农地来确定。但对于因自然灾害严重毁损承包地等特殊情形造成农地部分灭失的,经本集体经济组织成员的村民会议2/3以上成员或者2/3以上村民代表的同意,并报乡(镇)人民政府和县级人民政府农业主管部门批准后可以适当调整。[①] 农地的分割,是指承包人所承包的农地因流转或被收回而部分减少。农地的合并,是指承包人通过承包或受让等方式增加其承包农地的面积。

二、土地承包经营权的消灭

土地承包经营权作为一种用益物权,既有物权消灭的一般事由,如承包地消灭、期限届满等,也有土地承包经营权的特定事由,如承包方的提前交回、发包方的提前收回、承包地被征用等。

(一) 土地承包经营权的期限届满

土地承包经营权是一种有期物权,在期限届满时归于消灭。

根据《农村土地承包法》第20条及《物权法》第126条的规定,耕地的承包期为30年,草地的承包期为30年至50年,林地的承包期为30年至70年,特殊林木的林地承包期,经国务院林业行政主管部门批准可以延长。该规定说明,耕地的承包经营权的双方绝无约定承包期限的可能,只能为30年。但对草地、林地的承包,双方可以

---

① 参见《中华人民共和国农村土地承包法》第27条。

在法定的期限内进行约定。土地承包合同中约定的期限届满，土地承包经营权就归于消灭，承包方应将承包地交回发包方。当然，在土地承包经营权的期限届满时，双方当事人可以约定予以延期。

（二）土地承包经营权的提前交回

土地承包经营权的提前交回，是指在土地承包经营权的期限届满前，承包方将承包地交回发包方，其土地承包经营权归于消灭的法律行为。

根据《农村土地承包法》第29条的规定，在承包期内，土地承包经营权人可以自愿将承包地交回发包方，发包方不得对此予以限制。但承包方自愿交回承包地应当履行必要的程序，即应当提前半年以书面形式通知发包方，以便发包方重新发包。当然，承包方在承包期内交回承包地的，在承包期内不得再要求承包土地。

（三）土地承包经营权的提前收回

土地承包经营权的提前收回，是指在土地承包合同约定的承包期限届满之前，发包方于特定事由发生时将承包地提前收回，使承包经营权归于消灭的法律行为。

根据《农村土地承包法》第26条第3款的规定，此种交回必须符合一定的要件，即承包期内，承包方全家迁入设区的市，转为非农业户口。土地承包经营权具有身份性的特征，是一种成员权。因此，当承包方全家转为非农业户口，则意味着失去了作为集体经济组织成员的资格，不应当再享有土地承包经营权，应当将承包的土地交回发包方。如承包方不主动交回，发包方有权收回其承包地。

除此之外，法律没有明确规定发包方可以提前收回承包地的其他情形，但部分学者们认为，土地承包经营权提前收回的情形还有：一是乡（镇）村公共设施和公益事业的建设需要，或者依村镇规划需要改变土地用途的，发包方有权提前收回承包地；二是在承包方严重违约或严重违法的情形下，发包人有权提前收回承包地；三是承包经营人闲置土地达2年以上的，发包方可以提前收回承包地。但在发包方提前收回土地时，为保护承包经营权人的利益，发包人应当给予权利人大致相当的补偿或者以相当的土地承包经营权置换。①

（四）承包地被征收

国家基于公共利益的需要而依法征收农村集体所有的土地时，在被征收的土地上设定的土地承包经营权当然消灭。但国家在征收承包经营的土地时，应当给予充分的、合理的补偿。国家对农地征收的条件、程序及补偿规则具体依照《土地管理法》及其《实施条例》的有关规定。②

（五）承包地灭失或使用价值丧失

土地承包经营权必须以承包地的存在为前提条件，否则便失去了存在的基础。承包地的灭失虽然少见，但确实存在，比如靠近河流的承包土地随着河床的冲刷而灭失，承包土地因采矿而塌陷等。上述情形下，土地承包经营权归于消灭。

---

① 王利明：《物权法论》（修订二版），中国政法大学出版社2008年版，第471页。
② 参见《中华人民共和国土地管理法》第2条及第45—51条；《中华人民共和国土地管理法实施条例》第25条及第26条。

承包方承包土地,是为了能在承包的土地上有所收益。当承包方所承包的土地因自然原因而使其使用价值丧失时,土地承包经营权随之消灭,如牧民承包草地从事畜牧业,但随着沙漠的扩大化,草地逐渐退化为沙漠,牧民的土地承包经营权随之消灭。

（六）混同

农地所有人于特定情形取得自己所有土地的承包经营权,土地承包经营权被土地所有权吸收,该权利消灭。但是,第三人对农地承包经营权具有利益的除外。

（七）因婚姻关系而引起的土地收回问题

为了保护广大农村妇女的合法土地权益,《农村土地承包法》第30条规定:"承包期内,妇女结婚,在新居住地未取得承包地的,发包方不得收回其原承包地;妇女离婚或者丧偶,仍在原居住地生活或者不在原居住地生活但在新居住地未取得承包地的,发包方不得收回其原承包地"。该条规定说明,当外嫁妇女在新居地已取得承包地时,原居住地的集体经济组织可以收回其承包地;当离婚妇女若不在原居住地居住且在新居住地已取得承包地时,原居住地的集体经济组织可以收回其承包地。

（八）承包方死亡无继承人或继承人放弃继承

土地承包经营权的存续须以承包方的存在为前提,如果土地承包经营权主体即承包方死亡且无继承人时,所享有的土地承包经营权就失去存在的意义而随之消灭。

值得注意的是,《农村土地承包法》允许林地承包权及通过招标、拍卖、公开协商等方式取得的土地承包经营权作为遗产继承,但当继承人放弃继承时,土地承包经营权随之消灭。不过,家庭承包方式取得的耕地、草地的承包经营权不允许继承的,也不存在放弃继承的可能。

此外,《农村土地承包法》第41条规定:"承包方有稳定的非农职业或者有稳定的收入来源,经发包方同意,可以将全部或者部分土地承包经营权转让给其他从事农业生产经营的农户,由该农户同发包方确立新的承包关系,原承包方与发包方在该土地上的承包关系即行终止"。这实际上是因承包地的转让而使土地承包经营权消灭,只不过是在转让方的土地承包经营权消灭的同时,受让方取得新的土地承包经营权。

本章重点疑难问题提示

一、关于家庭土地承包经营权的设立问题

《农村土地承包法》第22条规定,家庭方式承包土地的承包方自合同生效时取得土地承包经营权。而《物权法》第127条进一步明确为,以家庭承包方式取得的土地承包经营权自土地承包经营权合同生效时设立。

对于家庭土地承包经营权能否依合同生效而设立,学术界历来存在肯定说和否定说两种不同的观点:

1. 肯定说

持肯定说的学者认为,由于家庭土地承包经营权与成员权有着密切联系,公众可

以通过对某人的成员资格的了解而在一定程度上了解其是否享有对承包土地的物权,从而极大地减少了土地承包经营权公示的必要性。另外,由于家庭承包的土地零碎、分散,若实行登记设立,实际操作的难度非常大。同时,各级政府颁发的土地承包经营权证书在一定程度上也起到公示作用。因此,家庭土地承包经营权的设立没有登记的必要。①

2. 否定说

持否定说的学者认为,登记的公信力在于保证不动产交易的安全,确保第三人避免遭受不可预测的交易风险。另外,从我国农村目前的土地使用状况来看,土地权利的纠纷主要在于村干部、乡镇政府干部以及其他政府权力机构对土地权利的侵犯。由县级政府部门颁发的土地承包经营权,虽在一定程度上遏制了村干部的任意毁约,但其对政府权力部门的任意侵权却收效甚微。因此,鉴于土地权利证书在确认权利的有限性,家庭土地承包经营权的登记制度在我国具有不同于其他国家或地区的社会意义,即通过登记制度,不但可以增强土地权利的公信力,而且更重要的是可以防范政府部门对土地权利的任意侵犯。②

不可否认,两种学说皆有一定的理论支撑。否定说主要是基于登记要件主义物权变动模式理论的逻辑推演,希望想通过登记制度来遏制政府部门对土地权利任意侵犯情况的发生而得出的结论;肯定说主要是基于对中国农村的现实状况的实证判断而得出的结论。我们认为,肯定说更符合中国农村的现实状况,家庭土地承包经营权依承包合同生效而设立的制度规定在实践中的运行效果会更好。主要理由如下:

第一,中国农村是个"熟人社会",具有乡村事务"半透明"甚或"透明"的特征,且承包地的划分多以村民集会的方式进行,故大多数村民对村里每块土地的四至及权属状况"了然于胸"。因此村民心中的"活地图"及集会分配承包地的方式"无形"中起到了"公示"从而"公信"的法律效果。

第二,我国地域辽阔,各地情况不一,若整齐划一地要求家庭土地承包经营权"登记设立",不符合我国农村许多地方的实际状况。因为我国农村承包土地实行的是"均田制"的模式,且在实务中采取"好孬搭配"的方式分田到户的,这就使得每家每户本就不多的家庭承包土地七零八落地分散在村里的各个角落。对于国家来说,履行登记手续将有极大的困难,登记成本较高。

第三,中国农村人地矛盾激化,家庭承包的土地亩数较少、价值较低、收益不高。在农民眼里,花费"不菲"的费用去登记自己世代耕作的收益不高的土地,就是"脑袋进水"的表现。基于市民社会背景的不动产登记的制度设计,对于农村社会的颇具"经济理性"的村民来说,就是一件毫无用处的"奢侈品"。

第四,根据十省实地调查,绝大多数的农民根本就没有登记家庭土地承包经营权的意识和愿望。在此种农村现状下,若硬性规定家庭土地承包经营权依合同生效而

---

① 王利明:《物权法教程》,中国政法大学出版社 2003 年版,第 267 页。
② 孙宪忠:《物权法》,社会科学文献出版社 2005 年版,第 271 页。

设立,运行效果堪忧。因为,法律的规制作用是有限度的,它只能规制少数不合法的行为,而对绝大多数人的行为习惯却往往无能为力。①

综上所述,我们认为,《物权法》沿袭《农村土地承包法》的做法,规定家庭土地承包经营权依合同生效而设立是比较切合中国农村实际状况的。

二、关于土地承包经营权的流转问题

土地承包经营权的流转方式,包括转让、互换、转包、出租、入股、抵押等方式。在《物权法》的制定过程中,对于如何规定土地承包经营权的流转方式,一直存在着争议。争议主要集中在土地承包经营权的转包、转让及抵押方面。

(一)土地承包经营权的转包

《农村土地承包法》第32条及《物权法》第128条规定了以家庭承包方式取得土地承包经营权可以转包,而《农村土地承包法》第49条及《物权法》第133条并没有规定以其他方式取得的土地承包经营权可以转包。依物权法定原则可知,我国法律对以其他方式取得的土地承包经营权的转包持否定态度。也就是说,我国现行法律只允许以家庭承包方式取得的土地承包经营权进行转包。

对于土地承包经营权的转包,主要争议点在于是否应该允许其他方式取得的土地承包经营权转包。那么,现行法律将土地承包经营权转包这种流转形式限定在家庭土地承包经营权的狭小领域里是否合理呢? 我们认为,答案是否定的。根据现行法律的规定,其他方式取得的土地承包经营权依是否登记而分为物权性或债权性土地承包经营权。其他方式取得的土地承包经营权如依法定程序进行登记的应属物权性质的土地承包经营权,否则为债权性质的土地承包经营权。对于物权性质的土地承包经营权,我们认为,应允许其自由转包。理由为:一是此种规定有违公平之法律价值理念。其他方式取得的物权性质的土地承包经营权和以家庭承包方式取得的土地承包经营权虽然在取得的方式上存在着差异,但从性质上来说并无二致。既然允许家庭承包方式取得的土地承包经营权转包,却为何禁止其他方式取得的物权性质的土地承包经营权的转包呢? 二是此种规定也有碍效率之法律价值目标的实现。依经济学的原理,物的流转有助于资源的优化配置,从而有利于物的利用效率的提高。因此,禁止以其他方式取得的土地承包经营权的转包不利于农地资源的优化配置,有违效率的法律价值目标的实现。三是禁止其他方式取得的物权性质的土地承包经营权的转包,有违物权法的基本原理。按照物权法的一般原理,"物权具有直接支配性,即物权人得依自己的意思,无须他人的意思或行为之介入对标的物即得为管领处分,从而实现其权利内容"②。可见,作为其他方式取得的物权性的土地承包经营权,权利人可以将土地承包经营权的部分权能分离出去暂时让渡给别人行使,法律本无禁止之理由和必要。而对于债权性质的土地承包经营权,转包实际上是债权性质的土地承包经营权的转让。债权具有相对性,债务的转让须经债权人同意。债务的转让

---

① [美]博登海默:《法理学、法律哲学与法律方法》,邓正来译,中国政法大学出版社2004年版,第364—365页。
② 梁慧星、陈华彬:《物权法》,法律出版社1997年版,第19页。

需经对方同意,是因为债务的转让会影响到债务是否能够得到清偿,从而影响债权人利益的能否实现。因此,法律应规定债权性的其他方式取得的土地承包经营权须经发包方同意才可以转包。

(二) 土地承包经营权的转让

我国现行法律虽然允许土地承包经营权的转让,但却规定了较为严格的转让条件,即土地承包经营权的转让须经发包方同意,且受让方须为其他从事农业生产的农户。① 此种规定引起了学者们的争议。部分学者认为,若允许土地承包经营权转让,将会出现大量失地农民,不仅难以解决其就业、安置问题,还会造成巨大的社会危险。② 但大部分学者认为,为保障土地承包经营权人的财产权和农业生产自主权,应当允许其自由转让。③ 我们同意大多数学者的意见,应允许土地承包经营权的自由转让。理由为:一是转让土地承包经营权应经发包方同意,与物权的支配性不相符合。"所谓物权之直接支配性,指物权人得依自己的意思,无须他人意思或行为之介入,对标的物即得为管领处分,实现其权利内容之特性。"④ 如果土地承包经营权的转让须经发包方同意,就意味着家庭承包所取得的土地承包经营权仅仅是一种债权,而不具有物权性质,从而削弱其物权性的规定。作为物权性质的土地承包经营权一经设立,作为发包人的组织只能享有承包合同约定的权利,而不能干涉法律赋予土地承包经营权人的处分其土地承包经营权的行为。二是发包方同意的法律效力不好确定。"发包方是村或村内农村集体经济组织、村民委员会或村民小组。发包方不是土地所有权人,农村土地属于一定范围的农民集体所有。在土地发包时,是通过村民会议选举承包工作小组来制定承包方案并经村民会议或村民代表会议通过的方式来进行的。可以说,村民的意志或村民会议的决定具有决定性意义。上述组织是代表农民集体行使所有权来签订承包合同,他们不能拒绝签订。在转让过程中,再让发包方享有比在签订承包合同时更大的权利,有不妥之处。"⑤ 三是须经发包方的同意在实践中易为腐败埋下祸根。"需要发包方同意"的立法旨意本在于控制农户随意地转让其承包的土地从而失去生存的最基本的保障,但作为发包方的村委会、村民小组依据何种标准来决定是否同意呢?难道作为发包方的村委会、村民小组能够审查或预见转让方有三十年左右的稳定收入来源吗?这显然是不可能的。没有一定的同意标准而授予了发包方同意的权利甚或"权力",往往为村干部滋生腐败、随意侵害土地承包经营权提供了一个美妙的借口。另外,将受让的对象限定为其他从事农业生产的农户也不够合理。因为,此制度规定一方面会在其他农户不愿受让的情况下致使土地承包经营权转让愿望的落空,甚至造成抛荒弃耕情况的发生;另一方面又可能由于乡村

---

① 参见《中华人民共和国农村土地承包法》第 37 条及第 33 条。
② 梁慧星:《对物权法草案(征求意见稿)的不同意见及建议》,载《河南省政法管理干部学院学报》2006 年第 1 期。
③ 王利明:《物权法研究》,中国人民大学出版社 2002 年版,第 467 页。
④ 梁慧星:《中国物权法》,法律出版社 1998 年版,第 22 页。
⑤ 王旺林:《论土地承包经营权的流转方式》,载《北京工商大学学报(人文社科版)》2003 年第 2 期。

的闭塞落后难以转让从而不利于土地承包经营权市场价格的形成。因此，我们认为，应取消土地承包经营权转让需经发包方同意的制度规定，并将受让主体扩展至具有农业生产经营能力的第三人。

(三) 家庭土地承包经营权的抵押

是否应该允许家庭土地承包经营权抵押，学者间也存有争议。而我国现行法律也禁止了家庭土地承包经营权的抵押。我国法律之所以限制家庭承包方式取得的土地承包经营权的抵押，是担心土地承包经营权因抵押而发生转让使农民失去最后的安身保命的保障。

我们认为，限制土地承包经营权抵押既与法理相悖，又与其立法目的背道而驰。理由是：一为依担保法原理，凡是法律允许转让并可以执行的财产，一般可以抵押。《农村土地承包法》及《物权法》既然允许家庭承包取得的土地承包经营权可以有条件转让，就应该允许其抵押。二为设立土地承包经营权抵押时，并非当然地发生土地承包经营权的转让，只是在债务人不能清偿其到期债务时，才会发生抵押的土地承包经营权的转让。由此可见，土地承包经营权因抵押而发生转让只具有或然性，并不具有必然性。三为家庭承包取得的土地承包经营权具有物权性，且为承包农户的一项财产权，当前，农民可以用来抵押的财产有限，不允许农民以其承包的土地抵押，不利于农民的融资需要，限制了农民的生产性投资。四为农民在急需资金时，若不允许土地承包经营权的抵押，农民可能真的只能将自己的承包地转让出去以获得资金，这时的农户才会真正失去家庭承包取得的土地承包经营权，法律的实施效果与立法目的恰好背道而驰。

基于以上理由，我国法律应当规定家庭承包取得的土地承包经营权抵押的流转方式。考虑到土地资源的稀缺性和土地承包经营权具有身份性的特征，法律在规定土地承包经营权可以抵押的同时作出必要的限制：一为以土地承包经营权为标的的抵押权实现时，受让人必须将受转让的土地用于农业生产经营；二为本社区成员在同等条件下有优先购买权。

三、关于土地承包经营权的继承问题

我国法律已从正面规定了家庭承包中的林地承包权以及以其他方式取得的土地承包经营权在承包人死亡的情况下，其继承人可以继续承包。至于家庭承包中的耕地和草地在承包人死亡的情况下，其继承人能否继续承包，法律未加规定。由于《农村土地承包法》第 26 条规定，在承包期内，发包方不得收回承包地。基于此，实然地发生家庭内部成员继续承包的法律效果。至于家庭成员外的继承人，依物权法定的民法原理，应不能继续承包。

对于此种法律规定，遭到不少学者的诟病。他们认为，耕地承包经营权属于财产权，应该允许死亡的承包人的继承人继承。然而，我们认为，上述法律规定不仅不公平，也存在着法律漏洞。不公平在于，无形中剥夺了家庭成员以外的继承人的继承权；漏洞在于，如承包方家庭最后剩下的成员将耕地依法转让给特定受让方（即承包方家庭最后一个成员的继承人的农户），实际结果与允许耕地承包经营权继承有何区

别？同时，表面上该继承人的农户虽然向转让方支付了转让费，但按《农村土地承包法》第31条"承包人应得的承包收益，依照继承法的规定继承"之规定，继承人在被继承人(即承包人)死亡时，照样取得承包收益(包括上述转让费)。又如，承包方家庭最后剩下的成员临死前将耕地承包经营权转让给非继承人(从事农业生产经营的农户)，会使该法第31条使发包方依法收回承包地的立法目标落空。同样，也会给已经完成的转包、出租、入股等形式，带来法律问题，上述流转形式也会使发包方收回承包地暂时落空。[①] 但若法律明确规定耕地和草地承包经营权可以继承，也会引发新的弊端。因为，我国农村的土地承包责任制，是基于公平的法律价值取向下的制度设计，土地承包经营权不仅具有财产性，也具有浓厚的人身色彩。如承包人死亡，土地承包期届满，还允许被继承人继承的话，新增人口农户的承包地如何增加？公平的价值理念如何体现？农村土地的社会保障功能又如何实现？况且，上述所阐述的诸多转让情形，仅仅是逻辑上的推演，并非实践经验的抽象总结，其具有极端的个案性，不具有普适意义。因为，家庭承包的土地是以"户"为单元取得的，即使其承包的土地发生部分转让，在土地承包期限届满，收回已死亡的承包人所承包的土地也是完全有可能做到的。同时，即使承包方家庭最后剩下的成员临死前有将耕地承包经营权转让给非继承人的愿望，那么，基于法律制度的禁止性规定而存在交易风险的考虑，还愿意受让其耕地的人又能有几何呢？至于剥夺了非家庭成员的继承权，那也是法律制度构建在权衡土地承包经营权的财产性与人身性后不得已而为之的"产物"。法律在有些情况下本来就是"两害相衡取其轻"的产物。据此，我们认为，不宜从正面允许家庭承包方式取得的耕地土地承包经营权可以继承。

[①] 丁关良:《土地承包经营权若干问题的法律思考》,载《浙江大学学报(人文社科版)》2004年第3期。

第十六章　建设用地使用权

第一节　建设用地使用权的概述

一、建设用地使用权的概念

《物权法》第135条规定:"建设用地使用权人依法对国家所有的土地享有占有、使用和收益的权利,有权利用该土地建造建筑物、构筑物及其附属设施。"据此条规定,建设用地使用权的客体原则上只能是国有土地,但该法第151条又规定:"集体所有的土地作为建设用地的,应当依照土地管理法等法律规定办理。"因此,我们认为,所谓建设用地使用权,是指土地使用权人为建造并保有建筑物、构筑物及其附着物而依法对国家所有或集体所有的土地予以占有、使用和收益的权利。

建设用地使用权作为用益物权的一个类型,设立目的就是对他人之物的使用价值进行支配,从而获得利益。作为权利主体的自然人、法人和其他组织通过对国有或集体所有的土地进行占有和使用而获得一定的利益。建设用地使用权作为一种他物权、限制物权、用益物权,其法律特征体现为:

1. 建设用地使用权的客体限于土地

建设用地使用权作为一种用益物权,具有用益物权的法律特征,即应设定在他人之物上。因建设用地使用权的用地性需求,权利客体只能是他人所有的土地。依据我国《宪法》的规定,土地属国家所有或集体所有,所以,这里的"他人"只能是国家或集体。另据《物权法》第135条和第151条的规定,在国有土地和集体所有土地上均可设定建设用地使用权。

需要注意的是,在学界存在"建设用地使用权的客体限于国有土地"的观点。持这一观点的学者认为:我国以往的法律文件中规定的"国有土地使用权"和《物权法》根据土地用途的特点而改称的"建设用地使用权",客体均限于国家所有的土地,而不包括集体所有的土地作为建设用地的情况,不过,一些规则也具有相通性,因此,在集体土地上营造建筑物、构筑物的,除应当依照《土地管理法》等法律规定办理外,也可参照《物权法》的有关规定。我们认为,上述观点须得商榷。《物权法》第151条明确规定,集体所有的土地可作为建设用地,此即表明立法允许在集体所有土地上设定建设用地使用权。不过依据《土地管理法》的规定,在集体所有土地上设定建设用地使用权的用途受到严格限制,用途只限于兴办乡镇企业、乡(镇)村公共设施和公益事业建设,据此我们认为,集体所有土地可成为建设用地使用权客体。

2. 建设用地使用权所需土地的用途受到限制

《物权法》第140条规定:"建设用地使用权人应当合理利用土地,不得改变土地用途;需要改变土地用途的,应当依法经有关行政主管部门批准。"据此可知,使用权人不管以何种方式取得建设用地使用权,土地用途在取得该权利之时作了明确限定。即只有利用该土地建造建筑物、构筑物及其附属设施。

　　需要说明的是,权利人在土地上种植竹木、花卉,这种行为只是建造保有建筑物的附属行为,不能在土地上以耕作为目的来进行此种种植。① 另外,建筑物、构筑物及其附属设施不仅限于构建于地表,亦包括构建于地上的空间和地下空间,此即因土地的"垂直利用"而发生的"空间权"或"空间利用权"的问题。我国《物权法》第136条规定:"建设用地使用权可以在土地的地表、地上或者地下分别设立。新设立的建设用地使用权,不得损害已设立的用益物权。"②据此可知,《物权法》对"空间权"或"空间利用权"已予以确立。

　　3. 建设用地使用权的权利内容存在多方面的限制

　　建设用地使用权的权利性质,决定其必然会受到一定限制。权能的缺失,权利的存续期限以及土地用途的确定不变性都表明建设用地使用权的权利内容受到限制。一方面,建设用地使用权人所享有的处分权能只限于建设用地使用权本身,而不能对权利的客体土地进行处分,由此可见,权利人对客体土地的支配并非全面,其受到法律的限制。另一方面,建设用地使用权人并非无期限地享有其权利,权利的存续受到法律和土地出让合同的限制。《城市房地产管理法》第3条规定:"国家依法实行国有土地有偿、有期限使用制度。但是,国家在本法规定的范围内划拨国有土地使用权的除外。"国务院颁布的《城镇国有土地使用权出让和转让暂行条例》第12条规定:"土地使用权出让最高年限按下列用途确定:(1)居住用地70年;(2)工业用地50年;(3)教育、科技、文化、卫生、体育用地50年;(4)商业、旅游、娱乐用地40年;(5)综合或其他用地50年。"据此,建设用地使用权原则上是有期限的,至于国有划拨用地,因其主要是为了满足国家利益或社会公共利益的需要而设立,故不宜受到明确期限的限制。但是,国有划拨用地在设定对象上有着严格的限制,根据《城市房地产管理法》第24条规定:"下列建设用地的土地使用权,确属必需的,可以由县级以上人民政府依法批准划拨:(1)国家机关用地和军事用地;(2)城市基础设施用地和公益事业用地;(3)国家重点扶持的能源、交通、水利等项目用地;(4)法律、行政法规规定的其他用地。"此外,没有期限并不意味着永续存在,一旦划拨的法定条件消灭,划拨土地使用权则可能予以消灭。再一方面,土地用途也是权利内容之一,基于我国法律的规定,建设用地使用权的用途均受到限制。

　　4. 建设用地使用权具有流转性

　　建设用地使用权作为一种用益物权,是对土地的使用价值进行支配,因支配使用价值可获得一定利益,则具有一定的商品性,商品具有只有进行流转才能实现价值的特性。建设用地使用权流转的方式可以是多样的,《物权法》第143条规定:"建设用

---

① 王利明、尹飞、程啸:《中国物权法教程》,人民法院出版社2007年版,第323页。
② 刘保正:《物权法学》,中国法制出版社2007年版,第256页。

地使用权人有权将建设用地使用权转让、互换、出资、赠与或者抵押,但法律另有规定的除外。"

需要说明的是,建设用地使用权的转让应按照法定的方式进行。即按照公开竞价的方式进行,不能在民事主体之间私自转让。对于以建设用地使用权出资的,应避免出现为了逃避国家税收而规避法律的现象。

这里还需要提示的一点是,建设用地使用权的设立应以对国有或集体所有土地的利用为中心,而不应以地上物为中心。德国、瑞士、奥地利等国民法关于地上权的观念是以地上物为中心的,如果土地上没有地上物,便认为不得成立地上权,所以这些国家的地上权的本质在乎"有",而不在乎"用"。若地上物一旦消灭,地上权也随之消灭。与此不同,日本民法和我国台湾地区现行"民法"关于地上的观念是以"利用"为中心。通过对土地的"所有"关系与"利用"关系的调节,实现地尽其利。[①] 我国《物权法》第2条第1款规定:"因物的归属和利用而产生的民事关系,适用本法。"据此可知,我国《物权法》确立的建设用地使用权也是以"利用"为中心的,利用的目的是为了实现土地的使用价值,当权利人自己的"利用"不能充分实现土地的使用价值时,法律上就应当允许其流转。

二、建设用地使用权与相关制度的区别

自身没有土地,通过一定法律关系的创设而占有他人土地并加以使用和收益就是土地利用权。按性质差异,土地利用权可分为物权性土地利用权和债权性土地利用权。物权性土地利用权包括建设用地使用权、土地承包经营权与宅基地使用权,债权性土地利用权主要是土地债权。罗马法时代,债权性质的土地利用权受"对人诉讼"(personam)的保护,物权性质的土地利用权则受"对物诉讼"(actio in rem)的保护。这一立场为后世各国民法所承袭,并因此形成土地利用权的债权法保护与物权法保护。但在英美法系国家,所谓土地利用,仅指通过创设租赁(lease)关系而对土地进行债权性质的利用。[②]

(一)建设用地使用权与土地承包经营权

建设用地使用权与土地承包经营权,虽都为物权性土地利用地,即用益物权,但二者也显现显著区别:

1. 主体范围不同

建设用地使用权可分别设立在国有土地或者集体所有土地之上,若在国有土地上设立,建设用地使用权人,在通常情形下应为具有一定经营资格的法人或其他组织;若在集体所有土地上设立,建设用地使用权人,应为集体组织。而土地承包经营权的承包人,在通常情形下,应以享有社员权为基础,即为本集体经济组织成员,才能成为承包人。

---

① 梁慧星、陈华彬:《物权法》(第二版),法律出版社2003年版,第269页。
② 〔日〕川岛武宜编:《注释民法》(7),日本有斐阁1968年版,第405—416页。转引自梁慧星、陈华彬,《物权法》(第二版),法律出版社2003年版,第271页。

2. 两者虽然都是对他人土地加以利用,但是利用的目的不同

建设用地使用权以在他人土地加以利用,并在他人土地上建造和保有建筑物、构筑物及其附属物为目的;而土地承包经营权则是以在他人土地上进行种植、畜牧或养殖等农业为目的。

3. 两者的内容不同

两者因对他人土地的用途不同,因此,权利义务的具体表现也就不同是不言而喻的。需要注意的是,建设用地使用权人在取得该权利时,通常是需要支付相应的对价,而土地承包经营权人则无此义务。

4. 两者取得的程度不同

两者虽然都为用益物权,但是,通常情况下建设用地使用权须经过公开竞价竞买并须登记才能获得。而土地承包经营权,因基于一定的社员权产生,故是按户、按人口数量发包,并无须登记即可产生。

5. 两者存续的期限不同

建设用地使用权因土地用途的差异,存续期限有所不同,土地承包经营权的存续期限为30年。

(二) 建设用地使用权与土地租赁

建设用地使用权与土地租赁虽然都能达到对他人土地进行利用,以充分发挥物的效用的目的,但两者还是存在些微差异:

1. 两者性质不同

建设用地使用是用益物权的一种,性质上属于物权,其得丧变更,须有法定的书面形式,非经登记不能产生;而土地租赁是债权,在传统民法中,一般不发生非经登记不生效力的问题,但按我国现行法的规定,须采书面形式,并以登记为要件。

2. 两者存续期间的长短不同

建设用地使用权的物质性质,决定其存续期间较长,但因土地用途的不同,存续期间的长短显现差异;而土地租赁的债权性,决定其存续期间相对较短,一般情况下,最长期限不能超过20年。

3. 两者地租的有无不同

我国建设用地使用权,因其产生方式的不同,并非一律以交付地租(出让金)为要件,如以划拨方式取得的建设用地使用权,则无须交付地租;而土地租赁为有偿使用,须以交付地租为要件。

4. 两者让与性不同

建设用地使用权具有流通性,可自由让与、出租、抵押等;而土地租赁权基于合同双方当事人的信赖,一般不能让与或转租。

三、建设用地使用权的名称由来

建设用地使用权以"利用他人土地"为目的,法律制度历史悠久,按通说认为,它应以罗马法为端绪。依罗马古法上存在的"土地吸收附着物"原则,欲取得在他人之

土地上建造房屋的所有权必须购买他人之土地,否则无法保有地上建筑物。随着经济发展,因土地为不可再生资源,土地价格不断攀升,欲购买他人土地实属不易。为了解决这一矛盾,确保人民生计,罗马法国家便将土地租给国民建筑房屋而收取地租,且可继承及让与,此时,以地上物所有权与土地所有权分离的法律技术创设了地上权。此种地上权制度其后为欧陆诸国民法所继受。"地上权"这一名称也为大陆法系诸国或地区所继受。

在我国,长期以来,对他人土地的使用权在法律文件中曾被称为国有土地使用权。在有关法律规定和学说理论中还经常使用"土地使用权"的概念,但在不同的场合,含义和范围也有不同。广义而言,土地使用权包括建设用地使用权、农村土地承包经营权和宅基地使用权等在内,甚至还可涵盖对其他自然资源的使用权。狭义的土地使用权,则专指为建造建筑物或其他工作物而使用国有土地的权利,并不包括为开发建设而使用集体土地的情况,也不包括宅基地使用权在内。关于以建造住宅、开发利用、生产经营、社会公益等非农业目的而使用国有土地的权利,在我国物权立法上应如何确定其名称,学者中曾有不同观点。① 有学者提出,为使我国用益物权体系臻于和谐,并与农地使用权概念相配合,我国制定《物权法》时宜以基地使用权概念取代地上权概念。② 针对"基地使用权"的提出,有学者认为,对于"基地使用权"的用法,尽管使用这一概念能比较直观地把农村土地承包经营权与之区分开来,但其依然使用"使用权"这一不科学的法律概念,而且基地的概念也容易与通常所说的科研基地、军事基地相混淆。于是提出了"建设用地使用权"的名称,并认为使用"建设用地使用权"比"基地使用权"具有两个优点,一方面可以摈弃"使用权"这一内涵并不科学的法律概念,另一方面用"建设用地"来代替"基地"一词,能概括土地的各种形态。首先,凡是用于建造建筑物或构筑物的土地都是建设用地。其次,可以把建设用地分为国有土地上的建设用地和集体土地上的建设用地。再次,可以把它同宅基地使用权和承包经营权有机地结合并区别开来。③

综上所述,在我国《物权法》制定过程中,对于物权性的土地利用权,存在"国有土地使用权""基地使用权""建设用地使用权"名称之争,随着《物权法》的颁布实施,使用"建设用地使用权"这一名称也就水落石出了。

第二节 建设用地使用权的取得

一、建设用地使用权的取得的概念

所谓建设用地使用权的取得是指建设用地所有权人与使用人或者建设用地使用权让与人与受让人之间,基于一定的方式而获得一定土地使用权。建设用地使用权

---

① 刘保玉:《物权法学》,中国法制出版社2007年版,第256页。
② 陈华彬:《物权法原理》,国家行政学院出版社1998年版,第511页。
③ 屈茂辉:《用益物权制度研究》,中国方正出版社2005年版,第295页。

的取得方式,从不同视角可作出不同的分类。从权利取得的一般原理分析,建设用地使用权的取得可分为原始取得和继受取得。从权利取得的原因分析,建设用地使用权的取得可分为基于法律行为而取得和基于法律行为以外的原因而取得。从法律规定的具体取得方式看,建设用地使用权的取得方式主要有划拨、出让、让与、继承、取得时效和法定建设用地使用权等方式。

二、划拨

(一)划拨的概念与特征

《物权法》第137条第1款规定:"设立建设用地使用权,可以采取出让或者划拨等方式。"该条第3款规定:"严格限制以划拨方式设立建设用地使用权。采取划拨方式的,应当遵守法律、行政法规关于土地用途的规定。"据此可知,划拨是建设用地使用权的法定取得方式,也是建设用地使用权的初始设立方式。该条同时表明,《物权法》在允许以划拨方式设定建设用地使用权的同时,对其也进行了严格的限制,并指出,采此种方式取得的建设用地使用权的内容,应适用相关特别法的规定。

所谓土地使用权的划拨,是指国家根据现实的需要,将一定面积的国有土地无偿交由权利人占有、使用和收益的行为。关于土地使用权划拨的含义,相关的法律、法规作出了明确规定。比如《城市房地产管理法》第23条第1款规定:"土地使用权划拨,是指县级以上人民政府依法批准,在土地使用者缴纳补偿、安置等费用后将该幅土地交付其使用,或者将土地使用权无偿交付给土地使用者使用的行为。"《城镇国有土地使用权出让和转让暂行条款》第43条第1款规定:"划拨土地使用权是指土地使用者通过各种方式依法无偿取得的土地使用权。"《划拨土地使用权管理暂行办法》第2条明确规定:划拨土地使用权,是指土地使用者通过除出让土地使用权以外的其他方式依法取得的国有土地使用权。通过以上法律、法规的具体规定可以得知,划拨是通过行政命令来授予使用人一定的土地使用权,是以非市场方式设定建设用地使用权的统称。

划拨具有如下法律特征:

1. 以划拨方式取得的建设用地使用权的客体限于国有土地

正如《划拨土地使用权管理暂行办法》第2条之规定,依划拨方式取得的建设用地使用权的客体限于国有土地,因为划拨行为属于国家的行政命令,故国家只能就自己享有所有权的土地设置负担。由于我国的土地资源分别由国家所有和集体所有,因此如果特殊用途需使用集体所有土地,必须经过集体所有土地的征用程序,将集体土地征收为国有土地后,才能划拨。

2. 因划拨而设立的建设用地使用权其土地用途受到严格限制

依据《城市房地产管理法》第24条的规定:"下列建设用地的土地使用权,确属必需的,可以由县级以上人民政府依法批准划拨:(1)国家机关用地和军事用地;(2)城市基础设施用地和公共事业用地;(3)国家重点扶持的能源、交通、水利等项目用地;(4)法律、行政法规规定的其他用地。"依此规定可知,上述用地均属于基于国家利益和社会公共利益用地。以此方式取得的建设用地使用权不得以营利为目的。

3. 因划拨而取得的建设用地使用权具有无偿性

以划拨方式取得以建设用地使用权为使用目的的非营利性，决定了其取得的无偿性。从前述可知，以划拨方式设立的建设用地使用权，是一种非市场化的行政命令行为，旨在对具有国家利益和社会公共利益的建设予以扶持。然而这种无偿性是相对的。实践中因国家利益和社会公共利益需要的土地并非全部为国有土地，该土地可能是集体所有的土地，对于这部分土地，国家必须首先予以征收，再行划拨。在征收集体土地的时候，需支付一定的费用，这笔费用往往是由建设用地使用权人承担的。根据《土地管理法》之规定，这些费用包括土地补偿费、安置补助费以及地上附着物和青苗补偿费。征收耕地的土地补偿费，为该耕地被征收前3年平均年产值的6至10倍。征收耕地的安置补助费，按照需要安置的农业人口数计算。需要安置的农业人口数，按照被征收的耕地数量除以征地前被征收单位平均每人占有耕地的数量计算。每一个需要安置的农业人口的安置补助费标准，为该耕地被征收前3年平均年产值的4至6倍。但是，每公顷被征收耕地的安置补助费，最高不得超过被征收前3年平均年产值的15倍。

4. 以划拨方式取得的建设用地使用权是一种无期限的权利

建设用地使用权属于一种用益物权，应属于有期限物权，以划拨方式设立建设用地使用权，因其目的的限制性，有期限性应是例外。需要指出的是，法律没有规定期限，并非意味着这种权利是永久性权利，而只表明这种权利的存续期间是不确定的。

(二) 以划拨方式设立与以出让方式设立的建设用地使用权的关系

划拨和出让是建设用地使用权的两种设立方式，它们的区别体现在如下几个方面。

(1) 两者的客体范围不同。正如前述，以划拨方式设立的建设用地使用权其客体限于国有土地，而以出让方式设立的建设用地使用权的客体既可以是国有土地，也可以是集体所有土地。

(2) 两者设立的目的不同。以划拨方式设立的建设用地使用权的目的是为了国家利益或社会公共利益，具有非营利性特质；而以出让方式设立的建设用地使用权可以为了私的利益，往往具有营利性特质。

(3) 以划拨方式取得建设用地使用权往往是无偿行为，而以出让方式取得的建设用地使用权是有偿行为，是以支付一定的出让金为条件的行为。

(4) 以划拨方式设立建设用地使用权是一种行政命令行为，而以出让方式设立建设用地使用权是一种合同行为。

(5) 以划拨方式取得的建设用地使用权是一种没有确定期限的权利，而以出让方式取得的建设用地使用权是一种有固定期限的权利。

(6) 以划拨方式取得的建设用地使用权的内容受到法律的严格限制，而以出让方式取得的建设用地使用权的内容则无此限制。根据相关法律、法规的规定，以划拨方式取得的建设用地使用权，原则上不得转让、出租、抵押，但具备一定条件的除外。

例如,根据《担保法》规定,在建筑物抵押时,占有的划拨土地使用权一并抵押,但是,抵押权应通过拍卖实现,而且拍卖划拨的国有土地使用权所得的价款,在依法缴纳土地出让金后,抵押权人才能优先受偿。

(7)以划拨方式设立的建设用地使用权与以出让方式设立的建设用地使用权的使用权人的范围不同。前者的主体因受到设立的客体、目的以及方式的限制,其范围只能是法人或其他组织;后者因可设立在集体所有的土地上,故其主体范围可以是自然人、法人或其他组织。

以划拨方式设立的建设用地使用权和以出让方式设立的建设用地使用权除了有上述区别外,也存在一定的联系。它们的联系主要表现在以划拨方式设立的建设用地使用权满足一定条件可向以出让方式设立的建设用地使用权转换。《城市房地产管理法》第40条规定:"以划拨方式取得土地使用权的,转让房地产时,应当按照国务院规定,报有批准权的人民政府审批。有批准权的人民政府准予转让的,应当由受让方办理土地使用权出让手续,并依照国家有关规定缴纳土地使用权出让金。"据此可知,以划拨方式可向以出让方式取得建设用地使用权转换。

(三)以划拨方式设立建设用地使用权的程序

虽然以划拨方式设立建设用地使用权是以行政命令为基础,但也必须遵循一定的程序。大致程序是:

1. 立项

只有列入国家固定资产投资计划的或者准许建设的国家建设项目,经过批准,建设单位方可申请用地。

2. 提出用地申请

即建设单位必须持国务院主管部门或者县级以上地方人民政府按照国家基本建设程序批准的设计任务书或者其他批准文件,由县级以上地方人民政府土地管理部门提出用地申请。

3. 审批划拨

即经县级以上人民政府根据法定批准权限,对建设单位提出的用地申请进行审查,如法律手续齐备,即以行政命令的方式,确定具体使用的土地,由土地管理部门把土地划拨给建设单位。[①]

三、出让

(一)出让的概念和法律特征

《城镇国有土地使用权出让和转让暂行条例》第8条第1款规定:"土地使用权出让是指国家以土地所有者的身份将土地使用权在一定年限内让与土地使用者,并由土地使用者向国家支付土地使用权出让金的行为。"《城市房地产管理法》第8条规定:"土地使用权出让,是指国家将国有土地使用权在一定年限内出让给土地使用者,

---

① 王利明、尹飞、程啸:《中国物权法教程》,人民法院出版社2007年版,第327页。

由土地使用者向国家支付土地使用权出让金的行为。"据此可知,所谓建设用地使用权的出让,是指国家以土地所有者的身份将土地使用权在一定年限内让与土地使用者,并由土地使用者支付土地出让金的行为。从上述规定可以得知,国有土地使用权依法可以出让,但在集体所有的土地上设立建设用地使用权可否采取出让方式,抑或采取类似划拨无偿提供方式值得探讨。

基于上述,出让建设用地使用权具有如下法律特征:

1. 用于出让的土地应是国有用地

虽然《物权法》第151条,允许在集体土地上设立建设用地使用权,但是依《土地管理法》第43条的规定,在集体所有的土地上设立建设用地使用权的目的限于兴办乡镇企业、乡(镇)村公共设施和公益建设事业。我们认为这些限制的目的,多属社会公共利益,此类建设用地使用权的取得宜采无偿方式。此外,允许在集体所有土地上设立建设用地使用权可能导致大量耕地流失。基于此,用于出让的土地应以国有土地为限。

2. 出让方式是一种法律行为

《物权法》第138条第1款规定:"采取招标、拍卖、协议等出让方式设立建设用地使用权的,当事人应当采取书面形式订立建设用地使用权出让合同。"据此可知,因合同行为是一种法律行为,故以出让方式设立建设用地使用权是一种法律行为。

3. 出让行为是一种有偿、要式行为

以出让方式设立建设用地使用权,权利人必须向国家支付土地出让金,故这一行为是有偿行为,同时,据上述可知,在进行国有土地出让时,当事人应当签订书面的土地出让合同,因此,出让行为同时也是一种要式行为。

(二) 出让的方式

按照《城镇国有土地使用权出让和转让暂行条例》和《物权法》的规定,建设用地使用权的出让方式有三种,即协议、招标和拍卖。

1. 协议方式

所谓建设用地使用权的协议出让,是指国家以一对一谈判的方式将建设用地使用权在一定年限内出让给土地使用者的行为。在出让合同的商谈中,双方当事人分别是土地使用权出让方国家和土地使用权受让方的法人或其他组成。建设用地使用权的协议出让方式具有如下法律特征:

(1) 合同的订立过程不对社会公开,只在土地所有人国家和特定的土地使用权受让人之间进行。

(2) 建设用地使用权的土地出让金不得低于国家公布的土地基准价的70%。虽然合同的订立过程不公开,并不代表是暗箱操作,合同的双方当事人不得损害国家利益,导致国有资产流失,否则,合同的效力会受到影响。

(3) 以协议方式设立的建设用地使用权的用途受到限制。《物权法》第137条第2款规定:"工业、商业、旅游、娱乐和商品住宅等经营性用地以及同一土地有两个以上意向用地者的,应当采取招标、拍卖等公开竞价的方式出让。"由此可知,以协议方式设立建设用地使用权的用途不得为工业、商业、旅游、娱乐和商品住宅等经营性目的,并且在进行协商之前,应通过报纸、互联网等媒体向社会公开建设用地使用权出让计划,接受社会监督。在公告期间届满后,确实没有其他人有受让意愿,双方当事人才可以进行协商。

2. 招标方式

所谓建设用地使用权的招标出让,是指建设用地出让方通过一定的方式向社会发布招标公告,邀请特定或者不特定的自然人、法人或其他组织参加建设用地使用权出让投标,并根据开招结果确定建设用地使用权受让人的行为。

以招标方式设立建设用地使用权,应当遵守《招标投标法》的规定,依照下列程序进行:(1)招标人由通过国家指定的报刊,信息网络或其他媒体向社会发布招标公告,并制作招标文件。(2)投标。投标人应当按照招标文件的要求编制投标文件,并应当在招标文件要求提交投标文件的截止时间前,将投标文件送达投标地点。(3)开标。开标应在招标文件确定的提交投标文件截止时间的同一时间公开进行;开标地点应当为招标文件中预先确定的地点。(4)评标。由出让人代表和有关专家组成五人以上单数的评标小组,应当按照招标文件确定的评标标准和方法,对投标文件进行评审。(5)中标。招标人根据评标结果,确定中标人。

3. 拍卖方式

所谓建设用地使用权的拍卖方式,是指建设用地出让方向社会发布拍卖公告,由竞买人在指定的时间和地点进行公开竞价,拍卖人根据出价结果确定建设用地使用权受让人的行为。

根据《拍卖法》和《招标拍卖挂牌出让建设用地使用权的规定》的规定,以拍卖方式设立建设用地使用权应遵守下列程序:(1)拍卖人应于拍卖日7日前发布拍卖公告。拍卖公告中应载明拍卖宗地的位置、面积、用途、使用年限、规划要求、拍卖时间、地点等其他有关事项。(2)拍卖实施。拍卖实施的具体程序主要包括:① 主持人宣布起叫价和增价规则及增价幅度,没有保留价的,主持人应当在拍卖前予以说明;② 主持人报出起叫价;③ 竞买人举牌应价或者报价;④ 主持人确认该应价后继续竞价;⑤ 主持人连续三次宣布同一应价而没有再应价的,主持人落槌表示拍卖成交;⑥ 主持人宣布最高应价者为竞得人。

需要提示注意以下两点:

第一,以协议、招标、拍卖三种方式设立建设用地使用权时,均需要签订《建设用地使用权出让合同》。根据《城镇国有土地使用权出让和转让暂行条例》第8条、《城市房地产管理法》第15条、《物权法》第138条之规定,建设用地使用权出让,应当签订书面出让合同。出让合同由市、县人民政府土地管理部门与土地使用人签订。根据《物权法》第138条第2款的规定,建设用地使用权出让合同一般包括下列条款:(1)当事人的名称和住所;(2)土地界址、面积等;(3)建筑物、构筑物及其附属设施占用的空间;(4)土地用途;(5)使用期限;(6)出让金等费用及其支付方式;(7)解决争议的方法。

第二,关于建设用地使用权出让合同的性质,存在民事合同说、行政合同说、混合合同说三种观点。我们认为,建设用地使用权出让合同在性质上属于民事合同,理由是:(1)国家及其土地管理部门是以民事主体的身份与建设用地使用权人签订建设用地使用权出让合同的。《城镇国有土地使用权出让和转让暂行条例》第11条规定:"土地使用权出让合同应当按照平等、自愿、有偿的原则,由市、县人民政府土地管理部门与土地使用者签订。"平等、自愿、有偿原则是《民法通则》所确立的民事活动的基本原则。国家土地管理部门代表国家订立建设用地使用权出让合同时,是以土地所有人代表的身份出现的,而不是以主权者和管理者的身份出现的。特别要注意的是,建设用地使用权出让的三种方式协议、招标、拍卖的民事法律行为性质,更是充分地说明国家及其土地管理部门的民事主体身份。① (2)根据《城市房地产管理法》第16条规定:"土地使用者必须按照出让合同约定,支付土地使用权出让金;未按照让合同约定支付土地使用权出让金的,土地管理部门有权解除合同,并可以请求违约赔偿。"该法第17条同时规定:"土地使用者按照出让合同约定支付土地使用权出让金的,市、县人民政府土地管理部门必须按照出让合同约定,提供出让的土地;未按照出让合同约定提供出让的土地的,土地使用者有权解除合同,由土地管理部门返还土地使用权出让金,土地使用者并可以请求违约赔偿。"据此可见,上述两条规定的违约责任的承担均为民事责任的承担方式,也就进一步证实,建设用地使用权出让合同为民事合同。

四、转让

(一)建设用地使用权转让的概念

《物权法》第144条规定:"建设用地使用权转让、互换、出资、赠与或者抵押的,当事人应当采取书面形式订立相应的合同。使用期限由当事人约定,但不得超过建设用地使用权剩余期限。"由此可见,建设用地使用权的转让,是受让人取得建设用地使用权的合法方式,它是指建设用地使用权人将已取得的建设用地使用权的一部或全部以合同方式再行转移给他人的行为。建设用地使用权转让具有以下含义:

(1)转让合同在性质上应属于买卖合同,准用买卖合同的规定。

(2)建设用地使用权转让是要式法律行为。根据《物权法》第144条之规定,建设用地使用权转让合同必须以书面形式订立,不具备书面形式,则合同不能成立。

(3)建设用地使用权转让是诺成性行为。建设用地使用权转让合同一经合法成立,合同即生效,而不需实际交付标的物或转让金。

(4)建设用地使用权转让合同必须经登记才能产生物权效力。《物权法》第9条规定:"不动产物权的设立、变更、转让和消灭,经依法登记,发生效力;未经登记,不发生效力,但法律另有规定的除外。"结合《物权法》第145条规定:"建设用地使用权转让、互换、出资或者赠与的,应当向登记机构申请变更登记。"据此可知,对于不动产物

---

① 屈茂辉:《用益物权制度研究》,中国方正出版社2005年版,第305—306页。

权的变动,我国立法采取的是登记生效要件主义,只有完成登记,受让人才能取得被转让的建设用地使用权。

(5) 建设用地使用权转让以转让人实际取得建设用地使用权为前提。

(6) 因建设用地使用权在法律上具有可分性,故权利人可将建设用地使用权的一部或全部予以转让。需要指出的是,权利人单独就建设用地使用权的一部或全部转让,也应当遵守有关拍卖、招标或挂牌转让的程序规定。

(二) 建设用地使用权转让中几个应注意的问题

1. 建设用地使用权的转让方式

根据《城镇国有土地使用权出让和转让暂行条款》第 19 条和《城市房地产管理法》第 37 条的规定,建设用地使用权的转让方式可以是买卖、交换、赠与或其他合法方式。结合我国司法实践,其他合法方式应包括以建设用地使用权投资入股、整体项目转让、设立项目法人以及转让房屋时,建设用地使用权一并转让。

2. 以划拨方式设立的建设用地使用权的转让

针对以划拨方式设立的建设用地使用权转让,在理论上存在争议,但我国现行立法还是予以许可。《城市房地产管理法》第 40 条规定:"以划拨方式取得土地使用权的,转让房地产时,应当按照国务院规定,报有批准权的人民政府审批。有批准权的人民政府准予转让的,应当由受让方办理土地使用权出让手续,并依照国家有关规定缴纳土地使用权出让金。以划拨方式取得土地使用权的,转让房地产报批时,有批准权的人民政府按照国务院规定决定可以不办理土地使用权出让手续的,转让方应当按照国务院规定将转让房地产所获收益中的土地收益上缴国家或者作其他处理。"据此可知,划拨建设用地使用权的转让是有条件的,只有依法缴纳土地使用权出让金或者上缴土地收益,这一转让行为才能有效。

3. 建设用地使用转让的价格限制

《城镇国有土地使用权出让和转让暂行条例》第 26 条规定:土地使用权转让价格明显低于市场价格的,市、县人民政府有优先购买权。土地使用权转让的市场价格不合理上涨时,市、县人民政府可以采取必要的措施。据此可知,建设用地使用权转让价格受到政府限制,在转让价格明显低于市场价格时,政府享有优先购买权。针对政府是否应该享有优先购买权,学者有不同的观点。有学者认为,建设用地使用权转让合同通常并不涉及国家利益,故而当事人可自由约定建设用地使用权的对价,甚至可以采取无偿赠与的方式进行转让,而且设置政府优先购买权的目的,采取其他措施也可实现,因此,无必要规定"政府优先购买权"。而我们的观点是肯定的,因为建设用地使用权的转让关系到政府的税收,涉及国家利益。从实践来看,如果纯粹的建设用地使用权的挂牌竞价转让,则无行使"政府优先购买权"的必要,如果是以建设用地使用权作价入股或建设项目转让[①],则可能产生建设用地使用权估价过低,影响建设用

[①] 《城市房地产管理法》第 39 条第 1 款第 2 项规定:"按照出让合同约定进行投资开发,属于房屋建设工程的,完成开发投资总额的 25% 以上,属于成片开发土地的,形成工业用地或者其他建设用地条件。"

地使用权溢价应缴税额,从而损害国家利益的情形,因此,我们认为,应确立"政府优先购买权"。

4. 建设用地使用权的转让期限

通过转让方式取得的建设用地使用权的年限为建设用地使用权出让合同规定的年限减去原使用人已使用的年限后剩余的年限。

五、继承

建设用地使用权的财产权性质,决定其可适于继承。根据《城镇国有土地使用权出让和转让暂行条例》第48条的规定,在建设用地使用权有效期限内,可以通过继承取得建设用地使用权。这种方式仅适用于自然人对建设用地使用权取得情形,主要是城镇私有房屋的宅基地使用权。

需要注意的是,当继承人为数人时,则继承人对该建设用地使用权成立共同共有关系。且通过继承取得的建设用地使用权也应办理登记手续,非经登记不得转让和抵押。

六、时效取得

正如前述,时效制度是一项重要的民事法律制度,它是指一定的事实状态持续达到一定期间而发生一定法律效果的制度。时效分为消灭时效和取得时效。《民法通则》将消灭时效称为诉讼时效。取得时效,又称时效取得,是指无权利人以行使所有权或其他财产权的意思,公然、和平地持续占有他人的财产,经过法定期间,即依法取得财产的所有权或其他财产权的法律制度。时效取得不仅适用于所有权的取得,同时也适用于其他财产权的取得。建设用地使用权为财产权的一种,当然可适用时效取得,在通常情况下,因时效取得建设用地使用权,一经登记,即产生效力。

七、法定建设用地使用权

《物权法》第147条规定:"建筑物、构筑物及其附属设施转让、互换、出资或者赠与的,该建筑物、构筑物及其附属设施占用范围内的建设用地使用权一并处分。"该法第146条规定:"建设用地使用权转让、互换、出资或者赠与的,附着于该土地上的建筑物、构筑物及其附属设施一并处分。"这就是所谓地随房走与房随地走原则。在学理上,当建设用地使用权及土地上的建筑物、构筑物及其附属设施属于一人所有时,而仅以建设用地使用权或建筑物、构筑物及其附属设施为转让、互换、出资、赠与或抵押的,于变价之时,视为已有建设用地使用权之设定,称为法定建设用地使用权。

法定建设用地使用权在《物权法》出台之前就已有之。《城镇国有土地使用权出让和转让暂行条例》第24条规定:"地上建筑物、其他附着物的所有人或者共有人,享有该建筑物、附着物使用范围内的土地使用权。土地使用权者转让地上建筑物、其他附着物所有权时,其使用范围内的土地使用权随之转让。"同时该条例第23条规定:"土地使用权转让时,其地上建筑物、其他附着物所有权随之转让。"据此,《物权法》

中法定建设用地使用权的确立,是对此前已有规则的继承。通说认为,采土地和建筑物分别主义(又称"二元主义")立法的国家,大多确立法定建设用地使用权,只是称谓不同而已。

需要注意的是,依通说,法定建设用地使用权的成立应满足如下条件:(1)必须是对已经实际存在的建筑物、构筑物及其附属设施进行转让、互换、赠与或抵押;(2)地上建筑物、构筑物及其附属设施属于同一人所有。

第三节 建设用地使用权的内容

一、建设用地使用权人的权利

从总体上讲,建设用地使用权是一种权能较充分的物权性财产权,权利人的权利应包括对土地的占有、使用、收益的权利以及对权利本身的处分权和权利遭受侵害时的物上请求权。

(一)土地使用权

土地使用权是指建设用地使用权人依法对土地享有占有、使用和收益的权利。这里的占有可以是直接占有,也可以是间接占有;这里的使用必须依设立目的,按照设定的用途,对标的物四至界限明确的国有土地或集体所有土地进行利用。当然按照设立目的和用途使用土地,则可能毁损土地或变更其性质,如水利工程项目用地,项目完成则可能使耕地没入水中。需要指出的是,并非所有的土地使用,都可以产生收益,如因公共利益的需要以划拨方式设立的建设用地使用权,权利人对土地的使用则不可以产生收益。

(二)建造和保有建筑物、构筑物及其附属设施的权利

《物权法》第142条规定:"建设用地使用权人建造的建筑物、构筑物及其附属设施的所有权属于建设用地使用权人,但有相反证据证明的除外。"据此可知,《物权法》明确赋予建筑用地使用权人建造和保有建筑物、构筑物及其附属设施的权利。需要指出的是,权利人建造建筑物、构筑物及其附属设施必须符合设立目的,遵守权利设立用途,遵守城市整体规划,同时得到政府房产管理部门批准方可建造,否则,权利人的建造行为就属非法。比如,随着我国城市规模的快速扩张,大量的城市郊区逐渐成为市区,建设用地使用权人为了获得巨大的经济利益,产生了大量的"种房子"现象。也就是为了获得将来拆迁补偿,权利人(这指自然人、法人或其他组织)在使用的土地上违规、违章、违法建造大量建筑物、构筑物以及附属设施。在这种情形下,权利人对建筑物、构筑物及其附属设施的建造权和保有权是不受《物权法》保护的。

需要说明的是,建设用地使用权人依法建造的建筑物、构筑物及其附属设施,必须依法进行登记。

(三)建设用地使用权人的出租权

所谓建设用地使用权的出租,是指建设用地使用权人作为出租人将土地使用权随同地上建筑物、构筑物及其附属设施租赁给承租人使用,由承租人向出租人支付租

金的行为。在土地使用权出租时,出租人与承租人应签订租赁合同,基于租赁合同,出租人享有的出租权和承租人享有的承租权均为债权,权利义务的具体约定应适用《合同法》关于租赁合同的规定。但现代民法有租赁权物权化的趋势,"买卖不破租赁"是合同法关于租赁合同的一项重要的原则性制度。然而归根结底,租赁权仍属于债权性质。

需要注意的是,在法律许可的范围内,建设用地使用权人虽然有权出租其使用的土地,但对这种出租也进行了限制。这种限制具体表现在:(1)依据土地使用权出让合同规定的期限和条件投资、利用土地的,禁止出租;(2)以划拨方式取得建设用地使用权的,原则上不得出租,如需出租,必须符合《城镇国有土地使用权出让和转让暂行条例》第45条规定的条件,并经市、县人民政府土地管理部门和房产管理部门的批准。

需要进一步指出的是,建设用地使用权的出租,出租人与承租人应当签订书面的租赁合同,并应当依法办理登记。此外,在权利人就其建筑物、构筑物及其附属设施出租时,与之一起出租的并非该建筑物、构筑物及其附属设施的所在的整宗土地,而是占用范围内的土地。

(四)处分权

建设用地使用权具有类似所有权的完全权能,即占有、使用、收益和处分权能,故其有类所有权之称。建设用地使用权的处分权能,是其核心权能,通常以转让、出资、抵押、赠与等形式表现出来。

1. 建设用地使用权的转让权

正如前述,我国现行立法,许可建设用地使用权人在法律规定的范围内,将自己享有的土地使用权进行转让。

2. 建设用地使用权的出资权

根据我国现代法律的规定,建设用地使用权人可以将其享有的土地使用权用于出资。

《物权法》《公司法》《合伙企业法》《中外合资经营企业法》《中外合作经营企业法》均有允许以建设用地使用权出资的规定。

《物权法》第180条第1款第2项规定,债务人或者第三人有处分权的建设用地使用权可以抵押。《公司法》第27条第1款、第2款规定:"股东可以用货币出资,也可以用实物、知识产权、土地使用权等可以用货币估价并可以依法转让的非货币财产作价出资;但是法律、行政法规规定不得作为出资的财产除外。对作为出资的非货币财产应当评估作价,核实财产,不得高估或者低估作价。法律、行政法规对评估作价有规定的,从其规定。"该法第83条也规定,股份有限公司的发起人的出资方式,适用第27条的规定。《中外合资经营企业法》第5条第3款规定:"中国合营者的投资可包括为合营企业经营期间提供的场地使用权。如果场地使用权未作为中国合营者投资的一部分,合营企业应向中国政府缴纳使用费。"《中外合作经营企业法》第8条规定:"中外合作者的投资或者提供的合作条件可以是现金、实物、土地使用权、工业产权、非专科技术和其他财产权利。"据此可知,建设用地使用权基于其具有的财产性,我国法律许可用于出资。这种权利用于出资必须进行登记。并将权利人的名称变更为新的权利人,故这种出资,对原建设用地使用权人而言就是处分权的行使。

3. 建设用地使用权的抵押设定权

基于《物权法》第 144 条、《城镇国有土地使用权出让和转让暂行条例》第 45 条等法律、法规的规定,建设用地使用权人可以就自己的土地使用权设定抵押权。在债务人不履行债务时,抵押权人有权依法将用于抵押的建设用地使用权进行折价、拍卖或变卖,并就所得价款优先受偿。

《担保法》第 34 条第 1 款第 3 项规定:"抵押人依法有权处分的国有的土地使用权、房屋和其他地上定着物"可以抵押。据此可知,处分权的享有是建设用地使用权用于抵押的前提条件。

需要指出的是,就建设用地使用权设定抵押权应注意以下几个问题:

（1）以出让或转让方式有偿取得的建设用地使用权,原则上可以抵押,以划拨方式取得的建设用地使用权,原则上不得抵押,如需抵押,应满足现行法律、法规规定的条件,并经市、县人民政府土地管理部门和房产管理部门的批准。以自己享有所有权的房屋抵押的,该房屋用占用范围内的建设用地使用权,不论是出让或转让取得还是划拨取得,可随之抵押。

（2）建设用地使用权抵押与其地上建筑物、构筑物及其附属设施抵押的关系遵循"房随地走"和"地随房走"原则。

（3）建设用地使用权的抵押设定,在抵押人与抵押权人之间应签订书面的抵押合同,并应依法进行登记,抵押权自登记时成立。

（五）物上请求权

建设用地使用权的物权性,决定了权利人有权在使用土地的圆满状态受到妨害时,可按妨害形态的不同行使物上请求权。在权利人丧失了对土地的占有时,对侵夺土地的人可以行使土地的返还请求权;在权利的行使面临妨害时,权利人有妨害排除请求权;在权利的行使面临妨害的危险时,权利人有妨害预防请求权。

（六）建设用地使用权的获得补偿权

建设用地使用权被提前收回时有获得补偿的权利。《物权法》第 148 条规定:"建设用地使用权期间届满前,因公共利益需要提前收回该土地的,应当依照本法第 42 条的规定对该土地上的房屋及其不动产给予补偿,并退还相应的出让金。"

（七）其他权利

具体而言,建设用地使用权人可以依法在使用的土地范围内,进行与建造建筑物有关的附属行为,比如种植花木、开辟道路、修筑围墙等;此外,权利人与相邻土地的使用人之间,可适用相邻关系的有关规定,享有相邻权。

二、建设用地使用权人的义务

（一）建设用地使用权出让金的支付义务

《物权法》第 141 条规定:"建设用地使用权人应当依照法律规定以及合同约定支

付出让金等费用。"《城市房地产管理法》第15条规定:"土地使用者必须按照出让合同约定,支付土地使用权出让金;未按照出让合同约定支付土地使用权出让金的,土地管理部门有权解除合同,并可以请求违约赔偿。"据此可知,以出让方式取得建设用地使用权的,权利人应当依照法律规定以及合同约定支付出让金等费用。以划拨方式取得建设用地使用权的,原则上不需支付出让金,但在转让时,应当由受让方办理建设用地使用权出让手续并缴纳出让金。

关于土地出让金的支付方式,由当事人自由协商确定,可以一次支付,也可以分期支付。但我国法律对土地出让金的支付方式进行了限制,对建设用地使用权出让合同的履行顺序以及土地出让金的支付次数作出了明确规定。《城市房地产管理法》第17条规定:"土地使用者按照出让合同约定支付土地使用权出让金的,市、县人民政府土地管理部门必须按照出让合同约定,提供出让的土地……"《城镇国有土地使用权出让和转让暂行条例》第16条规定:"土地使用者在支付全部土地使用权出让金后,应当依照规定办理登记,领取土地使用证,取得土地使用权。"据此可知,出让合同的受让方应先履行合同,交纳出让金后,出让方再提供土地,并且出让金只能在出让合同签订后一次缴清。

(二) 对土地合理使用和保护义务

《物权法》第120条规定:"用益物权人行使权利,应当遵守法律有关保护和合理开发利用资源的规定。所有权人不得干涉用益物权人行使权利。"该法第140条进一步规定:"建设用地使用权人应当合理利用土地,不得改变土地用途;需要改变土地用途的,应当依法经有关行政主管部门批准。"据此可知,建设用地使用权人负有对土地合理使用和保护的义务。具体而言,就是应按照出让合同的约定和城市规划的要求,开发、利用、经营土地。使用权人需要改变土地用途的,应征得出让方同意并经土地管理部门和城市规划部门的批准,重新签订出让合同,并办理登记手续。

第四节 建设用地使用权的消灭

一、建设用地使用权消灭的事由

在《物权法》中,对建设用地使用权的消灭事由未作直接规定,但根据现行法律,建设用地使用权的消灭主要由以下原因引起:

1. 期限届满

这一消灭事由系针对以划拨以外的方式设定的建议用地使用权。故除以划拨方式设定的建设用地使用权外,建设用地使用权是有期限的物权,当法律规定或当事人约定的使用权期限届满时,建设用地使用权归于消灭。使用权期限届满后的续展问题,因土地用途的不同而有区别。《物权法》第149条规定:"住宅建设用地使用权期间届满的,自动续期。非住宅建设用地使用权期间届满后的续期,依照法律规定办理。该土地上的房屋及其他不动产的归属,有约定的,按照约定;没有约定或者约定不明确的,依照法律、行政法规的规定办理。"法律上之所以要将住宅建设用地使用权的期满续展与其他用途的建设用地使用权期满续展进行区分,是因为房屋是人民群众安身立命之本,是生存权的重要保障。至于续期是否需要交纳土地出让金,《物权法》未作规定。

2. 被依法收回

《物权法》第42条第1款规定:"为了公共利益的需要,依照法律规定的权限和程序可以征收集体所有的土地和单位、个人的房屋以及其他不动产。"该法第148条规定:"建设用地使用权期间届满前,因公共利益需要提前收回该土地的,应当依照本法第42条的规定对该土地上的房屋及其不动产给予补偿,并退还相应的出让金。"《城市房地产管理法》第20条、第26条以及《土地管理法》第58条对建设用地使用权被依法收回作出了具体规定。从上述法律规定中可以得知,在下列情形下,人民政府土地管理部门可以依法律规定权限和程序收回建设用地使用权:(1) 为公共利益需要使用土地的;(2) 为实施城市规划进行旧城区改建,需要调整使用土地的;(3) 土地出让等有偿使用合同约定的使用期限届满,土地使用者未申请续期或者申请续期未获批准的;(4) 因单位撤销、迁移等原因,停止使用原划拨的国有土地的;(5) 公路、铁路、机场、矿场等经核准报废的;(6) 房地产开发用地超过出让合同约定的动工开发日期满一年未动工开发的,可以征收相当于土地使用权出让金20%以下的土地闲置费;满两年未动工开发的,可以无偿收回土地使用权;但是,因不可抗力或者政府、政府有关部门的行为或者动工开发必需的前期工作造成动工开发迟延的除外。

3. 土地灭失

建设用地使用权作为一种物权,其效力表现为对特定物使用价值的支配并排除他人干涉上。作为权利客体的土地灭失,导致权利人丧失了支配的基础,必然使建设用地使用权消灭。因此,《城市房地产管理法》第21条规定:"土地使用权因土地灭失而终止。"

二、建设用地使用权消灭的法律后果

建设用地使用权消灭后,使用权人应当返还土地。出让人应当及时办理注销登记。登记机构应当收回建设用地使用权证书。对于使用权人而言,不同的消灭原因,法律后果是不同的。对于划拨的土地,在国家无偿收回划拨的建设用地使用权时,对其地上建筑物及其附着物,市、县人民政府应当根据实际情况给予适当补偿。对于出让的土地,在国家提前收回出让的建设用地使用权时,应当根据建设用地使用权人已使用的年限和开发、利用土地的实际情况给予相应的补偿;对于因建设用地使用权出让合同约定的使用年限届满而收回的,对其地上建筑物及其附着物,国家无偿收回。

针对上述建设用地使用权消灭后不同法律后果的区分,不少学者认为有失公允,令人费解。他们认为于理而言,划拨建设用地使用权人有相当一部分是长期无偿地对国有土地进行使用、收益,土地收回时国家无偿取得地上建筑物和其他附着物,可以视为一种补偿;而出让建设用地使用权人已经向国家支付了土地使用权出让金,在建设用地使用权期限届满时,国家应按市场价格对地上建筑物、其他附着物进行补偿才为公平。然而,现行立法的制度设计恰恰是完全颠倒的。[①]

本章重点疑难问题提示

一、关于建设用地使用权主体、客体问题

(一) 关于主体问题

民事主体是民事权利的享有者和民事义务的承担者,它是民事法律关系的要素之一。建设用地使用权是用益物权的一种,是在他人之物即在他人所有的土地上设定的他物权。通常情形下,实施一定的法律行为是建设用地使用权取得的主要方式,并且不管是划拨方式,还是出让、转让方式都要在土地所有权人和建设用地使用权人之间以签订合同形式,来设定建设用地使用权。合同双方当事人就是这一具体法律关系的主体,而建设用地使用权人即是建设用地使用权的主体。

我们认为,土地的稀缺性、不可再生性以及财富之母性,决定了建设用地使用权制度的民族性、历史性和国有法性,也决定建设用地使用权主体的特殊性。基于此,建设用地使用权主体应是我国自然人、法人或其他组织。对于外国人(自然人、法人或其他组织)应予以限制。需要说明的是,外国自然人、法人或其他组织,按照我国法律的规定,在我国投资设立中国法人,可以中国法人的名义取得建设用地使用权,成为建设用地使用权的主体。对于那些以外国人的名义在中国购买房屋,从而取得建设用地使用权的,应当予以禁止,这样既有利于建设用地使用权的保护,也有利于房地产市场的稳定。

至于在自然人成为建设用地使用权主体时,其民事行为能力是否应受到限制? 我们的态度是否定的,正如在继承法律关系中,法律对继承人的行为能力未作要求一样。只有这样,无民事行为能力的自然人才可以继承方式取得建设用地使用权。

(二) 关于建设用地使用权的客体问题

关于建设用地使用权的客体有几个方面的问题值得注意:

(1) 正如前述,建设用地使用权的客体为国有土地已成共识,集体所有土地能否成为建设用地使用权客体之争,随着《物权法》的颁布实施,也尘埃落定了,但在国有土地上设定的建设用地使用权与在集体所有土地上设定的建设用地使用权的内容等方面应有不同之处,在集体土地上设定的建设用地使用权的处分权能是否应受到限制,如能否转让、抵押等;如果应受到限制,那么应如何限制?

(2) 根据《物权法》的规定,建设用地使用权的效力可及于地面以及土地上下的空间,但是对土地有关的物,包括:林木、矿产资源、水资源等,不属于建设用地使用权的效力范围。

(3)《物权法》第136条规定:"建设用地使用权可以在土地的地表、地上或者地

---

① 屈茂辉:《用益物权制度研究》,中国方正出版社2005年版,第312页。

下分别设立。新设立的建设用地使用权,不得损害已设立的用益物权。"据此可知,建设用地使用权的客体,包括地表和地上、地下空间。

二、关于土地租赁权的物权化问题

如上所述,建设用地使用权与土地租赁权是两种不同的土地利用权,两者之间有显著区别。前者是物权,是对他人土地为直接支配的权利,后者本质上是债权,表现为使用他人土地的一种请求权。但随着时代的发展,土地租赁权表现出一种物权化现象。

土地租赁权的物权化有其特别的历史背景,近代欧陆各国,土地所有人往往以其经济优势地位和土地利用人为了生存必须利用土地的窘境,提出与土地利用人订立土地租赁合同。经济地位的不平等,导致土地租赁合同的租赁方不得不屈服于出租方即土地租赁方之下。为了改变这种不平等现象,提升土地承租人的地位,20 世纪以来,特别是 20 世纪 60 年代以来,在世界范围内发生了一场强化土地租赁权,提升土地承租人法律地位的立法运动,这种现象,民法史上称为"土地租赁权的物权化"。①将土地租赁权进行物权化表明土地租赁权在本质上仍然是债权。在我国有学者认为,这种权利是作为一种特殊的建设用地使用权而不是债权,故将之称为"租赁土地使用权"。如《土地管理法实施条例》第 29 条、1999 年 8 月 1 日国土资源部出台的《规范国有土地租赁若干意见》(国土资发[1999]222 号)对此作出了规定。

虽然有土地租赁权存在债权抑或是物权之争,但土地租赁权的效力在逐步强化、有物权化的趋势是一个不争的事实。土地租赁权物权化的方法有如下几种:(1)存续期间的保护和延长;(2)赋予土地租赁权对抗第三人的效力,即增强土地租赁权的效力,使土地租赁权不受土地所有权的移转的影响;(3)转让或转租自由,即土地租赁权人可以随时转让或转租所取得的租赁权;(4)土地租赁期间届满后,赋予土地承租人构筑物有益费用的偿还请求权、构筑物取回请求权和买取请求权,等等。②

三、关于集体土地的建设用地使用权问题

随着经济、社会的不断发展,在集体土地上设定建设用地使用权已成为一种客观现象,特别是在经济发达地区,随着"城市一体化"建设的不断深入,在集体土地上设定建设用地使用权已是普遍现象。为了记载这一社会生活生产条件,民事立法必须就此作出回应。《物权法》第 151 条规定:"集体所有的土地作为建设用地的,应当依照土地管理法等法律规定办理。"从而以立法的形式宣告建设用地使用权单一客体时代的结束,开创了建设用地使用权二元结构的纪元。《土地管理法》第 43 条规定,因乡(镇)村公共设施、公益事业、兴办乡镇企业和村民建设住宅经批准可在集体所有土地上设定建设用地使用权,基于宅基地使用权是《物权法》规定的一种独立的用益物权类型,故在集体土地上确立的建设用地使用权有兴建乡(镇)村公共设施的建设用地使用权、兴办公益事业建设用地使用权和兴办乡(镇)村企业建设用地使用权三个类型。

---

① 梁慧星、陈华彬:《物权法》(第四版),法律出版社 2007 年版,第 272 页。
② 温丰文:《现代社会与土地所有权理论之发展》,台湾五南图书出版公司 1994 年版,第 39—41 页。

(一) 集体所有土地上设定建设用地使用权的必要性

1. 客观现实的需要

客观现实的需要具体表现在以下两个方面:(1) 随着我国现代化进程的加快,农村的现代化水平在逐渐提高,对乡(镇)村公共设施、公益事业的发展提出了更高要求。随着农村居民收入的增加,农村集体经济组织或者农民集资兴建乡村供水、道路、桥梁等公共设施,或者开办学校、敬老院、体育场馆等乡村公益事业的现象比比皆是。这就不可避免地涉及对集体土地的使用。[①] (2) 我国目前的城乡一体化发展的政策,强调通过小城镇的发展来引导农民就近转化为城市居民,而乡镇企业因其"离土不离乡"的特点而备受青睐。因此,我国法律对乡镇企业采取了明显的扶持态度,规定了一系列扶持措施,对乡镇企业建设用地使用权的规定,就是其中之一。[②]

2. 法治精神的需要

同样都是土地,却因其所有权主体身份的差异,在法律制度的设计上进行区别对待,是严重违背法治精神的。长期以来,只允许在国有土地上设定建设用地使用权,而禁止就集体所有土地设定建设用地使用权,这本身就是对集体所有土地、集体经济组织和集体经济组织成员的歧视,也必将严重阻碍农村经济社会的发展和城乡一体化发展的建设。

公平、效率是法精神的表现,也是法价值目标的具体内容。权利、利益是公平这一法价值的精神内核,权利、利益的平等是评价公平法价值的重要标准,国有土地承载着国家、全体公民抑或城市居民的权利和利益,集体所有土地则承载着集体经济组织的利益。长期以来,农民、农村经济的弱势地位和农村经济社会发展的相对滞后,与对集体所有土地的歧视有密切联系。不管是国有土地,还是集体所有土地,建立在其上的权利体系都是开放的体系,是权利类型同一的体系。只有这样才能满足公平、效率法价值的要求,才能实现城乡经济社会的协调发展。

(二) 集体所有土地的建设用地使用权法律特征

集体土地的建设用地使用权具有如下法律特征:(1) 权利主体是农民个人和集体经济组织以外具有独立民事主体资格的组织,如乡镇企业、学校、医院等。(2) 权利的客体为乡村非农建设土地。所谓乡村非农建设土地,是指建设乡镇企业所用的土地、乡(镇)村公共设施和兴办公益事业所用的土地的总称。(3) 权利的内容为对集体所有的土地的占有、使用、收益、有限制的处分权能。

(三) 集体所有土地的建设用地使用权需要注意的几个问题

1. 应整体规划

集体所有土地的建设用地使用权的设定,应遵守合理利用土地和切实保护耕地的用地原则,这种权利的设定,应按照村庄和集镇规划,合理布局、综合开发、配套建设;应当符合乡(镇)土地利用总体规划和土地利用年度计划。涉及占用农用地的,应

[①] 王利明、尹飞、程啸:《中国物权法教程》,人民法院出版社2007年版,第335页。
[②] 同上。

当依法办理农用地转用审批手续。

2. 集体所有土地的建设用地使用权的期限设定

我国现行法律对集体土地的建设用地使用权的期限未作出规定,我们认为,这是立法上的缺陷,应进行立法完善。集体所有土地的建设用地使用权作为用益物权的一个类型,应具有用益物权的法律特征,即应是有期限的物权。特别是乡镇企业建设用地使用权,它实际上是集体作为出资人或者以其所有的土地作为出资来兴办企业,该企业虽可能不具有法人资格,但其依然享有独立的民事主体资格。这就形成了乡镇企业对集体土地进行占有、使用和收益的格局,如果不对这类权利加以一定的期限限制,必然对所有权人集体经济组织的权利造成侵害,故对集体土地的建设用地使用权应予以期限限制。

3. 乡镇企业建设用地使用权的流转

《土地管理法》第63条规定:"农民集体所有的土地的使用权不得出让、转让或者出租用于非农建设;但是,符合土地利用总体规划并依法取得建设用地的企业,因破产、兼并等情形致使土地使用权依法发生转移的除外。"据此可知,乡镇企业建设用地使用权除上述规定外,不得直接进入市场流转。然而,已经成为建设用地的土地使用权进入市场流转是一个客观存在,也是社会发展的需要。我们认为《土地管理法》第63条的规定,缺陷在于未区分农地使用权和建设用地使用权。对于建设用地使用权应允许其在一定范围内流转,即转让、出租和抵押。

四、关于空间使用权问题

空间使用权作为一种用益物权,是建立在他人空间所有权之上的,它是指以他人土地的空中或地下建筑物或其他工作物为目的而使用他人的空间的权利。《物权法》第136条规定:"建设用地使用权可以在土地的地表、地上或者地下分别设立。新设立的建设用地使用权,不得损害已设立的用益物权。"据此可知,我国法律对空间使用权已予以认可。

空间使用权依大陆法系民法理论建立,权利主体为土地所有人外的一般主体,客体是地表之上或者地表之下的特定断层空间,内容与建设用地使用权的内容相似。

空间使用权可以因出让、转让等契约方式取得,也可因继承等方式取得,权利人在取得空间使用权时,仍然应进行权利登记,权利自登记时成立。

第十七章 宅基地使用权

第一节 宅基地使用权概述

一、宅基地使用权历史沿革

现行法律中所规定的宅基地使用权,是指农村村民的宅基地使用权,该种权利是我国特有的一种土地权利。虽然由于历史原因或者继承,在我国城市中可能还存在没有被征收或没收的宅基地,但是,由于1982年《宪法》第10条明确规定城市的土地属于国家所有,因此,城市中用于建造住宅的土地都已归属为国有建设用地,这样城市居民宅基地使用权就不复存在。自新中国成立以来,我国农村宅基地使用权制度的发展历史大致可以分为四个阶段。

(一)农村宅基地私有阶段

新中国成立后的一段时期,农村土地不是公有的,而是私有的。1955年我国开始对农村进行社会主义改造,农村土地演变成集体所有,但个人的坟地、宅基地还是归个人所有。1956年6月30日,全国人民代表大会第一届第三次会议通过的《高级农业生产合作社示范章程》第16条规定:"社员原有的坟地和房屋地基不必入社。社员新修房屋需用的地基不必入社。社员新修房屋需用的地基和无坟地的社员需用的坟地,由合作社统筹解决,在必要的时候,合作社可以申请乡人民委员会协助解决。"

(二)农村宅基地使用权确立阶段

中共中央于1962年9月27日第八届十中全会通过的《农村人民公社工作条例修正草案》(简称"六十条")明确规定生产队是人民公社中的基本核算单位。生产队范围内的土地,都归生产队所有。生产队所有的土地,包括社员的自留地、自留山、宅基地等等,一律不准出租和买卖。自此,农村宅基地所有权属于集体所有。

1963年3月20日,中共中央下达了《关于对社员宅基地问题作一些补充规定的通知》指出:(1)社员的宅基地,归各户长期使用,长期不变。(2)社员有买卖房屋或租赁房屋的权利。房屋出卖以后,宅基地的使用权即随之转移给新房主,但宅基地的所有权仍归生产队所有。(3)社员新建住宅占地无论是否是耕地,一律不收地价。(4)社员不能借口修建房屋,随便扩大院墙,扩大宅基地,来侵占集体耕地,已经扩大侵占的必须退出。

(三)农村宅基地使用权严格管理阶段

20世纪80年代初,农村经济有了明显增强,农民经济收入和生活水平有了明显提高,农村出现了建房热潮。农村建房用地已逐渐增加。由于缺乏健全的规划管理,乱占耕地的现象相当严重,国家加强了对农村宅基地使用权的管理和限制。

1981年，国务院发布《关于制止农村建房侵占耕地的紧急通知》，指出农村社队的土地都归集体所有，分配给社员的宅基地、自留地（自留山）和承包的耕地，社员只有使用权，既不准出租、买卖和擅自转让，也不准在承包地和自留地上建房，并指出建房要动用耕地时，要经过批准，具体审批办法，由各地政府按实际情况制定。1982年国务院又发布了《村镇建房用地管理条例》要求各省、市、自治区人民政府结合本地情况，对村镇建房用地限额和省、地、县三级具体审批权限等问题作出规定，迅速建立村镇建房审批制度。

（四）农村宅基地使用权流转改革阶段

1986年6月25日通过的《中华人民共和国土地管理法》规定：农村村民一户只能拥有一处宅基地，其宅基地的范围不得超过省、自治区、直辖市规定的标准；农村村民建住宅，应当符合乡（镇）土地利用总体规划，并尽量使用原有的宅基地和村内空闲地；农民出卖、出租住房后，再申请宅基地的，不予批准；农村集体所有的土地使用权不得出让、转让或出租用于非农建设。

1990年，国务院批转国家土地管理局《关于加强农村宅基地管理工作请示的通知》中，允许地方试行农村宅基地有偿使用制度。但1993年7月22日，中共中央办公厅和国务院办公厅发出了《关于涉及农民负担项目审核处理意见的通知》，又将农村宅基地有偿使用收费取消。自此，全国土地管理系统停止收取宅基地有偿使用费。

2007年3月16日，第十届全国人民代表大会第五次会议通过《中华人民共和国物权法》，对宅基地使用权的取得、转让、登记、灭失等制度作出了规定。

二、宅基地使用权的概念和特征

（一）宅基地使用权的概念

《物权法》没有对宅基地使用权作出概念性界定，第152条规定："宅基地使用权人依法对集体所有的土地享有占有和使用的权利，有权依法利用该土地建造住宅及其附属设施。"该条是《物权法》关于宅基地使用权内容的规定。由于宅基地是指农村村民宅基地，因此，宅基地使用权可界定为：农村村民为建造住宅及其附属设施，依法对集体所有的土地享有占用和使用的权利。

（二）宅基地使用权的特征

从《物权法》及相关法律规定来看，宅基地使用权具有下列特征：

1. 宅基地使用权的主体是农村村民

《物权法》对宅基地使用权的主体没有作出直接规定，而是将有关宅基地取得的主体资格条件，规定为适用我国《土地管理法》的相关规定。《土地管理法》第62条规定："农村村民一户只能拥有一处宅基地，其宅基地的面积不得超过省、自治区、直辖市规定的标准。农村村民建住宅，应当符合乡镇土地利用总体规划，并尽量使用原有的宅基地和村内空闲地。农村村民住宅用地，经乡（镇）人民政府审核，由县级人民政府批准。其中，涉及占用农用地的，依照本法第44条的规定办理审批手续。"国土资源部通过《关于加强农村宅基地管理的意见》又进一步规范了农村宅基地申请报批程序,规定"农村村民建造住宅需要使用宅基地的,应向本集体经济组织提出申请,并在本集体经济组织或村民小组张榜公布。公布期满无异议的,报乡(镇)审核后,报县(市)审批"。由此可以看出,现行立法规定宅基地使用权的主体原则上限于农村村民。

1988年修订的《土地管理法》曾允许城镇非农村户口居民经过批准并参照国家建设征用土地标准支付相关费用之后,作为宅基地使用权人,结果导致了一些农村经济组织以及房地产商利用该规定大肆炒卖宅基地,违法在农村进行房地产开发。故而,1998年再次修订《土地管理法》删除了这一规定。除了在此期间购买了宅基地使用权的城镇居民之外,目前,只有个别"农转非"的城镇居民或者因继承而获得宅基地的城镇居民,可以享有宅基地使用权。即便未来的法律中允许宅基地使用权自由流转,城镇居民也只能通过买卖、赠与等方式获得该权利。因此,就宅基地使用权初始取得而言,其权利人只能是农村村民,且以本集体经济组织成员为限。按照地方法规的规定,集体经济组织招聘的技术人员要求在当地落户的,回乡落户的离休、退休、退职的干部职工、复退军人和回乡定居的华侨和港、澳、台同胞,也可以申请取得宅基地使用权。但这事实上是以其已经重新取得了本集体经济组织成员身份为前提的。[①]

2. 宅基地使用权的客体是集体所有的土地

关于土地所有,我国现行法律制度实行双轨制,即将土地分为国有土地和集体所有土地。只有集体所有的土地才能成为该集体成员宅基地使用权的客体,而且,必须要依照有关法律规定经过审批。任何人不得违反法律规定抢占集体所有的土地用于建造住宅。

3. 宅基地使用权的内容受到严格限制

宅基地使用权的内容为宅基地使用权人依法占有、使用宅基地的权利,而所谓"依法使用",则主要是指利用宅基地建造住宅及其附属设施。所谓住宅,是指农村村民所建的自用住房;所谓附属设施,是指与自用住房的居住生活有关的其他建筑物和设施,例如,厕所、牛棚、猪圈、车棚等。宅基地使用权人不得利用宅基地建造用于商业用途,或者用于出租的房屋。

4. 宅基地使用权取得的无偿性

自实行农村土地集体所有以来,根据相关法律的规定,作为本集体成员的农民,一般根据生活需要,凡符合法律规定的申请条件,经过申请、批准程序,就可无偿取得宅基地使用权,无须支付对价。虽然在20世纪90年代初期,曾有些地方对宅基地使用权进行有偿使用试点,征收有偿使用费,但考虑到农民负担过重的问题,1993年中共中央办公厅、国务院办公厅《关于对涉及农民负担项目审核处理意见的通知》(中发[1993]10号)中明令取消在农村收取农村宅基地有偿使用费,从而又恢复了无偿取得、使用制度。

[①] 王利明、尹飞、程啸:《中国物权法教程》,人民法院出版社2007年版,第379页。

5. 宅基地使用权没有期限限制

宅基地使用权一经依照法律规定的条件和程序取得,就有永久性,不存在因期限届满而消灭的问题。我国宅基地使用权的主体是以户为单位,而不是个人,所以宅基地使用权的无期限性也适应了家庭的永续性要求。

三、宅基地使用权的性质

在物权体系中,宅基地使用权属于一种用益物权。有关宅基地使用权的性质在我国有很多争论。主要观点包括:地上权说;独立用益物权说;建设用地使用权说等。从宅基地使用权的特征分析,它类似于大陆法系国家和地区民法中用益物权中的地上权,即在他人土地上营造建筑物或种植竹木而使用他人土地的权利。但由于宅基地本身的特点,以及我国公有的土地所有权制度,使得宅基地使用权与传统一般用益物权中的地上权不同:(1)它建立在集体土地所有权之上。集体土地承担着集体成员生存和发展的重任,宅基地使用权制度实行"一户一宅"原则,保证每个农村家庭都有宅基地使用权,而且是通过审批方式无偿获得,具有福利性质和保障功能。这与一般地上权为纯粹私权,不限于居住建筑物,并且主要采用合同的形式发生取得是有区别的。(2)宅基地使用权制度主要调整各使用权人之间的关系,而非所有权人与使用权人之间的关系。农村宅基地使用权制度旨在建立集体成员利用土地的秩序,在不同使用人之间划出界线。① 而地上权主要建立土地所有人与使用人之间的关系。

从《物权法》的相关规定来看,我国构建的物权权利体系没有照搬传统民法中的地上权制度,而是根据我国的现实国情,与建设用地使用权制度并立,将宅基地使用权作为一种独立的用益物权进行了规定。亦即,关于宅基地使用权的性质,我国《物权法》是将其定性为一种独立的用益物权。

四、宅基地使用权与建设用地使用权

在我国,建设用地使用权实际上应分为两种:国有土地建设用地使用权与集体所有土地建设用地使用权。《物权法》中所规定的建设用地使用权主要为前者,而对集体所有土地建设用地使用权仅规定一条,即第151条:"集体所有的土地作为建设用地的,应当依照土地管理法等法律规定办理。"对宅基地使用权没有一并规定在"建设用地使用权"这一章中。这样说来,实际上,农村集体所有的用于建设目的的土地是分为两种的。就农村土地使用权而言,除了宅基地使用权外,还有非用于建造住宅及其附属设施的建设用地使用权,例如,使用集体所有土地的乡(镇)村企业建设用地使用权、乡(镇)村公共设施和公益事业建设用地使用权等,这类建设用地使用权虽然在《物权法》中是和国有土地建设用地使用权规定在同一章中,但与国有土地建设用地使用权有着很大的差异,同时也不同于宅基地使用权。这样,无论在理论上,还是在实践中,都有必要将宅基地使用权分别与国有土地建设用地使用权和农村非住宅建

---

① 江平:《物权法教程》,中国政法大学出版社2007年版,第207页。

设用地使用权加以比较认识。

(一) 宅基地使用权与国有土地建设用地使用权

宅基地使用权与国有土地建设用地使用权同为《物权法》中规定的两种相互独立、使用土地建造建筑物的用益物权,二者有一定的共性,但其区别也是相当明显,概括而言,主要表现为以下几点：

1. 权利设定的目的不同

法律将宅基地使用权严格限定于农村村民建造住宅及其附属设施,严禁将其作经营性使用,目的是为了保障我国广大农民在农村经济普遍发展水平较低的情况下有安身之所,这也是宅基地使用权制度承载着农民福利和保障功能的原因所在；而法律对国有土地建设用地使用权的使用范围并没有作出太多的限制,可用于建造商品住宅、工商企业用房及其附属设施以及公益性建筑物或设施等。

2. 权利主体不同

宅基地使用权的主体只能是农村村民,严格说来,只能是作为宅基地所有权主体的集体经济组织的成员,并且一般都是以"户"为权利主体单位；而国有土地建设用地使用权的主体一般在资格上没有什么特别的限制,自然人、法人、其他组织均可成为建设用地使用权主体。

3. 权利的客体不同

宅基地使用权的客体是集体所有的土地,而国有土地建设用地使用权的客体则是国家所有的土地。

4. 初始取得方式不同

宅基地使用权主要是通过申请和审批的方式取得,并且以无偿取得为原则；国有土地建设用地使用权主要通过有偿出让或者无偿划拨的方式取得。

5. 权利成立的要件不同

宅基地使用权取得一般不以登记为要件,符合申请条件的农村村民只要经过申请、审批等程序,即可合法取得宅基地使用权,发生宅基地使用权成立的法律效果,宅基地使用权的登记仅具有证权的法律效果；而国有土地建设用地使用权则以登记为成立要件。

6. 权利内容不同

基于宅基地使用权法律制度的特殊功能,法律对宅基地使用权的内容进行了严格限制,且权利人不得将其出卖、赠与、出租、抵押,即使出卖房屋,房屋的价格中也是不能包含宅基地使用权的价格的；而国有土地建设用地使用权的内容则较为丰富,权利人可以自由地转让、出租、赠与、出资、抵押等。

7. 权利的期限不同

宅基地使用权一经取得,就没有期限的限制；而国有土地建设用地使用权,除通过划拨方式取得建设用地使用权外,是有期限限制的,期限届满,除非权利人申请权利延续后获得批准,建设用地使用权即告终止。

(二) 宅基地使用权与农村非住宅建设用地使用权

宅基地使用权与农村非住宅建设用地使用权都派生于农村集体土地所有权,因此,这两种建设用地使用权有许多共通之处:如使用权的客体都是农村集体所有的土地;就使用权的取得而言,涉及占用农用地的,都要向有批准权限的人民政府办理农用地专用手续,使用权的审批机关都是省级人民政府;涉及占用农用地以外土地的,县级人民政府就有审批权限;原则上都属于无偿取得。但两者在权利设定的目的、权利主体、权利内容、取得程序等方面也是有很大区别的。

第二节 宅基地使用权的取得

一、宅基地使用权取得的根据

《物权法》第 153 条规定:"宅基地使用权的取得、行使和转让,适用土地管理法等法律和国家有关规定。"该规定没有直接规定宅基地使用权如何取得,而仅是规定了一个引用性法条,说明宅基地使用权取得的法律渊源。《物权法》这种规定是出于日后相关法律的修改完善及适用的考虑,为《物权法》颁行后制定的新法的适用留出了余地,如 2007 年 10 月 28 日颁布的《城乡统一规划法》有关规定就得以适用。这样,要了解如何取得宅基地使用权,就必须到《土地管理法》《城乡统一规划法》等法律和国家有关规定中去寻找。应注意的是此处所指出的"国家规定",除了国务院的有关规定外,还应包括各部委、各省市县的有关规定,如福建省人民政府 2004 年颁发的《福建省农村村民住宅建设用地管理办法》、山东省淄博市周村区 1999 年印发的《周村区农村村民住宅建设用地管理办法试行》等。由于我国幅员辽阔,各地情况不一,为符合当地发展要求和生活需要,各地根据上位法制定了地方性适用规范。正是借助于引用性法条这种立法技术,立法者试图实现物权法与其他相关法律和规定的衔接。

二、宅基地使用权的取得方式

按照物权法关于权利取得方式的基本理论,权利取得的方式有两种:原始取得和继受取得。因此,考察宅基地使用权的取得方式,应围绕着原始取得和继受取得来展开。

(一) 原始取得

1. 法律直接赋予

从我国新中国成立后宅基地使用权的历史沿革看,由法律直接赋予宅基地使用权是一种原始取得方式。土地的私有制转变为土地的公有制以后,原来的宅基地私有权就变成了宅基地使用权,而这种宅基地使用权的取得是基于国家相关法律规定,如 1963 年 3 月 20 日中共中央下达了《关于对社员宅基地问题作一些补充规定的通知》指出,"社员的宅基地,归各户长期使用,长期不变"。由此取得的宅基地使用权也得到了以后相关法律的承认,如最高人民法院 1979 年 2 月 2 日发布的《关于贯彻执行民事政策法律的意见》规定:"按土改时所确定的宅基地的所有权,改为使用权的,该宅基地使用权不变;凡是当地宅基地已经统一规划过的,按所规划后确定的社员宅基地的使用权处理；凡是经过合法手续已进行调整的，按调整的决定处理。社员在宅基地上种植的果树和竹木等，均归社员所有"。根据国家土地管理局1995年4月9日发布的《确定土地所有权和使用权的若干规定》，对于法律没有进行规范（即1982年国务院发布的《村镇建房用地管理条例》）之前建房占用的宅基地，法律规范后未经拆迁、改建、翻建的，法律原则上承认其宅基地使用权。而在法律规范之后，则应当根据法律进行处理，按处理后实际使用面积确定宅基地使用权。非农业户口（如农转非）原在农村的宅基地，房产权没有变化的，也继续承认其宅基地使用权。可见，在我国建立宅基地使用权制度及随后不断对其完善的过程中，对当时就已经存在的宅基地使用权，除了擅自占地、乱占耕地等违法情况外，法律是直接赋予其宅基地使用权的。

2. 申请无偿取得

对于农村村民新增建住房而没有宅基地的情况，在改革开放之前，是通过申请，无偿批拨给村民宅基地使用权，如1956年6月30日第一届全国人大第三次会议通过的《高级农业生产合作社示范章程》第16条规定："社员新修房屋需用的地基和无坟地的社员需用的坟地，由合作社统筹解决，在必要的时候，合作社可以申请乡人民委员会协助解决"。1963年3月20日中共中央下达了《关于对社员宅基地问题作一些补充规定的通知》又明确规定："社员新建住宅占地无论是否是耕地，一律不收地价。"改革开放后，仍然在坚持这一原则，即通过申请无偿取得。

（二）继受取得

从我国现行有关法律规定来看，宅基地所有权属于集体，同时法律明确禁止以买卖、继承的方式转让宅基地使用权，也禁止对其设定抵押。虽然法律允许农民买卖房屋，也保护包括房屋在内的合法财产的继承权，但实际上农民房屋的交换价值只能是宅基地之上附着物的价值，是不能包括宅基地使用权的价值的。这样，通过买卖、继承、赠与或承租等继受方式取得房屋及附属设施时，如继续使用房屋等，表面上看起来，宅基地使用权也随房屋及其附属设施一并转让，但由于房屋的受让人在以这种方式取得宅基地使用权的同时，根据"一户一宅"原则，也就丧失了申请新宅基地的资格。因此，以这种方式取得宅基地使用权，是否属于严格意义上的继受取得，不无疑问。

三、宅基地使用权的申请条件和申请主体

我国2004年8月修订后的《土地管理法》第62条第1款规定："农村村民一户只能拥有一处宅基地，其宅基地的面积不得超过省、自治区、直辖市规定的标准。"为加强对农村宅基地的管理，国土资源部于同年11月，国土资源部印发了《关于加强农村宅基地管理的意见》，进一步强调，"严格宅基地申请条件，坚决贯彻'一户一宅'的法律规定。"但是，我国土地管理法并没有具体明确地规定宅基地使用权的申请条件，而是由各地人民政府根据本地情况逐级进行了具体细化规定，如河北省人民政府2002年发布的《河北省农村宅基地管理办法》第7条规定："农村村民符合下列条件之一的,可以申请宅基地:(1)因子女结婚等原因确需分户,缺少宅基地的;(2)外来人口落户,成为本集体经济组织成员,没有宅基地的;(3)因发生或者防御自然灾害、实施村庄和集镇规划以及进行乡(镇)村公共设施和公益事业建设,需要搬迁的。"第9条规定:"农村村民有下列情形之一的,不予批准使用宅基地:(1)年龄未满18周岁的;(2)原有宅基地的面积已经达到规定标准或者能够解决分户需要的;(3)出卖或者出租村内住房的。"从各地人民政府有关农村宅基地管理的规定来看,内容大同小异,都既规定了申请宅基地使用权的积极条件,又规定了申请宅基地使用权的消极条件,并都将申请主体确定为农村村民。关于申请条件和申请主体,我国法律及相关规定一方面以户为单位配置宅基地,规定了申请条件,同时又规定申请主体为农村村民。概而言之,主要为三个方面:(1)申请人必须具有特定身份;(2)申请人存在合理的住房需求;(3)不存在法律规定的禁止申请事由。

我国对宅基地使用权的取得进行规范管理经历了一个演变过程,总的趋势是从严管理,因此,法律及有关规定一再坚持"一户一宅",并且明确规定宅基地面积标准。对于超出面积标准的宅基地,各地依照国家土地管理局1995年发布的《确定土地所有权和使用权的若干规定》,根据有关规定①处理后,按实际使用面积确定为集体建设用地使用权。我国农村因继承等原因拥有两处以上宅基地的情况较为普遍,对此,各地一般多采取鼓励农民退出宅基地,对宅基地上的建筑物进行补偿的做法,或采取有偿使用。如《山东泰安市农村村民住宅管理办法》(2001年发布)第10条规定:"农村村民一户有两处以上宅基地的,村民委员会可依法将多余的宅基地收回,统一安排使用。有地面附着物的,应当给予适当补偿,补偿标准由村民会议确定。多余宅基地不作收回处理的或原有宅基地面积超过规定标准的,村民委员会可以实行有偿使用,收取有偿使用费。收回的宅基地,由村民委员会申请办理注销登记手续。"

四、宅基地使用权的审批程序

《土地管理法》第62条第2款规定:"农村村民建住宅,应当符合乡镇土地利用总体规划,并尽量使用原有的宅基地和村内空闲地。"第3款规定:"农村村民住宅用地,经乡(镇)人民政府审核,由县级人民政府批准。其中,涉及占用农用地的,依照本法第44条的规定办理审批手续。"国土资源部通过《国土资源部关于加强农村宅基地管理的意见》又进一步规范了农村宅基地申请报批程序,规定"农村村民建造住宅需要使用宅基地的,应向本集体经济组织提出申请,并在本集体经济组织或村民小组张榜公布。公布期满无异议的,报乡(镇)审核后,报县(市)审批。经依法批准的宅基地,农村集体经济组织或村民小组应及时将审批结果张榜公布。"根据国土资源部的该意见,各县市又对宅基地的申报审批程序、审批工作时限、审批权限等相关规定作了进一步规范,并将年度用地计划向社会公告。如《山东泰安市农村村民住宅管理办法》就对宅基地使用权的审批程序作出了具体规范,其中第8条规定:"农村村民建设住

---

① 有关规定主要是指1986年中共中央、国务院《关于加强土地管理、制止乱占耕地的通知》。

宅按下列程序办理有关手续:(1)村民向村民委员会提出使用宅基地申请;(2)村民委员会根据当年住宅建设用地计划,召开村民会议或村民代表会议,确定建房户名单并张榜公布后,报乡(镇)人民政府审查;(3)乡(镇)人民政府对符合条件的,报县(市、区)土地行政主管部门审核,由县(市、区)人民政府批准;泰安市城市规划区内的农村村民申请使用宅基地,由区土地行政主管部门报市土地行政主管部门、规划行政主管部门审核,经泰安市人民政府批准;(4)乡(镇)土地管理机构和建设管理机构按照批准的面积和位置,到现场画线定桩后,建房户方可施工;(5)住宅建成后,经乡(镇)土地管理机构现场勘验,与原批准的占地面积、位置相一致的,出具验收证明;(6)建房户持乡(镇)土地管理机构的验收证明和其他有关批准手续,向土地行政主管部门申请办理土地使用权登记。"

五、宅基地使用权的确权方式及其效力

关于登记行为对于物权效力的影响,外国民法中有"登记对抗主义"与"登记生效主义"之说,我国《物权法》并没有明确规定宅基地使用权的效力是采"登记对抗主义"还是"登记生效主义"。从第153条的规定来看,宅基地使用权的取得适用《土地管理法》和国家有关规定。而国家土地管理局1995年对1989年11月颁布的《土地登记规则》进行了补充和修改,其中第3条规定:"依法登记的土地使用权、所有权和土地他项权利受法律保护,任何单位和个人不得侵犯"。宅基地使用权属于土地使用权,按照该规定,法律仅保护登记的宅基地使用权。没有登记的宅基地使用权受到他人的侵犯时,是否予以保护呢?我们认为该规定是采"登记对抗主义"。国家土地管理局于1995年颁布施行《确定土地所有权和使用权的若干规定》,据此在全国相继展开了宅基地确权登记。2004年的《土地管理法》第11条规定:"农民集体所有的土地依法用于非农建设的,由县级人民政府登记造册,核发证书,确认建设用地使用权。"从土地管理法的相关规定来看,是将农村宅基地作为建设用地进行规范的。《物权法》第9条虽然明确规定:不动产物权的设立"未经登记,不发生效力",但随后又有但书规定,"法律另有规定的除外"。而我国《土地管理法》仅作出了"确权"规定。所以,宅基地使用权人要取得有对抗第三人效力的宅基地使用权,应是依法向土地行政管理部门申请办理宅基地使用权登记。当然,也可不办理登记,但其享有使用的权利状态如何?国家法律是否也应当予以保护?在遭遇第三人主张权利时,法律如何衡平?相关规定并不明确。

我国有学者认为,关于宅基地使用权的设定,应当以完成审批程序为条件,而无须登记。原因在于:我国农村幅员辽阔,要求对其进行全面的、实质性审查的土地登记并不现实。

宅基地使用权没有经过登记,是否能够对抗第三人?该学者认为,所谓第三人,通常理解为标的物上的第三人,即对该物享有物权的人。但是,在没有初始登记的情况下,第三人也不可能受让该宅基地使用权或者对之享有抵押权,因此,根本不可能存在标的物上有多个权利、从而哪项权利更为优先的问题。这就是说,如果宅基地使

用权没有进行初始登记,根本就不可能存在物上的第三人。如果将第三人理解为权利人之外的第三人,在我国目前的情况下,农村仍然是熟人社会。在此情况下,如果宅基地使用权没有发生流转,设定登记是没有意义的。在取得宅基地使用权之后,无须登记,第三人也知悉该宅基地并非自己的,从而不会对其侵害。可见,无论登记与否,其都负有不得侵害的义务。因此,所谓不经登记不能对抗第三人之说,并无规定的必要。即使没有登记,宅基地使用权也是具有对抗效力的。当然,如果宅基地使用权人意欲对其权利进行处分,则为维护交易安全,应当先行办理登记。① 总之,关于登记对宅基地使用权的法律意义,还需要立足于我国的国情,进一步探讨。

第三节 宅基地使用权的内容

《物权法》第152条规定:"宅基地使用权人依法对集体所有的土地享有占有和使用的权利,有权依法利用该土地建造住宅及其附属设施。"该条是关于宅基地使用权内容的规定。②

一、宅基地使用权人的权利

宅基地使用权是一种用益物权,按照用益物权的一般理论,用益物权应是权利人对他人所有的不动产或动产,依法享有占有、使用和收益的权利,即一般来说,用益物权具有占有、使用和收益三项权能。用益物权设定的目的是赋权于权利人对物使用和收益,这从一定程度上昭示了《物权法》对"物尽其用"的功能追求。宅基地是民法中的物,属于不动产,为集体所有。从《物权法》第152条的规定看,宅基地使用权人对集体所有的土地仅享有占有和使用的权能,不享有收益的权能。当然,对于宅基地使用权是否具有收益功能,学者们的见解存在分歧。有学者认为,居住本身就是一种收益,利用庭院种植花木、养殖家畜家禽并出售也有收益。我们认为,《物权法》没有明确赋予宅基地使用权的收益功能,实际上是出于禁止宅基地使用权人进行宅基地使用权的市场性交易之考虑,市场性交易是以牟利为目的的,这与宅基地使用权设定的目的相悖。此外,所谓"有权依法利用该土地建造住宅及其附属设施",实际上包含两层内容:一是对宅基地的用途进行了严格限制,规定只能用于建造住宅及其附属设施,换句话说,法律禁止利用宅基地使用权建造生产、商业用房等。法律这样规定的目的在于:宅基地使用权是一种带有社会福利、社会保障性质的权利,该权利主要是为农民提供安身之本,而非使其营利。我国人多地少,只有严格管制土地用途,控制建设用地的数量,保护耕地,才能实现土地的优化配置和有效利用。二是建造住宅及其附属设施要依法进行,"依法进行"此处的"法"应从广义上来理解,既包括《宪法》《民法通则》《物权法》《土地管理法》《城乡规划法》及有关的有权法律解释,还包括国

---

① 王利明、尹飞、程啸:《中国物权法教程》,人民法院出版社2007年版,第387页。
② 胡康生:《中华人民共和国物权法释义》,法律出版社2007年版,第336页。

务院及各部委、各省、县发布的相关条例、决定及实施意见等。"依法建造住宅及其附属设施"主要是指建造住宅及其附属设施时不能违反城乡规划,也不能损害公共利益、社会利益和他人权益等。

二、宅基地使用权人的义务

法律赋予的权利都是有一定边界的,权利人在行使权利时超出了法定边界,就会导致权利滥用乃至会形成违法。宅基地使用权也是如此,《土地管理法》及有关宅基地使用权的其他法律和国家规定为保护"民以为食"的耕地,防止宅基地使用权人滥用权利,都作出了针对性的规定。如《土地管理法》第62条第2款规定:"农村村民建住宅,应当符合乡镇土地利用总体规划,并尽量使用原有的宅基地和村内空闲地。"第4款规定:"农村村民出卖、出租房屋后,再申请宅基地的,不予批准。"特别是针对过去由于城乡二元规划体制在城乡结合部产生的一系列住房建设方面的复杂问题,全国人大常委会于2007年10月通过了《中华人民共和国城乡规划法》,废止了《中华人民共和国城市规划法》,这标志着我国已将农村住宅建设纳入全国统一建设规划的范围,同时强化了对农村宅基地的规范管理,如《城乡规划法》第41条第4款规定:"建设单位或者个人在取得乡村建设规划许可证后,方可办理用地审批手续。"这样,就将取得建设规划许可证作为农村村民办理宅基地审批手续的前置条件,同时,还对有关规定的实施设置了具有一定可操作性的监督检查条款和法律责任条款。如第65条规定:"在乡、村庄规划区内未依法取得乡村建设规划许可证或者未按照乡村建设规划许可证的规定进行建设的,由乡、镇人民政府责令停止建设、限期改正;逾期不改正的,可以拆除。"该规定将拆除权明确授予乡(镇)人民政府,同时对乡(镇)人民政府有关人员滥用职权或渎职行为规定了行政处罚措施及刑事责任。

宅基地使用权的转让是宅基地使用权人自己主动放弃宅基地使用权的一种行为,从严格意义说,根据现行法律规定,宅基地使用权人无权转让宅基地使用权。国家土地管理局于1995年颁布施行的《确定土地所有权和使用权的若干规定》第48条规定:"房屋拆除后没有批准重建的,土地使用权由集体收回。"转让房屋导致的宅基地使用权发生的变动,在房屋所有权变更时实际上已经通过法定程序随之变更,相当于申请取得,并且,在一般情况下,由于宅基地使用权是无偿取得,房屋受让人在受让房屋的同时也丧失了无偿申请宅基地的权利,因此农村房屋转让价金中一般不包含宅基地使用权的价值。同时,《土地管理法》第62条第4款规定:"农村村民出卖、出租房屋后,再申请宅基地的,不予批准。"这样就在一定程度上消除了集体成员内部转让宅基地使用权的可能性。这就是说,集体内部成员因转让房屋导致宅基地使用权人发生变更的情况,不属于转让。《担保法》第37条第2款规定宅基地不得抵押,此外,2004年国土资源部《关于坚强农村宅基地管理的意见》第13项规定:"严禁城镇居民在农村购置宅基地,严禁为城镇居民在农村购买和违法建造的住宅发放土地使用证。"因此,这使得宅基地使用权不能以合法方式流向集体成员以外的人。总之,从我国法律及相关规定来看,是禁止宅基地使用权的转让的。

第四节 宅基地使用权的消灭

一、宅基地使用权消灭的原因

从《物权法》以及相关法律、法规的规定来看,宅基地使用权消灭的原因有以下几种：

1. 宅基地被农村集体经济组织依法收回

宅基地使用权会因为出现下列情形而被依法收回：为了乡（镇）村公共设施和公益事业建设而需要使用原划定的宅基地；宅基地使用权人不按照批准的用途使用宅基地；宅基地使用权人长期闲置宅基地；违反"一户一宅"原则占用的宅基地等。

2. 宅基地被国家依法征收

在国家因公共利益的需要而征收土地的情况下,征收土地范围内的原有宅基地使用权消灭。

3. 转让住房

农村村民转让其住房并不必然导致其所享有的宅基地使用权消灭,如村民只是转让其宅基地上面的建筑物而不同时转让宅基地使用权的情形。但如果村民在转让其住房时,宅基地使用权一同随之转让,那么,就会导致宅基地使用权消灭。

4. 抛弃

在宅基地使用权人抛弃其宅基地使用权的情形下,会产生其享有的宅基地使用权消灭的效果。

5. 自然灾害等原因

虽然从物理属性上讲,土地是不可能消灭的。但从用途角度上说,自然灾害等原因可能使土地不再适用某种用途,例如,由于河流改道,原来的住宅和宅基地有可能完全被淹没；又如,由于山体滑坡,原来住宅所在的土地不能再用于建设住宅,宅基地使用权自然就因此而消灭。

二、宅基地使用权消灭的法律效果

宅基地使用权因不同的原因导致消灭后会发生不同的法律效果。

《物权法》第154条规定："宅基地因自然灾害等原因灭失的,宅基地使用权消灭。对失去宅基地的村民,应当重新分配宅基地。"自然灾害导致宅基地使用权灭失是《物权法》明确规定的村民可以重新分配宅基地的原因。在发生自然灾害,原有宅基地不可能再用于建造住宅的情况下,就必须对丧失居住条件的集体的成员提供新的宅基地以维持生计。

此外,在农村集体经济组织为了乡村公共设施和公共事业建设,或国家因公共利益的需要而征收土地导致原宅基地使用权消灭的,农村集体经济组织在条件具备的情况下,也应当重新批给宅基地。

对于宅基地使用权人因不按批准用途、长期闲置或者抛弃宅基地导致宅基地使用权消灭的情况,村民是否还可以重新经过审批程序而获得宅基地使用权,法律法规尚没有明确规定。有学者认为因抛弃而导致宅基地使用权丧失的情况,不得再申请取得宅基地使用权。而其他情况在其确实无宅基地可供作建房居住,在其认识到错误的前提下,可以依照法律规定的条件和程序重新申请宅基地。① 我们认为,对于抛弃的宅基地,也不是其他任何人都可以无条件地得到其使用权,最终要由集体经济组织收回,因此,抛弃宅基地使用权应该不同于宅基地使用权的买卖和出租。只要抛弃者还没有放弃集体经济组织成员资格,还是可以有条件的依法重新申请宅基地。如果因此剥夺其宅基地使用权申请资格,并不妥当。

对于宅基地使用权人因转让住宅而导致宅基地使用权消灭的情况,法律已有明确规定,转让人不得再申请宅基地。

《物权法》第155条规定:"已经登记的宅基地使用权转让或者消灭的,应当及时办理变更登记或者注销登记。"宅基地使用权涉及国家对土地资源的管理,更是一种重要的用益物权。从长远发展来看,对宅基地使用权的设立、变更和消灭进行登记,既有利于加强土地管理,又有利于表彰物权的状态,从而减少争端。目前有些地方的宅基地使用权的登记制度不够完善,对宅基地使用权还没有进行登记,这一状况尽管还没有引起大的矛盾和纠纷,然而在宅基地使用权发生变动时就有可能带来潜在的风险。《物权法》中的该条规定考虑到我国广大农村的实际情况以及登记制度的现状,虽然没有明确要求所有宅基地使用权一旦发生变更一律登记,但是对于已经登记的宅基地使用权转让或者消灭的,则明确规定了应当及时办理变更登记或者注销登记。该条规定既切合我国物权制度发展的大方向,也有利于从实际出发,未雨绸缪,防患于未然。

第五节 宅基地使用权法律制度面临的现实挑战

一、现实中的挑战

市场经济的发展和广泛影响已经使我国农村内部产生了分化,形成了两种类型的农村,一种是传统耕作意义上的农村,根据2007年上半年展开的农村土地法律制度实地调查发现,在这种类型的农村中,国家"一户一宅"的法律规定基本得到了较好的实施,虽然也存在"一户两宅或多宅"的现象,但多是源于历史原因,并且这种情况很少。另一种是处于城市边缘的农村,这种类型的农村已经在很大程度上较少从事传统意义上的耕作,洋溢着很浓厚的城市气息,充斥着市场经济理性的冲动。

通过《物权法》《土地管理法》及其他国家相关法律规定中有关宅基地使用权的规定可以看出,国家已经构建起了一个从宪法、基本法到部委规章及各级政府规定所组成的一个较为完备的有关宅基地的法律制度体系。但是,遍观我们周围的现实生活,会发现生活实践发展的逻辑进路似乎总是在试图偏离法律制度为其设置的轨道,

---

① 刘保玉:《物权法学》,中国法制出版社2007年版,第276页。

现行宅基地使用权法律制度已经无法回应现实生活的发展所提出的种种挑战。这些挑战主要通过城乡结合部农村宅基地及在宅基地上所建房屋的市场化运作,直指有关宅基地使用权的取得、行使和转让的规定。

实际上,为了能使农民独享政府为他们通过宅基地所提供的福利和保障,防止非农民侵染,国家由上到下,通过层层制度设计,从宅基地使用权的取得、行使到转让,形成了一套明显带有"身份"色彩的法律制度。但是,以往国家土地市场的二元化运作机制,使得这套法律制度在赋予农民宅基地使用权的同时,也禁锢了农民应得的自由,即分享市场经济的发展所带来的土地增值收益的自由。而农民在行使其宅基地使用权时,却不甘心受制于这种禁锢,更何况,宅基地又是属于农民集体所有。于是,城乡边缘的农民和农村集体都在挖掘自有的智慧,寻找法律、国家规定和政策的灰色区域以及谋求经济利益的机缘,寻求宅基地经济利益的最大化,从而发起了对现行土地法律制度的挑战。无疑,如果说一直以来存在的"宅基地地下流转""变相改变宅基地用途"还仅仅是农民对"禁锢自由"的一种默默的反抗或抵制,那么近几年在城市房地产市场中异军突起的"小产权房"现象就近乎是在公开向现行土地法律制度叫板。

二、宅基地使用权法律制度的缺陷

现行宅基地使用权法律制度是一套很庞杂的制度体系,整个制度存在着诸多缺陷,体现在以下几个方面。

(一)宅基地使用权分配制度不明确

我国目前虽然表面看起来有较为完善的宅基地使用权分配制度,但实际上宅基地使用权分配秩序相当混乱。通过调查我们发现,各省分配标准不一,省内不同地区的分配方法也存在很大差异。从总体上看,26.07%农户表示当地宅基地的取得标准是根据儿子的数量,而24.07%的农户表示当地宅基地的取得标准是根据子女的数量。各省之间的情况也不尽相同,以湖北、湖南两省为例,在被调查的农户中,59.67%的湖北农户表示当地宅基地使用权取得的标准是根据儿子或子女的数量,而在湖南只占10.39%。

此外,由于宅基地所有权主体虚位,我国宅基地使用权的分配受行政力量的干预非常严重。宅基地使用权分配制度缺乏透明度,实际的分配权操纵在村干部手中,5.17%的农户表示在当地权力大、地位高的人可以取得更多的宅基地使用权。这不仅造成土地资源的不合理分配,也不利于农村社会的稳定和和谐。

(二)宅基地取得制度不合理

现行法律对农村宅基地使用权的取得条件和程序规定的不够严密。我国现行《土地管理法》规定,农村村民住宅用地,经乡(镇)人民政府审核,由县级人民政府批准;其中,涉及占用农用地的,依照本法第44条的规定办理审批手续。法律上并没有对宅基地使用权的审批程序和审批内容作出具体明确的规定,导致农村宅基地使用权审批工作不规范,农村宅基地多占、超占情况突出。调查结果显示,各省普遍存在一户多占宅基地的情况,调查的农户中约有9%的农户有两处或两处以上宅基地,其中山东、山西两省的情况最为严重,多占宅基地的农户分别达16%和15%左右。

(三)宅基地使用权流转制度缺失

我国相关法律规定,农村村民住房转让时,宅基地使用权一并转让。禁止城镇居民在农村购置宅基地。农民依照法律规定转让宅基地使用权的,不得再申请宅基地。对于宅基地使用权是否具有流转性,如何流转,法律并没有进一步的规定。但是由于客观上宅基地使用权供给与需求的存在,在现实中,宅基地使用权流转"隐形市场"大量存在。

关于宅基地使用权的继承问题,我国农村宅基地使用权的相关规定与我国现行法律相互矛盾。当继承人不是本集体经济组织成员时,继承人是否可以继承宅基地使用权,立法并未对此加以明确规定。

此外,我国对于农村宅基地使用权流转的采取限制或禁止转让的政策,这一方面导致"空心村"的出现,造成土地资源的浪费;另一方面,宅基地使用权的价值难以通过市场实现,损害了农户的合法权利,阻碍了农村经济的发展。

(四)农村宅基地使用权监管体制不完善

1. 宅基地使用权登记制度缺失

调查显示,从各省的平均情况来看,有74.49%的农户表示全部或部分领到了宅基地使用权证或房产证,18.79%的农户表示没有领到证书,还有5.45%的农户不清楚自己是否领到了证书。这一方面表明我国农民对农村宅基地使用权方面的法律意识薄弱,另一方面也表明我国农村宅基地使用权登记制度不完善。登记制度的不完善给将来的产权纠纷埋下隐患,也造成了司法和管理上的困难。

2. 农村宅基地使用权管理失效

农村宅基地使用权管理的失效表现为农村宅基地规划的不合理。由于缺乏有效的合理规划。有的村庄向外、尤其是向交通便利的地方急剧扩展,形成"空心"村。此外,农户将宅基地挪作他用的现象大量存在。调查结果表明,有38.02%的农户表示当地宅基地可以用作建住房以外的经营性用途,16.29%的农户表示不清楚宅基地是否可以用作建住房以外的经营性用途。

总之,在制度体系内部存有漏洞、冲突和矛盾的同时,有时又与国家不断变化的其他发展政策也难以协调。就体系内部来说,如相关规定只是规定了农民宅基地的最大使用面积,但对空间使用权并没有作出明确规定,结果农民可以在面积不大的宅基地上建造5层乃至更高的楼房,除满足自住外,其余的房间可用于出租,这种现象应不应该禁止?又怎么禁止得了?如果强行禁止,其合理性何在?又如,法律和规定只能一般的禁止农民改变宅基地使用用途,但无法禁止农民建造居商两用楼房等等诸如此类问题,是赋权性规范与禁止性规范在适用中形成的冲突。另外,当前我国正在推行新农村建设,而很多地方正是利用这一政策契机开发了大面积的"小产权房",2007年10月颁布的《城乡规划法》可以说正是针对难以遏制的"小产权房"现象而出台的,效果如何,尚需实践验证。但仅以石家庄为例,2005年12月31日石家庄房地产开发建设专项检查中,通报的违规项目的总体规模就达到了近百万平方米。要知道,石家庄现在每年的商品房销售面积也不过两三百万平方米。木已成舟,如何处置？需要在巨大的财产损失抑或捍卫法律规定的权威之间作出"鱼与熊掌不可兼得"的抉择。

三、对宅基地未来立法的展望

虽然面对生活中出现的种种棘手问题,有关宅基地的现行法律制度凸显出某些困境,但在严格保护耕地、保障农民居住安全和维护宅基地秩序上,现行法律还是展示出其应有的规范作用。党中央在十七大会议中已明确指出了推进和深化土地制度改革的目标,重庆市被作为"综合改革试验区"以后,现在正以"土地制度改革"作为"综合改革试验"的突破口。重庆市土地制度改革的路径是先行探索土地的资本化,谨慎进行农地入股、宅基地换社保的制度创新,试图以此大力推进城市化建设。当前的这些改革动态无疑会对宅基地未来立法走向产生重大影响,也为农民从"身份"走向"自由"提供了转换契机。但宅基地立法走向不仅仅关系到这一代农民的居住安全,对后代也影响甚巨。《物权法》第13章在构建宅基地法律制度时已考虑到即将到来的宅基地法律制度的改革和亟须完善的要求,故设定法条时采用了引用性立法技术。但如何将物权法与其他法律和规定结合起来,构建既适合我国国情,又有利于我国城乡协调发展的宅基地法律制度,应是当前思考、研究的重点,也是难点。我们认为,以下两方面应是完善宅基地使用权法律制度不可不遵循的准则：

第一,农村宅基地使用权法律制度的设立要符合农村发展的实际情况。一方面农村宅基地使用权法律制度的设定要适应农村经济、社会的现状,能够促进社会的继续发展,不与现实相背离；另一方面,法律制度的设立要避免太一般、太抽象,注重可操作性,能够在实践中得到贯彻实施,能够真正解决现实中存在的问题,弥补现行农村宅基地使用权制度的不足。

第二,农村宅基地使用权法律制度的设立要遵循公平原则,保证社会的稳定。农村宅基地使用权法律制度的设立要兼顾各权利主体的利益,保证各方关系人地位平等,保证各方权利不受侵害,尤其要保护农村村民的合法权利不受侵害,保证社会的稳定和和谐发展。

本章重点疑难问题提示

随着社会发展,宅基地使用权法律制度面临着诸多问题,有以下几个问题需要研究,并提供了部分学者的观点,以引发思考。

一、关于宅基地使用权应否有偿取得、使用问题

有学者认为,我国应当建立宅基地有偿使用制度。理由在于：有偿使用是集体土地所有权中收益权和处分权的体现,而且目前农民对宅基地需求旺盛,而宅基地审批较为严格,难以满足农民的居住要求。而实行集体土地有偿使用,有利于促进土地的

有效利用和抑制乱占土地建房。此种有偿使用,主要通过定期征收土地使用费的方式来进行。① 从我国农村宅基地使用权制度建设的长远来看,建立宅基地有偿使用制度是宅基地使用权有序流转的前提条件,也为以后宅基地使用权市场价格的确定提供依据。建立农村宅基地有偿使用制度也是满足社会公平和经济效率的需要。当然,在建立宅基地有偿使用制度时,应注意如下问题:

(1) 由于各地区的经济、社会条件不同,农村宅基地使用费用的确定,应该由一定级别的地方政府,结合当地实际情况确立。

(2) 宅基地使用费用的确立应该充分考虑当地农村经济发展水平和宅基地使用权的价值,按照地理位置、使用面积的不同,划分不同的标准。

有学者则持相反的观点②,认为我国必须长期坚持宅基地初始取得的无偿性,其理由并非所谓的社会福利,而是基于集体土地所有权产生的历史背景以及我国构建和谐社会的现实考虑,具体来说:

首先,是维护农民利益、减轻农民负担的政策考虑。一旦放开允许农村集体经济组织就宅基地使用权收取使用费,则加重了农民负担,尤其是在基层民主尚不健全的情况下,可能助长腐败现象,危及社会稳定,不利于构建和谐社会。

其次,是基于历史补偿的考虑。此种历史补偿,一方面是指农村集体经济组织的土地,在历史上是农民响应党的号召、自愿放弃土地所有权而形成的,因此,农村集体经济组织应当以无偿提供土地供其使用作为一种补偿。农民的私人土地通过集体化而转化为集体的土地所有权,集体不能在无偿取得农民土地所有权之后,再要求其(或者其子孙)有偿使用这些土地。另一方面,在计划经济时期,通过农业的发展,农民为我国工业化的实现提供了最初的资本支持。在我国经济已经获得高速、平稳发展,基本实现工业化的情况下,工业反哺农业、城市反哺农村,应当通过财政、税收等措施尽力减轻农民负担,这已经成为社会的共识。在此情况下,要求有偿使用宅基地,是说不通的。

最后,宅基地无偿取得是集体作为社会主义公有制形式的本质所决定的。作为社会主义公有制的实现形式,集体经济组织有义务为其社会成员提供至少是最基本的生活保障。而作为集体土地的所有权人,集体经济组织也是有能力通过无偿提供宅基地满足其成员合理的居住需求的。

二、关于如何完善农村宅基地使用权合理流转制度问题

我们对全国十个省份的调查结果表明,转让宅基地使用权的现象在各省普遍存在,超过 1/3 的农户表示当地存在转让宅基地使用权的现象,其中山西和黑龙江两省有大约 1/2 的农户表示当地存在转让宅基地使用权的现象。这种现象表明,农村宅基地的流转已经成为农村经济发展的需要。我国当前农村宅基地使用权制度的相关规定,限制了农村宅基地使用权的流转。这种制度安排一方面会造成土地资源的浪

---

① 王卫国:《中国土地权利研究》,中国政法大学出版社 1997 年版,第 180 页。
② 王利明、尹飞、程啸:《中国物权法教程》,人民法院出版社 2007 年版,第 387 页。

费,阻碍经济的发展,另一方面还会导致农村宅基地使用权隐性市场的产生,扰乱社会秩序。因此,完善我国农村宅基地使用权制度的当务之急是完善合理的农村宅基地使用权流转制度。但如何完善?有学者认为,应注意以下几个方面:

1. 尽快建立健全农村宅基地使用权流转的相关法律规范

系统的法律规范的设立,能够使农村宅基地使用权的流转有法可依、有章可循。同时,法律规范可以约束流转中各关系人的行为,制止流转过程中各种违背经济秩序、损害居民合法权利行为的发生,为农村宅基地使用权市场的健康运行提供保障。

2. 逐步建立规范、有序的农村宅基地使用权市场

建立农村宅基地使用权市场的关键是形成合理的价格体系。农村宅基地使用权价格的确定要体现地理位置、环境条件等的差异性,达到优化配置农村宅基地的目的。土地管理部门应加强对宅基地的规划和管理,对市场进行监管,保证市场合理有效的运行。

3. 完善的农村宅基地使用权流转制度的建立是一个循序渐进的过程

农村宅基地使用权制度的改进是一个探索的过程。应该先在城市近郊的农村进行试点,在一定范围内进行。在积累足够的实践经验和研究理论之后,逐步扩大范围,建立健全的农村宅基地使用权的流转制度。

4. 对农村宅基地使用权的流转收取一定的费用或设立税收措施

通过流转费用,国家和各级政府及村集体可以对农村宅基地使用权的流转实行有效的调节和控制。

三、关于如何健全农村宅基地使用权管理体制问题

健全的农村宅基地使用权管理体制为农村宅基地的合理利用和流转提供保障,如何健全?有学者认为,应注意以下几个方面:

1. 加强对农村宅基地的整体规划

各地应根据实际情况对村集体土地的利用和开发进行合理规划。合理的土地规划能够使农村宅基地得到有效利用,同时能够对宅基地使用权的流转进行控制,加强对宅基地的使用管理。

2. 建立健全监管机制

建立健全的监管机制才能保证农村宅基地的使用和流转有序的进行。土地管理部门要定期对宅基地的使用和使用权的流转进行监督管理,对宅基地的使用状况进行检查,保证农村宅基地的使用符合农村土地的整体规划,宅基地使用权的流转符合各项政策、法律的规定。

3. 合理划分村集体和各级政府对农村宅基地的管理权能

强化村集体对农村宅基地的管理职能。村集体离农村宅基地最近,对当地宅基地情况最了解,对宅基地的管理最有力。因此,在健全农村宅基地使用权管理体制的过程中,应充分利用村集体资源,强化村集体的管理职能。村以上各级政府对当地宅基地政策进行宏观指导,并对村集体的工作进行监督。

第十八章 地役权

第一节 地役权概述

一、地役权的概念

地役权是传统民法上的一个概念，由于相邻关系最早出现在农业生产对土地的利用过程中，所以，由土地关系产生出来的地役权是比较古老的一种相邻权。地役权起源于罗马法，是役权的"真正原始的类型表现"。① 罗马法将"耕作地役和城市地役合称地役权，是罗马法中最早产生的他物权"②。罗马私法对后世产生了巨大影响，1804 年的《法国民法典》直接继承了罗马法中关于地役权的规定。而 1900 年的《德国民法典》则继承了罗马法的基本原则，在法典中单独设立了役权，其中就包括了地役权，其第 1018 条规定："一块土地为了另一块的现时所有人的利益，得设定权利，使需役地的所有人得以某种方式使用该土地，或使该土地上不得实施某行为，或排除于供役地的所有权对需役地行使权利。"《日本民法典》虽然抛弃了人役权，没有采"役权"概念，但规定了地役权。其第 280 条规定："地役权人，依设定行为所定的目的，有以他人土地供自己土地便宜之用的权利，但不得违反第三章第一节中关于公共秩序的规定。"我国台湾地区"民法"第 851 条也规定："称地役权者，谓以他人土地供自己土地便宜之用之权。"可见，自罗马法以来，大陆法系国家或地区的民法中都把地役权作为一项重要的物权加以规定。③

"地役权者，谓以他人土地供自己土地便宜之用之权。"④我国《物权法》第 156 条规定："地役权人有权按照合同约定，利用他人的不动产，以提高自己的不动产的效益。前款所称他人的不动产为供役地，自己的不动产为需役地。"地役权是指权利人通过签订合同约定处理不动产相邻的两个或两个以上权利人之间在通行、通风、采光、眺望等方面产生的各种关系，利用他人的不动产以提高自己的生产或生活水平，从而提高自己不动产效益的权利。地役权的发生须有两个不同归属的土地存在，在地役权法律关系中，因使用他人土地而获便利的土地为需役地，为他人土地的便利而被使用的土地为供役地。

理解地役权需要注意以下几个方面：

1. 地役权的存在以两项不动产为前提

地役权作为以自己土地的便利为目的而使用他人土地的权利，首先以存在两项

---

① 〔意〕彼德罗·彭梵得：《罗马法教科书》，黄风译，中国政法大学出版社 1992 年版，第 251 页。
② 史浩明、张鹏：《地役权》，中国法制出版社 2007 年版，第 4 页。
③ 王利明：《物权法研究》，中国人民大学出版社 2004 年版，第 498 页以下。
④ 王泽鉴：《民法概要》，中国政法大学出版社 2003 年版，第 541 页。

不动产为前提条件。"其受便宜的土地,称为需役地,供便宜之用的地,称为供役地。"①依据我国《物权法》第156条之规定,不论是供役地,还是需役地,都以"不动产"为限。两项不动产非自然概念上的两块土地,而是指法律上的两块土地,且以登记为准。

2. 地役权的前提是存于他人不动产之上之权利

我国《物权法》第162条规定:"土地所有权人享有地役权或者负担地役权的,设立土地承包经营权、宅基地使用权时,该土地承包经营权人、宅基地使用权人继续享有或者负担已设立的地役权。"第163条也规定:"土地上已设立土地承包经营权、建设用地使用权、宅基地使用权等权利的,未经用益物权人同意,土地所有权人不得设立地役权。"据此,地役权是他物权,应在他人所有或利用的土地上设定。地役权的设定非在自己土地之上,而存在于他人土地之上。当然并非所有地役权的设定均存于相毗连的土地之上,因具体情况而有例外,如眺望或通行地役权均以不直接相邻的土地而设定。

3. 地役权是使用他人土地的权利

设定地役权的目的就是地役权人合理使用他人土地,但这种使用只是部分性使用,而不是对于供役地人的土地进行全方面的使用。也即地役权并不排除供役地人自己对于自己土地的使用,只是供役地人对自己土地的使用受到了地役权某种程度上的限制。

4. 地役权是为了需役地的便利而设立的用益物权

为提高生活质量而利用他人土地,进而实现物的经济效益是设定地役权的目的。设定地役权的初衷即是地役权人利用他人土地而供自己土地便宜之用。所谓为了自己土地的便利是指为了增加自己土地利用率,增加土地的使用价值而对于供役地加以利用,并非指不利用供役地就无法利用自己的土地。这种便利的利益既可是经济上的利益,如为需役地取水之便利而在供役地上设立的汲水地役权;也可是非经济上的便利,即精神上的快乐或感情上的愉悦,如为需役地眺望远方或采光之便利而在供役地上设立之眺望地役权、采光权等。②

5. 地役权是按照当事人的约定设立的用益物权

地役权设立合同充分体现当事人合意,"在物权法定原则下,关于地役权的内容形成,当事人享有相当程度私法自治的空间,以调节土地的利用"③。地役权的设定有偿或无偿、地役权的存续期间等均需当事人的约定。

6. 地役权的目的在于提高权利人利用不动产的效益

我国《物权法》第156条强调"地役权人有权按照合同约定利用他人的不动产,以提高自己的不动产的效益"。对此种效益的理解,并不具有客观标准,完全以当事人的意思来加以判断。我们认为,由于地役权是调整不同土地所有权人或使用人之间

---

① 王泽鉴:《民法物权:用益物权·占有》,中国政法大学出版社2001年版,第93页。
② 张义华:《物权法论》,中国人民公安大学出版社2004年版,第307页。
③ 王泽鉴:《民法物权:用益物权·占有》,中国政法大学出版社2001年版,第72页。

的财产关系而产生的制度,因此所谓提高效益应仅指提升经济上或财产上的利益。但此种效益不以具有经济价值或财产价值为限,精神上或感情上之利益亦应包括在内。①

二、地役权的特征

相较于其他用益物权制度,地役权制度具有自己的特点。

(一) 地役权具有很强的意定性

地役权的法律构造为意思自治预留了较大空间,当事人可以借助其克服物权法定主义所带来的僵化,适应社会发展而灵活设置各种类型地役权,具有债权与物权结合的特点。地役权的意定性使得地役权具有广泛性和包容性,能够依据社会变化不断充实内容,从而适应了社会发展。② 就地役权的内容而言,其可能是对他人不动产进行一定的利用,或者是限制他人对其不动产的使用。但对地役权的具体内容,法律赋予很强的意定性,而不像其他用益物权那样,对利用的方式、范围等加以明确的约束。

(二) 地役权具有从属性

地役权虽然是一种独立的权利,并非需役地所有权或使用权的扩张,但它仍应当与需役地的所有权或使用权共命运,这就是地役权的从属性。地役权的从属性是指需役地所有权或使用权与地役权具有主从关系,地役权应当依附于需役地所有权或者使用权而存在。与其他用益物权不同,虽然其派生于所有权,但一经设定就具有独立性,不依附于其他权利而存在。但地役权设立的目的就是为便于需役地所有人或使用人利用需役地,故而其具有从属性。③ 我国《物权法》也规定了地役权的从属性。第164条规定:"地役权不得单独转让。土地承包经营权、建设用地使用权等转让的,地役权一并转让,但合同另有约定的除外。"第165条也规定:"地役权不得单独抵押。土地承包经营权、建设用地使用权等抵押的,在实现抵押权时,地役权一并转让。"依据《物权法》的规定,地役权的从属性主要体现在:

第一,地役权是一种从物权,是以地役权人对需役地所享有的权利为主物权的从物权。地役权的设定以需役地的存在为前提,不能脱离特定的需役地而设定地役权。

第二,地役权不得与需役地分离而为让与。地役权必须与需役地所有权或使用权一同转移,需役地所有人或使用人不得自己保留需役地所有权或使用权而单独将地役权让与他人,不得自己保留地役权而将需役地所有权或使用权让与他人。

第三,地役权不得与需役地分离而成为其他权利的标的。如果在需役地上设定其他权利,则地役权亦包括在内,例如,在需役地上设定其他用益物权,则用益物权人也得行使地役权(《物权法》第162条);地役权从属于需役地,地役权作为从权利不得独立于需役地而单独转让或者抵押,如需役地的所有人或使用人将需役地抵押时,

---

① 王利明、尹飞、程啸:《中国物权法教程》,人民法院出版社2007年版,第405页。
② 温世扬、廖焕国:《物权法通论》,人民法院出版社2005年版,第471页。
③ 王利明、尹飞、程啸:《中国物权法教程》,人民法院出版社2007年版,第402页以下。

必须将地役权同时抵押,需役地所有权或者使用权发生转移或抵押的,地役权随之转移、抵押(《物权法》第165条)。

(三)地役权具有不可分性

地役权的不可分性,是指地役权为不可分的权利,即地役权不得被分割为两个以上的权利,也不得使其一部分消灭,在需役地和供役地分割时,地役权仍就分割后的地块存续。主要体现在两个方面:地役权不因需役地的分割或者部分转让而受有影响;也不因为供役地的分割或者部分转让而受有影响。地役权的不可分性主要体现在:(1)产生上的不可分性。在供役地或需役地被分割时,地役权不得被分割为两个以上的权利。需役地被分割时,各分割部分仍存在并负担原地役权;供役地被分割时,地役权就各部分仍为存续,各分割部分仍须承担原来的地役权。① (2)消灭上的不可分性。地役权的取得与丧失,均为全部的,不得被分割为两个以上的权利,也不得使其一部分消灭。(3)享有与负担上的不可分性。需役地或供役地为共有的,地役权由各共有人共同享有或共同负担,而非分别享有或负担,即各共有人不得仅就自己的应有部分享有或负担地役权,或使部分地役权归于消灭。当然,如果地役权的设定及行使,依其性质只涉及需役地或供役地的一部分的,在发生分割、共有的情形时,则地役权可以仅就该部分存续,其他部分归于消灭。② 我国《物权法》第166条规定:"需役地以及需役地上的土地承包经营权、建设用地使用权部分转让时,转让部分涉及地役权的,受让人同时享有地役权。"第167条规定:"供役地以及供役地上的土地承包经营权、建设用地使用权部分转让时,转让部分涉及地役权的,地役权对受让人具有约束力。"据此可认为,在需役地或供役地发生共有的情形时,即有不可分性的适用。

(四)地役权不具有排他性

排他性是物权的基本特征之一,具有排除他人侵害、干涉、妨碍的性质,即内容相同的物权之间具有相应排斥的性质,同一物上不容两个以上相同内容的物权并存。③ 物权的排他性集中体现于所有权与用益物权,但与其他用益物权不同的是,地役权则不具有排他性,在同一块土地上既可以为不同的人同时设置同一种类的地役权,也可以为同一人设置不同的地役权。④

(五)主体的复杂性

在理论上,地役权的主体是需役地所有人或使用权人和供役地所有人或使用权人。作为地役权主体的存在情形有:(1)需役地与供役地的不同所有人;(2)属于同一所有人而由不同的使用权人占有使用时,需役地与供役地的不同使用权人;(3)分属不同人所有的需役地与供役地各自的使用权人;(4)分属不同人所有的需役地的

---

① 谢在全:《民法物权论》(上),中国政法大学出版社1999年版,第426页以下。
② 刘保玉:《物权法学》,中国法制出版社2007年版,第280页。
③ 彭万林主编:《民法学》,中国政法大学出版社2002年版,第190页。
④ 江平主编:《物权法教程》,中国政法大学出版社2007年版,第212页。

使用权人与供役地的所有人或需役地的所有人与供役地的使用权人。①

三、地役权与相邻关系的关系

地役权,是指土地上的权利人(包括土地所有人、地上权人、农地使用权人、典权人乃至土地的承租人)为了自己使用土地的方便或者土地利用价值的提高,通过约定得以利用他人土地的一种定限物权。而相邻权,是指两个或两个以上相互毗邻的不动产所有人或使用人之间,一方行使所有权或使用权时,享有要求另一方提供便利或接受限制的权利。地役权与相邻关系,作为彼此独立的法律制度,二者各具其内涵,都是为"调节在自然位置上有一定联系的不动产所有人或利用人之间利用不动产的关系而设置的制度,二者作用相互补充"②。二者均属于不动产物权范畴,且通常都发生在相邻不动产的物权人之间,如二者均以调节不动产的利用为目的,都以不动产物权的限制或扩张为基本内容。另外,地役权可以弥补相邻关系制度的不足,因为相邻关系只是对相邻不动产利用关系的最低限度的调整。但二者在诸如排水、通行、通风、采光等权利方面均有所重叠或交叉,在认识和实践上极易令人滋生歧义和困惑。因此,有必要对二者加以区分,我们认为,地役权和相邻权的区别主要表现在以下几个方面:

1. 产生的原因不同

相邻关系是不动产所有权或使用权内容的当然扩张或限制,因基于法律的直接规定而产生;而地役权则是基于双方当事人的合同产生,其为有提供便宜需要的不动产的所有人或使用人之间基于合同关系而约定产生的权利扩张或限制。③

2. 性质不同

地役权是一种独立的物权,属于用益物权范畴,而不是需役地所有权或用益物权的组成部分,它有自己独立的发生原因和权能,需要进行独立的公示,属于他物权的范畴。相邻关系不属于一项独立的民事权利,更非一项独立的物权类型,属于所有权或用益物权的组成部分,是基于所有权内容而产生的效力之扩张和限制,其不反映为独立的民事权利,只能与所有权或用益物权共存,不能单独取得或丧失,也不需要进行独立的公示,可以直接从不动产所有权或用益物权的登记中推断出来。

3. 取得方式不同

地役权基于当事人之间意思表示一致的契约而设定,具有意定性,可以依设立地役权合同而取得。而相邻关系则是基于法律的直接规定而产生,无须当事人约定,具有法定性。

4. 有偿性不同

地役权的取得既可以是有偿的,也可以是无偿的,要依当事人的约定,而在有偿利用的情况下,地役权人支付的费用在性质上是一种对价。相邻关系是对当事人利

---

① 刘凯湘主编:《民法学》,中国法制出版社 2004 年版,第 376—377 页。
② 江平主编:《物权法教程》,中国政法大学出版社 2007 年版,第 211 页。
③ 刘保玉:《物权法学》,中国法制出版社 2007 年版,第 281 页。

益需要的最低限度的调整,是基于其所有权内容而生之效力的当然扩张,当一方行使法律规定的权利、利用他方的不动产时,通常是无偿的,只是在给相邻不动产造成损害之时,才需支付一定的费用。此种费用在性质上是一种补偿,与基于等价有偿原则而支付的对价有所不同,所以在其行使权利时只要不造成邻人的损失,通常为无偿。

5. 是否需要登记不同

《物权法》第 87 条规定:"不动产权利人对相邻权利人因通行等必须利用其土地的,应当提供必要的便利。"据此,只要是相邻不动产之间产生利用他人不动产的必需,即可法定产生利用他人不动产的权利,即便以后两相邻不动产的权属发生了转移,新的受让人仍然要负担此项义务。至于是否登记,并不影响当事人间的此种权利。[①] 而地役权作为用益物权的一种,必须以登记作为条件。其成立或产生对抗善意第三人的效力,未经登记,不得对抗善意第三人。

6. 对不动产物权的限制或扩张程度不同

相邻关系是"法律上当然而生的最小限度的利用之调节"[②],对不动产物权的限制或扩张的程度较小,相邻权人只能在依社会一般观念所容忍的合理限度内利用相邻不动产。而地役权关系中,当事人可以逾越相邻关系的法定限度而约定权利义务,因此对不动产物权的限制或扩张程度较大。

7. 期限上不同

地役权是一种用益物权,因此通常是有期限的,期限由当事人在合同中予以约定,期限届满,地役权消失。相邻关系属于所有权范畴,通常无固定期限,只要相邻不动产存在,相邻关系就存在。

8. 提起请求权的基础不同

从受到损害后的救济请求权上,相邻关系受到侵害后,不能直接以相邻关系为基础提起损害赔偿诉讼,而应该提起所有权的行使受到妨害之诉;而地役权受到损害之后,受害人可以直接提起地役权受损害的请求之诉。

四、地役权的种类

地役权的分类,有助于更深刻地了解地役权的内容即行使地役权的状态,在研究和适用上具有实际意义。根据不同的标准,可以将地役权作如下分类:

1. 积极地役权与消极地役权

以地役权的实现方式为标准,可将其划分为积极地役权和消极地役权。积极地役权是指地役权人可在供役地上为一定的积极行为的地役权,也称作为地役权,例如,通行、铺设地下线缆、排水、取水、采砂石等地役权都属于积极地役权。消极地役权是指以供役地人不得为一定行为为内容的地役权,因其负有一定不作为的义务,而非单纯的容忍义务,又称不作为地役权,如不排放废气、为了眺望远处的风景与他人

---

① 参见史浩明、张鹏:《地役权》,中国法制出版社 2007 年版,第 118 页。
② 郑玉波:《民法物权》,台湾三民书局 1992 年版,第 182 页。

约定设立以供役地权利人不从事高层建筑为内容的地役权即为消极地役权。

2. 继续地役权与非继续地役权

以地役权的行使方式或权利实现的时间是否继续为标准,可以将其划分为继续地役权和非继续地役权。前者指权利的行使无须每次都有地役权人的行为,而权利却能不间断地实现的地役权,如汲水、道路与设施的存在本身就意味着权利人在持续地行使地役权,消极地役权一般均为继续地役权。后者又称间断地役权,是指权利的行使每次都需要由权利人实施一定的行为,否则无法实现其权利的地役权,如在邻地放牧。

3. 表见地役权与非表见地役权

以地役权的存在是否表现于外部为标准,可将其划分为表见地役权和非表见地役权。前者是指权利的存续,能自外界得以知晓,有外部事实予以表现地役权,如通行地役权、汲水地役权或地面排水地役权等。后者是指权利的存续,不能从外界予以认识,无外部事实作为表现的地役权,如埋设地下管线的地役权、眺望地役权、采光地役权、特定营业禁止地役权。

此外,以地役权的内容为标准,还可将其分为通行地役权、通过地役权、引水地役权及排水地役权、汲水地役权、采光权、眺望地役权等。[①]

第二节 地役权的取得

一、基于法律行为而取得

地役权是为自己土地的便利而使用他人土地的权利。其中,地役权人使用、经营的土地为需役地,他人提供给地役权人使用的土地为供役地。地役权的约定取得,即当事人之间以地役权设定合同来设定地役权。地役权作为意定物权必须由当事人基于法律行为的方式来进行设立,而设立地役权涉及双方当事人的利益,所以应当根据《物权法》规定的方式来进行设定。

(一)地役权的合同设立

1. 设立地役权,当事人应当采取书面形式订立地役权合同

我国《物权法》第 157 条第 1 款规定:"设立地役权,当事人应当采取书面形式订立地役权合同。"

2. 设定地役权合同的主要条款

根据《物权法》第 157 条之规定,地役权合同一般包括下列条款:(1) 当事人的姓名或者名称和住所。目的为明确地役权当事人的身份,以便约定双方的权利义务。(2) 供役地和需役地的位置。该条款设立的目的是以合同形式固定供役地和需役地,以免发生歧义。(3) 利用目的和方法。其为地役权合同中的主要内容,所以双方必须对该事由予以明确。(4) 利用期限。利用期限是地役权合同中的重要条款,因为授权和许可行为可以约定期限,也可以不设定期限。基于地役权的特殊性,如果双

---

① 参见张义华:《物权法论》,中国人民公安大学出版社 2004 年版,第 313 页以下。

方合同没有约定期限,应当视为无期限。地役权的期限由当事人约定,但不得超过其他用益物权剩余的期限。根据我国《物权法》第161条"地役权的期限由当事人约定,但不得超过土地承包经营权、建设用地使用权等用益物权的剩余期限"之规定,如果双方设立的地役权期限超越了土地承包经营期限或建设用地使用期限,超过的期限则无效。(5)费用及其支付方式。设立地役权可以约定向供役地权人支付费用并约定支付方式,也就是说供役地权人有偿出让地役权是法律允许并加以保护的行为。如果供役地权人和需役地权人双方同意无偿设立地役权,法律也是允许的。(6)解决争议的方法。在地役权合同中设立解决争议的方法很重要,因为设立合同的目的就是对双方的权利义务有明确的约定,一旦发生权利义务冲突,设立争议解决的方法可以有效排解纠纷。供役地权人和需役地权人可以在合同中约定协商、仲裁、诉讼等不同的解决争议的方法。

3. 地役权自地役权合同生效时设立,登记是对抗要件而非成立要件,未经登记,不得对抗善意第三人

《物权法》第158条规定:"地役权自地役权合同生效时设立。当事人要求登记的,可以向登记机构申请地役权登记;未经登记,不得对抗善意第三人。"

(二) 因他物权的设立而取得地役权

《物权法》第162条规定:"土地所有权人享有或者负担地役权的,设立土地承包经营权、宅基地使用权时,该土地承包经营权人、宅基地使用权人继续享有或者负担已设立的地役权。"含义有二:首先,如果土地所有权人负担地役权,该地役权具有追及力与对世性,无论此后何人取得该土地的承包经营权或宅基地使用权,地役权人都可以地役权抗之,土地承包经营权或宅基地使用权人必须承受此项物上负担。其次,需役地所有权人享有的地役权从属于其所有权,如果此后所有权发生变动,地役权也发生相应变动:所有权转让,地役权随之转让;所有权依权能分离的方式设立一项用益物权,用益物权人在其权利存续期间也享有地役权。

(三) 地役权的转让

地役权可以转让,但因地役权具有从属性,不得单独转让。土地承包经营权、建设用地使用权等转让的,地役权一并转让,但合同另有约定的除外(《物权法》第164条)。因此,只能与需役地所有权或用益物权共同转让,包括继承在内。我国《物权法》第169条规定,已经登记的地役权如果转让,应当办理登记后才发生效力。

(四) 地役权的遗嘱指定

我国《物权法》没有明确规定地役权是否可以有遗嘱指定,但从理论上应作肯定解释,我们认为,土地权利人可以通过立遗嘱的方式为他人设立地役权,此时适用继承法的相关规定。即"供役地的所有人或使用人可以依据遗嘱为需役地的所有人或者使用人设定地役权,需役地所有人或使用人在该遗嘱生效时,有权请求遗嘱执行人协助办理登记,从而设定地役权"[①]。

[①] 王利明、尹飞、程啸:《中国物权法教程》,人民法院出版社2007年版,第410页。

二、基于法律行为以外的事实而取得

地役权可以因法律行为而取得,也可以因法律行为以外的事实而取得。基于法律行为以外的事实而取得,主要是指通过时效和继承而取得地役权。

(一) 基于地役权的时效而取得

地役权属于财产权,作为一种物权,具有可转让性,理论上应当可以时效取得。如《日本民法典》第 283 条规定:"地役权,以继续且表现者为限,因时效而取得。"我国台湾地区"民法"第 852 条也规定:"地役权以继续并表见者为限,因时效而取得。"我国《物权法》并没有对此作出规定,但在司法实践中予以承认。《民通意见》第 101 条规定:"对于一方所有的或者使用的建筑物范围内历史形成的必经通道,所有人或使用权人不得堵塞……"有学者认为,其虽然名义上是对相邻关系的规定,但其超出了相邻关系中"相互毗邻"的范围,实际上的对地役权的规定。从其强调"历史形成的"这一点就意味着需要经过一定的时间,方可发生此种法律效果,从而承认了时效取得地役权。①

(二) 基于继承而取得

我国《物权法》并没有对基于继承而取得地役权的情形作出具体规定,但在实践中,随着需役地人的死亡,对于需役地的权利由其权利人予以继承时,继承人将在继承其对于需役地权利的同时,也继承与需役地权利相伴随的地役权,由于地役权的从属性,当需役地权利移转给继承人而转移时,地役权就不可能和需役地权利相分离而单独由继承人来继承,地役权即由其继承人继承取得。

至于被继承人的地役权转移至继承人时,是否需要履行登记手续,根据《物权法》第 29 条"因继承或者受遗赠取得物权的,自继承或者受遗赠开始时发生效力"之规定,被继承人对需役地的权利转移至继承人时,无须经过登记手续,相应的,地役权也随之移转至继承人手中,也无须履行登记等手续。但需进行变更登记,未经变更登记前,该项地役权不得对抗善意第三人。②

第三节 地役权的效力

一、地役权人的权利与义务

(一) 地役权人的权利

1. 供役地的使用权

地役权设定的目的就是为需役地所有人或使用人使用他人不动产提供便利,地役权人为供役地的方便与利益有权使用供役地。我国《物权法》第 160 条规定:"地役权人应当按照合同约定的利用目的和方法利用供役地,尽量减少对供役地权利人物

---

① 王利明、尹飞、程啸:《中国物权法教程》,人民法院出版社 2007 年版,第 410 页。
② 史浩明、张鹏:《地役权》,中国法制出版社 2007 年版,第 195 页。

权的限制。"据此,地役权人有权依据设定地役权的合同或者遗嘱等规定的方式对供役地加以利用,如为取水、通行、铺设电缆、通风、采光、眺望、禁止供役地所有人建筑高层建筑物等。至于供役地使用权的具体内容,即利用目的、方法和范围,则法律不作具体限制,允许当事人自行约定。①

2. 为必要的附随行为与修建设施的权利

地役权人为实现和维持其权利,可以在供役地上为必要的附属行为和修建必要的附属设施。如为达到排水的目的而开凿沟渠,为达到通行目的而修筑道路,为达到取水目的而设置水井等取水装置。地役权人行使此权利时,应最大限度地避免其行为对供役地的损害。

3. 物权请求权

地役权人于设立地役权的目的范围内,对供役地有直接支配的权利,不但供役地人应当容忍,第三人也不得妨碍。因此,当地役权受到侵害或有妨害之虞时,地役权人享有物上请求权,即可以请求他人停止侵害、排除妨害或预防妨害。地役权的物权请求权既可以对第三人行使,也可以对供役地的物权人行使。如,修建有道路的通行地役权,供役地物权人在道路上设置障碍物,地役权人可请求其除去妨害。

(二) 地役权人的义务

1. 合理使用的义务

地役权人对供役地的使用,应当在设立地役权的目的范围内合理使用,并必须选择对供役地损害最小的地方和方式加以使用。因行使地役权的行为造成供役地变动、损害的,应在使用完毕后恢复原状或补偿损失。

2. 维持附属设置的义务

地役权人对于为行使地役权而在供役地修建的设施,如电线、管道、道路有保养、维修、管理的义务,应当注意维修,以免供役地人因其设施损坏而受到损害。当然,地役权人与供役地人对附属设施的保养、维修、管理另有约定的除外。

3. 按约定支付费用和损害避免的义务

依当事人的协议而设立的地役权多属有偿,在此情况下,地役权人应依约定的方式、时间和标准支付有关费用。此外,依据我国《物权法》第 160 条之规定,确立了对供役地的损害最少原则,明确规定地役权人应当尽量减少对供役地权利人物权的限制。即基于诚信原则,在对利用方式合同约定不够具体或者没有约定的情况下,以及在进行必要的附随行为或者修建辅助设施时,地役权人应当尽量减少对供役地的损害。②

4. 妥善管理修建物的义务

若地役权人的修建物造成供役地人之损害时,应承担过失责任。为此,地役权人有妥善管理修建物的义务。如修建的水渠因年久失修而造成水灾并损坏供役地人的土地或其他财产的,应承担相应的法律责任。

---

① 王利明、尹飞、程啸:《中国物权法教程》,人民法院出版社 2007 年版,第 410 页。
② 参见谢在全:《民法物权论》(上),中国政法大学出版社 1999 年版,第 437 页。

二、供役地人的权利和义务

（一）供役地人的权利

1. 对附属设置的共同使用权

供役地所有人在不妨碍地役权人行使权利的范围内，为了自己的利益可以使用地役权人所设之设置，行使与其相同的权利，前提是不妨碍地役权人的使用。如在一定条件下，可以使用邻地利用权人在供役地上的修建和设施。对此，许多国家民法多有规定，如《日本民法典》第288条第1项规定："供役地的所有人，在不妨碍地役权行使的范围内，可以使用为行使地役权而于供役地上设置的工作物。"此外，《瑞士民法典》第741条第2项也有类似规定。

2. 供役地使用场所与方法变更的请求权

供役地人因使用土地的需要，可在不影响地役权设立目的的前提下，请求变更供役地的利用场所及方法。[①] 地役权之行使限于供役地之一部分者，所有人认为该部分之使用对其有特殊之不便时，得请求将地役权之行使，迁移于其他适于地役权人利益之处所，迁移之费用应由所有人负担，并须预付。如《德国民法典》第1003条就有此规定。

3. 费用支付请求权

地役权可以有偿设定也可以无偿设定。地役权的设定，如为有偿而有支付对价的约定时，供役地所有人有权请求地役权人支付相应对价。

（二）供役地人的义务

1. 容忍或不作为义务

《物权法》第160条规定："地役权人应当按照合同约定的利用目的和方法利用供役地，尽量减少对供役地权利人物权的限制。"第159条同时规定："供役地权利人应当按照合同约定，允许地役权人利用其土地，不得妨害地役权人行使权利。"据此规定，供役地人负有容忍地役权人在设定地役权目的范围内使用其土地的义务，同时供役地人负有不得阻碍地役权行使的不作为义务。

2. 分担共用设施的维持费用的义务

供役地人在使用地役权人修建的附属设施时，应按受益比例，分担附属设施的费用，供役地人在需要变更供役地场所及利用方式时，应依公平原则负担为此而产生的费用。

第四节　地役权的消灭

一、地役权的消灭事由

地役权是一种不动产物权，则不动产物权的一般消灭原因，当然适用于地役权。地役权消灭的事由很多，我国《物权法》规定了因法定事由而解除地役权合同的情形，

[①] 刘凯湘主编：《民法学》，中国法制出版社2004年版，第379页。

其第 168 条规定:"地役权人有下列情形之一的,供役地权利人有权解除地役权合同,地役权消灭:(1)违反法律规定或者合同约定,滥用地役权;(2)有偿利用供役地,约定的付款期间届满后在合理期限内经两次催告未支付费用。"此外,地役权消灭的事由还包括:

1. 存续期间届满或约定的消灭事由发生

如果地役权定有存续期间的,存续期间届满,地役权归于消灭。如果当事人之间约定以特定事由作为地役权的消灭原因,于特定事由发生之际,地役权消灭。

2. 主物权消灭

地役权属于从物权,从属于需役地的所有权或者用益物权,如果需役地的所有权或用益物权消灭,那么地役权也归于消灭。

3. 标的物灭失

地役权以存在的需役地和供役地为成立要件和生效要件,所以,需役地或者供役地灭失时,地役权自然不复存在。由于地役权的标的物——需役地和供役地是其存在的基础和前提,因此,当发生供役地或需役地灭失时,地役权归于消灭。其为地役权消灭的当然事实,无须法律作出规定。

4. 供役地被征收

《物权法》第 42 条和第 44 条规定,国家基于公共利益的需要,可以依法征收集体所有的土地和单位、个人的房屋。此时,因征收属于所有权的原始取得,存在于不动产上的所有权及负担均因此归于消灭。地役权作为存在于供役地之上的一种负担自不例外。

5. 混同

当需役地和供役地上的所有权或用益物权归属于同一主体时,导致地役权没有存在的必要从而归于消灭。但如果需役地或供役地为第三人权利的客体,并存续对于所有人或第三人有法律上之利益时,地役权不消灭。此外,当需役地或供役地为共有时,基于地役权的不可分性,若仅有一人有混同现象,地役权也不因混同而消灭。①

6. 地役权的抛弃

地役权属于一种私权且作为一项财产权利,需役地人得随时抛弃地役权,使之消灭。但地役权有期限时,供役地人仍得请求剩余期间的对价。② 如为无期限的地役权,地役权人须事先通知供役地人并支付一定时期的对价后始得抛弃,以兼顾双方的利益。③

7. 地役权无存续的必要

地役权的设定目的在于增进需役地的利用效率,以实现其便利。如果因客观情势变化,地役权的存在已经不再实现其利用价值或需役地不需要利用供役地,地役权则无存续的必要。即没有必要再强加给供役地以负担,也给地役权人增加费用。如

---

① 刘保玉:《物权法学》,中国法制出版社 2007 年版,第 286 页。
② 王泽鉴:《民法物权:用益物权·占有》,中国政法大学出版社 2001 年版,第 93 页。
③ 谢在全:《民法物权论》(上),中国政法大学出版社 1999 年版,第 459 页以下。

为引水而设立的地役权因河水干涸无以汲水,该地役权即无存续之必要。①

二、地役权消灭的法律后果

对于地役权消灭之法律后果,我国《物权法》第169条规定:"已经登记的地役权变更、转让或者消灭的,应当及时办理变更登记或者注销登记。"结合学理,我们认为,地役权消灭,双方的权利义务关系也当然归于消灭,并发生地役权人工作物的取回权及恢复供役地原状的义务。地役权消灭的法律后果包括:

1. 地役权注销登记

依据《物权法》第158条之规定,地役权设立需进行登记,未经登记,不得对抗善意第三人。第169条规定:"已经登记的地役权变更、转让或者消灭的,应当及时办理变更登记或者注销登记。"因此,对于已经登记的地役权,在其消灭之后,需役地人应当配合供役地人进行地役权注销登记。当然,其仅对已经登记的地役权而设立,没有经过登记的地役权变更、转让或者消灭不需登记,其自行变更、转让或者消灭。

2. 地役权人返还所占有的供役地

地役权既已消灭,地役权人应将其所占有和使用的供役地返还给供役地人,不得继续占有或使用。②

3. 地役权人建筑设施的取回权和补偿请求权

对地役权人工作物的取回权和补偿权,我国《物权法》并没有相关规定,但我们认为,一方面,地役权消灭后,地役权人对地役权之上之工作物享有取回权,同时应赋予地上所有权人买取请求权。即地役权人可以完全取回地上工作物,但如果土地所有人要求予以购买的,地役权人不能予以拒绝。另一方面,赋予地役权人工作物的补偿请求权。即地役权人在不行使地役之上工作物取回权时,可以要求土地所有人对于其建筑设施予以补偿。③

本章重点疑难问题提示

一、关于本章知识要点问题

地役权是一种古老的他物权形式,为各国物权法所承认。地役权是指权利人通过签订合同约定处理不动产相邻的两个或两个以上权利人之间在通行、通风、采光、眺望等方面产生的各种关系,利用他人的不动产以提高自己的生产或生活水平,从而提高自己不动产效益的权利。供他人土地使用的土地为供役地,享有地役权的土地为需役地。

---

① 王利明、尹飞、程啸:《中国物权法教程》,人民法院出版社2007年版,第416页。
② 史浩明、张鹏:《地役权》,中国法制出版社2007年版,第287页。
③ 有学者认为,在赋予地役权人工作物的请求权的同时,赋予土地所有人延期请求权,即当地役权人在不行使地役之上工作物取回权,要求土地所有人对于其建筑设施予以补偿时,土地所有人可以要求延长土地使用期,若地役权人拒绝的,则不得要求补偿。参见同上书,第290页。

相较于其他用益物权制度,地役权制度具有意定性、从属性、不可分性、非排他性、主体的复杂性等特征。

地役权与相邻关系既有联系又有区别,两种制度,二者都有其各自的存在价值,在功能上存在互补关系。相邻关系强调不动产相邻,而地役权中需役地和供役地不以相邻为限。地役权与相邻关系在产生原因、性质、取得方式、有偿性、是否需要登记、对不动产物权的限制或扩张程度、期限、提起请求权的基础等方面均有所不同。

根据不同的标准,可以将地役权分为积极地役权与消极地役权;继续地役权与非继续地役权;表见地役权与非表见地役权;通行地役权、通过地役权、引水地役权及排水地役权、汲水地役权、采光权、眺望地役权等。

地役权可基于法律行为和法律以外的事实而取得。地役权的合同设立、因他物权的设立、地役权的转让、地役权的遗嘱指定等被视为基于法律行为而取得;而地役权的时效取得、继承等被视为基于法律行为以外的事实而取得。

地役权人的权利包括:(1)供役地的使用权;(2)为必要的附随行为与修建设施的权利;(3)物权请求权。

地役权人的义务包括:(1)合理使用的义务;(2)维持附属设置的义务;(3)按约定支付费用和损害避免的义务;(4)妥善管理修建物的义务。

供役地人的权利包括:(1)对附属设置的共同使用权;(2)共役地使用场所与方法变更的请求权;(3)费用支付请求权。

供役地人的义务包括:(1)容忍或不作为义务;(2)分担共用设施的维持费用的义务。

地役权的消灭除我国《物权法》规定的法定情形外,还包括:(1)存续期间届满或约定的消灭事由发生;(2)主物权消灭;(3)标的物灭失;(4)供役地被征收;(5)混同;(6)地役权的抛弃;(7)地役权无存续的必要。

地役权消灭,双方的权利义务关系也当然归于消灭,并发生地役权人工作物的取回权及恢复供役地原状的义务。地役权消灭的法律后果包括:(1)地役权注销登记;(2)地役权人返还所占有的供役地;(3)地役权人建筑设施的取回权和补偿请求权。

二、关于本章应注意的问题

(一)关于地役权消灭的原因

关于地役权消灭的原因,在《物权法》中的规定有二。其一,是《物权法》第168条的规定:"地役权人有下列情形之一的,供役地权利人有权解除地役权合同,地役权消灭:(1)违反法律规定或者合同约定,滥用地役权;(2)有偿利用供役地,约定的付款期间届满后在合理期限内经两次催告未支付费用。"其二,是《物权法》第161条的规定:"地役权的期限由当事人约定,但不得超过土地承包经营权、建设用地使用权等用益物权的剩余期限。"据上述规定可知,因需役地人违反地役权合同,需役地人或供役地人所享有的土地承包经营权、建设用地使用权等用益物权期限届满时,地役权消灭。

在《物权法》的规定中,除了上述原因外,再没有其他条文规定地役权消灭的原因,但在《物权法草案》第一次、第二次审议稿中还规定了其他地役权消灭的事由。第一次审议稿第 191 条规定:"有以下情形之一,邻地利用权消灭:(1)邻地利用权期间届满的;(2)被利用土地因自然变化不能实现邻地利用权目的的;(3)抛弃邻地利用权的;(4)被利用土地或者利用他人土地的土地灭失的。"第二次审议稿第 188 条规定:"有下列情形之一,地役权消灭:(1)地役权期间届满的;(2)供役地因自然原因不能实现利用目的的;(3)地役权人放弃地役权的;(4)供役地或者需役地被征收的;(5)供役地或者需役地灭失的。"依据以上两份审议稿可知,其列举了不动产灭失、不动产被征收、地役权期间届满或约定消灭事由发生、地役权人抛弃地役权等地役权消灭的原因。

本问题的提出,是希望大家思考地役权消灭的诸多原因,以完善《物权法》的规定。

(二)关于供役地上供役设施的归属与补偿问题

地役权消灭后,如何确定供役地上供役设施的归属与补偿,我国《物权法》没有作出明确规定,在理论上存在不同的观点。

观点之一是:地役权消灭后,地役权人建立在供役地之上的供役设施的归属与补偿问题,应当类推适用建筑物所有权归属和建设用地使用权消灭之间的规定。

观点之二是:在地役权消灭之后,对于供役设施,地役权人仅有地上物取回权,同时供役地人享有买取请求权,但地役权人并没有地上物补偿请求权,同时供役地人也没有延期请求权。

第四编

担保物权

第十九章　担保物权的属性及种类

第一节　担保方式与担保物权

一、债权担保的方式

担保是民事关系与市场经济的助推器和安全阀。当然,凡事有度、过犹不及,当事人运用担保措施却造成连环担保、过度担保的,则会危害信用、妨害经济。

债权是相对权,其实现需债务人履行,所以债权担保也就应运而生了。债权债务因借贷、买卖、运输、承揽等各种各样的合同以及无因管理、不当得利、侵权行为而发生,担保方式也十分繁多,而最主要的债权是借贷、买卖、运输、承揽、保管等合同债权,最常见的担保则是保证、抵押、质押、留置、定金等。

在经济活动和民事关系中,当事人就担保设立和担保权实现展开协商、竞技和博弈,而立法者、司法者通过法律技术在法定权限内为了维护交易安全及效率而展现立法智慧与司法公正。为了确保债权能够如期实现,促进融资活动,保障信用,保障交易安全,各国法律都规定了债权担保制度。我国1986年《民法通则》第5章第2节"债权"当中的第89条规定了保证、抵押、定金及留置等四种担保方式;其中的抵押、质押不分,统一为"抵押"。1995年《担保法》延续了《民法通则》第89条的思路,将保证、定金及担保物权一并规定,统一了担保制度,为保障交易安全立下了汗马功劳。在担保物权方面,《担保法》的发展内容详细,而且抵押与质押分立。值得一提的是,《担保法》在一定程度上是为了解决"三角债"问题而应急出台的。随着我国经济改革的深入,到20世纪90年代初的时候,企业之间相互拖欠债务比较严重,出现了十分突出的"三角债"问题,特别是银行大量贷款收不回来,通过行政手段也没有从根本上解决"三角债"问题,为此,全国人大常委会于1995年制定了《担保法》。2000年最高人民法院通过了《关于适用〈中华人民共和国担保法〉若干问题的解释》(以下简称《关于担保法解释》),进一步完善了《担保法》的具体制度。2007年《物权法》统一了物权制度,规定了抵押权、质权和留置权。此外,1992年《海商法》规定了船舶优先权,1995年《民用航空法》规定了民用航空器优先权,1999年《合同法》第134条及第286条还分别规定了所有权保留及建设工程承包人的优先权,它们也是重要的担保方式。另外,《物权法》具体规定中涉及的"提存"也具有担保功能。

《物权法》奉行物权法定主义。该法第5条规定:"物权的种类和内容,由法律规定。"在处理与其他法律的关系方面,《物权法》第8条规定:"其他相关法律对物权另有特别规定的,依照其规定。"但是为处理与《担保法》及其他担保法律的关系,第178条规定:"担保法与本法的规定不一致的,适用本法。"所以,与《物权法》没有冲突的

《担保法》及其他担保法律的具体规范继续有效;而与《物权法》规定不一致的,不再有效。

(一) 人的担保、物的担保以及金钱担保

各种担保,首先可以依照担保财产是否特定以及担保权的法律属性为标准,分为三类,即人的担保、物的担保以及金钱担保。

1. 人的担保

人的担保又称"信用担保",也简称"人保",是债务人以外的第三人以其一般财产确保债的履行的担保方式。人保是以从债权保障主债权的实现。根据各国的法律规定,人的担保主要是保证。此外,还包括独立担保以及保证保险等。

保证,是指保证人和债权人约定,当债务人不履行债务时,保证人按照约定履行债务或者承担责任。① 依承担责任方式之不同,保证可分为一般保证和连带保证。一般保证,是指当事人在保证合同中约定,债务人不能履行债务时,由保证人承担保证责任的保证。连带保证,是指当事人在保证合同中约定保证人对主债务承担连带责任的保证。一般保证和连带保证的区别,在于一般保证的保证人享有先诉抗辩权:"一般保证的保证人在主合同纠纷未经审判或者仲裁,并就债务人财产依法强制执行仍不能履行债务前,对债权人可以拒绝承担保证责任。"②而连带保证的保证人则没有先诉抗辩权。无论一般保证抑或连带责任保证,都是在主债权以外再设立一个保证债权,使主债权人同时成为保证债权人,以增强主债权实现的可能性。保证的成立扩大了清偿主债的一般财产的范围。不过,如同主债务人的一般财产一样,保证人的一般财产是浮动的,它处于不断变动之中。

连带债务、并存的债务承担等,本来不是担保,但是这些债务安排可以起到担保作用或者说达到担保目的。(1) 连带债务是债务人为多数人的一种债,每一债务人的债务都是其自身的债务,所以连带债务的方式在性质上不是担保。但是,有时设立连带债务的目的,实际上是以其中某一债务人担保其他债务人的履行,此时的连带债务方式可以起到与连带保证大致相同的法律效果。(2) 至于并存的债务承担,是产生连带债务的一种原因。并存的债务承担,也称共同的债务承担,或称重叠的债务承担,或称债务加入,是指原债务人不脱离债务关系,而第三人(承担人)又加入了债务关系,与债务人共同承担债务,属于债的移转的一种。一般认为,此时债务人与第三人对债权人承担连带债务。既然是债务人与第三人对债权人承担连带债务,那么并存的债务承担与人保的关系,就如同连带债务与人保的关系。③

---

① 我国的保证是约定保证。有些国家的保证则包括约定保证、法定保证以及判决的保证。例如《西班牙民法典》第 1823 条规定:"保证可因合同、法定原因或司法裁决产生,保证合同既可为无偿合同也可为有偿合同。""保证并非只针对主债务人而设立,还可以针对其他保证人而设立,即使其他保证人不知晓或不同意。"参见潘灯、马琴译:《西班牙民法典》,中国政法大学出版社 2013 年版,第 448 页。

② 我国《担保法》第 17 条第 2 款。

③ 也有学者指出,债务人与第三人(承担人)约定按份对债权人负担债务,而债权人同意的,即存在按份负责的并存的债务承担类型。参见魏振瀛主编:《民法》,北京大学出版社、高等教育出版社 2000 年版,第 378 页。笔者认为,此种情况下的"并存的债务承担"没有连带责任保证的功能。

独立担保,又称为见单即付的担保或者见索即付的担保,也称为无条件、不可撤销的担保,是指担保人承诺其对债权人承担的担保责任独立于主债权关系,当主债务人不履行债务时,担保人即应无条件地承担担保责任,担保人既不能主张基于主债权关系而产生的任何抗辩,也不能主张先诉抗辩权。独立担保依然是保证,表现在其目的依然是确保主债权的实现,并且仍然具备人的担保的基本特点;同时独立担保又是一种抽象的付款承诺,是对传统保证的"异化":第一,独立担保与主合同相互独立,独立担保与主债权没有发生和消灭上的从属性,即主债权的无效或者被撤销不影响保证人向债权人承担保证责任,主合同的变更和转让也不是担保人解除担保责任的法定事由。第二,独立担保人没有传统保证的保证人所享有的先诉抗辩权。

我国大陆一些学者将信用保险和保证保险合称为"信用保证保险",而我国台湾地区1992年的《保险法》则将信用保险和保证保险合而为一,称为"保证保险"。① 其实,信用保险和保证保险之间有较大区别。第一,保证保险的投保人是主合同的债务人,而信用保险的投保人是主合同的债权人。第二,信用保险的保险事故(债务不履行)之是否发生,不受投保人的影响,属于客观的不确定风险。而保证保险的保险事故(债务不履行)之是否发生,经常取决于投保人的主观意愿,一般不符合保险事故须为客观的不确定风险的基本原理。正因为如此,有学者认为,信用保险属于真正的保险,而保证保险不符合保险法关于保险标的、保险事故和保险利益的规定,不是本来意义上的保险。② 对此,笔者有两点补充,第一,保证保险的保险事故(债务不履行)之是否发生,有时不取决于投保人的主观意愿,而是当事人不能抗拒的客观原因造成的,如不可抗力造成债务不能履行,此种情况下的保证保险属于真正的保险。第二,信用保险和保证保险都属于人的担保。

2. 物的担保

物的担保简称"物保",是指债务人或第三人以特定财产或财产权作为债权实现的保障,在债务人不履行到期债务或者发生当事人约定的实现担保物权的情形时,债权人有权对作为担保物的特定财产或财产权进行变价处分并使自己的债权优先受偿,或者债务人不履行债务时,债权人确定地保留或者取得担保物的所有权。物保的担保物,是特定的财产或者财产权。与人的担保不同,物的担保通过创设、保留或者移转一个物权,使主债权人同时成为一个物权的权利人——当债务人不履行到期债务或者发生当事人约定的实现担保物权的情形时,债权人可以依法就担保物进行变价处分而优先取偿;或者当债务人不履行债务时,债权人确定地保留或依法取得某物的所有权。物的担保,包括抵押、质押和留置,还包括所有权保留和有体物的让与担保。

至于"以房养老"实践中的倒按揭(reverse mortgage),也被称为反向按揭、逆向按揭、反向抵押、逆向抵押或倒抵押。住房反向抵押贷款最早源于荷兰,而该种贷款业

---

① 参见朱凡:《人的担保基本制度研究》,中国检察出版社2006年版,第264页。
② 梁慧星:《保证保险合同纠纷案件的法律适用》,载中国私法网:http://www.privatelaw.com.cn/new2004/shtml/20060311-203429.htm. 访问时间:2010-6-24。

务在美国发展得最为成熟①,加拿大、英国、法国②、新加坡、日本等国也有这种业务的实践。③ 它是指房屋产权人(一般是需要以房养老的老年居民)以房屋产权为担保,向银行、保险公司等金融机构借款,房主继续拥有居住权并负责维护,一直延续到房主去世;这种贷款可以是一次性或者在一定时间内按月发放,或者按年支付现金给借款人,一直延续到借款人去世;也可以在一定信用额度内根据借款者的需要自由支付。贷款可用于日常开支、房屋修缮和医疗保健等。对于拥有房产但缺乏其他收入来源的老年人来说,倒按揭(或者说反向抵押)提供了一种养老的方式。其缺点是对于借贷双方来说,都是环节多、时间长、风险大,所以需要政府推动,而且是否需要保险介入也值得思考。这种担保贷款,可以设计为按揭(即让与担保),也可以设计为抵押。(1) 如设计为按揭(让与担保),相当于银行、保险公司等金融机构通过分期付款的形式,收买借款人的房屋产权,借款人仍然拥有居住权,但借款人死亡时金融机构有权对房屋予以拍卖或变卖,以出售住房所得资金归还贷款本金、利息和各种费用,其升值部分亦归金融机构所有。如设计为按揭(让与担保),房屋也可以再由子女买回,即清偿贷款本息及有关费用后收回房屋所有权。(2) 如果设计为抵押,房产名义上仍然属于房屋所有人所有,其对房产仍有处置的权利(但前提是要偿还所有贷款本息、费用)。在贷款者死亡、卖房或者永久搬出住房时,反向抵押贷款到期,借款人有权拍卖或变卖房屋,以收回贷款本金、利息和各种费用。从借款人角度来看,传统抵押贷款于期初有一整笔贷款的现金流入,而于借款期间有分期偿还的现金流出;而反向抵押贷款则是在贷款期间有年金性质之现金流入,并于借款人死亡或不动产移转时,有一次缴清全部借款本息及相关费用的现金流出。在传统房屋抵押贷款业务中,借款人若有不履行缴交借款本息情形,金融机构可依法处分抵押物,以优先受偿;若有不足余额,还可以要求借款人就其他财产清偿债务,或者向保证人求偿。而逆向抵押贷款除了处分抵押物外,则无清偿贷款本息的其他途径。

物保发挥担保作用,关键在于物权的支配性、绝对性、对世性以及支配性所决定的优先性。物保种类的制度设计,是对现实的民事经济实践的回应,所以应该满足市场经济和民事活动的内在需求。

3. 金钱担保

金钱担保主要是定金担保,也包括押金。

(1) 定金既不是人的担保,也不是物的担保,而是一种特殊的担保形式。④ 根据

---

① 孟晓苏、柴效武:《反向抵押贷款》,人民出版社2009年版,第21、22页。
② 借鉴美国相关制度,法国在其《消费法典》引入了"附抵押的终身金贷款"制度,其所附的抵押被称为"反向抵押"(hypothèque inversée)。其实它对担保制度触动不大,严格说来,这个制度是规定一项新的信贷业务。这种贷款只能由信贷机构或者金融机构发放,抵押财产须是借款人的仅用于居住的不动产,该贷款本息只在借款人死亡时或者抵押财产出售或者设定用益物权时被要求偿还,偿还贷款的数额不超过专家评估的不动产的价值。当然借款人也可以提前偿还。抵押权的实现,可以通过司法途径进行或者根据抵押协议的约定由贷款债权人取得抵押不动产所有权。"反向抵押"对于被担保债权的特定性原则构成一定突破。
③ 参见范子文:《中国住房反向抵押贷款研究》,中国农业出版社2011年版,第55—107页。
④ 王家福主编:《民法债权》,法律出版社1991年版,第96、97页。

《担保法》规定,当事人可以约定一方向对方给付定金作为债权的担保。债务人履行债务后,定金应当抵作价款或者收回。定金担保的特殊性在于定金罚则:给付定金的一方不履行约定的债务的,无权要求返还定金,收受定金的一方不履行债务的,应当双倍返还定金。定金罚则的存在,使得定金担保具有双向性,交付定金或者接受定金的当事人均可获得相应的担保。

（2）押金和定金均为金钱担保方式;当给付方当事人履行债务后,押金或者定金都需返还。但是,二者存在以下不同之处:第一,定金的数额不得超过主合同标的额20%,押金则可以高于或者低于主合同的标的额。第二,法律后果不同。定金担保有定金罚则;给付押金的人不履行债务的,无权收回押金,但是接受押金的人不履行合同义务的,不承担双倍返还押金的义务,只需返还押金及其利息。当然,在司法实践中,双方当事人以"押金"之名,约定了定金罚则的实质内容,根据《关于担保法解释》第118条之反面解释,应认定为"定金"。

4. 关于人保、物保的共同担保

（1）共同担保

在实践中,为了增加担保的强度,债权人往往要求债务人或第三人提供多个或多种担保,由此形成所谓的"共同担保",其具体形式包括数个保证的共同担保（共同保证）、数个抵押的共同担保（共同抵押）、数个质押的共同担保（共同质押）、抵押加质押的混合共同担保以及人保加物保的混合共同担保等等。

（2）人保、物保的混合共同担保

我国《物权法》第176条规定:被担保的债权既有物的担保又有人的担保的,债务人不履行到期债务或者发生当事人约定的实现担保物权的情形,债权人应当按照约定实现债权;没有约定或者约定不明确,债务人自己提供物的担保的,债权人应当先就该物的担保实现债权;第三人提供物的担保的,债权人可以就物的担保实现债权,也可以要求保证人承担保证责任。提供担保的第三人承担保证责任后,有权向债务人追偿。这里规定的是混合共同担保的一种。在此,《物权法》没有简单地采取物保优先主义或者物保、人保平等主义,而是区别合同有无约定及债务人自己提供物保或者第三人提供物保的不同情形,相应规定不同的规则,尽可能尊重当事人意思自治并符合公平合理的原则。① 值得一提的是,形成共同担保的,可能是债务人与第三人,可能是债权人债务人以外的二人以上提供担保,也有可能是债权人债务人以外的一个第三人既提供人的保证又提供物的担保。

需要说明的是,当第三人提供物的担保,但作为共同担保的保证系一般保证时,虽然债权人"可以就物的担保实现债权,也可以要求保证人承担保证责任",但是此时保证人有先诉抗辩权而物的担保人无先诉抗辩权,因此"就物的担保实现债权"更方便,阻力更小。② 须补充的是,在合同未有约定而由债务人自己提供物保情形,若此物

---

① 孙宪忠等:《物权法名家讲座》,中国社会科学出版社2008年版,第44—45页。
② 唐义虎:《担保物权制度研究》,北京大学出版社2011年版,第5—7页。

保属于第二顺位抵押权,则应当视同第三人提供物保情形,适用平等原则,由债权人行使选择权。① 因为第二顺位抵押权价值不大,受到第一顺位抵押权的消极影响,即扣除第一顺位抵押权价值后第二顺位抵押权才能清偿其所担保的债权。

此外,对于第 176 条,仍然存在以下两个问题需要回答:第一,没有约定或者约定不明确,债务人自己提供物的担保,且保证系连带保证时,债权人是否"可以就物的担保实现债权,也可以要求保证人承担保证责任"? 第二,"提供担保的第三人承担担保责任后",是否有权向共同担保的其他担保人求偿? 对于第一个问题的回答取决于立法对于主债权人保护的力度和对于其自由选择的照顾程度,从主债权人角度来说,既然保证系连带责任保证,保证人并无先诉抗辩权,加上我国法律目前也没有简单采取所谓物保优先主义,债权人也就完全"可以就物的担保实现债权,也可以要求保证人承担保证责任"。对于第二个问题的回答则取决于担保人之间的利益平衡。若法律规定"提供担保的第三人承担担保责任后",有权要求共同担保的其他担保人分担其应当承担的担保责任,则更有利于体现担保人之间的利益平衡,但是分担了担保责任的各担保人最终都有权向主债务人追偿,如此一来又增加了一个追偿环节,从而不利于简化法律关系。总之,上述两个问题尚须立法明确。

(3) 关于补充担保

在各种共同担保中,有一种特殊的共同担保,即其中某一担保是补充担保②,就是说,当其他担保人(即主担保人)不承担担保责任或不能承担担保责任时,补充担保的担保人将按合同约定向债权人继续承担担保责任,以保障债权的实现。补充担保的方式包括保证、抵押以及质押三种,而实践中比较常见的是作为补充担保的保证(有时也被称为保证"再担保")。例如,担保公司的股东向债权人出具书面函件,承诺当担保公司不履行或不能履行保证义务时,由该股东承担保证责任。又如,甲公司作为保证人,为乙公司向银行贷款承担担保,丙公司又向银行出具担保函,承诺在甲公司不承担或不能承担担保责任时,由丙公司向银行承担担保责任。③ 补充担保的担保人享有其他担保人(主担保人)享有的一切抗辩权,同时也享有专属于补充担保的担保人的抗辩权。须说明,补充担保所担保的债务乃是主担保义务,主担保合同是补充担保的主合同,而补充担保的债权人仍是主债权人。

(二) 典型担保和非典型担保

根据法律规定和类型化的程度,各种担保可以分为典型担保和非典型担保。

1. 典型担保

典型担保是指法律上明确规定的,主要功能为担保的担保方式。

一般认为,典型担保包括保证、抵押、质押、留置以及定金。这几种是《担保法》和

---

① 孙宪忠等:《物权法名家讲座》,中国社会科学出版社 2008 年版,第 45 页。
② 在民事活动中,作为共同担保一部分的补充担保,有时也被当事人称为"再担保"。
③ 有些国家如法国、西班牙等还在立法上就保证再担保(即复保证)进行了规定,如《西班牙民法典》第 1836 条规定:"复保证人在主债务人有能力承担清偿责任,保证人有能力承担保证责任之前不承担责任。"参见潘灯、马琴译:《西班牙民法典》,中国政法大学出版社 2013 年版,第 450—451 页。

《物权法》明确规定的担保方式,也是民事活动中运用最多的担保手段。

2. 非典型担保

非典型担保包括法律上尚未予以类型化,在实务上还不具有典型意义的担保方式,以及法律未明确规定为担保方式或者其主要功能并不在于担保的担保方式。[①] 非典型担保也叫不规则担保,或称变态担保。所有权保留、买回、让与担保以及抵销等,都是非典型担保。此外,提存、信托等也可以用于担保。

至于融资租赁,它不是担保,但是其中包含相当于非典型担保的设计。经济生活中的融资租赁的种类非常多,但是从法律上看,主要有两种,即简单融资租赁和售后租回融资租赁。(1) 前者是指,出租人出钱购买标的物(通常由承租人选择标的物),出卖人根据出租人指示将标的物交付给承租人使用,承租人交付租金给出租人(兼买受人),租赁期满时可续租,或退标的物给出租人,或由出租人以名义价格将租赁物所有权卖给承租人。这相当于出租人以标的物所有权担保租金的收取(而租金的收取,相当于逐渐收回借款)。这与保留所有权的担保在本质上一致。《合同法》第 237 条至第 250 条规定的融资租赁合同,含有类似担保的设计。(2) 后者一般简称回租,是指设备的原所有权人将设备卖给租赁公司,然后原所有权人作为承租人将租赁物返租回来,对标的物继续享有使用权,但没有所有权。这类似于承租人向出租人借款,然后以交付租金形式偿还借款,而以转移标的物所有权作为担保。与作为设备融资租赁的回租的民法性质相同的,还有在"以房养老"实践中的房屋出售回租,即作为拥有房屋所有权的老年人将房屋出售给一定的融资机构以获得养老的收入,同时回租所售房屋以便生前获得居住权。

至于附买回条件的买卖,它不是担保,但是它实际上可作为借款和担保的替代方法。买回是在订立买卖合同时一并订立的一种再买卖关系,即由出卖人将来买回标的物的买卖,属于一种特殊的买卖。买回使得其相关的买卖合同成为一个附条件的买卖合同。在我国,根据《合同法》第 4 条规定的合同自由原则(自愿原则),出卖人与买受人完全可以订立附买回条款的买卖合同。附买回条件的买卖的运作,相当于以标的物的所有权担保标的物的价金的偿还。所以说,买回制度可以在一定程度上发挥类似典权、典当和让与担保的制度功能。买回与典权、典当有些相近,原来有物的一方通过出卖或出典、出当取得资金,日后买回或赎回,但它们之间也有较大区别。因约定而产生的买回权是一种债权,标的物在出卖人交付买受人时,物的所有权即已经移转于买受人。而典权是一种特殊的他物权,出典人在把典物交付给承典人时,典物的所有权仍归出典人所有,回赎权依附于典物的所有权,具有物权属性。我国目前的典当是附抵押或质押的借款,当户在约定期限内支付当金利息、偿还当金后赎回当物的权利与当户对当物的所有权(或财产权)紧密结合,可见其赎回当物的权利也属于物权性质的权利。值得注意的是,附买回条件的买卖,能够解决出卖人的资金困难,但是出卖人日后可以买回标的物,所以附买回条件的买卖限制了买受人对标的物

[①] 参见郭明瑞:《担保法》,法律出版社 2004 年版,第 9、10 页。

的处分权,不利于物的自由流通。所以,很多国家和地区都对附买回条件的买卖设有限制:① 期间限制[1];② 出卖人在买回时,不仅要支付原价金,还要支付买回增加的税费(如印花税等);③ 买受人在规定的买回期限内,不得自由处分标的物,但是买受人可以依善良意愿使用标的物。[2]

(1) 所有权保留,常用于买卖合同履行的担保。我国《合同法》第134条规定,当事人可以在买卖合同中约定买受人未履行支付价款或者其他义务的,标的物的所有权属于出卖人。所有权保留是各国常见的一种担保。我国《合同法》第134条规定的"所有权保留"只适用于动产买卖。当事人约定所有权保留,在标的物所有权转移前,买受人未按约定支付价款或者未按约定完成特定条件或者将标的物出卖、出质或者作出其他不当处分,对出卖人造成损害的,出卖人有权主张取回标的物。取回的标的物价值显著减少的,出卖人有权要求买受人赔偿损失。但是买受人已经支付标的物总价款的75%以上的,出卖人就不能主张取回标的物了。在标的物所有权转移前,买受人将标的物出卖、出质或者作出其他不当处分,而第三人依据《物权法》第106条的规定已经善意取得标的物所有权或者其他物权的,出卖人则无权主张取回标的物。从形式上看,所有权保留,源于当事人之间的约定,它不创设物权,起担保作用的是出卖人所保留的买卖标的物的所有权,买受人不履行合同义务时,出卖人有权以拥有标的物所有权为由收回已经完成交付的标的物;如此看来,所有权保留是一种物保,但不能说它是一种担保物权。然而,在我国,出卖人取回标的物后,买受人有权在双方约定的或者出卖人指定的回赎期间内,消除出卖人取回标的物的事由,主张回赎标的物;买受人在回赎期间内没有回赎标的物的,出卖人可以另行出卖标的物。出卖人另行出卖标的物的,出卖所得价款依次扣除取回和保管费用、再交易费用、利息、未清偿的价金后仍有剩余的,应返还原买受人;如有不足,出卖人有权要求原买受人清偿,但原买受人有证据证明出卖人另行出卖的价格明显低于市场价格的除外。[3] 可见,在我国,"所有权保留"制度包括出卖人取回标的物后另行出卖、清算等内容,这使得买卖合同中出卖人所保留的"所有权"实质上成为一种特殊的"担保物权"。

(2) 让与担保的最初形态,可以追溯到古罗马法的信托担保(即信托质)。在大陆法系,狭义的让与担保是由判例确认的一种担保方式,它是指依当事人双方约定,债务人或第三人将其财产所有权或其他财产权移转给债权人,于债务清偿时,移转的财产所有权或其他财产权复归于担保提供人,于债务不履行时债权人得以让与担保的财产优先受偿。广义的让与担保,除了狭义的让与担保外,还包括卖渡担保。狭义的让与担保和卖渡担保,都包括所有权或其他财产权的转移。两者的区别是,狭义的让与担保以债权担保为权利转移的原因,而卖渡担保以买卖本身作为权利转移的原因。卖渡担保介于让与担保和买回之间,而更接近买回。而卖渡担保与买回制度的

---

[1] 我国台湾地区"民法"第380条规定:"买回之期限,不得超过5年,如约定之期限较长者,缩短为5年。"
[2] 参见王家福主编:《民法债权》,法律出版社1991年版,第637页。
[3] 参见2012年最高人民法院《关于审理买卖合同纠纷案件适用法律问题的解释》第34—37条。

不同在于买回的场合须将标的物移转于买受人占有,而卖渡则不一定。① 在德国,让与担保的标的物不包括不动产,但在日本,让与担保既可在动产上成立,也可以在不动产上成立。② 在德国,以民法上的买回制度来代替不动产让与担保。③ 在日本,为了达到不动产流押的法律效果,当事人也采取"附买回约款之买卖+租赁"契约联立的形式作为手段。④ 我国法律对让与担保无具体规定,对此种担保方式值得继续研究,并有待实践检验。

(3) 在实践中,当互负债务的当事人一方不能履行所负债务时,对方当事人通过抵销,可以在客观上和实际效果上使自己的债权优先于不能履行债务一方当事人的其他债权人而受清偿。尤其是当一方当事人破产时,对方当事人履行债务所交付的财产将作为破产财产,而对方当事人为清偿自己债权要与破产债务人的其他各债权人就破产财产平均分配;而通过抵销,则可以使对方当事人的债权优先于破产债务人的其他债权人而受清偿。因涉及公平问题,我国 2006 年《企业破产法》第 40 条允许抵销,但同时又列举了不得抵销的 3 种情形。

(4) 提存不仅仅可以用于清偿债权、消灭债务,提存因提存部门的介入还可以用于担保。在实践中,当事人可以通过提存公证担保债的履行。例如,甲与乙订立卖房协议时,各有担忧。甲担心:如果先将购房款交付给乙,万一过户登记手续办不成怎么办?乙则担心:如果先交房产证、办理房产过户登记,万一拿不到钱怎么办?公证机构推荐的办法是选择提存公证。买卖双方甲与乙可以在购房合同中约定:甲将购房款提存于公证处,双方到房地登记机关办理相关手续,待甲领到房屋产权证后,乙则到公证处提取购房款。需要说明的是,我国 2007 年《物权法》第 174、191、215、216、225、226、227、228 条中规定的提存都具有担保作用。

(5) 在英美法系,信托制度渗透到财产法的各个角落,极富弹性的信托也可以用于担保债权实现,它具有可操作性,并且灵活多样。例如,债务人作为委托人将财产转移给信托受托人(有时就是信托担保公司,Title Guaranty Trust Co.),当债务人不履行债务时,受托人即将信托财产作变价处理,以其价款交付给债权人,实现其债权。又如,第三人为债务人提供财产并将财产权利转移给信托受托人,当债务人不履行债务时,受托人将信托财产作变价处理,以其价款交付给债权人,实现其债权。在实务中,甚至作为第三人的信托受托人可以分别为双务合同的当事人(它们分别是信托受益人)提供担保。例如,Choc 有限公司是依照英国法律设立的、住所在英国的一家制造"魔术"巧克力棒的公司。该公司打算从 A 公司购买用于制造"魔术"巧克力棒的糖。A 公司是依照古巴法律设立、住所在古巴的一家生产、提炼食糖的股份公司。双

---

① 〔日〕筱冢昭次、川井健:《物权法·担保物权法》,第 302 页,转引自王闯:《让与担保法律制度研究》,法律出版社 2000 年版,第 26 页。

② 参见陈本寒:《担保物权法比较研究》,武汉大学出版社 2003 年版,第 421 页。

③ 〔日〕田高宽贵:《担保法体系的新发展》,转引自王闯:《让与担保法律制度研究》,法律出版社 2000 年版,第 20 页。

④ 参见同上书,第 28 页。

方协议A公司每个月交付给Choc公司x吨价值10万英镑的食糖。然而,两公司以前从未有过交易。Choc公司冒着A公司不交付食糖或所交食糖不符合合同约定的风险。A公司则冒着即使食糖离开了古巴,Choc公司也不依照合同约定付款的风险。因而双方可以就一个信托安排达成协议:由一个第三方作为信托受托人持有货款和食糖的所有权,直到双方均对对方对合同约定义务的履行感到满意为止。这个信托的信托财产将由每月x吨食糖及10万英镑构成。信托条款可以是:如果Choc公司不支付货款,食糖将由受托人以A公司为受益人而持有,如果Choc公司支付了货款,食糖将由受托人以Choc公司为受益人而持有;与此类似,10万英镑将作为信托财产为了Choc公司的利益而持有,直到A公司将约定数量和质量的食糖交付给了Choc公司,此时10万英镑将以A公司为受益人而持有。[①] 担保物权与信托的共同之处有:担保物与信托财产都具有独立性及物上代位性;与此相关,担保物权具有绝对性、优先性和追及性,而受益人在信托财产上的利益(在通常情况下是受益权)也是具有物权性、优先性和追及性的。其中,关于担保物的独立性,不难理解:一方面,担保物的所有权尽管属于债务人或第三人,但其所有权已经受到限制,一些国家法律规定所有权人不得随意处分担保物,所有权人的债权人也不得对担保物申请强制执行;另一方面,担保物权人在其债权清偿期到来之前也不能对担保物变价受偿。

(三) 关于反担保与本担保

反担保关系中的债权人,是向主债权人提供了担保的担保人。

反担保,是对为债权人提供担保的第三人提供的担保。或者说,反担保,是第三人为债务人向债权人提供担保时,为第三人提供的担保。也可以说,反担保,是为保障债务人之外的担保人承担担保责任后对债务人的追偿权的实现而设定的担保,即求偿担保。总之,反担保,就是担保的担保。反担保是相对于本担保(或称原始担保或说第三人为主债权设立的担保)而言的,反担保也是担保。反担保只能适用于本担保方式为抵押、质押或保证之情形,因为留置权及定金场合都不可能涉及债权人和债务人以外的第三人,而反担保是债务人或者其他人对于提供了本担保的第三人的担保。《关于担保法解释》第2条规定:反担保人可以是债务人,也可以是债务人之外的其他人。反担保方式可以是债务人提供的抵押或者质押,也可以是其他人提供的保证、抵押或者质押。

在主债权人不愿意接受主债务人提供抵押及质押的场合(一般是可供担保的财产风险大或者变现难情形),实务中一般由担保公司提供保证,而由主债务人向担保公司提供抵押或质押,此时抵押、质押即为反担保。例如在土地承包经营权担保融资实践中,就经常出现土地承包经营权抵押反担保;而在知识产权担保融资实践中,则往往出现知识产权质押反担保。

[①] See Alastair Hudson: Principles of Equity and Trusts, Cavendish Publishing Limited, 3rd edition ,1999, pp. 32—33.

二、担保物权的物权性

抵押权、质权、留置权等民事权利被设计为"担保物权",有其逻辑基础。担保物权,是以确保债权实现为目的,而在债务人或第三人的特定物或特定财产权上所设定或者依法发生的定限物权(或者说限制物权、他物权)。抵押权、质权、留置权等担保物权是绝对权,正因为如此,我国 2009 年《侵权责任法》第 2 条第 2 款明确将担保物权具体列举为侵权责任法保护的对象。①

担保物权的物权属性的具体表现是:

第一,担保物权的客体是特定的标的物,包括有体物和法律允许用于担保的一些财产权。这与债权属性不同,从法律属性上说,债权的客体是一定的给付行为。担保物权客体的特定性是法律上和观念上的,只需其在担保物权实现时能够特定化就行,也就是说,在担保物权成立时只需其客体有特定化的可能。

第二,担保物权的效力既针对特定的标的物,又及于标的物的变价形态。也就是说,担保物权的物上代位性证明了担保物权的物权属性。物上代位性证明了担保物权的追及性、对世性和绝对性。甚至可以说,赋予担保物权之物上代位性,使得这种权利的支配性、追及性比所有权、用益物权的支配性、追及性更强,这充分说明法律完全可以构造法律之力。

第三,担保物权的实现虽然具有或然性,但是其实现只凭借法律上的支配力和追及权,而不以债务人的给付行为为必备要件。这与债权实现须债务人一定给付行为之作出不同。担保物权是对物行使的权利,具有支配性;而债权的核心是请求权,具有对人性。物权区别于其他权利,既在于客体的不同,又在于物权的支配性。物权对物的支配性,是物权区别于债权的关键。

第四,担保物权的权利人,不仅得向提供担保物的义务人主张权利,而且得向其他一切人主张权利,也就是说,担保物权具有对抗不特定的第三人的效力。所以说,担保物权虽然是在当事人双方之间设定或依法成立的,但是具有物权的绝对性和对世性。这与债权的相对性明显不同。

第五,担保物权受到侵害或者有受到侵害可能的时候,权利人依法可以根据物权请求权及占有保护请求权的规定获得保护,这是担保物权之物权性的重要表现。因为适用物权的保护方法是物权特有的救济手段。这与债权迥然不同,债权最主要的保护方法是赔偿损失,合同债权的救济手段还包括请求债务人继续履行、支付违约金等。

第六,担保物权使得被担保的债权优先于没有担保物权的普通债权而受到清偿,就是说,正是因为主债权人同时是担保物权人,所以主债权人才能优先于其他债权人而受到清偿;使得被担保债权优先受偿的,正是担保物权的支配性使然。如果不存在

---

① 我国《侵权责任法》保护对象一般限于绝对权。债权等相对权只在第三人过错或者故意侵权这种特殊情况下才依照法律规定受侵权责任法的保护。

担保物权,那么债务人的各债权人按债权比例平等受偿,即债权具有平等性。

当然,抵押权、质权、留置权等划归物权体系,从而具有物权属性,也是立法技术使然。正是法律上先明确物权定义和物权法定原则,才使抵押权、质权等合乎逻辑地划入物权范畴,从而被称为"担保物权"。

第二节 担保物权的属性

如前文所述,担保物权具有物权性,这是担保物权最基本的法律属性。相对于所有权和用益物权来说,担保物权又具有自己独特的法律属性。因为担保物权的目的在于担保债权,所以担保物权便具有从属性。因为担保物权的目的在于担保债权,所以担保物权是物权、价值权,进而具有物上代位性。此外,担保物权还具有不可分性。

一、担保物权的从属性

在一般情况下,担保物权是为了确保债权受清偿而存在的,所以主债权成立,担保物权才成立;债权移转,担保物权随同移转;债权消灭,担保物权也随之消灭。

担保物权人可以仅以其主债权为他人设立质权,而不让担保物权一同被质押,这不违背担保物权在移转上的从属性。当然,担保物权人以其债权为他人设立质权,而没有明确担保物权是否随之质押的,根据"从随主"的法理,担保物权随之当然质押。

值得注意的是,最高额抵押权和最高额质权等,是担保将来连续发生的一系列债权的,此种条件下担保物权在成立上的从属性,系指担保物权在实行时须有被担保的债权的存在。就是说,最高额抵押权或最高额质权担保特定的基础性债权债务关系所决定的连续借款或连续交易所产生的一系列债权,但是在最高额抵押权或最高额质权行使的条件成就之前,并不从属于任何一笔个别的债权。

最高额抵押或最高额质押设定时个别债权可能尚未发生[①],将来是否发生、实际数额是多少也不确定。而且个别债权的消灭或转移一般也不导致最高额抵押权或最高额质权的消灭或转移。可见,最高额抵押权和最高额质权的从属性非常特殊。

值得一提的是,德国狭义的抵押权具有从属性,但是,可用于担保却不一定用于担保的土地债务及定期金土地债务(属于广义的抵押权)则没有从属性。

二、担保物权的不可分性

担保物权的不可分性,是指在被担保的债权未受全部清偿之前,担保物权人得就担保标的物之全部行使权利。

就是说,担保物权的标的物的全部担保着债权的各部,被担保的债权纵经分割、一部清偿或一部消灭,担保物权仍为担保各部分的债权或余存的债权而存在(此规则

---

① 我国《物权法》第203条第2款规定:"最高额抵押权设立前已经存在的债权,经当事人同意,可以转入最高额抵押担保的债权范围。"

系法律为强化担保物权效力所确认的规则,非担保物权本质所必具);担保标的物纵经分割或一部灭失,各部分担保物或余存的担保物,仍为担保全部债权而存在(其中"担保标的物纵经分割,各部分担保物仍为担保全部债权而存在"的规则体现了担保物权的追及效力)。

值得注意的是,《物权法》第175条规定:第三人提供担保,未经其书面同意,债权人允许债务人转移全部或者部分债务的,担保人不再承担相应的担保责任。也就是说,第三人提供担保而设立的担保物权的不可分性在债务分割时(或者说部分转移时)被局限于第三人书面同意债务之分割。

三、担保物权的物上代位性

因为担保物权是物权、价值权,所以,担保标的物的实物形态发生变化,或者作为担保客体的财产权的形态发生变化,都不影响担保物权的存续。

担保物权的客体变为其他价值形态时,担保物权的效力依法及于担保物的变形物、代替物,即代位物。担保客体变形的原因包括标的物毁损、灭失、被征收等,标的物之代位物则包括抵押人因担保标的物的损害或者灭失而取得的赔偿金,在有保险关系的场合抵押人所取得的保险金,以及担保物被征收时抵押人取得的补偿金。

就物上代位性,《物权法》第174条明确规定:"担保期间,担保财产毁损、灭失或者被征收等,担保物权人可以就获得的保险金、赔偿金或者补偿金等优先受偿。被担保债权的履行期未届满的,也可以提存该保险金、赔偿金或者补偿金等。"一些国家也明确规定担保期间,担保财产毁损、灭失或者被征收等,担保物权代位于保险金、赔偿金或者补偿金的请求权上,我国无此规定,法理上应予承认。[①]

物上代位性证明担保物权具有物权性。因为物上代位性表明担保物权追及权的较强效力,而追及权意味着绝对性和对世性,而非相对性或对人性。

第三节 担保物权的种类

一、各国的各种担保物权

近现代各国的担保物权制度,一般都受到古代罗马法和日耳曼法的影响。罗马法和日耳曼法的民法发展史表明,古代物权类型由模糊逐渐发育到精确;由所有权制度演绎和派生出他物权制度;物的担保,由所有权担保发展到占有的质权,再到非占有的抵押;物权概念,由具体发展为抽象。罗马法和日耳曼法是近现代各国私法的重要参考资料和法理来源。特别是,罗马法抵押权制度的一些内容和日耳曼法的抵押登记公示形式,共同缔造了近现代各国的抵押权制度。

[①] 参见江平主编:《中华人民共和国物权法精解》,中国政法大学出版社2007年版,第225页。

(一) 历史渊源:罗马法的物保

古罗马法物的担保,经历了信托质、质权再到抵押权的发展过程。①

1. 信托质

信托质是债务人通过要式买卖或拟诉弃权的方式②,转移其物的所有权于债权人,并且双方达成信托简约:如债务得到清偿,则债权人将归还该物所有权于债务人;如债权到期未清偿的,债权人可以将担保物出卖以抵偿债务,并把余款退还债务人。为避免债务人失去对担保物的用益,也可以不移转标的物的占有,而以容假占有③或租赁的方式使债务人保持对担保物的占有和使用。④

2. 占有质

因信托质对债务人不利及其他缺陷,罗马法出现了不转移担保物所有权而仅移转担保物的占有质(pignus)。即债务人或者第三人为担保债权,将担保物交付于债权人占有,在不能履行到期债务时,债权人可以出卖质物以清偿债务。占有质分为典与质。债务人不支付利息,而以担保物的孳息充抵利息的为典(antichresis);债务人支付利息的为质。

最初在法律上仅承认债权人持有质物,债务人仍然是担保物的所有人和占有人。债权人一旦失去对质物的持有,并无司法救济。虽然其后大法官承认质权人受"占有令状"保护,但是这种占有仅是一个事实而不是一种权利。自抵押制度实行以来,大法官遂承认质权人与抵押权人有同样权利,即债权人对质物有担保物权。⑤

3. 抵押权

罗马佃农除农具和耕畜外,没有别的值钱东西,如果用仅有的农具和耕畜出质,就没有办法谋生。于是,当事人采用变通办法,约定不移转物的占有,仍由佃农保留农具和耕畜,并可以继续使用。但是这种约定没有法律效力。共和国末叶和帝政初期,大法官萨尔维乌斯规定,佃农到期不付租金,地主可申请令状,取得担保物的占有而处分之。但这仅对佃农有效而不能对抗第三人,如果担保物落入第三人之手,地主的权利便得不到保护。为此,大法官塞尔维乌斯又授予地主以物权,使其可以对佃农或第三人起诉,追及该担保物而扣押之,从而兼顾了佃农和地主的利益。后来,农具和耕畜以外的物件也可以进行抵押,地主和佃农以外的债权人和债务人也适用抵押制度。⑥ 罗马法抵押权制度的基本缺陷是没有完善的公示制度,影响抵押权效力和交

---

① 参见周枏:《罗马法原论》(上),商务印书馆1994年版,第390—407页。
② 要式买卖,是一种严格程式化的买卖(除当事人外,另有5个证人和1个司秤参加)。拟诉弃权,即模拟确认所有权诉讼,让与方(原告)主张标的物所有权而受让方同意或默认,长官即把标的物判归原告,从而完成交易。
③ "容假"原意是指暂时的、不可靠的,即当事人一方容许他方暂时占有他的财物而可以随时收回。周枏:《罗马法原论》(上),商务印书馆1994年版,第410页。
④ 周枏先生提到:"罗马的高利贷者也用租赁的名义,一面使债务人支付租金,一面支付利息,从而在法定最高利率的禁令下,进行重利盘剥。"见同上书,第391页。
⑤ 参见同上书,第393页。
⑥ 参见同上书,第394页。

易安全。

（二）历史渊源：日耳曼法的物保

日耳曼法物的担保的发展过程和罗马法相关制度的发展轨迹基本相同，也从所有质发展到占有质再到非占有质。日耳曼法所有质与罗马法的信托质相当。日耳曼法所有质和占有质被称为"古质"，而非占有质被称为"新质"。[①]

1. 所有质

所谓所有质，就是以所有权让与的形式来实现债权担保的目的，就是将担保物附条件地让与，以担保债权实现，这种担保实际上就是让与担保。

2. 占有质

（1）不动产占有质的关系中，债权人对质物有使用、收益权，故称"用益质"。根据债权人行使质权的收益得否抵偿债权，用益质又有销偿质与利息质之分。随着时间推移，在用益质之外，还出现了归属质，如债务人到期不履行债务，则质物归债权人所有；但后来演变为变卖质，变卖质物所得价金清偿债务，而剩余部分返还质押人。（2）日耳曼法的动产占有质也经历了一个由归属质演变为变卖质的过程。

3. 非占有质

（1）不动产非占有质就是不动产抵押。非占有质最初是通过裁判方式设立的，债权人与债务人达成合意，由法院发出扣押命令，并在公簿上进行登记。债务人不履行的，债权人便可以对该不动产为强制执行。后来非占有质的设立不再通过裁判方式进行，而由债务人将房屋或土地所有权证书交付债权人，并在公簿上进行登记。（2）不动产非占有质也经历了一个由归属质演变为变卖质的过程。在变卖质中，质权人可通过法院对不动产予以拍卖，卖得价金用于清偿债务，超出部分返还债务人，如有不足，则可请求债务人继续偿还。（3）非占有质，开始只能设立在不动产上，后来也可设立在动产上。在中世纪末期，与动产占有质并存的，即有动产非占有质（动产抵押）。[②]

（三）法国法的担保物权

法国没有严格的"物权"名称，而担保制度是很有特色的。

《法国民法典》规定了动产质权、不动产质权、抵押权以及优先权等。（1）《法国民法典》的抵押权，包括约定抵押权、法定抵押权和裁判上的抵押权。《法国民法典》不承认所有人抵押，并且严格遵守抵押权的从属性原则，没有规定抵押权可与其所担保的债权相分离。（2）在法国，抵押与质押的区别和名称等往往存有争论。例如，法国成文法称为抵押的海上抵押、内河抵押、飞机抵押，人们称之为不丧失占有的质权；而电影片的担保（由制片商设定，用书面形式，公告是对抗第三人要件），法律称之为质押，学理却一致认为是抵押。[③] 这种争论在观念上淡化了质押与抵押的界限以至于

[①] 参见许明月：《抵押权制度研究》，法律出版社1998年版，第16—21页；陈本寒：《担保物权法比较研究》，武汉大学出版社2003年版，第11—18页。

[②] 参见许明月：《抵押权制度研究》，法律出版社1998年版，第18—20页。

[③] 沈达明：《法国/德国担保法》，中国法制出版社2000年版，第144—146页。

影响到后来的担保制度改革。(3)优先权是法国的特色。其优先权,是指依据债权的性质,某一债权人所享有的,先于其他债权人甚至抵押权人而受清偿的权利。法国的优先权为法定担保物权,包括动产优先权以及不动产优先权等。在一般情况下不动产优先权须经登记,否则不成立或者不得对抗已经办理相关登记的第三人。

  法国在其民法典颁行200周年之际,出现了法典现代化的呼声。为此,根据2005年法国议会的授权法,2006年法国政府颁布关于担保的法令,2007年议会颁布法律赋予该法令以立法层次的效力,自此《法国民法典》设立新的第四卷"担保",此前的第四卷改为第五卷。① 这次改革,扩大了可以担保的财产范围,并注意利益平衡,也使得法国担保法易于理解,这与《法国民法典》所追求的通俗易懂的立法目标一致。新设的第四卷"担保"包括"人的担保"和"物的担保"两编。第一编"人的担保"规定了保证、独立担保(第2321条)和意向书(第2322条,意向书是指"以支持债务人履行其对债权人的债务为标的"的作为或不作为承诺)。独立担保和意向书都来自实践;其中意向书的担保义务不是支付义务,但若不履行,则转化为赔偿义务。第二编"物的担保"与1804年《法国民法典》依据是否"移转占有"设计担保物权不同的是,依据标的物的性质将物的担保分为动产担保和不动产担保两大类别。(1)动产担保包括动产优先权、有体动产质权、无形动产质权和所有权保留。有体动产质权不以物的交付为成立要件,根据第2336条的新规定,经制作文书、写明受担保的债权、用于设质的财产的数量及其类型或性质,质权即告成立。就质权对于第三人的对抗效力,改革后的法典规定质权包括移转占有标的物的质权和不移转占有标的物但登记公示的质权(第2337条)。此改革,使有体动产质权的支配力更抽象、更多地依靠法律而非占有事实,也使质押与抵押的界限更加模糊。经此改革,实际民事经济领域的"动产抵押"需求也就可以通过"不移转占有的质权"制度来实现了。一些学者认为第2348条允许"流质";该条允许当事人于质押设立时或其后约定,债务人到期如果不能偿还债务,债权人可以直接取得质物的所有权。不过,在所有权转移之前,质物必须进行估价。如果其价值高于所担保的债权,债权人必须支付其差额。② 但在动产消费信贷等领域不允许流质。法律允许于质押设立时就约定质物所有权在债务人不履行时转归债权人所有,拓宽了质权实现途径,简化了其实现方法,扩大了私法自治空间。《民法典》规定无形动产质权的设立须采取书面形式,不过不再要求公证、也不要求登记了。《民法典》规定的无形动产质权主要是债权质权,知识产权等其他权利质押由知识产权法等特别法规定。第2360条规定了对于处于正常运行中的账户的质押(这其实是特殊的债权质押),用于质押的账户的金额以实现担保当日的账户余额为准;此种质押具有一定的浮动性,当然从根本上说并未突破质物的特定性原则。《民法典》就无形动产质权甚至允许被设立在对于未来的债权上,只要其能够被具体化,即能够被确定。就权利质押对抗第三人的效力,《民法典》不再要求质押权人必须事先由"执达

---

  ① 李世刚:《法国担保法改革》,法律出版社2011年版,第5—6页。
  ② 其实,一般认为,需要估价、清算、多退少补的,不构成"流质"。

官"将有关事项送达质押债权的债务人或者质押债权的债务人在公证文书中"接受"了质押(此相当于虚拟"移转占有");但为了对抗质押债权的债务人,《民法典》规定须对其进行通知。第2363条规定,在质押债权的债务人得到通知以后,此债务人就必须向质押关系的债权人履行。第2368条规定所有权保留必须采取书面形式。(2)不动产担保包括不动产优先权、不动产质(antichrèse,不动产转移占有的担保,也译为"典")、抵押(hypothèque)以及所有权保留。《民法典》第2390条规定,债权人在占有出质的不动产之后,在不丧失占有的情况下可以将质押不动产出租给第三人或者债务人本人,此规定使"占有"虚化即抽象化。为推动抵押信贷发展,促进消费增长,《法国民法典》第2422条创造性地引入了所谓的"可再负担抵押"或者说"可更新抵押"(hypothèque rechargeable,此与中国的最高额抵押有相同也有不同地方):同一担保物为先后发生的数个债权提供担保,包括为未来的债权提供担保。第2422条规定:只要设置抵押权的文书有此明文规定,抵押权随后可以用于担保该设置文书所指的债权以外的其他债权,设置抵押权的人与最初的债权人或者新的债权人订立的增加不动产负担的协议应当公证。第2423条规定:若为未来一个或者数个债权提供担保,以及就不确定期限的债权设置抵押权,则抵押人可以随时将其解除,但必须提前3个月通知债权人;一旦取消以后,该抵押物只担保此前发生的债权。关于抵押权的实现,第2458条规定,可以无需经过扣押或者强制拍卖等民事执行程序,而直接请求法院赋予其对于抵押物的所有权以清偿债权,但是抵押物是债务人主要居所的除外。有论者认为第2459条许可"流抵";该条规定,在抵押协议中可以约定债权人成为用于抵押的不动产的所有权人,但是抵押物是债务人主要居所的除外。《法国民法典》第2460条规定在上述两条所指情形下债权人取得不动产所有权的,必须经过双方协商指定或者法院指定的专家进行估价;如果抵押物价值超过主债权,债权人必须支付差额。[①] 关于不动产担保方面的改革,也表明当事人意思自治的空间增加,而担保实现的程序简化。

为使法国具有参与全球经济活动的制度方面的竞争力,2007年法国议会又制定了《关于建立信托制度的法律》,决定在民法典中确立信托制度。此后,原来规定担保的2006年空出来的地方(即民法典第3卷相应位置)填入了信托制度内容,而第四卷担保的动产担保与不动产担保两部分也分别增补了动产信托让与担保以及不动产让与所有权担保。

制度改革有待实践检验,法国担保制度的改革也是如此。

(四)德国法的担保物权

其他国家往往将担保物权界定为他物权,而德国却没有自物权(所有权)与他物权的鲜明界线,在德国所有人抵押权、所有权人土地债务、所有权人实物负担等比比皆是。此外,虽然德国民法典物权编深刻影响了其后各国的物权立法,但是德国其实并无有益物权与担保物权的严格区分。德国物权制度虽然具有世界性影响,但是其

[①] 一般认为,需要估价、清算、多退少补的,不构成"流抵"。

物权制度也深刻反映了德国民法典制定之际德国社会现状。当时德国各地的物权实践和物权习惯既有相同地方，也有很多差异。为促进统一又照顾各地实际，德国物权立法对各地习惯兼收并蓄，由此造成担保物权及相关物权制度的复杂性，体现了德国物权制度的浓厚本土性。

1. 抵押权

（1）广义的抵押权，按照流通性程度可分为土地债务（定期金土地债务）、流通抵押权和担保性抵押权。土地债务（定期金土地债务）根本没有附随性；流通抵押权有附随性，但为了保护因信赖债权存在而受让的人时，附随性被击破；担保性抵押权具有严格的附随性。从债权人利益的角度看，土地债务是最方便的；从债务人利益的角度看，担保性抵押权是最安全的。土地债务（定期金土地债务）包括登记簿式、证书式和无记名证书式三种；流通抵押权包括登记簿式和证书式两种；担保性抵押权只能以登记簿式抵押权存在。其中，无记名证书式土地债务（定期金土地债务），以及为无记名债券或者指示证券（如票据）而设立的担保性抵押权，是证券化担保物权。①

（2）土地债务②是一种可以请求由土地支付一定金额的不动产价值权。土地债务在历史上被视为广义的土地负担（实物负担）的一种。③ 土地债务可以独立于债权而存在，它可以不受债权的有无或是否消灭的影响。大多数情况下从属性的土地债务是为担保某一债务而设定的，不依附主合同的独立性土地债务已无很大实用价值。④ 定期金土地债务，是土地债务的一种特别形态，指可以定期请求由债务人的土地支付一定金额的金钱。

（3）狭义的抵押权仅包括流通抵押权和担保性抵押权，是从属于债权的一种物的担保，是债务人或第三人，在不移转占有的情况下，以不动产担保债权实现，有抵押权的债权人可以比其他债权人优先得到清偿。

2. 质权

《德国民法典》规定了动产质权及权利质权，但无不动产质权。值得注意的是，德国的质权有约定质权与法定质权之分，法定质权就是我们所说的"留置权"。

3. 担保用益权

德国有一个与中国的典权非常类似的物权，那就是《德国民法典》没有规定而司法实践所许可的担保用益权（Sicherungsnieβbrauch）。在德国的实践中，担保用益是用益权的形式之一⑤，是指抵押债权人为了确保自己能及时就抵押物获得利益，而与抵押人协议在抵押物上另设立用益权，使抵押权人同时又成为用益权人。通过这种方式，担保物权债权人可立即（即不必等到实行扣押之后）享受对土地之

---

① 参见〔德〕鲍尔、施蒂尔纳：《德国物权法》（下），申卫星、王洪亮译，法律出版社2006年版，第39—44页。
② 参见《德国民法典》第1191条。
③ 黄家镇：《德国流通式不动产担保物权制度研究》，法律出版社2010年版，第5页。
④ 参见张玉卿、葛毅主编：《中国担保法比较法案例分析》，商务印书馆2003年版，第26页。
⑤ 用益权的另一种主要形式是供养用益权（Versorgungsnieβbrauch）。此外，依德国通说，在土地上可以设立所有权人用益权（Eigentümernieβbrauch）。

收益。①

4. 用益物权与担保物权的界限

在德国民法典上，用益物权与担保物权并无严格界限，如土地债务可用于担保，也可不用于担保。又如实物负担(Reallast)之法律地位，也不能完全以"用益物权"或"担保物权"定之。如其内容是受负担土地所生产之给付，则就其重点看，该实物负担为用益物权；若其内容为金钱给付，则该实物负担自始就侧重于担保目的。②

（五）日本法的担保物权

日本民法先受到法国民法的影响，后来受到德国民法的影响，日本的物权法也受这两个国家物权法的共同影响。《日本民法典》在物权编（第二编）规定了留置权、先取特权（与法国的优先权相当）、质权（包括动产质权、不动产质权、权利质权）以及抵押权等。独立的物权编的设置系采德国模式，而不动产质权、先取特权等制度设计又带有法国法的色彩。

（六）我国法的担保物权

从形式上看，我国担保物权制度较多借鉴了自古罗马法以来的世界各国成熟的物权制度，带有法律移植的倾向，体现了物权法的世界性特点。更重要的是，法律的生命在于实践，我国的担保物权制度以我国的民事经济实践为基础，并为担保实践服务，体现了我国担保物权制度的本土性。我国的担保物权，包括不动产抵押权、动产抵押权、动产质权、权利质权、留置权、建设工程承包人的优先受偿权、船舶优先权以及民用航空器优先权等。我国担保物权制度从宏观方面看，担保物权种类和基本规则与世界接轨；而在微观方面和具体内容上，则较多地体现了本土特色。

二、担保物权的分类

（一）意定担保物权与法定担保物权

这是以权利发生依据为标准进行的分类。意定担保物权，是基于当事人的意思表示而设定的担保物权。我国《担保法》和《物权法》规定的抵押权和质权都是意定担保物权。这类担保物权往往作为融资手段，所以又叫融资性担保物权（不太严谨的称谓）。法定担保物权，是当一定的要件齐备，即依法成立的担保物权，如留置权、优先权等。法定担保物权所担保的债权，一般系对担保物支出一定费用而产生的（不是绝对的），所以法定担保物权也被称为费用性担保物权（不是非常严格的称呼）。法定担保物权有更强的附随性；而意定担保物权系因当事人意思表示而成立的，债权附随性有减弱的趋势。③

我国的留置权、建设工程承包人的优先受偿权、船舶优先权及民用航空器优先权等，是法定担保物权。《合同法》第 286 条规定：发包人未按照约定支付价款的，承包人可以催告发包人在合理期限内支付价款。发包人逾期不支付的，除按照建设工程

---

① 参见〔德〕鲍尔、施蒂尔纳：《德国物权法》（上），张双根译，法律出版社 2004 年版，第 698、699 页。
② 参见同上书，第 737 页。
③ 参见邹海林、常敏：《债权担保的理论与实务》，社会科学文献出版社 2005 年版，第 16、17 页。

的性质不宜折价、拍卖的以外，承包人可以与发包人协议将该工程折价，也可以申请人民法院将该工程依法拍卖。建设工程的价款就该工程折价或者拍卖的价款优先受偿。在司法实践中，人民法院在审理房地产纠纷案件和办理执行案件中，应当依照《合同法》第286条的规定，认定建筑工程的承包人的优先受偿权优于抵押权和其他债权。消费者交付购买商品房的全部或者大部分款项后，承包人就该商品房享有的工程价款优先受偿权不得对抗买受人。建筑工程价款包括承包人为建设工程应当支付的工作人员报酬、材料款等实际支出的费用，不包括承包人因发包人违约所造成的损失。建设工程承包人行使优先权的期限为6个月，自建设工程竣工之日或者建设工程合同约定的竣工之日起计算。①

(二) 留置性担保物权与优先受偿性担保物权

一般认为，留置性担保物权，是指债权人占有债务人特定财产，如债务人不履行债务，债权人有权留置该特定财产直至对其变价取偿的担保物权，留置权是其典型。优先受偿性担保物权，是指不移转标的物占有，担保物继续由债务人占有、使用，而债权人只对担保物就其债权优先受偿的担保物权，抵押权为其典型。质权介于留置性担保物权与优先受偿性担保物权两者之间。

这种分类有缺陷，因为任何一种担保物权都具有优先受偿内容。笔者认为，这种分类在理论中的出现，与人们对留置权的误解有关。其实，作为担保物权的留置权各国一般都有，只不过名称不同而已。例如，《瑞士民法典》物权编、《葡萄牙民法典》第2卷"债法"和我国物权法上的留置权，在法国属于"优先权"，在德国属于"法定质权"，在日本包括一些"先取特权"。当然，在法律上确实存在仅仅具有留置对抗而没有优先受偿效力的"留置权"，如《德国民法典》第273条、第274条所规定的"留置权"。此外，《日本民法典》第295条至第302条所规定的"留置权"在民法典上仅得留置对抗但依民事执行法具有优先取偿功能。

(三) 动产、不动产、权利以及集合财产的担保物权

这是根据担保物权的客体不同而进行的分类。动产担保物权，是以动产为标的物而成立的担保物权，如动产质权、动产抵押权以及动产优先权等。不动产担保物权，是以不动产为标的物而成立的担保物权，如不动产质权、不动产抵押权以及不动产优先权等。权利担保物权，是以权利为标的物而成立的担保物权，如权利质权、权利抵押权等。集合财产担保物权，是以一些不动产、动产或财产权作为法律上的一个集合物，而在其上成立的担保物权，如一些国家所规定的一般优先权，又如财团抵押权、浮动担保权等。

在现代社会，为盘活沉淀资产、充分利用流动财产，尤其是为了数量庞大的中小企业能够获得融资，动产担保、权利担保、集合财产担保以及浮动担保等被广泛运用。

(四) 定限型担保物权与权利移转型担保物权

定限型担保物权，是标的物所有权或其他财产权不由设定人移转至担保权人，只

---

① 2002年最高人民法院《关于建设工程价款优先受偿权问题的批复》。

是担保物上设定负担而由担保权人优先取偿的担保物权。抵押权、质权和留置权等，均属此类。一般认为，权利移转型担保物权，是以标的物所有权或其他财产权，移转于债权人以作担保的担保物权，让与担保是其典型。其实，让与担保，是以权利的移转作为担保，但不是担保物权。所有权保留的方式，没有转移所有权，只是保留所有权，故不属于权利移转型担保物权。当然，若法律规定的有体物所有权让与担保或者所有权保留包括"若最终需以所有权偿债则须清算"内容，则使得通过让与而用作担保的"所有权"或者买卖合同中出卖人所保留的"所有权"实质上成为一种特殊的"担保物权"。

（五）占有的担保物权与非占有的担保物权

这种分类与担保物权的成立要件和公示方法有关。占有担保物权，是以标的物移转于债权人占有为其成立要件并以债权人占有担保物为其存续要件的担保物权，如质权和留置权。占有担保物权，以占有为其公示方法。非占有担保物权，是不以标的物移转于债权人占有为其成立要件，也不以债权人占有担保物为其存续要件的担保物权，如抵押权。非占有担保物权以登记为其公示方法。值得一提的是，德国的法定质权、法国的优先权以及日本的先取特权等，有的是占有担保物权，有的属于非占有担保物权。

本章重点疑难问题提示

一、担保物权的物权性

担保物权是物权、价值权，担保物权人支配担保物的价值。担保物权的权利人不仅得向提供担保物的义务人主张权利，而且得向其他一切人主张权利，也就是说，担保物权具有对抗不特定的第三人的效力。所以说，担保物权虽然是在当事人双方之间设定或者依法成立的，但是具有物权的绝对性和对世性。这与债权的相对性明显不同。

二、担保物权的立法有规律可循，而立法技术具有可选择性

担保物权的历史，从所有权的担保出发，到一定阶段出现了质权，而抵押权制度最后建立。这是经济发展、社会进步和权利发育的必然。但是，一个国家、一个法域，如何在立法上确立担保物权的种类并选择各种物权的具体名称和权利内容，涉及法律传统的惯性、立法政策的定位以及立法技术的选择。

例如，德国其实并无用益物权与担保物权区分的严格界线，然而大体上将担保物权规定于用益物权之后；《荷兰民法典》将质押权、抵押权、优先权等规定在第3编"财产法总则"里[①]；《奥地利普通民法典》却将"担保物权"规定于"役权"之前，且民法典关于担保物权的规定是一般性规定，并未对各种担保物权逐一详尽规定；《埃塞俄比亚民法典》则将质押、抵押、不动产典质等规定于第5编"合同分则"。1975年《阿尔

---

① 参见王卫国主译：《荷兰民法典》，中国政法大学出版社2006年版，第68—89页。

及利亚民法典》直接受到《埃及民法典》的影响,而《埃及民法典》受到法国、德国、意大利、日本等国法律和学说的影响;《阿尔及利亚民法典》第1、2、3、4编的内容分别是一般规定(包括法律的适用及其效力、自然人和法人)、债与合同(包括第11题的保证)、主物权、从物权或担保物权;第4编"担保物权"包括抵押权、裁判上的抵押权、质押和优先权。

比如德国、瑞士等很多国家,都将抵押与质押分开进行规定,我国《物权法》也是如此。而在俄罗斯,抵押权吸收了质权,民法典没有在抵押权之外再规定质权。蒙古国民法典也是如此。在是否移转抵押财产的问题上,《俄罗斯民法典》第338条规定:"如果合同没有另外规定,抵押物留在抵押人处。用于不动产抵押的财产以及流通中的商品不移转给抵押权人。""抵押标的由抵押权人上锁并封印后,可以留在抵押人处。抵押标的可以加上证明抵押的标记后留在抵押人处(不可变抵押)。""抵押标的由抵押人暂时交由第三人占有或者使用的,视为留在抵押人处。""有价证券所证明的财产权利的抵押,必须交由抵押权人或者存入公证机关,如果合同有其他规定的除外。"在是否移转抵押物的问题上,与俄罗斯的规定不同,《蒙古国民法典》第181条第10款规定:"除非法律或合同另有规定,抵押的财产应移转于抵押权人。接受抵押财产的抵押权人,须妥善保护之。"《魁北克民法典》的抵押,在形式上吸收了质押,但在实质意义上抵、质是相对分开的——交付和占有是质权变动及质权存续的要件。质押需交付动产或其权利证书给债权人(第2702条),经设立人同意,债权人可以通过第三人持有财产(第2705条)。又如,《魁北克民法典》第2665条第2款明确规定:"动产抵押可以以交付或不交付抵押的动产设立。动产抵押以交付抵押的财产设立的,也称为质押。"再如,《魁北克民法典》第2798条第2款明确规定:"质权因丧失对质物的占有消灭。"

又如一些国家规定了出卖人优先权:第一,出卖人已经交付买卖标的物而买受人未支付价金的,出卖人就标的物即享有担保价款债权及其利息的优先权。第二,买卖标的物是动产的,须标的物为买受人所占有。一旦标的物已经由买受人将其转让给了善意第三人且完成了交付,出卖人的优先权即归于消灭。而且,一旦买方支付了价款,优先权亦归于消灭。第三,买卖的标的物是不动产及法定登记的动产,出卖人的优先权须在一定期限内予以登记,此时优先权登记后才能对抗第三人。通过比较法研究,笔者认为:出卖人优先权是法国法系法律传统和立法技术的产物,但是与意思主义的物权变动立法例无关。物权变动的其他立法例,也可以接纳出卖人的优先权制度。我国1999年《合同法》规定了所有权保留,这不妨碍物权法规定出卖人优先权。当事人在买卖合同中约定了所有权保留的,出卖人的优先权不产生,没有约定所有权保留的,优先权可依法成立。为加强对出卖人利益的保护,建议对所有权保留和出卖人优先权兼收并蓄地予以规定。另外,为维护已经付款的买受人的利益,建议物权法借鉴英美法相关制度规定买受人优先权。[①]

---

① 参见唐义虎:《担保物权制度研究》,北京大学出版社2011年版,第35—46页。

再如我国1999年《合同法》第286条所规定的建设工程价款优先受偿权,同于德国和我国台湾地区"民法"的法定抵押权,以及法国、日本民法规定的承揽人的优先权(先取特权)。

《德国民法典》第648条规定:"建筑工程或者建筑工程一部分的承揽人,就其因合同所产生的债权,可以请求给予定作人建筑地上的担保抵押权。工作尚未完成的,承揽人可以为了其已提供的劳动的相应部分的报酬以及未包括在报酬之内的垫款,请求给予担保抵押权。"这里是规定承揽人可以"请求给予抵押权"。

我国台湾地区"民法"第513条规定:承揽之工作为建筑物或其他土地上之工作物,或为此等工作物之重大修缮者,承揽人得就承揽关系报酬额,对于其工作所附之定作人之不动产,请求定作人为抵押权之登记;或对于将来完成之定作人之不动产,请求预为抵押权之登记。该请求,承揽人于开始工作前亦得为之。该抵押权登记,如承揽契约已经公证者,承揽人得单独申请之。就修缮报酬所登记之抵押权,于工作物因修缮所增加之价值限度内,优先于成立在先之抵押权。

而法国、日本则是在优先权或者先取特权部分规定了承揽人的优先权(先取特权)。

各国立法体例存在一些差别,这表明在各国的法律传统下,立法技术具有可选择性。虽然立法技术意味着可选择性,但是我们认为:立法上,制度设计应回应民事实践需要,体现公平、正义价值;实践中,民事活动应遵循平等、意思自治、诚实信用原则;而司法上,应严守法治原则,体现司法公正,维护法律信仰。无论在担保物权领域还是其他民法领域,应该都是如此。

三、关于担保物权的分类

对于担保物权的分类,最重要的是根据成立原因、客体以及公示方法的不同而进行的分类。依成立原因,分为意定担保物权和法定担保物权,实践中意定担保物权居多;依客体不同,分别有不动产、动产、权利以及集合财产的担保物权,实践中不动产及不动产权利抵押最重要;根据公示方法的不同,可分为占有的担保物权与非占有的担保物权,后者在经济上更重要,其以登记为公示方法。

四、关于优先权的立法取舍

我国有一个争论,就是要不要规定优先权? 如果规定,应如何规定?

优先权是罗马法中就有的(但未作为担保物权),《法国民法典》第2324条(原第2095条)规定:优先权是指依据债权的性质,某一债权人所享有的,先于其他债权人甚至抵押权人而受清偿的权利。法国的优先权为法定担保物权,包括动产优先权、不动产优先权等。德国则不认为优先权是担保物权,而认为是特种债权的一种效力,主要由破产法规定之。[1]《日本民法典》仿照法国的规定而规定了优先权(但称之为先

---

[1] 参见董开军:《债权担保》,黑龙江人民出版社1995年版,第53页。

取特权)。

至于优先权的功能,根据各国法律的优先权制度,其一,保护经济上的弱者;其二,平衡当事人的利益,如规定出卖人的优先权;其三,保护团体利益,例如对债务人的财产的清算,其中的优先权,即为保护团体利益。

我国已有船舶优先权和民用航空器优先权等特别法的优先权种类。有观点认为,应当在担保物权法中规定优先权,有的主张不在担保物权法中规定优先权。到底该如何立法?还须考虑优先权的特点、属性和功能。

一些学者认为,鉴于法、日两国民法典均将优先权确立为一种单独的担保物权种类,又鉴于优先权在实现社会公平和社会正义方面所起的作用十分突出,再加上我国有关优先权的规定比较分散而零乱,因此,有必要借鉴法、日两国立法例,在我国民法典的物权编就优先权的一般性问题进行规定,而就一些特殊优先权,仍由相关的特别法加以规定。[1]

通过比较各国的一般规定及理论上的各种学说,本书认为,优先权是指依照法律的直接规定,债权人基于其特定债权而享有的就债务人的全部财产或特定财产优先受偿的权利。优先权可以分为一般优先权和特别优先权。一般优先权以债务人的全部资产为权利客体,特别优先权以债务人的特别动产或不动产为权利客体。从效力上说,优先权不仅可以优先于普通债权,在一定的条件下也有可能优先于抵押、质押、留置等担保物权。

综上,本书主张民法典物权编应在担保物权部分具体详尽地规定各种优先权。鉴于我国已经单独规定了留置权,而且该留置权相当于法国的一类优先权和日本的一类先取特权,所以,我国未来民法典物权编的优先权应不包括留置权。

至于公示,各国一般要求不动产优先权应予登记,否则不成立或者不得对抗已经办理相关登记的第三人。而对于动产优先权或就债务人总财产的一般优先权则要求不同。一方面此类优先权通常其所担保的债权数额较小而牵涉之利益甚大(如丧葬费优先权、医疗费优先权、供养优先权、工资优先权等);另一方面,对于动产来说,公示的实行本来就不甚严格,占有(交付)虽为动产的公示方法,但法律亦承认不少例外(如观念交付与辅助占有),一般说来,债权人对于依靠债务人的动产以实现其债权本不抱过多希望。因此,各国一般不要求动产的优先权的公示。[2]

---

[1] 参见陈祥健主编:《担保物权研究》,中国检察出版社 2004 年版,第 47 页。
[2] 参见郭明瑞、仲相、司艳丽:《优先权制度研究》,北京大学出版社 2004 年版,第 168—171 页。

第二十章 抵 押 权

第一节 抵押权的概念和特征

一、抵押权的概念

抵押权是最重要的担保物权。

抵押权,是指债权人对于债务人或者第三人不移转占有而提供担保的财产,在债务人不履行债务或发生当事人约定的实现抵押权的情形时,依法享有的就担保的财产变价并优先受偿的权利。提供担保的财产为抵押财产(也称抵押物),提供抵押财产的债务人或者第三人为抵押人,债权人为抵押权人。抵押以其优势而在当今世界各国的民事实践中被广泛采用,被誉为"担保之王"。需要注意的是,"抵押"在英语中称"charge",而不是"mortgage"。

我国《物权法》第179条第1款规定:"为担保债务的履行,债务人或者第三人不转移财产的占有,将该财产抵押给债权人的,债务人不履行到期债务或者发生当事人约定的实现抵押权的情形,债权人有权就该财产优先受偿。"其中规定的实现抵押权的条件是"债务人不履行到期债务",或者"发生当事人约定的实现抵押权的情形"。具备其中一个条件,即可实现抵押权。其中第二种情形是《担保法》没有规定的。根据《物权法》的新规定,发生当事人约定的实现抵押权的情形,只要该约定不违反法律、行政法规的强制性规定,抵押权人(即债权人)就有权就抵押财产优先受偿。如债权人与债务人约定,贷款只能用于教学大楼的建设,改变贷款用途的,双方的借贷关系终止,债务人即刻归还已贷出款项,不能归还的,债权人可以拍卖债务人的抵押财产,就卖得的价款优先受偿。① 又如,可以约定当抵押人的行为造成抵押财产减少或者抵押人分离抵押物、转让抵押物时,抵押权人有权实现抵押权。② 法律规定当事人可以约定实现抵押权的条件,扩大了当事人意思自治的空间,同时也有利于当事人进一步明确"不履行到期债务"的各种具体情况。

抵押财产是抵押权的客体。根据《物权法》第180条的规定,抵押财产可以是建筑物、建设用地使用权等不动产,也可以是生产设备、原材料、半成品、产品、交通运输工具等动产。抵押财产可以是有形实物,也可以是无形的财产权利。

---

① 参见胡康生主编:《中华人民共和国物权法释义》,法律出版社2007年版,第388、389页。
② 曹士兵:《中国担保制度与担保方法——根据物权法修订》,中国法制出版社2008年版,第264页。

二、抵押权的特征

(一) 抵押权是一种物权

抵押权具有物权属性。第一,抵押权人对抵押人提供抵押的特定财产享有支配权。客体是特定财产,权利具有支配性。第二,抵押权基于登记而取得对抗第三人的正当性。抵押权具有对世性、绝对性,与债权的对人性、相对性迥然不同。即使抵押债权人以外的其他债权人,通过法院对已经设定抵押的财产采取查封、扣押等财产保全或者执行措施,也不影响抵押权的效力。第三,享有抵押权的债权人对抵押物变价后的价值享有优先受偿的权利,是因为这种债权人同时享有抵押权。优先性来源于对世性、绝对性和排他性,其为物权的属性。

(二) 抵押权是担保物权

首先,抵押权是他物权、定限物权,是在他人所有之物上设定的物权。我国只在特殊情况下承认所有权人抵押权。① 所有权人抵押权,就是所有权人享有的抵押权。

其次,抵押权具有担保性,是价值权。第一,抵押权,是为担保特定债权的实现,而由债务人或第三人提供特定财产所设定的物权。抵押权人支配的是特定财产的价值。抵押权人对于抵押物交换价值的实际支配的时点在于"债务人不履行债务或发生当事人约定的实现抵押权的情形"。② 第二,抵押权是债权人在一定条件下以抵押财产变价而优先受偿的权利。第三,抵押权具有从属性。在成立上、转移上、消灭上,抵押权均从属于其所担保的债权。第四,抵押权具有不可分性。第五,抵押权具有物上代位性。

(三) 抵押权不以移转标的物占有为成立要件

抵押与质押最大的不同是,抵押不移转担保物的占有,抵押人仍然可以占有、使用担保物,抵押权人无保管抵押物义务可言;而质押一般需要移转担保物的占有,质权人则对质物负有保管义务。实践中,抵押通常设定在不动产上;而质押设立在动产或财产权上。抵押权以登记为公示方法;而动产质权以占有为公示方法,权利质权以权利凭证的占有或质权登记为公示方法,一般债权质权应以通知被质押债权的债务人为公示方法。

第二节 抵押权的取得

一、抵押权取得的具体方式

抵押权的取得,包括基于法律行为的取得,及基于法律行为以外的法律事实的取得。前者包括创设的取得和移转的取得。后者如法定继承的取得——被抵押权担保的主债权,作为一种可以继承的财产权,可以依法继承,而抵押权随同主债权由继承

---

① 参见《关于担保法解释》第77条。
② 高圣平:《担保物权新制度新问题理解与适用》,人民法院出版社2013年版,第96页。

人取得。根据法定继承的规则,继承人取得抵押权的时间是在被继承人死亡之时。

合同是最主要的法律行为,它可以用于抵押权的创设和移转。通过合同而创设抵押权的取得,是指物的权利人为担保主债权而与主债权人签订抵押合同,并依法办理抵押权登记,它是法律规定的重点对象。《物权法》详尽规定了抵押合同的条款和形式、抵押权登记的程序和法律效果。

抵押权可随同主债权一并移转,合同可作为抵押权移转的根据。《物权法》第192条规定:"抵押权不得与债权分离而单独转让或者作为其他债权的担保。债权转让的,担保该债权的抵押权一并转让,但法律另有规定或者当事人另有约定的除外。"可见,在我国,抵押权可随同主债权一并移转,但不能单独转让抵押权,因此也不允许转抵押。而日本允许转抵押,《日本民法典》第376条规定,抵押权人,可以以其抵押权作为其他债权的担保。

二、抵押权客体——抵押物(抵押财产)

(一) 客体法定

《物权法》第180条规定,债务人或者第三人有权处分的下列财产可以抵押:(1) 建筑物和其他土地附着物;(2) 建设用地使用权;(3) 以招标、拍卖、公开协商等方式取得的荒地等土地承包经营权;(4) 生产设备、原材料、半成品、产品;(5) 正在建造的建筑物、船舶、航空器;(6) 交通运输工具;(7) 法律、行政法规未禁止抵押的其他财产。抵押人可以将前款所列财产一并抵押。根据《物权法》的上述规定,抵押财产须符合两个条件:第一,债务人或者第三人对该财产有处分权;第二,须在第180条所列范围内。其中第二个条件是物权法定原则的具体要求。

特别值得注意的是,就抵押财产,《担保法》第34条第1款第6项规定的是"依法可以抵押的其他财产";相比之下,《物权法》第180条第1款第7项规定的是"法律、行政法规未禁止抵押的其他财产",《物权法》明显地扩大了可抵押财产的范围。根据《物权法》"法律、行政法规未禁止抵押的其他财产"可以抵押的规定,以及"抵押人可以将前款所列财产一并抵押"的规定,我国可用于抵押的财产是非常广泛的。当然,抵押权的效力受制于登记制度,一项财产仅仅具有可抵押性是不够的,还需要配套的登记制度以便办理抵押权公示。

抵押权不仅可以设立于有形的不动产或动产之上,也可以依法设立在财产权上。就是说,在物权法上,抵押权可以依法以财产权为客体而成为权利抵押权。所谓权利抵押,一般是指以所有权以外的不动产权利为客体而成立的抵押权。目前,我国能够用于抵押的权利,最主要的是"建设用地使用权"(《物权法》通过以前称"国有土地使用权")。出让的建设用地使用权可以转让、抵押。企业对其以划拨方式取得的国有土地使用权无处分权,以该土地使用权为标的物设定抵押,除依法办理抵押登记手续外,还应经具有审批权限的人民政府或土地行政管理部门批准。否则,应认定抵押无效。如果企业对以划拨方式取得的国有土地使用权设定抵押时,履行了法定的审批手续,并依法办理了抵押登记,应认定抵押有效。抵押权人只有在以抵押标的物折价或拍卖、变卖所得价款缴纳相当于土地使用权出让金的款项后,对剩余部分方可享有优先受偿权。但纳入国家兼并破产计划的国有企业,其用以划拨方式取得的国有土地使用权设定抵押的,应依据国务院有关文件规定办理。①

值得一提的是,有些国家明确规定债权可以抵押。如《意大利民法典》第2810条第2款规定:"根据法律对公债方式的规定,对国家定期支付的社会保险费亦可设定抵押权……"又如《魁北克民法典》第2699条明确规定提单和流通票据表征的财产及债权上可以设立抵押(不为交付为成立要件的抵押)。再如,在英美法系,债账(请求一定金额款项支付的权利)可作抵押(即财产负担)。②

(二)房地权一并抵押

在建筑物与其占地范围内的建设用地使用权的关系方面,虽然法律上它们是两个物权,但是我国采"地随房走""房随地走"的原则。就是说,这两个物权须一并转让、一并抵押。对此,《物权法》第182条规定:以建筑物抵押的,该建筑物占用范围内的建设用地使用权一并抵押。以建设用地使用权抵押的,该土地上的建筑物一并抵押。抵押人未依照前款规定一并抵押的,未抵押的财产视为一并抵押。就建筑物及建设用地使用权,当事人若择一单独抵押,约定抵押的因登记而成立约定抵押权,未抵押的财产上解释为存在法定抵押权而且其不以登记为成立要件;若建筑物及其占地范围内的建设用地使用权被抵押担保给不同的主债权人,则设立两个不同的抵押权,均以登记为其成立要件,但是在实现抵押权时应一并处分而分别清偿主债权。③此外,《物权法》第183条规定:乡镇、村企业的建设用地使用权不得单独抵押。以乡镇、村企业的厂房等建筑物抵押的,其占用范围内的建设用地使用权一并抵押。据此,乡镇、村企业的建设用地使用权单独抵押的约定无效,不能办理登记;建筑物抵押的,若当事人没有约定抵押建设用地使用权,应解释为建设用地使用权上存在法定抵押权。

有的国家允许土地和土地附着物分别抵押。如《日本民法典》第388条规定:土地及土地上存在的建筑物属于同一所有人,而只以土地或建筑物设定抵押,又因抵押权实行致使所有权人不同时,视为已经就该建筑物设定了地上权。此时地租,根据当事人的请求,由法院确定。④ 允许土地或土地附着物单独抵押的目的,在于保护抵押人的利益,使抵押人在抵押房屋或土地后,能保留未抵押土地或房屋的所有权,以鼓励土地所有权人进行房屋建设,达到物尽其用的经济目的。

(三)法律限制

(1)以法律、法规限制流通的财产设定担保的,在实现债权时,应当按照有关法律、法规的规定对该财产进行处理。例如,限制流通的一定级别的文物应由国家文物

---

① 最高人民法院《关于破产企业国有划拨土地使用权应否列入破产财产等问题的批复》(法释[2003]6号)第2条规定。
② 参见许明月:《英美担保法要论》,重庆出版社1998年版,第260页。
③ 参见高圣平:《担保物权新制度新问题理解与适用》,人民法院出版社2013年版,第67—90页。
④ 参见渠涛编译:《最新日本民法》,法律出版社2006年版,第81页。

管理部门收购,以收购价金清偿被担保的债权。

（2）依照《物权法》规定以土地承包经营权抵押或者以乡镇、村企业的厂房等建筑物占用范围内的建设用地使用权一并抵押的,实现抵押权后,未经法定程序,不得改变土地所有权的性质和土地用途。

（3）在司法实践中,以尚未办理权属证书的财产抵押的,在第一审法庭辩论终结前能够提供权利证书或者补办登记手续的,可以认定抵押有效。当事人未办理抵押物登记手续的,不得对抗第三人。

（四）禁止抵押

《物权法》第184条规定,下列财产不得抵押:（1）土地所有权;（2）耕地、宅基地、自留地、自留山等集体所有的土地使用权,但法律规定可以抵押的除外;（3）学校、幼儿园、医院等以公益为目的的事业单位、社会团体的教育设施、医疗卫生设施和其他社会公益设施;（4）所有权、使用权不明或者有争议的财产;（5）依法被查封、扣押、监管的财产;（6）法律、行政法规规定不得抵押的其他财产。

（1）根据《宪法》《土地管理法》和《物权法》的规定,我国土地属于国家所有,或依法属于集体所有,土地所有权不能流通、转让,所以土地所有权不能抵押。可见,在我国,土地不能作为抵押物,能抵押的只能是建设用地使用权及以招标、拍卖、公开协商等方式取得的荒地等土地承包经营权等。

（2）我国的城乡差别很大,农村集体所有土地不得不承担社会保障功能,集体土地的使用权因此也不能随意转让。所以《物权法》规定,耕地、宅基地、自留地、自留山等集体所有的土地使用权不得抵押,但法律规定可以抵押的除外。

（3）为了社会公共利益,维护公益事业的健康发展,防止公益事业单位、社会团体财产的流失,《物权法》规定,学校、幼儿园、医院等以公益为目的的事业单位、社会团体的教育设施、医疗卫生设施和其他社会公益设施不得抵押。

（4）抵押是一种处分,须抵押人对抵押财产有处分权。对所有权、使用权不明或者有争议的财产,当事人是否有处分权,即处于不明或者争议之中,因此,此类财产不能抵押。当然,当事人订立抵押合同时抵押财产所有权、使用权不明或者有争议,但后来抵押人对抵押财产取得确定的所有权或使用权的,抵押合同可以转化为有效。

（5）依法被查封、扣押、监管的财产,其处分权被限制,所以不能抵押。被查封、扣押、监管的财产,在解除查封、扣押、监管以后,可以抵押。

（6）物权法奉行物权法定原则,物权客体须符合法律、行政法规的规定。所以,"法律、行政法规规定不得抵押的其他财产"也不能抵押。

（五）与抵押财产有关的抵押效力判定

（1）以法律、法规禁止流通的财产或者不可转让的财产设定担保的,担保合同无效。以抵押为内容的担保合同无效的,抵押权当然无从成立。

（2）以法定程序确认为违法、违章的建筑物抵押的,抵押无效。

（3）以农作物和与其尚未分离的土地使用权同时抵押的,土地使用权部分的抵押无效。但笔者认为,土地使用权是以招标、拍卖、公开协商等方式取得的荒地等土地承包经营权,并经依法登记取得土地承包经营权证的,抵押有效。

(4) 国家机关和以公益为目的的事业单位、社会团体违反法律规定提供担保的,担保合同无效。这样的抵押无效。

(5) 学校、幼儿园、医院等以公益为目的的事业单位、社会团体,以其教育设施、医疗卫生设施和其他社会公益设施以外的财产为自身债务设定抵押的,可以认定抵押有效。

(6) 按份共有人以其共有财产中享有的份额设定抵押的,抵押有效。共同共有人以其共有财产设定抵押,未经其他共有人的同意,抵押无效。但是,其他共有人知道或者应当知道而未提出异议的视为同意,抵押有效。

三、抵押合同

(一) 定义和定位

抵押合同是一种法律行为,是抵押人与抵押权人之间就设立抵押而发生的民事权利义务关系的协议。具体地说,抵押合同,是指债务人或第三人与债权人签订的,不移转特定财产的占有,而以该特定财产作为债权担保的协议。抵押合同是抵押登记和抵押权成立的前提。

分析起来,抵押合同包括以下几点含义:第一,抵押合同是一种担保合同,是用于设立抵押权,保障主债权实现的一项协议。第二,抵押合同的主体是抵押权人和抵押人。抵押权人是主债权人。抵押人可以是债务人,也可以是第三人。第三人提供抵押的,一般是接受了债务人的委托,第三人与债务人之间存在委托合同关系,当然也不排除第三人无因管理的情形(非常罕见)。第三,抵押合同中,当事人约定不转移担保物的占有。约定转移动产担保物占有的,只能是质押合同。

理论上,在设定抵押的过程中,抵押人与抵押权人之间就设立抵押而约定双方订立物权行为性质的抵押行为且抵押人协同抵押权人办理抵押权登记的抵押合同,属于债权行为。就是说,在承认物权行为规则的法域,抵押之约定为债权行为,抵押权之设定为物权行为。而不能说,承认物权行为的立法例下,抵押权设立场合只有物权行为而无债权行为。当然,我国《物权法》未直接规定物权行为,根据文义解释的方法,抵押设定过程中无物权行为,只有债权行为。

既然法律上抵押合同是债权合同,民事当事人就可以充分利用这一定位来灵活设置担保。虽然抵押权成立于特定物,未产生的物即"未来财产"无法立即成立有效抵押权,但是,抵押合同的双方当事人仍然可以约定在"未来财产"上设立抵押并于"未来财产"成为现存财产时办理抵押权登记而最终使抵押权得以成立。

(二) 形式和内容

《物权法》第185条规定,设立抵押权,当事人应当采取书面形式订立抵押合同。抵押合同一般包括下列条款:(1) 被担保债权的种类和数额;(2) 债务人履行债务的期限;(3) 抵押财产的名称、数量、质量、状况、所在地、所有权归属或者使用权归属;(4) 担保的范围。抵押合同对被担保的主债权种类、抵押财产没有约定或者约定不明,根据主合同和抵押合同无法推定,当事人也没有补正的,抵押不成立。

法理上,即便抵押合同未采用书面形式,在办理了抵押权登记后,只要登记符合抵押权的特定性要求(即被担保债权和抵押物已特定),抵押权也因登记而有效成立。但在实践中,当事人如不提交书面的抵押合同,登记部门不予登记。

若当事人就动产在合同中约定设立"抵押",又约定该动产移转给债权人占有,则实际上是设立质押,只能按质押处理。抵押与质押有一个区别,就是抵押不移转标的物占有。如果当事人设立不动产抵押时,又约定标的物移转给债权人占有,则约定标的物移转占有的部分无效,只能办理抵押登记,但当事人可在抵押之外再设立不动产租赁,以交付不动产给债权人承租、使用。

(三) 抵押合同的效力判定

作为一种法律行为,抵押合同不能违反法律和行政法规的强制性规定,也不能违反社会公共利益原则。抵押合同的效力瑕疵,必然影响抵押权的成立。

民事经济活动应遵循意思自治原则,有时公司需要为母子公司提供担保或者对于产业链中的上下游企业提供担保或者出于期待未来自己需要担保时有担保提供人而对外担保,故不能一律禁止公司提供担保,然而担保多属无偿行为,而且风险高,所以,为保护公司和公司股东的利益,并为了保障交易安全,《公司法》就公司为他人提供担保作出限制性规定。违反了这些限制性规定的抵押合同、质押合同或者保证合同无效。接受担保的债权人须审查提供担保的公司有没有违反这些限制规定,以免遭受担保合同无效的损失。2005年修订的《公司法》第16条规定:"公司向其他企业投资或者为他人提供担保,依照公司章程的规定,由董事会或者股东会、股东大会决议;公司章程对投资或者担保的总额及单项投资或者担保的数额有限额规定的,不得超过规定的限额。公司为公司股东或者实际控制人提供担保的,必须经股东会或者股东大会决议。前款规定的股东或者受前款规定的实际控制人支配的股东,不得参加前款规定事项的表决。该项表决由出席会议的其他股东所持表决权的过半数通过。"

债务人有多个普通债权人的,因债权是相对权、无绝对性,故各债权具有平等性,应平等按比例受偿。正因为如此,《关于担保法解释》第69条规定:债务人有多个普通债权人的,在清偿债务时,债务人与其中一个债权人恶意串通,将其全部或者部分财产抵押给该债权人,因此丧失了履行其他债务的能力,损害了其他债权人的合法权益,受损害的其他债权人可以请求人民法院撤销该抵押行为。

债务人破产意味着债权人有可能得不到清偿或者得不到完全清偿,所以从公平原则出发,2006年《企业破产法》第31条规定,人民法院受理破产申请前一年内,涉及债务人财产的下列行为,管理人有权请求人民法院予以撤销:……(3)对没有财产担保的债务提供财产担保的……第32条规定,人民法院受理破产申请前6个月内,债务人有不能清偿到期债务并且资产不足以清偿全部债务或者明显缺乏清偿能力的情形,仍对个别债权人进行清偿的,管理人有权请求人民法院予以撤销。但是,个别清偿使债务人财产受益的除外。然而,最高人民法院《关于适用〈中华人民共和国企业破产法〉若干问题的规定(二)》第14条规定:"债务人对以自有财产设定担保物权的债权进行的个别清偿,管理人依据《企业破产法》第32条的规定请求撤销的,人民法院不予支持。但是,债务清偿时担保财产的价值低于债权额的除外。"

四、抵押权登记

登记是不动产物权及其变动的公示方式。抵押权的绝对性和对世效力即来源于登记。而抵押过程中的债权行为,即抵押合同,是当事人约定双方设定抵押权且抵押人协同抵押权人办理抵押权登记的双方行为,只约束双方当事人,没有对世效力。

在登记生效要件主义立法例下,不动产物权的得失变更,非经登记不生效力。在登记对抗要件主义的立法例下,关于不动产物权变动的债权合同成立是抵押权成立要件,未经登记不得对抗第三人。但是,无论在登记生效要件主义还是在登记对抗要件主义的立法例下,抵押登记都应以抵押权公示(即物权登记)为核心,而非以抵押合同(债权合同)登记为核心。

根据《物权法》的规定,以不动产抵押的,应当办理抵押登记;抵押权自登记时设立。以动产(包括交通运输工具及正在建造的船舶、航空器等)抵押的,抵押权自抵押合同生效时设立;未经登记,不得对抗善意第三人。《物权法》第189条还规定,企业、个体工商户、农业生产经营者以现有的以及将有的生产设备、原材料、半成品、产品抵押,应当向抵押人住所地的工商行政管理部门办理登记。抵押权自抵押合同生效时设立;未经登记,不得对抗善意第三人。

抵押物登记记载的内容与抵押合同约定的内容不一致的,以登记记载的内容为准。在司法实践中,当事人办理抵押物登记手续时,因登记部门的原因致使其无法办理抵押物登记,抵押人向债权人交付权利凭证的,可以认定债权人对该财产有优先受偿权。但是,未办理抵押物登记的,不得对抗第三人。

第三节 抵押权的效力

一、效力范围——对担保债权的效力

抵押权所担保的债权范围,可以由当事人约定;当事人没有约定的,所担保的债权范围包括主债权及其利息、违约金、损害赔偿金、保全抵押财产和实现抵押权的费用。约定的抵押权基于当事人约定而产生,故担保债权由当事人约定在情理之中,但当事人因疏忽或有意不约定,即应由法律根据公平原则和逻辑规则规定抵押权对担保债权的效力范围。

(一) 主债权

主债权,又称原债权、原本债权,是指于抵押权设立时即确定予以担保的债权。主债权无疑是抵押权所担保的主要对象。主债权于抵押权登记时应予以登记,并以登记的数额为准。之所以担保债权必须登记,是因为有物权客体特定原则之要求,同时也是因为有物权公示原则之要求。须指出,最高额抵押担保的,则登记其所担保的

基础关系及最高限额,不必登记基础关系而生的每一个债权(办理登记时一般也无法预知、无法登记每一具体债权)。

(二) 利息

利息,是指原本债权所生的孳息。我国民间借贷的利率可以适当高于银行的利率,但最高不得超过银行同类贷款利率的四倍(包含利率本数)。超过此限度的,超出部分的利息,法院不予保护。有学者指出,由于利息并非一定存在和固定的,因此,抵押权所担保的范围虽应包括利息,但为保护第三人的利益,利息应于抵押登记中登记。如果没有登记,若抵押权经登记才能成立,则利息自不应在担保的范围内;若抵押权不经登记仅不能对抗第三人,则该利息可在担保范围内,但不经登记不能对抗第三人。[①] 此外,法国和日本等国规定抵押担保的利息,系限于一定年份的利息,此类规定值得我们作为将来立法的参考。《法国民法典》第 2432 条(原第 2151 条)规定抵押担保的利息以 3 年为限,但是,为抵押担保《消费法典》第 314-1 条所定义的终生性质的借贷时债权人有权就全部利息取得与本金相同的顺位;而《日本民法典》第 375 条规定担保的利息限于 2 年。

(三) 违约金

违约金,是当事人一方不履行合同义务或履行合同义务不符合约定时,按合同约定应向对方当事人支付的一定数额的金钱。违约金债权的产生具有或然性,这种债权并非随主债权效力同时发生,而是一方当事人违约时才会发生的。我国基本上无法定违约金。[②] 一般情况下只有约定违约金,违约金以合同当事人约定的违约金条款为准,没有违约金条款的,就没有违约金的成立,当事人如蒙受损失,可以依照法律规定和合同条款请求对方当事人赔偿损失。约定的违约金低于造成的损失的,当事人可以请求人民法院或者仲裁机构予以增加;约定的违约金过分高于造成的损失的,当事人可以请求人民法院或者仲裁机构予以适当减少。

(四) 损害赔偿金

损害赔偿金,是原本债权的转化形态,其出现具有或然性。对债务人不履行合同或者履行合同义务不符合约定的,债权人可以请求债务人赔偿一定数额的金钱。损害赔偿金,是"赔偿损失"的具体形式。迟延利息不是一般的利息,而是债务人不履行金钱债务时的罚息或逾期利息,也就是债务人不履行金钱债务的损害赔偿金。

(五) 保全抵押物的费用

抵押权人对抵押物的保全费用是,因抵押人作出足以使抵押物价值减少的行为,

[①] 参见王利明主编:《中国物权法草案建议稿及说明》,中国法制出版社 2001 年版,第 431 页。
[②] 不是绝对的。如 2002 年《电信条例》即规定了法定违约金。该《条例》第 32 条规定:"电信用户申请安装、移装电信终端设备的,电信业务经营者应当在其公布的时限内保证装机开通;由于电信业务经营者的原因逾期未能装机开通的,应当每日按照收取的安装费、移装费或者其他费用数额 1‰ 的比例,向电信用户支付违约金。"第 35 条第 1 款规定:"电信用户应当按照约定的时间和方式及时、足额地向电信业务经营者交纳电信费用;电信用户逾期不交纳电信费用的,电信业务经营者有权要求补交电信费用,并可以按照所欠费用每日加收 3‰ 的违约金。"

在紧急情况下抵押权人为保障自己能够实现抵押权而采取保全处分措施所必要开支的费用。保全对抵押债权人、其他债权人以及债务人都有利,所以,抵押权人对抵押物的保全费用的债权,应优先于一切债权,这种费用债权自然属于抵押权所担保的债权。

(六) 实现抵押权的费用

实现抵押权的费用,是抵押权人因实行抵押权而支出的费用。这种费用,为设立抵押时当事人所预知,也为一切知道抵押权存在的民事主体所能推知,所以,此种费用除当事人另行约定不归债务人负担外,无须特别约定,也无须加以登记,即当然被包含于被担保的债权范围内。

二、效力范围——对抵押物的效力

(一) 对主物的效力

这是债权人主张抵押权,优先取偿而实现债权的主要对象。当然,有时担保物没有从物、从权利,此时就无所谓"主物",只需称"抵押物"了。

(二) 对从物的效力

抵押权设定前为抵押物的从物的,抵押权的效力及于抵押物的从物。但是,抵押物与其从物为两个以上的人分别所有时,抵押权的效力不及于抵押物的从物。抵押权的效力是否及于抵押权成立后才成为从物的物?一般认为,在法律没有明确规定的情况下,如果当事人也没有明确约定,根据"从随主"的法理,从物与主物同其命运,应为抵押权效力所及。至于何为主物?何为从物?应依一般交易观念以及一般法理进行识别。

(三) 对从权利的效力

以主权利或其所属标的物为抵押的,抵押权的效力及于从权利,无论抵押物登记内容是否包括了从权利,都是如此。例如,需役地的权利抵押时,抵押权效力及于地役权。《物权法》第165条规定,地役权不得单独抵押。土地承包经营权、建设用地使用权等抵押的,在实现抵押权时,地役权一并转让。

(四) 对孳息的效力

抵押权的效力及于孳息。天然孳息未与抵押物分离时,系抵押物的组成部分,当然为抵押权的效力所及。[①] 当天然孳息与抵押物分离而成立独立物时,因为抵押物不转移占有,在抵押人占有期间的孳息应归抵押人收取,所以,抵押权效力不及于此种情况下的孳息。

债务人不履行到期债务或者发生当事人约定的实现抵押权的情形,致使抵押财产被人民法院依法扣押的,自扣押之日起抵押权人有权收取该抵押财产的天然孳息或者法定孳息,但抵押权人未通知应当清偿法定孳息的义务人的除外。不过,纵抵押权人未将扣押抵押物的事实通知应当清偿法定孳息的义务人,抵押权的效力仍然及

[①] 崔建远、韩世远:《债权保障法律制度研究》,清华大学出版社2004年版,第168页。

于收取孳息的权利,因为通知只是对抗"清偿法定孳息的义务人"的要件。

债务人不履行到期债务或者发生当事人约定的实现抵押权的情形,致使抵押物被人民法院依法扣押的,自扣押之日起抵押权人收取的由抵押物分离的天然孳息或法定孳息,按照下列顺序清偿:(1)收取孳息的费用;(2)主债权的利息;(3)主债权。

(五) 添附

添附发生时,抵押物所有权发生变动,需要根据添附物所有权的不同归属,重新判定抵押权的客体。抵押权可能存于其代位物上,可能存在于整个添附物之上,也可能存在于抵押人就添附物享有的共有份额上。具体地说,抵押物因附合、混合或者加工使抵押物的所有权为第三人所有的,抵押权的效力及于补偿金;抵押物所有人为附合物、混合物或者加工物的所有人的,抵押权的效力及于附合物、混合物或者加工物;第三人与抵押物所有人为附合物、混合物或者加工物的共有人的,抵押权的效力及于抵押人对共有物享有的份额。

(六) 抵押物之代位物

抵押权是价值权,具有物上代位性。所以,抵押期间,抵押物毁损、灭失或者被征收等,抵押权人可以就获得的保险金、赔偿金或者补偿金等优先受偿。被担保债权的履行期未届满的,也可以提存该保险金、赔偿金或者补偿金等。关于抵押物一部损坏而未完全毁灭的,或者抵押物价值降低的,是否存在物上代位的问题,一般认为,抵押物仍在而实体贬损或价值降低的,其赔偿金、补偿金或保险金等仍然来自原抵押物;虽然抵押物仍在,但是已经是变化了的物。就是说,抵押物一部损坏或价值降低后,抵押物连同赔偿金、补偿金或保险金等,都是原抵押物的变形物、代位物。所以,抵押权的效力及于变化了的抵押物和有关的赔偿金、补偿金、保险金等。

作为抵押物的房屋倒塌而成为动产时,抵押权是否及于该动产呢?因抵押权是物权、价值权,房屋倒塌变为动产的,抵押物的价值形态发生变化,无论价值大小如何,而抵押物价值仍然存在,故抵押权不消灭,它继续存在于倒塌后的动产上。

三、核心效力——优先受偿效力

(一) 优先受偿是物权支配性的集中体现

抵押权是物权、价值权、支配权。

优先受偿是抵押权的核心效力。而抵押权的实现,就是实现优先受偿效力。抵押权的实现,是指债权已届清偿期而未受清偿或者发生当事人约定的实现抵押权的情形时,抵押权人与抵押人协议以抵押财产折价或者以拍卖、变卖该抵押财产所得的价款优先受偿。虽然抵押权的实现或实行具有或然性,但是一旦具备了实现条件,抵押权就要实现,即变价清偿抵押权所担保的主债权,这是法律设计抵押权的根本原因。所以,优先受偿是抵押权的核心效力。

《物权法》第195条规定:债务人不履行到期债务或者发生当事人约定的实现抵押权的情形,抵押权人可以与抵押人协议以抵押财产折价或者以拍卖、变卖该抵押财产所得的价款优先受偿。协议损害其他债权人利益的,其他债权人可以在知道或者应当知道撤销事由之日起1年内请求法院撤销该协议。抵押权人与抵押人未就抵押权实现方式达成协议的,抵押权人可以请求法院拍卖、变卖抵押财产。抵押财产折价或者变卖的,应当参照市场价格。

抵押权从属于主债权,因此抵押财产折价或者拍卖、变卖后,价款超过债权数额的部分归抵押人所有。现代社会,有抵押担保的场合,债务人人的责任与抵押人物的责任并存,因此,抵押物变价不足清偿债务的,不足部分由债务人清偿。

(二) 抵押权的实现条件

抵押权的实现,首先必须存在有效的抵押权。没有抵押权之有效存在,就谈不上实现抵押权。根据《物权法》第179条的规定,实现抵押权的条件是"债务人不履行到期债务",或者"发生当事人约定的实现抵押权的情形"。

根据上述法律规定,清偿期届满,非因债权人原因而债权未获清偿的,抵押权人可以实现抵押权。因债权人原因而债权未获清偿,如债权人拒绝接受债务人清偿的,则抵押权人不得实现抵押权。债务未届履行期,但债务人被宣告破产的,债务人依法丧失了期限利益,未届期的债权视为已届清偿期,抵押权人因此可以提前行使抵押权。

《物权法》第193条规定:"抵押人的行为足以使抵押财产价值减少的,抵押权人有权要求抵押人停止其行为。抵押财产价值减少的,抵押权人有权要求恢复抵押财产的价值,或者提供与减少的价值相应的担保。抵押人不恢复抵押财产的价值也不提供担保的,抵押权人有权要求债务人提前清偿债务。"此种情况下,即"抵押人不恢复抵押财产的价值也不提供担保的",债务人依法也丧失期限利益,未届期的债权视为已届清偿期,抵押权人因此也可以提前行使抵押权。

值得一提的是,当债务人不履行到期债务或者发生当事人约定的实现抵押权的情形时,作为债务人以外的抵押人可以代为清偿,使债务消灭,从而避免抵押权的实现。作为债务人以外的抵押人,在代为清偿后,即在清偿的额度内对债务人享有求偿权(基于抵押人与债务人之间的法律关系而享有求偿权)。

(三) 抵押权的实现方法

在日本法上,19世纪80年代以后,抵押权实现的拍卖仅限于民事执行法的拍卖,这与我国允许协议拍卖的立法不同。① 依日本《民事执行法》的规定,由抵押权人直接向法院提出拍卖申请,法院对于合法的拍卖申请作出不动产拍卖开始决定,并对执行拍卖的财产进行扣押登记,同时基本上按照强制拍卖的程序进行拍卖。② 可见,在日本,抵押物的拍卖须办理扣押手续而不经过诉讼阶段。在我国台湾地区,"民法"第873条第1项规定,抵押权人于债权已届清偿期,而未受清偿者,得声请法院拍卖抵押物;依"强制执行法"第4条第1项第5款及"非讼事件法"第72条之规定,该声请发

---

① 邓曾甲:《中日担保法律制度比较》,法律出版社1999年版,第243、244页。
② 同上书,第249页。

动的程序是非讼程序。①

我国抵押权实行的方法包括折价、拍卖及变卖。需要注意的是,抵押权人请求人民法院拍卖、变卖抵押财产的程序不是诉讼程序。② 抵押权人与抵押人就债务履行期届满债权未受清偿的事实没有异议,或者债务履行期没有届满而当事人就约定的实现抵押权条件的发生事实没有异议,只是就采用何种方式处理抵押财产达不成一致意见的,抵押权人可以请求人民法院拍卖、变卖抵押财产,即可以由抵押权人申请由法院审查和裁定但不经过审判庭进行实质审查。抵押权人申请法院拍卖、变卖抵押财产,而抵押权人与抵押人在债务是否已经履行以及抵押权本身的问题上存在争议,抵押人就抵押财产的实现提出异议并另行起诉的,应待抵押人提起的抵押权诉讼裁判结束后,再依裁判结果分别处理。③ 根据我国 2012 年修正的《民事诉讼法》第 15 章特别程序关于"实现担保物权案件"的规定,申请实现担保物权,由担保物权人以及其他有权请求实现担保物权的人依照物权法等法律,向担保财产所在地或者担保物权登记地基层人民法院提出(第 196 条)。人民法院受理申请后,经审查,符合法律规定的,裁定拍卖、变卖担保财产,当事人依据该裁定可以向人民法院申请执行;不符合法律规定的,裁定驳回申请,当事人可以向人民法院提起诉讼(第 197 条)。

1. 折价

折价是实现抵押权的方法之一。所谓折价,就是债务履行期届满后或者发生当事人约定的实现抵押权的情形,抵押权人与抵押人经协议,由抵押权人以确定的价格取得抵押物所有权,以清偿被担保的债权。被担保债权在协议抵偿的金额范围内消灭,抵押权人对抵押物的抵押权也因此消灭。以抵押物折价实现抵押权具有手续简单、低成本、高效率的优点,但它只能适用于抵押权人和抵押人达成协议的情形。以折价方式实现抵押权,不得损害同一抵押物之上的后序抵押权人和普通债权人。否则,这些债权人可以在知道或者应当知道撤销事由之日起 1 年内请求人民法院撤销该协议。

折价不同于流押(也称为"流抵"或"绝押")。抵押合同当事人约定当债务人届期不履行债务时,抵押物归抵押权人所有的约定,叫"流押约定",为德国、瑞士等很多国家所禁止。我国《物权法》第 186 条也规定,抵押权人在债务履行期届满前,不得与抵押人约定债务人不履行到期债务时抵押财产归债权人所有。当事人在抵押合同中约定,债务履行期届满抵押权人未受清偿时,抵押物的所有权转移为债权人所有的内容无效。该内容的无效不影响抵押合同其他部分内容的效力。折价不同于流押的地方,一是时间不同,折价发生在实现抵押权之时,而不是在此之前,流押约定却发生在

---

① 谢在全:《民法物权论》(中册),中国政法大学出版社 2011 年修订 5 版,第 741 页。
② 2007 年《物权法》第 195 条第 2 款规定的是:"抵押权人与抵押人未就抵押权实现方式达成协议的,抵押权人可以请求人民法院拍卖、变卖抵押财产。"而 1995 年《担保法》第 53 条第 1 款规定的是:"……抵押权人可以向人民法院提起诉讼。"可见,《物权法》简化了程序。
③ 参见曹士兵:《中国担保制度与担保方法——根据物权法修订》,中国法制出版社 2008 年版,第 266—268 页。

实现抵押权之前;二是本质不同,折价包含清算的内容,而流押预先排除了对抵押物和主债的清算。流押容易导致不公平,故为我国法律所禁止。

2. 拍卖

拍卖是各国法律所规定的最主要的实现抵押权的方法。拍卖,是通过专门的机构,以公开竞价的方式将特定物或者特定财产权转让给最高应价者的买卖方式。采取拍卖方法,能更公平地实现抵押物的价值。

(1) 拍卖的法律性质。依我国《物权法》的规定,抵押人可以与抵押权人协议拍卖抵押物。这种拍卖基于当事人的自由意思而进行,故属于私法上的法律行为。抵押人与抵押权人协议拍卖抵押物的,应由谁作为委托人呢?应该由抵押人作为委托人的义务。[1] 从各主体间的法律关系来看,抵押债权人请求法院对抵押物进行的拍卖,其出卖人仍然是抵押物的所有权人或者其他抵押财产的财产权人,拍定人是买受人,执行法院处于出卖人的委托人的地位。[2] 所以,这种拍卖同样也是法律行为。

(2) 拍卖的法律效力。以抵押物拍卖所得价金优先受偿,是拍卖对抵押权人发生的最主要的效力。建设用地使用权抵押后,该土地上新增的建筑物不属于抵押财产。该建设用地使用权实现抵押权时,应当将该土地上新增的建筑物与建设用地使用权一并处分,但新增建筑物所得的价款,抵押权人无权优先受偿。拍卖对抵押人有以下效力:第一,抵押物所有权消灭。这是拍卖对抵押人发生的最主要的效力。第二,当抵押人不是债务人而是第三人时,抵押人取得求偿权。就是说,基于抵押人与债务人之间的法律关系,抵押人可以向债务人追偿。

3. 变卖

变卖是指以拍卖以外的方式将抵押物出卖的形式。在我国,以变卖的形式实现抵押权的方法有两种:一是抵押权人与抵押人协议变卖。二是在法院强制实现抵押权时,无法以拍卖的方式对抵押物变价时,由法院主持对抵押物进行变卖。

(四) 选择主义与先行主义

当债务人不履行主债务时,抵押权人不实行抵押权,而要求法院就债务人的一般财产申请强制执行,该如何处理呢?有两种立法例:一是选择主义,如果主债务人不履行债务,则抵押权可以在实行抵押权与申请执行债务人的一般财产之间进行选择;二是先行主义,抵押权人在债务人不履行债务时,应先实行抵押权,如果仍不能使债权获得全部清偿时,才能依法对债务人的其他财产申请强制执行。罗马法和日耳曼法采先行主义;德国采选择主义;而日本原则上采选择主义,但对抵押债权人的选择权有一定的限制。[3]

有学者认为,当债务人未失去清偿能力时,债权人可以依法请求法院执行债务人的其他财产,也可以请求拍卖抵押物而就卖得的价款优先受偿。而在债务人失去清偿能力时,债权人应当先行行使抵押权,并仅可以对抵押物的变价金未受清偿的债

---

[1] 参见邓曾甲:《中日担保法律制度比较》,法律出版社1999年版,第252页。
[2] 执行法院与抵押物所有人(或财产权人)之间的委托合同,是因强制缔约而成立的。
[3] 许明月:《抵押权制度研究》,法律出版社1998年版,第328、329页。

部分,就债务人的其他财产受偿。① 债务人失去清偿能力时,若允许抵押债权人先对债务人一般财产申请执行,其债权不能全部满足的,还可再就抵押物优先取偿,则对债务人的其他债权人非常不利。所以,债务人失去清偿能力时,抵押权人不行使抵押权而要求以债务人一般财产申请执行,且债务人兼抵押人的,应推定抵押权人放弃抵押权;第三人提供抵押的,因抵押债权人放弃抵押权对其他债权人显然不利,故其他债权人有权就抵押债权人放弃抵押权提出异议,并有权就抵押权人不行使抵押权而要求以债务人一般财产申请执行提出异议。

在破产场合,2006年我国《破产法》第109条规定:"对破产人的特定财产享有担保权的权利人,对该特定财产享有优先受偿的权利。"第110条规定:"享有本法第109条规定权利的债权人行使优先受偿权利未能完全受偿的,其未受偿的债权作为普通债权;放弃优先受偿权利的,其债权作为普通债权。"此外,根据第49条规定,债权人申报债权时,应当书面说明债权的数额和有无财产担保,并提交有关证据。根据这些法律规定和实践中的具体办法,可以认为:债务人破产时我国《破产法》系采先行主义。

(五)优先受偿的顺序

抵押债权人优先于一般债权人受偿,但不能优先于某些税款、建设工程价款等优先受偿。根据我国《税收征收管理法》第45条的规定,税务机关征收税款,税收优先于无担保债权,法律另有规定的除外;纳税人欠缴的税款发生在纳税人以其财产设定抵押、质押或者纳税人的财产被留置之前的,税收应当先于抵押权、质权、留置权执行。纳税人欠缴税款,同时又被行政机关决定处以罚款、没收违法所得的,税收优先于罚款、没收违法所得。税务机关应当对纳税人欠缴税款的情况定期予以公告。

值得注意的是,在我国司法实践中,对被执行人及其所扶养家属生活所必需的居住房屋,人民法院可以查封,但不得拍卖、变卖或者抵债。对于超过被执行人及其所扶养家属生活所必需的房屋和生活用品,人民法院根据申请执行人的申请,在保障被执行人及其所扶养家属最低生活标准所必需的居住房屋和普通生活必需品后,可予以执行。这些规定实际上在一定程度上限制了抵押权的效力。②

抵押权优先受偿的效力及于破产企业的财产。2006年《破产法》第109条规定:"对破产人的特定财产享有担保权的权利人,对该特定财产享有优先受偿的权利。"据此,抵押人破产场合,抵押债权人就抵押物也享有优先受偿权。抵押权人在破产还债案件受理后至破产宣告前请求优先受偿的,应经人民法院准许。人民法院受理破产申请前1年内,对没有财产担保的债务提供财产担保的,管理人有权请求人民法院予以撤销。

抵押物折价或者拍卖、变卖所得的价款,当事人没有约定的,按下列顺序清偿:(1)实现抵押权的费用;(2)主债权的利息;(3)主债权。

---

① 邹海林、常敏:《债权担保的理论与实务》,社会科学文献出版社2005年版,第179页。
② 最高人民法院《关于人民法院民事执行中查封、扣押、冻结财产的规定》(法释[2004]15号)第6、7条

四、物权性——抵押权的绝对性和追及效力

理论上,抵押权成立之后,抵押人仍然是抵押物的所有权人或者财产权人,所以抵押人仍然拥有对抵押物的支配权,只是这种支配权受到抵押权的限制和约束。只要不损害抵押权,抵押人在抵押权成立后仍然可以占有、使用、出租抵押物,或者就抵押物为第三人设立用益物权,或者再为第三人设立抵押权,甚至转让抵押物。与此同时,抵押权是绝对权、对世权和支配权,无论抵押物辗转何处,抵押权人仍然可以对抵押物行使抵押权。就是说,抵押权具有追及效力。在当今各国的立法中不承认抵押权的追及效力的几乎没有。[①]

（一）关于抵押物的转让

我国《物权法》严格限制抵押人转让抵押物。该法第191条规定："抵押期间,抵押人经抵押权人同意转让抵押财产的,应当将转让所得的价款向抵押权人提前清偿债务或者提存。转让的价款超过债权数额的部分归抵押人所有,不足部分由债务人清偿。抵押期间,抵押人未经抵押权人同意,不得转让抵押财产,但受让人代为清偿债务消灭抵押权的除外。"除受让人代为清偿债务消灭抵押权的以外,抵押人未经抵押权人同意而转让已登记的抵押财产的,转让行为是否无效？对于不动产和交通运输工具的抵押,抵押人未经抵押权人同意而转让已登记的抵押财产的,转让行为按无效处理没有多大问题。而对于一般动产抵押,因不可能要求所有的动产受让人在受让前都去有关登记部门查阅动产是否已经被抵押,且动产物权一般以占有为公示方法,故对于一般动产的抵押,抵押人未经抵押权人同意而转让已登记的抵押财产的,转让行为按无效处理存在问题,值得进一步研究。动产抵押未登记的,不得对抗善意第三人,故动产抵押物受让人善意时,即使转让未经抵押权人同意也可有效,而且此时抵押权消灭。

限制抵押物转让,系弱化抵押物的所有权效力,而强化抵押权的效力,加强了对抵押债权人利益的保护,有时甚至也有利于受让人。[②] 问题是,限制抵押人对抵押物的处分权,是否同时也意味着对抵押权追及效力的否定呢？实际上,限制抵押人对抵押物的处分权,并不必然意味着必须否定抵押权的追及效力。

（二）关于抵押物的赠与

既然《物权法》第191条严格限制抵押人转让抵押物,抵押人赠与抵押物更应受到严格的限制。如此说来,抵押人未经抵押权人同意,也不得赠与抵押财产。赠与财产是无偿行为,所以,除非抵押权人同意赠与时一并放弃了抵押权,即使经抵押权人同意而赠与,抵押权也不受影响。

（三）关于抵押物的继承

在我国,抵押物依法被继承的,抵押权不受影响。法律可以严格限制抵押物的转

---

① 曹士兵：《中国担保诸问题的解决与展望——基于担保法及其司法解释》,中国法制出版社2001年版,第3页。
② 因为若认定抵押物转让合同无效且受让人尚未支付转让价款的,受让人即无须再予支付转让价款。

让,但是无法限制继承的发生。继承发生场合,抵押物所有权由被继承人取得,但抵押权效力依旧存在,不受继承的影响。这是抵押权绝对性的一个表现。

(四) 关于抵押物的出租

对于抵押权人与抵押物的承租人的关系,我国《物权法》第190条规定,订立抵押合同前抵押财产已出租的,原租赁关系不受该抵押权的影响。抵押权设立后抵押财产出租的,该租赁关系不得对抗已登记的抵押权。

抵押人将已抵押的财产出租时,如果抵押人未书面告知承租人该财产已抵押的,抵押人对出租抵押物造成承租人的损失承担赔偿责任;如果抵押人已书面告知承租人该财产已抵押的,抵押权实现造成承租人的损失,由承租人自己承担。

(五) 对于抵押物的保全或者执行

最高人民法院2000年《关于担保法解释》第55条规定:已经设定抵押的财产被采取查封、扣押等财产保全或者执行措施的,不影响抵押权的效力。

(六) 抵押权的物权请求权及抵押权人的其他救济方法

我国2007年《物权法》规定了抵押权人对抵押人"停止其行为""恢复抵押财产的价值"及增加担保的请求权。《物权法》第193条规定:"抵押人的行为足以使抵押财产价值减少的,抵押权人有权要求抵押人停止其行为。抵押财产价值减少的,抵押权人有权要求恢复抵押财产的价值,或者提供与减少的价值相应的担保。抵押人不恢复抵押财产的价值也不提供担保的,抵押权人有权要求债务人提前清偿债务。"

我国台湾也存在抵押权人对抵押人"停止其行为""回复抵押物之原状"及增加担保的请求权,其"民法典"第871条规定:"抵押人之行为,足使抵押物之价值减少者,抵押权人得请求停止其行为,如有急迫之情事,抵押权人得自为必要之保全处分。""因前项请求或处分所生之费用,由抵押人负担。"第872条规定:"抵押物价值减少时,抵押权人得请求抵押人回复抵押物之原状,或提出与减少价额相当之担保。""抵押物之价值,因非可归责于抵押人之事由,致减少者,抵押权人,仅于抵押人得受损害赔偿之限度内,请求提出担保。"

德国规定了抵押权人"修缮土地"或者"消除危害"的请求权。《德国民法典》第1133条规定,因土地毁损致抵押权担保受到危害时,债权人可以规定一个适当期限要求所有权人消除危害。期限届满后,如果未通过修缮土地或者设定另一项抵押权而消除危害,债权人有权立即就土地取得清偿。

上述"停止其行为"的请求权、"恢复抵押财产的价值"请求权、回复抵押物原状请求权以及"修缮土地"的请求权等,都是物权请求权的内容。而增加担保的请求权或者"设定另一项抵押权"的请求权则是对抵押权人的其他救济方法。

五、物权效力的强化——抵押权的不可分性

一方面,主债权未受全部清偿的,抵押权人可以就抵押物的全部行使其抵押权。主债权被分割或者部分转让的,各债权人可以就其享有的债权份额行使抵押权。另一方面,抵押物被分割或者部分转让的,抵押权人可以就分割或者转让后的抵押物行使抵押权。

主债务被分割或者部分转让的,抵押人仍以其抵押物担保数个债务人履行债务。但是,第三人提供抵押的,债权人许可债务人转让债务未经抵押人书面同意的,抵押人对未经其同意转让的债务,不再承担担保责任。

六、相互间效力——抵押权的顺位及其变更

一物数抵,包括重复抵押和余额再抵。重复抵押,是指抵押人在已设立抵押权的物上,又设立新的抵押权,而且同一物的同一部分价值之上同时存在两个或者两个以上的抵押权。余额再抵,也叫余值再抵,是指抵押人在一物之上设立抵押后就扣除该抵押所担保的债权价值以后剩余的价值部分再设立抵押。

(一) 先后顺序

一物数抵,需要确立各抵押权的顺位。我国《物权法》第199条规定:同一财产向两个以上债权人抵押的,拍卖、变卖抵押财产所得的价款依照下列规定清偿:(1) 抵押权已登记的,按照登记的先后顺序清偿;顺序相同的,按照债权比例清偿;(2) 抵押权已登记的先于未登记的受偿;(3) 抵押权未登记的,按照债权比例清偿。

有三点值得说明:第一,登记建立了抵押权对抗世人的正当性基础,它是抵押权成为物权的关键所在。所以,抵押权已登记的,按照登记的先后顺序清偿;抵押权已登记的先于未登记的受偿。第二,抵押权登记的顺序相同的,各抵押权对抗性被局限于各抵押权人以外的人,各抵押权之间均无对抗性。所以,各抵押权按照债权比例清偿。第三,抵押权未登记的,没有绝对权效力,抵押权在此场合与相对权无异。所以,各抵押权人按照债权比例清偿。

(二) 涂销主义与承受主义

一物数抵,抵押权实行时,立法上应该明确规定系采涂销主义还是承受主义。采涂销主义的,各抵押权人就抵押物的变价,按先后顺位或按比例取偿;若采承受主义,则某一抵押权实现的,其他抵押权仍然存在(此也体现了其他抵押权的追及效力)。我国《物权法》第199条关于拍卖、变卖抵押物的规定,显然系采涂销主义。因折价系抵押权人与抵押人经协议,由抵押权人以确定的价格取得抵押物所有权,以清偿被担保的债权,易发生抵押权人与抵押人恶意串通而损害其他抵押权人的状况,故折价场合宜采承受主义。

(三) "次序升进主义"与"次序固定主义"

1. 各国对于抵押权顺位立法的基本立场

各国和各地区关于抵押权顺位的立法例,有"次序升进主义"与"次序固定主义"之别。法国和日本的民法采"次序升进主义"——前次序的抵押权消灭的,后次序的抵押权的次序当然升进。德国和瑞士等国则采"次序固定主义"的立法——前次序的抵押权消灭的,后次序抵押权的次序并不升进。

2. 德国以所有人抵押权为基础采用顺位固定

但是,其"次序固定主义",当事人可以通过涂销请求权或法定涂销请求权之排

除,加以改变或强化。以前,后顺位(也包括同一顺位)抵押权(广义抵押权)人为了获得顺位晋升,往往与抵押物所有权人约定,当先顺位(或者同顺位的)抵押权与其所有权同归一人时,所有权人负有涂销(废止)抵押权的义务,即后顺位(也包括同一顺位)抵押权人有约定的涂销请求权,这种请求权可以通过预告登记获得物权效力。这样的预告登记在实践中成为惯例,并带来一些后果:每年大约100万个这样的预告登记,土地簿册变得无法概览;相关权利的涂销预告登记须标注在不动产担保物权证书上,这也非常困难。由于约定的涂销请求权的预告登记变成了惯例,且操作麻烦,德国便修改了民法典,规定后顺位(也包括同一顺位)不动产担保物权的债权人享有一个法定的、无登记义务、无须在证书上标注的、作为其担保物权内容的涂销请求权。法定涂销请求权出现以后,德国却又有另一种实践,即通过预告登记排除法定涂销请求权。①

3. 瑞士以抵押权的空位为基础基本上采"次序固定主义"

《瑞士民法典》第814条规定:"同一土地设定若干顺序的不动产担保物权的,如一顺序的不动产担保物权消灭,其后位的不动产担保债权人无请求升位的权利。""优先的担保物权受清偿后,可设定另一不动产担保权。""不动产担保债权人就升位所作的合意,以已在不动产登记簿上登记的为限,发生物权的效力。"其中第3款即为例外规定。

4. 我国基本上采"次序升进主义"

虽然《物权法》没有明确规定一物数抵时采"次序固定主义"或"次序升进主义"。但是《关于担保法解释》第77条规定在发生混同的情况下,"该财产的所有权人可以以其抵押权对抗顺序在后的抵押权"。依"反面解释"的方法,对该司法解释再进行解释,可以得出我国在非所有权人抵押场合采"次序升进主义"的结论。② 一些学者认为,采次序升进主义,对其他一般债权人之保护,殊嫌不周,而升进的后次序抵押权人却有不当得利之嫌。③ 有学者就指出,后次序抵押权的债权人多考虑其增加之危险,而对债务人课以较苛刻的条件,如对债务人多收利息,若许可后次序抵押权升进,则使其抵押债权人得先于其他债权人而受清偿,这对于债务人极为不利。④

(四) 顺位变更

在"次序升进主义"和"次序固定主义"这两种立法例下,抵押权的顺位都可以变更。例如,《瑞士民法典》第814条第3款的规定。又如,《日本民法典》第374条规定:"抵押权的顺位,得依各抵押权人的合意加以变更。但有利害关系人时,应得其承

---

① 以上关于所有人抵押权之涂销请求权,参见〔德〕鲍尔、施蒂尔纳:《德国物权法》(下),申卫星、王洪亮译,法律出版社2006年版,第304—313页。
② 所有权人抵押权,是所有权人在其所有物上所享有的抵押权,它与一般情况下就他人所有之物所享有的抵押权有所不同。我国只规定了混同情况下的所有权人抵押权。《关于担保法解释》第77条规定:"同一财产向两个以上债权人抵押的,顺序在先的抵押权与该财产的所有权归属一人时,该财产的所有权人可以以其抵押权对抗顺序在后的抵押权。"
③ 参见谢在全:《民法物权论》(中册),中国政法大学出版社2011年修订5版,第706页。
④ 参见史尚宽:《物权法论》,中国政法大学出版社2000年版,第282页注释[1]。

诺。""前款的顺位变更,非经登记不发生法律效力。"

我国《物权法》第194条规定,抵押权人可以放弃抵押权或者抵押权的顺位。抵押权人与抵押人可以协议变更抵押权顺位以及被担保的债权数额等内容,但抵押权的变更,未经其他抵押权人书面同意,不得对其他抵押权人产生不利影响。债务人以自己的财产设定抵押,抵押权人放弃该抵押权、抵押权顺位或者变更抵押权的,其他担保人在抵押权人丧失优先受偿权益的范围内免除担保责任,但其他担保人承诺仍然提供担保的除外。

第四节 抵押权的消灭

一、因主债权全部消灭而消灭

一般情况下,因为抵押权具有从属性,所以,当主债权因清偿、抵销、混同、免除或者其他原因而消灭时,抵押权无所依附,而随主债权一起消灭。特殊情况下,混同导致所有人抵押权的发生,而不是抵押权消灭(前文已述)。

二、因抵押物的全部灭失而消灭

抵押物是抵押权的客体,抵押物灭失的,抵押权即随之消灭。但抵押物灭失后存在代位物的,抵押权存续于代位物上。灭失包括事实上灭失和法律上的灭失(如征收、没收)。抵押物被征收的,抵押权存在于补偿金上。抵押物被没收的,无补偿金,抵押权归于消灭。[①]

三、因抵押权的实现而消灭

债务履行期届满,债务人未清偿债务的,或者发生当事人约定的实现抵押权的情形,抵押权人根据法律规定以拍卖、变卖、折价的方式实现抵押权后,无论债权是否全部受清偿,抵押权均归于消灭。

四、抵押权因抵押权人抛弃而消灭

抵押权作为一种财产权,可以由抵押权人即主债权人抛弃而消灭之,已经登记的抵押权的抛弃应办理抵押权注销登记。抛弃抵押权不得对第三人利益造成不利影响。

五、抵押权是否因时效完成而消灭

抵押权是否适用诉讼时效,是否因一定期间(除斥期间)的经过而消灭,取决于一定立法技术的选择。

[①] 有学者认为,抵押物因抵押人的违法行为被没收的,抵押权仍存续于被国家没收的抵押物上,但对违法行为人应处以相应的罚款或罚金。参见许明月:《抵押权制度研究》,法律出版社1998年版,第419页。

对此,有的国家规定抵押权因时效完成而消灭。例如,按照《法国民法典》第2488条(原第2280条)的规定,对于债务人手中的财产经过对于抵押权的诉讼时效完成,而对于第三人手中的财产经过第三人取得时效完成的,抵押权消灭。又如《日本民法典》第396条规定:"抵押权,除非与其担保的债权同时,不因时效而对债务人及抵押人消灭。"《日本民法典》第397条规定:"债务人或抵押权设定人以外的人,对抵押不动产以具备取得时效所必要的要件而占有时,抵押权因此而消灭。"就是说,在日本,抵押权可因债务人或抵押权设定人以外的人的取得时效而消灭。

我国规定与法、日等国不同。我国2007年《物权法》第202条规定:"抵押权人应当在主债权诉讼时效期间行使抵押权;未行使的,人民法院不予保护。"

六、抵押权是否因除权判决而消灭

有的国家规定抵押权因除权判决而消灭,如《德国民法典》第1170条规定:"债权人不明的,如果自土地登记簿中最后有关抵押权的登记已经过10年,而且所有权人在此期限内未曾以第212条第1款第1项规定的中断时效的方式对债权人的权利予以承认的,可以通过公示催告程序排除债权人的权利。对债权有按日历而确定支付时间的,在支付日终了之前,该期限不开始计算。""除权判决一经公布,所有权人即取得抵押权。已给予债权人的抵押权证书丧失其效力。"

七、抵押权是否因一定期间的经过而消灭

从比较法上看,《智利民法典》第2413条第1款规定抵押权可附终期,而第2434条第3款规定抵押因设定的终期的届至而消灭。《魁北克民法典》第2798条规定第1款,自登记动产抵押之日或登记赋予此等抵押以效力的通知之日或更新登记之日起10年后,动产抵押消灭;第2799条第1款规定,自登记不动产抵押之日或登记赋予此等抵押以效力的通知之日或更新登记之日起30年后,不动产抵押消灭;第2800条规定:"共有人辛迪加就某一共有人的单元享有的法定抵押在其登记之日3年后消灭……"

我国理论界有学者认为,除了所有权以外,对其他物权当事人都可以约定期间,抵押权的存续期间当事人也可以约定,但该约定不得短于或等于主债务的履行期限。① 就抵押权的存续期间,学者们提出的《物权法建议草案》第425条规定,"抵押权人和抵押人可以约定抵押权的存续期间,但该期间不得短于或者等于主债务的履行期限,并应当明确记载于抵押权登记的文件中。未经登记的,不得对抗第三人。""抵押权人和抵押人没有约定抵押权的存续期间或者其约定无效的,抵押权人自抵押担保的债权的清偿期届满后4年内不行使的,不得再实现抵押权,或者经抵押人催告后一年内不行使的,不得再行使抵押权。"②

---

① 王利明主编:《中国物权法草案建议稿及说明》,中国法制出版社2001年版,第447、448页。
② 同上书,第106、107页。

但是，我国 2000 年最高人民法院《关于担保法解释》第 12 条规定，"当事人约定的或者登记部门要求登记的担保期间，对担保物权的存续不具有法律约束力。""担保物权所担保的债权的诉讼时效结束后，担保权人在诉讼时效结束后的二年内行使担保物权的，人民法院应当予以支持。"不过，我国 2007 年《物权法》第 202 条已经有不同规定。

第五节 特殊的抵押权

一、动产抵押

（一）动产抵押权的客体

动产抵押权的特殊性，源于权利客体的特殊性。

动产抵押在古罗马时就已经存在了。在中世纪末期日耳曼法也存在动产的非占有质（即抵押）。然而近代民法法典化以来，动产抵押权制度在近代大陆法各国民法上被普遍地废弃了，其原因是多方面的。动产数量大、种类多，又可移动，除航空器、船舶、机动车等以外的一般动产的价值往往也比较小，故其物权公示本应采用占有，登记全部动产物权则既无可能又没有必要。如此一来，以登记为公示方法的抵押，本来不能设于动产之上。就是说，因抵押不移转占有，而动产物权的公示方法为占有，再加上近代大陆法各国动产物权与不动产物权的二元分立且泾渭分明，故近代大陆法一般不允许动产抵押。近代的民事实践中，则以动产所有权保留、动产让与担保等，代替动产抵押的功能。

以德国为代表的一些大陆法系国家坚持既有体系，不承认动产抵押，对于涉及以工厂的机器设备等动产设定担保而转移担保物的占有的，采用让与担保的方式。《瑞士民法典》第 885 条规定家畜出质可以通过不转移占有的方式设定，但应在证书登记簿上登记并通知强制执行官厅，其名为家畜"质权"而实为家畜"抵押权"。而日本等部分大陆法系国家，为了满足民事实践的多样性需要，最终在民法典之外以特别法规定某些动产，如船舶、航空器、机动车、农用动产、建筑机械等，可以抵押。英美法系国家的动产抵押制度比较发达，美国《统一商法典》第 9 编将动产抵押制度统一化，并融合了大陆法系的特点，在国际上引起了广泛关注，联合国国际贸易法委员会和世界银行还在此基础上制定了动产担保交易示范法。[①] 具体而言，美国《统一商法典》第 9 编规定了"担保交易"（Secured Transaction），在形式上没有就动产抵押、附条件买卖以及信托收据分别立法，而是统一规定"担保约定"（Security Agreement）。该法典第 9-102 条规定："……2. 本编适用于通过合同设立的担保权益，包括通过质权、让与、动产抵押、动产信托、信托契书、代办人留置权、设备信托、附条件买卖、信托收据等各类合同所设立的担保权益；本编还适用于意图设立担保权益的租赁或寄售。除第

[①] 参见全国人大常委会法工委民法室：《物权法立法背景与观点全集》，法律出版社 2007 年版，第 613—614 页。

9-310 条另有规定外,本编不适用于法定留置权……"①截至 2001 年 12 月 31 日,50个州均通过了该编。加拿大是率先仿效美国《统一商法典》第 9 编的国家,11 个普通法域的省和地区有 8 个通过了动产担保法(personal property security)。新西兰在 2000 年彻底改革了其建立在英国法基础上的担保物权法体制,转而采用佐以现代公示系统的统一动产担保物权法律制度。近年来欧洲的许多国家,如阿尔巴尼亚、斯洛伐克、匈牙利、保加利亚、罗马尼亚、黑山、立陶宛和拉脱维亚等,在改革其动产担保交易制度过程中也采纳了这种美国式的统一化模式的多项内容。②《法国民法典》第 2393 条(原第 2114 条)明确规定"抵押权是在用于清偿债务的不动产上设定的一种物权(droit réel)",第 2398 条(原第 2119 条)规定"动产不受抵押权追及",然而法国制定的一些特别法则允许船舶和飞行器等财产的抵押权。一直以来,法国就"抵押""质押"的名称就有不同说法,而通过"大修"后的《法国民法典》则在不移转担保物占有的"质押"名目下实现动产抵押的功能。

我国 2007 年《物权法》第 180 条第 1 款第 4 项规定"生产设备、原材料、半成品、产品"可以抵押;第 6 项规定"交通运输工具"可以抵押;第 7 项规定"法律、行政法规未禁止抵押的其他财产"可以抵押。其中第 4、6 项规定的都是动产抵押;而第 7 项是弹性规定,包括动产抵押。动产抵押权在法律上的回归,再次说明了立法技术的可选择性。

就接受动产抵押的主债权人(即动产抵押权人)来说,虽然其并无保管抵押物的义务,也无法定的对于动产抵押物的占有、留置的权利,但是可以与抵押人另行特别约定抵押权人对于抵押物的监管方法。

(二) 公示模式:登记成立或登记对抗之选择

在我国,就动产抵押,采取登记对抗主义——抵押权自抵押合同生效时设立;未经登记,不得对抗善意第三人。世界上绝大多数国家或地区也都规定,动产抵押权的设立非经登记不得对抗第三人——就是说,就动产抵押,一般采取登记的方法予以公示,而登记不是这种抵押权的成立要件,却是对抗第三人的要件。③

根据"登记对抗主义"的立法例,在设立动产抵押的当事人之间,设立抵押权的协议生效之时即是抵押权成立之时(此时的抵押权的效力无异于债权的效力),而对于不特定的第三人而言,登记之完成才是抵押权成立之时(此时的抵押权才真正成为一种物权)。从这里可以看出,动产抵押权从设立到登记经历了由债权到物权的转变。

未经登记的动产抵押权不得对抗的"第三人"范围应如何界定?我国《物权法》将未登记的动产抵押不得对抗的"第三人"限制为"善意第三人",保护了善意第三

---

① 参见陈本寒:《担保物权法比较研究》,武汉大学出版社 2003 年版,第 309、310 页。
② 参见中国人民银行研究局、世界银行集团外国投资咨询服务局、国际金融公司中国项目开发中心:《中国动产担保物权与信贷市场发展》,中信出版社 2006 年版,第 25、26、29、200 页。
③ 除规定可进行登记公示外,日本和我国台湾地区还规定,可以在某些不适宜登记公示的动产上打刻抵押标记或黏贴标签等方式进行公示。参见全国人大常委会法工委民法室:《物权法立法背景与观点全集》,法律出版社 2007 年版,第 615 页。

人,维护了交易安全,比较合理。① 同时,这里的"善意"应解释为"主观上不知情",而"恶意"则应解释为"主观上知情"。不过,第三人不知情如出于重大过失,则应解释为属于"恶意"。②

　　动产抵押权的成立不以移转占有为要件,其公示方法依法为登记而非交付(占有),其登记具有对抗效力,而根据动产物权公示的一般原理,用来抵押的动产的占有仍然具有公示的作用、因而其占有具有公信力。动产抵押权的登记的对抗效力的法律赋予,是为了保护动产抵押权;而法律对动产的占有的公信力的确认是以维护交易安全和保障善意第三人合法权益为宗旨的。因此,当动产上设有抵押权时,在公示方面,存在一个登记的对抗效力和占有的公信力之间的效力冲突问题。不过,这种冲突不是你死我活、非此即彼的,这两种"效力"可以并存,但是它们相互制约。

　　也就是说,对于设有抵押的动产的善意取得,受到了动产抵押权登记对抗效力的限制(但不是排除了善意取得制度的适用)。此时,从对动产(其上设有抵押)无处分权的合法占有人处受让动产的人,是否能够基于善意取得制度而取得对该动产的物权,还是取决于该受让人是否出于善意、是否具备善意取得的一般要件。只要有关的动产之抵押权已经办理了登记手续,不管善意的交易第三人(即对于处分人之无权处分不知情)对动产上之抵押权是否不知情,交易第三人(受让人)都只能取得有瑕疵(即有抵押权负担)的物权(即原所有权消灭;而抵押权因登记而具有对抗效力,故不消灭)。③ 因为,动产抵押权的设定已经办理登记以后,如果不能对抗善意第三人(对抗恶意第三人是没有疑问的),那么登记势必形同虚设,动产抵押制度也将遭到极大的减损。不过,动产抵押登记可以对抗善意第三人原则的确立,就将更为严格的注意义务和调查义务分配给了交易的相对人,这对交易安全是不利的。然而,不确立动产抵押权登记的对抗善意第三人的规则,则动产抵押制度将无法真正担保债权的实现。

　　总而言之,本书认为,法律既然设计了动产抵押制度,就应该赋予动产抵押权登记的对抗力和对世性。如此,动产的善意取得制度的适用范围并不会因而缩小,但基于善意取得而取得的物权不能使已经登记的抵押权归于消灭,交易第三人(受让人)取得的物权却存在已经登记的动产抵押权之负担。

　　需要说明的是,动产抵押权的登记对抗效力的立法目的主要是保护动产抵押权人利益的,而不是以保护善意第三人利益为主要目的(尽管也兼顾善意第三人利益)。而所谓的公信力或者说"公信原则"是以保护善意第三人为核心目的的。所以,动产抵押权的登记对抗效力不是登记的公信力。

　　有一种观点认为,考虑到登记在我国物权法上就整体而言属于成立要件的一般

---

　　① 我国台湾地区"动产担保交易法"第5条也规定:"动产担保交易,应以书面订立契约,非经登记,不得对抗善意第三人。"
　　② 参见高圣平:《动产抵押制度研究》,中国工商出版社2004年版,第312页。
　　③ 若某一动产的抵押权没有登记,则善意(对于抵押权的存在和处分人之无权处分均不知情)的交易第三人将基于善意取得制度而取得无瑕疵的物权(即原所有权和抵押权都消灭),而知道抵押权存在、却不知处分人系无权处分的交易第三人将基于善意取得制度而取得存在抵押权负担的物权。

状况,为保持设立规则的统一性,我国物权法宜将动产抵押的设立改采登记成立主义。① 本书认为,这种观点有一定道理,但是,动产的抵押权设定以后,动产及其上的抵押权不是一定都与第三人有关,而当动产抵押权之设定仅仅涉及其设定抵押的当事人的时候,即无须公示,也不必深究此时的动产抵押权是"物权"还是"债权"。当事人设立动产抵押权而又不登记的,只是不能对抗善意第三人,恶意第三人仍应尊重动产上的抵押权。所以,规定所有动产抵押权的成立均以登记为其成立要件的,则有时浪费时间和金钱;而一旦均应予以登记,则动产抵押权将在任何情况下一律具有对世性和对抗第三人的效力。

在公示模式方面还有一些问题需要回答:飞机、船舶和汽车等以外的一般动产的抵押,其抵押登记公示实际效果到底有多大？善意第三人的交易安全该如何维护？

根据法律规定,动产抵押,未经登记不得对抗善意第三人。不过,飞机、船舶和汽车等以外的一般动产的交易当事人于交易前到登记机关查证标的物上有无抵押权负担,与交易习惯不符。集市即时交易中的当事人更不可能到上述部门去调查。如此说来,一般动产抵押登记的公示,在事实上的效果是微乎其微的。

依最高人民法院2000年《关于担保法解释》第67条第1款规定:"抵押权存续期间,抵押人转让抵押物未通知抵押权人或者未告知受让人的,如果抵押物已经登记的,抵押权人仍可以行使抵押权;取得抵押物所有权的受让人,可以代替债务人清偿其全部债务,使抵押权消灭。受让人清偿债务后可以向抵押人追偿。"

有学者指出,"将该规则适用于机器设备及其他普通动产时,善意当事人的利益如何保护、交易的安全如何维护,就成为一个突出的问题……无处分权人处分他人之动产时,第三人的利益尚可依善意取得制度得到保护,而在动产抵押人处分抵押物时,该抵押人对抵押物尚未丧失处分权,但善意第三人所购买的标的物却要受到抵押权效力的追及,这显然不合'举重明轻'的法律解释和适用规则。"②

对此本书有两点说明。第一,某一动产如设立了抵押,且已办理登记手续,则某人无权处分该动产时善意取得制度适用的法律效果不同于对没有登记的动产的适用效果(前文已述)。第二,当动产抵押人处分抵押物时,虽然该抵押人对抵押物尚未丧失处分权,但是善意第三人之"善意"系纯粹的不知情,实际上系有过失的不知情(其没有调查动产是否已经办理抵押登记),就是说,一旦办理了抵押登记,即不可能存在没有任何过错的善意第三人。

(三) 动产抵押制度完善的建议

1. 建立抵押权人申请法院扣押抵押物或强制执行制度

动产具有可移动性和易隐匿性,而且动产移动后即难于实现抵押权,因此,需要适当吸收质权的内容,即法律应规定在一定情况下动产抵押权人有权取得动产占有。

---

① 耿林:《论我国动产抵押制度的完善——以利益平衡为中心的考察》,载江平主编:《中美物权法的现状与发展》,清华大学出版社2003年版,第618页。
② 刘保玉:《论我国动产抵押权制度的完善》,载中国私法网:http://www.privatelaw.com.cn/new2004/shtml/20040916-212914.htm.访问时间:2010-6-28。

为维护动产抵押权,建议规定:抵押人与第三人恶意串通,擅自转移、出卖、出质抵押物、故意促成"留置权"的,买卖、质押、留置等无效,而抵押权人因此可以占有抵押物,抵押人和第三人不配合的,抵押权人可申请法院扣押或强制执行。

2. 建立对抵押人损害行为的处罚制度

一般动产的流动性非常强,非常容易转移、藏匿,所以,法律应对抵押人规定较重的义务和责任。当民法手段用尽仍不能有效保护动产抵押权的时候,应有其他部门法可资援用,而且法律对相关行政责任或者刑事责任的规定本身,就是对违法行为的威慑和对合法权利的维护。建议规定,对抵押人擅自转移、出卖、出质、故意促成"留置权"或者故意损坏抵押物的,处以罚款;情节严重的,处以罚金。

二、共同抵押

(一) 共同抵押的概念

共同抵押,是为担保同一债权而于数个标的物上设立数个抵押权。无论是动产、不动产均可用于共同抵押。抵押物也不限于债务人或同一抵押人提供——数个抵押物可以是由债务人提供,也可以由第三人提供,还可以是债务人和第三人共同提供。共同抵押包括创设式的共同抵押和转变式的共同抵押。前者是当事人设立抵押权之初即为共同抵押。后者为原非共同抵押,因抵押物分割而转变为共同抵押。

对于共同抵押的抵押权数目,是单一抵押权还是复数的抵押权,有单一说和复数说。笔者赞同复数说,理由是,依照物权法的一物一权原则,一个标的物上只能设有一个物权,共同抵押的抵押标的物是数个,且不能作为集合物看待。

《物权法》第180条第2款的"抵押人可以将前款所列财产一并抵押"用语模糊,既可以解释为允许财团抵押,又可以解释为允许共同抵押。

共同抵押与财团抵押不同,区别包括:第一,共同抵押权的标的物无论在事实上还是在法律上都是数个,财团抵押的标的物则是事实上若干物在法律上作为一个集合物处理。第二,因为无论抵押物之间是按份的关系还是连带的关系,在实现共同抵押时都将抵押物作为数个物处理。就是说,共同抵押客体的复数决定了抵押权的复数。而财团抵押的抵押权在法律上只有一个,这也是由财团抵押客体的单一性所决定的。第三,设立共同抵押时,抵押人可与抵押权人就每个财产所负担的担保金额作出特别约定,抵押权人在实现抵押权时应就各个财产所负担的金额优先受偿。若当事人未就各财产所负担的担保金额作出约定,则抵押权人可选择执行各抵押财产的先后。财团抵押的客体是法律上的"一个",故不存在抵押物各组成部分分担担保金额的问题。

(二) 共同抵押的法律效力

基于意思自治原则,当事人设立共同抵押时,可以约定各抵押物分别担保一定份额的债务,此时成立按份的共同抵押。如果当事人没有这样的约定,或者明确约定各抵押物都担保全部债务,那么成立连带的共同抵押。

根据意思自治原则,连带的共同抵押的抵押权人有选择权,但是根据法理,为确保各当事人利益之间的平衡,在实现共同抵押时,如债权人选择同时就各抵押物变价取偿,则应采分担主义——各抵押物分担一定份额债务;如债权人选择先实行某一抵押物,则应采代位求偿主义——被先实行的抵押物的后顺位担保物权人可代已实行抵押权之债权人之位对共同抵押的其他抵押物行使抵押权。

根据《物权法》第194条第2款规定,债务人以自己的财产设定抵押,抵押权人放弃该抵押权、抵押权顺位或者变更抵押权的,其他担保人在抵押权人丧失优先受偿权益的范围内免除担保责任,但其他担保人承诺仍然提供担保的除外。因此,若共同抵押,分别由债务人和第三人提供,抵押权人放弃债务人财产上的抵押权、抵押权顺位或者变更抵押权的,其他抵押人在抵押权人丧失优先受偿权益的范围内免除抵押责任,但第三人承诺仍然提供抵押的除外。

(三)法定的共同抵押

我国《担保法》第36条规定,"以依法取得的国有土地上的房屋抵押的,该房屋占用范围内的国有土地使用权同时抵押。""以出让方式取得的国有土地使用权抵押的,应当将抵押时该国有土地上的房屋同时抵押。""乡(镇)、村企业的土地使用权不得单独抵押。以乡(镇)、村企业的厂房等建筑物抵押的,其占用范围内的土地使用权同时抵押。"有专家认为,该条的三个"同时抵押"属于依照法律规定而产生的抵押权,即使抵押合同仅约定国有土地使用权或者地上房屋为抵押物,在法律上将房屋和土地使用权视为一个整体,抵押权也同样存在于国有土地使用权和地上房屋之上。[①] 有学者指出,这里的"同时抵押"是一种法定抵押,因共同抵押属于约定抵押,故此第36条之规定只是在一定程度上包含了共同抵押的概念。[②] 对于以上地上建筑物和其占用范围内的土地使用权的同时抵押,也有学者认为不是法定抵押,而是共同抵押。因为这种共同抵押须订立抵押合同和办理登记手续,若抵押人坚持仅抵押建筑物或者附着物,而不包括其占用范围内的土地使用权的,登记部门应当拒绝登记。[③]

本书认为,1995年《担保法》第36条规定的"同时抵押"属于一种特殊的共同抵押,因为抵押物是两个,抵押权也应为两个。与此同时,"同时抵押"的规定是提倡性、管理性规定,但不能确保任何不动产抵押都是房地"同时抵押",因此,这里的"同时抵押"不是法定抵押。

值得注意的是,我国《物权法》第182条规定:以建筑物抵押的,该建筑物占用范围内的建设用地使用权一并抵押。以建设用地使用权抵押的,该土地上的建筑物一并抵押。抵押人未依照前款规定一并抵押的,未抵押的财产视为一并抵押。第183条规定:乡镇、村企业的建设用地使用权不得单独抵押。以乡镇、村企业的厂房等建筑物抵押的,其占用范围内的建设用地使用权一并抵押。本书认为,这两条规定的"一并抵押"是法定的共同抵押。第一,法律规定得很清楚,建筑物和建筑物占用范围内的建设用地使用权一并抵押。第二,法律规定,抵押人未依照法律规定一并抵

[①] 何志、王士教、单浩森主编:《担保法判解研究与适用》,中国政法大学出版社2000年版,第158页。
[②] 参见邓曾甲:《中日担保法律制度比较》,法律出版社1999年版,第169页。
[③] 邹海林、常敏:《债权担保的理论与实务》,社会科学文献出版社2005年版,第198、199页。

的,"未抵押的财产视为一并抵押"。第三,在我国,建筑物和建设用地使用权是两个物,因此"一并抵押"设立的是两个抵押,即共同抵押。

三、财团抵押

财团抵押,在我国也被称为集合抵押①,或者叫企业财产集合抵押②。财团抵押制度的建立至少有一个前提,就是可在集合物上成立一个物权;从实证角度看,财团抵押制度建立在动产抵押和集合物抵押两项制度之上。财团抵押的最早雏形至少可追溯至古罗马法时代。在那个时代,一个抵押权可在包括动产在内的观念性的"一个集合物"上成立。在近代,因动产以占有为唯一公示方法,而抵押不移转占有,故动产抵押被废除;且民法对"一物一权"原则持狭义认识,财团抵押权被否定。在现代,动产抵押的重新确立为现代财团抵押权的建立创造了契机,而"一物一权"原则的观念化、抽象化为现代财团抵押权的建立准备了必要条件。现代财团抵押始于德国的铁路财团抵押,先后被日本、荷兰、瑞士、韩国、卢森堡等大陆法国家采用,在日本尤为发达。1991年《魁北克省民法典》第2666条以及1994年《俄罗斯联邦民法典》第340条第2款也对财团抵押进行了规定。

从各国的相关法律规定来看,财团抵押不同于一般抵押的特征主要包括:

第一,在一般情况下,只有具备法人资格的企业才能采用财团抵押的担保方式。无法人资格的企业和自然人都不能采用此种抵押方式。

第二,财团抵押的标的物,是供企业经营之用,依企业目的结合而成为企业组织之构成部分的物或权利。构成财团的物件,一般包括土地、建筑物等不动产,包括机械、器具、日常用品等动产,还包括租赁权、地上权、典权等财产权。③ 财团,在法律上是作为一个物(集合物);而作为其构成部分的物或权利则失去其独立性。

第三,抵押期间,法律严格限制财团财产的分离。原则上非经抵押权人同意,不得将属于财团的物件与财团分离。任意分离的,分离之物仍受抵押权拘束。随企业经营增加的企业生产用品,若当事人在抵押权设立时没有相反约定,而增加行为也不构成诈害行为的,则抵押权当然及于该物之上,但为其抵押权得对抗第三人,应为财团财产目录之变更登记。④

财团抵押的优点是,将企业的一些集合财产视为一个整体,可以超过单个物担保价值的简单之和,有利于增强企业的担保能力,且便于企业融通资金。企业财团的特定化要求,为物权特定性原则的必然要求,也是保障抵押债权人利益所必需的,但却限制了抵押人对抵押财团构成物的处分,企业的经营活动在很大程度上受到影响。

---

① 参见王利明主编:《中国物权法草案建议稿及说明》,中国法制出版社2001年版,第458页;吴合振:《担保物权审判实践应用》,人民法院出版社2002年版,第137页。
② 参见邹海林、常敏:《债权担保的理论与实务》,社会科学文献出版社2005年版,第215页。
③ 参见史尚宽:《物权法论》,中国政法大学出版社2000年版,第332页。
④ 同上书,第333页。

有学者认为,我国《担保法》没有规定财团抵押。① 最高人民法院有一些规定似乎否定了财团抵押的基础。例如,我国最高人民法院给山东省高级人民法院的批复——法复[1994]2号指出:"在债务人有多个债权人的情况下,债务人将其全部资产抵押给其中一个债权人,因而使该债务人丧失了履行其他债务的能力,侵犯了其他债权人的合法权益,根据《中华人民共和国民法通则》第4条、第5条的规定,应当认定无效。"再如《关于担保法解释》第69条规定:债务人有多个普通债权人的,在清偿债务时,债务人与其中一个债权人恶意串通,将其全部或者部分财产抵押给该债权人,因此丧失了履行其他债务的能力,损害了其他债权人的合法权益,受损害的其他债权人可以请求人民法院撤销该抵押行为。其实,法复[1994]2号文件规定的条件是"在债务人有多个债权人的情况下",那么当债务人还没有其他债权人的时候,"债务人将其全部资产抵押给其中一个债权人",无法认为"侵犯了其他债权人的合法权益",也就不能认为无效。而《关于担保法解释》第69条规定的条件是"在清偿债务时",如此说来,在清偿债务之前,"将其全部或者部分财产抵押给该债权人"的,就不一定能被人民法院撤销。所以说,上述两个司法解释并没有完全否定财团抵押的基础。

更重要的是,我国《物权法》第180条第2款"抵押人可以将前款所列财产一并抵押"之规定,可以作为财团抵押的基本法律依据。不过,我国目前尚无财团抵押的具体操作办法。

财团抵押和浮动抵押的抵押物都是集合物,事实上的多物拟制为法律上的一物。但是,财团抵押严格限制财团财产的分离,随企业经营增加的企业生产用品若成为财团财产则应为财团财产目录之变更登记,就是说,财团抵押虽不禁绝抵押物的浮动但限制抵押物的浮动;而浮动抵押,顾名思义,这种抵押的特色恰恰在于抵押物的浮动性。

四、浮动抵押

浮动抵押(floating charge),最大的特点是抵押物有浮动性。第一,抵押物是集合物,且其构成物有不特定性,既包括抵押人现在的财产,也包括抵押人将来取得的财产;第二,抵押物的构成物的形态不断变化,在浮动抵押设立后流入企业的财产自动成为抵押集合物,而在结晶(crystallisation)前已流出企业的财产,自动退出抵押集合物;第三,抵押标的物的浮动在结晶时特定化,浮动抵押在结晶事项发生时转化为固定抵押(fixed charge)。

英美法上导致结晶的事件包括抵押人进入清算程序、交易停止(cessation of trading)、指定接收人、债券持有人为控制财产而进行干预、先期浮动抵押的结晶、后设浮动抵押结晶等,可分为三类:导致抵押人终止继续交易;债券持有人为执行担保而合法介入,剥夺抵押人自由处分担保财产的权利;担保证书规定的其他引起结晶的

---

① 参见郭明瑞、杨立新:《担保法新论》,吉林人民出版社1996年版,第134页。

事件。① 浮动抵押的抵押人只能是债务人,这与固定抵押不同。固定抵押的抵押人可以是债务人,也可以是第三人。②

浮动抵押制度的优点主要有两点:第一,抵押标的物可以浮动的规则,使抵押企业在抵押期间可以对企业财产进行使用、收益和处分,所以浮动抵押对于企业的正常经营影响较小。第二,浮动抵押的效力较其他担保物权为弱,所以浮动抵押对其他债权人的利益影响较小。浮动抵押的缺点包括:第一,在浮动抵押设立后,抵押人仍可自由处分抵押标的构成物,流出企业的财产自动退出抵押标的构成物的范围。所以,抵押登记对抵押标的构成物的约束不大。第二,在很多情况下,浮动抵押结晶前成立的其他担保物权优先于浮动抵押权,所以说,浮动抵押权的效力比较弱,对抵押债权人的保护力度不是很大。

英国、日本等多数国家规定,浮动抵押仅适用于公司作为抵押人的场合,个人、合伙等不能采用这种担保方式。这是因为公司受资本确定、资本维持和资本不变三原则的制约,公司财务公开制度也便于债权人对公司财务状况的掌握。而其他主体的资本要求较低,财务公开性较差,缺乏足够的约束和监督。但美国的浮动抵押可适用于公司、合伙及个人等主体。

我国《物权法》第181条规定了动产浮动抵押:经当事人书面协议,企业、个体工商户、农业生产经营者可以将现有的以及将有的生产设备、原材料、半成品、产品抵押,债务人不履行到期债务或者发生当事人约定的实现抵押权的情形,债权人有权就实现抵押权时的动产优先受偿。这种"浮动抵押"有两个重要特点:一是主体可以是企业、个体工商户或农业生产经营者,其中,农业生产经营者不局限于农村承包经营户;二是抵押物限于动产。

企业、个体工商户、农业生产经营者以《物权法》第181条规定的动产抵押的,应当向抵押人住所地的工商行政管理部门办理登记。抵押权自抵押合同生效时设立;未经登记,不得对抗善意第三人。依照《物权法》第181条规定抵押的,不得对抗正常经营活动中已支付合理价款并取得抵押财产的买受人。

为促进资金融通和商品流通,保障债权的实现,根据《物权法》和《担保法》的有关规定,2007年国家工商行政管理总局制定了《动产抵押登记办法》。根据该办法,企业、个体工商户、农业生产经营者以现有的以及将有的生产设备、原材料、半成品、产品抵押的,应当向抵押人住所地的县级工商行政管理部门(以下简称动产抵押登记机关)办理登记。未经登记,不得对抗善意第三人。当事人办理动产抵押登记,应当向动产抵押登记机关提交经抵押合同双方当事人签字或者盖章的《动产抵押登记书》;动产抵押登记机关受理登记申请文件后,应当当场在《动产抵押登记书》上加盖动产抵押登记专用章并注明盖章日期。动产抵押合同变更、《动产抵押登记书》内容变更的,抵押合同双方当事人或者其委托的代理人可以到原动产抵押登记机关办理

---

① 参见许明月:《英美担保法要论》,重庆出版社1998年版,第216—225页。
② 参见高圣平:《物权法与担保法:对比分析与适用》,人民法院出版社2010年版,第247页。

变更登记;办理变更登记应当向动产抵押登记机关提交原《动产抵押登记书》、抵押合同双方当事人签字或者盖章的《动产抵押变更登记书》;动产抵押登记机关受理变更登记申请文件后,应当当场在《动产抵押变更登记书》上加盖动产抵押登记专用章并注明盖章日期。在主债权消灭、担保物权实现、债权人放弃担保物权等情形下,动产抵押合同双方当事人或者其委托的代理人可以到原动产抵押登记机关办理注销登记;办理注销登记应当向动产抵押登记机关提交原《动产抵押登记书》《动产抵押变更登记书》、抵押合同双方当事人签字或者盖章的《动产抵押注销登记书》;动产抵押登记机关受理注销登记申请文件后,应当当场在《动产抵押注销登记书》上加盖动产抵押登记专用章并注明盖章日期。动产抵押登记机关应当根据加盖动产抵押登记专用章的《动产抵押登记书》《动产抵押变更登记书》《动产抵押注销登记书》设立《动产抵押登记簿》,供社会查阅。《动产抵押登记书》《动产抵押变更登记书》《动产抵押注销登记书》各一式四份,动产抵押合同双方当事人各持一份;动产抵押登记机关留存两份,其中一份留作动产抵押登记档案,一份置备于《动产抵押登记簿》中。

依照《物权法》第181条规定设定抵押的,抵押财产自下列情形之一发生时确定:(1)债务履行期届满,债权未实现;(2)抵押人被宣告破产或者被撤销;(3)当事人约定的实现抵押权的情形;(4)严重影响债权实现的其他情形。就是说,在我国,遇上述情形之一的,浮动抵押即转化为固定抵押。或者说,上述情形是导致浮动抵押结晶的事件。

有学者认为,《物权法》第181条创设的抵押权,是一项崭新的抵押制度,属于第180条第2款规定的企业财产集合抵押的特别类型,应称为"特别动产集合抵押",而不能解释为"浮动抵押",因为浮动抵押最重要的特点是抵押物始终处于不确定的状态,必须到抵押权行使之时,通过法院发布抵押权实行公告,查封、扣押、冻结抵押人全部财产,抵押物才能确定;不仅如此,浮动抵押权的实行,一定要采取清产还债程序或者企业破产程序,而不能采取普通抵押权的实行方式,且实行浮动抵押权的结果必定是消灭抵押人的主体资格。[①]

也有学者认为,《物权法》第181条、第189条和第196条规定了新型的浮动抵押权。浮动抵押权的实现,自抵押权人向法院提出申请,经法院作出浮动抵押权实现的决定时开始。抵押人的全部财产由财产管理人管理,并由其在抵押人住所地办理浮动抵押权登记的机关进行浮动抵押权实现开始的登记。其他方面,浮动抵押权的实现与其他抵押权的实现没有特别之处,应当按照一般抵押权实现的方式实现。[②] 还有学者认为,浮动抵押财产确定后,浮动抵押即转化为固定抵押,抵押财产特定化,抵押人不得再处分抵押财产,抵押权人可以依照物权法第195条的规定实现抵押权。[③]

笔者认为,"企业、个体工商户、农业生产经营者可以将现有的以及将有的生产设备、原材料、半成品、产品抵押"意味着抵押物浮动,《物权法》第181条规定的应该是

[①] 参见孙宪忠等:《物权法名家讲座》,中国社会科学出版社2008年版,第45—46页。
[②] 参见同上书,第75—77页。
[③] 高圣平:《物权法与担保法:对比分析与适用》,人民法院出版社2010年版,第259页。

第180条第2款规定的"一并抵押"的特殊类型,第196条则在规定一般抵押的抵押权实现的第195条之后规定了抵押财产的"确定",是实现这种特殊抵押的特别规定,第196条规定的情形包括"抵押人被宣告破产或者被撤销"的,也包括债务履行期届满而债权未实现等其他情形,只有当"抵押人被宣告破产或者被撤销"时须经企业破产程序或者清产还债程序,所以,可以认为我国规定了新型浮动抵押。当然,如何具体实现这种浮动抵押权,尚待立法或立法解释予以明确。

就浮动抵押权人来说,为使抵押权获得对抗善意第三人效力,须办理登记手续;虽然没有法定的占有、监管抵押物的权利,但是可以与抵押人另行特别约定对于抵押物的监管办法,甚至可以由抵押权人、抵押人、监管人三方订立监管协议对抵押物实施监管。①

五、最高额抵押

(一)概念

最高额抵押是被担保债权有最高限额的抵押。

与浮动抵押之抵押物浮动不同,最高额抵押关系中是被担保债权浮动但有最高限额。根据《物权法》第203条的规定,为担保债务的履行,债务人或者第三人对一定期间内将要连续发生的债权提供担保财产的,债务人不履行到期债务或者发生当事人约定的实现抵押权的情形,抵押权人有权在最高债权额限度内就该担保财产优先受偿。此即最高额抵押,也叫最高限额抵押。最高额抵押权设立前已经存在的债权,经当事人同意,可以转入最高额抵押担保的债权范围。设立最高限额抵押,是为了避免有连续借贷或连续买卖关系的当事人就个别债权——办理抵押,从而降低成本、提升效率。

最高额抵押与法国的"可更新抵押"、德国的所有人抵押权以及瑞士的空位抵押权制度等等,虽然法律构造不同而且运作机制不同,但是都有相同的目的和作用,即设立一次抵押就可以反复用于担保债权实现。

(二)最高额抵押的特征

最高额抵押属于最高限额担保(最高额担保)的一种,最高额担保还包括最高额质押以及最高额保证。最高限额担保的特殊性在于被担保的债权的特殊性。

1. 最高额抵押担保将来发生的债权

这种被担保的具体债权在决算前是不确定的,而一般抵押所担保的是已经发生的债权,设立抵押权时即已经确定。

2. 最高额抵押是对未来一定期间内连续发生的债权作担保

这种连续发生的债权基于一定的基础关系而发生,如连续买卖关系或连续借款关系。也可以说,最高额抵押所担保的是基础关系所产生的一系列债权,而不是连续发生的个别债权。

---

① 参见刘萍主编:《中国动产担保创新经典案例》,中信出版社2010年版,第208—209页。

3. 最高额抵押所担保的将来发生的债权有最高限额

在最高额抵押中,因为超出最高额的债权不能优先受偿,所以某一次具体交易中发生的债权能否为最高额抵押所担保,需待决算后方能确定。

4. 最高额抵押权的被担保债权具有不确定性

最高额抵押权是为将来可能发生的一系列债权而设立的,这些债权有可能成立,也有可能不成立,并且这些债权即便成立,也处于不断的增减变动之中,具有不确定性。故称被担保债权具有浮动性,亦无不可。

(三) 最高额抵押权的确定

最高额抵押权的确定,也就是最高额抵押权的决算,是指在最高额抵押权所担保的不确定的债权额确定化的事由发生时对担保债权额的计算。最高额抵押确定的时点,或者说决算的时点,也称为决算期。

在我国,有下列情形之一的,抵押权人的债权确定:(1) 约定的债权确定期间届满;(2) 没有约定债权确定期间或者约定不明确,抵押权人或者抵押人自最高额抵押权设立之日起满 2 年后请求确定债权;(3) 新的债权不可能发生;(4) 抵押财产被查封、扣押;(5) 债务人、抵押人被宣告破产或者被撤销;(6) 法律规定债权确定的其他情形。

在最高额抵押权确定时,不高于最高限额的债权有优先受偿权,数额超出最高额的部分没有优先受偿权。最高额是最高发生额还是最高余额呢?《关于担保法解释》第 83 条规定:最高额抵押权所担保的不特定债权,在特定后,债权已届清偿期的,最高额抵押权人可以根据普通抵押权的规定行使其抵押权。抵押权人实现最高额抵押权时,如果实际发生的债权余额高于最高限额的,以最高限额为限,超过部分不具有优先受偿的效力;如果实际发生的债权余额低于最高限额的,以实际发生的债权余额为限对抵押物优先受偿。

(四) 最高额抵押权的实现

根据《物权法》第 203 条的规定,最高额抵押权实现的条件,是"债务人不履行到期债务或者发生当事人约定的实现抵押权的情形",其与《物权法》第 195 条所规定的一般抵押权实现的条件是一样的。不一样的是,最高额抵押权的行使,必然以最高额抵押担保的债权确定为前提。但是,最高额抵押权人行使抵押权不受约定的债权确定期间的影响,在约定的债权确定期间到来之前,抵押权人可以因被担保债权的某单个债权未得到清偿为由提前确定被担保债权,提前行使抵押权。我国台湾学者谢在全教授亦认为,最高额抵押权的实行,"通常仅以担保债权中有一已届清偿期而未受清偿,即为已足"[①]。

(五) 最高额抵押所担保债权的转让与变更

《担保法》第 61 条规定:"最高额抵押的主合同债权不得转让。"这一规定不合逻辑,没有法理基础,遭到普遍批评。笔者认为,主债权和抵押权是主从关系,主债权的

---

① 谢在全:《民法物权论》(中册),中国政法大学出版社 2011 年修订 5 版,第 910 页。

可转让性不受因抵押权的存在而受影响;主债权转让的,若影响抵押人,立法上规定抵押权不随同转让即可,不必在立法上规定"最高额抵押的主合同债权不得转让"。我国《物权法》废除了这一规定。对此,《物权法》第204条规定:最高额抵押担保的债权确定前,部分债权转让的,最高额抵押权不得转让,但当事人另有约定的除外。此外,《物权法》第205条规定:最高额抵押担保的债权确定前,抵押权人与抵押人可以通过协议变更债权确定的期间、债权范围以及最高债权额,但变更的内容不得对其他抵押权人产生不利影响。

本章重点疑难问题提示

一、抵押的实践

抵押权是最典型的价值权、担保权。而作为不移转占有担保物而以登记为权利公示方法的担保,抵押在民事实践中种类繁多。仅从客体方面来看,就包括房产抵押、林木抵押、建设用地使用权抵押、土地承包经营权抵押、海域使用权抵押、民用航空器抵押、机动车抵押、船舶抵押、其他动产抵押、其他财产权抵押等等。而目前最重要的抵押实践是房地产抵押,其中尤其应该注意的是房地权一并抵押规则。当然,在实践中,包括抵押在内的共同担保的运用十分广泛,而最高限额抵押因其省去多次抵押的麻烦也经常被运用于连续借款或者连续交易的担保。

二、抵押合同与抵押权登记

我国《担保法》第41条规定:"当事人以本法第42条规定的财产抵押的,应当办理抵押物登记,抵押合同自登记之日起生效。"依此规定,抵押权成立之公示(抵押登记)与否,直接决定抵押合同的有效与否。人们对此疑惑不解——"如果没有登记的抵押合同无效,那么为什么法律还要求我们去登记呢?合同在登记之前是无效的,我们为什么要接受它的约束呢?"[1]

将交付和登记的效力,作为物权变动之前提的债权合同的成立及有效要件,混淆了债权合同与物权变动之间的区别,又缩小了有效合同的范围。第一,以交付、登记与否,作为只约束特定当事人的债的合同的成立和有效的前提条件,显然没有任何法理和逻辑上的合理性。第二,如果将交付及登记绑在债权合同的成立和有效上,就会阻滞交易进行、鼓励违约和纵容违约者。

为补救《担保法》的缺陷,2000年《关于担保法解释》第56条第2款规定:"法律规定登记生效的抵押合同签订后,抵押人违背诚实信用原则拒绝办理抵押登记致使债权人受到损失的,抵押人应当承担赔偿责任。"然而,《关于担保法解释》第56条第2款所规定的,是缔约过失责任,而不是违约责任,因为这一款非常清楚地规定抵押人"违背诚实信用原则"的才承担赔偿责任。可见,最高人民法院的司法解释仍然没有

---

[1] 参见孙宪忠:《抵押合同未登记时当事人的法律责任问题》,载中国民商法律网,http://www.civillaw.com.cn/article/default.asp?id=13874,访问时间:2008-06-07。

采用抵押合同与抵押权登记予以区分的做法。①

我国《物权法》第 15 条规定："当事人之间订立有关设立、变更、转让和消灭不动产物权的合同,除法律另有规定或者合同另有约定外,自合同成立时生效;未办理物权登记的,不影响合同效力。"该条将物权变动与债权合同作了区分,物权登记之前债权合同即可有效。据此,在设立抵押场合,抵押合同如无违法情况,也不违反社会公共利益原则,抵押权登记之前即可有效。登记是抵押权成立要件或对抗要件,而不是抵押合同有效或生效要件。对此,《物权法》第 187 条规定："以本法第 180 条第 1 款第 1 项至第 3 项规定的财产或者第 5 项规定的正在建造的建筑物抵押的,应当办理抵押登记。抵押权自登记时设立。"第 188 条规定："以本法第 180 条第 1 款第 4 项、第 6 项规定的财产或者第 5 项规定的正在建造的船舶、航空器抵押的,抵押权自抵押合同生效时设立;未经登记,不得对抗善意第三人。"第 189 条第 1 款规定："企业、个体工商户、农业生产经营者以本法第 181 条规定的动产抵押的,应当向抵押人住所地的工商行政管理部门办理登记。抵押权自抵押合同生效时设立;未经登记,不得对抗善意第三人。"至此,《物权法》成功地废除了《担保法》第 41 条的规定。《物权法》实施后,抵押人如在抵押合同签订后拒绝办理抵押登记致使债权人受到损失的,应当承担违约赔偿责任。

三、抵押权的优先受偿效力

优先受偿是抵押权的核心效力。在法律上,于一般情形下,抵押权人由主债权人兼任,即抵押权是为担保主债权而存在的,所以抵押权的各种效力都紧紧围绕着担保主债权受清偿而展开,所以说,优先取偿是抵押权的核心内容。债务人不履行到期债务或者发生当事人约定的实现抵押权的情形,抵押权人可以与抵押人协议以抵押财产折价或者以拍卖、变卖该抵押财产所得的价款优先受偿。协议损害其他债权人利益的,其他债权人可以在知道或者应当知道撤销事由之日起 1 年内请求人民法院撤销该协议。抵押权人与抵押人未就抵押权实现方式达成协议的,抵押权人可以请求人民法院拍卖、变卖抵押财产。抵押财产折价或者拍卖、变卖后,其价款超过债权数额的部分归抵押人所有,不足部分由债务人清偿。

值得一提的是,抵押债权人优先于一般债权人受偿,但不能优先于某些税款、建设工程价款等的优先受偿。我国《税收征收管理法》第 45 条规定："税务机关征收税款,税收优先于无担保债权,法律另有规定的除外;纳税人欠缴的税款发生在纳税人以其财产设定抵押、质押或者纳税人的财产被留置之前的,税收应当先于抵押权、质权、留置权执行。纳税人欠缴税款,同时又被行政机关决定处以罚款、没收违法所得的,税收优先于罚款、没收违法所得。税务机关应当对纳税人欠缴税款的情况定期予以公告。"

值得注意的是,在我国的司法实践中,对被执行人及其所扶养家属生活所必需的居住房屋,人民法院可以查封,但不得拍卖、变卖或者抵债。对于超过被执行人及其

---

① 参见唐义虎:《物权变动问题研究》,崇文书局 2005 年版,第 114—118 页。

所扶养家属生活所必需的房屋和生活用品,人民法院根据申请执行人的申请,在保障被执行人及其所扶养家属最低生活标准所必需的居住房屋和普通生活必需品后,可予以执行。

四、抵押人处分权、抵押权追及效力以及与抵押物受让人涤除权

抵押设立后,物之所有权仍然属于抵押人,因此各国一般都承认抵押人对于抵押物的处分权。当然,抵押权也是物权,因此具有追及效力。然而该种效力是一把"双刃剑",一方面维护和强化了抵押权,另一方面可能造成对于抵押期间抵押物受让人合理利益的危害。

对此,《德国民法典》规定抵押人对抵押物的处分权,《德国民法典》第1136条规定:"所有人对债权人约定承担土地不转让或不再设定义务负担者,其协议为无效"。德国同时规定抵押权有追及力,但否定抵押权对于抵押物转让价金的物上代位性。与此同时,依据第433条关于买卖合同类型上的义务的规定,出卖人负有使第三人对买受人不得主张任何权利而使买受人取得出卖的标的物的义务。据此,一旦债务人不能履行或履行不完全,抵押权人实行抵押权的,买受人只能向抵押人主张买卖合同权利瑕疵担保责任,请求抵押人赔偿损失。《德国民法典》着重保护抵押权人的利益,对抵押物受让人的保护比较薄弱。

《法国民法典》规定了抵押权追及效力。第2393条规定:"设定抵押权的不动产不论归何人所有,抵押权跟随不动产而存在。"第2463条实际上进一步明确了抵押权追及效果:"占有该不动产的第三人,不问担保债权的多寡,应偿还一切到期的利息及原本,否则,须不作任何保留,抛弃其负担抵押权的不动产。"第2464条规定,如持有不动产的第三人没有全部履行这些义务中的任何一项义务,对该不动产享有追及权的每一个债权人,均有权申请扣押并出卖该不动产。上述规定主要是规定和贯彻抵押权的追及效力。然而,《法国民法典》第4卷第2编第3副编第6章系统规定了"优先权与抵押权的涤除",其中规定了抵押物第三取得人对于抵押权的涤除权及其操作方法。

《日本民法典》承认抵押权追及效力并将抵押权的物上代位扩及至转让价金。第378条规定了"代价偿还":"就抵押不动产买受所有权或地上权的第三人,应抵押权人的请求,对其清偿了代价后,抵押权为该第三人而消灭"。第379条规定了抵押物受让人涤除权:"就抵押不动产取得所有权、地上权或永佃权的第三人,可以依据第378条的规定请求抵押权的消灭。"该法典第380—386条详尽规定了抵押权涤除时间、程序以及效果。

《瑞士民法典》第832条规定:"让与被抵押的土地时,除另有约定外,该土地的担保负担及债务人的责任,不因变更所有人而发生变化。""但是,如新所有人向担保权人承担债务的,前债务人免除债务。但债权人在1年内以书面表示仍以前债务人以债务人时,不在此限。"第828—830条规定了抵押权涤除制度。在瑞士,由州法规定是否允许涤除抵押权,这很显然是为了照顾法国法系的州的法律传统。瑞士的抵押权涤除制度的特点和内容还包括:只有当土地的抵押金额超过土地的价格时才能适用涤除；取得人有偿取得土地的，涤除金额为取得的价格，无偿取得土地的，涤除金额则为土地所负担的债务额；取得人欲进行涤除，须提前半年书面通知债权人；涤除的数额，依债权人的顺序分配；抵押债权人可预付费用要求公开拍卖，拍卖价格高于涤除金额时，拍卖价格即为解除抵押权的价格；当拍卖价格高于涤除金额时，拍卖的费用由土地取得人支付，反之，由提出拍卖请求的抵押债权人负担；各州法律可规定以官方的估价取代公开拍卖，其估价额即为解除抵押权的价额。总的来说，瑞士的特点，一是由各州决定是否允许涤除，二是涤除制度中抵押债权人的负担较轻。

可以认为：成熟的抵押权涤除制度，使买受人有机会取得无负担之标的物，也允许抵押权人拒绝抵押物买受人的不合理低价涤除；而且，在抵押涤除权制度中，关于增价拍卖的规定，既可以防止买受人以不合理低价涤除，又可以防止抵押权人滥用拍卖措施。

而我国则限制抵押人对抵押物的处分。我国《担保法》第49条规定："抵押期间，抵押人转让已办理登记的抵押物的，应当通知抵押权人并告知受让人转让物已经抵押的情况；抵押人未通知抵押权人或者未告知受让人的，转让行为无效。""转让抵押物的价款明显低于其价值的，抵押权人可以要求抵押人提供相应的担保；抵押人不提供的，不得转让抵押物。""抵押人转让抵押物所得的价款，应当向抵押权人提前清偿所担保的债权或者向与抵押权人约定的第三人提存。超过债权数额的部分，归抵押人所有，不足部分由债务人清偿。"其中对于抵押人就转让的价款"应当向抵押权人提前清偿所担保的债权或者向与抵押权人约定的第三人提存"的规定，尚不能被解释为抵押权对于转让价款的物上代位性，只有价款被提存后，抵押权效力才及于已经被提存的价款。抵押人未将设立抵押权的事实告知受让人，属于欺诈，依《合同法》第54条的规定，受让人享有撤销权。然而，根据特别法优于普通法的原则，《担保法》第49条第1款优先于《合同法》第54条而适用。

不过，我国2000年《关于担保法解释》第67条规定："抵押权存续期间，抵押人转让抵押物未通知抵押权人或者未告知受让人的，如果抵押物已经登记的，抵押权人仍可以行使抵押权；取得抵押物所有权的受让人，可以代替债务人清偿其全部债务，使抵押权消灭。受让人清偿债务后可以向抵押人追偿。如果抵押物未经登记的，抵押权不得对抗受让人，因此给抵押权人造成损失的，由抵押人承担赔偿责任。"该规定放松了对于抵押物处分的限制，与此同时赋予抵押权追及效力，还规定了受让人对于抵押权人的代价清偿（也有论者认为规定了对于抵押权的涤除权，只是不够全面）。

我国《物权法》严格限制抵押人转让抵押物。该法第191条规定："抵押期间，抵押人经抵押权人同意转让抵押财产的，应当将转让所得的价款向抵押权人提前清偿债务或者提存。转让的价款超过债权数额的部分归抵押人所有，不足部分由债务人清偿。""抵押期间，抵押人未经抵押权人同意，不得转让抵押财产，但受让人代为清偿债务消灭抵押权的除外。"可以看出，《物权法》严格限制抵押人处分权，没有明确否定抵押权追及效力，另外还是承认抵押物受让人对于抵押权人的代价清偿（或者说某种意义的抵押涤除权)。

　　有学者认为涤除权严重削弱了对抵押权人的保护,所以立法不应承认;也有学者认为抵押权涤除制度乃是对不完善的登记制度的一种救济,因为涤除权制度可以防止因隐藏的抵押权人主张权利而使抵押物第三取得人丧失已获得的不动产抵押物。

第二十一章 质 权

第一节 质权概说、属性及分类

一、质权概说

质权与其他担保物权一样,通过变价清偿的现实可能性保障债权实现,体现民法的安全、诚实信用、秩序等价值目标。质权与抵押权的最大区别,在于动产质权须转移担保物的占有,而抵押权以登记为公示方法。权利质押迎合了现实需要,却是立法技术的产物,登记公示的权利质权具有"抵押权"的部分属性。在我国,质权与留置权的最大区别在于,前者是约定担保物权,后者是法定担保物权。

所谓质权,是指债权人占有债务人或第三人提供的特定财产,于债务人不履行到期债务或者发生当事人约定的实现质权的情形时,以债权人所占有的特定财产的价值优先于其他债权人而受偿的担保物权。债务人或第三人用于担保的特定财产,称为质物;提供特定财产设立质权的人(债务人或第三人)是出质人;占有质物的债权人系质权人。第三人提供质押,一般是因为接受了债务人的委托,第三人与债务人之间存在委托合同关系,但也不排除第三人无因管理之可能。被质权担保的债权一般为金钱债权,但非金钱债权也可以被质权担保,因为非金钱债权在债务人不履行债务时可以转化为以金钱为给付标的物的赔偿损失之债权,而且质权人占有质物并有权留置质物,这对非金钱债务的债务人构成心理压力,可以促使其履行债务。

质权是一种非常古老的担保物权,它比抵押权的历史漫长得多。在中国古代,质、赘、贴①、押、典、当、按等的内容不尽一致,但基本含义是一样的,都有移转担保物占有的意思;抵、指等的含义则有不移转担保物占有的意思。盖尤斯在《论十二表法》第6卷说:"'质押'(pignus)一词源于'拳头'(pugnus)。因为用于质押之物要被亲手交付,所以一些人认为质权(pignus)本身被设定于动产之上。可以认为此观点正确。"②乌尔比安在《论告示》第28卷指出:"我们确实将物之占有移转于债权人的称为'质'(pignus),而将物之占有不移转于债权人的称为'抵押'(hypotheca)。"③质押,在英语中称 pledge。

质权与抵押权的最大区别,在于动产质权须转移担保物的占有,而抵押权以登记

---

① 一般来说,"质"担保的是计息债务;而"贴"的人身或财物在"贴"的期间所创造的新的价值或产生的收益是归债权人的,因此,担保的债务本身往往不计息。参见郭建:《中国财产法史稿》,中国政法大学出版社2005年版,第78页。

② 〔意〕桑得罗·斯契巴尼选编:《物与物权》,范怀俊译,中国政法大学出版社1999年版,第166页。

③ 同上。

为公示方法。质权与留置权一样,以占有(或留置)和优先受偿的双重功效来担保债权的实现。在我国,质权与留置权的最大区别在于,前者是约定担保物权,后者是法定担保物权。

二、质权的属性

质权作为担保物权的一种,具备担保物权的一般属性:从属性、不可分性以及物上代位性等。

(一) 质权具有从属性

质权设立以有效的主债权为前提,以主债权的存在为存续条件,且主债权消灭的,质权即随之消灭。质权从属性,在有些场合比较特殊:例如,为将来和附条件债权设立的质权,仍具有从属性,但毕竟质权设立时尚不存在已经成立的无条件债权;又如,最高额质权,从属于基础性债权产生的将来连续的一系列债权,而不是从属于将来连续发生的个别债权。我国《物权法》第222条第1款规定,出质人与质权人可以协议设立最高额质权。

(二) 质权具有不可分性

主债权未受全部清偿的,质权人可以就质物的全部行使其质权。即使债务人履行了一部甚至大部分债务,只要质权所担保的全部债权没有完全清偿,质押债权人也可以继续就质物之全部行使质权。主债权被分割或者部分转让的,各债权人可以就其享有的债权份额行使质权。质物被分割或者部分转让的,质权人可以就分割或者转让后的质物行使质权。当质物部分灭失时,尚存部分继续担保全部债权。主债务被分割或者部分转让的,质押人仍以其质物担保数个债务人履行债务。但是,第三人提供质押的,债权人许可债务人转让债务未经质押人书面同意的,质押人对未经其同意转让的债务,不再承担担保责任。

(三) 质权具有物上代位性

担保物权都具有物上代位性。质权是物权、价值权,权利内容在于占有质物并支配其交换价值,因此,质物灭失或损坏,或者质物形态改变的,质权的效力可以追及于质物的替代物或者变形物。因质物灭失、损毁而得到的赔偿金、保险金,称为质物的代位物。质权人可以就该赔偿金、保险金行使质权。

三、质权的分类

(一) 动产质权、不动产质权与权利质权

依标的物的不同,可将质权分为动产质权、不动产质权和权利质权。

动产质权是以动产为标的物的质权,它是质权的基本形式,它以占有为公示方法。现在各国的实践中都比较常见。

不动产质权是以不动产为标的物的质权。它曾经是农耕社会的一种重要担保方式。而如今,法国、日本、阿尔及利亚等一些国家尚有不动产质权;很多国家,包括我国,都没有这种质权了。在设定质权的当事人之间,不动产的移转占有是不动产质权

的成立要件,而依法国1955年1月4日不动产公示法令的规定,不动产质权对抗第三人的要件则是登记,未经登记的不得对抗第三人。① 在法国,不动产质权的存废存在争议。但不动产质权有两点明显的优势:其一,它可以通过出质物之孳息确保债权人立即获得债权利息之清偿;其二,在实务操作中,有些债权人在同一不动产上同时设定不动产质权和不动产抵押权,以加强债权担保之效果。②

权利质权,是指以可让与的财产权利为标的物的质权,为现代各国民法所普遍采用。不过,其中一些国家将权利质权包括于动产质权之中。

(二)民事质权与商事质权

分类标准是质权所适用的法律。民事质权是民法典规定的质权。商事质权是商法典规定的质权。在法国,商事质权的实行与民事质权不同,可以不经法院授权而直接出卖质物,但应在出卖8天前通知债务人,且其出卖必须经专业的货物经纪商或拍卖商的拍卖为之。③《日本商法典》第515条明确规定:"民法典第349条的规定,不适用于为担保商行为债权而设定的质权。"《日本民法典》第349条禁止流质。在民商合一国家,如我国,没有民事质权和商事质权之分。我国只有一般质权与营业质权之分。

(三)一般质权与营业质权

1. 营业质权

是指适用当铺业管理规则的质权,它是债务人以一定的财物(当物)交付于债权人(当铺)作担保,向债权人(当铺)借贷一定数额的金钱,于一定期限内债务人清偿债务后即可赎回担保物;期限届满后,债务人不能清偿债务时,债权人即可以当物变价优先受偿或直接取得当物的所有权。营业质权与一般质权的差别主要是,营业质权的权利人是提供借款的专门营业机构,是特定的企业法人;另外,法律禁止一般质权的流质,但不禁止营业质权当事人的流质约定。

耐人寻味的是,在有的法域,当事人形式上将一些物品出当,实际上是利用当铺保管这些物品,这属于当铺功能在实践中的异化。

2. 我国的典当

我国的典当历史悠久,南北朝时寺院广泛设立"质库",经营收质放债;唐代主要是质库收质放债,各地质库业相当发达,长安城里的质库集中于西市,即使在边远地区质库也已相当兴盛;宋代收质放债的行业在北方称为"解库",南方称为"质库",寺院则经营"长生库"收质放债取利;元朝也容许民间自由开设"解典库"。④

当代的典当业是银根宽松与否的晴雨表,每当银行信贷的紧缩,典当借贷市场就变得异常活跃,大行其道,甚至出现典当行坐地起价、高息放贷的现象。所以,对于典当,法律应予以规范,加以引导,兴利除弊。我国目前的典当制度主要有以下特点:

---

① 参见于海涌:《法国不动产担保物权研究》(第二版),法律出版社2006年版,第119页。
② Alex Weill, Les Sûretés, La publicité foncière, 1979, no.54. 转引自上书,第126页。
③ 参见钟青:《权利质权研究》,法律出版社2004年版,第20页。
④ 叶孝信主编:《中国民法史》,上海人民出版社1993年版,第207、273、361、475页。

（1）我国目前的典当是附担保的借款。根据商务部、公安部公布的于2005年4月1日起施行的《典当管理办法》第3条的规定,典当,是当户将其动产、财产权利作为当物质押或者将其房地产作为当物抵押给典当行,交付一定比例费用,取得当金,并在约定期限内支付当金利息、偿还当金、赎回当物的行为。可见,目前的典当就是附担保的借款,并不局限于质押借款。

（2）典当关系中的担保物权人是特定的企业法人,是提供借款的专门营业机构。它是依法设立的专门从事典当活动的,组织形式与组织机构适用《公司法》有关规定的典当行。经批准,典当行可以经营动产质押典当业务、财产权利质押典当业务、房地产(外省、自治区、直辖市的房地产或者未取得商品房预售许可证的在建工程除外)抵押典当业务等。但典当行不得经营动产抵押业务,不得集资、吸收存款或者变相吸收存款,也不得发放信用贷款。

（3）当票不能转让。当票是典当行与当户之间的借贷契约,是典当行向当户支付当金的付款凭证。典当行和当户就当票以外事项进行约定的,应当补充订立书面合同,但约定的内容不得违反有关法律、法规的规定。典当行和当户不得将当票转让、出借或者质押给第三人。当票遗失,当户应当及时向典当行办理挂失手续。未办理挂失手续或者挂失前被他人赎当,典当行无过错的,典当行不负赔偿责任。

（4）典当期限严格限制。典当期限由双方约定,最长不得超过6个月。典当期内或典当期限届满后5日内,经双方同意可以续当,续当一次的期限最长为6个月。续当期自典当期限或者前一次续当期限届满日起算。续当时,当户应当结清前期利息和当期费用。典当期限或者续当期限届满后,当户应当在5日内赎当或者续当。逾期不赎当也不续当的,为绝当。

（5）典当行在当期内不得出租、质押、抵押和使用当物。质押当物在典当期内或者续当期内发生遗失或者损毁的,典当行应当按照估价金额进行赔偿。遇有不可抗力导致质押当物损毁的,典当行不承担赔偿责任。

（6）典当担保物权的公示有特殊性。典当行经营房地产抵押典当业务,应当和当户依法到有关部门先行办理抵押登记,再办理抵押典当手续。典当行经营机动车质押典当业务,应当到车辆管理部门办理质押登记手续。2012年公安部《机动车登记规定》第42条规定:"申请办理机动车质押备案或者解除质押备案的,由机动车所有人和典当行共同申请,机动车所有人应当填写申请表,并提交以下证明、凭证:(一)机动车所有人和典当行的身份证明;(二)机动车登记证书。车辆管理所应当自受理之日起一日内,审查提交的证明、凭证,在机动车登记证书上签注质押备案或者解除质押备案的内容和日期。"

（7）典当担保物权的实现与一般担保物权的实现有一定差异。从《典当管理办法》中可以看出,绝当物估价金额不足3万元的,不禁止流质。该《办法》规定,绝当物估价金额在3万元以上的,典当行可以按照担保物权的有关规定处理,也可以双方事先约定绝当后由典当行委托拍卖行公开拍卖。拍卖收入在扣除拍卖费用及当金本息后,剩余部分应当退还当户,不足部分向当户追索。绝当物估价金额不足3万元的,典当行可以自行变卖或者折价处理，损益自负。典当行处分绝当物品中的上市公司股份应当取得当户的同意和配合，典当行不得自行变卖、折价处理或者委托拍卖行公开拍卖绝当物品中的上市公司股份。

（四）意定质权、法定质权和扣押质权

这是以质权成立的原因为标准对质权的分类。

1. 意定质权

意定质权，是指通过法律行为而设立的质权。法律行为主要是合同，也可以是遗嘱。质押人（出质人）与主债权人（质权人）通过质押合同约定而设立的质权称"约定质权"。我国的"质权"，一般即指"约定质权"。

2. 法定质权

法定质权，是指依法律规定而直接发生的质权。古罗马法有法定质权（也被称为法定抵押权），德国法也有法定质权。从权利本质来看，法定质权包括人们所说的"物权性质的留置权"。值得注意的是，在德国，提存是《德国民法典》第232条所规定的第一种担保方式①，而债权人就提存物享有质权——《德国民法典》第232条第1款规定，提供担保的人，可按下列方式进行：提存金钱或者有价证券……第233条就提存的效力规定，债权人于提存时，对提存的金钱或者有价证券取得质权，如果此金钱或者有价证券归国库或者指定为提存处的机构所有，债权人就返还请求权取得质权。

我国《物权法》没有"法定质权"的称谓，我国有"留置权"规定。但我国台湾地区"民事诉讼法"第103条第1项及第106条规定，受担保利益人对于供担保人所提存的现金、有价证券或其他提存物，享有法定质权。②

3. 扣押质权

在德国，还存在着扣押质权——为强制满足债权，债权人可按《民事诉讼法》第808条对动产、债权以及其他权利以强制执行方式设立质权。③ 关于扣押质权的性质，有纯粹私法性质权说、混合的私法公法性质权说以及纯粹公法性质权说等三种学说，第二种学说为大多数人所支持。④

第二节 动 产 质 权

一、动产质权的含义

动产质权，是指为担保债权，债权人占有由债务人或者第三人提供的特定动产，并得就其变价而优先受偿的担保物权。动产质权是质权的基本形式，立法也以动产质权为重点；权利质权，除适用特殊规定外，适用动产质权的一般性规定。

---

① 1937年德国《提存法》规定，这种提存的提存处为初级法院，参见〔德〕卡尔·拉伦茨：《德国民法通论》（下），王晓晔等译，法律出版社2003年版，第916页。
② 参见谢在全：《民法物权论》（下册），中国政法大学出版社2011年修订5版，第977—978页。
③ 参见〔德〕M. 沃尔夫：《物权法》，吴越、李大雪译，法律出版社2004年版，第345页。
④ 参见〔德〕鲍尔、施蒂尔纳：《德国物权法》（下），申卫星、王洪亮译，法律出版社2006年版，第578页。

动产质权的标的物，应当是可让与的特定财产。性质上不可转让或者法律禁止流通的财产，不能作为质物。限制流通物可为质物（如黄金、白银、一定级别的文物等），但在实行质权时，应该由特定部门收购，质权人从价款中优先取偿。可以质押的特定财产应该是特定物或者特定化的种类物。债务人或者第三人将其金钱以特户、封金、保证金等形式特定化后，移交债权人占有作为债权的担保，债务人不履行到期债务或者发生当事人约定的实现质权的情形时，债权人可以以该特定化金钱优先受偿。其中，"特户"即专用存款账户，是存款人依照法律规定对特定用途资金进行专项管理和使用而开立的银行结算账户；"封金"是指加以包封的金钱；"保证金"则是指在担保特定用途的支付时由债务人或第三人交付给债权人的一笔金钱，例如信用证开证保证金或者银行承兑汇票保证金等。

定金担保与质押不同。定金的标的物是金钱，是非特定化的物，金钱之占有与所有权合一。定金之上无法设立他物权，所以定金担保不是担保物权的担保。定金的特殊性集中地表现为定金罚则。定金罚则具有双向性，所以定金担保具有双向性，但定金不能对抗第三人。

与定金不同，押金没有定金担保的双向性，也没有定金罚则。押金是一种特殊的担保，但不是质押担保。这主要是因为金钱是最典型的种类物，没有特定化的押金无法对抗第三人。

二、动产质权的取得

（一）依法律行为而取得动产质权

这种取得方式包括动产质权的设定和动产质权的让与两种。

1. 动产质权的设定

动产质权的设定，是动产质权取得的最基本方式，动产质权的设定行为包括遗嘱和双方法律行为。尽管我国《担保法》及《物权法》没有明确规定，但通过立遗嘱设立动产质权，在法理上完全没有问题。不过，执行遗嘱（交付标的物）时，质权才成立。[①] 质权人为债权人；出质人是提供特定财产进行担保的人，可以是债务人，也可以是第三人。出质人为第三人时，该第三人也叫做物上保证人。为债权人质押担保的第三人，在质权人实现质权后，有权向债务人追偿。

须注意，法律、行政法规禁止转让的动产不得出质。以禁止流通物设质的无效。以限制流通财产设质的，在质权实现的时候质物不能自由买卖。国家机关和以公益为目的的事业单位、社会团体违反法律规定提供质押担保的，质押合同无效。将交通运输工具列入质押物范畴，因需移转质物的占有，不利于发挥交通运输工具的作用，故有专家主张交通运输工具只能抵押，不能质押。笔者认为，交通运输工具质押一般不利于其利用，故不宜提倡，但不能认为其质押无效。有专家指出，我国《担保法》和《物权法》虽然不禁止船舶、航空器的质押，但为避免债权人的管理困难，防止对出质

---

① 参见史尚宽：《物权法论》，中国政法大学出版社2000年版，第348页。

人正常生活和生产经营活动的影响,宜提倡依照我国《海商法》和《民用航空法》的规定设定抵押权;车辆属于一般动产,可以出质,但车辆也可以抵押,因此车辆出质的,质权人宜要求出质人同时交付车辆的权利凭证,以免出质人在车辆上重复设定抵押权,造成不必要的麻烦。①

根据《物权法》规定,设立质权,当事人应当采取书面形式订立质权合同。质权合同一般包括下列条款:(1)被担保债权的种类和数额;(2)债务人履行债务的期限;(3)质押财产的名称、数量、质量、状况;(4)担保的范围;(5)质押财产交付的时间。

质权自出质人交付质押财产时设立。在实践中,不少人把抵押和质押混为一谈,实为质押合同的,却惯写为抵押合同,对此,有专家认为,名为抵押合同,实为质押合同,并移交占有质物的,应当按质押合同认定。② 这种抵、质混为一谈的民事实践,与《民法通则》抵、质统称"抵押"、统一设计为"抵押"、无"质押"单独规定有一定关系。根据我国目前的有关规定,质押合同中对质押的财产约定不明,或者约定的出质财产与实际移交的财产不一致的,以实际交付占有的财产为准。出质人代质权人占有质物的,质权不成立;质权人将质物返还于出质人后,以其质权对抗第三人的,司法实践中人民法院不予支持。因不可归责于质权人的事由而丧失对质物的占有,质权人可以向不当占有人请求停止侵害、恢复原状、返还质物。

有学者指出:"……任何以排除出质人对质物有其他影响或处分可能之形式,均可供作为质物之交付方式。"③可供作为质物之交付形式包括现实交付、简易交付和指示交付等。但质权人不能让出质人代为占有质物,也就是说,不得以占有改定方式设立质权,理由一是维护质权的占有和留置效力,二是以切实的占有公示维护交易安全,保护善意第三人的利益,防止其遭不测之损害。

出质人以间接占有的财产出质的,质押合同自书面通知送达占有人时视为移交。占有人收到出质通知后,仍接受出质人的指示处分出质财产的,该行为无效。在英美法系国家,质权之设立,也有直接占有移转和间接占有移转之别,就是说,为担保债权之实现,可以是将特定的财产实际的(actual)或推定的(constructive)占有移转于债权人。④ 可见,两大法系的很多具体制度是一样的。

关于共同占有。《德国民法典》第1206条规定,物处于债权人的共同保管之下,或者在第三人占有物的情况下,返还只能是向所有权人和债权人共同移交的,给予共同占有就足以代替物的交付。其他国家,如阿根廷规定,质物也可由出质人和债权人双方委托的第三人占有。我国民事实践中也存在第三人直接占有质物的情况,而且往往是通过三方协议由仓储单位作为第三人接受出质人和债权人共同委托而占有、

---

① 曹士兵:《中国担保制度与担保方法——根据物权法修订》,中国法制出版社2008年版,第296页。
② 何志、王士教、单浩森主编:《担保法判解研究与适用》,中国政法大学出版社2000年版,第381—382页。
③ Vgl. Staudinger/Wolfgang Wiegand, 12. Aufl., §1205, Rn. 10.转引自郑冠宇:"动产质权之发展",载中国民商法律网,http://www.civillaw.com.cn/weizhang/default.asp? id=11875,访问时间:2013-11-25。
④ 参见许明月:《英美担保法要论》,重庆出版社1998年版,第237页。

负责监管质物。① 作为一种特殊的动产质押的"第三人直接占有质物的存货质押"与作为权利质押的"仓单质押"之间只有"一步之遥"。

是否存在"浮动质押"？质权以移转动产占有为成立要件，并以维持质物占有为存续要件，质物一部分脱离了质权人占有即不再是"质物"，而根据质押合同某物为质权人占有并成为全部质物一部分则质权发生变动。就是说，质权可因质押合同以及当事人移转标的物占有而发生变动，这种变动实际是质物变动导致的，法律并无禁止的理由，实际上目前法律也不禁止，而实践中广泛存在这种所谓的"浮动质押"。例如，甲贸易公司将其经营的煤炭质押给乙银行，甲贸易公司、乙银行以及丙仓储单位三方协议由仓储单位直接占有、监管煤炭，乙银行也同时派人驻守仓储单位共同监管煤炭，即乙银行和丙仓储单位共同占有煤炭，只要保证煤炭的总量在最低限度以上，出质人甲贸易公司可以随时经乙银行和丙仓储单位的签字处分煤炭。此案中，煤炭在质权人和仓储保管人共同占有下有进有出，出库的煤炭即脱离质押，而入库的煤炭则成为质物的一部分。此案中，只要煤炭在乙银行和丙仓储单位共同占有下能够保持法律上的特定性，就可以认为乙银行对于存储于丙仓储单位的煤炭享有质权。

2. 动产质权的善意取得

动产出质人设立质押，须对质物有处分权。但无处分权而设立质押的，并非一定不能由受质人取得质权。在民事活动中，基于借用、租赁、保管、运输、各种担保等原因，物之占有与所有权发生分离从而不被所有权人实际掌控的情况广泛存在。如果出质人对质物无处分权，基于出质人的交付，质权人取得质物的占有但不知出质人无处分权，那么质权人基于善意取得制度可取得质权。如果不承认质权的善意取得，在质物交付后，质物的权利人可以追夺质物的话，动产质权将风险极大，出质人甚至可以与第三人串通，在出质后通过声称无处分权来侵夺相对人已取得的质权。②

动产质权善意取得的要件包括：第一，以设立质权为目的，出质人与受质人订立了质押合同，且该合同除出质人无处分权外没有其他无效因素。第二，须出质人完成了质物交付，而受质人取得了质物的占有。第三，须出质人无处分质物的处分权。如出质人对质物有处分权，则受质人直接取得质权，不适用善意取得制度。第四，须受质人受让该动产占有时不知也不可能知道出质人无处分权。成立善意取得的，质物的所有权人不得向质权人追还质物。

我国承认动产质权善意取得制度。《关于担保法解释》第84条规定："出质人以其不具有所有权但合法占有的动产出质的，不知出质人无处分权的质权人行使质权后，因此给动产所有人造成损失的，由出质人承担赔偿责任。"《物权法》第106第1、2款规定了所有权的善意取得制度，第3款规定："当事人善意取得其他物权的，参照前两款规定"。因为质权设立都是无偿的，所以，善意取得质权不要求《物权法》第106

---

① 参见刘萍主编：《中国动产担保创新经典案例》，中信出版社2010年版，第143—144页以及第145—147页。

② 曹士兵：《中国担保诸问题的解决与展望——基于担保法及其司法解释》，中国法制出版社2001年版，第280页。

条第 1 款规定的"以合理的价格转让"这一条件。

3. 动产质权之移转

动产质权是一种财产权,具有非专属性,所以可以让与。但动产质权系为担保债权而存在,具有从属性,所以,动产质权应该是与其所担保的债权一并让与的。一般情况下,债权让与时,质权也一并移转于受让人。除双方行为外,质权人还可以通过立遗嘱而处分其债权。通过遗嘱,担保债权的质权,可以与债权一并移转。质权之移转取得,不以质物之交付为要件,被继承人死亡时质权与其所担保的债权即一并移转,但质物未经交付的,基于遗嘱而取得质权的人不得处分质权。

(二) 依法律行为以外的原因取得质权

如因法定继承而取得。动产质权是财产权,于质权人死亡时,继承人得依法定继承取得。动产质权因法定继承取得时,不论继承人是否知其事实,也不以占有质物为必要。

三、动产质权的效力

(一) 动产质权的效力范围

1. 质权所担保债权的范围可由当事人在质押合同中明确约定

若质押合同未明确约定,则所担保的债权包括:主债权及利息、违约金、损害赔偿金、质物保管费用和实现质权的费用。质物有隐蔽瑕疵造成质权人其他财产损害的,应由出质人承担赔偿责任,但质权人在质物移交时明知质物有瑕疵而予以接受的除外。这种赔偿责任也在质物的担保范围内。

2. 质权效力所及的标的物范围

质权效力及于当事人约定并由质押人交付质权人的担保物。担保物有从物的,质权效力依法及于从物;担保物有孳息的,质权效力依法及于孳息;质物灭失、毁损或者被征收的,质权效力依法及于保险金、赔偿金或者补偿金。此外,动产质权效力还依法及于添附物或对添附物的共有份额。

(1) 从物。动产质权的效力及于质物的从物,此于民法"从随主"原则一致。虽然从物从属于主物,但从物毕竟是主物之外的另一独立物,此外,为符合物权公示原则,也需要以占有从物作为质权效力及于从物的要件。所以,从物未随同质物移交质权人占有的,质权的效力不及于从物。

(2) 孳息。此处质权效力所及之孳息包括天然孳息,也包括法定孳息,如经出质人同意,质权人将质物出租他人而收取之租金。《物权法》第 213 条规定:"质权人有权收取质押财产的孳息,但合同另有约定的除外。""前款规定的孳息应当先充抵收取孳息的费用。"须注意,质权人于质押期间收取孳息,并非取得孳息的所有权,而是取得孳息的质权。质权人于质押期间收取的孳息,按照下列顺序清偿:① 收取孳息的费用;② 主债权的利息;③ 主债权。

(3) 代位物。在质物灭失、毁损或者被征收的情况下,质权人可以就该质物的保险金、赔偿金或者补偿金优先受偿。质物灭失、毁损或者被征收的情况下,质权所担保的债权未届清偿期的,质权人可以请求人民法院对保险金、赔偿金或补偿金等采取保全措施。质物的代位物还包括特殊情况下拍卖质物并予提存的所得价金以及发生添附时添附物不归质物所有权人所有而由其获得的补偿金。

(4) 添附物。质物因附合、混合或者加工使质物的所有权为第三人所有的,质权的效力及于补偿金;质物所有人为附合物、混合物或者加工物的所有人的,质权的效力及于附合物、混合物或者加工物;第三人与质物所有人为附合物、混合物或者加工物的共有人的,质权的效力及于质押人对共有物享有的份额。

(二) 质权的内容及质权人的义务

1. 质权的权利内容

(1) 占有并留置质物的权利。在质权存续期间,出质人或第三取得人请求交付质物时,质权人有权拒绝交付。在被担保债权未受清偿之前,质物被出质人的其他债权人强制执行的,质权人可以提起第三人异议之诉,以排除强制执行。这种占有、留置的实际意义,还在于通过心理压力敦促债务人清偿债务,从而达到担保债权实现的实际效果。

(2) 质物的孳息收取权。质权人有权收取质物的孳息,包括天然孳息与法定孳息。若质押合同另有约定的,依其约定。

(3) 偿还费用请求权。质权人对因保管质物所支付的必要费用,享有偿还请求权。对于经出质人同意而支出的有益费用,享有偿还请求权。

(4) 质权的处分权。质权是一种财产权,所以,质权人可处分质权,包括抛弃质权(但不得损害第三人权利)、转让质权(随同主债权一并转让)及以质权为其他债权作担保(随同主债权一并质押)。

(5) 优先受偿权。这是质权的核心内容。就质物实行质权时,即对质物变价处分时,质权人就质物的价值优先取偿。即便出质人破产,也是如此。根据2006年《企业破产法》第109条的规定,对破产人的特定财产享有担保权的权利人,对该特定财产享有优先受偿的权利。就质物变价并优先受偿,虽然是潜在的、或然性的,却是最为关键、最为核心的内容。

2. 质权人的义务

(1) 保管质物的义务。质权人负有妥善保管质押财产的义务;因保管不善致使质押财产毁损、灭失的,应当承担赔偿责任。质权人的行为可能使质押财产毁损、灭失的,出质人可以要求质权人将质押财产提存,或者要求提前清偿债务并返还质押财产。《物权法》第214条规定:"质权人在质权存续期间,未经出质人同意,擅自使用、处分质押财产,给出质人造成损害的,应当承担赔偿责任。"

(2) 赔偿因转质致出质人所受的损失。《物权法》第217条规定:"质权人在质权存续期间,未经出质人同意转质,造成质押财产毁损、灭失的,应当向出质人承担赔偿责任。"

(3) 返还质物。债务人按期履行债务或者出质人提前清偿所担保的债权的,质权人应当返还质押财产。

法国及智利等一些国家的民法典的规定有其特色。2006年担保制度改革前的《法国民法典》第2082条第2款规定:"同一债务人于设定质权后又对同一债权人约定负担其他债务,而该债务在第一债务清偿前到期者,债权人在两个债权未受到完全清偿前,不负交还质物的义务,即使并无特约以质物担保第二债务的清偿时,亦同。"《智利民法典》第2401条也有此类规定。然而,2006年担保制度改革后,质权人可以不占有质物,质权可以通过登记而公告,就是说对物的占有的效力和效果弱化,与此相关,改革前的《智利民法典》第2082条第2款规定已不见踪迹。

(三) 出质人的权利与义务

出质人的权利及义务,源于出质人拥有质物所有权以及质物被用于质押担保主债权这种事实。

1. 出质人的权利

(1) 质物的收益权。出质人对质物是否有收益权,由法律规定和当事人的约定予以确定。一般情况下质物收益权属于质权人,但当事人也可以约定质物收益权属于出质人。对此,我国《物权法》第213条第1款明确规定:"质权人有权收取质押财产的孳息,但合同另有约定的除外。"

(2) 质物的处分权。质物所有权属于出质人,故其有权对质物进行处分。作为质物的所有权人,出质人可依指示交付等方式将动产转让,或为担保其他债务于动产上再设立质权。对此,质权人应该有所认识并根据需要采取相应措施,而法律则有与此相配套的规则。

(3) 对质权人的抗辩权。《德国民法典》第1211条规定了出质人的抗辩权:"① 出质人可以向质权人主张属于负个人责任的债务人对债权的抗辩权,以及根据第770条的规定属于保证人的抗辩权。负个人责任的债务人死亡的,出质人不得援引继承人对债务仅负有限责任而提出抗辩。② 出质人并非负个人责任的债务人的,出质人不因负个人责任的债务人放弃抗辩权而丧失抗辩权。"这些规定反映了质押从属于主债的法理,值得我们参考、借鉴。

(4) 除去侵害及返还质物的请求权。出质人拥有此权,是因为出质人是质物的所有权人。所有权人有除去侵害及返还原物的请求权。《物权法》第215条第2款规定:"质权人的行为可能使质押财产毁损、灭失的,出质人可以要求质权人将质押财产提存,或者要求提前清偿债务并返还质押财产。"第219条第1款规定:"债务人履行债务或者出质人提前清偿所担保的债权的,质权人应当返还质押财产。"至于出质人对质权人主张的除去侵害的请求权,《物权法》在质权部分虽无具体规定,但在总则编有第35条的规定。[①]

(5) 求偿权。我国《担保法》第72条规定:"为债务人质押担保的第三人,在质权人实现质权后,有权向债务人追偿。"

[①] 《物权法》第35条规定:"妨害物权或者可能妨害物权的,权利人可以请求排除妨害或者消除危险。"

2. 出质人的义务

（1）损害赔偿义务。质物有隐蔽瑕疵造成质权人其他财产损害的,应由出质人承担赔偿责任。但是,质权人在质物移交时明知质物有瑕疵而予以接受的除外。质物的非隐蔽瑕疵致质权人损害的,出质人也应赔偿,但这种损害赔偿债权,应属普通债权,不属于质权担保的范围。[①]

（2）偿还必要费用的义务。出质人对质权人保管质物支出的必要费用负偿还义务。质权人就质物所支出的有益费用,出质人是否负偿还义务呢？出质人对经其同意而为支出的有益费用,负偿还义务。一般情况下非经出质人同意所支出的有益费用,出质人不负偿还义务。

（3）出质人在特定情况下负有提供相应担保的义务,即增担保义务。根据《物权法》第216条的规定,因不能归责于质权人的事由可能使质押财产毁损或者价值明显减少,足以危害质权人权利的,质权人有权要求出质人提供相应的担保；出质人不提供的,质权人可以拍卖、变卖质押财产,并与出质人通过协议将拍卖、变卖所得的价款提前清偿债务或者提存。

四、动产质权的实现

动产质权的实现,是指动产质权人在债务人不履行到期债务或者发生当事人约定的实现质权的情形时,变价处分质物而优先取偿。值得注意的是,我国《物权法》规定,出质人可以请求质权人在债务履行期届满后及时行使质权；质权人不行使的,出质人可以请求人民法院拍卖、变卖质押财产。出质人请求质权人及时行使质权,因质权人怠于行使权利造成损害的,由质权人承担赔偿责任。质物价值可能随市场行情波动,而质押存在本身对出质人也构成负担,所以于一定条件下作为质物所有权人的出质人依法可以请求法院拍卖、变卖质押财产,以充分实现质物价值并及时消灭质押关系。

值得一提的是,为保护出质人利益,并为了充分实现质物的价值,《阿尔及利亚民法典》第972条规定:"如出现出卖质物的有利机会,即使为实现质权确定的期限尚未届至,出质人亦可请求法官许可出卖质物。在许可出卖质物时,法官应确定出卖条件并裁定提存价款。"这种规定值得借鉴。

（一）动产质权的实现条件

质权的实现,首先必须存在有效的质权。没有质权之有效存在,就谈不上实现质权。根据《物权法》第208条的规定,实现质权的条件是"债务人不履行到期债务",或者"发生当事人约定的实现质权的情形"。出现这两种条件之一,债权人即可实现质权。后一种条件是《物权法》新规定的,《担保法》没有规定,更加体现了《物权法》对自愿原则（意思自治原则）的尊重,对于质权人的保护更加有利。

根据《物权法》的规定,清偿期届满,非因债权人原因而债权未获清偿的,质权人可以实现质权。当然,因债权人原因而债权未获清偿,如债权人拒绝接受债务人清偿

[①] 谢在全:《民法物权论》（下册）,中国政法大学出版社2011年修订5版,第985页。

的,则质权人不得实行质权。需要说明,债务未届履行期,但债务人被宣告破产的,债务人即依法丧失期限利益,未届期的债权视为已届清偿期,质权人因此可以提前行使质权。

因不能归责于质权人的事由可能使质押财产毁损或者价值明显减少,足以危害质权人权利的,质权人有权要求出质人提供相应的担保;出质人不提供的,质权人可以拍卖、变卖质押财产,并与出质人通过协议将拍卖、变卖所得的价款提前清偿债务或者提存。

(二) 动产质权的实现方法

债务人不履行到期债务或者发生当事人约定的实现质权的情形,质权人可以与出质人协议以质押财产折价,也可以就拍卖、变卖质押财产所得的价款优先受偿。质押财产折价或者变卖的,应当参照市场价格。质物折价或者拍卖、变卖所得的价款,当事人没有约定的,按下列顺序清偿:(1) 实现质权的费用;(2) 主债权的利息;(3) 主债权。质押财产折价或者拍卖、变卖后,价款超过债权数额的部分归出质人所有,不足部分由债务人清偿。

1. 与出质人协议,以质物折价归质权人所有

以这种方式实行质权,须具备以下条件:(1) 出质人与质权人订立转移质物所有权协议;(2) 协议以清偿质权所担保债权为目的;(3) 无害于其他债权人的利益;(4) 协议应于清偿期届满后订立,不得预先在质押合同中规定债务于履行期限届满质权人未受清偿时,质物所有权转移给质权人所有。

我国禁止流质。《物权法》第 211 条规定:"质权人在债务履行期届满前,不得与出质人约定债务人不履行到期债务时质押财产归债权人所有。"流质条款无效,但其无效不影响质押合同其他部分的效力,除非当事人约定流质条款为整个质押合同的基础。

2. 拍卖、变卖质物

这是动产质权实行最主要的方式。与抵押权的行使不同,质权人有权按《中华人民共和国拍卖法》自行组织拍卖,或者依法直接变卖质物,而无须请求人民法院拍卖或变卖质物。有学者指出,质权人自行拍卖、变卖质物前,应当以通知出质人为宜,但法律没有规定质权人的通知义务,且出质人本应该知道不履行债务会发生质物被处分的结果,故质权人未经通知出质人而径行拍卖、变卖质物的,也不构成对出质人的侵权。[①]

当然,质权也可以依非讼程序请求人民法院拍卖或变卖质物。根据我国 2012 年《民事诉讼法》第 196 条和第 197 条关于"实现担保物权案件"特别程序的规定,申请实现质权,由质权人以及其他有权请求实现质权的人依照物权法等法律,向基层人民法院提出。人民法院受理申请后,经审查,符合法律规定的,裁定拍卖、变卖质押财

---

① 参见曹士兵:《中国担保诸问题的解决与展望——基于担保法及其司法解释》,中国法制出版社 2001 年版,第 286 页。

产,当事人依据该裁定可以向人民法院申请执行;不符合法律规定的,裁定驳回申请,当事人可以向人民法院提起诉讼。

五、动产质权的消灭

动产质权消灭的原因,即质权消灭的法律事实。

(一) 被担保债权之全部消灭

主债权消灭,用于担保的质权也随之消灭。

由于质权的不可分性,债权部分消灭的,债权人仍得就剩余部分行使全部质权,只有主债权全部消灭的,质权才随之消灭。主债权消灭的原因有清偿、混同、抵销、免除等。其中所有权与质权混同的,如有后次序质权存在,可成立所有人质押而不发生质权消灭的结果。

(二) 质权因质权人抛弃而消灭

质权是财产权,可以由质权人予以抛弃。

抛弃行为是单方法律行为,但抛弃行为不得损害第三人利益。如质权已经随同债权为他人设立了权利质权的,被质押的质权即不得随意抛弃。

(三) 动产质权因返还质物而消灭

动产质权以占有为成立和存续要件,所以,在司法实践中,质权人将质物返还于出质人后,以其质权对抗第三人的,人民法院不予支持。

(四) 质权因质权人丧失对质物的占有而消灭

质物非基于质权人的意思(如被抢、被盗、遗失)而丧失占有的,质权人享有返还请求权,但如果质物不能返还,那么质权消灭。因为质权是物权、绝对权,所以,因不可归责于质权人的事由而丧失对质物的占有,质权人可以向不当占有人请求停止侵害、恢复原状、返还质物。

(五) 质物全部灭失

质权于质物上设立,故质物全部灭失,又无代位物时,质权归于消灭。

质物部分灭失的,因质权之不可分性,质物剩余部分仍然可担保全部债权。若质物灭失时有代位物,则质权存在于代位物上。灭失包括事实上灭失和法律上的灭失(如征收、没收)。征收的,质权存在于补偿金上。没收的,无补偿金,质权归于消灭。

(六) 质权因其他原因而消灭

质权因质权之实行、质权期限届满等原因而消灭。质权因其权利人对质物变价受偿而消灭。在期限方面,有学者认为,当事人可以约定质押期间,但其约定的期间短于或等于主债务的履行期限的,约定无效。① 这种观点有一定道理。质权是限制物权而不是所有权,当事人约定一定期限对质权予以限制,应无逻辑性的问题。

但是,《关于担保法解释》第12条规定:"当事人约定的或者登记部门要求登记的担保期间,对担保物权的存续不具有法律约束力。担保物权所担保的债权的诉讼时

---

① 参见王利明主编:《中国物权法草案建议稿及说明》,中国法制出版社2001年版,第467页。

效结束后,担保权人在诉讼时效结束后的 2 年内行使担保物权的,人民法院应当予以支持。"然而,《物权法》第 220 条规定:"出质人可以请求质权人在债务履行期届满后及时行使质权;质权人不行使的,出质人可以请求人民法院拍卖、变卖质押财产。""出质人请求质权人及时行使质权,因质权人怠于行使权利造成损害的,由质权人承担赔偿责任。"

对此,有论者认为,质权人在主债权的诉讼时效届满未实行其担保物权也未放弃对担保财产的占有的,应当推定其意思为以担保财产归自己所有的方式抵偿债权;担保财产的所有人如果认为这种依单方意思所做的处理损害了其合法权益,则其应在知道或者应当知道其权益被侵害之日起 2 年的诉讼时效期间内主张自己的权利,否则人民法院不予保护,也不再作出处理。①

笔者认为,上述观点有一定道理,然而毕竟是一种推定的理论,况且《物权法》第 220 条规定的出质人可以采取的措施更为积极主动,该条规定给予出质人更好的选择,加上《关于担保法解释》第 12 条限制质权行使时间规定的配合,已经很好地平衡了出质人以及质权人之间的利益关系,无须再作扩大或限缩解释。总之,目前,我国的质权在期限方面同时受《关于担保法解释》第 12 条和《物权法》第 220 条的限制,这两条并不相互否定,而是相互制约、相互配合。

第三节 权 利 质 权

一、权利质权概述

(一)权利质权的概念

权利质权,是以所有权以外的可让与的财产权为标的物而成立的质权。权利质权的客体是一定的财产权利,被称为出质权利,或入质权利,或被质押权利。除法律另有特别规定的以外,权利质权准用动产质权的规定。在有形实物之外,财产权的种类和数量越来越多,知识产权及其他无形财产权的价值也日益突出。各种财产权依法作为担保物权的客体,是物权法上"物"的概念的法律化和观念化,也表明了立法技术的演变和发展。当然,权利质权毕竟是法律抽象技术的产物,权利担保以"权利质权"定位并非绝对的逻辑结论。

(二)权利质权的特征

1. 权利质权是担保物权

在权利质权成立后,主债权人所取得的,不是主债务人或第三人为质押所提供的权利本身,而是该被质押权利的价值支配权。

2. 我国法律规定权利质权是质权

根据我国目前的法律构造,担保权人取得权利凭证的占有,或者取得对入质财产权相当于占有的控制。无论是通过占有权利凭证成立权利质权,还是通过登记公示

---

① 参见王利明主编:《物权法名家讲坛》,中国人民大学出版社 2008 年版,第 375 页。

而成立质权,其核心都是使出质人对入质财产权利的行使受到限制,而权利质权人对该入质财产权取得实际的控制。当然,通过登记设立的权利质权,已经具有抵押权的某些性质。

3. 权利质权的标的物为财产权利

人身权利因为不能转让,所以不能质押。当然,也不是所有的财产权利均可质押。能否质押,取决于权利本身的性质、当事人的约定和法律的规定。物权法奉行物权法定原则,只有法律允许质押的财产权,才能用于质押。

4. 权利质权应通过公示而取得绝对性和对世性的正当性基础

根据我国《物权法》的规定,权利质权经权利凭证之交付或登记公示始生效力。理论上,一般债权的质权的公示方式是通知被质押债权的债务人。

(三)作为质押客体的财产权利须具有可让与性

能被质押的财产权利须具有可让与性。不可让与的权利,如雇用权、承租权、扶养请求权、养老金请求权等,不能质押。

第一,性质上不能让与的权利,不能设质。基于特殊信任关系的债权,如承租人的承租权、借用人的借用权、雇用人的劳务请求权、委托人的处理委托事务请求权以及定作人的完成工作请求权、明星演员的演出、特级教师的授课等,以及基于特定身份产生的债权,如抚养请求权,都不能质押。实名制的飞机票、火车票等也不得设立质权。但是,经受雇人、出租人等人之同意,雇用权、承租权等权利可以设立质权[①];已届履行期的扶养请求权、养老金请求权等,因已自身份独立,故可以让与,可以设立质权。[②]

第二,依法不能让与的股份,不能设质。我国《公司法》第142条规定:"发起人持有的本公司股份,自公司成立之日起1年内不得转让。公司公开发行股份前已发行的股份,自公司股票在证券交易所上市交易之日起1年内不得转让。公司董事、监事、高级管理人员应当向公司申报所持有的本公司的股份及其变动情况,在任职期间每年转让的股份不得超过其所持有本公司股份总数的25%;所持本公司股份自公司股票上市交易之日起1年内不得转让。上述人员离职后半年内,不得转让其所持有的本公司股份。公司章程可以对公司董事、监事、高级管理人员转让其所持有的本公司股份作出其他限制性规定。"

第三,当事人约定不得让与之债权,不得设质。此类债权不是性质上不得让与,然而当事人既然以合同约定不得让与,则此种债权即不能让与,故不也得设质。但此不得让与之约定,不得对抗善意第三人,若第三人不知有不得让与之约定,而接受此种债权质押的,则权利质权可以成立。就债权人债务人约定不得让与之债权,若其债权人作为出质人以之为同时是债务人的主债权人自己设立质权,则可认为当事人有解除不得让与约定的默示合意,故对主债权设质担保可以有效。对自己债权的质权,

---

① 参见谢在全:《民法物权论》(下册),中国政法大学出版社2011年修订5版,第1014页。
② 同上书,第805页注释[2]。

因质权人(主债权人)兼被质押债权的债务人,故比较特殊。对自己债权的质权,最典型的就是,银行对在其处已有存款的客户发放贷款,而就客户存款债权享有的质权。

(四)权利质押的范围

根据《物权法》第223条的规定,债务人或者第三人有权处分的下列权利可以出质:(1)汇票、支票、本票;(2)债券、存款单;(3)仓单、提单;(4)可以转让的基金份额、股权;(5)可以转让的注册商标专用权、专利权、著作权等知识产权中的财产权;(6)应收账款;(7)法律、行政法规规定可以出质的其他财产权利。

在担保实践中,出口退税专用账户质押是一种特殊的财产权质押。所谓出口退税专用账户质押贷款,是指借款人将出口退税专用账户托管给贷款银行,并承诺以该账户中的退税款作为还款保证的贷款。以出口退税专用账户质押方式贷款的,应当签订书面质押贷款合同。质押贷款合同自贷款银行实际托管借款人出口退税专用账户时生效。出口退税专用账户质押贷款银行,对质押账户内的退税款享有优先受偿权。在司法实践中,人民法院审理和执行案件时,不得对已设质的出口退税专用账户内的款项采取财产保全措施或者执行措施。借款人进入破产程序时,贷款银行对已经设质的出口退税专用账户内的款项享有优先受偿权,但应以被担保债权尚未受偿的数额为限。①

保险单不能质押。我国《保险法》第13条第1款、第2款规定:"投保人提出保险要求,经保险人同意承保,保险合同成立。保险人应当及时向投保人签发保险单或者其他保险凭证。保险单或者其他保险凭证应当载明当事人双方约定的合同内容。当事人也可以约定采用其他书面形式载明合同内容。"笔者据此认为,保险单是一种保险凭证,但不是有价证券,所以,保险单不能质押。在更早的时候,最高人民法院给江西省高级人民法院的关于财产保险单能否用于抵押的复函(1992年4月2日法函〔1992〕47号)指出:"依照《中华人民共和国民法通则》第89条第2项的规定,抵押物应当是特定的、可以折价或变卖的财产。财产保险单是保险人与被保险人订立保险合同的书面证明,并不是有价证券,也不是可以折价或者变卖的财产。因此,财产保险单不能用于抵押。"②这里已经说得很清楚,财产保险单不能用于抵押的原因在于,财产保险单不是有价证券,不是可以折价或者变卖的财产。

在我国的人寿保险实务中,普遍运用的"保单质借",实际上属于债权质权担保借款的形式。所谓的"保单质借"条款,实际上是指投保人按照人寿保险合同的约定,在付足2年以上保险费后,可以保险金债权作为质押向保险人申请借款的条款。③

实践中有汽车合格证的"质押",这其实不成立有效质权,因为汽车合格证根本就不是财产权利。虽然汽车合格证"质押"融资业务对于贷款银行来说可以运作,但是真正起作用的是汽车合格证本身为办理汽车登记、保险等法定手续所必备,对于汽车

---

① 2004年最高人民法院《关于审理出口退税托管账户质押贷款案件有关问题的规定》(法释〔2004〕18号)。

② 《民法通则》不分抵押与质押,统称为"抵押"。

③ 参见邹海林、常敏:《债权担保的理论与实务》,社会科学文献出版社2005年版,第292页。

经销商构成促其还贷的心理压力。

(五) 权利质押的性质

主要有两种不同的观点。一是让与说。认为权利质实际上是以担保为目的,而让与债权或其他权利。二是权利标的说。认为权利质权系于权利上设立的质权,出质之权利仍属于出质人,而质权人取得与出质权利相异之权利,即质权。① 此外,还有观点认为权利质押应为权利抵押或者权利担保。

权利质押是质押,而不是权利让与,最关键的理由是,只有经过质权实现这一环节才能实现权利质押的目的。如果出质的财产权本身已经发生转移,则无须经过质权实现的环节,而可以由质权人径直享有和行使被质押的财产权。此外,采用让与说,也无法解释数个权利质权竞存时前顺位的质权优先于后顺位的质权的问题。

二、权利质权的设立

设立权利质权,首先要求出质人与质权人以书面形式订立质押合同。而权利质权的成立,还须以权利凭证的交付或质押登记为基础。

(一) 以汇票、支票、本票出质

以汇票、支票、本票出质的,当事人应当订立书面合同。质权自权利凭证交付质权人时设立。要使票据质权成立,交付的汇票、支票、本票须已由出质人背书记载"质押"字样并签章。

背书人在票据上记载"不得转让、委托收款、质押"字样,其后手再背书转让、委托收款或者质押的,原背书人对后手的被背书人不承担票据责任,但不影响出票人、承兑人以及原背书人之前手的票据责任。在司法实践中,出票人在票据上记载"不得转让"字样,其后手以此票据进行贴现、质押的,通过贴现、质押取得票据的持票人主张票据权利的,人民法院不予支持。背书人在票据上记载"不得转让"字样,其后手以此票据进行贴现、质押的,原背书人对后手的被背书人不承担票据责任。以汇票设定质押时,出质人在汇票上只记载了"质押"字样未在票据上签章的,或者出质人未在汇票、粘单上记载"质押"字样而另行签订质押合同、质押条款的,不构成票据质押。② 票据质权属于票据权利,须依据票据行为设立,就是说,背书设质行为属于票据行为。因此,以汇票、支票、本票出质,出质人没有背书记载"质押"字样或出质人没有在票据上签章的,不构成票据质押。也就是说,票据质权以设质背书为生效要件。③ 票据法上表明设质意旨的文句是"质押",但理论上认为明确表达了"质押"意思又没有附加其他条件的文句,如"(因)设质""(因)出质"或"(因)担保"等,应该认为与"质押"具有同样的效力。④

以汇票、支票、本票出质,没有权利凭证的,质权自有关部门办理出质登记时设

---

① 史尚宽:《物权法论》,中国政法大学出版社2000年版,第388—389页。
② 2000年最高人民法院《关于审理票据纠纷案件若干问题的规定》(法释[2000]32号)。
③ 参见高圣平:《担保物权新制度新问题理解与适用》,人民法院出版社2013年版,第308—321页。
④ 参见同上书,第322页。

立。这是因应电子票据质权实践而生的新规则。

（二）以债券、存款单出质

以债券、存款单出质的，当事人应当订立书面合同。质权自权利凭证交付质权人时设立；没有权利凭证的，质权自有关部门办理出质登记时设立。在司法实践中，以公司债券出质的，出质人与质权人没有背书记载"质押"字样，以债券出质对抗公司和第三人的，人民法院不予支持。以存款单出质的，签发银行核押后又受理挂失并造成存款流失的，应当承担民事责任。所谓核押，是金融机构在接到质权人关于存单质权的通知后，金融机构对存单的真实性予以确认并在存单上或以其他方式签章的行为。唯须注意的是，根据我国《担保法》《物权法》的规定，当事人签订质押合同并交付存单给质权人的，质权就成立了，存单的核押不是存单质押的必经程序，核押与否，不影响存单上存在的质权。但核押是质权人保护自身权利安全的重要方法，值得肯定和推广。① 存单持有人以伪造、变造的虚假存单质押的，质押合同无效。存单持有人以金融机构开具的、未有实际存款或与实际存款不符的存单进行质押，以骗取或占用他人财产的，该质押关系无效。然而，以金融机构核押的存单出质的，即便存单系伪造、变造、虚开，质押合同均为有效，金融机构应当依法向质权人兑付存单所记载的款项。②

（三）以仓单、提单出质

仓单和提单，既不是单纯的债权证券，也不是单纯的物权证券。

我国《合同法》第387条规定："仓单是提取仓储物的凭证。存货人或者仓单持有人在仓单上背书并经保管人签字或者盖章的，可以转让提取仓储物的权利。"所以，仓单设质，须经保管人签字或者盖章。仓单质押，包括"现有存货仓单"质押与"先票后货"的仓单质押：前者指货主企业将货物存放在仓储企业中，然后凭货物仓储凭证即仓单向金融机构申请质押贷款；后者指银行在买方客户缴纳一定的保证金后开出承兑汇票，生产企业在收到银行承兑汇票后按银行指定的仓库发货，货到仓库后再转为仓单质押。③ 其中，"先票后货"的仓单质押与保证金共同担保着金融机构对于买方客户就承兑汇票业务的债权。我国《海商法》第79条规定："提单的转让，依照下列规定执行：（1）记名提单：不得转让；（2）指示提单：经过记名背书或者空白背书转让；（3）不记名提单：无须背书，即可转让。"记名提单不能转让，所以，记名提单也就不能出质。

以仓单、提单出质的，当事人应当订立书面合同。质权自权利凭证交付质权人时设立。以仓单、提单出质，没有权利凭证的，质权自有关部门办理出质登记时设立。电子形式仓单、提单质押的，质权通过登记而公示。

---

① 参见曹士兵：《中国担保制度与担保方法——根据物权法修订》，中国法制出版社2008年版，第329页。
② 参见1997年最高人民法院《关于审理存单纠纷案件的若干规定》。这里的存单，指的是当事人与金融机构之间的以进账单、对账单、存款合同等为凭证的存款合同。
③ 参见刘萍主编：《中国动产担保创新经典案例》，中信出版社2010年版，第174—175页。

（四）可以转让的基金份额、股权的出质

以基金份额、股权出质的，当事人应当订立书面合同。以基金份额、证券登记结算机构登记的股权出质的，质权自证券登记结算机构办理出质登记时设立；以其他股权出质的，质权自工商行政管理部门办理出质登记时设立。其中，基金份额实际上是信托利益。须注意，《公司法》第143条第4款规定："公司不得接受本公司的股票作为质押权的标的。"

股权质押，从实际效果来看，如同对于企业全部各种财产的质押控制。这种控制虽然是间接的，但是其效果及于企业全部不动产、动产、无形财产等。这是因为股权无论是部分股权还是全部股权，其法律效力都是针对企业的全部财产，而非单项或部分财产。也可以说，股权质押，在某种程度上是就股份制企业全部一般财产设立担保物权的一种转化。

合伙人对合伙财产的份额的质押是过渡形态。我国《合伙企业法》第25条规定："合伙人以其在合伙企业中的财产份额出质的，须经其他合伙人一致同意；未经其他合伙人一致同意，其行为无效，由此给善意第三人造成损失的，由行为人依法承担赔偿责任。"第48条第1款第5项规定，合伙人在合伙企业中的全部财产份额被人民法院强制执行，当然退伙；第3款规定，退伙事由实际发生之日为退伙生效日。

（五）以注册商标专用权、专利权、著作权等知识产权的财产权出质

以注册商标专用权、专利权、著作权等知识产权的财产权出质的，当事人应当订立书面合同。质权自有关主管部门办理出质登记时设立。（1）著作财产权质权的设立，须出质人与质权人订立书面质押合同，并向著作权管理机关办理出质登记。（2）专利权质权的设立，须出质人与质权人订立书面质押合同，并向专利管理机关办理出质登记。（3）商标权质权的设立，应由质权人与出质人订立书面质押合同，并向商标管理机关办理出质登记。

（六）应收账款之出质

应收账款属于债权。据统计，2003年我国的应收账款和存货的总价值就已经超过10万亿元，所以实务部门和一部分专家学者主张物权法应该规定应收账款质押。[①]以应收账款债权融资，在国际惯例上采取债权转让的方式，即直接将应收账款转让给贷款银行。在《物权法》立法过程中，民法学者关于可否规定应收账款债权质押存在分歧。立法机关坚持将应收账款债权列入质押范围，显然是采纳金融机构方面的建议。[②]

《物权法》第228条第1款规定："以应收账款出质的，当事人应当订立书面合同。质权自信贷征信机构办理出质登记时设立。"而什么是"应收账款"？它是否包括票据、债券债权以外的所有一般债权？"信贷征信机构"又是什么样的机构？《物权法》并无具体规定。对此，2007年中国人民银行制定的《应收账款质押登记办法》第2条

[①] 全国人大常委会法工委民法室：《物权法立法背景与观点全集》，法律出版社2007年版，第628页。
[②] 孙宪忠等：《物权法名家讲座》，中国社会科学出版社2008年版，第49页。

规定:中国人民银行征信中心是应收账款质押的登记机构。征信中心建立应收账款质押登记公示系统,办理应收账款质押登记,并为社会公众提供查询服务。第4条规定:"本办法所称的应收账款是指权利人因提供一定的货物、服务或设施而获得的要求义务人付款的权利,包括现有的和未来的金钱债权及其产生的收益,但不包括因票据或其他有价证券而产生的付款请求权。本办法所称的应收账款包括下列权利:(1)销售产生的债权,包括销售货物、供应水、电、气、暖、知识产权的许可使用等;(2)出租产生的债权,包括出租动产或不动产;(3)提供服务产生的债权;(4)公路、桥梁、隧道、渡口等不动产收费权;(5)提供贷款或其他信用产生的债权。"第12条规定:"质权人自行确定登记期限,登记期限以年计算,最长不得超过5年。登记期限届满,质押登记失效。"第13条规定:"在登记期限届满前90日内,质权人可以申请展期。质权人可以多次展期,每次展期期限不得超过5年。"

应收账款质押登记公示系统自2007年10月1日上线运行,截至2013年9月底,有16万家机构和个体工商户通过应收账款质押/转让获得融资,累计融资金额达到32万亿元。出质人为中小微企业的业务登记量约占系统总登记量的83%,有13万家中小微企业通过应收账款质押/转让获得融资,融资额约占系统登记融资总额一半。①

应收账款出质,在信贷征信机构办理登记之外,还应否通知应收账款的债务人?司法实践中有观点认为,应收账款的质押的设立不以通知应收账款债务人为必要。②问题是,假如不必通知债务人,债务人直接向应收账款债权人清偿,该如何处理?每一个债务人是否都有义务去查询应收账款质押登记公示系统?法理上,债权出质,应遵守债权转让的规定。而《合同法》第80条第1款规定:"债权人转让权利的,应当通知债务人。未经通知,该转让对债务人不发生效力。"因此,债权出质,如未通知债务人的,债务人仍然可以直接向应收账款债权人清偿。

值得一提的是,《物权法》将应收账款列入可质押的范围,但是这并不意味应收账款就只能质押融资而不能通过其他措施融资了。实际上,应收账款还可以通过债权让与的方式转让给银行或保理公司的方式而融资,此时银行或保险公司开展的就是融资保理业务。这种保理业务以受让债权并放款为其核心内容。而所谓保理,是指销货方(债权人)将其向购货方(债务人)销售商品、提供服务或其他原因所产生的应收账款转让给银行而由银行为销货方提供应收账款融资以及商业资信调查、应收账款管理等综合性金融服务。目前,我国保理业务依然蓬勃发展。从2000年开始,中国保理业务实现了高速发展,业务量从最初的1.12亿美元,跃升至2009年的962.39亿美元。③

---

① 资料来源于中国人民银行征信中心网站:http://www.pbccrc.org.cn/zhengxindongtai_446.html。访问时间:2013-12-11。
② 参见国家法官学院案例开发研究中心:《中国法院2013年度案例·借款担保纠纷》,中国法制出版社2013年版,第206—209页。
③ 肖前:《保理业务的未来》,载《中国外汇》2010年第10期。

从形式上看,保理与应收账款质押是不同的。第一,保理的前提是客户转让应收账款,而应收账款质押却是在应收账款上设置一个担保物权,应收账款本身并不转让。第二,与应收账款转让是以通知债务人为生效要件不同,应收账款质押是以登记为生效要件。第三,提供融资并不是保理的当然内容,但应收账款质押必须以主债权的存在为设立条件,而对银行而言,主债权一般均指融资债权。此外,保理分类很多,根据购货方开户行是否承担担保付款责任,保理可分为双保理和单保理;根据销货方开户行是否保留对销货方的追索权,保理业务可分为有追索权保理和无追索权保理;按是否向购货方公开应收账款债权转让的事实,可分为公开保理和隐蔽保理。单保理是指销货方开户行独立为销货方提供应收账款融资、应收账款管理及催收等服务。双保理是指购货方开户行为销货方开户行提供购货方资信调查、应收账款催收或代收等金融服务,并在购货方因财务或资信原因拒付的情况下,承担担保付款责任。有追索权保理是指银行向销货方提供保理项下融资后,若购货方在约定期限内不能足额偿付应收账款,银行有权按照合同约定向销货方追索未偿融资款;无追索权保理是指银行向销货方提供保理项下融资后,若购货方因财务或资信原因在约定期限内不能足额偿付应收账款,银行无权向销货方追索未偿融资款。公开保理是指将应收账款债权转让事实及时通知购货方的保理业务。隐蔽保理是指根据销货方与银行的约定,不向购货方通知应收账款债权转让事实,但在销货方与银行约定的条件发生或银行认为必要时,向购货方通知应收账款债权转让事实的保理业务。

金融机构接受债权让与而成为债权人,如同债权质权实现时成为债权人一样,即债权让与的担保与债权质权的法律效果有相同地方,如此一来,金融机构接受债务人担保时完全可以选择采用应收账款质押或债权让与担保。这是保理业务依然红火的法律原因。甚至可以说,对银行的业务部门而言,选择应收账款融资品种时,有时应优先考虑保理业务。毕竟,保理有"事前保障",应收账款质押融资是"事后追偿"。

在实践中,金融机构办理保理业务时同时设立应收账款质权[1],这其实意义不大,因为融资保理在应收账款让与后就如同应收账款质权实现了。

还有一个值得注意的问题,即收费权的性质问题。有学者认为收费权既不是物权,也不是债权,而是一种特殊的财产权利。一方面,收费权不同于物权,由于它支配的对象不是有体物,而是在提供了一定的服务之后收取费用的权利,所以还不能称其为物权。另一方面,收费权也不同于债权,尽管收费权是对未来享受一定服务的不特定主体所享有的请求权,但收费权在本质上是一种取得一定债权的资格,而并非依据合同或者侵权行为等原因而发生的某一项具体的债权。[2]

针对《担保法》第75条第4项规定的"依法可以质押的其他权利",最高人民法院《关于担保法解释》第97条规定:"以公路桥梁、公路隧道或者公路渡口等不动产收益权出质的,按照《担保法》第75条第4项的规定处理。"对于公路收费权质押,国务院

---

[1] 参见刘萍主编:《中国动产担保创新经典案例》,中信出版社2010年版,第92—93、97—98、99—101页,以及第108—113页。

[2] 王利明:《收费权质押的若干问题探讨》,载《法学杂志》2007年第2期。

1999年《关于收费公路项目贷款担保问题的批复》规定:"公路建设项目法人可以用收费公路的收费权质押方式向国内银行申请抵押贷款,以省级人民政府批准的收费文件作为公路收费权的权力证书,地市级以上交通主管部门作为公路收费权质押的登记部门。质权人可以依法律和行政法规许可的方式取得公路收费权,并实现质押权。有关公路收费权质押的具体管理办法由交通部、人民银行联合制定。"我们认为,人民银行的规定不能自动取代国务院的批复。

(七)票据债权、债券债权及应收账款以外的一般债权之出质

《应收账款质押登记办法》所称的应收账款,是票据债权、其他有价证券债权以外的付款请求权。该"应收账款"没有涵盖票据债权、其他有价证券债权以外的所有其他一般债权。如请求债务人交付有形实物的债权,即不属于应收账款。因此,仍然有讨论一般债权出质问题的必要。

理论上,票据债权、债券债权及应收账款以外的一般债权质权之设立,一般应该具备下列要件:(1)采书面形式。(2)如有债权证书,应将证书交付质权人(无债权证书者无须交付)。对于债权证书交付的法律效力,即该种交付是否为质权的生效要件,有不同观点。笔者认为,这是一个立法政策的选择的问题。而一般认为,债权证书的交付,不是一般债权质权的公示方法。(3)应通知入质债权(也称出质债权)的债务人(也称第三债务人)。债权质权之设立,可由出质人与质权人共同通知,亦可仅由质权人或出质人通知。以言词或书面形式,均可。未为通知的,仅系对债务人不生效力,通知债务人为债权设质之对抗要件,而非成立要件,纵未通知债务人,债权质权之设立仍有效成立,不过不能对抗债务人。此项通知不限于设质时为之,于该第三债务人未清偿债务前通知,亦生对抗效力。[①] 通知入质债权的债务人,为一般债权质权的公示方法。这种通知,在质权存续期间,同时具有剥夺出质人对该债权的清偿受领权的作用。

三、权利质权的法律效力

(一)权利质权的效力范围

1. 权利质权担保的债权范围

包括主债权、主债权利息、违约金、损害赔偿金、质物保管费用和实现质权的费用。质押合同另有约定的,按照其约定。

2. 权利质权的质物的范围

权利质权,以用于质押的权利之全部和其物上代位物,担保债权受偿。以债权出质的,除当事人另有约定外,债权所生利息、违约金、赔偿金等都属于质权支配的范围。以公司依法可以转让的股权出质的,质权的效力及于股权的法定孳息。质物灭失而权利人所取得的赔偿金或特定权利,为质物的代位物。如债权因第三人侵害而消灭所产生的损害赔偿请求权,股权因公司合并或分立而产生的配发新股或现金请

[①] 谢在全:《民法物权论》(下册),中国政法大学出版社2011年修订5版,第1020页。

求权等。但以股权设质之股东仍有权出席股东会并参与决议。第一,股权质权不同于股权本身。质权人不是股东,故无权行使决议权,不得出席股东会。第二,股权虽已设质,但股权本身仍然属于出质人,股东资格并不丧失。第三,出质人得以股东名册与设质登记证明其股东身份。

（二）权利质权人的权利

1. 占有、留置权利凭证

以有价证券为客体设立权利质权时,有价证券应交付于质权人。质权人对于出质人交付的权利凭证有占有、留置权。于所担保的债权未受全部清偿前,得拒绝返还。这种占有、留置的意义,同于动产质权人对于质物的占有、留置。

2. 收取孳息权

设质之权利有法定孳息的,质权人有权收取。所收取的孳息,为质权效力所及,并应先抵充收取孳息之费用。

3. 权利质权受侵害时的救济权

权利质权的权利及权利凭证受到侵害或有受到侵害之虞的,质权人有妨害除去或妨害防止的请求权。权利凭证因遗失、被盗、被抢等原因灭失的,质权人有通过挂失止付、公示催告等方法获得救济的权利。义务人不履行义务的,质权人有权要求赔偿。

4. 就质押的权利变价和优先取偿

这是权利质权的核心内容。

（三）权利质权人的义务

1. 保管权利凭证

权利凭证灭失的,质权人应积极采取措施,加以补救,若怠于采取措施而使出质人遭受损失,应承担赔偿责任。

2. 不得损害出质人对质押权利的权利

在我国,以票据、债券、存款单、仓单、提单出质的,质权人再转让或者质押的无效。就是说,对上述票据、债券、存款单、仓单、提单权利的再转让或者转质的无效。

3. 质押凭证的返还及出质登记的注销

权利质权消灭时,质权人对占有的权利凭证应当返还给出质人;办理了出质登记的,质权人应当办理注销质押登记手续。

（四）出质人对于入质权利的处分权的限制

根据法理,入质权利(出质权利)转让的,质权人可追及权利之所在行使其质权,质权不受影响,所以,入质权利的转让可以不受限制。但是,为加强对质权的保护,《物权法》对入质权利的处分权进行了严格限制。

1. 基金份额、股权出质后,不得转让,但经出质人与质权人协商同意的除外

出质人转让基金份额、股权所得的价款,应当向质权人提前清偿债务或者提存。

2. 知识产权中的财产权出质后,出质人不得转让或者许可他人使用,但经出质人与质权人协商同意的除外

出质人转让或者许可他人使用出质的知识产权中的财产权所得的价款,应当向质权人提前清偿债务或者提存。

3. 应收账款出质后,不得转让,但经出质人与质权人协商同意的除外

出质人转让应收账款所得的价款,应当向质权人提前清偿债务或者提存。

四、权利质权的实现

权利质权的实现,是指在债务人不履行到期债务或者发生当事人约定的实现质权的情形时,权利质权人变价处分用于质押的财产权并优先受偿。

(一)汇票、支票、本票、债券、存款单、仓单、提单质权的实现方法

汇票、支票、本票、债券、存款单、仓单、提单的兑现日期或者提货日期先于主债权到期的,质权人可以兑现或者提货,并与出质人协议将兑现的价款或者提取的货物提前清偿债务或者提存。以载明兑现或者提货日期的汇票、支票、本票、债券、存款单、仓单、提单出质的,其兑现或者提货日期后于债务履行期的,质权人只能在兑现或者提货日期届满时兑现款项或者提取货物。

本票设质,可能是质权人即为第三债务人的情况,例如,出质人以质权人签发的本票设立质权。此时,质权的实现方法可以是抵销。

(二)基金份额、股权质权的实现方法

以基金份额出质的,质权人在债务人不履行到期债务或者发生当事人约定的实现质权的情形时可以依法变价出质的基金份额,以其变价优先受偿。于此情形,应遵守《证券投资基金法》等法律的具体规定。以公司的股权出质的,质权人在债务人不履行到期债务或者发生当事人约定的实现质权的情形时可以依法变价处分出质的股权,以其变价优先受偿。于此情形,应依《公司法》《证券法》等法律的规定进行。

(三)知识产权质权的实现方法

以知识产权出质的,质权人在债务人不履行到期债务或者发生当事人约定的实现质权的情形时,可以依法变价处分知识产权中的财产权,以变价优先受偿。于此情形,应遵守知识产权的法律规定。而从操作层面来看,知识产权的估价对于知识产权质权的实现至关重要。

(四)有价证券债权以外的债权(包括应收账款及其他债权)质权的实行

(1)在债务人不履行到期债务或者发生当事人约定的实现质权的情形之前,出质债权的清偿期届满的,债务人只能向质权人和债权人共同清偿。质权人和债权人均可以要求向其共同清偿或者要求为其提存债务的标的物。对于以他人对己债权所设之质权而言,提存没有意义,所以,此时尽可等待被担保债权清偿期届满或者发生当事人约定的实现质权的情形再实现质权。质权实现的方法可以是抵销。

(2)出质债权的清偿期届满之前,债务人不履行到期债务或者发生当事人约定的实现质权的情形的,于出质债权清偿期届至时质权人可直接请求出质债权的债务人向其履行债务。当债务人不履行到期债务或者发生当事人约定的实现质权的情形时,出质人与质权人也可以协议将出质债权转让给质权人,以抵偿受质押担保的

债权。

（3）对于出质债权属于交付有形实物的，《德国民法典》第 1287 条规定："债务人已经根据第 1281 条、第 1282 条的规定履行给付的，一经给付，债权人即取得给付物，质权人则取得给付物上的质权。如果给付为转让土地所有权，质权人则取得担保抵押权，如果给付物为转让注册的船舶或者建造中的船舶，质权人则取得船舶抵押权。"日本学者有认为质权人得为转移登记之请求，质权存于该不动产上，此因《日本民法典》规定了不动产质权，且有《日本民法典》第 367 条第 4 款质权存于已受清偿物上之规定。① 在我国台湾地区，给付物如为不动产者，有学者认为，质权人得请求将该不动产登记为出质人所有，再登记质权人自己为抵押权人。② 建议我国《物权法》未来补充规定，出质债权属于给付有形动产的，一经出质债权的债务人向质权人为给付，出质人即取得给付物所有权，质权人则取得给付物上的质权；给付物如为不动产者，质权人得请求将该不动产登记为出质人所有，再登记质权人自己为抵押权人。

（4）在司法实践中，质权人向出质人、出质债权的债务人行使质权时，出质人、出质债权的债务人拒绝的，质权人可以起诉出质人和出质债权的债务人，也可以单独起诉出质债权的债务人。

五、权利质权的消灭

（一）作为质物的权利归于消灭

如股权出质的公司解散，出质的知识产权被撤销、被宣告无效或因期限届满而消灭。若入质权利消灭时有赔偿金等代位物的，则质权继续存在于代位物上。

（二）入质权利与权利质权同归一人

入质权利与权利质权同归一人时，权利质权消灭。但是，入质债权的债权人与债务人发生混同时，入质债权不消灭，债权质权继续存在。质权人与第三债务人同为一人时，质权也不消灭，此时其质权存在于对质权人自己的债权之上。

（三）第三人原始取得入质权利

第三人原始取得入质权利的，第三人可以取得无质权负担的权利，权利质权因此消灭。当然，若第三人系基于合同而受让入质权利的，且质权已经公示的，则第三人取得有质权负担的权利，权利质权不消灭。

（四）质权人将其占有的入质权利的权利凭证归还出质人的

对于依法以交付权利凭证作为其成立要件的权利质权，质权人将其占有的入质权利的权利凭证归还出质人的，质权人不能以其权利质权对抗第三人。不过，对于一般债权质押，权利凭证仅仅是权利的证明而非权利本身，通知入质债权的债务人才是质权对抗该债务人的要件。所以对于一般债权质权，权利凭证的返还，不导致质权的消灭。例如，对于存单质押，如果银行已经收到质押通知，或者对存单质押进行了核

---

① 谢在全：《民法物权论》（下），中国政法大学出版社 1999 年版，第 833 页。
② 史尚宽：《物权法论》，中国政法大学出版社 2000 年版，第 407 页。

押的,质权人返还存单给出质人并不导致质权的消灭。①

（五）权利质权的实现

当主债务人不履行到期债务或者发生当事人约定的实现质权的情形时,质权人（主债权人）实现其质权,以入质权利变价优先取偿的,质权即消灭。

第四节 特殊的质权

一、共同质押

我国《物权法》第218条规定:"质权人可以放弃质权。债务人以自己的财产出质,质权人放弃该质权的,其他担保人在质权人丧失优先受偿权益的范围内免除担保责任,但其他担保人承诺仍然提供担保的除外。"这一条包含了对于共同质押的规定,不过没有详细规定共同质押的所有方面,而且也不全是关于共同质押的规定。

共同质押就是,对于同一债权,以数物提供质押担保。如《德国民法典》第1222条规定:质权存在于数物上的,以各物担保全部债权。第1230条规定:除另有其他规定外,质权人可以在数质物中选择应出卖的质物。质权人只能在受清偿所必要的数量范围内出卖质物。

基于意思自治原则,当事人设立共同质押时,可以约定各质物分别担保一定份额的债务,此时成立按份的共同质押。如果当事人没有这样的约定,或者明确约定各质物都担保全部债务,那么成立连带的共同质押。根据意思自治原则,连带的共同质押的质权人有选择权,但是根据法理,为体现公平原则,在实现共同质押时,如债权人选择同时就各质物变价取偿,则应采分担主义——各质物分担一定份额的债务;如债权人选择先实行某一质物,则应采代位求偿主义——被先实行的质物的后顺位担保物权人可代已实行质权之债权人之位对共同质押的其他质物行使质权。

二、最高额质权

最高额质权,是指对于一定范围内不特定的连续发生的债权预定一个最高限额,并由债务人或者第三人提供特定财产作为质物予以担保而设立的一种特殊质权。最高额质权所担保的债权,是将来连续发生的债权,是否发生及债权数额在设立时并不能确定,决算时最高额质权所担保的债权才确定。但最高额质权所担保的债权一经确定,即转化为普通质权。最高额质权的特殊性在于所担保的债权的特殊性,而非质押或质权客体的特殊性。

在公示方面,最高额质权与普通质权的公示方法无异。例如,以动产或有权利凭证的证券化财产权为客体的最高额质权,应以占有为公示,而不以登记为公示方法,与抵押权有本质区别;以一般债权为客体的最高额质权,以通知出质债权的债务人为

---

① 曹士兵:《中国担保诸问题的解决与展望——基于担保法及其司法解释》,中国法制出版社2001年版,第323—324页。

公示方法;以知识产权为客体的最高额质权,则以登记为质权之公示。

最高限额担保的设立,旨在简化手续、促进连续融资或者连续交易、提升效率。例如,在我国各地开展的知识产权质押融资的实践中,就往往采用最高额质权的担保,以简化手续、提高效率。

最高额质权,除适用法律关于最高额质权的特殊性规定外,适用法律对质权的一般性规定。此外,最高额质权,除适用质权的相关规定外,参照最高额抵押权的法律规定。

三、转质

(一) 基本概念

转质,系指质权人以自己责任或经出质人同意,为担保自己或他人债务,将出质人提供的质物交付给债权人占有而设立一个新质权。

我国的司法解释认可承诺转质,但是不允许责任转质——《关于担保法解释》第94条规定:质权人在质权存续期间,为担保自己的债务,经出质人同意,以其所占有的质物为第三人设定质权的,应当在原质权所担保的债权范围之内,超过的部分不具有优先受偿的效力。转质权的效力优于原质权。质权人在质权存续期间,未经出质人同意,为担保自己的债务,在其所占有的质物上为第三人设定质权的无效。质权人对因转质而发生的损害承担赔偿责任。我国《物权法》第217条规定:"质权人在质权存续期间,未经出质人同意转质,造成质押财产毁损、灭失的,应当向出质人承担赔偿责任。"该条规定对于承诺转质或责任转质的效力都未予以明示。意大利不允许转质,其民法典第2792条明确规定债权人不得以质物设立质押。《瑞士民法典》只承认承诺转质,第887条明文规定:"质权人,经出质人同意后,始得将质物转质。"法、德等国民法典对承诺转质没有明确规定,但依意思自治之原则,可解释为允许承诺转质之发生。日本和我国台湾地区允许承诺转质和责任转质。

(二) 责任转质

1. 责任转质的概念

责任转质,指质权人于质权存续期间,不经出质人同意,而以自己的责任将质物转质于第三人,设立新质权。《日本民法典》第348条规定:"质权人,于其权利存续期间,可以以自己的责任,将质物转质。于此情形,对于因不可抗力造成的、不转质就不会产生的损失,亦负其责任。"我国台湾地区"民法"第891条规定:"质权人于质权存续中,得以自己之责任,将质物转质于第三人。其因转质所受不可抗力之损失,亦应负责。"

2. 责任转质的构成要件

一般认为,责任转质的构成要件包括:(1) 须质权人与转质权人之间就质物之转质有合意。无转质合意,即无转质,更不可能有责任转质。(2) 须质权人已经将质物之占有移转于转质权人。没有将质物占有移转于转质权人,则转质合同尚未履行,转质权没有成立。(3) 须转质权人明知该质物属于再度设质。若相对人不知系就质物再度设质,则相对人得因善意取得制度取得质权,但非转质。(4)质权人以自己责任为之,非出于出质人之同意。若出质人已经同意,则不是责任转质,而是承诺转质了。(5)须于质权有效存续期间内就质物再度设质。质权已经消灭,再度设质,则属于普通的新质设立,不是转质。

3. 责任转质的法律效力

一般认为,责任转质的法律效力包括:(1)转质权的效力优于原质权。理由是转质权的设立出于原质权人自由意志,转质权设立时即包含其优于原质权的意思表示。(2)原质权人不得抛弃其质权或免除其债权相对应的债务。因为若原质权人抛弃质权或免除债务,则质物所有人可取回质物,转质即不能实现。(3)转质权所担保的债权在原质权所担保的债权范围之内,超过的部分不具有优先受偿的效力。(4)转质权人于自己债权受清偿前,对质物享有占有和留置权。这是任何类型质权均具有的法律效力。(5)原质权人将转质已通知原质权人的债务人的,其未经转质权人同意而对质权人为债务清偿者,不能产生对抗转质权人的效力。此点系采责任转质的"债权与质权共同出质说"。(6)转质权人实行转质权不仅应以自己债权已届满清偿期为条件,而且也应以原质权人的债权已届满清偿期为条件。(7)转质场合,质权人对质物因不可抗力遭受的损失,亦应负责。因为责任转质系质权人以自己责任设立的,而非出于出质人之同意。

(三)承诺转质

1. 承诺转质的概念

承诺转质(同意转质),指质权人经出质人同意,为担保自己或他人债务,以其占有的质物为第三人再设新质权。《日本民法典》第350条、《瑞士民法典》第887条有关于承诺转质的规定。承诺转质贯彻了民法的意思自治原则。

2. 承诺转质的性质

人们对于承诺转质性质的认识不尽相同。有学者认为,在承诺转质中,转质权与原质权人互相独立,转质权人对于质权人的债权如已届清偿期,则无论质权人的债权是否届期,转质权人均可直接行使质权。同时,即使转质人的债权已经消灭,转质权人的质权也不消灭。这种转质实际上是由第三人提供质物的一种质权。① 也有学者指出,承诺转质是质权人取得质物所有人之处分承诺(处分权之授予),为担保质权人自己债务,于其所占有之质物上设定较自己质权有优先效力的新质权。② 笔者认为,既然承诺转质系经出质人同意而设定,可不必限于"为担保质权人自己债务"。

3. 承诺转质的构成要件

一般认为,承诺转质的构成要件包括:其一,须有出质人对转质的明示同意。若非出于出质人之同意,只能由质权人以自己责任设立责任转质。其二,转质发生在原质权的有效存续期内。若原质权已经消灭,则只能再设立普通的质权,不可能设立

---

① 钱明星:《物权法原理》,北京大学出版社1994年版,第365页。
② 史尚宽:《物权法论》,中国政法大学出版社2000年版,第368页。

转质。

4. 承诺转质的效力

在效力方面，转质权人的质权优先于原质权人的质权。承诺转质不受原质权担保债权额和清偿期的限制。转质权人的债权如已届清偿期，则无论质权人的债权是否届期，转质权人均可直接行使质权，从质物变价中优先取偿。

本章重点疑难问题提示

一、质押实践的趋势

动产质押历史悠久，而股权、知识产权等权利质押则蓬勃发展。动产质权以占有为公示方法，此为典型。权利质权公示方法则日趋多样化，多演变为以登记为公示方法，而且发展为通过互联网登记。而登记恰是抵押权的公示方法，故理论上多有认为权利质押实为抵押的观点。这其实反映了权利质押的制度异化现象。笔者认为，未来将股权、知识产权等"权利质权"改制为既非质押又非抵押的"权利担保权"，最为妥当。

二、质押合同与质权的成立

我国《担保法》对于质押合同采用了"不交付即不生效"的规则。该法第64条第2款规定："质押合同自质物移交于质权人占有时生效。"依此规定，质权成立之公示（交付质物）与否，直接决定质押合同有效与否。为处理实践中出质人不按约定移交质物的问题，《关于担保法解释》第86条规定："债务人或者第三人未按质押合同约定的时间移交质物的，因此给质权人造成损失的，出质人应当根据其过错承担赔偿责任。"最高人民法院的这一司法解释中的"赔偿责任"是违约责任还是缔约过失责任呢？此处没有规定以违背诚实信用原则作为认定责任的根据，因此似乎不能将其解释为缔约过失责任，但是此处以过错为责任的成立要件，故将其解释为违约责任是很困难的，因为我国《合同法》在一般情况下采取严格责任原则，只是在法律有具体规定的一些特殊情况下才采取过错责任原则。而且根据《担保法》第64条第2款的规定，质押合同自质物移交于质权人占有时生效，因此债务人或者第三人未按质押合同约定的时间移交质物的，质押合同无效，而合同无效的，即没有什么违约责任可言。所以，最高人民法院的这一司法解释也只能解释为缔约过失责任，尽管这是不合理的。

就动产质押，《物权法》第212条规定质权自出质人交付质押财产时设立。就权利质押，第224条规定："以汇票、支票、本票、债券、存款单、仓单、提单出质的，当事人应当订立书面合同。质权自权利凭证交付质权人时设立；没有权利凭证的，质权自有关部门办理出质登记时设立。"第226条第1款规定："以基金份额、股权出质的，当事人应当订立书面合同。以基金份额、证券登记结算机构登记的股权出质的，质权自证券登记结算机构办理出质登记时设立；以其他股权出质的，质权自工商行政管理部门办理出质登记时设立。"第227条第1款规定："以注册商标专用权、专利权、著作权等知识产权中的财产权出质的，当事人应当订立书面合同。质权自有关主管部门办理出质登记时设立。"第228条第1款规定："以应收账款出质的,当事人应当订立书面合同。质权自信贷征信机构办理出质登记时设立。"所有这些规定,都纠正了《担保法》对质押合同效力与质权成立的混淆。

三、权利质权与动产质权的区别

1. 质物不同

动产质权的质物是有形的动产,而权利质权的质物为无形的财产权利。

2. 质权设立方式不尽相同

动产质权的设立方式为订立质押合同和交付质物。权利质权的设立方式,包括订立质押合同和交付权利凭证,有的以登记为成立要件,有的则以通知方式设立。

3. 实行的方式不同

动产质权的实行包括采取折价、拍卖及变卖,而权利质权的实行方式除上述方法外,还包括这样的方法——在一定条件下,由质权人取代出质人的地位,向出质权利的义务主体直接行使权利,以使质押担保的债权优先受偿。

权利质与动产质在一定条件下发生转换,如质物灭失,出质人取得损害赔偿债权的,质权人可依物上代位之规则,于该债权上行使质权,此时质权标的物由有体物转变成了权利。而权利质之质权人行使债权收取的标的物为动产有体物的,则权利质向动产质转变。

四、知识产权质押的实践与制度完善

（一）各国实践

从全球范围来看,专利权、商标权、版权等知识产权的质押实践早已有之。但从整体看,欧洲国家通过知识产权质押融资来解决企业融资问题的比例不大;在美国,通过知识产权质押来融资的方式也不是普遍采用,实践中经常采用知识产权的证券化来解决知识产权融资难的问题;日本则有知识产权质押融资的较多实践。可以说,目前知识产权质押融资还是世界性难题。其主要问题包括评估难、处置难、流程复杂、成本高、风险大。

"当今世界,随着知识经济和经济全球化深入发展,知识产权日益成为国家发展的战略性资源和国际竞争力的核心要素,成为建设创新型国家的重要支撑和掌握发展主动权的关键。"为此,我国实施知识产权战略,"促进自主创新成果的知识产权化、商品化、产业化,引导企业采取知识产权转让、许可、质押等方式实现知识产权的市场价值"[1]。在政府推动和政策激励下,近年来我国知识产权质押融资发展迅猛。例如,2011年,全国专利权质押融资金额达90亿元,同比增加28%;2012年全国知识产权质押融资金额达141亿元,其同比增长56.7%,涉及专利数量3399件,同比增长74%。就我国知识产权担保融资的现状来说,受贷对象多为中型以上企业,小、微型企业受贷很少。如何促进小、微企业获得知识产权质押融资,仍然是重要的实践性课题。

---

[1] 2008年《国家知识产权战略纲要》。

(二) 各种风险

毋庸讳言,知识产权质押实践受制于各种风险。知识产权质押贷款的法律风险主要来源于知识产权的权利不稳定性,已经明确授权的知识产权在有效期内可能被撤销,或者被宣告无效。知识产权具有时间性,知识产权出质后,可能发生知识产权因超过保护期限而失效。知识产权质押贷款的法律风险,还可能来源于知识产权的权属纠纷和侵权纠纷。

知识产权质押贷款的经济风险主要源于对知识产权价值的评估难以及知识产权价值的波动性。知识产权的客体并非物质,其产生的过程具有独特性与唯一性,其价值只有通过先进的评估技术才能确定。但对商标专用权、专利权、著作权中财产权价值评估随意性还很大,很多人发出"谁来评估评估业"的感叹。知识产权经济价值具有不稳定性,即不确定性、波动性。企业知识产权的价值与权利有效期、企业的产品以及服务有关,企业产品的生命周期、市场的竞争程度、与其他技术和产品的兼容能力以及企业自身经营状况等各种因素也会对知识产权的价值产生影响。新的替代技术的出现则可能使质押的知识产权价值化为乌有。

知识产权质押贷款的变现风险,来源于知识产权质权标的物处置难。当债务人不能履行债务时,质权人一定时期内无法使知识产权变现来满足债权。变现风险主要来自于知识产权流通性低,以及知识产权交易制度和市场条件不完善。

知识产权质押贷款的高风险主要带来了以下两方面的成本:第一方面包括支付给交易第三方的成本:目前利用知识产权向银行申请贷款需要负担1.25%左右的评估费、1.25%左右的律师费等中介费用。如果采用担保公司保证、借款人用知识产权质押反担保方式从银行借款,那么借款人则还需要向担保公司支付1.5%左右的担保费。第二方面就是风险定价产生的高利率成本:知识产权质押贷款由于其本身的风险性,其贷款的利率也高于其他类型的贷款,根据统计,全国各地金融机构直接接受知识产权质押时的贷款利率一般都在中国人民银行规定的贷款基准利率的基础上上浮了20%到30%。

(三) 运作模式

就宏观的运作模式来说,知识产权质押融资因存在融资方财产构成特殊、评估难、知识产权市场不发达、融资成本高、质权标的物处置难、风险大等诸多问题,不具备采用纯粹市场化模式的条件。目前在我国各地的知识产权质押的实践中,政府均有不同程度的参与,纯粹的市场化模式几乎难以存在和发展。广东深圳知识产权丰富,但因深圳是小政府、大社会,知识产权质押不多,这从一个侧面说明知识产权质押需要政府推动。政府指令模式,在四川内江有个案例实践,但不具推广价值,因为行政命令直接干预融资业务,违背市场规律,给金融机构带来风险。上海、成都等地政府出资承担风险的模式,能提高融资效率,快速推动知识产权质押融资业务的开展,但政府出资有限,知识产权质押融资的规模必然有限,同时也容易导致市场主体责任缺失,还可能滋生腐败。北京、南海等地政府补贴融资成本的模式,是现阶段运用较广泛的一种模式,这种模式能促进知识产权质押融资业务的开展,在这种模式下,政府为知识产权质押融资创造条件,引导银企双方通过市场化途径来进行金融创新,并对贷款企业和中介机构进行贴息和费用补贴,但知识产权价值评估制度、知识产权处置措施、第三方担保制度等仍有待继续完善。总之,就运作模式来说,应该是市场化运作、政策优惠、政府鼓励。市场主体主要是借款企业和贷款银行,中介机构提供服务,政府有所为、有所不为。

(四)操作方法

知识产权质押融资的方式,有两种:一是企业直接将知识产权质押给金融机构以获得借款;二是融资企业将知识产权质押给担保公司作为反担保,而担保公司为金融机构向借款企业提供的贷款进行保证。以专利权质押融资为例,2010年通过担保公司等进行间接融资方式占比,北京市为76.9%,上海市为73.7%,江苏省为20.7%。

在知识产权质押的民事实践中,经常出现的是包括知识产权或其权项在内的共同担保(也经常被称为"组合担保")。一些地方政府从实际出发,也在大力推动共同担保的运作。有关的共同担保包括:版权、商标权一并质押;版权和专利权一并质押;专利权和商标权一并质押;版权、商标权和专利权一并质押;知识产权质押+不动产等其他财产的抵押;知识产权质押+第三人保证。为此,法律应该明确意思自治原则的指导地位,同时应设定具体规则以弥补当事人约定的疏漏。当事人设立共同担保时,可以约定各担保物或担保人分别担保一定份额的债务,此时成立按份的共同担保。如果当事人没有这样按份责任的约定,或者明确约定各担保物、担保人都担保全部债务,那么成立连带的共同担保。

此外,为节省费用、简化手续,在知识产权质押的实践中,经常采用最高额质押的办法。

(五)法制完善

从法制保障方面来说,知识产权质权有很多地方值得研究,并需要从立法层面上予以完善。为促进知识产权质押融资,国家知识产权部门根据知识产权法和物权法制定了一系列行政规章,一些行业协会制定了有关知识产权评估的"指导意见";目前各地为试点、试验、推进知识产权投融资活动,制定了大量的相关法规或规章。已有的相关法律、法规以及规章等,是知识产权质权制度完善的重要基础。

鉴于知识产权质押实践的特殊性,知识产权质权制度完善的方向,应该是保障权利、化解风险、简化程序、减少成本、提高效率,促进知识产权质权的有效运用。知识产权的价值,是通过实施、许可使用、转让等得以实现的,完善知识产权质权制度的一个重点,就是放松对被押知识产权的实施、许可使用和转让,同时加强质权人对实施、许可使用、转让等所获收益的监督和控制。未来法律应该明确这种监督、控制权。

应该由法律或行政法规明确列举可以质押的知识产权的种类、知识产权权项,应该完善共同担保的法律规则。应该明确规定专利权、注册商标专用权、著作财产权、邻接权、植物新品种权、集成电路布图设计权、商业秘密可以设立质权。知识产权的许可使用权来源于知识产权许可使用合同,能否用于质押,由许可使用合同约定,从根本上说源于知识产权人的授权同意,若许可使用合同没有规定,事后知识产权人同意时也可以由许可使用人用于质押。专利强制许可使用权、发明专利的指定实施权不能单独设质。就专利申请权、未来作品,可以订立质押合同,而设立债权关系、约束订立质押合同的当事人,使当事人将来用专利权、版权设立质权,这样对债权人也构成一种担保。

  因知识产权的特殊性,知识产权质押的有效运作,既依赖于完善的质权制度,也依赖于完备的相关制度,所以法律还应该完善与知识产权质权有关的具体制度。为此,应该完善知识产权评估制度,建立和完善知识产权保险制度,建立和完善知识产权质押贷款证券化制度,提高知识产权评估、保险、知识产权质押贷款证券化等规范的法律层次。

第二十二章 留 置 权

第一节 留置权的法律特征

根据《物权法》第 230 条规定,留置权是指债务人不履行到期债务,债权人可以留置已经合法占有的债务人的动产,并有权就该动产优先受偿的权利。债权人为留置权人,占有的动产为留置财产。

与其他担保物权相比,留置权最大的特点,是权利人对于标的物的扣留和对标的物所有权人以及其他人的抗辩;在我国和其他大陆法系国家,加之留置权的法定性——留置权的成立无须当事人事先约定,所以,留置权的主张又带有明显的自力救济的特点。此外,留置权的内容和效力分两个阶段和层次先后发生。我国《物权法》的新变化是:第一,留置权所担保的债权不再局限于合同债权(实践中留置权通常发生于合同关系之中);第二,规定了企业留置权;第三,对于留置标的物后给予债务人履行的宽限期有变化;第四,规定债务人可以请求留置权人在债务履行期届满后行使留置权。

一、留置权具有物权性

在我国,虽然 1986 年《民法通则》采法国立法例,将留置权规定在"债权"一节中,1995 年《担保法》又将保证、抵押、质押以及定金规定在一起,但是,一般认为,留置权具有物权性质,是一种担保物权。2007 年《物权法》明确规定留置权为担保物权。首先,留置权是一种物权。留置权人在债务人不履行债务时留置标的物的权利和在宽限期后就留置标的物变价、优先取偿的权利,不仅得对抗留置物所有权人,而且可以对抗其他民事主体对留置物的权利。其次,留置权是一种担保物权。留置权是以担保债权清偿为目的的物权,它是以就留置物变价优先取偿为核心内容的权利。只要债务人不履行债务超过宽限期,留置权人即可就留置物变价取偿。

作为一种担保物权,留置权是否具有物上代位性呢?在我国台湾地区,根据其"民法"第 937 第 2 项和第 899 条之明文规定,留置权具有物上代位性。[1] 我国大陆有学者认为,留置物因不可归责于留置权人的事由灭失或者毁损的,留置权的效力及于因留置物灭失或者毁损所取得的代位物,如赔偿金、保险金。[2] 大陆另有学者则认为,留置权无物上代位性。[3] 根据我国 2007 年《物权法》第 174 条的规定,留置权有物上

---

[1] 谢在全:《民法物权论》(下册),中国政法大学出版社 2011 年修订 5 版,第 1059 页。
[2] 曹士兵:《中国担保诸问题的解决与展望——基于担保法及其司法解释》,中国法制出版社 2001 年版,第 334 页。
[3] 王闯:《动产抵押制度研究》,载梁慧星主编:《民商法论丛》(3),法律出版社 1995 年版,第 469 页。

代位性(该条针对各种担保物权,也适用于留置权)。

二、留置权具有法定性

留置权,是法定物权,依照法律规定而直接发生,而非依当事人的协议而成立。此乃各国民法之通例。留置权的法定性是其区别于其他担保方式的一个重要特征。如保证、抵押权、质权和定金等均可依当事人的协议而设立。留置权的法定性,意味着在具备法定条件时,留置权就当然发生。不过,虽然一定条件齐备,留置权即可成立,但是,当事人可以在相关的合同中事先排除留置权的发生——我国《物权法》第232条规定:"法律规定或者当事人约定不得留置的动产,不得留置。"英语国家(英美法系)的 lien,包括 statutory lien 和 contractual lien,而一般将 lien 翻译为"留置权",如此看来,似乎这种"留置权"包括法定留置权和合同留置权,似乎在英美法系的某些情况下也可以依当事人协议而设立留置权。其实,contractual lien 是约定质押。所以,从各国留置权的共同本质来说,"留置权具有法定性"这一命题是正确的。

三、留置权具有不可分性

留置权的不可分性,是指留置权的效力及于留置物的全部,且及于债权的全部。它有两个方面内容:一是留置权人可以对留置物的全部行使权利;二是留置权所担保的是债权的全部。所以,只要债权未受全部清偿,留置权人就可以对留置物的全部行使权利——留置物的分割或者债权的分割、部分清偿等,均不影响留置权的效力。留置权的不可分性与其他担保物权的不可分性一样,加强了担保的效果。

我国《物权法》第233条规定:"留置财产为可分物的,留置财产的价值应当相当于债务的金额。"这一条不是否定留置权的不可分性,也不是表明留置权的不可分性比较弱,而是确定留置权的客体范围,体现留置权作为担保物权的从属性。我国《关于担保法解释》第110条则明确规定:"留置权人在债权未受全部清偿前,留置物为不可分物的,留置权人可以就其留置物的全部行使留置权。"这是对留置权的不可分性的部分内容的具体规定。当然,留置权的不可分性与留置物是可分物还是不可分物无关。关于留置权的不可分性,我国台湾地区"民法"第932条明确规定:"债权人于其债权未受全部清偿前,得就留置物之全部,行使其留置权。但留置物为可分者,仅得依其债权与留置物价值之比例行使之。"《日本民法典》第296条对留置权的不可分性的规定是:"留置权人,在其债权得到全部清偿以前,可以就留置物的全部行使其权利。"

四、留置权具有从属性

留置权系为担保特定的现实债权而依法成立,与约定的担保物权仅须实行时存在被担保的债权不同,可见,留置权的从属性特别强。留置权的从属性具体表现为:

第一,留置权的成立以主债权的成立为前提。这是留置权在成立上的属性。如主债权不成立或无效,则留置权不成立。

第二,留置权人优先受偿的范围决定于主债权的范围。这是留置权在优先受偿上的从属性。当留置物价值大于主债权价值时,对于多余部分,留置权人必须返还债务人;当留置物价值小于主债权价值时,对于不足部分,留置权人没有优先受偿权,其与其他无担保债权人处于平等受偿地位。我国《物权法》第233条的规定——留置的财产为可分物的,留置物的价值应当相当于债务的金额,实际上也反映了留置权的从属性。我国台湾地区"民法"第932条所规定的"留置物为可分者""仅得依其债权与留置物价值之比例行使之",亦属对于留置权从属性之规定。

第三,留置权随主债权的消灭而消灭。这是留置权在消灭上的从属性。当留置权所担保的主债权消灭时,留置权随之消灭。主债权人放弃债权或者债务人履行了全部债务,留置权均告消灭。

在留置权的从属性问题上,留置权是否与其他担保方式一样随主债权的移转而一同转移呢?留置权为财产权,故具有可让与性。然有学者认为,留置权非当然随所担保的债权而移转。从法理上说,债权让与且留置物一同移转,才发生留置权的让与。但有学者认为,如此太过严格,不切合实际。唯于有同一让与之意思及有留置物占有之转移时,留置权始移转于受让人。①

五、留置权与同时履行抗辩权之比较

留置权与同时履行抗辩权,都是债的关系当事人为了确保自己利益不至于受到损害而依法享有的一种权利,两者的功能具有相同的地方,它们也都是基于公平原则而生的。但两者之间存在着明显的区别:

1. 具体目的不同

留置权以担保债权实现为目的。留置权是债权人未受清偿前,留置对方财产,目的在于经过一定宽限期后,债务人仍不履行债务时,可依照法律规定,拍卖、变卖留置的财产或者以该财产折价而优先受偿。而同时履行抗辩权的发生和行使的目的是促使双方同时履行,以维持利益公平。②

2. 基本性质不同

虽然留置权也有留置、抗辩的权利内容,但是留置权从法律构造上说是担保物权,留置权人可以就留置物优先受偿,并且留置权具有对抗世人的效力。而同时履行抗辩权是对抗对方当事人请求权的一种相对权、抗辩权,其内容是拒绝履行己方的义务,根本不具有物权性质,不具有优先受偿效力。

3. 发生根据不同

留置权的发生必须是一方已占有对方的财产,且该财产与所担保的债权有同一法律关系。而同时履行抗辩权的基本根据是双务合同在债务履行上的对价性,即双方的给付行为构成对待给付。在对方当事人未履行给付义务时,己方当事人才可行

---

① 参见史尚宽:《物权法论》,中国政法大学出版社2000年版,第514页。
② 参见王家福主编:《民法债权》,法律出版社1993年版,第402页。

使抗辩权。因此在抗辩权发生时一方是不可能占有对方的财产的。

4. 标的物不同

留置权的标的物是债权人占有的动产。同时履行抗辩权的内容是拒绝给付,而给付是一种行为,该行为所涉及的标的物不限于动产,甚至只有行为而无标的物。留置物的所有权一般属于债务人,而同时履行抗辩权拒绝的给付行为所可能涉及的物的所有权一般属于抗辩权人。

5. 有无不可分性不同

留置权作为一种担保物权,具有不可分性。而同时履行抗辩权乃阻止对造请求,不具有不可分性。[①] 就是说,留置权属于物权、支配权,故法律赋予其不可分性;而同时履行抗辩权属于抗辩权,而非对物的支配权,故谈不上不可分性。

6. 消灭原因不同

留置权是法律为担保特定债权而创设的,故债务人另提供相当担保时,留置权即归于消灭。而同时履行抗辩权的目的是促使双方同时履行,故不因对方另提供担保而消灭。

六、留置权与抵销权的区别

抵销权,源于罗马法的恶意抗辩权,系基于公平、效率原则,在双方当事人互付债务时,一方拒绝履行,用自己之债权抵销自己之债务。留置权与抵销权主要有如下区别:

1. 目的不同

立法目的决定权利性质、成立要件、权利内容、消灭原因等等。留置权的目的是担保债权之清偿。抵销权虽然也有担保的目的与实际作用,但是其主要目的是避免交换给付的浪费。

2. 性质不同

抵销权为形成权,权利人依单方意思表示即可使债权债务关系变动[②];而留置权属于支配权,系支配与债权有同一法律关系的标的物的交换价值的权利。

3. 成立要件不同

留置权以标的物与所担保债权有同一法律关系为成立要件,而抵销权以同种给付之债为成立要件。根据我国《合同法》第 99 条的规定,当事人互负到期债务,该债务的标的物种类、品质相同的,任何一方可以将自己的债务与对方的债务抵销,但依照法律规定或者按照合同性质不得抵销的除外。

4. 权利内容不同

抵销权,是通过己方与对方之债归于消灭的办法,使己方债权得以清偿的权利;而留置权,是债权人留置债务人标的物,并在一定条件下以留置物变价取偿的

---

① 参见谢在全:《民法物权论》(下册),中国政法大学出版社 2011 年修订 5 版,第 1061—1062 页。
② 这里的"抵销权"指的是我国《合同法》第 99 条规定的法定抵销的抵销权。

权利。

5. 行使方式不同

抵销权以通知对方当事人的方式行使,依单方意思表示即可行使。而留置权的行使,一是留置,二是在宽限期满债务人仍不履行债务时债权人以标的物折价或者以拍卖、变卖标的物的价款优先受偿。

6. 效力不同

在相对人未履行债务前,留置权有一时性的留置自己所应交付之物之效力,在宽限期满债务人仍不履行债务时留置权具有优先取偿效力,其效力分为两个层次;而抵销权则具有终局性的消灭相互债务之效力。

7. 消灭的原因不同

留置权人接受债务人另行提供担保的,留置权消灭。抵销权则不因债务人提供担保而消灭。

第二节 留置权的成立要件

留置权是法定担保物权,法律规定的条件具备,留置权即可成立。一般认为,留置权的成立要件包括积极要件和消极要件。积极要件包括:(1)债权人占有的动产与债权属同一法律关系,但企业间留置的除外;(2)债权已届清偿期(当债务人无支付能力时除外)。而消极要件是,须无妨碍留置权成立的情形。

一、债权人占有的动产与债权属同一法律关系,但企业间留置的除外

(一) 债权人占有动产

很多学者认为,债权人占有债务人的财产,是留置权成立及存续的前提条件,我国以前的立法包括《担保法》的规定也是如此。此外,最高人民法院《关于担保法解释》第 108 条规定:"债权人合法占有债务人交付的动产时,不知债务人无处分该动产的权利,债权人可以按照担保法第 82 条的规定行使留置权。"如果债权人因被侵夺丧失占有,经诉请回复占有而重新占有,或者侵夺人、第三人任意将留置物交还留置权人占有的,那么留置权不消灭。债权人对债务人财产的占有,可以是直接占有,也可以间接占有或者利用占有辅助人而为占有,可以是单独占有,也可以是与第三人共同占有。①

按照我国《民法通则》以及《担保法》的规定,留置权的成立限于债权人因合同占有债务人的财产。即只有债权人依合同占有债务人的财产,才能成立留置权。而《关于担保法解释》第 109 条已经突破了这一限制,留置权的发生不再限于合同关系。《物权法》第 231 条的规定也是如此。但是,一般认为,因侵权行为取得的占有,不能产生留置权。一些立法明确要求非因侵权行为而占有。如《日本民法典》第 295 条第

---

① 谢在全:《民法物权论》(下册),中国政法大学出版社 2011 年修订 5 版,第 1065 页。

2款规定:留置权"不适用于占有因侵权行为而开始的情形"。又如我国台湾地区"民法"第928条明确规定,"债权人因侵权行为或其他不法之原因而占有动产者"不能留置其所占有的动产,"其占有之时明知或因重大过失而不知该动产非为债务人所有者"也不能留置其占有的动产。当然,值得注意的是,在各国的民事实践中,留置权通常发生于合同关系场合;而对于留置权产生于何种合同,一些国家于合同法分则部分予以具体规定。

对于债权人可以留置的财产的范围,各国民法规定不一。《瑞士民法典》规定为动产和有价证券。在日本,不动产上也可以成立留置权,但这种情况下登记不作为对抗要件。① 我国《民法通则》第89条第4项和1988年最高法院《关于贯彻执行〈中华人民共和国民法通则〉若干问题的意见(试行)》第117条对债务人财产的性质都没有明确规定,而依《担保法》第82条的规定,留置权客体限于动产。《合同法》第286条规定的承包人建设工程价款优先权的客体是不动产,有人说该条规定的是一种留置权,有人认为规定的是一种法定抵押权,也有人认为该条规定的是一种优先权。

值得研究的是,留置权标的物是否不以让与性为限? 有学者认为,"不具让与性之动产,亦得为留置权之标的物。此因留置权之主要作用,在于留置标的物,以迫使债务人清偿债务,就留置物取偿,仅为其次要作用,不具有让与性之物,虽不能拍卖取偿,却可发挥留置之效力,达到债务清偿之目的"②。笔者认为,留置没有让与性动产的权利也具有绝对性和对世性,可以说也是一种绝对权和抗辩权,但是,担保物权的本质是价值权,所以,这种留置没有让与性动产,却不能就其变价取偿的权利,不是真正的担保物权。

(二)债权人占有的动产与债权属同一法律关系,但企业间留置的除外

债权人的债权与债权人占有的财产有牵连关系,才能成立留置权,这是很多国家的法律规定。至于何为有牵连关系? 日本、瑞士等国民法采取债权与物牵连说——认为留置物为发生债权的原因,为有牵连关系。《日本民法典》第295条规定的是"……就该物产生债权时……",《瑞士民法典》第895条第1款规定的是"……按其性质该债权与留置的标的物有关联时……"。

以前,一般认为,在我国,留置权的成立所要求的牵连关系,体现为债权与留置物的占有取得须基于同一合同关系而产生。这确实有立法上的依据。《民法通则》第89条第4项规定:"按照合同约定一方占有对方的财产……"《担保法》第84条规定:"因保管合同、运输合同、加工承揽合同发生的债权,债务人不履行债务的,债权人有留置权。法律规定可以留置的其他合同,适用前款规定。当事人可以在合同中约定不得留置的物。"《合同法》第264条规定:"定作人未向承揽人支付报酬或者材料费等价款的,承揽人对完成的工作成果享有留置权,但当事人另有约定的除外。"第315条规定:"托运人或者收货人不支付运费、保管费以及其他运输费用的,承运人对相应

---

① 〔日〕近江幸治:《担保物权法》,祝娅等译,法律出版社2000年版,第16页。
② 谢在全:《民法物权论》(下册),中国政法大学出版社2011年修订5版,第1065页。

的运输货物享有留置权,但当事人另有约定的除外。"第380条规定:"寄存人未按照约定支付保管费以及其他费用的,保管人对保管物享有留置权,但当事人另有约定的除外。"第422条规定:"行纪人完成或者部分完成委托事务的,委托人应当向其支付相应的报酬。委托人逾期不支付报酬的,行纪人对委托物享有留置权,但当事人另有约定的除外。"

2000年《关于担保法解释》第109条突破了"合同关系"的限制——"债权人的债权已届清偿期,债权人对动产的占有与其债权的发生有牵连关系,债权人可以留置其所占有的动产。"我国《物权法》第231条与此接近:"债权人留置的动产,应当与债权属于同一法律关系,但企业之间留置的除外。"该第231条的不同特点,一是规定的条件是"同一法律关系",而不是"牵连关系",这是为了避免"牵连关系"的模糊性,即避免法律适用方面的意见分歧[①];二是规定了不以"同一法律关系"为条件的企业留置权(商事留置权)。

我国《物权法》第231条规定的"同一法律关系"包括同一合同关系或者无因管理关系。[②] 同时,也不应对第231条所规定的作为留置权要件的"同一法律关系"作扩大解释,"同一法律关系"应指同一个法律关系,而非同一种法律关系。[③] 我国有专家认为,因合同无效所发生的双方当事人之财产返还请求权适用留置担保,误换其物所发生的所有人之间相互返还请求权,双方均就对方之物有留置权。[④] 日本也有学者认为,二人的伞相互错拿后在自己的伞返回之前保留对方的伞,是留置权的作用。[⑤] 笔者认为,合同无效所发生的双方当事人之财产返还请求权,在我国台湾地区属不当得利请求权,在我国大陆属于物权请求权,都是准用同时履行抗辩权;误换其物所发生的所有人之间相互返还请求权,是物权请求权,不是债权,双方可以相互"留置"对方之物,但这也是准用同时履行抗辩权,而不是行使留置权。

为企业留置权(或者说"商事留置权")规定比较宽松的成立要件,是很多国家的通例,如《瑞士民法典》第895条第2款规定:"前款关联发生在商人之间的,只要占有及请求权系由商业交易产生。"就是说,在瑞士,商人之间因营业关系而占有的动产及其因营业关系所产生的债权,无论实际上是否存在牵连关系都视为存在牵连关系。之所以作如此规定,是因为商人之间的相互交易非常频繁而且往往维持很长时间,其间各种债权债务关系不断发生、消灭,若按照普通民法的留置权的要求,则债权人须精确地逐一证明每次交易所发生的债权与其所占有的债务人的动产之间存在个别牵连关系,这不符合效率原则和商业习惯。为促进交易,确保交易安全,很多国家都建

---

① 参见高圣平:《担保物权新制度新问题理解与适用》,人民法院出版社2013年版,第411页。
② 虽然《物权法》第171条第1款规定:"债权人在借贷、买卖等民事活动中,为保障实现其债权,需要担保的,可以依照本法和其他法律的规定设立担保物权。"但是不能据此认为《物权法》只允许担保合同债权的担保物权存在。虽然借贷、买卖是合同关系,但是这里是不完全列举,而且留置权等物权系依法成立,而非当事人"设立",所以,留置权等法定担保物权不受第171条的限制。
③ 高圣平:《担保物权新制度新问题理解与适用》,人民法院出版社2013年版,第411—412页。
④ 邹红旗:《担保法原理与适用》,人民法院出版社2001年版,第356页。
⑤ 〔日〕近江幸治:《担保物权法》,祝娅等译,法律出版社2000年版,第15页。

立了所谓的商事留置权制度。再如我国台湾地区"民法"第929条规定:"商人间因营业关系而占有之动产,与其因营业关系所生之债权,视为有前条所定之牵连关系。"

二、债权已届清偿期

(一) 一般情形

债权已届清偿期,留置权才能成立。如果合同没有明确规定履行期,按照合同有关条款又不能确定,双方也没有在事后达成协议,那么债权人可以随时向债务人要求履行义务,但应当给债务人必要的准备时间。该必要的准备时间即成为履行期限。必要的准备时间完成,即属债权已届清偿期。债务人有同时履行抗辩权的,纵动产占有人之债权已届清偿期,也不能成立留置权。债权已届清偿期,若债权人拒绝受领清偿,则债权人构成受领迟延,不得主张留置权。

(二) 例外:紧急留置权

当债务人无支付能力时,即使债权未届清偿期,留置权也可以成立。2000年《关于担保法解释》第112条规定:"债权人的债权未届清偿期,其交付占有标的物的义务已届履行期的,不能行使留置权。但是,债权人能够证明债务人无支付能力的除外。"债权未届清偿期而债务人无支付能力时成立的留置权,被认为是一种紧急留置权。

三、须无妨碍留置权成立的情形

具备了积极条件,仍须无下列妨碍留置权成立的情形,留置权才能成立。下列情形之条件,被称为留置权成立的消极条件或留置权成立之限制。

其一,动产之留置违反公共秩序或社会公德。例如,战时修理军械,以未付修理费用为由而扣留军械;运送救灾物资,以未付运费而扣留救灾物资等等,都是违反公共秩序的行为,依法不能成立留置权。又如抬棺的工人以未付报酬而扣留棺材的,违反善良风俗,也不能成立留置权。再如债务人的身份证、准考证、毕业证书等等,为债务人日常活动和公法行为的必要证件,不得扣留。债务人仅有的炊具或者拐杖等等,为债务人生活或工作所必需,也不得扣留。违者,即违反公序良俗。即使为扣留,亦不成立留置权。

其二,当事人约定排除留置权的适用。虽然留置权是法定担保物权,但是,民法奉行意思自治原则,只要不违反法律的强制性规定并且也不违反公共政策,当事人的约定即可对当事人具有约束力,而成立留置权的规定系为了担保当事人之间债的履行,一般与公共利益无涉,所以,在一般情况下当事人可以事先约定排除留置权的适用。

其三,动产之留置与债务人交付前或交付时的指示相抵触。如甲、乙约定,甲为乙修理收音机,甲修好后交乙试听,乙满意的即付修理费。如此约定,则甲修好收音机时不能以留置来担保修理费。债务人交付后的指示,如为债权人接受,则也成为当事人债的关系的内容,债权人应为遵守,故也不得留置交付的标的物。

其四,动产之留置与债权人所承担的义务相抵触。如承运人主张托运人之运费未付,而扣留其物品,不予运输的,即属其例。2000年《关于担保法解释》第111条规定,债权人行使留置权与其承担的义务或者合同的特殊约定相抵触的,人民法院不予支持。当然,运输完毕而未得到运费,则可以留置货物而行使留置权。

例外为紧急留置权。在上述其三、其四两种情形下,如债务人无支付能力,债权人的留置权仍可成立。此种条件下成立的留置权,也属于紧急留置权。这里所述的紧急留置权,与《德国商法典》第370条所规定的特别留置权一样。

第三节 留置权的效力

一、留置权的效力范围

(一) 留置权的担保范围

留置担保的范围,包括主债权及利息、违约金、损害赔偿金、留置物保管费用和实现留置权的费用。(1) 主债权。也叫原债权,或叫原始债权。留置权所担保的主债权,也是留置权据以发生的主债权,一般情况下是合同债权,但现在已经不限于合同债权。(2) 主债权的利息。即主债权在主债履行期间的利息。(3) 违约金。主债权合同约定债务人不履行债务,应支付违约金的,则该违约金亦为留置权的担保范围。(4) 损害赔偿金。包括债务人不履行债务给债权人造成损失时应付的赔偿金。"迟延利息"不是一般的利息,而是债务人不履行金钱债务时的罚息或逾期利息,也就是债务人不履行金钱债务的损害赔偿金。(5) 留置物的保管费用。债权人留置相关动产,为保管留置物所支出的必要费用,受留置权的担保。这不是因为主债权对标的物成立留置权之效力的延伸,而是因为留置权人的保管费用偿还请求权和被保管的留置物有同一法律关系,由此发生新留置权的结果。[①] (6) 实现留置权的费用。债务人不履行债务,留置权人实现留置权的,需采取一些必要措施,需要支出一定的费用,该费用应该从留置物的变价中支出。这些费用,包括变价申请费、评估费、拍卖、变卖费用及一切必需的其他费用,都是留置权担保的对象。

(二) 留置标的物的范围

一般认为,留置权效力所及的标的物包括:(1) 主物。(2) 从物。留置权效力所及的从物须已由留置权人占有。(3) 孳息。既然留置权是留置物的占有人,且孳息在法理上可与原物同其命运,那么留置权效力及于孳息就不难理解了。(4) 代位物。因为作为担保物权的一种,留置权是价值权,所以,留置物的形态发生变化,不影响留置权的存续。

二、留置权的权利内容

(一) 对留置物的占有权

留置权成立后,留置权人当然有权继续占有留置物。留置物的占有权,属于留置权效力的第一层次的内容。第一层次的这种占有的权利不仅可以对抗债务人,还可

[①] 参见邹海林、常敏:《债权担保的理论与实务》,社会科学文献出版社2005年版,第345页。

以对抗第三人对留置物的权利主张。如果债务人提起返还留置物之诉,留置权人主张留置权而拒绝返还的,法院应当作出怎样的判决呢?理论上有驳回原告诉讼请求说①、"命为同时履行"说②和驳回原告诉讼请求与交换履行的折衷说。③ 在此问题上,我们赞同第三种学说——债务人未提出给付而诉请返还留置物的,法院应当判决驳回债务人的诉讼请求,如果债务人提出给付而请求返还留置物,那么法院应当判令其交换履行。

(二)收取孳息的权利

《物权法》规定,留置权人有权收取留置财产的孳息。收取的孳息应当先充抵收取孳息的费用。在占有留置物期间,留置权人对留置物所生之自然孳息或法定孳息有权收取。留置权人收取孳息后,对于孳息享有留置权,留置权人可以以其收取的孳息抵偿债权。收取法定孳息的,如留置公司债券而收取利息。又如债权人留置有形动产后,经所有人同意而出租、收取租金。但留置权非用益物权,所以,在一般情况下留置人无使用、收益权,亦无从收取法定孳息。收取孳息,是留置权人的权利,而不是其义务。但是,因为留置权人负有保管留置物的义务,须尽善良管理人的注意,所以,留置权人怠于收取孳息,造成债务人损失的,应对债务人负赔偿责任。

(三)保管上的使用权及经留置物所有人同意的使用权

原则上,留置权人对留置物只能占有、留置,不能使用。但是,为保管上的需要,于必要范围内留置权人有权使用留置物。至于何为必要的使用,需依具体情形而定。当然,经债务人同意,留置权人有权使用留置物。留置权人在上述两种情况下使用留置物,有时取得收益。收益应按留置物的孳息处理,留置债权人得以其抵偿债权。以使用取得的收益抵偿留置权人的债权,既有利于保障留置权人的债权得以实现,又不损害债务人的合法权益。

(四)保管费用的偿还请求权

保管留置物的必要费用,是为保存、管理和维持留置物不可缺少的费用。留置权人以善良管理人的注意标准保管留置物所支出的必要费用,有权向留置物的所有权人要求偿还。该留置权人对于该保管费用之债权,属于留置权所担保的范围。

(五)优先受偿权

这是留置权效力的第二层次的内容,也是留置权的核心内容。债务人到期不履行义务,在宽限期内仍不履行义务的,留置债权人有权依法就留置物变价而优先取偿。无论债务人是否破产,债权人对留置物均有优先受偿权。《企业破产法》第109条规定:"对破产人的特定财产享有担保权的权利人,对该特定财产享有优先受偿的权利。"与其他担保物权一样,留置权的变价、优先受偿也是或然性的,而不是一定会发生。

---

① 〔日〕石田文次郎:《物权法论》,昭和十二年版,第667页,转引自史尚宽:《物权法论》,中国政法大学出版社2000年版,第504页。
② 谢在全:《民法物权论》(下册),中国政法大学出版社2011年修订5版,第1081页。
③ 史尚宽:《物权法论》,中国政法大学出版社2000年版,第504页。

留置权人与债务人应当约定留置财产后的债务履行期间;没有约定或者约定不明确的,留置权人应当给债务人两个月以上履行债务的期间,但鲜活易腐等不易保管的动产除外。债务人逾期未履行的,留置权人可以与债务人协议以留置财产折价,也可以就拍卖、变卖留置财产所得的价款优先受偿。将留置财产折价或者变卖的,应当参照市场价格。

与行使抵押权不同,而与行使质权一样,留置权人可直接依法拍卖、变卖留置财产而不是非请求法院拍卖、变卖留置财产不可。当然,如请求法院拍卖、变卖留置财产,就应当依据2012年《民事诉讼法》第196、197条规定的作为非讼程序的一种特别程序("实现担保物权案件"程序)进行。值得注意的是,《物权法》第237条规定:债务人可以请求留置权人在债务履行期届满后行使留置权;留置权人不行使的,债务人可以请求人民法院拍卖、变卖留置财产。该第237条规定有利于充分实现留置权的价值,避免留置物在市场波动之际于低价位变价。该第237条规定有利于充分实现留置权的价值,避免留置物在市场波动之际于低价位变价。

留置财产折价或者拍卖、变卖后,其价款超过债权数额的部分归债务人所有,不足部分由债务人清偿。不过,对于"不足部分",原留置债权人再无优先受偿权。

留置权人的留置物占有权、孳息收取权、管理上的使用权以及必要费用偿还请求权,在留置权成立后即可行使,故称为留置权的第一层次效力的内容,而优先受偿权只能在留置权第二层次效力发生后,于一定条件下行使,故称为留置权的第二层次效力内容。

留置权人行使优先受偿权的程序条件包括:(1) 通知——留置权人在留置财产后,应当给予债务人宽限期、通知其履行义务(如当事人事先已经约定了宽限期,则债权人无须通知);(2) 经过合理的宽限期;(3) 债务人在宽限期届满时仍未履行债务。

债权人未给予债务人宽限期、通知其履行义务,而直接变价处分留置物的,应当对此造成的损失承担赔偿责任。债权人与债务人在合同中约定宽限期的,宽限期满,债权人可以不经通知,直接行使留置权。此为"期限代通知"。

我国台湾地区"民法"第936条规定:"债权人于其债权已届清偿期而未受清偿者,得定一个月以上之相当期限,通知债务人,声明如不于其期限内为清偿时,即就其留置物取偿;留置物为第三人所有或存有其他物权而为债权人所知者,应并通知之。""债务人或留置物所有人不于前项期限内为清偿者,债权人得依关于实行质权之规定,就留置物卖得之价金优先受偿,或取得其所有权。""不能为第一项之通知者,于债权清偿期届满后,经过6个月仍未受清偿时,债权人亦得行使前项所定之权利。"

《瑞士民法典》没有宽限期的规定,第898条规定:"债务人不履行义务时,债权人经事先通知债务人,得变卖留置物,但此规定限于债权人未得到充分担保的情形。"

三、留置权人的义务

(一) 对留置物的保管义务

留置权人一方面是担保物权人,另一方面又处在留置物保管人的地位,留置物最终命运取决于其所担保的债权的状况。为确保主债消灭或留置权人接受债务人另行提供担保时留置物的顺利返还,法律规定了留置权人对留置物的保管义务。我国《物权法》第234条规定:"留置权人负有妥善保管留置财产的义务;因保管不善致使留置财产毁损、灭失的,应当承担赔偿责任。"

(二) 返还留置物的义务

债权因清偿、抵消、混同、免除等原因而消灭,留置权随之消灭。留置权人接受债务人另行提供担保的,留置权也消灭。留置权消灭时,应将留置物返还于留置物所有人。否则,构成非法占有,应负相应的民事责任。

四、留置物所有人的处分权与留置权的绝对性与追及性

留置权人对留置物的物权是担保物权,而不是所有权,其所有权不因留置而变动。所以,留置物所有权人仍然可以处分留置物,如将其转让,或者将留置物再用于质押担保。但是,留置权是物权,有绝对性和追及效力,即使留置物已经转让或者设质,留置权人均可追及留置物之所在而主张留置权、就留置物变价而优先取偿。

第四节 留置权的消灭

我国《物权法》第177条规定,有下列情形之一的,担保物权消灭:(1) 主债权消灭;(2) 担保物权实现;(3) 债权人放弃担保物权;(4) 法律规定担保物权消灭的其他情形。这也适用于留置权的消灭。

一、留置权因主债权消灭而消灭

主债权是留置权成立和存续的基础,如果主债权消灭,留置权必然随之消失。这被认为是留置权在消灭上的从属性的含义。债权消灭的原因包括清偿、抵销、混同、免除等等。所担保的债权全部受清偿而消灭的,留置权随之消灭。留置权所担保的债权,因债务人行使抵销权,或者双方合意抵销双方两个债务关系而消灭的,留置权因具有从属性而同时消灭。留置权人因继承或其他原因使债权债务混同时,留置权所担保的债权消灭,留置权也即随之消灭。债权人免除债务人债务,或者双方协议免除债务人债务的,留置权因无所附属而归于消灭。

如果所担保的债权仅一部消灭,而留置物属不可分物的,那么留置权不因债权一部消灭而一部消灭,因为留置权担保的是全部债权的实现。如果留置物是可分物,那么,可因一部分债权受到清偿而减少留置物——留置的财产为可分物的,留置物的价值应当相当于债务的金额。

二、留置权因债务人提出相当担保而消灭

《瑞士民法典》第898条第1款规定,债务人不履行义务时,债权人经事先通知债务人,可以变卖留置物。但此规定仅限于债权人未得到充分担保的情形。《日本民法

典》第301条规定:"债务人可以通过提供相当的担保而请求留置权消灭。"在日本,有不同观点,依通说,即使债务人提供相当担保,如果留置权人不接受,债务人也不能单方面地请求消灭留置权,而必须首先获得留置权人承诺判决,其后消灭留置权。[①]

我国台湾地区"民法"第937条第1项规定:"债务人或留置物所有人为债务之清偿,已提出相当之担保者,债权人之留置权消灭。"我国台湾地区学者谢在全教授指出,若所提出的担保,客观上已属相当的,债权人有接受的义务,债权人倘若不接受,提供物的担保的,债务可以诉请债权人协同办理抵押权登记或设定质权之合意,与接受质权标的物占有之移转;如果提供的是保证,因无法以诉讼促使保证契约成立,故须债权人同意。[②]

我国1995年《担保法》第88条规定:"留置权因下列原因消灭:(1)债权消灭的;(2)债务人另行提供担保并被债权人接受的。"对其中"被债权人接受"作为条件,有很多专家都持反对意见。[③]梁慧星主持编写的《物权法建议草案》第406条规定:"债务人或者留置物的所有人为债务的清偿另行提供相当担保的,留置权消灭。"[④]王利明主持编写的《物权法建议草案》第524条规定:"债务人或者留置物所有人向留置权人另行提供相当担保的,留置权消灭。"[⑤]但是,我国《物权法》第240条规定:留置权人对留置财产丧失占有或者留置权人接受债务人另行提供担保的,留置权消灭。

值得一提的是,《德国民法典》第273条第3款规定:"债权人可以因为已提供担保而免除行使留置权。不得以保证人作为担保。"有观点以此作为"相当担保之提出"导致留置权消灭的例证。其实,德国法此处的"留置权"不是物权性的留置权,而是相对权性质的抗辩权。

三、留置权因留置物占有丧失而消灭

留置权之成立和存续以占有留置物为要件,故留置物占有之丧失,为留置权消灭的一个原因。但是,占有之丧失,在一度丧失占有后回复了占有的,应该认为留置权不消灭。第一,在我国留置权若系一时的丧失占有,虽然债权人无法行使留置权第一层次的效力,但是没有从根本上影响第二层次效力,即变价受偿效力。第二,在我国,留置权人同时是占有人,占有人有占有保护请求权(包括回复占有的请求权)。第三,认为在一度丧失占有后回复了占有的留置权先消灭后复活或重新发生,没有必要,也与一般社会观念相悖。

留置物占有丧失,则留置权消灭,从这一点看,留置权的物权性因此变弱。

---

① 参见〔日〕近江幸治:《担保物权法》,祝娅等译,法律出版社2000年版,第29页。
② 参见谢在全:《民法物权论》(下册),中国政法大学出版社2011年修订5版,第1092—1093页。
③ 邹红旗:《担保法原理与适用》,人民法院出版社2001年版,第392页;程啸:《物权法·担保物权》,中国法制出版社2005年版,第509页。
④ 梁慧星等:《中国物权法草案建议稿:条文、说明、理由与参考立法例》,社会科学文献出版社2000年版,第82页。
⑤ 王利明主编:《中国物权法草案建议稿及说明》,中国法制出版社2001年版,第133页。

四、留置权因债权人同意延缓债务清偿期而消灭

谢在全教授认为:"留置权之成立,以债权已届清偿期而未受清偿为其要件,故如债权人其后同意延缓债权之清偿期时,留置权已无存在之余地,应解为因而消灭。"[①] 这一观点值得赞同。第一,既然债权人同意延缓债权之清偿期,那么不再符合"债权已届清偿期"之留置权成立要件。这是最关键的一点。第二,依意思自治原则,债权人可以同意延缓债权之清偿期;而延缓的清偿期又届至的,留置权可以再次依法发生。

五、留置权因留置权人抛弃留置权而消灭

留置权是一种财产权,在一般情况下可以抛弃。但是若抛弃有损于国家利益、集体利益或者第三人利益(如主债权及留置权已作为第三人质权客体)的,不得抛弃。

六、留置权是否因留置权人违反保管留置物义务而消灭?

《日本民法典》第298条第1款规定,留置权人应以善良管理人的注意,占有留置物;第2款规定,留置权人未经债务人承诺,不得使用、租赁留置物,亦不得以之提供担保。而其第3款规定,留置权人违反前两款规定时,债务人可以请求消灭留置权。有观点认为,可以借鉴日本法律的上述规定,建议我国在法律上规定,留置权人违反保管留置物义务的,债务人可以请求消灭留置权。

其实,我国《物权法》第234条规定留置权人负有妥善保管留置财产的义务;因保管不善致使留置财产毁损、灭失的,应当承担赔偿责任。笔者认为,留置权人违反保管留置物义务的,留置权不消灭。为防止留置权人因保管不善致使留置财产毁损、灭失,债务人还可通过履行债务或另行提供担保来消灭留置权而取回留置财产。

七、留置权是否适用诉讼时效或者除斥期间

2000年最高人民法院《关于担保法解释》第12条规定:"当事人约定的或者登记部门要求登记的担保期间,对担保物权的存续不具有法律约束力。担保物权所担保的债权的诉讼时效结束后,担保权人在诉讼时效结束后的2年内行使担保物权的,人民法院应当予以支持。"然而,《物权法》第237条规定:"债务人可以请求留置权人在债务履行期届满后行使留置权;留置权人不行使的,债务人可以请求人民法院拍卖、变卖留置财产。"对此,有论者认为,留置权人在主债权的诉讼时效届满未实行其担保物权也未放弃对担保财产的占有的,应当推定其意思为以担保财产归自己所有的方式抵偿债权;担保财产的所有人如果认为这种依单方意思所做的处理损害了其合法权益,则其应在知道或者应当知道其权益被侵害之日起2年的诉讼时效期间内主张

---

① 谢在全:《民法物权论》(下册),中国政法大学出版社2011年修订5版,第1096页;邹红旗:《担保法原理与适用》,人民法院出版社2001年版,第394—395页。

自己的权利,否则人民法院不予保护。① 笔者认为,《物权法》第237条规定的债务人可以采取的措施更为积极主动,该条规定给予债务人更好的选择,加上《关于担保法解释》第12条限制留置权行使时间规定的配合,已经很好地平衡了债务人以及留置权人之间的利益关系,无须再作扩大或限缩解释。总之,目前,留置权在期限方面同时受《关于担保法解释》第12条和《物权法》第237条的双重限制,这两条相互制约并相互配合,而并非由后者废止前者。

本章重点疑难问题提示

一、留置权的比较法考察

世界上很多国家都规定了留置权,而且大同小异,只是名称不同,细节性规定有别,适用范围有异而已。有观点认为,德国和法国等国家只有债权性的留置权而无物权性的留置权。这是"重大误解"。我们称"留置权"的权利在《德国民法典》和《德国商法典》上被作为"法定质权"予以规定。《瑞士民法典》第四编物权法编第二十三章规定的是动产担保,其中第一节是质权及留置权,第二节是权利质权,第三节是典当;虽然其中留置权已经作为一个独立的担保物权种类予以规定,但是从法典的章节安排来看,瑞士的留置权仍然有罗马法及德国法的法定质权的影子。《葡萄牙民法典》规定的留置权,发生于债务人对其债权人享有一项债权且该债权系因用于债务人有义务交付之物之开支或因该物所造成之损害而产生情形,包括运输合同、委托合同、无因管理、侵权赔偿等等情形,留置物则包括动产及不动产;这种留置权有留置和优先受偿双重效力,却被规定在第2卷"债法"中。② 被我们称为"留置权"的权利,在《法国民法典》中被安排在优先权之列,而在《日本民法典》上包括第295条至第302条的"留置权"和一部分"先取特权"。

须注意,有些国家确实还存在一种"留置权",其只有相对权属性,是抗辩权,无物权性。例如,《德国民法典》第273条规定:"如果债务人根据产生其债务的同一法律关系,对债权人享有已到期的请求权时,除债的关系另有其他规定外,债务人可以在获得其应得的给付前,拒绝履行给付(留置权)。""负有交付标的物义务的人,因为标的物支付费用或者因此标的物所产生的损害而享有的已到期的请求权时,享有同样的权利,但债务人因故意实施不法行为而取得标的物的除外。""债权人可以因为已提供担保而免除行使留置权。不得以保证人作为担保。"第274条规定:"因债权人起诉而主张留置权的,其效力仅限于判决债务人应在受领其应得的给付的同时履行给付(同时履行)的情形。""债务人迟延受领的,债权人可以根据前款判决,在不履行自己应履行的给付的情况下,通过强制执行途径行使其请求权。"很多学者据此认为,德国法规定的留置权是一种债权性质的拒绝履行给付的权利而非物权。其实该第273

---

① 参见王利明主编:《物权法名家讲坛》,中国人民大学出版社2008年版,第375页。
② 唐晓晴等译:《葡萄牙民法典》,北京出版社2009年版,第130—132页。

条、第 274 条规定的是"抗辩权"。又如,《奥地利普通民法典》第 471 条规定了抗辩权性质的留置权:"(1) 如果为一项财产所支出费用的返还请求权或者因该财产所造成损害而产生的赔偿请求权,均已届清偿期,则负有义务返还该财产的人可以留置该财产,以确保其请求权的实现;留置的效果是,法院只能判决该财产的返还与相对的给付同时进行。(2) 提供担保可以避免前款留置权的行使,但于此情形下,通过担保人提供的担保排除在外。"①又比如,《荷兰民法典》第 290 条规定:"留置权是债权人享有的,在法律规定的情形下,于债务人履行债务之前,延缓向债务人履行交付某物的义务的权利。"该 290 条明定"留置权"是"……延缓向债务人履行交付某物的义务的权利",其抗辩权属性也毋庸置疑。② 再如,《英国货物买卖法》第 41 条规定的也是抗辩权性质的留置权——"买方失去偿付能力时,未收货款的卖方对仍处于自己占有的货物,有权予以扣押直至货款的被支付或者偿还"。此外,与奥地利将留置规定在"担保物权"这一章的最后一条有所不同的是,担保制度改革后的《法国民法典》第四卷"担保"于"人的担保""物的担保"两编之前的第 2286 条规定:"下列之人得主张对物的留置权:物已交至其手中的人,直至其债权得到清偿之前;合同规定其负有交付物的义务,由该合同产生的债权尚未得到清偿的人;尚未得到清偿的人,其债权产生于持有该物之时。""留置权因自愿放弃对物的实际持有而消灭。"该条规定的"留置权"只有拒绝返还的权利,而无处分权、优先权;在法国,关于"留置权"性质,不仅司法判例互相对立,学界也说法不一而且还将继续讨论。③ 通过比较上述这些国家的这些规定,我们可以看出,这一类的"留置权"产生于交付给债权人的债务人动产或者负有交付义务的债权人自己的财产之上,权利内容是拒绝交付,而权利性质应该解释为抗辩权,《法国民法典》第 2286 条也是如此。

从各国对于物权性质的留置权以及抗辩权性质的"留置权"的法律规定来看,立法对于债权人履行其自己债务的抗辩权的设计以及对于债权人对特定标的物支配权、价值权、优先受偿权的制度设计,具有可选择性,其中的立法技术受经济条件、政治环境、法律传统、法学理论以及风俗习惯等诸多因素的影响。

二、留置权适用范围的扩大

我国《民法通则》和《担保法》等法律规定,留置权适用于法律具体列举的一些合同债权,包括因保管合同、运输合同、加工承揽合同发生的债权,及基于行纪合同委托人应当向行纪人支付的报酬等。但是理论上一直有论者认为无因管理、不当得利产生的债权,甚至对于加害人侵权行为所产生的损害赔偿债权等,只要债权人对动产的占有与其债权的发生有牵连关系,债权人就可以于其债权已届清偿期时留置其所占有的动产。例如,甲踢足球时,足球打破了乙的玻璃窗,而且足球进入了乙的屋内而为乙占有。为担保乙得到甲的赔偿,乙可以就足球予以留置。

依我国《物权法》第 231 条规定,除企业留置权外,留置权发生于占有的动产"与

---

① 参见周友军、杨垠红译、周友军校:《奥地利普通民法典》,清华大学出版社 2013 年版,第 79 页。
② 参见王卫国主译:《荷兰民法典》,中国政法大学出版社 2006 年版,第 89—90 页。
③ 参见李世刚:《法国担保法改革》,法律出版社 2011 年版,第 169—181 页。

债权属于同一法律关系",依文义解释方法,应包括同一合同关系或者无因管理关系,但不包括不当得利关系或侵权所生赔偿关系,因为不可能发生债权人留置的动产与债权"属于同一法律关系"的不当得利关系或者侵权所生赔偿关系。值得注意的是,我国《物权法》规定了企业之间的留置权,而且其构成要件比一般留置权的构成要件宽松,这有利于维护企业之间的信赖关系,有利于保障交易安全。但是,现行法律规定不具体,应予以完善,建议规定:"企业之间因营业关系而占有之动产,可用于留置担保因营业关系所生之债权"。

三、留置权的特殊性

留置权的特殊性表现在成立要件、适用范围、权利内容、权利行使及消灭等各方面。如留置权只能在接受债务人交付的动产上成立,而不是在第三人交付的动产上设立,此与抵押权、质权不同。而留置权最大的特殊性是其权利内容和效力分两阶段、两层次先后发生。主债清偿期届满债务人不履行的,债权人可以依法留置其合法占有的动产,但尚不能立即就留置物变价取偿,而应给予债务人一个宽限期以履行债务;宽限期届满债务人仍不履行的,债权人即可就留置物变价取偿。

对于宽限期,《物权法》第236条第1款规定:"留置权人与债务人应当约定留置财产后的债务履行期间;没有约定或者约定不明确的,留置权人应当给债务人两个月以上履行债务的期间,但鲜活易腐等不易保管的动产除外……"《物权法》在宽限期方面有两点变化:(1)不再具体要求约定的宽限期"不少于两个月";(2)没有约定或者约定不明确的,留置权人应当给债务人的宽限期,在留置鲜活易腐等不易保管的动产时不受"两个月以上"的限制。

债权人留置动产后,是否需要通知债务人履行债务呢?《担保法》第87条第1款规定:"债权人与债务人应当在合同中约定,债权人留置财产后,债务人应当在不少于两个月的期限内履行债务。债权人与债务人在合同中未约定的,债权人留置债务人财产后,应当确定两个月以上的期限,通知债务人在该期限内履行债务。"《物权法》第236条第1款前段未提及"通知";但是既然《物权法》规定未约定宽限期的,债权人应当确定宽限期,那么债权人就应当通知债务人,否则债务人根本不知道宽限期的长短。

所以,还是要分两种情况:(1)当事人约定了宽限期的,不必通知;(2)未约定宽限期的,债权人应当确定两个月以上(鲜活易腐等不易保管的动产除外)的期限,通知债务人在该期限内履行债务。

第二十三章 担保物权的竞存

第一节 同种类的担保物权的竞存

一、数个抵押权之间的竞存

（一）抵押权之间的竞存

数个抵押权之间竞存的原因，包括重复抵押和余额再抵（也叫余额抵押、余值再抵）。对于重复抵押，以前，理论上有争论，而法律不允许。法律应该允许重复抵押的理由主要有三点。第一，只要先设立的抵押权进行了登记，后设立的抵押权就不能先于先设立的抵押权而实现，所以重复抵押不会损害已登记的先设立的抵押权。第二，在重复抵押中，后位顺序的抵押权人虽然不能先于前位顺序的抵押权人而受清偿，但是在前位顺序的抵押权因其所担保的债权得到清偿、抛弃抵押权等原因而消灭、抵押物升值以及前后顺位的抵押权人之间交换抵押权顺位等情况下，可以实现其担保利益。第三，在实践中，抵押物价值常有升贬，而且抵押物价值之评估有时不准，对于重复抵押抑或余值再抵之判定，经常是非常困难的。从时间上看，如果一物之上的两个抵押权如系同时设立，则根本无法认定哪一个抵押是重复抵押中后设立的抵押。[①] 2007年《物权法》没有禁止重复抵押。

余额再抵没有问题，我国一直是允许的。在余额再抵场合，由于抵押物的全部价值不小于该物所担保的各个债权数额之和，如果抵押物不贬值，那么先后设立的抵押权都可以实现。但是，在市场经济的条件下，抵押物的价值是不断变化的。设立抵押后，抵押物可能升值也有可能贬值，而贬值时一物之上的数个抵押权即有不能全部实现之可能，数个抵押权之间的竞争便因此产生。

重复抵押和余额再抵所产生的"一物数抵"，都有可能因无法全部实现而产生事实上的冲突。而一物数抵的法律上之冲突在任何情况下都存在，因为一物之上存在两个以上的抵押权本身就对物权的对世性产生影响。允许数个抵押权共存一物之上，即说明其中后顺位的抵押权是不能对抗前顺位抵押权的绝对性和对世性。即使是余额再抵，由于抵押权不可分性的存在，一物之上的抵押权的效力都是及于物的全部的，就是说抵押物的价值可以作观念的分割而抵押物本身却不可分。

（二）处理一物数抵的规则

处理一物数抵的竞存的关键，在于建立具体的抵押登记公示制度。

在近现代各国私法中，抵押权原则上都以登记为其存在及变动的公示方法。而

[①] 参见刘保玉：《担保物权的竞存问题及其立法完善》，载刘保玉主编：《担保法疑难问题研究与立法完善》，法律出版社2006年版，第504、505页。

对于抵押登记的效力,立法及学说有登记生效要件主义与登记对抗主义两种。对此,我国民法兼采以上两种立法主义。但是,无论采何种立法主义,只要具体制度完善,都不影响抵押权竞存问题处理之效果。

值得一提的是,未登记的抵押权是具有相对权性质的担保物权;已经登记却晚于某一抵押权的登记日期的抵押权,因不能对抗先登记的抵押权,也具有相对权性质;一物之上同日登记(严格说来是同时登记)的数个抵押权,因相互无对抗效力,在相互之间的范围内也沦为相对权。如此说来,有时有的物权也可能具有相对性。

我国《物权法》对于抵押权竞存的处理规则是:(1)抵押权已登记的,按照登记的先后顺序清偿;顺序相同的,按照债权比例清偿;(2)抵押权已登记的先于未登记的受偿;(3)抵押权未登记的,按照债权比例清偿。

同一财产向两个以上债权人抵押的,顺序在后的抵押权所担保的债权先到期的,其抵押权人只能就抵押物价值超出顺序在先的抵押担保债权的部分受偿。顺序在先的抵押权所担保的债权先到期的,抵押权实现后的剩余价款应予提存,留待清偿顺序在后的抵押所担保的债权。

二、数个质权之间的竞存

质权包括动产质权和权利质权两类,因此,数个质权之间竞存的问题包括动产权之间竞存、权利质权之间竞存两大类问题。而以上两类竞存都有可能具体地表现为原质权与转质权的竞存。因为担保物权的竞存只出现在一个担保物上,所以,不可能有动产质权与权利质权之间的竞存。

(一) 动产质权之间的竞存

1. 一物数质的产生

史尚宽先生认为:得就同一动产物同时成立数个质权,情形包括:出质人将质于甲之物,依间接占有之让与及通知甲,对于乙再行设质;出质人将质物由第一质权人擅行取去,而交付于乙以设质;质权人甲自称为所有人,为其债务,将标的物出质于善意第三人乙。[①]

一物数质,是否以法律允许依指示交付方式设立质权为前提条件呢?笔者认为不是。如史尚宽先生所举的后两种情况均是先后移转直接占有而设立两个质权,其中第三种情况是两个不同的设立人(出质人和质权人)设立两个质权。

当然,依指示交付而设立质权是一物数质产生的一个重要因素。所谓指示交付,就是返还请求权的让与,是指动产由第三人占有时,一方当事人将其对于第三人的返还请求权让与另一方当事人,以代实现交付(直接占有的移转)。

通过移转直接占有而设一质权后,在一般情况下,出质人无法通过再移转直接占有而设另一质权,但出质人可依指示交付的方式再行出质。这是出质人依指示交付再设另一质权的第一种情况。第二种情况是,一方当事人通过将已出租、出借或交由

---

① 史尚宽:《物权法论》,中国政法大学出版社 2000 年版,第 359—360 页。

他人运输、保管之物的返还请求权让与另一方当事人,并将设立质权之意思表示通知直接占有人(承租人、借用人、承运人或保管人),以代替质物的现实交付,因而设立第一个质权;出质人依同样的方法设立第二个质权。

2. 动产质权之间竞存的规则

对于质权之间的竞存,依移转占有之先后而定其先后顺位。依物权法一般原理,物权对世效力来源于公示,先完成公示的质权优于后公示的物权,而物权法上的公示方法包括间接占有,并且直接占有与间接占有的效力没有优劣之分。又因为质权以占有(包括直接占有和间接占有)为其成立要件,所以也可以说,先成立的质权优于后成立的质权。

但是,基于善意取得制度而取得的质权优先于在先成立的质权①,这是因为善意取得的质权不受已经成立但善意取得人不知道的质权的约束和限制。

(二) 关于动产转质条件下的质权之间的竞存问题

转质,是指在质权存续期间,质权人为担保自己之债务及他人债务②,将质物移交于其债权人而设立新质权。③ 根据转质是否征得出质人(质物所有权人)的同意,可将转质分为承诺转质和责任转质。

我国最高人民法院《关于担保法解释》中承认承诺转质,但明确规定不允许责任转质,而我国《物权法》第217条对此问题的规定是:"质权人在质权存续期间,未经出质人同意转质,造成质押财产毁损、灭失的,应当向出质人承担赔偿责任。"该条对于转质的效力未予以明确规定。

在承诺转质的情况下,于质物上发生原质权与转质权的竞存。就承诺转质而言,基于出质人同意而由质权人设立的质权(即转质权),优于原质权,原因是,基于意思自治原则的机理,经质物所有人同意,质权人既然作出了处分质物的意思表示,就须受基于该意思表示而成立的质权(转质权)的约束。

(三) 权利质权之间的竞存

权利质权之间的竞存,完全有可能存在。根据权利质权标的之不同,权利质权之公示方法,有权利凭证的占有和办理质权登记之不同。因公示方法不同,对于同一财产权利上得否设立数个权利质权之问题,尚需要具体分析。

(1) 我国《物权法》第224条规定:以汇票、支票、本票、债券、存款单、仓单、提单出质的,当事人应当订立书面合同。质权自权利凭证交付质权人时设立;没有权利凭证的,质权自有关部门办理出质登记时设立。

此类权利的权利凭证的文义对于权利成立、权利内容以及权利之行使至关重要。其中汇票、支票、本票等票据权利出质行为属于票据行为,出质人没有背书记载"质

---

① 参见王泽鉴:《法律思维与民法实例》,中国政法大学出版社2001年版,第372页。
② 我国台湾地区学者通说认为,转质权系为担保质权人债务而设立,但是谢在全教授不赞同通说,参见谢在全:《民法物权论》(下册),中国政法大学出版社2011年修订5版,第988页注释[3]。
③ 人们对于转质性质的认识各不相同,有附条件质权让与说、质权出质说、债权与质权共同出质说等等,我们赞同新质权设立说。

押"字样或出质人没有在票据上签章的,不构成票据质押,也就是说,票据质权以设质背书为生效要件。而在司法实践中,以公司债券出质的,出质人与质权人没有背书记载"质押"字样,以债券出质对抗公司和第三人的,人民法院不予支持。

此类权利的行使以持券为前提,所以此类权利质权成立要件中的权利凭证之交付,应该指现实交付,即直接占有的移转,故而这类财产权利上不能设立数个质权,因此也不发生任何形式的质权竞存的问题。

但是,以汇票、支票、本票、债券、存款单、仓单、提单出质的,而且没有权利凭证的,质权自有关部门办理出质登记时设立。理论上,此时可能经由登记而重复质押,故可能发生权利质权的竞存;其处理办法,理应以登记之先后定其优先与否——先登记的优先。

在我国,不允许对上述权利的转质——《关于担保法解释》第101条明确规定:"以票据、债券、存款单、仓单、提单出质的,质权人再转让或者质押的无效。"

(2)《物权法》第226条规定:以基金份额、股权出质的,当事人应当订立书面合同。以基金份额、证券登记结算机构登记的股权出质的,质权自证券登记结算机构办理出质登记时设立;以其他股权出质的,质权自工商行政管理部门办理出质登记时设立。

理论上,由此来看,得依登记方式在同一股权上设立数个质权。此时依登记的先后而定各质权的顺位。法理上,对于股权的质押,质权人经出质人承诺也可以转质;转质系由质权人所设,故同一股权的转质权优于原质权。

(3)《物权法》第227条第1款规定:以注册商标专用权、专利权、著作权等知识产权中的财产权出质的,当事人应当订立书面合同。质权自有关主管部门办理出质登记时设立。

知识产权质权以登记为其公示方法,所以理论上完全可能由于出质人多次出质、先后登记而设立数个经过登记的知识产权质权。对这种竞存的优先顺序的确定,应该以登记的先后顺序为准;同时登记的数个质权,则处于同一顺序。[①] 法理上,对于知识产权的质押,质权人经出质人承诺可以转质。在转质情况下,转质权系质权人基于自由意思表示处分其担保利益而成立的,所以根据意思自治的原理,转质权优于原质权,而不是依登记先后而定为原质权优于转质权。然而,知识产权质押成本高、风险大、变现难,一权一质就需要政策激励了,实践中债权人一般是不会接受已质押的知识产权的再次质押的。至于制度规定方面,2009年国家工商行政管理总局制定的《注册商标专用权质权登记程序规定》未涉及同一注册商标专用权设立多个质权的问题。2010年国家版权局颁布的《著作权质权登记办法》也未涉及同一著作权上设立多个质权的问题。但是,2010年国家知识产权局制定的《专利权质押登记办法》第12条第2款第11项明确禁止同一专利权上设立多个质权。

[①] 参见刘保玉:《担保物权的竞存问题及其立法完善》,载刘保玉主编:《担保法疑难问题研究与立法完善》,法律出版社2006年版,第522页。

(4) 根据中国人民银行 2007 年《应收账款质押登记办法》第 5 条的规定,在同一应收账款上设立多个质权的,质权人按照登记的先后顺序行使质权。

三、关于留置权之间的竞存

(一) 一物并存数个留置权之实证

此"留置权",是物权性留置权,在法国是"优先权"的一种,在德国属于"法定质权",在日本则包括一部分"先取特权"。

留置权竞存的一个关键原因,是留置权不以直接占有为其存续要件。同一动产之上,成立数个留置权,有社会实证和法律实证之根据。例如,在因承揽合同而发生的留置权关系中,留置权人将标的物交由他人进一步加工、装饰或者修理的,标的物上即得又成立该他人的留置权。又如在因运输、保管而发生的留置权关系中,留置权人将标的物交由他人予以转运、转存的,则留置物上也可以再发生一个留置权。

笔者认为,留置权成立后,留置权人将标的物交由他人进一步加工、装饰或者修理或者转运、转存的,除非当事人事先约定排除留置权之发生,接受转交的承揽人或者承运人、保管人等可依法就标的物行使留置权。而前一留置权人虽然暂时丧失了对标的物的直接占有,但仍然是间接占有人,仍有权请求返还标的物以回复对标的物的直接占有,故其留置权仍然存在。

(二) 一物数个留置权的顺序确定

我国学者史尚宽认为,留置权类似质权,应与质权适用同样之原则,即应以留置权成立之先后定其次序。① 这种观点与史尚宽先生的另一结论相矛盾——出质人出质后,擅行取去质物,而交给第三人修理,第三人就其修理费取得留置权,且留置权优于质权。② 另有学者说,同一种类的担保物权在行使顺序上,受该担保物权发生或设定先后的影响,因此,占有取得留置物在先的留置权,优先于占有取得留置物在后的留置权,同时取得留置物的占有而发生的留置权效力相同。③

也有学者认为,留置权原则上得发生竞存,至于其顺序,除非另有约定,当以后发生的留置权优先为是——"后来居上"。④ 笔者原则上赞同这种观点。留置权即使在后成立,但若是为了对留置物的维护、维修、保值或增值,这对各担保物权人都有利;不予以维护、维修、保值,则各担保物权都无法实现或无法完全实现;而对留置物有增值贡献的留置权人就增值部分享有优先权,理由更是不言而喻的。总之,对留置物有维护、维修、保值或增值作用的债权人的留置权,即使在后成立也优先,除非当事人另有约定。

---

① 史尚宽:《物权法论》,中国政法大学出版社 2000 年版,第 512 页。
② 同上书,第 360、361 页。
③ 邹海林、常敏:《债权担保的理论与实务》,社会科学文献出版社 2005 年版,第 349、350 页。
④ 参见刘保玉:《担保物权的竞存问题及其立法完善》,载刘保玉主编:《担保法疑难问题研究与立法完善》,法律出版社 2006 年版,第 532 页。

第二节 不同种类担保物权的竞存

一、抵押权与质权之间的竞存

（一）比较法之考察

有学者指出，在罗马法上，当质权与抵押权同时成立于一物之上时，由于质权人占有担保物，根据"在同等条件下，占有人的地位优于对方"（in pari causa, melior est causa possidentis）的原则，质权优于抵押权。①

1804 年《法国民法典》没有规定动产抵押，但在担保实践中抵押、质押名称、概念之区分说法不一，2006 年担保制度改革以后通过"不移转占有的有体动产质押"制度实现动产质押的现实需求，如此一来，此后应无同一动产上并存质权和抵押权的问题。法国的质权包括不动产质权，所以同一不动产上可能发生抵押权和质权的竞存。如不动产抵押权和质权同属一人，则基于意思自治原则权利人可以自由选择先实现抵押权或质权。如同一不动产上抵押权和质权属于不同的主体，则依公示之先后定其顺序，因为不动产质权也适用与抵押权一样的登记公示之规定。②

德国不承认不动产质权，也没有规定动产抵押，所以在德国一般没有一物之上并存抵押权和质权的情况。

日本动产抵押立法和商法规定，在已经登记的动产抵押权标的物，如汽车、飞行器、建筑机械和船舶之上，禁止设立质权。③ 依此规定，此类动产上即不会发生质权与抵押权之间的竞存。然而，在日本，不动产上可设立质权。而依《日本民法典》第344条规定，不动产质权也以移转占有为要件，另依第361条规定，不动产质权尚准用抵押权的规定，所以，不动产质权须登记。而且，依《日本民法典》第373规定，同一不动产上数抵押权的顺位，依登记的先后而定。所以在日本，同一不动产上发生抵押权与质权的竞存时，依登记的先后而定其先后之顺位。

（二）我国的相关规则

我国的抵押权依法被分为不动产抵押权和动产抵押权，其中包括权利抵押权。而质押依法包括动产质押和权利质押两种。抵押权与质权之间的竞存有三种情况：第一，在同一动产上先设立抵押权，后设立质权，先后成立的两种担保物权发生竞存。第二，在同一动产上先设立质权，后设立抵押权，一物之上质、抵两权因此发生竞存。第三，同时设立抵押和质押。

需要说明的是，我国与其他国家一样，动产质权以占有为成立要件和公示方法。而动产抵押权的公示方法是登记，但登记是对抗善意第三人的要件，即抵押权自当事

---

① 参见周枏：《罗马法原论》（上），商务印书馆 1994 年版，第 395 页。
② 参见于海涌：《法国不动产担保物权研究》（第二版），法律出版社 2006 年版，第 119 页。
③ 柚木馨：《注释民法（9）·物权（4）》，第 290、291 页。转引自王闯：《动产抵押制度研究》，载梁慧星主编：《民商法论丛》（第 3 卷），法律出版社 1995 年版，第 463 页。

人订立抵押合同时成立,登记具有对抗善意第三人的效力。若没有办理抵押登记,抵押权仍可成立(此时的抵押权系相对权),但是不能对抗善意接受同一物质押的质权人。①

需要解决的问题是:登记与占有的公示效力是否有强弱之分?在我国,登记和占有都可以依法作为动产物权的公示方法,法律也没有规定它们作为公示方法本身的效力之强弱。从社会实证方法来看,也都无法仅仅凭借公示方法之不同而辨别它们作为公示物权效果之大小。所以,对于同一动产之上的抵押权和质权,分别作为它们公示方法的登记和占有,公示方法本身无效力强弱之别。

1. 先抵后质

所有权人将某一动产抵押后,又将该动产质押给第三人,并将标的物交由该第三人(质权人)占有。细分两种情况:其一,抵押权已经办理登记,依据公示原则,抵押权优先于质权。其二,抵押权未经登记,此种情况下,有观点认为质权优先于抵押权,笔者认为,虽然抵押权没有公示,而质权因占有而公示,但是若质权人在接受质押时已经知道抵押存在的,因《物权法》规定动产抵押登记对抗善意第三人,恶意第三人仍受未登记的抵押的约束,故此时抵押权仍优于质权。先抵押,后质押,而且质权人在接受质押时不知道抵押存在的,质权才优先于抵押权。

有学者认为,抵押物上的质权是由抵押权人设定的,则质权的效力应当优先于抵押权。② 笔者认为,因抵押不移转占有,故抵押权人一般无法在抵押物上设立质权。

2. 先质后抵

也需要分两种情况:其一,所有权人将动产质押后,又抵押给第三人,此时,无论抵押是否登记,质权都优于抵押权,原因是质权因占有而先公示。③ 其二,所有权人将动产质押后,经所有权人同意,质权人将动产抵押给第三人。此时,抵押权优先于质权,原因是抵押权经由质权人处分质物而成立,质权即受到质权人意思表示的约束,其法理是意思自治。也可能是这样的情况——所有权人将动产质押后,质权人未经所有权同意就将动产抵押给第三人,但第三人基于善意取得制度而取得抵押权,此时,基于善意取得制度而取得的抵押权优先于质权,因为善意取得的抵押权不受已经成立但取得人不知道的质权的约束和限制。如果第三人知道质权的存在,就知道了质权人无处分权的真实身份,就不构成善意取得。

附带需说明的一个问题是,动产抵押权能否基于善意取得制度而取得?依物权法的基本原理,动产物权以占有为公示方法,如果作为占有人的质权人以所有权人自居而抵押某动产,而第三人不知道占有人无所有权,那么,为了保障交易安全、鼓励交易和提高效率,法律应该保护善意第三人基于对动产占有人之合理信赖。所以此种情况下,法律应规定善意第三人可以取得抵押权。

---

① 即不知同一物上已经设立抵押的质权人。
② 邹海林、常敏:《债权担保的理论与实务》,社会科学文献出版社 2005 年版,第 213 页。
③ 占有与登记都是法定的物权公示方法,不存在效力上的优劣,后者不能否定前者,参见李霞、沈燕妮:《论担保物权的竞存》,载《济南大学学报》1999 年第 4 期。

有观点认为,基于善意取得制度而在后成立的抵押权具有优先效力。这是因为在质押法律关系中,所有人是债务人,质权人是债权人;在抵押法律关系中,质权人是债务人,第三人是债权人。对比两个法律关系,第三人才是本位的债权人,依"债务人不可能取得优于债权人的利益"之法理,法律应保护第三人的权利,承认其抵押权的优先效力。① 而笔者认为其原因在于,善意取得的抵押权不受已经成立但取得人所不知道的质权的约束和限制,而非"债务人不可能取得优于债权人的利益"。

3. 同时抵押、质押

有学者认为,在同时抵、质的情形下,"依物权法理,两权同时设立,效力等同,故顺序相同,应按照所担保的债权比例受偿"②。笔者赞同这种思路,但有进一步说明。笔者认为:(1)抵押权与质权同时设立,如果抵押物登记和质物之占有同时发生,则两权效力相同、次序相同而应该按照各自所担保的债权比例受偿的根本原因是,就同一物之上的不同种类的担保物权,登记和占有这两种公示方法没有优劣之分。(2)若抵押权未经登记,则因缺乏公示,抵押权实际上属相对权,此种场合如质权人在接受质押时已经知道同时设立抵押的,因《物权法》规定动产抵押登记对抗善意第三人,恶意第三人仍受未登记的抵押的约束,故此时抵押权与质权仍应该按照各自所担保的债权比例受偿。(3)抵押权未经登记的,如质权人在接受质押时不知道同时设立抵押的,则质权优先于抵押权。

值得一提的是,如果同一动产上的抵押权与质权同属于同一债权人,那么,抵押权与质权共同担保同一债权,该债权人可以有多种选择。

二、质权与留置权之间的竞存

留置权与质权之间的竞存,是指在同一个担保标的物上,既存在留置权,又存在质权,而且彼此竞争。留置权的标的物是动产,而权利质权的标的物是权利,因而留置权与权利质权不发生竞存,但是以动产为标的物的质权,与留置权之间的竞存是经常发生的。

质权是约定担保物权,留置权是法定担保物权。但是,能否以法定担保物权优于约定担保物权为标准,而判定一物先后或者同时质押、留置的,留置权绝对的优于质权呢?笔者认为,不能。

有专家认为,留置权与质权竞存时,后发生的质权或留置权较前成立的留置权或质权具有优先效力:(1)留置权人在留置物上再设定质权的,质权优先于留置权;(2)质权人在质物上设定留置权的,留置权优先于质权。③ 笔者认为,后发生的质权

---

① 高翔:"担保物权竞存之探微",原载《人民法院报》,转载自:http://www.1488.com/china/Intolaws/LawPoint/22/2002-8/22416.shtml,访问时间:2013-12-11。

② 参见刘保玉:《担保物权的竞存问题及其立法完善》,载刘保玉主编:《担保法疑难问题研究与立法完善》,法律出版社 2006 年版,第 528、529 页。

③ 中国人民银行研究局、世界银行集团外国投资咨询服务局、国际金融公司中国项目开发中心:《中国动产担保物权与信贷市场发展》,中信出版社 2006 年版,第 114 页。

或留置权不一定较先成立的留置权或质权具有优先效力。留置权人在留置物上再设定质权的,只有经质物所有权人同意或虽未经其同意但接受质押的人系善意当事人,质权才优先于留置权。留置权是法定担保物权,无从设定,所以"质权人在质物上设定留置权的,留置权优先于质权"的表述值得商榷,其表述应该是"质权人的一定行为导致质物成立留置权的,留置权优先于质权"。

具体分析如下:

(一) 设立质押后又成立留置权

质物上又成立留置权的,有三种情况:其一,债权人取得动产质权后,又基于对质物进行加工、修理等原因而取得对该动产的留置权。有学者认为,在此种情况下,一般的规则是留置权优先,但是质权人与留置权人重合,所以,可由权利人选择先实现某一个权利或者在可能的情况下同时实现质权和留置权。[①] 本书认为,在此情况下,质权与留置权担保同一债权人的不同债权,所以两权同时存在,同时因两权主体是同一权利主体,故可由权利人只实现质权或者在可能的情况下先实现留置权后实现质权;并且在事实上法律对留置权的保护因为先前设立的质权而得到强化——权利人于"留置物之占有被侵夺时,不独基于其占有有回复之诉,并得基于质权,请求回复"[②]。其二,质权人的一定行为使得质物上又成立他人的留置权。例如,质权人将质押的动产交由第三人予以加工、修理或者交由第三人代为保管等,而质权人自己保留间接占有的,第三人得就其加工、修理或者保管的质物依法取得留置权。在这些情况下,留置权优先于质权。有人认为,在这种情况下,虽然留置权后成立,但因留置权人是本位权利人,所以留置权优先于质权。不过,笔者认为此种情况下留置权优先于质权的根本原因在于留置权担保出于维护、维修和保管标的物的债权,留置权人对物的维修、维护和保持有贡献,留置权与标的物的关系更密切。其三,出质人出质后,擅行取去质物,而交给第三人修理或加工等,第三人就其修理费或加工费等取得留置权。此时质权与留置权并存,且留置权优先于质权。[③]

《物权法》第 239 条规定,同一动产上已设立抵押权或者质权,该动产又被留置的,留置权人优先受偿。其实,该条适用于上述第二、第三种情况,而第一种情况有特殊性。所以,该条"又被留置的"应解释为"又被他人留置的"。

(二) 先成立留置权后设立质押

1. 所有权人在其不履行债务导致动产留置权成立以后,又以间接占有之移转方式将留置物质押给第三人

有一种观点认为,在此情况下,应该以权利设立之先后顺序确定担保物权的优劣次序,即先成立的留置权优先于后设立的质权。笔者认为,留置权优于质权,原因是留置权公示在先,而且与标的物更密切;而质权没有优于留置权的任何理由。

---

① 参见刘保玉:《担保物权的竞存问题及其立法完善》,载刘保玉主编:《担保法疑难问题研究与立法完善》,法律出版社 2006 年版,第 497 页。
② 史尚宽:《物权法论》,中国政法大学出版社 2000 年版,第 512 页。
③ 同上书,第 360、361 页。

有学者认为,如果经留置权人同意,标的物所有人以留置物设定质权的,因留置权成立在前,质权成立在后,留置权的效力优先于质权。实际上,在留置权存续期间,因标的物所有人没有丧失其物的所有权,从而对标的物仍然拥有法律上的处分权,故仍可让与标的物或就标的物再行设质。① 所以本书认为,在留置权存续期间,标的物所有人以留置物设定质权的,根本无须经留置权人同意。

2. 在所有权人不履行债务导致动产留置权成立以后,经所有权人之同意,留置权人将动产质押给第三人,质押可以有效,质权可以成立,此时,质权优于留置权

有学者认为,其原因是质权人实际直接占有标的物,留置权人仅为间接占有人。② 本书认为其根本原因在于作为留置权人(兼质押人)的意思,就是让质权人的价值权优先,即质权系基于留置权人意思表示而成立,而留置权受留置权人意思表示之约束,一句话,民法奉行意思自治。

在所有权人不履行债务导致动产留置权成立以后,留置权人未经所有权人同意就将动产质押给第三人,但第三人系善意第三人的,该第三人可依善意取得制度而取得质权。此时,也是质权优于留置权。有学者认为,其原因是质权人实际直接占有标的物,留置权人仅为间接占有人。③ 笔者认为,其根本原因,是善意取得的质权不受已经成立但取得人不知道其存在的留置权的限制。

质权人在质物上导致留置权产生的场合,没有善意取得之发生,因为留置权是法定担保物权,不适用保障交易安全的善意取得制度。而留置权人在留置物上设立质权时,善意取得制度对两权竞存的发生起着关键作用。如未经出质人同意而接受质押的人为恶意,则质押无效,质权不成立,不发生留置权与质权的竞存。如接受质押的人为善意,则质押可以有效,质权可能基于善意取得制度而成立,此时可能产生留置权与质权竞存的问题。

三、抵押权与留置权之间的竞存

抵押权和留置权之间的竞存,是指在同一担保标的物上,并存抵押权与留置权且彼此竞争。在法国,留置权属于优先权之一,而依《法国民法典》第2095条之规定,优先权优先于抵押权,据此推断,一物并存抵押权和留置权的,在顺位上留置权优先于抵押权。在我国,留置权的标的物限于动产,不动产上不成立留置权。所以不动产上不可能发生抵押权与留置权的竞存。但在动产上,抵押权与留置权可以发生竞存。笔者认为,对于抵押权与留置权之间的竞存,须分先抵后留以及先留后抵两种情况,具体分析。

(一)设立抵押后成立留置

某一动产设抵押权后,由于抵押物不移转占有,抵押人可能将该动产交由他人加工、维修、装饰、保管或运输,此时可能因抵押人未清偿与此相关的费用而于该动产上

---

① 参见谢在全:《民法物权论》(下册),中国政法大学出版社2011年修订5版,第1091页。
② 参见魏振瀛主编:《民法》,北京大学出版社、高等教育出版社2000年版,第304页。
③ 同上。

依法成立该他人的留置权。抵押权与留置权的竞存因此发生。

我国《海商法》第25条规定船舶抵押权后于船舶留置权受偿。而我国台湾地区"动产担保交易法"第25条规定:"抵押权人依本法规定实行占有抵押物时,不得对抗依法留置标的物之善意第三人。"也就是说,留置权优于抵押权的条件是留置权人为善意的当事人。

我国很多学者都持留置权优先的观点,同时一些学者认为留置权的优先地位无须以留置权人的善意为要件。[1] 笔者赞同这种观点。保管、运输(运输过程中必然有保管内容),还有承揽(如加工、定作、修理等),对标的物的保护、维护、维修、保值等有直接的贡献,就是说,这些行为是有利于标的物的抵押权人的,所以无论这些行为的提供者是否已经知道物上的抵押权负担,都应该依法获得留置权,并且其留置权应该优于抵押权。

不过,抵押人与他人恶意串通,以排除标的物上的抵押权为目的而刻意促成一定的"留置权"的成立或者为隐藏、转移抵押物而加以保管、运输的,依《民法通则》第58之规定,相关行为无效,该"留置权"不成立,此时当然也就不存在留置权优先于抵押权的问题。[2]

动产抵押权之成立,不以转移占有为要件,故抵押权人一般不可能导致留置权之成立。而所有权人则可能在将动产抵押以后,再由一定的行为导致留置权之发生。若抵押已登记,则抵押权具有对世性和对抗效力,但若留置权人对于保持、保护、维修和维护标的物有直接的贡献,法律仍然应该优先保护留置权人的利益,所以此时留置权仍优于抵押权。

基于上述原因,《物权法》第239条规定,同一动产上已设立抵押权或者质权,该动产又被留置的,留置权人优先受偿。

(二)成立留置权后又设立抵押

其中又有两种情形:

其一,所有权人一定行为导致留置权成立后,经所有权人同意,留置权人在留置物上再设立抵押。此种情况下,有学者认为,抵押权优于留置权,原因是留置权人是抵押权所担保债权的债务人,债务人的权利不能优于债权人的权利。[3] 笔者认为,这里的关键原因是作为当事人的抵押人(即留置权人)自己的意思表示约束了留置权,抵押权之成立源于留置权人对留置物之处分。这里,意思自治之法理,是抵押权优于留置权的基础。

所有权人的一定行为导致留置权成立后,留置权人未经所有权人同意在留置物

---

[1] 参见刘保玉:《担保物权的竞存问题及其立法完善》,载刘保玉主编:《担保法疑难问题研究与立法完善》,法律出版社2006年版,第532—534页;王闯:《动产抵押制度研究》,载梁慧星主编:《民商法论丛》(第3卷),法律出版社1995年版,第465—470页。

[2] 参见刘保玉:《担保物权的竞存问题及其立法完善》,载刘保玉主编:《担保法疑难问题研究与立法完善》,法律出版社2006年版,第534页;曹士兵:《中国担保诸问题的解决与展望——基于担保法及其司法解释》,中国法制出版社2001年版,第221页。

[3] 参见魏振瀛主编:《民法》,北京大学出版社、高等教育出版社2000年版,第303页。

上又设立抵押权,但是第三人是善意当事人的,该第三人可基于善意取得制度而取得抵押权。① 此时的抵押权优于留置权,原因是善意取得的抵押权不受已经成立但取得人不知道的留置权的限制。

其二,留置权成立后所有权人又设立抵押权。此时的留置权优先。② 笔者认为其原因一是留置权具有对世性和对抗效力,作为留置权成立要件的占有具有公示效力;二是留置权所担保的往往是直接维护、维修和保持标的物而发生的债权。

四、不同种类的三个以上担保物权的竞存

两种以上且三个以上的担保物权并存于一物之上的情形,在理论上是完全可能的,在实践中也是时有发生的。此类竞存,也适用上述具体规则。

例如,甲在其所有的某一幅贵重的古画上,为担保履行其对乙所欠的债务,而为乙设立了质权。其后,甲为担保履行其对丙所欠的债务,而为丙设立了抵押权并且办理了抵押登记。后来,乙将古画送装裱店丁进行了装裱,但未付装裱费给丁,丁向乙索求装裱费不成便留置了古画。笔者认为,留置权优先于质权和抵押权,因为留置权人丁对古画增值的贡献最直接;而质权又优先于抵押权,因为质权因占有先于抵押权而进行了公示。抵押权虽然办理了登记,但是既不能优于质权,也不能优于留置权。

又如,甲在其所有的某一幅贵重的古画上,为担保履行其对乙所欠的债务,而为乙设立了质权。其后,乙为担保履行其对丙所欠的债务,而为丙设立了抵押并且办理了抵押登记,丙不知道乙有质权而无所有权。后来,乙将古画送装裱店丁进行了装裱,但未付装裱费给丁,丁向乙索求装裱费不成便留置了古画。笔者认为,在此情况下,留置权优先于质权和抵押权,因为留置权人丁对古画增值的贡献最直接;丙基于善意取得制度可以取得抵押权,而且抵押权优于质权,这不是因为抵押权的登记公示效力优于质权的占有公示之效力,而是因为抵押权基于善意取得制度而成立,这一抵押权不受已经成立但善意取得人所不知道的质权的约束和限制,并且因为抵押权之设立系出于质权人之自由真实之意思表示。在这里,即使抵押没有办理登记,抵押权也优先于质权。

本章重点疑难问题提示

担保物权的竞存问题,是边缘性问题,却是富有法理性和逻辑性的问题。担保物权的竞存,虽然纷繁复杂,但是有章可循。

一、先公示的担保物权优于后公示的担保物权

法理基础是物权属性以及物权公示原则。物权具有绝对性和对世效力。其对世

---

① 参见刘保玉:《担保物权的竞存问题及其立法完善》,载刘保玉主编:《担保法疑难问题研究与立法完善》,法律出版社 2006 年版,第 534 页。

② 参见郭明瑞:《担保法》,法律出版社 2004 年版,第 277 页。

效力的法理基础是公示。先公示，则确立对抗世人的正当性基础；先公示的担保物权，可以因公示而对抗后公示的担保物权。

二、一般情况下留置权优于其他担保物权

法理基础是留置权人对物的保持、维护、维修和保值的贡献最直接。因保管、加工、修理等行为而占有动产的债权人不仅仅占有动产，而且对动产的保持、保值、维护和维修，作出了直接的贡献。在运输标的物的情形之下，只要不是当事人转移财产以逃避债务或者恶意串通，因运输本身包含特殊的保管，亦属对标的物的保值。

而数个留置权之间竞存的，除非另有约定，当以后发生的留置权优先为是——"后来居上"。留置权即使在后成立，若是为了对留置物的维护、维修、保值或增值，则对各担保物权人都有利；不予以维护、维修、保值，则各担保物权都无法实现或无法完全实现；而对留置物有增值贡献的留置权人就增值部分享有优先权，理由更是不言而喻的。当然，其中若有当事人恶意促成"留置"，则相关行为无效，根本不成立留置权。

从价值取向上看，各国法律规定一定条件下依法成立留置权的原因在于维护公平，处理有留置权的担保物权竞存问题也以公平为最高价值目标。

三、先成立的担保物权人设立的担保物权优于先成立的担保物权

基于先成立的担保物权人的意思表示而设立的在后成立的担保物权，优于先成立担保物权。其法理基础是意思自治原则。既然先设立、成立的担保物权人处分担保物，那么该担保物权人就应该受到其处分行为的约束。换句话说，从先设立、成立的担保物权人就担保物设立新的担保物权的行为本身，即可推知其自愿让新的担保物权来限制先成立的担保物权。

四、以上三个规则相互联系

以上三个规则相互联系，是一个统一的整体，后面的规则优于前面的规则，即第一个规则受到第二个和第三个规则的限制，第二个规则受到第三个规则的限制。

五、担保物权竞存之处理受到善意取得制度制约

基于善意取得制度而取得的担保物权，优于已经成立但是为善意取得人所不知道的担保物权。这是理所当然的，因为善意取得的担保物权甚至优于物的所有权（即依法构成对所有权的限制和负担）。不过，善意取得的担保物权是否优于其后成立的担保物权，仍须依照前述四个基本规则进行判断。

第五编

占 有

第二十四章 占　　有

第一节　占 有 概 述

一、占有的概念与构成要件

（一）占有的含义

我国《物权法》第五编规定了占有，正式确立了占有在民法中的地位。但《物权法》并未对占有进行界定。关于占有的内涵与对占有性质的不同认识有关，关于占有的性质大致有三种学术主张：(1) 事实说。该说认为占有是一种事实状态，即占有是物为人所支配的事实，而不是一种权利，无论物权归属如何，也不论是善意还是恶意，只要对物实际控制就构成占有。(2) 权利说。此说认为，一切权利是由法律保护的一定事实关系而发生，占有本身虽为一种事实，但法律予以保护并赋予一定的法律效力，使占有人有权享有由占有所产生的利益，占有实际上是一种权利。(3) 权能说。该说认为，占有是所有权的一项权能。

上述三种学说，一般认为，事实说较为科学，基本上成为我国学理上的通说。基于这种认识，占有可以定义为，人对物在事实上的控制、支配。占有是一种事实状态，本身并非权利，只是在法律赋予这种事实支配以一定的法律效力时，物的占有人才根据此种支配而享有一定的权利，即"占有权"。

（二）占有的构成要件

占有的构成要件包括以下几个方面：

1. 占有主体

占有的主体是指可以进行占有并受占有制度保护的人，包括物的所有者、与所有人具有某种法律关系的人以及其他一切有占有能力的人，换言之，任何民事主体得为占有的主体。占有如是基于事实行为而取得，行为人仅须有权利能力为已足，不需有相应行为能力；占有如是基于法律行为而取得，行为人不具有相应的行为能力不影响占有的成立，但可能影响其合法性；如是基于占有移转而取得占有者，纵无意思能力，仍得为占有主体。

基于特定的指示服从关系，如受雇人、学徒或其他类似关系，受他人的指示而对于物有管领力的人，是占有辅助人，不享有占有人资格。占有辅助人在从属关系范围内获得对物的事实管领力时，就是为其"主人"取得了占有。占有辅助人不享有占有保护请求权，不能针对占有人行使自力防御权，但其得行使针对第三人之自力防御权。[1]

---

[1] 参见〔德〕鲍尔、施蒂尔纳：《德国物权法》（上册），张双根译，法律出版社2004年版，第137页。

2. 占有的客体为物

占有反映人对物在事实上的控制、支配，因此，占有的客体限于动产和不动产，物之外的财产权利，如专利权、地役权，不能成立占有，只能成立准占有。可以作为占有客体的物与可以作为物权客体的物有所不同，主要表现为：(1) 可以作为物权客体的物，也可以作为占有的客体，但是，不得作为某些物权的客体的物，也可能成为占有的客体。如矿藏、水流、海域只能成为国家所有权的客体，不能成为个人所有权的客体，但可以成为占有的客体。(2) 作为物权客体的物一般为独立物，但占有的客体并不以此为限。物的成分，无论其为重要成分或非重要成分均可成为占有的客体。例如，将房屋的一室出租给他人，以房屋的墙壁代他人悬挂广告。

3. 占有为对于物有事实上的支配力

是否具有管领力，一般可从以下三个角度来认识。(1) 空间关系，即人与物在某种场合上的结合关系。如某甲将购买的彩电置于自己房屋、将自己的珠宝存放于保险箱，这便构成占有关系。(2) 时间关系，即人与物的结合在时间上须有相当的继续性。如果仅有瞬间的结合，抑或暂时性的结合关系，不成立占有。如在饭店使用餐具、在图书馆取阅杂志等。(3) 法律关系，即某人对于某物是否存在占有关系，可经由法律关系得以确认。这包括两种情形：一是依辅助占有关系而成立的占有。例如，受雇人依雇佣人的指示，占有生产车间。此时，受雇人尽管对物有直接的关系，但不是占有人，而是占有辅助人。二是间接占有。例如，基于质押关系，质物由质权人取得直接占有，出质人取得间接占有。前者是对占有概念的限缩，后者是对占有概念的扩大，均突破了占有限于事实上管领这一占有的固有概念，是占有概念观念化的结果。①

4. 占有须有占有的意思

关于占有的意思是否为占有之要件，有主观说与客观说。主观说认为，占有不仅需要事实上的管领，还须有占有意思。在以何种意思为标准上，主观说又存在着所谓的所有人意思说、支配意思说、自己意思说三种学说。客观说认为占有是单纯的对物的事实上的支配，依客观的事实支配状态而成立，不以任何意思为必要。客观说虽然大大简化了对于占有的认定，但占有而无占有的意思难以想象，而且无占有意思的占有是否值得保护，尚有疑问。例如，野兔在某人田地中掘窝栖息，依社会一般观念，该人不具对于野兔的占有意思，此时是否构成占有，不无疑问。② 因此，占有的成立必定包含占有人的主观意志，理解这一点应注意，占有的意思不是法律行为上的意思，而是一种自然的意思。因此，占有不以占有人具有行为能力为必要，也不发生因意思表示错误而撤销的问题。

---

① 参见王泽鉴：《民法物权》（第二册），中国政法大学出版社 2001 年版，第 164—165 页。
② 参见梁慧星主编：《中国物权法研究》（下），法律出版社 1998 年版，第 1103 页。

二、占有的功能

（一）保护功能

占有是对于物的事实支配,如果不对占有之一的私力侵害加以救济,社会的安宁秩序将难以维持。如小偷占有盗窃物,虽然不为法律所认可,但只有国家有权机关才能予以处理,任何人不得任意私自处置。"在此意义上,占有享有绝对性的保护。在占有的保护功能,我们看到了一项重要的基本原则,即任何人不能以私力改变占有的现状。"[①]这种保护所生之结果,如同任何一种法律保护所生之结果,则是法律和平之保障。[②]

（二）公示功能

占有制度虽然有别于本权制度而保护对物的事实支配,但占有的背后通常有本权,保护占有具有保护本权的作用。占有保护本权的作用主要体现在对于本权的表彰,即占有具有公示功能,并通常产生以下效力:权利推定效力,即占有人于占有物上行使的权利,推定其合法享有;权利移转效力,即动产物权的变动以交付为其生效要件;善意取得效力,即无处分权人将不动产或者动产转让给受让人的,善意受让人依法取得该不动产或者动产的所有权。

（三）使占有人取得本权或处于优越地位的功能

在一定条件下,民法将事实支配的占有升格为法律支配的本权,如一些国家或地区规定因占有物达到一定期间,可以因取得时效而取得所有权。占有使占有人对其物享有继续使用的利益,也就是说占有可以强化本权。如《合同法》第229条规定,租赁物在租赁期间发生所有权变动的,不影响租赁合同的效力。租赁权因占有而强化,具有对抗第三人的效力。

第二节 占有的分类

占有依据不同的标准可进行不同的分类,如以占有手段为标准分为和平占有与暴力占有、以占有方法为标准分为公然占有与隐秘占有、以占有是否间断为标准分为继续占有与不继续占有、以占有人对其无占有权利是否有过失为标准分为无过失占有与有过失占有等。这些分类的区分实益主要在于是否适用取得时效,因我国《物权法》没有规定取得时效,在此不予介绍。与《物权法》实施紧密相关的占有的分类,主要包括以下几种:

一、自主占有与他主占有

这是以占有人的意思为标准所作的分类。自主占有,指以物属于自己所有的意

---

① 王泽鉴:《民法物权》(第二册),中国政法大学出版社2001年版,第173页。
② 〔德〕鲍尔、施蒂尔纳:《德国物权法》(上),张双根译,法律出版社2004年版,第157页。

思的占有。它要求占有人将物如同自己之物加以占有,它仅需具有所有的意思即可,至于是否为真正所有人,误信为所有人,甚至明知非所有人,均非所问。他主占有,指不以物属于自己所有的意思的占有。通常,根据债权或他物权等占有媒介关系而对物进行占有的人,如承租人、保管人、典权人、质权人等,均为他主占有人。

我国《物权法》没有明确区分他主占有与自主占有,对占有的保护,两者的区分并无意义,因为两者都同样享有占有保护权利。比较法上,两者区分的意义主要在于:(1)作为取得时效和先占要件的占有,须为自主占有;(2)在占有物毁损、灭失时,自主占有人的赔偿责任相对较轻。

二、有权占有与无权占有

以非所有人占有是否依据本权可分为有权占有与无权占有。本权,是指基于法律行为或法律规定的合法原因,可对物进行占有的权利。本权主要包括依合同取得的合同债权(如因保管、租赁合同等而取得对物的占有)、物权(如所有权、建设用地使用权、留置权等)。有权占有即有本权的占有。无权占有是指无本权的占有。包括两种情形:其一,占有人原本即无本权。如盗窃者、拾得者的占有。其二,基础关系不成立、无效、被撤销或解除时,占有人对占有物的占有,包括误将他人之物认为己有或者借用他人之物到期不还等。

两者区分的意义在于:(1)有权占有,占有人得拒绝他人对本权的行使;而无权占有,本权之人行使返还请求权时,占有人负有返还的义务。(2)因侵权行为占有他人之物,不生留置权发生的效果。(3)《物权法》基于有权占有与无权占有在法律后果上的不同而区分了法律的适用。有权占有与无权占有的法律后果大致有两类情形:其一,是在占有过程中,被占有的不动产或者动产的使用、收益以及损害赔偿责任该如何确定;其二,是当被占有的不动产或者动产遭到第三人侵害时,占有人如何保护自己的权利。对于第二种情形,不因有权占有和无权占有的区别而有所差别,当占有受到第三人侵害时,都可行使占有保护请求权。但对于第一种情形,根据《物权法》第241条的规定,基于合同关系等产生的占有,有关不动产或者动产的使用、收益、违约责任等,按照合同约定;合同没有约定或者约定不明确的,依照有关法律的规定。也就是说,有权占有下,不动产或者动产的使用、收益、违约责任等不适用《物权法》。由此可见,我国《物权法》对有权占有与无权占有在法律适用上有所区分,《物权法》的规范重点在于无权占有。

三、善意占有与恶意占有

这是以占有人的主观心理状态对无权占有的再分类。善意占有是指无权占有人不知或不应当知道其占有是无权占有的占有;恶意占有,是指无权占有人知道或应当知道其占有是无权占有的占有。

两者区分的意义在于:(1)善意取得以善意占有为要件,恶意占有不生善意取得的效果。(2)不动产取得时效对善意占有的期间要求较短。如我国台湾地区"民法"

规定,不动产时效取得的期间通常为20年,但占有之始为善意且无过失的,期间为10年。(3)回复请求人对无权占有人行使回复请求权时,占有人的返还义务和责任因善意占有与恶意占有而有所不同。

四、直接占有与间接占有

这是以占有人在事实上是否直接占有其物为标准所作的划分。直接占有就是指对物实施的事实管领。间接占有是指通过直接占有人的媒介而行使的占有。

间接占有的成立,应具备以下要件:(1)直接占有人与间接占有人存在占有媒介关系。占有媒介关系是指以取得他人之物为占有的基础的法律关系,如基于质权、寄托、租赁等。根据此种法律关系,直接占有人从间接占有人处取得对物的事实控制,也因此,直接占有人又可称为占有媒介人。相类似的占有媒介关系还可依据其他契约、法律规定和公权力行为产生。应注意的是,间接占有的成立,不以占有媒介关系有效为要件,占有媒介关系即使不生效,其间接占有并不因此而受影响。(2)直接占有人以他主占有意思持有物。在占有媒介关系中,直接占有其物者是为他主占有之意思而占有。若以自己所有之意思而为占有,则不生间接占有。(3)间接占有人对该物享有返还请求权。间接占有以间接占有人得对直接占有人,请求返还占有物为要件,如无任何请求权,则不成立间接占有。此项请求权不限于基于占有媒介关系所生的请求权,所有物返还请求权或者是基于侵权行为、无因管理以及不当得利的请求权等足以成立媒介关系的请求权也包括在内。①

两者区分的意义在于:(1)直接占有可以独立存在,而间接占有不能独立存在;(2)使动产的交付能依观念交付进行,便于物的交换。

五、单独占有与共同占有

这是以占有人的人数是一个或数人为标准进行的划分。一人对于标的物所为的占有,为单独占有;数人对同一标的物所为的占有,称共同占有。共同占有又可分为通常的共同占有与公同共同占有。通常共同占有,指各共同占有人在不妨害他人共同占有人的情形下,可以各自单独管领其物。例如,数人租住一屋,可以各自单独使用公用的浴室或厨房。公同共同占有,指全体共同占有人,对于占有物仅有一个管领力的占有。例如,客户与银行对于保险箱,各有不同的钥匙,必须一起使用时才能开箱时,就保险箱而言,成立公同共同占有,但就保险箱内的物品,应认为由客户单独占有。

两者区分的意义在于:共同占有,各占有人就其占有物使用的范围,不得互相请求占有保护。应注意的是,各共同占有人虽然不能相互请求占有的保护,但并不影响他们之间的其他请求权,如侵权行为损害赔偿请求权或者不当得利返还请求权。

---

① 参见史尚宽:《物权法论》,中国政法大学出版社2000年版,第537页。

第三节 占有的取得、变更与消灭

一、占有的取得

(一) 占有的原始取得

占有的原始取得是指非基于他人既存的占有而直接取得的占有。例如,先占、拾得遗失物等。占有的原始取得包括以下特点:(1) 占有的原始取得纯为事实行为,而非法律行为。也因此,一方面,行为人无须有行为能力,只需有自然的意思能力即可;另一方面,占有的原始取得成立直接占有,而不能成立间接占有。(2) 占有的取得的标的物既可以是动产(如拾得遗失物),也可以是不动产(如强占他人房屋);既可以是无主物(如捡垃圾),也可以是有主物(如盗窃之物)。(3) 占有的原始取得与是否能取得所有权无关。例如,对无主物的占有,需要符合先占之规定始取得其所有权,但即使不符合先占之要件,也不影响原始取得。

(二) 占有的继受取得

占有的继受取得是指基于既存占有的基础上取得的占有。占有的继受取得因是直接占有还是间接占有而有所不同。

1. 直接占有的继受取得

(1) 让与。占有的让与又称占有的移转,是指占有人依法律行为将其占有物交付于他人。占有的让与的构成应符合以下要件:首先,须有移转占有的意思表示。如窃贼于失主丧失被盗动产之占有后,自动将动产返还于失主。其次,须有占有物的交付。占有物的交付,主要指现实交付,但不妨采取简易交付、占有改定和指示交付等。

(2) 继承。占有的继承是指被继承人死亡时,继承人因继承而取得遗产的占有。占有人因占有而享有法律上一定的利益,且不具有专属性,可以作为继承标的。占有的继承,以被继承人死亡开始时占有某物为要件,其占有依被继承人的占有状态,移转于继承人。因继承而取得占有,既不以知悉继承事实为必要,也无须事实上已管领其物或有交付的行为,更无须为继承的意思表示。[①] 简言之,纯依法律规定,不需有任何外部表示或意思。

2. 间接占有的继受取得

这是指基于他人既存的占有而通过某种法律关系取得间接占有,它分为间接占有的创设取得与移转取得。

(1) 间接占有的创设取得。这是指基于他人的占有而创设间接占有,间接占有的发生事由主要有以下几种情况:其一,直接占有人为自己创设间接占有。如所有人将物出租于他人。其二,直接占有人为他人创设间接占有。如出卖人出售某物,并向买受人借用其物,依占有改定使自己成为直接占有人,买受人成为间接占有人。其三,非占有人为自己取得直接占有,同时为他人创设间接占有。如以监护人的资格受

---

① 参见谢在全:《民法物权论》(下),中国政法大学出版社 1999 年版,第 958 页。

领某物之交付时,监护人自己成为直接占有人,受监护人成为间接占有人。

(2)间接占有的移转取得。这包括两种情形:其一,让与。如出租人甲(间接占有人)将其租赁物所有权转让于乙时,得以其对于承租人丙(直接占有人)的返还请求权让与乙,使乙继受取得间接占有。其二,继承。间接占有是一种占有,可以成为继承的客体。

二、占有的变更

占有的变更,是指在占有存续中占有的状态发生变更。在占有关系的存续中,不同的占有状态之间是可以相互转变的,各类占有相互之间的转变会产生法律上的不同效果。我国《物权法》对此没有明文规定,依一些国家或者地区的立法例,占有的变更主要包括以下几种情形:

(一)他主占有与自主占有的转变

1. 他主占有人以意思表示变更为自主占有

占有依其性质无所有人意思者,如果占有人以所有之意思占有,则从意思表示时起,他主占有即变更为自主占有。他主占有变更为自主占有应当符合以下条件:其一,以自己所有之意思变更;其二,将该意思向使其成立他主占有的占有人表示。二者缺一不可。如甲向乙借阅某书,甲欲变为以所有之意思而占有,仅在该书签名盖章还不够,必须对乙表示,他主占有才能转变为自主占有。

2. 他主占有人因新事实变更为自主占有

他主占有人因为新的事实的变化或发生,当以所有的意思开始占有时则变为自主占有人。所谓新事实,是指为了使占有人取得所有权为目的之事实。例如,出租人为所有人,将出租的动产出卖给承租人,此时,因买卖的新事实发生使承租人取得租赁物的所有权,由他主占有转变为自主占有。

(二)善意占有与恶意占有的转变

就善意占有变为恶意占有而言,善意占有人自发现或怀疑自己没有占有权时起,即成为恶意占有。大陆法系一般将法院对于本权诉讼的败诉判决作为占有人之恶意的拟制规定,不得反证加以推翻,但对于其效力何时发生存在争议。一般认为,如果占有人应受到本权之诉的败诉约束的,则在诉状由法院到达占有人之时,其善意占有变更为恶意占有。[①]

恶意占有也可转变为善意占有,不过实践中较为少见。如甲自乙处购得一车,数日后他人告知此车与甲的朋友丙被窃的车相似。此时,甲已由善意占有变更为恶意占有。又几日后,甲驾车途中与丙相遇,丙见车并无特别表示,甲因此对车的来路消除怀疑,此时,甲又由恶意占有变更为善意占有。

此外,瑕疵占有与无瑕疵占有、直接占有与间接占有、有权占有与无权占有、单独占有与共同占有等也可相互转变。

---

① 温世扬、廖焕国:《物权法通论》,人民法院出版社 2005 年版,第 894 页。

三、占有的消灭

占有的消灭,是指对物管领力确定的丧失。占有丧失,即产生占有人及回复请求人的权利义务。占有因非权利而仅为事实,因此,物权的一般共同消灭原因,如混同,对于占有并无适用之余地。① 占有的消灭因直接占有与间接占有而有所不同。

（一）直接占有的消灭

直接占有的消灭包括以下情形：

1. 丧失对于物的事实管领力

占有人丧失了对某物的事实上的管领时,就丧失了直接占有。管领力的丧失可以基于占有人的意思,也可非由于占有的意思。前者如将不动产交付给买受人,后者如物被窃或遗失。

2. 物之灭失

占有物之物质的灭失,也为占有消灭原因之一。所谓物质的灭失,包括毁灭、消耗或添附。

（二）间接占有的消灭

间接占有的消灭包括以下情形：

1. 直接占有人丧失占有

直接占有人丧失占有时,间接占有无附属,应归于消灭。在基于直接占有人的意思而丧失占有的情形,不以间接占有人同意为必要。例如,甲借某自行车于乙,乙擅自将该自行车卖给丙,并为交付时,甲的间接占有消灭。但由于间接占有具有重叠性,在原直接占有人变为间接占有人时,间接占有并不消灭。如在非法转租中,租赁物由次承租人直接占有,原承租人仍为间接占有人。②

2. 直接占有人表示不承认间接占有

直接占有人以外部可认知的方式,不再承认间接占有人的地位时,间接占有消灭。例如,甲借自行车给乙,乙以他主占有的意思而为占有,假设乙对甲表示该自行车原为其所有,则自乙为此表示时起,甲的间接占有归于消灭。

3. 返还请求权丧失

间接占有是基于一定的法律关系,而对事实上占有其物之人有返还请求权,如果此项返还请求权一旦因时间经过、解除条件成就等原因而丧失时,间接占有即归于消灭。

---

① 对于抛弃、添附等能否成为占有的消灭,有不同的认识,有的认为不能作为消灭的原因,有的认为可以。参见温世扬、廖焕国:《物权法通论》,人民法院出版社2005年版,第897页;王泽鉴:《民法物权》(第二册),中国政法大学出版社2001年版,第223页。

② 宁红丽:《物权法占有编》,中国人民大学出版社2007年版,第123页。

第四节 占有的效力与保护

占有的效力是占有制度的核心问题,它是指占有人基于占有依法所产生的一系列法律后果。

一、占有的权利推定效力

占有的权利推定效力,指占有人在占有物上行使的权利,推定为占有人合法享有的权利。占有之所以有权利的推定效力的理由在于:(1)保护占有背后的权利。占有某物者通常大多有其本权,占有权利的推定具有保护占有背后权利的功能。(2)维持社会秩序。占有权利的推定可以免除举证责任的困难,易于排除侵害,维持社会财产秩序。(3)促进交易安全。占有的权利因受推定而产生公信力,使善意信赖占有而为交易者受到保护,有益交易安全。(4)符合经济原则。占有权利的推定,有助于保护本权,避免争议,减少诉讼,节省资源。占有的推定作用包括占有权利推定的积极作用与消极作用。

(一)占有的权利推定效力的积极作用

第一,占有人仅需证明其为占有人即受权利之推定,受权利推定的占有人,免负举证责任。

第二,因占有而推定的权利范围十分广泛,理论上应包括依占有所表现的一切权利,包括物权和债权。如占有人在其物上行使所有权,即推定其有所有权。

第三,权利的推定,不仅占有人自己可以援用,第三人也可以援用。占有权利的推定,不限于占有人的利益,对其不利益也有适用的余地。例如,债权人对于债务人所占有的动产,可以援用"推定为债务人所有"的效力,主张该动产为债务人所有,而申请法院予以查封。

第四,占有权利的推定,不仅适用于现实占有人,也适用于过去占有人。这对于占有的合并、侵权行为损害赔偿等具有意义。例如,甲占有某电脑,被乙所毁损后,出售于丙,并为交付。在此,甲虽然不是现实占有人,仍然可以援用其过去占有期间为所有人的推定,向乙请求损害赔偿。

(二)占有的权利推定效力的消极作用

权利推定不是推定法律效果的要件事实,而是依据权利存在的概然性经验法则,直接推定法律效果或权利状态。要推翻这种推定,主张者应证明取得权利的原因事实不存在,这种证明一般而言并非易事。因此,为加强对真实权利人的保护,求得利益平衡,对此项推定应有所限制。这种限制一般而言,包括以下手段:

1. 人的限制

占有人的占有如是因受移转而取得,如果占有人与前占有人就该项占有权利发生争议,占有人不得主张权利的推定。例如,甲乙之间存在租赁关系,承租人乙与出租人甲之间如果就租赁关系发生争议时,则乙不得援引权利之推定以为救济。

2. 物的限制

占有的权利推定一般只适用于动产,而不适用于依法办理登记的财产权利。这是因为,依法办理登记的财产权利,可以通过登记明确其权利归属,而无须借助于占有的权利推定。但对于未登记的或者采取登记对抗主义的不动产物权,占有人如果占有了不动产,应当通过权利推定规则对其进行保护。①

3. 内容的限制

权利的推定属于消极性的,占有人不得利用此项推定作为其行使权利的积极证明。如占有人不得仅依推定,而请求为所有权登记。

二、占有的状态推定效力

占有的状态推定,又称占有的事实推定,是指在无相反证明的情况下,对于占有的性质所作的一种原则性假设。这主要包括如下情形:

1. 以所有的意思占有或为自己占有的推定

占有某物,以该占有人以所有的意思或为自己占有为常态,以为他人所有或占有为例外。

2. 善意、无过失、和平、公开占有的推定

善意、无过失、和平、公开占有属社会常态,而恶意、有过失、隐秘、暴力占有属例外。

3. 继续占有的推定

前后两时既占有,中间也恒占有,这为社会常态,前后两时占有而中间不占有的,属例外。

占有的状态推定既然为假设,当然可以反证推翻,举证责任由意图推翻状态之人承担。

三、占有人的权利与义务

占有分为有权占有与无权占有,在有权占有的情形下,占有人与占有物返还请求人之间的权利义务关系,主要由《合同法》进行调整。《物权法》第242条、第243条、第244条主要对无权占有的情况下无权占有人与回复请求人之间的权利义务作了规定,所以这里只涉及无权占有人的权利与义务。

(一) 占有人对占有物的使用、收益权

各国立法例大体上规定,善意占有人对占有物有使用、收益权,有权收取孳息。物的善意占有人,依其被推定的权利得使用并收益该物的,物消灭或受损害的,对权利人无损害赔偿的责任;恶意占有人对占有物无使用、收益权,应当赔偿孳息被消费了或因过失而损失了或应当收取而没有收取时造成的损失。

根据我国《物权法》第242条、第243条的规定,占有人的使用权、收益权有如下

---

① 参见王利明:《物权法研究》(修订版)(下卷),中国人民大学出版社2007年版,第736页。

特点:(1)占有人无收益权。无论是善意占有人还是恶意占有人,对于权利人都负有返还原物及其孳息的义务,也就是说占有人在返还原物同时负有返还全部孳息的义务。如果其所得孳息业已消费或因过失而毁损,或怠于收取,则应偿还相应价金。(2)未否定占有人可根据占有物的性能加以正常使用,而非正常的、破坏性的使用则应为法律所禁止。① 简言之,占有人有正常使用权。

(二)占有人的有关费用偿还请求权

占有人的有关费用偿还请求权,是指占有人对于回复请求人享有的因占有其物而自行支出的费用的请求权。占有人支出的费用分为必要费用、有益费用、奢侈费用三种。必要费用,是指占有人为了保存、管理占有物而支出的费用。如修缮费、饲养费、捐税等。有益费用,是指占有人为利用或改良占有物,且增加其价值的费用。奢侈费用,是指超过占有物的保存、利用或改良为占有人因快乐或便利而支出的费用。《物权法》第243条仅仅规定了善意占有人有必要费用偿还请求权。笔者认为,对于该条规定中的必要费用应作扩充解释,应包括有益费用。因为善意占有人对于占有物的利用或改良应被推定为善意的、合理的、充分的。至于恶意占有人是否可以要求必要费用的偿还,法律未予明确,从"明示其一,排斥其他"的解释规则来看,应解释为恶意占有人无此项请求权。但从比较法上来看,一般认为恶意占有人可以依据无因管理的规定请求返还必要费用。

(三)占有人对占有物的损害、毁损、灭失的责任

《物权法》对占有人正常使用下的损害与占有物的毁损、灭失的责任分别作了法律规定。

第一,恶意占有人使用不动产或者动产致其损害,应当承担赔偿责任。占有具有权利推定的效力,占有人在占有物上行使的权利,推定其有此权利,善意占有人在使用占有物时即被推定为物的权利人,具有占有使用的权利,因此,从理论上解释,善意占有人对于使用被占有的物而导致的物的损害,不应负赔偿责任。恶意占有人无使用权,因使用占有的不动产或者动产,致使该不动产或者动产受到损害的,应当承担赔偿责任。

第二,被占有的不动产或者动产毁损、灭失时,无权占有人应依法承担相应的责任。被占有的不动产或者动产毁损、灭失时,无权占有人的责任具体分以下情形:(1)善意占有人在原物已经毁损、灭失的情形下,仅在其因占有物的毁损灭失所得到的利益(保险金、赔偿金或者补偿金)范围内依据不当得利负返还责任。(2)恶意占有人对于占有物的毁损灭失,应负赔偿全部损害的责任。

四、占有的保护

民法对占有的保护,可分为物权法上的保护与债权法上的保护。

---

① 参见黄松有主编:《〈中华人民共和国物权法〉条文理解与适用》,人民法院出版社2007年版,第701—702页。

(一) 物权法上的保护

1. 自力救济权

《物权法》没有规定占有人的自力救济权,但理论上与实践中对此持肯定态度。依各国或地区的立法例,占有人的自力救济权主要包括自力防御权与自力取回权。

(1) 自力防御权

自力防御权,是指占有人对于侵夺或妨害自占有的行为,可以通过自己的力量保护其占有的权利。它一般应符合以下要件:其一,占有人为直接占有人或辅助占有人。自力防御重在确保占有人对占有物的事实管领状态,因此,只有直接占有人或辅助占有人才能行使这一权利。其二,这种侵夺或妨害须现实存在且尚未完成。对于已过去的侵夺或妨害行为,不能行使自力防御权。其三,占有人须以自己的力量进行防御。自力防御本质上属于正当防卫的具体化,占有人一般不能借助他人力量进行防御,但如果自力救济的侵害或者妨害只有如此才能阻止,且其自力防御的损害结果恰当,自应允许。

(2) 自力取回权

自力取回权,是指占有人在占有被侵夺后,可以自力取回占有物而回复原来状态的权利。它一般应符合以下条件:其一,占有人为直接占有人或辅助占有人。其二,须在占有被侵夺后,即侵害行为已经结束,其物归由侵害人占有。其三,须在合理的时间行使。取回权的行使时间因不动产或动产而有所不同。一般认为,被侵夺的占有物如果是不动产,占有人应在侵夺后,即时排除加害人予以取回。被侵夺的占有物如果是动产,占有人在侵夺后,应就地或者追踪向加害人取回。

2. 占有保护请求权

(1) 占有保护请示求的含义与种类

占有保护请求权,是指占有人在占有被侵夺或妨害时,可以请求侵害人回复其圆满状态的权利。占有保护请求权为实体上的权利,权利人不仅有权可以通过诉讼的方式,而且可以通过诉讼外的方式行使。占有保护请求权包括占有物返还请求权、占有妨害排除请求权、占有妨害防止请求权三种情形。

第一,占有物返还请求权,即占有人的占有被侵占时,占有人有权请求返还占有物的权利。其构成要件包括:其一,请求权的主体应为原占有人。一般认为,原占有人,既可以是直接占有人,也可以是间接占有人;既包括有权占有人,也包括无权占有人,但不包括占有辅助人。其二,须针对现占有人提出请求。现占有人是指侵占占有物的人及其承继人。其三,须有占有物被侵占的事实发生。"侵占"较"侵夺"范围更加广泛。侵占主要指侵夺,侵夺是指以积极的不法行为夺取占有物,使占有人全部或一部丧失占有。侵占还包括消极的不法行为。如第三人转租到期后,不将租赁物返还。其四,侵占人的行为必须是造成占有人丧失占有的直接原因。如拾得人将遗失物据为己有的行为,并非是失主丧失占有的直接原因(失主最初丧失对物的占有可能是由于疏忽大意遗忘物品等)。① 又如侵占所有人之物后再被第三人所侵占,该第三人的侵占也非原所有人丧失占有的直接原因。于此情形,所有人只能对拾得人或第三人行使所有物返还请求权而不得行使占有返还请求权。值得指出的是,非因他人的侵占而丧失占有的,如因受欺诈或者胁迫而交付的,不享有占有物返还请求权。在此情形下,原占有人要回复占有,必须依法律行为的规定,通过主张撤销已成立的法律关系去解决。

第二,占有妨害排除请求权,又称占有妨害除去请求权,即占有人对妨害占有的行为,有权请求妨害人排除妨害的权利。其构成要件是:其一,须存在妨害行为。妨害,是指侵占以外的方法使占有人不能接近其占有物或不能行使其对占有物的控制和支配。妨害可能以积极的作为进行,也可能以消极的不作为进行。其二,请求权人须为现时的占有人。其三,须向妨害占有人提出。妨害占有人既包括其行为妨害占有的人,如在他人门前堆放垃圾;也包括因其意思容许妨害占有状态存在的人,如树木被强风吹倒入邻地而未清除。除去妨害的费用应由妨害人负担,占有人自行除去妨害的,其费用可依无因管理的规定向相对人请求偿还。

第三,占有妨害防止请求权,即占有人在其占有存在被妨害的可能时,请求防止妨害的权利。所谓占有被妨害的可能,是指占有人的占有物有将来被妨害的危险。这种危险一旦成为现实,即成为对占有的妨害。至于是否存在妨害的危险,应就具体事实,依一般社会观念加以认定。但一般认为,消除危险请求中的危险,应符合以下要件:首先,应为具体的事实的危险,而不是指抽象的危险。具体的事实的危险,指其所用的方法,能使外界感知对占有的妨害。其次,危险必须持续存在。再次,被请求人有无故意或者过失,在所不问。

(2) 占有保护请求权的行使期间

根据《物权法》第245条第2款的规定,占有人返还原物的请求权,自侵占发生之日起1年内未行使的,该请求权消灭。这里的1年期间理论上应解释为除斥期间,而占有妨害排除请求权与占有妨害防止请求权依法不应受行使期间的限制,以维护对占有的保护。

(3) 占有保护请求权与物权请求权的关系

占有保护请求权与物权请求权既有联系又有区别。

联系主要表现为:其一,占有保护和物权请求权都是物权法上特有的权利保护方法,两者共同构成物上请求权。其二,本权之诉与占有之诉独立并存。基于物权人身份以诉讼方式提起物权请求权的,称为本权之诉;基于占有人的身份以诉讼方式提起占有保护请求权的,称为占有之诉。有本权的占有人,其占有被侵害时,既可成立本权诉权,也可成立占有诉权。其三,占有之诉与本权之诉可以对立。即物权人对相对人提起本权之诉,而相对人作为占有人对所有权人提起占有之诉,互不妨碍,各自成立。

---

① 参见王胜明主编:《中华人民共和国物权法解读》,中国法制出版社2007年版,第522页。

区别主要表现为：其一，请求权基础不同。占有保护请求权的基础为占有事实；而物权请求权的基础为所有权或他物权。因此，对于请求权行使主体而言，前者为占有人，后者为物权人。其二，请求权目的不同。占有保护请求权的设置目的在于维持已形成的对物的事实支配关系；物权请求权的目的，在于维护物权效力。其三，举证责任不同。占有保护请求权，占有人仅需证明其原本有占有的事实即可；物权保护请求权，请求权人应证明实体权利的存在。其四，行使期间不同。占有保护请求权中的占有物返还请求权的行使期间为一年，期间为除斥期间；物权保护请求权是否适用诉讼时效，法律并未规定。

（二）债权法上的保护

1. 占有人的不当得利返还请求权

占有虽然不是一种权利，但也属于法律所保护的一种财产利益，可以作为不当得利的客体。我国《物权法》没有规定占有人的不当得利返还请求权，但依各国或地区的立法例，占有人应享有不当得利返还请求权。不当得利可分为给付不当得利和非给付不当得利两种类型。在给付不当得利中，因不成立、无效或被撤销合同的履行而取得物的占有，因缺少法律上的原因，可构成不当得利，对方当事人得依不当得利的规定请求返还占有物。在非给付不当得利中，因侵害他人的占有而取得利益，也可构成不当得利，负返还利益于占有人的义务。

2. 占有人的损害赔偿请求权

占有属于财产利益，不受他人非法的任意侵害。侵害占有的，应负侵权的损害赔偿责任。侵害占有可能发生的损害主要有以下情况：其一，使用收益的损害，即占有人对于占有物因不能使用收益而生的损害。其二，支出费用的损害，即占有人对占有物支出费用，本可向物的权利人请求偿还，却因该物被侵夺而毁损灭失而不能求偿。其三，责任损害，即占有人因占有物被第三人侵夺致毁损或灭失，对物的权利人应负损害赔偿责任。可以行使损害赔偿请求权的占有主体，应仅限于有权占有人和善意的无权占有人，恶意占有人不享有此项权利。

第五节 准 占 有

一、准占有的概念

准占有系对于物之外的财产权为支配、行使的法律事实。占有，是指对物的事实上管领力，以动产与不动产为客体。但如果不支配某物，而在事实上进行权利的行使的，其状态与对物在事实上进行管领无异。既然法律保护对物在事实上的管领，也就有必要对这种在事实上进行权利行使的外形予以法律保护，以维持社会秩序和交易安全。这种以权利为客体的占有，学说上称为准占有或权利占有，占有人称为准占有人。我国《物权法》对此未作规定，但学术上均持肯定态度。

二、准占有的客体

对哪些权利可以作为准占有的客体,学界观点不一。但一般认为,应具备以下条件:

1. 须是财产权

不带有财产权性质或只反映一种身份关系的权利,不能作为准占有的客体。

2. 须为不以物的占有为条件的财产权

之所以将占有的标的物限于不因物的占有而成立的财产权,原因在于因物的占有而成立的财产权,行使以占有物为必要,可适用占有的规定而得到保护,没有为其设定准占有的必要。此类不以物的占有为条件的财产权主要包括:地役权、抵押权等物权;商标权、专利权、著作权等知识产权;股东权;债权;普通债券等。

3. 须事实上行使该权利

所谓事实上行使,与占有的所谓事实上管领相当,通常只需依一般的交易观念或社会观念,有使人认识其事实上支配该财产权的客观事实存在即可。

三、准占有的成立要件

第一,权利持有人须有行使财产权的意思。一般而言,这种意思无须明示,通过权利持有人的行为即可推定。至于权利的行使是否须为具有为自己的意思,各国或者地区立法例有所不同。

第二,须有权利持有人事实行使财产权的行为。财产权的行使是指实现其权利的行为,例如,债权人向债务人请求履行义务即为债权的行使,商标权人在商品上使用商标即为商标权的行使等。事实上行使财产权的成立,通常只须依一般交易或社会观念,有使人认识其事实上支配该财产权的客观情事的存在即可。

四、准占有的效力

根据各国或地区立法例,准占有的效力准用有关占有效力的规定。应注意以下几点:

第一,准用占有规则,但与准占有不相容者除外。占有规则除与准占有的性质抵触外,皆可准用于准占有。如对于占有状态、占有事实的推定、占有权利的推定以及占有保护等均可准用于准占有。但已经登记的财产权利,无权利推定的可能。

第二,准占有如为继续行使权利,发生所有权以外财产权取得时效的效力。这是准占有自身的效力之一,准占有如为继续行使权利的,此时,持有人虽不能因此取得所有权,但却可成立其他财产权的取得时效的要件。

第三,对债权准占有人为清偿的善意债务人,仍免除责任。这是准占有自身的效力之一,债权是财产权,不因物之占有而成立,可以成为准占有的标的。虽然不是债权人,事实上行使债权的人,为债权准占有人。如债权证书的持有人、债权让与无效的受让人等。对债权准占有人为清偿的善意债务人,因善意债务人不知其非债权人,为保障交易秩序与快捷,不发生侵权行为或债务不履行的问题。

本章重点疑难问题提示

一、关于善意占有人返还孳息的义务问题

恶意占有人应返还原物与孳息,各国立法均无异议。《物权法》规定善意占有人也负返还孳息的义务则与大多数国家的立法例不符。一般认为,因为善意占有人的占有取得,一般支付了相应的对价,或者因为某种确定事实误信其有使用收益权限,为了对此种信赖的加以保护,一般都规定了善意占有人有收益权。

《物权法》规定善意占有人有返还孳息的义务,主要基于以下考虑:其一,既然占有人是无权占有,那么其本来就没有权利获得孳息,权利人当然有权请求返还。[①] 其二,一些国家民法规定,善意占有人如果保留孳息,则不得向权利人请求返还其为维护该动产或不动产而支出的必要费用。我国《物权法》虽然规定善意占有人有返还孳息的义务,但同时规定了其有权请求因维护该不动产或者动产支出的必要费用。原物和孳息返还权利人,但为维护占有物支出的必要费用可以请求权利人返还的法律后果,和孳息保留必要费用不得求偿的法律后果区别实益不大。其三,保留孳息的规定,并非各国通例。如《德国民法典》关于这一问题并未区分善意占有和恶意占有,其第994条规定,所有人的偿还义务依关于无因管理的规定确定之。其四,这一规定与我国《民法通则》中因无因管理而产生的法律后果是一致的。根据《民法通则》第93条规定,没有法定的或者约定的义务,为避免他人利益受损失进行管理或者服务的,有权要求受益人偿付由此而支付的必要费用。

二、关于占有人是否有使用权的问题

在无权占有的情形下,占有人是否有使用权的问题,《物权法》的规定引起了争议。根据《物权法》第242条规定,占有人因使用占有的不动产或者动产,致使该不动产或者动产受到损害的,恶意占有人应当承担赔偿责任。该条规定虽然是对占有物损害的赔偿责任的法律规定,但其仅规定恶意占有人使用占有的不动产或者动产造成损害时的赔偿责任。可见,并未否定占有人有使用权。但根据《物权法》第243条规定,不动产或者动产被占有人占有的,权利人可以请求返还原物及其孳息,但应当支付善意占有人因维护该不动产或者动产支出的必要费用。权利人既然可以请求返还孳息,从法解释上而言,占有人应无使用的权利。[②] 从这一规定而言,无论善意占有人与恶意占有人均无使用、收益权。[③]

从《物权法》的立法原意来看,应解释为占有人有正常使用权。但笔者赞同认为,善意占有人在主观上无过错,为保护善意占有人的利益,应认为善意占有人对占有物

---

① 梅夏英、高圣平:《物权法教程》,中国人民大学出版社2007年版,第553页。
② 参见王泽鉴:《民法物权》(第二册),中国政法大学出版社2001年版,第321页。
③ 参见江平主编:《中华人民共和国物权法精解》,中国政法大学出版社2007年版,第310页。

享有使用权。恶意占有人在主观上没有保护的必要,对占有物应不享有使用权。

三、关于占有物被毁损、灭失时的赔偿责任问题

关于占有物被毁损、灭失时的赔偿责任问题,各国或地区的立法例的规定一般考虑两个要素:一是毁损、灭失是否因可归责于占有人的事由导致。二是区分善意占有人和恶意占有人而作出不同规定,善意占有人只在所受利益限度内承担损害赔偿责任,即使回复占有物请求权人受到损害,但只要善意占有人未受利益就当然不负赔偿责任;而恶意占有人则不考虑其是否受益,均需就回复占有物请求权人的全部损害承担赔偿责任。我国《物权法》第244条规定:"占有的不动产或者动产毁损、灭失,该不动产或者动产的权利人请求赔偿的,占有人应当将因毁损、灭失取得的保险金、赔偿金或者补偿金等返还给权利人;权利人的损害未得到足够弥补的,恶意占有人还应当赔偿损失。"该规定与通例有所不同,兹分述如下:

（一）善意占有人对占有物毁损、灭失的责任

善意占有人虽然对占有的动产与不动产有使用权,正常使用的情况下对于占有的损害不负赔偿责任,但该物毕竟在法律上不属于其所有,造成占有物毁损、灭失的,善意占有人仍应当依照不当得利的返还原则,在所受利益的范围内承担返还责任。对此应注意两点:其一,返还责任的范围仅限于所受的积极利益而不包括消极利益。积极利益,是指占有人因物的占有而取得的利益,包括当物的毁损、灭失由第三人造成或不可抗力等原因造成的,占有人所取得的保险金、赔偿金或补偿金及替代物等;而消极利益,是指占有人因物的毁损灭失而减少支出的费用。其二,返还责任的事由不区分是否可归责于占有人。因为,善意占有人的责任以其所受利益为限,造成毁损、灭失的原因是否可归责于占有人意义已不大,可不必追问。

（二）恶意占有人对占有物毁损、灭失的责任

恶意占有人明知自己无权而仍然占有他人之物,其占有不仅缺乏法律上的正当根据,道德上也应受到谴责,因此恶意占有不受占有制度的保护。恶意占有人对占有物毁损、灭失的责任包括以下具体内容:其一,恶意占有人负全部赔偿责任。恶意占有人通常是由侵权行为取得占有,赔偿责任的范围,应参考侵权损害赔偿的原则,负全部赔偿责任,即既包括占有物本身价值的赔偿,还包括权利人占有物毁损灭失受到的利益损害。占有物的价值,以物的实际价值为准,恶意占有人取得占有时的价值与物的权利人请求返还时的价值不同的,以较高价值为准。其二,恶意占有人赔偿责任的事由不以可归责于自己为限。我国《物权法》没有规定恶意占有人的损害赔偿责任是否限于可归责于占有人的事由。一般认为,《物权法》的立法原意应是指恶意占有人不论是否可归责于当事人的事由均应负赔偿责任,这表明了《物权法》对恶意占有的否定与惩罚。其三,恶意占有人承担的是一种补充责任。即恶意占有人是在将毁损、灭失取得的保险金、赔偿金或者补偿金等返还给权利人仍不能弥补其损害的情形下,才承担补充的赔偿责任。

值得指出的是,在无权占有人无权处分占有物致使第三人善意取得所有权的情形下,是否应区分善意占有人与恶意占有人而承担不同的赔偿责任,学界尚有争议。

一般认为,占有物灭失可扩张解释为法律上的灭失,包括第三人善意取得所有权的情形。也因此,在占有物因无权占有人的处分行为被第三人善意取得的情况下,不管善意占有人与恶意占有人均是无权处分人,应适用《物权法》第106条第2款的规定,赔偿权利人的损失。

四、关于占有保护请求权的行使期间问题

关于占有保护请求权的行使期间主要涉及两个问题。

其一,是否所有占有保护请求权均应有行使期间的限制?有学者认为,占有保护请求权的行使在于保护占有现状,维持占有公信力,以安定社会秩序。因此,对于占有保护请求权的行使应给予期间限制。即诉讼时效应适用于所有的占有保护请求权。[①] 笔者认为,根据《物权法》第245条第2款的规定,占有人返还原物的请求权,自侵占发生之日起1年内未行使的,该请求权消灭。《物权法》未规定占有妨害排除请求权与占有妨害防止请求权的行使期间,应认为其不受期间的限制。其理由同物权请求权中的排除妨害请求权与消除危险请求权不受期间限制相同。

其二,占有人返还原物请求权的行使期间的性质是除斥期间还是消灭时效?有学者认为应为诉讼时效。其理由:比较法上,多规定为诉讼时效;占有物返还请求权是请求权的一种,而除斥其间仅仅适用于形成权;占有物被侵夺后,占有人可能根本不知道占有物被侵夺,1年的期限本已很短,再不允许其中止、中断、延长,不利于对占有人的保护。[②] 但一般认为应为除斥期间。理由在于如果按照诉讼时效来规定,此项期间可能要比1年要长,那么,将使权利处于长期不稳定的状态。并且通常情况下,占有物返还请求权因除斥期间经过而未行使的,占有人如果对物享有其他实体权利,仍然可以依照实体权利提出返还请求,因此,没有必要规定更长的期间进行保护。[③]

---

① 参见张双根:《占有的基本问题》,载《中外法学》2006年第1期;江平主编:《中华人民共和国物权法精解》,中国政法大学出版社2007年版,第314页。
② 参见王利明:《物权法研究》(修订版)(下卷),中国人民大学出版社2007年版,第758页;温世扬、廖焕国:《物权法通论》,人民法院出版社2005年版,第921页。
③ 王胜明主编:《中华人民共和国物权法解读》,中国法制出版社2007年版,第523页。